BABYLON
0 2 4 6 8 10
Kilometer
••••••Reiseweg
1 Tell Babil (Mudschellibeh)
2 El Kasr
3 Turm von Babylon
4 Tell Amran Ibn Ali (mit hängenden Gärten)
5 Äußere Mauer
6 Innere Mauer
Khan Mahawil
Tell el Kreni (Ukraineh)
Euphrat
Tell Khidr (Menawije)
El Himaar
Schatt en Nil
Anane
Dschimtschima
Kanal Wardije
El Kulea
Hille (Hilleh, Hilla)
Tahmasije
Tell Markeh
Ibrahim Khalil
Birs Nimrud
Pir Hasan
Gara Surgh
Nekuhl
Kleiner Sab
BILBA
Megilik
Yaltemir
Sakis
Serdescht
Beitosch
Nwisgieh
Khoi Sandschak
Masara Dagh
Bane (Benna)
Mik
Suta
Karatscholan
Ahmedabad
Teratul
DAWUHDIJEH
Kuh-i Basian
Altyn Köprü
Kala-i Sersir
Bistan
Kuh-i Tschihill
Tschaschma
Basian
Kisildscha
Degesia
Suleimanije
Ahmed Kulwan
Seribar See
DSCHIAF
Sakha
Kerkuk
Basian Dagh
Urbat
Duwisa
Dschumeila
Tauk
Jenidsche
Tus Khurmatli
Kuru Tschai
Eski Kifri
Hamrin
Sengabad
Kasr-i Schirin
Sar-i Pul
Zagros Pforte
Mijan-i Tak
Gawara
Khadsch-i Kara
Khanikin
Kerind
KELHUR
KERMANSCHAH
Kuh-i Parau
Tak-i Bostan
Bisitun
Kara Su
Schatt el Adhem
Kisil Robat
Dijala
Beledrus
Sindije
Sadije
Mansurije
Dokhala
Jehultije
Bakuba
Khan Beni Sad
Muadhem
Muassem
BAGDAD
Madain
Ktesiphon
Khan Asad
Khan Bir Nust
Khan Iskendrije
Tigris
Khan Nasrije
Khan Mahawil
Tell el Kreni
Babil
BABYLON
Schatt en Nil
Hille
SOLAIB
SOBEID
Birs Nimrud
Kefil
Kufa
45°
46°
47°
36°
35°

KARL MAY'S GESAMMELTE WERKE

BAND 27

BEI DEN TRÜMMERN VON BABYLON

KARL-MAY-VERLAG BAMBERG

BEI DEN TRÜMMERN VON BABYLON

REISEERZÄHLUNG

VON

KARL MAY

586. TAUSEND

KARL-MAY-VERLAG BAMBERG

INHALT

Die vorliegende Reiseerzählung spielt in der zweiten Hälfte der 80er Jahre des vorigen Jahrhunderts. Sie besteht in der nunmehrigen Form aus zusammengehörigen Teilen der ehemaligen Bände 26 und 27 ‚Im Reiche des silbernen Löwen‘ I und II und wurde dadurch in sich abgeschlossen. Die anderen Abschnitte der beiden früheren Bände 26 und 27 finden sich nun als Kurzerzählungen im neuen Band 26 ‚Der Löwe der Blutrache‘.

Herausgegeben von Dr. E. A. Schmid

Deckelbild: Carl Lindeberg

Satz und Druck: SOV Graphische Betriebe, Bamberg

ISBN 3-7802-0027-9

1

BEI DEN HADDEDIHN

Wie ich schon oft im Verlauf meiner Erzählungen getan habe, betone ich auch jetzt wieder, daß ich kein Anhänger der Lehre vom Zufall bin. Ich hege vielmehr die unerschütterliche Überzeugung, daß wir Menschen von der Hand des Allmächtigen, Allweisen und Alliebenden geführt werden, ohne dessen Willen — nach dem Wort der Heiligen Schrift — kein Haar von unserem Haupt fällt. Die sich von dieser Hand losgerissen haben, ihre eigenen Wege wandeln und eine höhere Fügung leugnen, können mich in meiner Überzeugung nicht irremachen. Meine Erfahrungen stehen mir höher als die Behauptungen von meinetwegen sehr gelehrten Leuten, die nur deshalb den Einfluß der himmlischen Vorsehung nicht merken, weil sie auf ihn verzichtet haben.

Es ist mir sehr oft vorgekommen, daß ein um viele Jahre zurückliegendes, an sich unbedeutendes Ereignis, an das ich längst nicht mehr dachte, mir ganz unerwartet seine Folgen zeigte und so bestimmend in mein Handeln eingriff, daß ich nur als geistig Blinder hätte behaupten können, mir seien meine damaligen Gedanken und Entschlüsse von einem Zufall eingegeben worden.

So war es auch mit meinem Zusammentreffen mit dem Perser Dschafar im Wilden Westen, das in meinem vielbewegten Leben nur den Raum eines flüchtigen Ereignisses einnahm[1], an das ich nur selten dachte. Offen gestanden hatte der Handschar nach

[1] Siehe Karl May, Gesammelte Werke, Band 26, „Der Löwe der Blutrache", Erzählung: „To-kei-chun"

und nach seine Eigenschaft als „Andenken“ für mich verloren. Ich nahm ihn in die Hand, ohne mir den früheren Besitzer zu vergegenwärtigen, und ich führte ihn von Zeit zu Zeit auf meinen Reisen mit, ohne an die Möglichkeit zu denken, daß er mir jemals von größerer Bedeutung als der einer Waffe werden könne. Und doch sollte dieser halbvergessene Vorgang noch nach einer Reihe von Jahren seine Folgen zeigen; die Ereignisse, von denen ich jetzt erzähle, werden das beweisen. —

Meine Leser wissen aus dem Band „Von Bagdad nach Stambul“, daß ich damals auf dem Weg der Todeskarawane von Bagdad nach Kerbela mit meinem treuen Hadschi Halef Omar von der Pest ergriffen und niedergeworfen wurde. Es war ein Wunder, daß wir dem Tod entgingen, zumal der schweren Erkrankung Ereignisse vorangegangen waren, die unsere Kräfte sehr in Anspruch genommen hatten. Diese Leidenstage, da wir beiden gänzlich hilflosen Menschen nur auf uns selbst angewiesen waren, nehmen in unserer Erinnerung eine hervorragende Stelle ein, und ebenso tief hat die Gegend, in der wir wochenlang zwischen Tod und Leben schwebten, sich unserem Gedächtnis eingeprägt. Es ist daher leicht begreiflich, daß wir bei einer späteren Anwesenheit in Bagdad beschlossen, die Orte, die uns so verhängnisvoll geworden waren, bei dieser Gelegenheit wieder zu besuchen.

Mein wackerer Halef war inzwischen Scheik der Haddedihn-Araber geworden. Die Achtung, die er sich erworben hatte, stand in umgekehrtem Verhältnis zu seiner Körpergröße. Er war bekanntlich von sehr kleiner und schmächtiger Gestalt und außerordentlich stolz auf seinen Schnurrbart, von dem er in aufrichtigen Augenblicken allerdings der Wahrheit gemäß zugab, daß diese „Zierde seines Angesichts“ aus dreizehn

Haaren bestehe, nämlich sechs rechts und sieben links. Aber sein Mut und seine Tapferkeit waren über jeden Zweifel erhaben, und in Hinsicht auf seine Anhänglichkeit zu mir hätte ich oft nicht sagen können, wen er mehr liebe, mich oder sein Weib Hanneh, die er meist „die lieblichste Blume unter allen Rosen der Frauen und Töchter" nannte.

Hatte der Hadschi schon mündlich eine eigene, blumenreiche Art sich auszudrücken, so waren die Briefe, die ich während der Trennungspausen von ihm erhielt, noch viel köstlicher. Wir schrieben uns nämlich zuweilen, doch auf ziemlich erschwertem Weg. Ich schickte meine Briefe nach Mossul, wohin Halef dann und wann einen seiner Beduinen sandte, um anzufragen, ob ein Schreiben von mir angekommen sei. Nach Monats- oder gar Jahresfrist schickte er dann seine Antwort ebendorthin, er mußte ja warten, bis sein Stamm sich wieder in der Nähe dieser Stadt befand. So kam es, daß unser Briefwechsel keineswegs am Fehler großer Übereilung litt. Um so eigenartiger aber war dann der Inhalt seiner Briefe, und ich darf wohl sagen, daß der letzte, den ich damals von ihm bekam, der köstlichste von allen war. Ich hatte ihm dreiviertel Jahr vorher mitgeteilt, daß ich nach Persien wolle und auf dem Weg dorthin die Weideplätze seines Stammes aufsuchen werde. Hierauf antwortete er mir, indem er sich des ihm eigentümlichen Gemengs von Arabisch und Türkisch bediente, das ich ins Deutsche übertrage:

„Hadschi Halef Omar, der Scheik der Haddedihn vom großen Stamm der Schammar, an Kara Ben Nemsi Effendi, seinen Freund.

Gruß! Ich liebe Dich! Nochmals Gruß!

Dein Brief, o Sihdi, kam gerade während des Gebetes des Asr bei mir an. Dank! Gnade! Anhänglichkeit!

Mir scheint die Sonne, denn du hattest genug Tinte, mir zu schreiben. Freude überall, Hamdulillah! Sei unverzagt, ich schreibe sofort wieder! O Feder! O Tinte! Sie ist vertrocknet. Ich schicke um Wasser und schütte es hinein! Sie wird wieder weich und dünn! Maschallah! Die Schrift ist blaß, aber Du kannst sie dennoch lesen, denn Du bist der gelehrteste aller Gelehrten des Morgen- und des Abendlandes. Ich beschwöre es!

Hanneh, mein Weib, die schönste der Blumen unter allen Frauen, duftet noch wie vor so vielen Jahren. Du hast keine. Allah erbarme sich Deiner. Kara, mein Sohn, der Deinen Namen trägt, ist schon beinahe klüger als sein Vater. Er wird mich wohl noch überholen. Es freut sich meine Seele. Dennoch rufe ich: o wehe, o wehe! Meine Herden wachsen, und mein Zelt vergrößert sich. O Geld, o Reichtum, o Kamele, Pferde, Schafe, Ziegen und Lämmer! Ist's bei Dir ebenso? Ist Deine Milch fett und dick? Oder sind die Früchte Deiner Datteln wurmstichig? Dann taugen sie nur als Futter für das Vieh. O Armut, o Sorge und Verderben! Wie wächst das Gras in Almanja? Sind Deine Zelte dicht? Wo nicht, so flicke sie! Ein kleines Loch wird sehr schnell ein großes Loch. O Wind, o Regen, ihr sollt ja nicht hinein! Wir haben Vollmond, was hast Du? Flieh die Laster, denn sie vermehren sich wie die Ameisen in der Steppe! Gib Deinen Kamelen nicht zuviel Futter, und erzieh sie zur Geduld! Deine Pferde laß im Freien schlafen. Deine Lieblingsstute aber nimm ins Zelt hinein! O Nacht, o Tau, ihr schadet ihr! Hüte Dich vor der Erkältung und vor der Sünde! Beide töten, die eine den Leib und die andere die Seele, und in beiden Fällen wäre es jammerschade um Dich. Glaube mir das, denn ich bin stets Dein aufrichtiger Freund und Beschützer gewesen!

Deine Gedanken sind in Persien, die meinen auch,

denn ich reite mit. Wie könnte ich Dich allein reiten lassen, o Sihdi! Ich will wieder mit Dir leben und wieder mit Dir sterben. Komm! Assil Ben Rih, das herrlichste der Pferde soll Dich tragen. Sein Vater war Dein Eigentum. Du hast ihn mir geschenkt. So nimm nun jetzt den Sohn dafür, und gib ihn mir dann wieder!

Sieh, wie ich Dich liebe und verehre: ich begann diesen Brief am dritten Tag des Monats nach Deiner Rechnung Tischrîn ilau'wal und vollende ihn heute am neunten Tag des Monats Kânun et tâni. Das sind mehr als drei Monate, so große Stücke meines Herzens sind Dein Eigentum! Wenn Du gekommen bist, schreibe ich nicht, sondern sage Dir mehr. Habe Geduld mit Deinem Stamm, doch sei streng mit dem Mund alter Weiber, dann wirst du weise regieren und Ruhm und Ehre ernten. Verliebe Dich nicht in Deine Fehler, sonst wachsen sie heran zu Löwen, die Dich zerreißen werden! Trinkst Du noch immer Wein? O Mohammed! Er hat ihn ja verboten! Du aber bist ein Christ, und ich soll dem Koran gehorchen, aber wenn du welchen bringst, so trinke ich ihn mit! O Hochgenuß, o Wonne! Wir erwarten Dich schon von morgen an. Das Schaf mit dem fettesten Schwanz ist bereit, für Dich geschlachtet zu werden, sobald Du bei uns erscheinst. Es freut sich dieser Ehre. Schnalle nie den Sattel locker: er rutscht mit Dir hinab! O Bruch der Arme, Beine und der Rippen! Hanneh, die herrlichste der Frauen unter den Weibern, hat nichts dagegen, daß ich mit Dir reite. Sie wird immer schöner. O Glück, o Segen, o Ehestand! Werde ja nicht krank! Ich beteuere Dir, daß dies der Gesundheit schadet, denn ich bin Dein wahrer Freund! Geh nicht unter die Ungläubigen und Lästerer, sondern nimm Dir ein Beispiel an denen, die durch Dich auf den richtigen Weg geführt worden sind.

Nun ist heute der vierte Tag des Monats Nisân. Der Brief ist also noch drei Monate länger geworden. O Länge der Zeit, o Zahl der vielen Tage! Wasche Dich täglich fünfmal, bei jedem Gebet einmal, und hast Du kein Wasser, so nimm einstweilen Sand! O Sauberkeit des Körpers, o Reinlichkeit der Seele! Wir lagern in der Nähe von Kalat Schergat und ziehen bald nach Westen, darum sende ich den Boten nach Mossul. Sei frühzeitig munter, denn das Morgengebet ist besser als der Schlaf! Bring Deine berühmten Gewehre mit, und komm sobald als möglich! Gruß, Achtung, Liebe, Verehrung und Ermahnung von Deinem Freund und Beschützer

Hadschi Halef Omar Ben Hadschi Abul Abbas
Ibn Hadschi Dawuhd al Gossarah."

Mein Schreiben, auf das diese Antwort erfolgte, hatte monatelang in Mossul gelegen, ehe es abgeholt wurde, und während Halef dann über sechs Monate gebraucht hatte, um im Schweiß seines Angesichts den obigen Brief zu Ende zu bringen, war ich schon am Tigris angekommen. Nachdem ich mich lange vergeblich erkundigt hatte, erfuhr ich endlich, daß die Haddedihn jetzt in der Nähe des Dschebel Khanuke zu suchen seien, und machte mich dorthin auf den Weg. Das war kein ungefährliches Unternehmen, weil ich gerade in dieser Richtung den Feinden dieses Stammes begegnen konnte und, wenn sie mich erkannten, darauf gefaßt sein durfte, mein Leben gegen sie verteidigen zu müssen. Ich war allein, und das Pferd, das ich ritt, taugte nicht viel, denn ich hatte kein teures gekauft, weil ich wußte, daß Halef eine Ehre darin suchen werde, mich gut beritten zu machen.

Das Glück war mir günstig. Es begegnete mir kein Mensch, bis ich die Höhen des Dschebel Khanuke im Süden vor mir liegen hatte. Da sah ich einen Reiter kommen, der, als er mich erblickte, sein Pferd anhielt und mißtrauisch zur Flinte griff. Ich zeigte mehr Vertrauen als er, ritt auf ihn zu und grüßte freundlich, als ich ihn erreichte. Er zögerte zu antworten, musterte mich mit finsterem Blick und fragte dann, ohne meinen Gruß zu erwidern:

„Du bist ein Türke, ein Bote des Pascha von Mossul?"

„Nein", entgegnete ich.

„Leugne es nicht! Ich sehe es dir an. Dein Gesicht hat die helle Farbe der Städtebewohner."

Ich war allerdings zu kurze Zeit unterwegs, um von der Sonne gebräunt zu sein, und wußte wohl, wie unbeliebt die Beamten des Pascha bei den Beduinen sind, die die Berechtigung der Regierung, Steuern zu erheben, nie anerkennen wollen. Darum sagte ich:

„Was geht mich der Pascha an! Ich bin ein freier Mann und nicht sein Untertan."

„Wie kann ein Türke sich einen freien Mann nennen?" höhnte er. „Nur der Bedawi[1] ist frei."

„Ich bin kein Türke."

„Was denn? Ein Kurde bist du auch nicht; das seh' ich. Welchem Volk könntest du also angehören?"

„Ich bin ein Franke."

„Ein Franke?" lachte er höhnisch. „Welche Lüge! Kein Franke wird sich so allein wie du in diese Gegend wagen."

„Glaubst du, daß nur die Beduinen Mut besitzen?"

„Ja."

„Und dennoch hieltest du an, als du mich erblicktest? Ich aber ritt getrost auf dich zu. Wer war es also, der Mut besaß?"

„Schweig! Einem einzelnen Menschen zu begegnen, dazu ist kein Mut erforderlich. Ich will wissen, welchem Volk oder Stamm du angehörst."

1 Beduine

Das klang beinahe drohend, und er spielte dabei mit dem Hahn seiner Flinte. Sein Gesicht war mir unbekannt. Er konnte also kein Haddedihn sein. Darum entgegnete ich in gleicher Weise:

„Wer von uns beiden hat das Recht, den anderen auszufragen? Wer ist der Höhere, ich oder du?"

„Ich!"

„Warum?"

„Die Herden meines Stammes weiden hier."

„Welches Stammes?"

„Der Haddedihn."

„Du bist kein Haddedihn!"

„Wie kannst du das behaupten?" fuhr er mich an.

„Wärest du einer, so müßte ich dich kennen."

„Kennst du alle Männer dieses Stammes?" fragte er erstaunt.

„Wenigstens die von deinem Alter."

„Allah! Bist du ein Freund oder Feind der Krieger der Haddedihn?"

„Ein Freund."

„Beweise es!"

Da lachte ich ihm ins Gesicht und sagte:

„Höre, wenn es hier etwas zu beweisen gibt, so ist es nur das, daß du ein Haddedihn bist!"

Er zog den Hahn auf und rief zornig:

„Willst du mich beleidigen, so gebe ich dir eine Kugel! Ich bin jetzt ein Haddedihn und gehörte vorher zum berühmten Stamm der Ateïbeh!"

„Das ist etwas anderes, aber ich habe dennoch recht gehabt. Kanntest du den Scheik Malek der Ateïbeh?"

„Ja. Er ist tot."

„Das stimmt. Er war der Großvater von Hanneh, die das Weib meines Freundes Hadschi Halef ist."

„Deines — Freundes —?" fragte er zweifelnd.

„Ja, denn ich bin Kara Ben Nemsi Effendi, und du wirst von mir gehört haben."

Ich sah auf seinem Gesicht erst den Ausdruck des Erstaunens, dann wieder des Zweifels und schließlich der Verachtung.

„Lüge nicht!“ antwortete er. „Wenn du denkst, daß ich dir glauben werde, hast du kein Hirn im Kopf. Du hättest Geschick, dieser Kara Ben Nemsi zu sein!“

„Ich bin es!“

„Wenn du es bist, so ist es auch möglich, el Aßfur[1] für el Nißr[2] zu halten!“

„Kennst du Kara Ben Nemsi?“

„Nein, denn ich bin erst seit einem Jahr bei den Haddedihn. Aber ich habe so viel von ihm gehört, daß ich ihn gar nicht gesehen zu haben brauche, um zu wissen, daß du ein Lügner bist. Dieser kühne Alaman ist der einzige Franke, der sich allein in diese Gegend wagen würde. Darum kannst du kein Franke, sondern mußt ein Diener des Pascha sein.“

„Maschallah! Deine Gedanken sind wirklich wunderbar! Gerade weil ich allein hier bin, muß ich Kara Ben Nemsi sein. Das ist die einzig richtige Folge der Behauptung, die du ausgesprochen hast.“

„Du scheinst zu wünschen, daß ich dich verlache. Ich kann beweisen, daß du nicht der bist, für den du dich ausgibst.“

„Wirklich?“

„So höre, und schäme dich dann! Ich habe einen Brief nach Mossul zu bringen, der nach Almanja zu Kara Ben Nemsi gehen soll. Kann er hier sein, wenn er einen Brief in seinem Vaterland empfangen muß?“

„Warum nicht? Ich habe vor neun Monaten an Hadschi Halef Omar, den Scheik der Haddedihn, geschrieben, daß ich nach Persien gehe und ihn dabei besuchen will. Muß ich da mit dieser Reise etwa warten, bis er mir erst nach Jahren eine Antwort schickt? Ich bin eher da, als er erwartet hat; das ist

1 Spatz 2 Adler

die Sache. Übrigens habe ich Hadschi Halef Umschläge für die Briefe gegeben, die er mir schreibt. Wenn du einen bei dir hast, so muß er folgendermaßen aussehen."

Ich zog ein Notizbuch aus der Tasche, schrieb meine Anschrift genauso, wie ich sie Halef gegeben hatte, auf ein Blatt und zeigte ihm dieses. Er griff in den Gürtelschal, brachte den Brief hervor, verglich beides lange und sorgfältig miteinander und rief dann aus:

„Allah akbar! Ich kenne diese Schrift und diese Worte nicht, aber die Zeichen sind die gleichen. Solltest du wirklich Kara Ben Nemsi Effendi sein? Dann hast du zwei Gewehre, ein großes und ein kleines, von denen jedermann weiß, daß sie —"

Er hielt mitten in seiner Rede inne, denn ich hatte die Gewehre vom Rücken, wo sie hingen, genommen und zeigte sie ihm hin. Jetzt war es höchst belustigend, sein Gesicht zu sehen. Leider hatte ich diesen Genuß nur einige Augenblicke, denn er schob mir seinen Brief und mein Notizbuch eiligst in die Hand und schrie: „Ia Suruhr, ia Suruhr! Hamdulillah — o Freude, o Freude! Allah sei gepriesen! Kara Ben Nemsi ist da! Ich muß augenblicklich zurück, es zu verkünden!"

Er wendete sein Pferd, schlug ihm die Fersen in die Weichen und jagte in der Richtung davon, aus der er gekommen war. Die beiden Gewehre, den Brief und das Notizbuch in den Händen, lachte ich hinter ihm her. Dieser Mann hatte eine eigentümliche Art, mich auf dem Weidegrund des Stammes, dem er jetzt angehörte, zu empfangen! Wie weit ich zu den Haddedihn von hier aus hatte, wußte ich nicht. Er hätte wenigstens das mir sagen können. Doch war mir seine Fährte ein sicherer Wegweiser ans Ziel, und so stieg ich vom Pferd und setzte mich in das jetzt im Frühjahr hohe Gras, um den Brief meines Hadschi Halef mit der gebührenden Andacht zu genießen.

Ich kannte den Stil des Kleinen und wußte, schon ehe ich das Schreiben öffnete, daß es eine Menge Ermahnungen enthalten werde, zu denen kein Grund vorhanden war. Und richtig, ich hatte mich nicht getäuscht! Ich soll meine Zelte flicken, die Laster fliehen, die Kamele nicht überfüttern, mich vor Sünde und Erkältung hüten, den Sattel nicht locker schnallen usw.! Das war so seine Art und Weise, mir seine Liebe zu erkennen zu geben; es konnte mich nicht beleidigen, sondern mir nur Spaß bereiten. Vor drei Monaten hatte er geschrieben: „Wir erwarten dich schon morgen“, und trotz dieser langen Zeit war ich viel eher da, als er ahnen konnte. Welche Wirkung die Nachricht von meinem Kommen im Lager hervorbringen werde, wußte ich. Es blieb gewiß kein Kind, das laufen gelernt hatte, im Zelt sitzen, und jeder, der ein Pferd zu besteigen vermochte, kam mir sicher entgegengeritten.

Als ich den Brief mit wahrem Genuß durchgelesen hatte, schwang ich mich wieder in den Sattel und folgte der Spur des so schnell zum Glauben gebrachten Ateïbeh. Sie führte südwärts, den Höhen des Dschebel Khanuke entgegen.

Ich sagte mir, daß ich nicht sehr weit entfernt vom Lager der Haddedihn sein könne. Die weite Steppe bildete ein einziges, ununterbrochenes Meer der ersten Frühlingsblüten. Mein Pferd war bis herauf zu mir vom Blütenstaub gefärbt, was bei dem Gaul des Boten nicht der Fall gewesen war. Hieraus durfte ich schließen, daß dieser Mann, als er mich traf, keinen weiten Weg zurückgelegt hatte. Er war so glücklich gewesen, gleich am Anfang seines Ritts nach Mossul dem Adressaten des Briefs zu begegnen.

Es war kaum eine Viertelstunde vergangen, so sah ich, daß ich mit dieser Voraussetzung das Richtige getroffen hatte: es erschienen zunächst zwei Reiter, die mir im fliegenden Galopp entgegenkamen. Der eine ritt einen Rappen und der andere einen Schimmel. Noch ehe ich ihre Gesichter erkennen konnte, wußte ich, wer sie waren, nämlich Hadschi Halef Omar auf der weißen, unvergleichlichen Stute, die einst Mohammed Emin und dann seinem Sohn Amad el Ghandur gehört hatte, und Kara Ben Halef auf dem Rapphengst Assil Ben Rih, dem Nachkommen meines unvergeßlichen Rih. Eine Strecke hinter diesen beiden ritt jemand eine Schecke. Das war Omar Ben Sadek auf dem einst von mir erbeuteten Aladschypferd. Und noch weiter zurück kam eine große und breite Wolke von Reitern, von denen jeder bemüht war, die anderen auszustechen.

Halef und sein Sohn hatten die besten Pferde, sie erreichten mich zuerst. Ich war abgestiegen, um sie stehend zu empfangen. Fast noch im Jagen sprangen sie ab. Halef stürzte mit ausgebreiteten Armen auf mich zu.

„Sihdi, guter, lieber Sihdi!“ rief er. „Meine Wonne findet keine Stimme und mein Entzücken keine Worte! Erlaß mir die Rede; ich kann vor Freude nicht sprechen!“

Er schlang die Arme um mich, legte den Kopf an meine Brust und weinte laut. Ich küßte ihn auf die Wangen und sagte:

„Und in mir schweigt die Stimme der Sehnsucht, die mich zu dir getrieben hat. Sie hat Erhörung gefunden, und ich preise Allah, der mir dieses frohe Wiedersehen spendet.“

Da drückte er die Arme noch fester um mich, ließ mich dann rasch los, wendete sich zu seinem Knaben um und sagte:

„Hast du es gesehen, mein Sohn? Kara Ben Nemsi, den wir verehren und den ich liebe, hat mich geküßt! Das ist mehr, tausendmal mehr als meine Freundschaft und Liebe zu ihm sich jemals hätte erbitten dürfen. Vergiß es nie in deinem Leben, daß seine Lippen das Angesicht deines Vaters berührten! Es ist das auch für dich ein Ruhm, den keine andere Ehrung erreichen kann."

Halef zog Kara zu mir heran, daß er mir die Hand reichen solle. Ich bückte mich zu dem Knaben nieder, küßte ihn auch auf die Stirn und sagte:

„Du bist der Sohn meines Freundes Halef, nach seinem und meinem Namen Kara Ben Halef genannt. Denke, daß auch ich dich wie ein Vater liebe. Ich wünsche, daß du einst als Mann ihm gleichen mögest!"

Da reckte sich mein kleiner Hadschi Halef stolz in die Höhe und rief, die Freudentränen noch immer in den Augen:

„Hast du die Worte des größten Helden, den ich kenne, wohl vernommen? Ein Mann sollst du werden, wie ich, dein Vater, einer bin! Wir haben den Löwen getötet und den schwarzen Panther bezwungen; wir sind stets siegreich gewesen und haben niemals einem Feind den Rücken gezeigt. In deinen Adern rinnt mein Blut, und hinter deiner Stirn wohnen die Vorzüge meines Geistes. Allah gebe, daß du durch deine Taten einst die Berühmtheit deines tapferen Vaters erreichst!"

Richtig! So war er! Gleich im ersten Augenblick des Wiedersehens war es ihm nicht möglich, seiner Gewohnheit, dicken Farben aufzutragen, zu widerstehen. Das war ihm, ohne verwerfliche Prahlsucht zu sein, zur zweiten Natur geworden. Er brachte, ohne eigentlich zu wollen, es fertig, selbst in einem Augenblick tiefster Rührung und Ergriffenheit durch seine harmlose Ruhmredigkeit dem Ernst einen heiteren Beigeschmack zu geben. Wer ihn kennengelernt hatte, dem fiel es nicht mehr auf.

Inzwischen war Omar Ben Sadek auch herangekommen und von seinem Aladschy gestiegen. Er reichte mir beide Hände und sagte:

„Sihdi, ich bin nicht so mit Ruhm und Ehre beladen wie Hadschi Halef Omar, unser Scheik. Aber ich habe dich ebenso lieb wie er, und für das, was ich dir schulde, wird die Dankbarkeit niemals in meinem Herzen sterben. Sei uns willkommen! Mit dir kehren alle guten Geister bei uns ein."

Und nun kam sie herangebraust, die dichte, vielköpfige Reiterwolke! Die Zügel in der Linken und die Flinten in der Rechten trieben sie unter jauchzendem Geschrei, als wollten sie uns in Grund und Boden reiten, ihre Pferde in sausendem Galopp bis auf drei Schritte zu uns heran, rissen sie empor, stoben zurück, kehrten, allerlei Figuren bildend, wieder, jagten, immer schießend und von neuem ladend, scheinbar wirr durcheinander und ritten dabei stets so nah an uns vorüber, daß man, um sich nicht durch ängstliches Zurückweichen eine Blöße zu geben, mit diesem Brauch und ihrer Reitertüchtigkeit bekannt sein mußte. Hinter ihnen hielten Knaben im Alter bis zu vier, fünf Jahren herunter auch auf Pferden, um dieser „Fantasia", an der sie nicht teilnehmen durften, zuzusehen. Dann stiegen wir auf, wurden in die Mitte genommen, und es ging im Galopp dem Lager zu, vor dem die Greise, Frauen und Mädchen standen, um uns in allen Stimmlagen mit „Alan wasah'lan!", „Marhaba!" und „Habakek[1]!" zu empfangen.

Vor einem schönen Zelt, in dem ich wohnen sollte, wurde abgestiegen. Daß die Haddedihn ein besonderes Zelt für Ehrengäste besaßen, war ein Zeichen, daß der Stamm sich eines außerordentlichen Wohlstands erfreute. Später, als Halef mich mit sichtlichem Stolz um das Duar[2] führte, um mir die Herden zu zeigen,

1 Willkommen
2 Zeltdorf

erkannte ich zu meiner Freude, daß die mir so befreundeten Menschen jetzt bedeutend wohlhabender waren als zu der Zeit, in der ich sie kennenlernte. Ich konnte nicht umhin, dem Hadschi diese Bemerkung mitzuteilen, und er ergriff sofort die günstige Gelegenheit, sich unter die geliebte Beleuchtung zu bringen, indem er fragte:

„Weißt du, Sihdi, wem der Stamm alles zu verdanken hat?"

„Dir jedenfalls! Oder nicht?"

Da legte er sich beide Hände auf das Herz, machte den Nacken steif, zog die Brauen wichtig in die Höhe und sagte:

„Ja, mir! Ich bin der Scheik, und du wirst wissen, was eine gute Regierung bedeutet. Ich bin es, dem alle diese Untertanen mit ihren Körpern und den Seelen, die in den Körpern wohnen, anvertraut sind. Ich bin der Vater und die Mutter, der Großvater und die Großmutter, ja sogar der Ahne, Urahne und Urvorahne dieses meines Volkes. Ich ernähre und kleide meine Untertanen; ich wasche und kämme sie; ich tadle und richte, bewahre und schütze sie. Ich habe sie reich und glücklich gemacht. Kannst du erraten, wodurch? Es ist ein einziges, kleines Wort."

„Du wirst das Wort Friede meinen."

„Ja, es ist der Friede. Mohammed Emin und Amad el Ghandur waren kriegerisch gesinnt, hatten aber kein Glück. Wären nicht wir beide, ich und du, damals zu den Haddedihn gekommen, so hätten sie in allen Kämpfen unterliegen müssen. Mohammed Emin fiel im Streit, und Amad el Ghandur mußte der Fehler wegen, die er gemacht hatte, die Würde des Scheiks niederlegen. Dann wurde Malek gewählt, der Großvater meines Weibes Hanneh, der lieblichsten unter den schönen Frauen aller Länder und aller Völker. Er war zwar alt, liebte aber als Ateïbeh auch den Krieg, und er hatte auch kein Glück. Als er starb, wurde ich gewählt. Das war wohl das klügste, was die Haddedihn tun konnten. Du weißt, daß ich ein tapferer Krieger bin und niemals einen Feind gefürchtet habe. Auch ich liebte das Schwert und wollte es nicht in der Scheide rosten lassen; da aber kamst du mir dazwischen, Sihdi! Deine Stimme klang aus dem Mund meines Weibes Hanneh, der schönsten Rose unter allen Blumen der Frauenzelte. Du hattest so oft von Gottes Liebe, Gnade, Barmherzigkeit und Güte gesprochen; du hattest so oft gesagt, daß der Mensch ein Ebenbild Gottes sein solle. Du hattest gelehrt, daß die Liebe die größte Macht des Himmels und der Erde sei, der nichts widerstehen könne. Das waren deine Worte gewesen. Aber deine Taten wirkten noch mächtiger als deine Worte. Du hast selbst deine ärgsten Feinde so lange geschont, wie es nur möglich war. Du hast lieber durch Milde oder List zu erreichen gesucht, was du durch Strenge oder Kampf viel schneller hättest erlangen können. Du hast dein Leben zehnmal gewagt, um das eines Feindes zu schonen. Diese deine Taten haben noch lauter als deine Worte zum Herzen meiner Hanneh gesprochen. Als du längst von uns gegangen warst, hat sie still in ihrem Zelt gesessen und durch die Wand andächtig zugehört, wenn von dir erzählt wurde. Sie hat dich zu ihrem Vorbild erwählt und nicht geduldet, daß mein Säbel aus der Scheide fahre. Du weißt, daß wir beide, ich und du, damals die Feinde der Haddedihn besiegten und für lange Zeit unfähig machten, sich wieder zu erheben. Als ich Scheik wurde, vereinigten sie sich zu einer Erhebung gegen uns. Ich wollte sie mit der Schärfe des Schwerts niederschlagen, Hanneh aber sagte, du würdest an meiner Stelle anstatt der Gewalt die Klugheit wählen. Sie gab mir den Rat, die Feinde untereinander zu entzweien; sie sagte mir auch, in welcher Weise mir das leicht gelingen werde, und so habe ich den Kampf vermieden und dennoch unsere Macht verdoppelt."

„Hm!" summte ich lächelnd vor mich hin. „Meinst du, lieber Halef, daß Hanneh mit diesem Rat das Richtige getroffen hat?"

„Hm!" summte auch er, aber nicht lächelnd, sondern nachdenklich. „Darf ich dir etwas anvertrauen?"

„Alles, was du willst!"

Er näherte seinen Mund meinem Ohr und fuhr flüsternd fort: „Hanneh ist nämlich nicht nur die lieblichste unter den Haremsblumen, sondern auch außerordentlich klug. Sihdi, ich sage dir: sie hat immer recht!"

Fast hätte ich über die stolze Überzeugung, mit der er dies sagte, laut aufgelacht. Also mein tapferer Halef stand unter dem Pantoffel! Nicht er, sondern seine „lieblichste der Blumen" war Scheik der Haddedihn! Aber das konnte mich nur freuen, und es fiel mir nicht ein, ihn darum weniger zu achten. Es ist jeder heißblütig angelegte Mann glücklich zu preisen, wenn er eine bedachtsame Frau besitzt, die es versteht, ihn in freundlicher Weise von Unbedachtsamkeiten zu bewahren. Und doppelt glücklich zu preisen ist er, wenn er trotz seiner erregbaren Natur so einsichtig ist, sich von ihr raten und lenken zu lassen. Es geht ihm dadurch kein Teilchen von seiner Manneswürde verloren. Ich habe nicht wenige Ehen kennengelernt, deren Glück nur dieser liebevollen, vorsichtigen Führung der Frau zu verdanken war. Das sind Perlen, deren Wert gar nicht hoch genug geschätzt werden kann.

Halef war mir stets ein unendlich treuer, aufopfernder und in gewöhnlichen Lagen höchst zuverlässiger Diener und Begleiter gewesen. Sein Mut und seine Tapferkeit hatten nie versagt, und er hätte, um mich zu retten, gewiß jederzeit sein Leben aufs Spiel gesetzt. Aber gerade in Gefahren war seiner Zuverlässigkeit nicht immer zu trauen gewesen, da ging seine Furchtlosigkeit zuweilen mit ihm durch, und er hatte mich dadurch, daß er über seine Anweisungen hinaus handelte, oft in unangenehme Lagen gebracht. Darum freute ich mich herzlich, als ich von ihm hörte, daß seine Hanneh eine der vorsichtigen Frauen war, von denen es im Lied vom Sanguinikus heißt:

„Und will er in die Lüfte allzu munter,
So zieht sie ihn am Frackschoß wieder runter."

Ich lächelte ihm freundlich zu und fragte:

„Wenn sie immer recht hat, so hast du wohl immer unrecht?"

„O nein! Wie kannst du dieses von mir denken, Sihdi! Wie kann dein Halef einmal unrecht haben? Ich bin ja immer mit ihr einverstanden! Also habe ich stets ebenso recht wie sie!"

„Das ist sehr klug von dir, mein lieber Halef. Ein Mann, der gern den vernünftigen Ratschlägen seines Weibes folgt, gleicht einem Muslim, der stets nach dem Koran handelt!"

„Wie freut es mich, daß du dieser Meinung bist! Zuweilen will es mir nämlich scheinen, als müsse man auch einmal widersprechen. Wenn ich dann der lieblichsten der Frauen ins Antlitz blicke, so hat sie sicher recht. Wie könnte ich solche Freundlichkeit betrüben und so ein Lächeln in Wehmut verwandeln? Ich muß dir sagen, daß ihr Lächeln sich schnell auf meinem Angesicht widerspiegelt und dann — dann, dann geht — geht —"

Er stockte und so fuhr ich, auch lächelnd, fort:

„Dann geht es wohl auch auf deine Haddedihn über, und schließlich lächelt der ganze Stamm?"

„Ja, Sihdi, fast ist es so. Es geht von Hanneh, der Krone aller Frauen, eine Milde aus, die sich erst mir und dann auch allen, mit denen ich verkehre, mitteilt. Meine Haddedihn sind jetzt nicht mehr die rücksichtslosen Krieger, die sie früher waren. Ja, denke dir nur, es kommt sogar vor, daß sie höflich mit mir, ihrem höchsten Vorgesetzten sind. Das stammt von dir und deinen Lehren und Taten her, und da mich niemand hört, will ich aufrichtig sein und es dir sagen: Im heiligen Buch der Christen ist, bei Allah und dem Propheten, viel, viel größere Weisheit enthalten als im Koran, den ich früher als Inbegriff alles himmlischen und irdischen Wissens gehalten habe. Ich wollte dich damals zum Islam bekehren und ärgerte mich über deine Hartnäckigkeit. Jetzt aber sehe ich ein, daß in einem einzigen freundlichen Lächeln meiner Hanneh mehr Religion und Weisheit liegt als in allen hundertvierzehn Suwar[1] des heiligen Buches Mohammeds. Und sodann — — höre, Sihdi, noch ein Geheimnis!"

Er brachte seinen Mund wieder in die Nähe meines Ohrs und flüsterte: „Auch Hanneh, die einzige Rose unter den Blumen und Blüten der Frauenwelt, mag nichts vom Koran wissen."

„Warum?"

„Weil die Ausleger des Koran behaupten, daß die Frauen keine Seele haben."

„Und das will sie sich nicht gefallen lassen?"

„Nein, auf keinen Fall! Laß dir, lieber Sihdi, im Vertrauen mitteilen: sie behauptet, sie habe eine — und zwar was für eine!"

„Hm! Sollte man das denken?"

„Denken? Sie erlaubt mir gar nicht, ihr zu sagen, was ich darüber denke, und als ich ihr nur so ganz leise und liebevoll andeutete, daß Mohammed doch gewußt haben müßte, was er lehrte, bestand sie darauf, daß ihre Seele, den Körper gar nicht gerechnet, allein

1 Mehrzahl von Sure = Korankapitel

zehnmal mehr wert sei als der ganze Prophet, Leib und Seele zusammengenommen."

„Gibst du ihr da recht?"

„Sie hat ja immer recht, und wenn man sich nach seinem Weib richtet, so ist das ebensogut, wie wenn man sich nach dem Koran richtet; das hast du ja vorhin selbst gesagt. Ich handle also genau nach dem Koran, wenn ich glaube, was Hanneh, die beste aller Frauen, glaubt."

Welch eine Logik! Der kleine, wackere Hadschi glaubte, sich nach dem Koran zu richten, indem er ihn verwarf. Es fiel mir nicht ein, ihm diese Ansicht zu widerlegen und wir kehrten nach unserem Rundgang in das Duar zurück, um da den Hammel zu verzehren, für den es nach Halefs Worten eine „Freude und Ehre gewesen war, sich für mich schlachten zu lassen".

Ich blieb eine volle Woche der Gast der Haddedihn. Während dieser Zeit gab es keinen anderen Gesprächsgegenstand als die Begebenheiten während meiner früheren Anwesenheit bei dem Stamm, auf die man noch heute mit stolzer Genugtuung zurückblickte. Halef war der Hauptsprecher. Er hielt eine Menge Reden und Vorträge, in denen er mich als den größten Helden unter der Sonne beschrieb und dabei sich als meinen Freund, Beschützer und Erhalter hinstellte. Ich pflegte mich zu entfernen, sobald er sich anschickte, eine solche Lobpreisung meiner Person und seiner selbst loszulassen. Ich brachte es nicht fertig, seine übertriebenen Orientalismen durch meine Gegenwart zu billigen, und war mir dabei der völligen Unmöglichkeit bewußt, sie auf irgendeine Weise zu verhindern. Als ich einmal eine hierauf bezügliche Bemerkung machte und mich dabei des Wortes iftichar[1] bediente, fuhr er vor mir wie vor einer Natter zurück und rief zornig aus:

1 Prahlen, aufschneiden

„Was? Wie, Sihdi? Ich soll ein Müftechir[1] sein? Wie kannst du mich in dieser Weise beleidigen und die Wange eines Mannes schamrot machen, der dir sein ganzes Herz geschenkt hat und jederzeit bereit ist, sein Leben fünfzigmal hintereinander für dich hinzugeben? Weshalb führt man solche Heldentaten, wie wir sie verrichtet haben, aus? Doch nur, damit man von ihnen erzählen kann!"

„Nein! Was wir getan haben, ist aus anderen und besseren Gründen geschehen. Ich habe —"

„Gründe?" unterbrach er mich. „Von den Gründen ist jetzt nicht die Rede, denn Gründe gehen voraus, das Sprechen aber folgt hinterher. Wenn ich von dem, was ich getan und erlebt habe, nicht sprechen soll, so will ich lieber gar nichts tun und erleben."

„Wer hat dir das Sprechen verboten? Du sollst dich nur vor Übertreibungen hüten."

„Übertreibungen? O Sihdi, wie ist es mit deiner Erfahrenheit und Menschenkenntnis doch so schlecht bestellt! Der Mensch ist das einzige ungläubige Geschöpf, das auf der Welt wohnt, denn Tiere, Pflanzen und Steine können nie ungläubig sein, was du aber gar nicht zu wissen scheinst. Und weil der Mensch den Unglauben allein besitzt, so hat er davon eine so große Menge, daß sie nicht berechnet werden kann. Sagst du das Wort hundert, so wird man dir nur das Wort zwanzig glauben. Hast du fünf Kinder, so traut man dir nur zwei zu, und behauptest du, alle zweiunddreißig Zähne zu besitzen, läßt man dir nur zehn oder elf, zwischen denen sich einundzwanzig Lücken befinden. Darum wird ein kluger Mensch stets mehr sagen, als eigentlich richtig ist. Ich, der Besitzer eines einzigen Kindes, sage, daß ich zehn Knaben und zwanzig Mädchen habe. Ich behaupte, sechsundneunzig Zähne zu besitzen, und das ist keine Lüge, denn ich

1 Prahler

weiß ja, daß man mir wenigstens dreiviertel davon abziehen wird. Ich sage keine Unwahrheit und übertreibe nicht, denn wenn ich sage, daß ich zwei Beine besitze, so glaubt man nur an eins, und ich muß also, wenn die Wahrheit getroffen werden soll, wenigstens von vieren sprechen. Allah mag deinen Geist erleuchten, daß du das, was ich dir jetzt gesagt habe, nach und nach verstehen lernst und mir nicht immer dreinredest, wenn ich von unseren Heldentaten erzähle. Wenn du einen Wüstenfuchs geschossen hast, mußt du unbedingt einen Löwen daraus machen, weil man sonst annimmt, daß es nur eine Maus gewesen sei, und wenn ein Mensch im Fluß umgekommen ist, so muß ich erzählen, daß zehn Personen ertrunken seien, denn sonst behauptet man, daß überhaupt gar kein Wasser zum Ertrinken dagewesen sei. Nimm dir diese meine Worte zu Herzen, Sihdi! Wenn du heiler Haut nach Persien und wieder zurückkommen willst, so sage stets mehr, als du eigentlich zu sagen hast. Allah jißallimak — Gott behüte dich!"

Er drehte sich nach dieser Ermahnung um und ging in der selbstbewußten Haltung eines Mannes fort, der einen anderen durch Überlassung seines ganzen Vermögens vom Bankrott errettet hat. Er war im Prahlen eben unverbesserlich, doch muß ich zu seiner Entschuldigung hinzusetzen, daß ihm das als Orientalen nicht so sehr angerechnet werden durfte. Hätte er sich nach europäischem Muster benommen, so wäre er nicht der liebe, wackere und eigenartige Kauz gewesen, als der er mir stets so sehr gefallen hatte.

Im Verlauf der vorhin angegebenen Zeit von einer Woche kam das Gespräch oft auf meine beabsichtigte Reise nach Persien, und da erfuhr ich, daß Halef plante, vorher erst einen anderen Ritt zu unternehmen, der allerdings notwendiger als meine Reise war. Die Kabila[1]

[1] Abteilung

der Haddedihn gehört, wie man weiß, zum Scha'b[1] der Schammar, und darum hatte es der kleine Hadschi schon längst für angezeigt gehalten, den Dschebel Schammar und Haïl, den Hauptort dieser Landschaft, aufzusuchen, um die lange unterbrochenen Beziehungen zu den Stammesgenossen wieder anzuknüpfen. Halef wollte den Ritt zuerst mit einer großen Begleitung unternehmen, sah aber davon ab.

So kam es, daß Halef, sein Sohn und ich zu dritt diese diplomatische Reise antraten. Was wir dabei erlebten, wurde an anderer Stelle erzählt[2]. Der Ausflug zu den Schammarbergen wurde wegen seiner nebensächlichen Bedeutung von mir nur kurz angedeutet, weil ich über die Wüsten Arabiens in einem besonderen Band noch ausführlicher schreibe[3] und hier nur von unseren Erlebnissen während unseres Rittes nach Persien berichten will. Ich überließ es Halef, seiner Hanneh und den Haddedihn eine oft wiederholte Beschreibung großer Heldentaten zu geben, und war dabei überzeugt, diese Aufgabe in die richtigen Hände gelegt zu haben.

Als nach drei Tagen dieser Stoff erschöpft war, fand er Zeit, nun auch von Persien zu sprechen. Der liebe, kleine Kerl hätte mich diese Reise auf keinen Fall ohne seine Begleitung unternehmen lassen. Er wollte wieder Kara Ben Halef mitnehmen und wurde von diesem Gedanken nur durch meine wiederholte Darlegung abgebracht, dieser sei für eine so lange andauernde Anstrengung noch zu jung und würde uns eher Schaden als Nutzen bringen. Auch Omar Ben Sadek wollte mit, und verschiedene Haddedihn boten sich an. Ich hatte Mühe, ihnen zu beweisen, daß sich zwei einzelne Männer auf einer solchen Reise viel

1 Stamm, Volk
2 Karl May, Gesammelte Werke, Band 26, „Der Löwe der Blutrache", Erzählung VII
3 Karl May, Gesammelte Werke, Band 25, „Am Jenseits"

leichter und sicherer bewegen können als ein zahlreicher Reitertrupp, der überall Aufsehen erregt.

Es war also bestimmt, daß ich mit Halef allein ritt. Ich sollte Assil Ben Rih bekommen, der das gleiche Geheimnis wie mein Rih, sein Vater, hatte, und Halef wollte die Stute Mohammed Emins nehmen. Ich redete ihm das aus, weil ein Schimmel durch seine auffallende Farbe leicht gefährlich werden kann. Ein weißes Pferd ist aus großer Entfernung zu erkennen, und ich wußte aus Erfahrung, wie vorteilhaft es ist, wenn man einen Feind eher entdeckt, als man von ihm gesehen wird. Als ich auch das Alter dieses Pferdes erwähnte, sagte Halef: „Oh, die Stute ist noch ganz wie sie war, als wir sie zum erstenmal sahen. Aber du hast recht, Sihdi, wir können kein helles Pferd brauchen. Ich muß auch einen Rappen haben, und — ich habe einen."

Er legte auf die letzten drei Worte eine solche Betonung, daß ich fragte:

„Und wohl was für einen, lieber Halef?"

„Ja. Du hast ihn noch nicht gesehen, ich wollte dich überraschen. Es ist ein echter Nedschdhengst, dessen Stammbaum ich leider nicht besitze."

„Unmöglich! Ein so kostbares Pferd — ohne den Stammbaum —?!"

„Es ist so! Als die Abu Hammed sich zum letztenmal gegen uns erhoben, mußten sie den Frieden mit Pferden und Kamelen bezahlen, unter denen ich selbst die Auswahl traf. Das beste ihrer Pferde war der Rapphengst, den ich meine. Ich nahm ihn für mich, das war die schwerste Strafe, die sie treffen konnte, und ich weiß, daß sie diesen Verlust selbst heute noch nicht verwunden haben. Der Hengst wurde von einem Raubzug mitgebracht, und es war von niemand zu erfahren, wer der frühere Besitzer des Tieres gewesen ist. So kommt es, daß ich einen echten Nedschdhengst, aber nicht auch seinen Stammbaum besitze."

„Aber einen Namen hat er doch?“

„Wie er früher geheißen hat, weiß ich nicht. Bei den Abu Hammed wurde er El Atim[1] genannt, seiner Farbe wegen. Das war mir nicht genug, denn er verdient einen edleren Namen. Da fiel mir der Rapphengst ein, den, wie du mir erzähltest, dir dein Freund Winnetou, der rote Scheik, geschenkt hat. Sag, wie war der Name dieses Pferdes?“

„Hatatitla.“

„Bedeutet das nicht soviel wie Barkh[2] in meiner Sprache?“

„Ja.“

„Das wußte ich noch, du hast es mir gesagt, und darum habe ich das Pferd El Barkh genannt, weil dir der Hengst deines roten Freundes stets so teuer gewesen ist. Komm und sieh dir seinen Namensbruder an!“

Halef führte mich ein großes Stück in die Steppe hinein, bis dahin, wo die Kamelhirten ihre Tiere beaufsichtigten. Es befand sich nur ein einziges Pferd dort, der Nedschdi, den ich sehen sollte. Als er uns bemerkte, kam er auf uns zu und ließ sich von Halef liebkosen.

„Nun, Sihdi, wie gefällt er dir?“ fragte dieser.

Der Rappe hatte eine kleine, schmale Blässe unter der breiten Stirn. Der schön gebogene, feine Hals trug einen kleinen Kopf mit spitzen, geradestehenden Ohren. Die Nase war sanft zugespitzt, das Auge hervorstehend und feurig, die Brust breit, der Widerrist scharf, der Rumpf kurz, das Bein sehnig und der Huf klein, rund und hart. Lobenswert war der schöne Schweifansatz, weniger aber das lange und dichte Mähnenhaar.

Ohne die Frage des Hadschi gleich zu beantworten, unterwarf ich das Pferd einer genauen Prüfung, mit

1 Der Dunkle 2 Blitz

der Besichtigung der Augen beginnend und mit der Untersuchung des Hufs aufhörend. Dann mußte Halef es mir in allen Gangarten vorreiten. Als er abstieg, wiederholte er seine Frage:

„Nun, wie gefällt er dir? Hast du Fehler gefunden?"

„Sag vorher, ob auch du Barkh schon auf Fehler untersucht hast!"

„Ja. Er ist fehlerfrei."

„Lieber Halef, glaubst du, daß es überhaupt ein fehlerfreies Pferd geben kann?"

„Das verstehst du besser als ich."

„Eigentlich solltest du als Bedawi das besser verstehen als ich, dessen Beruf es ist, möglichst viel Federn und Tinte zu verbrauchen."

„Allah! Sag aufrichtig: hat dieser Hengst Fehler?"

„Ja."

„Wenn das wahr ist, muß ich blind gewesen sein!"

„O nein! Es handelt sich nur um Kleinigkeiten, die den Wert des Pferdes nicht vermindern. Zunächst sind die Hinterhufe ungleich groß, aber der Unterschied ist so unbedeutend, daß du ihn noch gar nicht bemerkt hast. Sodann sollte das Vorderteil etwas tiefer sein, und endlich ist die Stirn zwar breit, aber zwischen den Augen zu flach: sie sollte da gewölbter sein."

„Allah kerîm!" seufzte er. „Eine solche Menge Fehler sind vorhanden? Aber du gibst doch sicher zu, daß es dennoch ‚hörr' zu nennen ist?"

‚Hörr' bedeutet hochedel und wird bei solchen Pferden gebraucht, deren Eltern beide fehlerfrei waren.

„Nein, es ist nicht ‚hörr', sondern nur ‚mekueref', lieber Halef."

‚Mekueref' bezeichnet ein Pferd, dessen Mutter edel, der Vater aber unedel war.

„Beweise es!" forderte mich der Hadschi auf.

„Die Ohren stehen zu gerade. Bei einem hochedlen

Pferd müßten sich ihre Spitzen fast berühren. Und sodann ist eine so dichte Mähne stets ein Zeichen gemischten Blutes. Ich kann dir dieses Urteil nicht ersparen, doch hast du keinen Grund, darüber zu trauern. Assil Ben Rih ist edler als dieser Hengst. Der Gebrauchswert beider aber ist jedenfalls gleich. Hat Barkh auch ein Geheimnis?"

„Ob sein erster Besitzer ihm eins gegeben hat, kann ich nicht wissen. Kein Mensch wird dem Dieb seines Pferdes dessen Geheimnis nachsenden. Aber ich habe dem Rappen ein heimliches Zeichen eingeübt. Ich bin der einzige, der es kennt. Selbst mein Sohn und Hanneh wissen nichts davon. Dir aber, Sihdi, will ich es sagen. Wenn wir miteinander reiten, kann leicht der Fall eintreten, daß du zu unserer Rettung das Geheimnis wissen mußt. Es besteht nämlich darin, daß ich mich in den Bügeln hebe und dreimal hintereinander stark niese."

„Lieber Halef", lachte ich, „du bleibst doch stets der gleiche!"

„Wie meinst du das? Worüber lachst du so?"

„Darüber, daß du selbst dem ernstesten Ding eine lustige Seite abzugewinnen weißt."

„Ernst? Lustig?"

„Ja. Das Geheimnis eines Pferdes ist doch eine sehr ernste Sache, denn man wendet es nur dann an, wenn man sich in großer Gefahr oder gar in Todesnot befindet. Nun sehe ich dich jetzt im Geist von Feinden umgeben oder von ihnen verfolgt. Die Kugeln pfeifen, die Speere sausen, die Messer blinken und da fängst du an zu niesen, und —"

„Schweig, Sihdi!" unterbrach er mich. „Es ist gleich, was man in einer solchen Gefahr zu seiner Rettung tut, wenn es nur Hilfe bringt. Wenn ich durch dreimaliges Niesen dem Tod entgehe, so ist das wohl besser für mich, als wenn ich durch zehnmaliges Husten das

Leben verliere. Wie du darüber lachen kannst, ist mir unbegreiflich."

„So will ich mich jetzt des Ernstes befleißigen und dich fragen: hast du dem Nedschdi eine Sure angewöhnt, die du ihm abends ins Ohr flüsterst?"

„Oh Sihdi, verlange nicht zuviel von mir! Wer einen ganzen Beduinenstamm regieren soll, findet keine Zeit, sich eine lange Sure des Koran genau einzuprägen."

„Wie schade! Mein Rih war gewöhnt, daß ich bei ihm schlief. Sein Hals war mein Kopfkissen, und ehe ich einschlief, sagte ich ihm seine Sure leise ins Ohr. Er war gewohnt, nur dem, der das tat, zu gehorchen. Nun hat wohl auch Assil Ben Rih keine Sure?"

„Sihdi, wie kannst du fragen! Der Nachkomme deines herrlichen Rih mußte unbedingt eine haben. Kennst du die Sure Abu Laheb?"

„Ja. Es ist die Hundertundelfte."

„Sage sie!"

„Sie lautet: ‚Untergehen sollen die Hände des Abu Laheb; untergehen soll er selbst. Sein Vermögen und alles, was er sich erworben hat, soll ihm nichts helfen. Zum Verbrennen wird er ins flammende Feuer kommen und mit ihm sein Weib, das Holz herbeischleppen muß, und an ihrem Hals soll ein Seil hängen, das aus den Fasern eines Palmbaums geflochten ist!'"

„Ja. das ist die Sure Abu Laheb, die du deinem Pferd des Abends ins Ohr flüstern mußt."

„Warum gerade diese?"

„Weil sie so kurz ist. Ich habe sie auswendig lernen müssen, um sie dem Rappen vorzusagen. Du wirst von heute an bei Assil Ben Rih schlafen, wie du bei seinem Vater geschlafen hast. Soll ich dir auch noch sein Geheimnis des Herunterwerfens sagen?"

„Hat er eins? Das wäre mir willkommen."

„Assil und Barkh, beide haben eins. Ich habe es ihnen heimlich eingelernt. Es ist für beide Pferde gleich, weil die Abrichtung dadurch vereinfacht wurde. Wenn du zweimal das Wort ‚Litaht[1]' rufst und dazwischen einen scharfen Pfiff hören läßt, wird sofort jeder Reiter abgeworfen, dem du nicht erlauben willst, im Sattel sitzenzubleiben. Merke dir das, Sihdi, denn es ist leicht möglich, daß du dadurch einmal Vorteile über einen Feind gewinnst!"

Es verstand sich von selbst, daß ich diese Vorteile für wahrscheinlich hielt, denn nicht bloß Rih, sondern auch die beiden Hengste Winnetous waren geübt gewesen, jeden fremden Reiter auf ein bestimmtes Zeichen abzuwerfen, und ich hatte den Nutzen dieser Abrichtung wiederholt erlebt.

Unser Weg sollte über Bagdad gehen, und wir beschlossen, ihn, um die Pferde nicht gleich im Anfang anzustrengen, bis zu dieser Stadt auf dem Tigris zurückzulegen. Es mußte, um uns und die Pferde tragen zu können, ein ziemlich großes Kellek zusammengesetzt werden, eines jener Flöße aus aufgeblasenen Ziegenfellen, die auf dem erwähnten Fluß gebräuchlich sind. Man wollte uns einreden, daß wir zum Lenken des Kellek und zum Schutz gegen die etwa am Fluß sich aufhaltenden feindlichen Beduinen eine Anzahl Haddedihn mitnehmen müßten, ich ließ mich aber nicht dazu bewegen. Die betreffende Strecke des Tigris war uns von früher her bekannt. Je mehr Leute wir mitnahmen, um so größer mußte das Floß sein. Ein kleines Fahrzeug erregt weniger Aufmerksamkeit als ein großes, und wir beide waren jedenfalls allein sicherer als unter dem fragwürdigen Schutz von Leuten, deren Anwesenheit vielleicht die Gefahren, denen wir entgehen wollten, erst recht herbeiführten.

1 „Herunter!"

Am Abend vor unserem Aufbruch hatten wir sehr lang in der Dschemma, dem Rat der Alten, beisammengesessen, um auf die Dauer von Halefs Abwesenheit eine Vertretung für ihn zu wählen. Es war weit nach Mitternacht, als ich in mein Zelt ging, um mich niederzulegen. Ich stand eben im Begriff, die Sesamöllampe auszulöschen, als der Türvorhang zurückgeschlagen wurde, und der Hadschi seinen Kopf hereinsteckte, um mich zu fragen:

„Sihdi, darf ich herein?"

„Gewiß!"

Da trat er vollends ins Zelt, kam nahe zu mir heran, machte ein höchst geheimnisvolles Gesicht und flüsterte:

„O Sihdi, ich habe dir etwas zu sagen, worüber du vor Erstaunen bis übermorgen den Kopf wiegen wirst!"

„Ich werde das wahrscheinlich in viel kürzerer Zeit besorgen. Was hast du mir zu sagen?"

„Ich bringe es kaum über meine Lippen, denn es ist etwas so Ungewöhnliches, daß du mich vielleicht hinauswerfen wirst!"

„Das denke nicht! Meinen Halef werfe ich nicht hinaus."

„Aber es geht gegen den Koran, — — oh, es geht überhaupt gegen alle Sitten und Gesetze! Ich war erschrocken, als ich es hörte. Aber durfte ich es meiner Hanneh abschlagen, die die Wonne meines Leben ist?"

„Nein, du durftest es ihr nicht abschlagen."

„Ich danke dir, Sihdi! Deine Worte geben mir den Mut, dir zu sagen, daß sie den Wunsch hat, jetzt noch mit dir zu sprechen."

„Und das bringt dich so in Verwirrung? Ich habe während dieser Wochen so oft mit ihr gesprochen, ohne daß deine Seele dabei das Gleichgewicht verlor. Bei euch

Beduinen ist die Frau nicht eine solche Sklavin wie in den Harems der Städtebewohner."

„Das ist richtig; aber du kennst noch gar nicht die ganze Fülle ihres Wunsches, die den Umfang deines Geistes tief erschüttern wird. Du hast bisher nämlich nur am Tag und in Gegenwart anderer mit ihr gesprochen; jetzt aber will sie dich allein haben — — ohne mich — — fast zwei Stunden nach Mitternacht — —!!!"

Halef brachte die Worte nur stoßweise und trübselig heraus.

„Und du hast es ihr erlaubt?"

„Gewiß! Warum sollte ich es ihr nicht erlauben? Mir ist es nicht um sie, sondern nur um dich! Du wirst dich schwer beleidigt fühlen, daß ein Weib es wagt, eine solche Unterredung mit dir zu verlangen. Aber ich bitte dich, Sihdi, nimm mir zuliebe alle deine Milde und Güte zusammen, und sei überzeugt, daß es meiner Hanneh nicht einfällt, eines deiner Gefühle zu erobern, die du für deinen einstigen Harem aufbewahren sollst. Ich schwöre es dir beim Propheten und seinem Bart zu, daß du getrost und furchtlos zu ihr gehen kannst. Du bist ein Held, ein kühner Mann, und hast dein Leben oft gewagt. Willst du jetzt weniger mutig sein?"

Ich mußte mir die größte Mühe geben, ernst zu bleiben. Der Hadschi stellte die ungewöhnliche Angelegenheit geradezu auf den Kopf, indem er mir Mut machen wollte zu einer Unterredung unter vier Augen mit Hanneh, der heimlichen Beherrscherin des Stammes der Haddedihn.

„Gib dir keine unnötige Mühe", entgegnete ich. „Ich bin auch ohne sie bereit, deinen und Hannehs Wunsch zu erfüllen. Wo ist sie? In ihrem Zelt?"

„Nein. Man könnte dich auf dem Weg dorthin bemerken oder gar dort eintreten sehen. Hanneh, die

Morgenröte am täglichen Osten meiner Behaglichkeit, hat das Duar rechts verlassen, und du sollst links gehen. Ihr wendet euch draußen vor dem Lager einander zu und werdet bald zusammentreffen, ohne daß einer der Wächter euch bemerkt. Ich werde dafür sorgen, daß sie nicht dorthin kommen, wo ihr euch befindet."

War das nicht mehr als seltsam? Hier, im tiefsten Orient, bat mich ein Muslim um eine heimliche Unterredung mit seiner Frau und versprach sogar, uns vor Störungen zu bewahren.

Ich blies, ohne weiter ein Wort zu sagen, die Lampe aus, verließ mit Halef das Zelt und ging dann allein weiter, links zwischen den Zelten hinab, bis ich das Lager hinter mir hatte. Dann wendete ich mich rechts. Es war zur Zeit des Neumonds, doch leuchteten die Sterne fast so hell wie Mondenschein. Es dauerte nicht lange, so sah ich Hanneh auf mich zukommen. Als wir zusammentrafen, blickte sie mich aus der Umhüllung heraus mit großen, ernsten Augen an und sagte:

„Ich wußte, daß du kommen würdest, Sihdi, und ich danke dir."

„Deinem Wunsch bin ich gern gefolgt."

„Du bist ein Christ und achtest auch das Weib. Ich würde lieber tot als jetzt mit einem Muslim zusammen sein, der nicht Hadschi Halef heißt. Aber unter deinem Schutz bin ich sicherer als an dem Mimbar[1] einer Moschee. Ahnst du, worüber ich mit dir zu sprechen wünsche?"

„Ich vermute es."

„Und warum Halef nicht dabei sein soll?"

„Auch das errate ich."

„Das wußte ich, und darum wagte ich zu tun, was sonst kein Weib je unternehmen darf. Ich stehe hier vor Allah und vor dir. Es wogt ein weites, tiefes Meer

1 Kanzel

in meiner Seele. Seine Wellen sind Gedanken, die bald mich töten, bald mich ans feste Ufer tragen wollen. Es gibt in meinem Herzen einen Himmel, von dem tausend Sterne strahlen und den bald wieder finstere Wolken decken; die Sterne wollen mir zu Allah leuchten; die Wolken sind die Zweifel, die mich den rechten Weg nicht finden lassen. In meinem Inneren lebt eine Stimme heißer Angst, die nie zur Ruhe kommt; ich höre sie bei Tag und Nacht, im Wachen und im Traum. Sie schreit nach der Erlösung von dem fürchterlichen Gedanken, daß das Weib nur Fleisch vom Fleisch, Staub vom Staub, eine wandelnde Gestalt ohne Geist und ohne Seele sei."

Sie holte tief Atem, hob die Hände und fuhr fort:

„O Allah, sei mir gnädig; laß mich wissen, daß in dieser wandelnden Figur auch etwas lebt, was ein Recht auf deine Liebe und auf deine Gnade hat! Warum darf der Mann allein durch Ewigkeiten leben? Was hat das Weib getan, daß sie der Tod so ganz vernichten darf? Das habe ich so oft gefragt und doch kein tröstendes Wort darauf gehört. Sihdi, sage die Wahrheit! Nicht ich allein frage dich. Im Namen aller Frauen, deren Geist der Islam stiehlt, will ich wissen, ob wir wirklich keine Seele haben!"

Ich war überrascht, denn ich hatte zwar Fragen dieser Art, aber keinen solchen seelischen Ausbruch erwartet. Ich glich einem Menschen, vor dem unerwartet von unterirdischen Gewalten ein Geiser emporgetrieben wird. Was mußte diese Frau im tiefsten Inneren durchbangt, durchhofft und durchfürchtet haben, daß die Schreie nun auch zu meinen Ohren drangen! Ich wollte anders sprechen, aber es floß mir die Frage über die Zunge:

„Warum wendest du dich an mich, an keinen anderen?"

„Weil du ein Christ und kein Muslim bist."

„So brauche ich eigentlich nichts zu sagen, denn du hast dir die Antwort selbst gegeben. Du fragst den Christen, weil du meinst, daß nicht der Islam, sondern das Christentum die Wahrheit lehre. Damit hast du Mohammed verworfen und dich zu Isa Ben Maryam[1] gewendet."

„Habe ich das? Habe ich das wirklich, Sihdi?"

„Ja."

„So sage mir: hat die Christin eine Seele?"

„Nicht nur die Christin, sondern jedes Weib hat eine Seele!"

„Hamdulillah! Sprich weiter!"

„Unser heiliges Buch sagt: Gott schuf den Menschen zu seinem Ebenbild, und er schuf sie, einen Mann und ein Weib. Gott ist allmächtig, allwissend, allweise. Er ist auch gnädig, barmherzig und von ewiger Güte. Der Mann soll ein Bild der göttlichen Allmacht, das Weib ein Bild der göttlichen Güte und Liebe sein. Sind beide das, dann sind sie Mensch im wahren Sinn, sonst nicht. Kann ein Wesen, das ein Ebenbild der göttlichen Liebe ist, ohne Seele sein?"

„Nein, denn gerade die Liebe erfordert mehr Seele als alles andere auf der Erde."

„Hat also das Weib eine Seele oder nicht?"

Hanneh blickte mir eine Zeitlang stumm ins Antlitz, dann sank sie langsam auf die Knie nieder, schlug die Hände zusammen, holte tief Atem und sagte innig: „Sie hat eine! O Allah, ich habe eine Seele! Und davon hast du mich durch so wenige Worte überzeugt. Ich habe gezweifelt und gekämpft so viele Jahre hindurch, und nun kommt dieses Glück so plötzlich und so strahlend über mich! Ich bin kein hohles Gefäß. Ich wurde nicht bloß für den Mann geboren, um dann wieder nichts zu sein. Nicht wahr, so ist's, Sihdi?"

[1] Jesus, Mariens Sohn

Hanneh weinte vor Wonne, indem sie diese Frage an mich richtete.

„Ja, so ist es“, erklärte ich. „Wie Maria, die seligste der Frauen, im Himmel thront, so steht auch dir und allen Frauen, die ihr nachfolgen, das Tor zu allen Seligkeiten offen. So lehrt das Christentum. Es lehrt auch, daß Christus auf die Welt gekommen ist, damit alle, die an ihn glauben, Mann und Weib, nicht verlorengehen, sondern das ewige Leben haben.“

Da stand Hanneh wieder auf, legte wie zum Schwur die Hand aufs Herz und sagte:

„Sihdi, ich glaube, daß auch ich eine Seele habe! Heute habe ich sie endlich gefunden und werde sie mir nicht wieder nehmen lassen! Wenn der Islam sie mir rauben will, so werfe ich ihn von mir und gehe zu Isa Ben Marryam, bei dem sie sicher vor Gefahren ist. Glaubst du, daß ich das tun werde?“

„Ich glaube es, denn du befindest dich schon bei ihm.“

„Ja, ich verehre ihn, denn er hat, wie du oft schon sagtest, den Menschen die Liebe vom Himmel gebracht. Es ist klar und hell in meinem Inneren. Wie danke ich Allah, daß er mir den Gedanken eingegeben hat, noch heute mit dir zu sprechen! Ich mußte mit dir allein sein, denn in Gegenwart anderer konnte ich nicht sagen, was ich sagen wollte. Nun habe ich nur noch einen Wunsch an dich. — Halef, der Mann meines Herzens, wollte auch nicht glauben, daß wir Frauen Seelen haben. Kannst du wohl erraten, warum?“

„Es scheint mir, daß er sich zuweilen ein wenig vor der deinigen gefürchtet hat.“

„Maschallah! Du hast es getroffen! Hadschi Halef ist der beste Mann, soweit die Erde reicht. Er ist klug und tapfer, aber er bedarf zuweilen eines guten Rates und eines Kopfes, der ihn zwingt, diesen Rat zu befolgen. Gerade dadurch, daß ich seine Beraterin und Helferin wurde, begann ich zu ahnen, daß auch wir Frauen nicht ohne Geist und Seele sind, denn wenn die Frau den Geist des Mannes zu beherrschen vermag, so kann sie doch nicht bloß ein Körper ohne Inhalt sein. Nun bitte ich dich, ihm mit Vorsicht beizubringen, daß ich meine Seele gefunden habe und daß er sich aber nicht vor ihr fürchten soll. So oft er versuchte, sie mir abzusprechen, mußte ich sie gegen ihn verteidigen, und da hat er sie wohl nicht in ihrer großen Güte und Freundlichkeit kennengelernt. Er liebte mich, aber meine Seele nicht. Jetzt, da ich sie mit voller Überzeugung besitze, kann sie nicht mehr Gegenstand des Zweifels sein. Sie wird ihm also stets ihr lieblichstes Angesicht zeigen, denn ich wünsche, daß er sie recht lieb gewinnt. Willst du ihm das sagen?“

„Oh, sehr gern, Hanneh, du liebe Tochter der Ateïbeh!“

„Und sprich nicht viel von Mohammed mit ihm! Denn dieser falsche Prophet ist schuld an dem Glauben meines Halef, daß nur die Männer Seelen haben. Sprich lieber mit ihm von Isa Ben Marryam und vom heiligen Buch der Christen! Das wird sein Gedächtnis und seine Liebe stärken und ihn nicht in Gedanken fallen lassen, die das Weib seines Herzens nur betrüben können. Willst du auch das tun?“

„Ich verspreche es dir.“

„Und ferner weißt du, daß Halef zuweilen verwegener ist, als ihm die Vorsicht erlaubt. Dulde das nicht! Ich bitte dich darum. Das Weib eines furchtlosen Mannes ist stolz auf ihn. Aber wenn der Mut sich in Tollkühnheit verwandelt, kann dem Stolz leicht die Trauer folgen. Ich will sein Weib, aber nicht seine Witwe sein. Du bist doch überzeugt, Sihdi, daß du ihn mir wiederbringst?“

„Soviel an mir liegt, soll er keine Ursache finden, sein Leben unnötig aufs Spiel zu setzen."

„Ich danke dir! Mein Dank gehört dir auch dafür, daß du ihm seine Bitte, Kara Ben Halef mitzunehmen, diesmal abgeschlagen hast. Mein Herz wäre vor Sehnsucht krank geworden. Halef meinte, weil euch Kara damals gegen die Bebbeh-Kurden begleiten durfte und jetzt einen Löwen geschossen hat, würdest du ihm auch jetzt erlauben mitzureiten."

„Diese Ritte waren kürzer als der, den wir jetzt vorhaben. Es gibt da wahrscheinlich Anstrengungen und Entbehrungen, denen der jugendliche Körper deines Sohnes noch nicht gewachsen ist. Seine Begleitung würde uns mehr hinderlich als förderlich sein. Meine Weigerung hatte also nur einen Klugheitsgrund, du bist mir keinen Dank schuldig."

„O Sihdi, du willst überhaupt nie, daß man dir danke. Was seid ihr Christen doch für andere Menschen! Sage, sind auch die Frauen bei euch besser als bei uns?"

„Hm! Es gibt überall gute und böse Menschen."

„So werde ich danach trachten, von dir zu den Guten gezählt zu werden. Jetzt muß ich fort, denn Halef, der Gebieter meines Herzens, könnte ungeduldig werden. Ich sage dir nochmals Dank. Du hast mir ein neues, schöneres Leben gegeben; das werde ich niemals vergessen. Leïltak sa'ide — Gute Nacht!"

„Allah behüte und bewahre dich! — Leïltik mubarake — Gute Nacht!"

Hanneh ging. Ich sah ihr nach, bis sie hinter den Zelten verschwand, und kann sagen, daß es mir jetzt leid tat, daß ich gekommen war, ihr ihren Halef für so lange Zeit zu entführen. Welche Tiefe des Gefühls und zugleich welch kindliches Empfinden! Wie schwer hatte das verneinende Urteil des Islam auf ihr gelegen, und wie hatte sie gerungen, diese Last abzuwerfen! Wie fern lag ihr die Gleichgültigkeit jener unzähligen Orientalinnen, die den Inhalt ihres Lebens nur darin suchen, in der geistigen Öde des Harems körperlich möglichst rund und schwer zu werden! Und was für eine kluge und entschlossene Frau war diese Hanneh geworden! Ich glaube, es könnte manchem klugen Europäer nichts schaden, wenn die Herrin seines Heims eine solche Hanneh wäre.

So oder ähnlich waren meine Betrachtungen, als ich langsamen Schrittes ins Duar zurückkehrte. Was ich erwartete, traf ein: Halef stand bei meinem Zelt. Er zog mich beim Arm an sich und sagte leise und wichtig:

„Sihdi, die liebliche Stütze meiner Lebenstage ist zurückgekehrt. Ihre Augen leuchteten und ihre Stimme klang wie der Gesang des Bulbul[1], als sie mich ihren guten, lieben Halef nannte. Dieser süße Ton hat mein Herz mit Wonne erfüllt, denn ich will dir aufrichtig sagen, daß es hier im Duar auch noch andere Töne gibt. In welchem Zelt, brauchst du nicht zu wissen. Ich glaube, du hast mit Hanneh von mir gesprochen. Habe ich recht?"

„Ja, du wurdest auch einmal erwähnt."

„Nur ein einziges Mal?"

„Bist du der einzige Mensch, von dem man reden kann?"

„Nein, doch möchte ich nicht, daß meine Hanneh, die die Summe aller weiblichen Vorzüge ist, von anderen Männern spricht! Ich möchte wirklich sehr gern wissen, wovon ihr euch unterhalten habt."

„Frage Hanneh!"

„Das habe ich getan. Sie sagte, ich würde es später von dir erfahren."

„Später? Gut! Ich werde es dir später sagen."

„Warum nicht jetzt?"

1 Nachtigall

„Du selbst hast mir versichert, daß Hanneh immer recht habe, also müssen wir uns auch diesmal nach ihrem Wunsch richten. Ich will dir nur mitteilen, daß du stolz auf die liebliche Herrin deines Frauenzeltes sein kannst. Jetzt wollen wir schlafen, denn das Morgenrot soll uns schon wieder wecken."

„O Sihdi, warum bist du so schweigsam? Du weißt gar nicht, was für ein Ungeheuer die Neugier ist! Ihre größte Wonne besteht darin, ihre Freunde so zu peinigen, daß sie des Tages keinen Appetit zum Essen und des Nachts weder Schlaf noch Ruhe finden. Muß ich wirklich warten, bis es dir beliebt?"

„Ja."

„So schließe du deine Augen und schlafe wohl! Ich aber werde die Wohltat des Schlummers nicht genießen und mich auf dem Lager krümmen wie ein Regenwurm, den der Schnabel eines Vogels ergriffen hat. Gute Nacht, Sihdi!"

„Gute Nacht, lieber Halef!"

Er entfernte sich, und ich ging ins Zelt, um mich niederzulegen.

2

AUF DEM TIGRIS

Der Tag war erst vor kurzem angebrochen, als ich durch den im Lager herrschenden Lärm aufgeweckt wurde. Man wollte uns bis an den Fluß begleiten, wozu die Vorbereitungen schon jetzt getroffen wurden. Da diese Begleitung möglichst festlich sein sollte, so befanden sich alle Bewohner des Lagers in einer so lauten Aufregung, daß ich unmöglich wieder einschlafen konnte. Ich stand also auf, obgleich bis zu unserem Aufbruch noch volle drei Stunden vergehen sollten.

Unsere Abreise schon am Vormittag war eine Ausnahme, in die die Haddedihn nur meinetwegen willigten. Bei den Mohammedanern ist die Zeit des Aufbruchs stets kurz nach dem Gebet des Asr, also ungefähr drei Uhr nachmittags. Es fällt da niemand ein, in Betracht zu ziehen, daß diese Gewohnheit so hinderlich wie nur möglich ist. Es vergeht nach dem Asr stets noch eine längere Zeit, ehe die Reise wirklich angetreten wird. Man muß noch Abschied nehmen, noch hunderterlei sagen und tun, wird eine Strecke weit begleitet, hat sich dann abermals zu verabschieden und ist, wenn es hierauf dunkel wird, nur so weit fortgekommen, daß es besser gewesen wäre, wenn man noch bis früh gewartet hätte. Macht man dann Lager, so liegen Aufbruchs- und Lagerort so nahe beieinander, daß zwischen beiden noch bis spät in die Nacht hinein hin und her verkehrt wird. Man ist am Mittag nicht so weit gekommen, wie man sein würde, wenn man die Reise erst heute früh angetreten hätte. Ich habe mich diesem durch die Gewohnheit und die Koranauslegung geheiligten Gebrauch nie gefügt und bin darum oft mit meinen Reisegefährten in Meinungsverschiedenheiten geraten. Halef hatte jetzt nichts mehr dagegen einzuwenden. Und was seine Haddedihn betrifft, so stand ich bei ihnen in einem solchen Ansehen, daß mir keiner von ihnen zu widersprechen wagte. Sie beruhigten ihr mohammedanisches Gewissen jedenfalls mit dem Gedanken, daß ich als Christ an ihre Gewohnheiten nicht gebunden sei und also auch ihrem Scheik, als meinem Begleiter, dieser Fehler von Allah nicht angerechnet werde.

Da die Frauen und Kinder im Lager bleiben mußten, war Hanneh die erste, von der ich Abschied nahm. Sie hatte Tränen in den Augen und sagte:

„Sihdi, ich weiß, daß du dich vor keiner Gefahr und vor keinem Menschen fürchtest. Ebenso weiß ich auch, daß du der vorsichtigste Krieger bist. Halef dagegen besitzt eine oft unbesonnene Verwegenheit. Versprich mir also, doppelt vorsichtig zu sein, wenn Halef sich von seiner Kühnheit fortreißen lassen will!"

„Ich verspreche es dir", beteuerte ich. „Soweit ich voraussehen kann, brauchst du dich nicht um ihn zu ängstigen. Wir werden gesund und munter wiederkehren. Allah jihfasak — Gott bewahre dich!"

„Deine Rückkehr wird uns wie ein Besuch des Propheten sein. Allah jeftah 'alêk — Gott öffne die Herzen der Menschen!"

Nun sagte ich Kara Ben Halef und Omar Ben Sadek Ade. Dann verabschiedete ich mich von den Kranken und ganz Alten, die uns das Geleit nicht geben konnten, worauf ich von einer Menge von Frauen und Kindern überfallen wurde. Halef erging es ebenso. Jeder wollte ein freundliches Wort von uns haben. Wir wurden nach orientalischer Art mit Wünschen,

Ermahnungen und Warnungen, die gar nicht am Platz waren, überschüttet, und bei der überaus lebhaften Weise dieser Leute gab das einen Lärm, daß ein ruhiger, deutscher Bürger auf den Gedanken gekommen wäre, es sei hier eine Empörung mit Mord und Totschlag ausgebrochen.

Dabei verstrich die Zeit wie im Flug, und die drei Stunden schienen so schnell wie eine einzige vergangen zu sein, als endlich alle Männer und Jünglinge sich zu Pferd draußen vor dem Duar versammelt hatten. Wir stiegen auch auf, setzten uns an ihre Spitze, und dann ging es wie ein Wirbelwind dem Fluß zu.

Man denke nicht, daß es bei diesem Ritt eine gerade Richtung, bei diesem Zug eine Ordnung gegeben habe! Die Menge der Reiter glich vielmehr einem großen Mückenschwarm, der vom Wind bald dahin und bald dorthin getrieben wird. Jeder einzelne wollte seine Reitkunst zeigen und den anderen übertreffen. Das gab Verwicklungen und Zusammenstöße, die sich von Nachbar zu Nachbar übertrugen und einen scheinbaren Wirrwarr hervorbrachten, der aber beabsichtigt war und zuweilen eine so überraschende Auflösung fand, daß selbst ein Nichtkenner in Entzücken geraten wäre. Dabei wurde geschossen und geschrien, so laut das Pulver knallen und die Stimme schallen wollte. Daß die Pferde dabei so häufig in die Hechsen gerissen wurden, daß sie unbedingt darunter leiden mußten, versteht sich von selbst, und das ist es, was ich gegen diese Fantasias und gegen diese Al'ab el Barud[1] habe: die besten Pferde gehen dabei zugrunde, indem nicht nur die Sprunggelenke, sondern auch andere Teile zu sehr angegriffen werden.

Die Folge dieser Reitkünste war, daß wir dreimal mehr Zeit brauchten, als nötig war, um den Fluß

1 Pulverspiele

zu erreichen. Dem Beduinen ist aber, wie überhaupt dem Orientalen, das amerikanische *„time is money"* unbekannt. Am Ufer erwarteten uns einige Haddedihn, die mit unserem Mundvorrat und den Ziegenhäuten vorausgeritten waren und das Floß zusammengesetzt hatten. Ich untersuchte es und fand es fehlerlos, so daß wir uns ihm mit unseren Pferden getrost anvertrauen konnten. Nun ging das Abschiednehmen von neuem los. Ich mußte mich ins Unvermeidliche fügen und mich ziehen, schieben, drücken und schütteln lassen, daß mir um meine gesunden Gliedmaßen hätte angst und bang werden mögen. Doch wie auf dieser Erde nichts ewig währt, so nahmen auch diese Liebeserweisungen ein Ende. Wir mußten nur Kara Ben Halef noch einmal Ade sagen. Ich tat es in ruhiger, wenn auch herzlicher Weise. Auch sein Vater gab sich alle Mühe, nicht sehen zu lassen, wie tief dieser Abschied ihn bewegte. Er strömte von Ermahnungen über, trug Kara tausend Grüße an Hanneh, die „sanfteste Mutter unter allen Müttern der Beduinensöhne", auf, und dann konnten wir endlich das Floß besteigen und zu den Rudern greifen. Unsere Pferde waren schon vorher dort angebunden worden.

Als wir vom Ufer abgestoßen waren und erst langsam, dann schneller der Strömung folgten, sprangen die Haddedihn wieder auf die Pferde und folgten uns unter Schüssen und weithin schallendem Geschrei noch eine ganze Strecke weit, bis eine hart ans Wasser tretende Hügelreihe sie unseren Blicken entzog.

„Lebe wohl, Hanneh, du hellstes Licht unter allen Leuchten des Männerglücks!" rief Halef, indem er die Hände nach rückwärts ausstreckte. „Lebe wohl, Kara Ben Halef, du bester Sohn aller Väter zwischen den beiden Flüssen! Lebt wohl, ihr Haddedihn, ihr tapfersten Streiter unter allen Kriegern von der Wüste El Arab bis zu den Bergen des Kurdenlandes! O Sihdi, ich gehe gern, so gern mit dir; aber das Abschiednehmen gleicht zwei Brettern, zwischen denen man mir die Brust zusammenschraubt; es ist schwer auszuhalten."

„Der Schmerz wird bald verschwinden, lieber Halef, denn du bist ein Mann", tröstete ich ihn.

„Das ist richtig. Sihdi. Ich bin ein Mann, aber weil ich ein Mann bin, habe ich eine Frau und einen Sohn, und diese beiden sind eben die Bretter, die mich drükken und mir Schmerzen machen. Ich wollte, unser Floß würde gleich jetzt von feindlichen Kriegern überfallen! Da hätten wir uns zu verteidigen, und meine Gedanken würden schnell zu mir zurückkehren müssen von denen, die ich verlassen habe. O Sihdi, hättest du dabei sein können, als heute früh nach dem Morgengrauen Hanneh, die dem köstlichsten aller Wohlgerüche des Morgen- und Abendlands gleicht, zu mir kam, um Abschied zu nehmen! Sie hat mir da alles gesagt, was sie mir mitteilen wollte!"

„Und du?"

„Und ich habe zu allem ja gesagt, denn du weißt, daß sie stets recht hat. Sihdi, glaube mir, wenn du dabei gewesen wärest, so hättest du von mir gelernt, wie du dich später zu verhalten hast, wenn du ein Weib besitzest, von dem du dich für längere Zeit trennen mußt. Dein Herz aber ist in alle Länder der Erde verteilt und wird sich nie nach einer Mitbewohnerin deines Zeltes sehnen."

Ich sagte nichts gegen diese irrige Meinung, zumal der Fluß einen scharfen Bogen machte, wobei die reißende Strömung unsere ganze Aufmerksamkeit in Anspruch nahm.

Während des weiteren Verlaufs der heutigen Fahrt bemerkte ich, daß Halef Heimweh hatte. Er war gegen seine sonstige Art schweigsam und in sich gekehrt. Einmal, als er den Pferden Futter gab, übermannte ihn die Wehmut. Er schlang die Arme um Assils Hals und sagte: „O Schwarzer, o Schwarzer! Du warst der Liebling meines Sohnes und hast ihn gern auf deinem Rücken getragen. Wäre Kara doch hier bei uns!“

Um Halef zu zerstreuen, machte ich ihn auf unsere früheren Erlebnisse aufmerksam, denn wir kamen durch Gegenden, die damals für uns wichtig geworden waren. Er ging zwar auf diesen Gesprächsstoff ein, aber nicht mit der Lebhaftigkeit, die ihm sonst eigen war. Ich hätte es gern gesehen, wenn er durch irgendein Ereignis auf andere Gedanken gebracht worden wäre, aber es geschah nichts. Wir bekamen während des ganzen Tages, außer bei Tekrit, keinen Menschen zu sehen und legten, als es dunkelte, das Floß nicht weit südwärts von Imam Dur an das Ufer fest. Es gab hier eine Stelle, deren Beschaffenheit uns Sicherheit gegen Überfälle gewährte. Die Pferde hatten da Gras und Laub zum Fressen, und wir machten uns über die Kostbarkeiten her, die Hanneh für uns eingepackt hatte. Wenn ich sage „wir“, so meine ich, daß Halef diese Speisen vorlegte und ich von ihnen aß, er hatte keine Eßlust. Als er bei dem Schein des Feuers, das wir angebrannt hatten, sah, wie gut es mir schmeckte, sagte er:

„Ein Mann, der eine Frau hat, ist doch ein ganz anderer Mann als einer, der kein Weib besitzt. Ich könnte keinen Bissen essen, selbst wenn ich den größten Hunger hätte.“

„Meinst du? Hättest du Hunger, so würdest du wohl essen.“

„Glaube das nicht, Sihdi! Wenn man sich nach denen sehnt, die man verlassen hat, macht einem selbst der Hunger keinen Appetit. Und wenn —“

Halef unterbrach sich mitten im Satz, machte ein Gesicht, als sei ihm etwas Wichtiges eingefallen, und fuhr dann lebhaft fort:

„Sihdi, die Zeit ist gekommen, daß du mir sagst, was du mit Hanneh, der Blume aller Blumen, gesprochen hast."

„Hm! Ich wollte eigentlich noch länger warten."

„Noch länger? Welch ein Gedanke! Willst du meine Seele so in die Länge ziehen, daß sie gleich einem abgewickelten Bindfaden wird, der von Mossul bis Basra reicht? Kannst du so grausam sein, meine Sehnsucht, die jetzt noch einer lieblich trillernden Kubbara[1] gleicht, in ein Karkadann[2] zu verwandeln, das mich mit seinen Füßen zermalmt? Ich bitte dich, nimm dein Herz auf die Spitze deiner Zunge, und laß es die Worte sprechen, die ich hören will!"

„Eigentlich ist es noch nicht Zeit zu dieser Mitteilung, aber da ich kein Unmensch bin, so hat dein Bindfaden mich gerührt und dein Nashorn meine Seele weich getreten. Also höre! Zunächst hat Hanneh mir gesagt, daß du der beste Mann seist, soweit die Erde reicht."

Er sprang wie ein Gummiball in die Höhe und rief: „Hamdulillah! Das labt meine Seele so, wie junges Gras ein Kamel erquickt! Soweit die Erde reicht, bin ich der beste Mann! Welche Tiefe der Einsicht in alle meine vorzüglichen Beschaffenheiten! Sihdi, wer ein so zutreffendes Urteil ausspricht, muß eine Seele haben!"

„Gewiß! Und das ist es, was ich dir weiter sagen soll. Hanneh läßt dich bitten, nicht länger am Vorhandensein ihrer Seele zu zweifeln."

„O Sihdi, wenn sie mich für den besten Mann der Erde hält, so habe ich nichts dagegen, daß sie sich in dem Besitz einer Seele befindet. Es ist zwar — — hm, Sihdi, nicht wahr, die Seele ist etwas Innerliches? Sie steckt im Körper?"

„Ja."

1 Lerche 2 Nashorn

„So mag sie drin steckenbleiben! Es soll aber Seelen geben, die sich auch äußerlich sehen und hören lassen; das liebe ich nicht."

„Hanneh scheint das auch zu wissen, denn sie hat mir noch einen Auftrag gegeben."

„Welchen?"

„Wenn du glaubst, daß sie eine Seele habe, so soll diese stets im Inneren steckenbleiben."

„Maschallah! Wie freue ich mich darüber, daß sie mir den Vorschlag machte, sie mit dir sprechen zu lassen! Weißt du, Sihdi — — aber das kannst du nicht wissen, weil du noch nicht der Besitzer eines Frauenzeltes bist, doch sage ich dir, wenn die Seele eines Weibes das Innere verläßt, so nimmt das Gesicht sehr ernste Züge an, und die Stimme wird gebieterisch. Und dann, eben dann hat sie allemal recht! Aber nun du mir diese liebe Botschaft bringst, bin ich überzeugt, daß ich nach meiner Rückkehr auch hie und da recht haben werde und nicht immer sie und ich zusammen. Hat sie dir noch etwas aufgetragen?"

„Ja."

„Sage es mir! Deine Worte sind für mich wie Sonnenstrahlen, die selbst den Rücken eines Krokodils erwärmen. Ich bin bereit, alles zu hören."

„Das genügt mir nicht. Das, was ich dir noch zu sagen habe, ist so vortrefflich für dich, daß du mir auch dein Wort, es stets befolgen zu wollen, geben mußt."

„Höre, Sihdi, die Stimmung meines Herzens ist in diesem Augenblick voller Wohltaten für dich. Ich will dir hiermit das Versprechen geben, das du von mir verlangst."

„Gut. Ich halte dich beim Wort. Hanneh will nämlich haben, daß du stets bedachtsam handeln sollst."

„Das tu ich doch immer!" beteuerte der Hadschi.

„Nein.“

„Nein? Was ist das für eine Behauptung! War es nicht klug von mir, daß ich mich von dir zum Freund und Beschützer wählen ließ? Und war es nicht sehr bedachtsam von mir, daß ich gerade das Weib für mich aussuchte, das die herrlichste Knospe am blühenden Baum der Frauen ist? Kann ich eine bessere Gattin haben als diese vorzüglichste aller Mütter, die einen Sohn besitzen?“

„Nein. Und da du in diesen beiden Wahlen eine so große Bedachtsamkeit bewiesen hast, so hoffe ich, daß du auch bei anderen Gelegenheiten die gleiche Vorsicht in Anwendung bringst. Wenn nicht, so werde ich dich an das Wort erinnern, das du mir heute gegeben hast. Du bist zuweilen etwas hitziger als du sollst.“

„Ich? Sihdi, da kennst du mich schlecht! Ich komme mir im Gegenteil oft viel zu kalt und zu langsam vor.“

„So denke an die zahlreichen Fälle, in denen ich dich zurechtweisen mußte!“

„Dazu hattest du keine Ursache. Soll ich einer Gefahr feige den Rücken kehren? Soll ich bei Beleidigungen nicht in den Gürtel greifen und — — oh, da fällt mir ein: ich habe sie mit!“

„Sie? Wen oder was meinst du?“

„Die ich bei unseren früheren Reisen stets am Gürtel hängen hatte. Ich will sie dir zeigen.“

Ich wußte, was Halef meinte, nämlich die Peitsche aus Nilpferdhaut, mit der er stets so schnell bei der Hand gewesen war, zuweilen zu meiner Freude, oft aber auch zu unserem Nachteil. Er wickelte seinen zusammengerollten Haïk auf, zog die Peitsche heraus, schwang sie durch die Luft und fuhr fort:

„Ja, das ist sie, die Bringerin der Achtung, die Mutter des Gehorsams, die Spenderin der Hiebe! Die mußte ich unbedingt mitnehmen. Wenn weder Worte noch Winke helfen, so ist sie die Vermittlerin zwischen meinem Wohlwollen und dem Rücken der Übelwollenden. Was keine Bitte und kein Befehl erreicht, das wird von dem süßen Bewußtsein fertig gebracht, eine Haut zu besitzen, die unter den Liebkosungen dieser Kurbatsch auseinanderplatzt."

„Wickle sie wieder ein, Halef! Du wirst sie nur dann anwenden, wenn ich dir den Befehl dazu erteile!"

„Sihdi, darüber sprechen wir noch."

„Nein! Hanneh ist auch dieser Meinung."

„Hat sie, als du mit ihr sprachst, auch Meinungen gehabt? Schau, Sihdi, als die Frauen noch keine Seelen hatten —"

„Still! Sie haben stets welche gehabt."

„Höre, das kannst du doch nicht wissen. Erst dann, wenn du auch eine liebliche Herrin deines Herzens haben wirst, erlaube ich dir —"

„Lieber Halef, ich habe eine!" versicherte ich, ihm in die Rede fallend.

Er trat zwei Schritte zurück, bückte sich halb nieder, sah mir, der ich am Feuer saß, erstaunt ins Gesicht und fragte:

„Was — was — — hast — — du?"

„Eine Besitzerin meines Herzens."

Da ließ der Kleine vor Verwunderung die Peitsche aus der Hand fallen und rief:

„Welch ein Scherz! Hättest — hättest du denn das Geschick, eine Lenkerin deines Lebens zu besitzen?"

„Warum denn nicht?"

„Sihdi, erlaube, daß ich mich niedersetze! Dein so ganz unerwartetes Weib ist mir in die Knie gefahren, ich fühle, daß sie zittern."

Er setzte sich, betrachtete mich erstaunt vom Kopf bis zu den Füßen, zog das allerernsteste seiner Gesichter, lachte dann hell auf und sagte:

„Allah bewahre mich! Es ist nur Spaß!"

„Lieber Hadschi, es ist Ernst. Sieh hier diesen Ring, der ohne Stein ist! Solche Ringe tragen nur jene Christen, die Frauen haben."

„Um Allahs willen! Das ist richtig; ich besinne mich. Ich habe ja Franken mit solchen Châwatim es sidsche[1] schon öfters gesehen. Du — du hast also eine Frau, wirklich eine Frau, eine richtige Frau?"

„Ja."

„Die bei dir in deinem Zelt ist?"

„Ja."

„Sihdi, laß mich Atem holen! Sag mir, ob ich vielleicht schlafe — ob ich träume! Ich möchte bitterlich weinen!"

„Warum? Ich denke vielmehr, daß du dich freuen solltest."

„Freuen?! Sag, hast du sie lieb?"

„Von ganzem Herzen."

„Aber, wie kannst du, wenn dein ganzes Herz diesem plötzlichen, unvermuteten Weib gehört, auch mich noch liebhaben, deinen Halef, den besten und treusten deiner Gefährten?"

„Ich habe dich noch genauso lieb wie vorher."

„Das ist nicht wahr! Dein Herz ist nicht mehr vorhanden. Du hast ja selbst gesagt, daß es dieser ganz unwillkommenen Frau gehört! Ich mag nichts von ihr hören! Sie hat mich um dein Herz gebracht, um deine Freundschaft, um dich selbst. Ich will auch von dir nichts mehr wissen."

Halef stand auf und entfernte sich. Am Fluß blieb er stehen und starrte halb zornig, halb traurig ins Wasser. Der gute Hadschi war eifersüchtig. Ich sagte kein Wort, denn ich kannte ihn. Und richtig: er kam nach einer Weile langsam zurück, setzte sich mir gegenüber, seufzte tief und klagte:

„In dieser traurigen Weise bin ich von dir ver-

1 Ringe des Ehevertrags

lassen worden, von dir, für den ich mein Leben unbedenklich hingegeben hätte! Du hast der treuesten Freundschaft mit dieser Frau den Todesstoß versetzt. Ich wollte mit dir nach Persien reiten, nun kehre ich wieder um!"

Ich mußte lächeln und war doch tief gerührt.

„Lieber Halef", sagte ich, „warst du mein Freund, als du damals deine Hanneh zum Weib nahmst?"

„Ja", seufzte er.

„Du bist mein Freund geblieben?"

„Ja."

„So ist das auch bei mir."

„Nein. Das ist jetzt anders, Sihdi. Du kanntest Hanneh, den Abglanz aller Morgen- und Abendröten, die mein Weib geworden ist. Was aber weiß ich von der Herrscherin deiner Seligkeit? Habe ich sie gesehen? Hat sie ihre Herden an mit vorübergetrieben? Bin ich ihr Gast gewesen, um Kuskussu aus ihrer Hand zu essen? Wo habe ich ihre Gestalt gesehen, ihren Schritt gehört oder das Kamel, auf dem sie saß, am Zügel führen dürfen? Ich bin so völlig ahnungslos gewesen, daß mich jetzt ein solcher Schreck ergriffen hat, als wäre sie nicht deine, sondern meine Frau geworden."

„Hältst du sie für so böse oder so häßlich?"

„Kann sie besser oder schöner als Hanneh sein?"

„Nein. Aber ihr ähnlich."

„Das will ich dir wünschen."

„Oder meinst du, daß ich dich nach Almanja kommen lassen müsse, damit du unter den Töchtern des Landes für mich suchst?"

„Nein. Das kann ich nicht verlangen. Laß mich essen und dabei nachdenken! Mein Heimweh, das mir den Hunger raubte, ist alle geworden. Ich will Kebab[1] essen, Kebab, von Hanneh zubereitet, die auch er-

[1] An Hölzern gebratene Fleischstücke

schrecken wird, wenn sie hört, daß du auf eine so unvorhergesehene Weise der Besitzer eines Harems geworden bist."

Halef aß in der hastigen Art eines Menschen, dessen Gedanken anderweitig beschäftigt sind. Nach einer Weile sagte er: „Gestehe, daß du wegen dieser Frau ein böses Gewissen gehabt hast!"

„Ich weiß nichts davon."

„Doch! Warum hast du bisher von ihr geschwiegen? Warum sprichst du erst jetzt davon? Das ist doch das heimlich verheiratete böse Gewissen!"

„Ist alles heimlich, was deine Haddedihn nicht erfahren? Der Mann darf weder von seinem noch von einem anderen Harem öffentlich sprechen. Das weißt du doch, lieber Halef."

„Ich weiß es. Verzeihe, Sihdi, du hast recht."

Er aß weiter und erkundigte sich nach kurzer Zeit: „Bist du mit ihr zufrieden?"

„Sehr!" lobte ich.

Auch die nächsten Fragen sprach er nur in Zwischenräumen aus.

„Ist sie jung und schön wie meine Hanneh?"

„Ja."

„Hamdulillah! Das beruhigt mich. Ich gönne jedermann eine häßliche, alte Frau, aber nur mir und dir nicht. Hast du sie denn ansehen dürfen, ehe sie deine Frau wurde?"

„Ja. Im Abendland ist das Ansehen nicht verboten. Da kennt man sich genau, ehe man sich verheiratet."

„Allah kerîm! Das gefällt mir. Ist sie klein von Gestalt?"

„Nein."

„Hat sie große Füße und starke Fäuste?"

„Halef! Welchen Geschmack mutest du mir zu?"

„Wenn ich bloß frage, braucht sie es wirklich nicht zu haben. Und ihre Augen?"

„Sind wie Muchmal[1], dunkelbraun."

„Hat sie dich lieb, Sihdi?"

„Nicht weniger als ich sie."

„Das wollte ich ihr auch geraten haben! Ich würde ihr sonst meinen Duar verbieten! Und sage, Sihdi, sie hat doch auch eine Seele?"

„Ihre Seele gleicht der deiner Hanneh."

„O weh! Du armer Sihdi! Denn da hat sie wohl gewiß auch — — Meinungen?"

„Die soll sie sogar haben."

„Und dann — dann hast du wohl auch immer recht, wenn sie recht hat?"

„Nein."

„Allah erbarme sich euer! So habt ihr also beide stets unrecht?"

„O nein. Es hat von uns beiden noch keiner jemals allein unrecht oder allein recht gehabt."

„Das ist unmöglich, Sihdi. Zwar, seitdem die Frauen auch Seelen haben, wollen sie —"

„Laß das, Halef!" unterbrach ich ihn. „Wenn es eine Frau geben könnte, die keine Seele hat, so wäre es für ihren Mann besser, er hätte sie niemals kennengelernt. Glaube es mir!"

„Aber wenn nun die Seele des Weibes so unruhig ist, daß sie —"

„Dann muß der Mann um so ruhiger sein. Das erzeugt Achtung und Ehrfurcht bei der Frau."

Da fiel der Kleine schnell ein: „Das ist sehr richtig, Sihdi! Ich bin auch stets ruhig, ich sage nichts. Darum wirst du die Ehrfurcht bemerkt haben, die Hanneh ihrem Gebieter widmet. Wie wird die Quelle deiner irdischen Seligkeit genannt?"

„Nach eurer Ausdrucksweise wird sie Emmeh genannt."

„Das hat ja keinen Sinn!"

1 Samt

„In unserer Sprache bedeutet dieser Name das gleiche, was bei euch der Name Schatireh[1] sagen würde."

„Das freut mich ungemein, Sihdi! Da wird der Wohlstand deines Zeltes sich vermehren, auch wenn du abwesend von deinem Stamm bist. Deine Emmeh wird von der Milch der Kamele Butter machen und aus den Palmenfasern Stricke drehen und Decken flechten. Sie wird Laskat[2] für die kranken Füllen streichen und Durra[3] auf den Steinen reiben. Ich möchte auch noch wissen, ob sie bloß arabisch spricht oder auch das Türkische versteht."

„Keines von beiden."

„Allah! Was spricht sie denn?"

„Die Sprache meines Vaterlands."

„Aber wenn sie nun einmal den Besuch eines anderen Harems bekommt?"

„Die dortigen Frauen sprechen alle die Sprache ihres Landes."

„Auch nicht persisch, kurdisch?"

„Nein."

„O weh! Wie viel klüger sind da unsere Frauen! Die verstehen von allen diesen Sprachen eine Menge Wörter! Und besonders meine Hanneh leistet, wenn sie ins Sprechen kommt, ganz Erstaunliches."

„Lieber Halef! Unsere Frauen verstehen trotzdem etwas mehr als die eurigen. Ich werde dir das bei Gelegenheit erklären. Jetzt, meine ich, haben wir genug von meinem Harem gesprochen."

„So erlaube mir rasch nur noch eines: kann sie Felle gerben und Messer schleifen?"

„Nein."

„So ist es genug und gut: meine Hanneh kann mehr, viel mehr! Das ist auch ganz natürlich, weil deine Emmeh keinen Halef hat, von dem sie alles lernt. Seit wann ist sie denn dein Weib?"

[1] Die Fleißige [2] Pflaster [3] Hirse

„Seit fast vier Jahren."

„Maschallah! Hat sie denn keine andere Meinung gehabt, als du ihr sagtest, daß du nach Persien willst?"

„Sie bat mich allerdings, bei ihr zu bleiben. Als ich ihr aber meine Gründe in liebevoller Ruhe erklärte —"

„Nicht wahr, da stellte sich bei ihr die Achtung und die Ehrfurcht ein, von der wir vorhin gesprochen haben und die mir auch meine Hanneh, die verständigste unter allen verständigen Frauen, widmet? Sihdi, daß deine Emmeh dir die Erlaubnis gegeben hat, zu mir zu reiten, das söhnt mich mit deinem Harem aus. Ich erteile dir hiermit meine Genehmigung und bin sogar erbötig, wenn die Zeit meines Sohnes gekommen ist und du dann eine Tochter hast, sie ihm zur Frau zu geben. Sie wird dadurch eine echte Haddedihn vom großen Stamm der Schammar und kann glücklicher und freier leben als unter euren Zelten, die aus Steinen errichtet werden. Du siehst also, daß ich dir nicht mehr zürne. Wir wollen wieder Freunde sein, wie wir es vorher waren!"

Der liebe Kleine war im Ernst überzeugt, mir durch seinen Ehevorschlag einen glänzenden Beweis seiner Zuneigung gegeben zu haben. Es fiel mir nicht ein, seinen Vorschlag auch von meinem Standpunkt zu beleuchten, denn er gehörte zu den Menschen, die man ihres allzu regen Ehrgefühls wegen vorsichtig anfassen muß. Er hatte mir nun sogar die ausdrückliche Einwilligung zu meiner Ehe gegeben. Mehr konnte der bescheidene Reiseschriftsteller vom Scheik der Haddedihn doch wohl nicht verlangen.

3

DER „VATER DER GEWÜRZE“

Am anderen Morgen machten wir frühzeitig das Kellek wieder flott, um die Fahrt fortzusetzen. Sie verlief ohne Fährlichkeit. Die den Haddedihn feindlichen Stämme hatten sich jetzt im Frühjahr in das Innere der Dschesireh[1] zurückgezogen. Das war der Grund, daß wir ohne ein erwähnenswertes Ereignis bis in die Gegend kamen, wo der Schatt el Adhem in den Tigris mündet.

Der Strom hatte der Mündung seines Nebenflusses gegenüber eine lange, immer schmaler werdende Bucht ins Ufer gegraben, deren Ränder dicht mit Gebüsch eingesäumt waren, ein Umstand, der uns, obgleich es noch nicht dunkel war, veranlaßte, das Floß in diesen Einschnitt zu treiben, um dort zu übernachten. Wir ruderten und stakten das Kellek bis ganz hinter, befestigten es am Ufer und schafften zunächst die Pferde ans Land, dann auch alles andere, was sich auf dem Floß befunden hatte. Da wir sahen, daß kein menschliches Wesen in der Nähe weilte, setzten wir uns auf und galoppierten eine tüchtige Strecke ins Land hinein, denn eine solche Bewegung tat den Tieren not. Wieder zum Fluß zurückgekehrt, ließen wir sie grasen und sammelten dürres Holz zu einem Feuer für die Nacht. Dann hielten wir unsere Abendmahlzeit.

Wir hatten vielleicht nur noch eine Viertelstunde bis zum Abend, denn die Sonne war schon untergegangen, und die Dämmerung ist in jenen Gegenden von kurzer Dauer, da sahen wir jenseits des Tigris ein Floß erscheinen, das von den Fluten des Adhem

1 „Insel“, Land zwischen Euphrat und Tigris

in den Hauptstrom getragen wurde. Es befanden sich drei Männer auf diesem Kellek, das kleiner als das unsrige war. Zwei Männer bewegten die Ruder. Der dritte saß ohne Beschäftigung in der Mitte des Floßes. Die Lammfellmützen, die ihre Köpfte bedeckten, ließen vermuten, daß diese Leute Perser seien.

„Schau, Sihdi“, sagte Halef, „das sind iranische Schiiten, die übers Gebirge gekommen sind und sich in Tase Khurmatly ein Floß gebaut haben. Allah! Siehst du, daß sie zu uns herüberlenken?“

„Leider! Sie sind gleicher Ansicht wie wir, nämlich daß sich diese Bucht vortrefflich zum Nachtlager eignet.“

„Wollen wir dulden, daß diese Vögel sich hier bei uns einnisten?“

„Ist dieser Ort unser Eigentum?“

„Das nicht. Aber wir sind vor ihnen hier angekommen, und wer zuerst das Zelt betritt, der bekommt zuerst zu essen, sagt das Sprichwort.“

„Dieses Sprichwort gilt hier nichts. Wir befinden uns unter freiem Himmel und haben, wenn sie zu uns kommen, sogar die Verpflichtung, gastlich gegen sie zu sein.“

„Das ist mir nicht lieb, denn ich traue ihnen nicht, Sihdi!“

„Warum?“

„Weil die Leute einen so ungewöhnlichen Weg vom Bilad el Adscham[1] herüber eingeschlagen haben. Warum haben sie nicht den Karawanenweg verfolgt? Warum haben sie eine Richtung gewählt, auf der sie erst Pferde, hierauf ein Floß und dann wieder Pferde brauchen? Wo sind die Tiere, auf denen sie über die Berge kamen? Sie haben sie oben am Fluß lassen müssen und müssen sich später andere dafür kaufen. Das sind Verluste, zu denen man sich nur entschließt,

1 Persien

sofern man durch Gründe, die meinen Verdacht erregen, dazu veranlaßt wird. Wenn ein Perser den Adhem wählt, um in die Dschesireh zu kommen, so führt er sicher etwas im Schild, was nicht alle Leute wissen dürfen, oder er hat drüben in seinem Land etwas begangen, das ihn zwingt, den Weg der Flucht und der Verborgenheit zu wählen. Habe ich nicht recht?"

„Ich stimme dir bei. Aber das ist für uns noch keine Veranlassung, sie feindlich fortzuweisen, wenn sie sich zu uns gesellen wollen. Übrigens wird es schnell dunkel, und selbst wenn sie hier in der Bucht anlegen, fragt es sich, ob sie uns bemerken werden."

Die Perser befanden sich jetzt auf der Mitte des Stromes, und die Anstrengung, mit der sie gegen sein Gefälle arbeiteten, zeigte, daß sie hier hüben landen wollten. Unser Lagerplatz war ihnen durch das Buschwerk verdeckt. Die Bucht war wohl zweihundert Schritt lang, und da sich die Schatten des Abends schon auf uns legten, so hielt ich es für wahrscheinlich, daß die neuen Ankömmlinge am vorderen Teil unseres Schlupfhafens anlegen würden und nicht hinten, wo wir uns befanden. Das Hereinkommen wurde ihnen schwerer als uns, weil sie quer über den Strom mußten, und als sie endlich das stille Wasser erreichten, war es schon so dunkel geworden, daß wir sie nicht mehr erkennen konnten.

Wir horchten, hörten aber nichts. Als eine Viertelstunde vergangen war, konnten wir überzeugt sein, daß sich meine Vermutung bewahrheitet hatte: die Perser waren weiter draußen ans Ufer gegangen.

„Sihdi", sagte Halef, „wer hätte gedacht, daß schon heute das Leben der Wildnis für uns beginnt. Ich werde dir zeigen, daß ich das, was ich von dir lernte, noch nicht vergessen habe. Ich werde mich zu den Männern begeben, um zu sehen, was sie machen."

„Das werde ich tun. Ich bin im Anschleichen geübter als du."

„Sihdi, willst du mich beschämen?"

„Still! Denke an das, was Hanneh dir geraten hat: du sollst nicht vorschnell sein! Ehe du so etwas unternehmen kannst, mußt du dich erst wieder üben. Ich glaube, du wärest so unklug, schon jetzt aufzubrechen."

„Warum könnte man das unklug nennen?"

„Du kennst die Größe dieser Bucht. Wie lange brächte man zu, sie bei der Dichtheit des Gebüsches vorsichtig abzusuchen? Bis morgen früh! Ehe man damit beginnt, muß man wenigstens ungefähr wissen, wo sich die Perser befinden."

„Wie kann man das schon vorher wissen?"

„Lieber Halef, da siehst du, wie sehr du dich auf deinen Scharfsinn verlassen kannst. Die Perser sind doch Mohammedaner?"

„Ja, obgleich nur Schiiten, denen Alis Söhne beinahe höher stehen als Mohammed, der Prophet."

„Sie müssen jetzt zwei Gebete sprechen, nämlich das Moghreb, das Gebet der Dämmerung, und dann das Aschâ, wenn es völlig dunkel geworden ist. Sie nehmen an, hier allein zu sein, und werden also laut beten, und das werden wir hören."

„Sihdi, das ist richtig, daran habe ich nicht gedacht!"

„Horch!"

„Sie haben das Moghreb begonnen."

„Und ehe sie es beenden, werde ich hinter ihnen sein. Du bleibst hier und gibst auf die Pferde acht!"

Ich ging. Die Büsche bildeten einen nicht sehr breiten Saum, der sich am Ufer hinzog. Indem ich mich an seiner Außenseite hinbewegte, kam ich viel schneller von der Stelle, als wenn ich durch das Gesträuch gekrochen wäre. Ich näherte mich rasch den

Stimmen und befand mich im Rücken der Betenden, als die letzten Ausrufe ertönten:

„Preis sei Allah! Gepriesen sei seine Würde! Es ist kein Gott außer ihm! Gott ist sehr groß! Gott ist sehr groß, und Preis sei Gott in Fülle!"

Hierauf hörte ich eine Stimme sagen:

„Nun macht das Feuer an! Dann werden wir gleich das Aschâ beten, um hierauf zu essen."

Das Moghreb ist eigentlich zu sprechen, sobald die Sonne verschwunden ist. Die Perser hatten sich damit verspätet, weil der letzte Tagesschein von ihnen zum Holzsammeln benutzt worden war. Das ist erlaubt. Während man kein Gebet eher als zur vorgeschriebenen Zeit beginnen darf, ist es nicht verboten, die Andacht auf kurze Zeit aufzuschieben, falls triftige Gründe dazu vorhanden sind.

Ich sah vor den Büschen, hinter denen ich stand, am Rand des Wassers ein Feuer aufflammen und hörte dann, als einige Minuten vergangen waren, das Nachtgebet. Das gab mir Gelegenheit, mich niederzulegen und zwischen den Gebüschen vorzuschieben. Das Geräusch, das ich dabei verursachte, wurde von den drei lauten Stimmen übertönt. Da, wo der letzte Schatten auf den Boden fiel, blieb ich halten.

Ich sah das Floß am Ufer liegen. Es befand sich nichts darauf, die Perser waren ohne jedes Gepäck. Sie hatten sich ans Feuer gesetzt. Zwei von ihnen waren jedenfalls gewöhnliche Leute, über die mein Auge schnell hinweggehen konnte; der dritte aber fesselte meine Aufmerksamkeit. Nicht, daß er sich von den anderen durch bessere Kleidung unterschieden hätte, nein, denn der einzige Vorzug, den er in dieser Beziehung vor ihnen hatte, bestand darin, daß sie gewöhnliche Kerman-Gürtel trugen, während er ein Kaschmirtuch um die Hüften gewunden hatte. Aber seine Person unterschied sich sehr von ihnen.

Dieses durchfurchte, tief gebräunte Gesicht mit der niedrigen Stirn, der langen, scharfen, dünnen Nase, deren Flügel sich in fortwährendem Zittern befanden, den aufgeworfenen, breitgezogenen Lippen, dem mächtig entwickelten Kinn, den kleinen, scharfen, rotgeäderten und unruhigen Augen machte auf mich den Eindruck einer mit großer List gepaarten Rücksichtslosigkeit. Dieser Eindruck wurde durch den dichten, dunklen Schnurrbart nur erhöht, dessen Spitzen wie schwarzgefärbte Eiszapfen steif herunterstachen. Seine Züge sprachen von tierischen Trieben, und wenn es wahr ist, daß nur der offene Blick des Mannes Mut verrät, so mußte dieser Perser ein Feigling sein. Ein gefährlicher Mensch, rücksichtslos und feige, so dachte ich, und als mir auch noch seine langen, knochigen, krallenhaften Hände in die Augen fielen, deren Zeigefinger fast über den Mittelfinger hinausragten, war ich überzeugt, daß ich mit diesem Urteil das Richtige getroffen hatte. Das Gesicht, die Stimme, der Gang, die Haltung, das Benehmen eines Menschen können täuschen, die Hand aber kann es nie. Ich habe mir da, gestützt auf lange Erfahrung und sorgfältige Vergleiche, eine Anschauung gebildet, auf die ich mich verlassen kann. Die Hand eines Menschen ist das genaueste Abbild seines Inneren. Es ist ihr unmöglich, das geringste von seinem Denken und Fühlen zu verheimlichen. Sie ist das Werkzeug des Geistes und der Seele, und jedes Werkzeug läßt ohne Irrtum auf den Meister schließen.

Die drei Männer waren mit langen Gewehren, Messern und Pistolen bewaffnet. Sie aßen jetzt. Ihr kärgliches Mahl bestand aus gepreßtem Dugh[1] mit dem bekannten Klebebrot, das davon seinen Namen hat, daß sein kuchenförmiger Teig an die Seitenwände des kleinen, sonderbar gestalteten Backofens festgeklebt und

1 Quark

dann zugedeckt wird. Sobald er von der Wand fällt, wird er herausgenommen.

Während des Essens wurde kein Wort gesprochen. Dann zog der Unheimliche ein Pergament aus der Tasche, hielt es dem Feuer nahe, um es zu lesen, steckte es wieder ein und sagte dann:

„Wenn wir zur rechten Zeit ankommen, wird euer Anteil hundert Tumân[1] für jeden betragen. Ich habe es vorhin während der Fahrt berechnet. Ist euch das genug?"

Seine kleinen Augen richteten sich mit einem eigentümlichen, stechend lauernden Blick auf die beiden. Sie schwiegen eine Weile, dann antwortete der eine, indem er einen ähnlichen Blick zurückgab:

„Bei Hussein, der von den sunnitischen Hunden bei Kufa hingeschlachtet wurde, wir wären wohl zufrieden, wenn es nicht doch zu wenig wäre. Seit du Pädär-i-Baharat[2] geworden bist, verdienen wir zehnmal mehr als früher. Du hast uns aber vorgerechnet, daß ein anderer tausendmal mehr verdient."

„Ja. Und was ich ausgerechnet habe, das stimmt auch. Du sagst, o Aftab, ich sei Pädär-i-Baharat geworden. Ja, den Titel habe ich bekommen, bin es aber nicht. Ihr dürft mich eigentlich nur Sill-i-Säfärân[3] nennen und obwohl ich in Wahrheit nur dieses bin, könnt ihr bei mir Reichtümer sammeln, während ihr früher kaum das verdientet, womit man den Hunger stillt. Ich bin es, der den Gedanken ersann, neben dem Säfärân auch Oßfur[4] zu verwenden. Das hat uns schon bis heute Tausende von Tumân eingebracht und wird uns viele Tausende noch bringen. Warum bin ich für alle Baharat bestimmt und habe doch nur den Säfärân bekommen? Muß ich das dulden? Und müßt ihr euch das gefallen lassen, die ihr meine Unter-

1 Damals 800 Mark 2 „Vater der Gewürze" 3 „Schatten des Safrans"
4 Saflor

gebenen seid und nur mehr erhaltet, wenn ich mehr verdiene? Wißt ihr, für wen wir arbeiten und unser Leben wagen? Wer nichts tut und doch so köstlich lebt wie Qiblä-i-Aläm[1]?"

„Wir wissen es", erklärte Aftab.

„Hast du ihn je gesehen?"

„Nein", brummte Aftab.

„Warum setzt ihr da täglich euer Leben für ihn aufs Spiel? Stammt er aus dem Fäläk ul äflâk[2], daß er zu stolz ist, sich euch zu zeigen? Bin ich nicht stets bei euch? Teile ich nicht alle Gefahren mit meinen Untergebenen? Wen müßt ihr da mehr lieben und achten, mich oder ihn? Wem müßt ihr mehr Vertrauen schenken? Ich sage euch, ihr würdet jedes Jahr mehr Tausende Tumân einstecken als jetzt Hunderte, wenn ich an seiner Stelle euer Ämir-i-Sillan[3] wäre!"

„Das hast du uns schon oft erklärt, und wir glauben es."

„Ich habe es auch schon vielen anderen erklärt, und sie alle glauben es. Seine Zeit ist gekommen! Es schwebt der Schämschîr[4] schon über seinem Haupt. Ich habe mit einigen anderen Pädärân[5] gesprochen und bin sicher, daß sie im geeigneten Augenblick nicht zurückweichen werden. Wir wissen, daß er stets unter seinem Gewand einen Sirä[6] trägt, doch mein Guluhlä[7] geht gewiß hindurch!"

Es trat eine Pause ein. Der Pädär-i-Baharat brütete finster vor sich hin, und auch die beiden anderen hielten ihre Blicke nachdenklich zur Erde gerichtet. Ich hatte schon oft Menschen beschlichen, aber selten ein so geheimnisvolles Gespräch belauscht.

1 Persisch: Mittelpunkt der Welt = Schah 2 Höchster Himmel 3 Fürst der Schatten 4 Säbel 5 „Väter" 6 Kettenpanzer 7 Kugel
In allen diesen persischen Wörtern wird das ä, wenn es nicht gedehnt ist, halb wie a, halb wie e, und zwar ganz kurz ausgesprochen. Die überwiegende Mehrzahl der persischen Wörter wird auf der letzten Silbe betont.

Pädär-i-Baharat, Vater der Gewürze — Sill-i-Säfärân, Schatten des Safrans — Ämir-i-Sillan, Fürst der Schatten! Das waren jedenfalls Namen, die eine bestimmte Bedeutung hatten. Aber was für eine? Fürst der Schatten! Wer waren die Schatten? Jedenfalls Menschen, das schloß ich aus der Mehrzahl-Endung „an", die fast nur bei Personen gebraucht wird, während sonst die Endung „ha" in Anwendung kommt. Aber was für Menschen waren das, und warum wurden sie Sillan — Schatten genannt? Bedeutete der Ausdruck „Fürst der Schatten" einen Rang? Wenn ja, dann mußten „Schatten des Safrans" und „Vater der Gewürze" auch wohl Rangstufen sein. Es schien sich um Vorgesetzte und Untergebene zu handeln, und wie mir dies alles ein Geheimnis war, so handelte es sich hier wahrscheinlich überhaupt um eine geheime Körperschaft, die das Licht des Tages zu scheuen hatte.

Der Fluß, an dem ich mich jetzt befand, wurde einst von den alten Babyloniern und Assyrern beherrscht, bis die Meder und Perser der Herrlichkeit ein Ende machten. Wenn der alte tatkräftige Hammurabi, der tapfere Tukulti-Adar I., der medische Kyaxares und der Achämenide Cyrus aus ihren Gräbern gestiegen wären und, jetzt vor mir sitzend, einander ihre diplomatischen Geheimnisse mitgeteilt hätten, wäre mir ihre Unterhaltung wahrscheinlich verständlicher gewesen als das, was ich von diesen drei Neupersern gehört hatte. Es sollte aber noch verwickelter kommen, denn der Anführer begann wieder:

„Worüber denkt ihr nach? Wohl über das, was ich euch gesagt habe?"

„Ja", antwortete Aftab. „Wir sind bereit, zu dir zu stehen. Der Ssärbâs[1] kann keine Schlacht gewinnen, wenn er den Ssahib mänßäb[2] nicht sieht, dem er

[1] Soldat [2] Offizier

gehorchen soll. So soll auch unser Gebieter kein unsichtbares Wesen sein, dem unser Leben gehört, obgleich er sich uns niemals zeigt. Wir haben schon mit anderen Sillan darüber gesprochen, und sie sind gleicher Meinung gewesen. Sage uns nur, was wir tun sollen!"

„So kann ich mich also auf euch verlassen?"

„Ja. Du sprachst davon, daß dem Ämir-i-Sillan der Säbel schon über dem Haupt schwebe. Kennst du die Zeit und den Ort?"

„Ja."

„Dürfen wir es wissen?"

„Ich sage es euch, denn ich kenne euch als verschwiegene Männer. Ihr wißt doch, daß an jedem Duschämbä-i-Mäwâdschib[1] die Päderân sich alle in der Ruine der Mädschmä-i-Yähud[2] versammeln, um seine Befehle entgegenzunehmen und ihm Rechenschaft abzulegen. In dieser Nacht wird, wenn es mir gelingt, die anderen —"

Er hielt inne, denn es fiel ein Schuß, und zwar in der Gegend, wo ich Halef wußte. Ich erschrak, denn er mußte sich in Gefahr befinden, sonst hätte er nicht geschossen. Ich mußte ihm zu Hilfe eilen. Da kam mir aber der Schreck der Perser zu Hilfe. Sie waren, als sie den Schuß hörten, aufgesprungen, ergriffen ihre Flinten und eilten in das Gebüsch, um von einem etwa auf sie schießenden Feind nicht gesehen zu werden. Das dabei unvermeidliche Knacken der Sträucher gab mir Gelegenheit, mein Versteck unbemerkt zu verlassen. Ich rannte hinter den Büschen unserem Lagerplatz zu. Dort angekommen, sah ich Halef mit erhobenem Gewehr stehen, das er auf mich richtete, als er mich bemerkte.

„Vorsicht, Halef!" warnte ich halblaut. „Ich bin es. Hast du geschossen?"

[1] Montag des Soldes [2] Synagoge

„Ja."

„Warum? Auf wen?"

„Es war ein Löwe, Sihdi. Er schlich heran, um deinen Assil Ben Rih zu fressen."

„Unsinn!"

„Das ist kein Unsinn. Ich habe ihn deutlich gesehen. Es war ein Löwe, ein richtiger Löwe."

Es war immerhin möglich, daß Halef sich nicht getäuscht hatte: Der Perserlöwe verirrt sich zuweilen auch in die Dschesireh. Ich zog die Hölzer aus der Tasche, um schnell das Feuer anzubrennen, wozu wir einen Reiserhaufen mit trockenem Gras bereitgehalten hatten. Das Feuer sollte dem Löwen die Lust zur Wiederkehr verleiden. Daß wir dadurch die Aufmerksamkeit der Perser auf uns lenkten, konnte mir gleichgültig sein.

Als die hoch emporlodernde Flamme den Platz erleuchtete, ließ ich mir sagen, wo Halef das Tier gesehen hatte. Er deutete mir die Richtung an und sagte wichtig:

„Dort kam er geschlichen. Als er mich erblickte, blieb er stehen. Es war ein großer, gewaltiger Abu er Rrad[1]. Ich gab ihm die Kugel und dann war er nicht mehr zu sehen. Ich habe ihn getroffen, das weiß ich genau. Er ist vor Schreck und Angst dahingefahren, denn wo Hadschi Halef Omar steht, da kann es selbst der stärkste Löwe nicht aushalten."

Ich nahm meinen schweren Bärentöter schußfertig und entfernte mich vorsichtig in der angedeuteten Richtung. Nach ungefähr vierzig Schritten konnte ich mich überzeugen, daß Halef sich nicht geirrt hatte. Er hatte wirklich getroffen — aber was! Ich rief ihn zu mir. Er kam herbei und fragte schon von weitem:

„Was soll ich, Sihdi? Siehst du etwas?"

„Ja. Hier liegt das Vieh."

1 arabisch: ‚Vater des Donners'

„Also habe ich getroffen?"
„Es ist mausetot!"
„Hamdulillah! Ich habe den Dschedd el Isman[1], den schrecklichen Würger der Herden, erlegt. In allen Zelten wird mein Ruhm erschallen, und an allen Lagerplätzen wird man meine Ehre singen!"
„Juble nicht zu früh! Es ist nämlich kein Er, sondern eine Sie."
„Eine Löwin?"
„Nein. Es ist kein Abu er Rrad, sondern eine Omm ers Ssanne[2], die du erschossen hast. Sie hat Hunger gehabt und ist betteln gekommen; du aber bist so unbarmherzig gewesen, ihr anstatt Fleisch eine Kugel zu geben."
Halef hatte mich erreicht und sah das Tier liegen.
„Eine Hyäne!" rief er beschämt aus. „Allah vergesse diesen Tag! Wie konnte dieses Tier sich für einen Löwen ausgeben? Mohammed, der Prophet der Propheten, mag die Seele dieser Hyäne ergreifen und die Lügnerin dahin verdammen, wo der Gestank der Hölle am widerwärtigsten ist!"
„Nicht sie, sondern dein Auge hat dich getäuscht. In der Nacht erscheint alles größer."
„Harâm — jammerschade! Nun werden die Stimmen, auf die ich mich freute, in allen Zelten und auf allen Lagerplätzen schweigen."
„Nein. Sie werden nicht schweigen, sondern das Lob des großen Helden verkünden, der nicht davonlief, als er die Hyäne für einen Löwen hielt."
„Du willst meiner noch spotten, Sihdi? Das vergrößert die Tiefe meiner Wehmut. Ich wollte ein Held sein und bin dadurch zum Sattel geworden, auf dem dein Hohn spazieren reitet. Meine Söhne werden mich bejammern und meine Töchter mich beklagen. Meine Enkel wiegen verwundert die Köpfe, und die Nach-

1 Großvater der Zähne 2 Mutter des Gestanks

kommen meiner Urenkel verhüllen vor mir ihre Angesichter! Ich möchte mich vor Gram erschießen, wenn es nicht ein Selbstmord wäre! Du aber laß deine Stichelreden, und denke daran, daß es auch für dich möglich ist, einen Löwen zu schießen, der sich, nur um dich zu ärgern, in eine Mutter des Gestanks verwandelt!"

„Nein, daran denke ich nicht, lieber Halef, denn ich weiß, was du nicht zu wissen scheinst, daß die Dunkelheit der Nacht alle Gegenstände vergrößert. Wenn du auch fernerhin vergißt, das in Betracht zu ziehen, werden deine Augen sich schließlich gewöhnen, eine Fingereidechse für ein Krokodil zu halten!"

„Wie magst du mir ein Krokodil an den Kopf werfen? Hat dich der Irrtum meines Auges so schwer beleidigt, daß du mir nicht zu verzeihen vermagst?"

„Von Beleidigung kann keine Rede sein. Aber du hast einen Fehler begangen, der mich zu dir zurücktrieb, gerade als das Gespräch der Perser den höchsten Grad von Aufmerksamkeit in mir erregte."

„Allah! Das bedaure ich! Wer und was waren sie? Wovon haben sie gesprochen?"

„Um das von mir zu hören, hättest du ihr Gespräch nicht durch deinen unglücklichen Schuß unterbrechen sollen. Ich will den Umstand, daß sie nun auf uns aufmerksam geworden sind, nicht in Betracht ziehen. Aber du hast mich durch deine Eilfertigkeit, die dir von deiner Hanneh verboten worden ist, um die Erforschung eines Geheimnisses gebracht, dessen Kenntnis uns für die Reise durch Persien wahrscheinlich von Wichtigkeit geworden wäre. Aber komm zum Feuer zurück. Wir müssen nachlegen, sonst geht es aus!"

„Wollen wir es nicht der Perser wegen lieber auslöschen, damit sie uns nicht finden?"

„Nein. Nun sie wissen, daß jemand hier ist, mögen sie auch erfahren, daß es Leute sind, von denen sie nichts zu befürchten haben. Wir wollen uns ihnen zeigen."

„Und denkst du, daß sie zu uns kommen?"

„Auf jeden Fall. Die Leute werden dabei zwar die größte Vorsicht anwenden und uns erst heimlich beobachten, dann aber, wenn sie bemerken, daß wir nur zwei Mann sind, sich unbesorgt uns zeigen. Nach ihrem Verhalten werden wir das unsrige richten. Jetzt wollen wir von etwas Gleichgültigem sprechen, denn es ist möglich, daß sie schon in unserer Nähe sind. Wenn ich sie bemerke, werde ich dir ein Zeichen dadurch geben, daß ich meine Hände zusammenlege."

Wir setzten uns beim Feuer nieder, ich mit dem Rücken gegen das Gebüsch, Halef mir gegenüber. Es dauerte nicht lange, so konnte ich ihm das Zeichen geben. Ich wußte, daß sich hinter mir jemand im Gebüsch befand. Ich hatte weder etwas gesehen noch gehört. Es war jenes eigenartige Gefühl, jener unbestimmbare sechste Sinn, der sich beim Westmann zu einer Schärfe entwickelt, die der des Auges und des Ohres gleichkommt. Es ist mehr ein Ahnen als ein Empfinden, und doch wieder ist es eine Art von Gefühl, denn es war, als ginge von dem hinter mir stehenden Perser ein Strom auf mich über, ähnlich dem, der einen riechenden Gegenstand mit den Geruchsorganen des Menschen verbindet.

Wir sprachen so unbefangen miteinander, als hätten wir keine Ahnung von dem Vorhandensein eines Lauschers, doch hatte ich einen Gesprächsstoff gewählt, der nichts über unsere Personen und unsere Absichten erraten ließ. Infolgedessen hörte uns der Mann eine Weile zu, ohne etwas zu erfahren. Das machte ihn ungeduldig und trieb ihn aus seinem Versteck hervor. Er trat aus dem Gebüsch heraus, stellte sich vor uns und fragte in einer Weise, als wäre er der Gebieter dieses Platzes:

„Wer seid ihr und was wollt ihr hier?“

In der Erwartung, daß wir vor Überraschung bestürzt sein würden, strich er sich wohlgefällig die steifgewichsten Bartzapfen und sah erwartungsvoll auf uns nieder. Als wir schwiegen, fuhr er uns an:

„Warum antwortet ihr nicht? Seid ihr blind und taub, daß ihr mich weder zu sehen noch zu hören scheint?“

Da entgegnete ich: „Wir sind allerdings blind und taub, aber nur für solche Leute, die uns Veranlassung geben, nicht auf sie zu achten.“

„Bin damit etwa auch ich gemeint?“

„Ja. Dein Verhalten ist nicht das eines Menschen, den man zu achten hat.“

„Äfsûß — ach, wie schade! Ich scheine also ein Mann zu sein, der für euch nicht vorhanden ist?“

„Nicht vorhanden sein sollte“, verbesserte ich ihn. „Wenn ich mich trotzdem herbeilasse, mit dir zu sprechen, gebe ich dir doch den Beweis, daß ich deine Gegenwart bemerkt habe.“

„Welche Freundlichkeit und Güte! Wie dankbar bin ich dir dafür, daß du so gnädig bist, meine Gegenwart überhaupt zu bemerken! Und ich habe mich doch bisher für einen Mann gehalten, der von jedem Menschen, so hoch dieser auch stehe, nicht nur bemerkt, sondern auch höflich behandelt wird!“

„Da scheinst du dich in einem großen Irrtum befunden zu haben, denn wer Höflichkeit verlangt, muß selbst auch höflich sein.“

Er lachte belustigt auf und fragte:

„Du meinst wohl, daß ich euch hätte grüßen sollen?“

Ich machte eine wegwerfende Handbewegung und erwiderte:

„Indem du nach dem Gruß fragst, beweist du, daß dir die einfachste Regel des Anstandes unbekannt ist.“

Da kreuzte er die Hände über der Brust, machte mir eine tiefe Verbeugung und sagte spöttisch:

„Weil du ein so hoher Herr zu sein scheinst, will ich schleunigst nachholen, was ich versäumt habe; also: Ässälam 'aleîkum!"

Ich winkte nur, und zwar mit einer Miene, als hätte ich seinen Hohn nicht bemerkt. Da fuhr er fort:

„Das scheint dir noch nicht genug zu sein. Ich bitte dich also um die gnädige Erlaubnis, hinzusetzen zu dürfen: Ähwâl-i schärif — wie ist dein erlauchtes Befinden?"

Da nahm ich den Ton eines Schulmeisters an, der einem Schüler ein Lob erteilt und sagte:

„So war es wenigstens einigermaßen richtig. Wenn du so glücklich sein wirst, öfters mit höflichen Leuten in Berührung zu kommen, halte ich es für nicht unmöglich, daß du dich wenigstens gegen gewöhnliche Leute noch zu benehmen lernst. Die Art freilich, wie man sich gegen höhergestellte Personen zu verhalten hat, wirst du nie begreifen."

„Bi Dschanäm — bei meiner Seele, das hat mir noch kein Mensch gesagt!" brauste er auf.

„So sei froh, daß ich es dir sage! Der Mensch, der seine Fehler erkennt, hat damit schon den ersten Schritt zur Besserung getan, und du scheinst ein Mann zu sein, der in Beziehung auf den Umgang mit anderen noch viel lernen muß."

„Maschallah! So hat also ein gütiges Wunder mich aus Persien hierher und mit dir zusammengeführt, damit ich Gelegenheit finde, die Lücken meiner ungenügenden Erziehung durch deine Hilfe auszufüllen. Ich ergreife mit großer Freude diese Gelegenheit und werde mich also zu dir setzen."

Er beugte schon die Knie, um auf orientalische Weise bei uns Platz zu nehmen. Da wehrte ich schnell ab:

„Halt! Das wäre abermals ein Verstoß gegen die Höflichkeit. Habe ich dich eingeladen, uns Gesellschaft zu leisten?"

„Nein. Ich hoffe aber, daß du nichts dagegen hast, denn sonst würdest du es sein, dem die Höflichkeit mangelt, die ich von dir lernen will."

„Ganz richtig. Man ladet aber nicht Menschen ein, die man nicht kennt. Wir waren eher hier als du, und darum bist du verpflichtet, uns zu sagen, wer und was du bist. Dann wird es sich entscheiden, ob ich deine Anwesenheit begehrenswert für uns finde."

„Bäda — wie schlimm! Du mußt ein sehr hochstehender Herr sein, der gewohnt ist, nur in der Form des Befehls zu sprechen. Ich bitte dich um die große Barmherzigkeit, mich vom Atem deines Mundes umwehen zu lassen. Hast du einmal den Namen Kaßim Mirsa gehört?"

„Nein."

„So sind dir die Verhältnisse meines Vaterlandes unbekannt. Ich bin dieser berühmte Kaßim Mirsa und befinde mich unterwegs, um als Mutämäd äl Mulk[1] nach Bagdad zu reisen."

„So bist du wohl ein Schahsahdä?"

„Ja."

Das Wort Schahsahdä bedeutet Sohn oder Nachkomme, zuweilen auch Verwandter des Schah von Persien. Der Mann log, er war weder mit dem Schah verwandt, noch dessen Abgesandter. Ich behielt diese Meinung für mich und machte nur die Bemerkung:

„Da mußt du eine zahlreiche Begleitung bei dir haben. Wo befinden sich die Krieger, die dich beschützen?"

„Ich bin selbst ein Krieger und bedarf keines Beschützers. Meine Reise hat unter dem Baldachin der Heimlichkeit zu geschehen, denn es sind mir wichtige

1 Persisch: „Vertrauensmann des Königreichs"

Angelegenheiten anvertraut, von denen kein Mensch etwas ahnen darf. Darum habe ich nur zwei Begleiter mitgenommen und einen Weg gewählt, auf dem ich der Gefahr entgehe, als Schahsahdä erkannt zu werden."

„Allah akbar! Da müßte sich meine Seele in ehrfurchtsvollster Dankbarkeit vor dir verbeugen!"

„Siehst du das ein? Aber ich liebe es, gütig zu sein. Du brauchst dich von der Hoheit meiner Abkommenschaft nicht erdrücken zu lassen."

„Das fällt mir auch gar nicht ein. Ob du der Sohn eines Königs oder eines Bettlers bist, ist mir gleichgültig. Wenn ich von Dankbarkeit sprach, so geschah dies nicht aus Ehrfurcht vor deiner Geburt, sondern aus Rücksicht auf die Offenheit, mit der du mich erfreust."

„Offenheit?"

„Ja. Du bist ein Prinz und zugleich ein Abgesandter des Beherrschers von Persien. Das darf niemand wissen, denn deine Reise soll ein Geheimnis sein. Du hast mir dieses Geheimnis dennoch geoffenbart. Dies konnte nur geschehen, entweder weil du ein Vater der Plauderhaftigkeit bist, oder weil du ein so großes Wohlgefallen an mir gefunden hat, daß du gar nicht anders konntest, als mir dein verschwiegenes Herz zu öffnen. Da nun der Träger so wichtiger Geheimnisse sicher sehr verschwiegen ist, so nehme ich an, daß dein Wohlgefallen mich erleuchtet hat, und nur darum habe ich von Dank gesprochen."

Er merkte, daß er einen großen Fehler begangen hatte, denn ich sah ihm an, daß er sich Mühe gab, seine Verlegenheit zu verbergen, indem er herablassend bestätigte:

„Ja, du hast mir gleich gefallen, als ich dich erblickte, und nur aus diesem Grund bekamst du das zu hören, was eigentlich niemand wissen darf. Aber nun hoffe ich auch, daß du in Anerkennung meiner Freundschaft die Ehre würdigst, mit der meine Gegenwart die Tiefe deines Inneren erfüllen muß. Ich werde mich also nun zu euch setzen."

„Ich habe nichts dagegen. Aber darf ich wissen, wo du deine Begleiter gelassen hast?"

„Sie sind nicht weit von hier und werden gleich erscheinen. Wir hörten euren Schuß und eilten herbei, um euch beizustehen, denn wir sagten uns, daß jemand, der schießt, sich in Gefahr befinden müsse."

Er klatschte in die Hände, worauf seine beiden Kumpane erschienen, die er mit den Worten zum Niedersetzen veranlaßte:

„Diese fremden Männer haben mich, Kaßim Mirsa, den Schahsahdä, gebeten, ihren Abend durch unsere Gesellschaft zu verschönern, und ich will sie nicht durch die Zurückweisung ihrer Bitte betrüben. Laßt euch zu meinen beiden Seiten nieder!"

Sie gehorchten dieser Aufforderung. Daß er ihnen den Namen und den Titel sagte, war wieder eine Unvorsichtigkeit von ihm, denn dieser Umstand mußte, falls ich nicht schon vorher gewußt hätte, woran ich war, mein Mißtrauen erwecken. Er ließ sie wissen, für wen er sich ausgegeben hatte, damit sie ihn nicht etwa bei seinem richtigen Namen nannten. Mein kleiner Halef hatte bis jetzt noch kein Wort gesagt. Ich sah ihm an, daß er sich ärgerte, und war überzeugt, daß er die nächste Gelegenheit ergreifen werde, dieser Mißstimmung Luft zu machen. Er hatte nicht lange zu warten, der angebliche Kaßim Mirsa kam ihm mit der Bemerkung entgegen:

„Ihr habt erfahren, wer wir sind, und könnt euch denken, daß wir nun auch eure Namen hören möchten."

Da entgegnete der Hadschi, ohne mich zu Wort kommen zu lassen, schnell:

„Da du der Sohn des berühmtesten Beherrschers bist, nehme ich an, daß du alle Königreiche und Länder der Erde kennst?"

„Ich kenne sie", erklärte der Gefragte.

„Auch Ustrali[1]?"

„Ja."

„Und Yäni dunya[2]?"

„Auch das."

„So wisse, daß ich der Schah von Ustrali bin, und dieser erlauchte Herrscher, der hier neben mir sitzt, ist der große Sultan von Yäni dunya."

Der Kleine machte dabei ein wichtiges Gesicht. Der Perser riß die Augen auf. Er wußte offenbar nicht, was er vom Hadschi denken sollte. Dieser fuhr fort:

„Auch wir haben Geheimnisse für Bagdad, Geheimnisse von so großartiger Wichtigkeit, daß wir sie keinem Gesandten, nicht einmal einem Schahsahdä, anvertrauen könnten. Darum sind wir für kurze Zeit von unseren goldenen Thronen gestiegen und mit der Räh-i ahän[3] über die großen Meere gefahren, um unsere Briefe selbst zu überbringen."

„Räh-i ahän?" fragte der Perser, der noch immer nicht wußte, woran er mit Halef war. „Die gibt es ja gar nicht auf dem Meer!"

„Warum nicht? Unsere Herrschermacht ist so groß, daß wir uns nicht darum zu bekümmern brauchen, ob es etwas gibt oder nicht. Die Gârha[4], die wir von Zeit zu Zeit brauchten, haben wir auf den Käläskä-i-Buchâr[5] geladen und gleich mitgenommen. Sooft wir anhalten und aussteigen wollten, wurde schnell einer aufgestellt."

„Auf dem Wasser des Meeres —?"

„Ja!"

1 Australien 2 Amerika 3 Eisenbahn 4 Bahnhöfe
5 Dampfwagen

Da wendete sich der Perser an mich und sagte mitleidig: „Erlaube mir, daß ich dich nicht begreife! Man macht doch keine Reise in der Gesellschaft eines Mannes, in dessen Kopf der Irrsinn wohnt!“

„Du irrst. Das Gehirn meines Freundes ist vielleicht gesünder als das deinige. Er weiß stets, was er sagt.“

„Allah erbarme sich! Ihr seid wohl alle beide ganz verrückt!“

Sein Auge ging forschend zwischen mir und Halef hin und her, doch nur für kurze Zeit, denn seine Aufmerksamkeit wurde abgelenkt. Unsere Pferde waren, von Busch zu Busch die jungen Zweige fressend, in den Bereich des Feuerscheins gekommen. Der Perser sah sie. Er war jedenfalls ein Kenner, denn kaum war sein Blick auf sie gefallen, so sprang er auf und ging hin, die Tiere zu betrachten.

„Was sehe ich!“ rief er aus. „Zwei wahnsinnige Menschen haben solche Pferde! Kommt her! Schaut sie an! Selbst im Stall des Schah-in-Schah kann es nichts Edleres geben!“

Diese Aufforderung galt seinen Begleitern. Die Pferde wurden von allen Seiten betrachtet. Dabei sprachen die drei Männer leise miteinander. Wir stellten uns, als ob wir die sonderbaren Blicke, die sie dabei auf uns warfen, nicht beachteten. Dann kehrten sie zu uns zurück und setzten sich wieder nieder.

„Diese Pferde sind euer Eigentum?“ fragte der mit dem Zapfenbart.

„Ja“, erklärte Halef. „Glaubst du, daß Könige auf fremden Pferden reiten?“

„Von wem habt ihr sie?“

„Selbst gezüchtet. Unsere Marställe wimmeln von solchen edlen Tieren.“

„Ich sehe hier ein Floß am Ufer liegen. Gehört es euch?“

„Ja."

„Ihr seid also nicht zu Pferd hierhergekommen?"

„O doch."

„Aber wenn man ein Floß benutzt, reitet man doch nicht."

„Das denkst du bloß. Wir haben die Pferde an das Floß gespannt, uns in den Sattel gesetzt und sind dann so den Tigris herabgeritten."

„Du bist wirklich verrückt!"

„Dann bist du ebenso verrückt wie ich."

„Wieso?"

„Weil du dir einbildest, ein Schahsahdä zu sein und Kaßim Mirsa zu heißen."

„Das ist die Wahrheit."

Da wendete sich Halef zu mir:

„Sihdi, hast du so etwas für möglich gehalten? Dieser Mann hält uns für wahnsinnig und muß doch selbst im höchsten Grade verrückt sein, sonst hätte er schon längst begriffen, warum ich uns für Könige ausgebe. Wenn er ein Schahsahdä ist, müssen wir beide wenigstens Beherrscher ganzer Weltteile sein."

Jetzt erst begann der Perser zu ahnen, daß er einen Spott für Ernst genommen hatte. Er blitzte den Kleinen mit zornigen Augen an und fragte:

„So hast du also die Absicht gehabt, mich zu verspotten?"

„Ja", lautete die furchtlose Antwort.

Die Hand des „Vaters der Gewürze" zuckte zum Gürtel. Er zog sie wieder zurück und sagte ruhig:

„Eigentlich sollte ich dich züchtigen, doch du weißt nicht, mit wem du redest. Kennst du den Unterschied zwischen Kaßim Mirsa und Mirsa Kaßim?"

„Ich kenne ihn", antwortete Halef.

„Ich heiße nicht Mirsa Kaßim, sondern Kaßim Mirsa. Du hast also einen Prinzen vor dir!"

„Du heißt weder Mirsa Kaßim noch Kaßim Mirsa,

und ich habe also weder einen Prinzen noch einen Mann vor mir, der das Wort Mirsa vor seinen Namen setzen darf!"

„Allah! Welch eine Beleidigung. Soll ich dir mit der scharf geschliffenen Klinge antworten?"

Jetzt zog er das Messer wirklich aus dem Gürtel. Halef meinte gleichmütig:

„Laß sie nur stecken, denn ehe du mich mit ihr berühren könntest, wärest du eine Leiche!"

„Allah! Glaubst du das in Wirklichkeit?"

„Ja. Siehst du denn nicht, was mein Gefährte da in seiner Hand hält? Du hättest das Messer noch nicht erhoben, so säße seine Kugel dir schon im Kopf!"

Ich hatte, als der Perser sein Messer zog, sofort den Revolver in die Hand genommen.

Er schob es wieder in die Scheide und sagte selbstbewußt:

„Wir würden ja sehen, wer schneller wäre, er oder ich! Ich bin aber bereit, dir zu verzeihen, wenn du mir Abbitte leistest."

„Abbitte?" lachte Halef. „Hast du es gehört, Sihdi, ich soll Abbitte leisten, ich, Hadschi Halef Omar! Hat es jemals einen Menschen gegeben, der es ungestraft wagen durfte, eine solche Forderung an mich zu richten?"

„Ungestraft?" höhnte der Perser. „Wer bist du denn, daß du in dieser Weise von dir sprichst?"

„Wer ich bin? Du wirst es hören und darüber erstaunen! Ich bin Hadschi Halef Omar Ben Hadschi Abul Abbas Ibn Hadschi Dawuhd al Gossarah!"

„Dieser Name ist lang wie eine Schlange, die man mit dem Fuß zertritt. Bist du weiter nichts?"

„Du willst ein vornehmer Perser sein und weißt nicht einmal, daß Hadschi Halef Omar der Scheik der berühmten Haddedihn ist?"

„So! Du bist also ein Haddedihn, meinetwegen auch

der Scheik dieses Stammes. Ich habe nichts dagegen. Und wer ist dein Gefährte?"

„Der ist noch tausendmal berühmter als ich. Er ist der unbesiegbare Kara Ben Nemsi Effendi, den alle seine Feinde fürchten."

„Fürchten?" fragte der Pädär-i-Baharat, indem er seinen Blick mißtrauisch forschend über mich gleiten ließ. „Du nennst ihn Ben Nemsi? So stammt er wohl aus dem Abendland?"

„Ja."

„Dann ist er ein Isäwi[1]?"

„Ja."

Da sprang der Schiit rasch vom Boden auf, spie vor mir aus und rief:

„Bi Chatir-i Chuda — um Gottes willen! Was haben wir getan! Wir haben neben einem stinkenden Aas gesessen, neben einem Ungläubigen, der das Weib Miryäm[2] anbetet und Isa[3], den Lügner, für einen Gott hält! Allah verfluche euch! Wir haben uns an euch verunreinigt und müssen —"

Er kam nicht weiter. Ich war ruhig sitzengeblieben, denn ich wußte, daß Halef an meiner Stelle handeln werde, und gönnte ihm die Freude. Der Hadschi aber war aufgesprungen, legte die Hand an den Gürtel, um die Peitsche loszumachen und donnerte den Beleidiger so an, daß dieser mitten in der Rede innehielt: „Schweig, Unverschämter! Was fällt dir ein? Du kannst die Frechheit deiner Worte leicht mit dem Leben zu bezahlen haben! Der Effendi braucht dich nur ein wenig mit der Hand zu berühren, so liegst du als Leiche am Boden! Aber das ist gar nicht nötig, er braucht keinen Finger zu rühren, denn wenn du noch ein einziges unrechtes Wort sprichst, so hast du es mit mir zu tun!"

Da trat der „Vater der Gewürze" einen Schritt zu-

[1] Christ [2] Maria [3] Jesus

rück, ließ sein Auge verächtlich über die Gestalt seines Gegners gleiten, lachte auf und erwiderte:

„Was sagst du? Du, du willst mich zum Schweigen bringen? Der Effendi wird mich zu Boden schlagen? Ich würde mich vor zwanzig solcher Kerle, wie ihr seid, nicht fürchten! Ein solcher Zwerg, wie du, kann mich mit einer solchen Drohung nur zum Lachen bringen, denn —“

Er konnte auch diesmal nicht weitersprechen, und zwar aus einem viel „schlagenderen“ Grund als vorhin. Halef, der nie eine Beleidigung auf sich sitzenließ, konnte durch nichts in so großen Zorn gebracht werden, als wenn man ihn wegen seiner kleinen Gestalt verspottete. In solchen Fällen pflegte die Strafe schnell wie ein Blitz der Tat zu folgen: so auch jetzt. Kaum war das Wort Zwerg ausgesprochen, so holte der Hadschi aus und strich dem Perser die Nilhautpeitsche in einer solchen Weise quer übers Gesicht, daß der Getroffene mit einem lauten Schrei zurücktaumelte und Mühe hatte, nicht zu Fall zu kommen. Das Gesicht mit den Händen bedeckend, wankte er halb bewußtlos hin und her. Seine beiden Gefährten schnellten von ihren Sitzen auf und zogen die Messer. Halef stand flammenden Auges mit hocherhobener Peitsche da, und auch ich war aufgesprungen, um dem wackeren Kleinen beizustehen.

So maßen wir uns eine Weile wortlos, bis der Anführer der Gegner die Hände sinken ließ. Über dem Peitschenstrich, der das Gesicht durchquerte, waren zwei in blöder Wut stierende Augen zu sehen. Die Arme wurden erhoben, die Hände ballten sich, und dann tat der vor Grimm nicht mehr zurechnungsfähige Mann einen Sprung, um Halef zu packen. Dieser aber wich gewandt zur Seite aus, versetze dem Perser einen zweiten Hieb, der quer über die Oberlippe strich und schlug ihm dann den schweren Knopf der

Peitsche so in den Nacken, daß er niederstürzte. Halef warf sich sofort auf ihn und nahm ihn mit beiden Händen am Hals fest.

Das war viel schneller geschehen, als man es erzählen kann, so schnell, daß die beiden Untergebenen des Persers keine Zeit gefunden hatten, ihrem Herrn zu Hilfe zu kommen. Jetzt wollten sie es tun und Halef von hinten fassen. Aber ich streckte den einen mit meinem Jagdhieb besinnungslos nieder und nahm den anderen bei der Gurgel, so daß er nur ein stöhnendes Röcheln hervorbrachte. Ich zog ihm das Messer und die Pistole aus dem Gürtel, schleuderte beide ins Wasser und warf ihn dann zu Boden, daß er liegenblieb. Da rief mir Halef zu:

„Sihdi, komm her! Du bist mit den Kerlen fertig, aber dieser macht mir zu schaffen. Er will in die Höhe."

„Hole Riemen vom Floß, wir binden sie!" entgegnete ich.

Während ich den Schiiten hielt, folgte Halef meiner Weisung, und bald waren alle drei gefesselt.

„Was tun wir jetzt?" fragte Halef. „War es notwendig, sie zu binden?"

„Ja."

„Hätten wir nicht lieber einen anderen Lagerplatz aufsuchen sollen?"

„Wir als Sieger? Fällt mir nicht ein! Auch brauchen wir den Schlaf, und ich habe keine Lust, diesen Menschen auch nur fünf Minuten davon zu opfern. Wollen sehen, was sie einstecken haben!"

„Willst du Beute machen, Sihdi?"

„Nein. Aber wir erfahren auf diese Weise vielleicht, was dieser angebliche Schahsahdä eigentlich ist."

Ich hatte noch einen anderen Grund dazu, den ich aber dem Hadschi nicht sagte, weil der „Vater der Gewürze", der nicht besinnungslos war, es gehört hätte. Wir untersuchten erst ihn, fanden aber zunächst nichts als sein Geld und die schon erwähnte Berechnung, aus der aber nichts zu ersehen war. Er hatte mehrere Ringe anstecken, dabei einen goldenen mit einer achteckigen Platte mit arabischen Buchstaben. Dieser fiel mir zunächst nicht auf. Auch bei seinen Gefährten war nichts zu finden, bis ich schließlich ihre Finger ansah. Sie hatten die gleichen Ringe, nur daß sie bei ihnen von Silber waren. Ich zog sie ihnen ab und hielt sie ans Feuer, um die Schrift zu lesen. Ich sah ein *sâ* mit einem *lâm* verbunden, über dem das Verdopplungszeichen stand; das ergab das Wort Sill = Schatten.

Jetzt war ich überzeugt, das Gesuchte gefunden zu haben. Diese Ringe waren ohne allen Zweifel Erkennungszeichen, Beweise der Mitgliedschaft irgendeiner geheimen Verbrüderung. Ich mußte alle drei haben, aber ohne daß die Perser wußten, daß ich sie behielt. Ich hob also, ohne daß der „Vater der Gewürze“ es sah, drei Steinchen vom Boden auf, nahm sie in die hohle Hand und sagte hierauf laut zu Halef:

„Das sind zwei sonderbare Ringe. Ich will doch sehen, ob der dritte ähnlich ist.“

Hierauf bemächtigte ich mich auch des goldenen, indem ich ihn mit Gewalt von der Hand des sich sträubenden Pädär-i-Baharat zog. Ich betrachtete ihn oberflächlich, als sei es nicht meine Absicht, das Wort zu lesen, und erklärte dann dem Hadschi:

„Lieber Halef, das sind Zauberringe, die jedenfalls noch aus der Zeit Harun ar Raschids stammen. Die Zauberei ist verboten, und so werde ich mir ein Verdienst erwerben, wenn ich diese Ringe ins Wasser werfe.“

Da rief der Perser zornig aus: „Diese Ringe gehören uns, nicht dir! Seid ihr Räuber? Her damit!“

„Das forderst du vergeblich“, erwiderte ich. „Es ist

meine Pflicht, euch von der Zauberei abzuhalten, die euch ins Verderben führt. Diese Ringe gehören ins Wasser, wo sie nie wieder zu finden sind. Paß auf! Eins — zwei — drei —!"

Ich warf bei jedem dieser drei Worte ein Steinchen in die Flut. Der Perser hörte sie fallen und war überzeugt, daß es die Ringe seien, denn er sagte nach dem letzten Wurf höhnisch:

„Glaube nicht, daß du dir mit diesem Diebstahl ein Verdienst erworben hast! Es gibt mehr solche Ringe als du denkst, und wir werden schon in kurzer Zeit wieder welche haben. Mit euch aber rechnen wir ab. Das schwöre ich dir bei Ali, dem größten der Kalifen!"

Während ich unbemerkt die Ringe einsteckte, erwiderte ihm Halef, der als früherer Anhänger der Sunna nicht hoch von Ali dachte:

„Oh schweig von diesem größten der Kalifen! Er hatte einen kahlen Kopf, sein Bart sah aus wie ein weißer Baumwollenwisch, und sein Bauch hing ihm bis auf das Knie herab, denn er war ein Fresser, wie es keinen zweiten gegeben hat, soweit die Erde reicht. Und wenn ihr Schiiten sagt, daß sein heiliger Herrscherberuf aus einer Liebe und Treue zu der Tochter des Propheten erwachsen sei, so sind wir Sunniten besser unterrichtet und wissen, daß diese Fatîma Chanum viel länger am Leben geblieben wäre, wenn sie sich nicht über noch acht andere Frauen und zwanzig Sklavinnen zu Tode geärgert hätte."

„Allah verdamme deine böse Zunge! Wenn du in meine Hände fällst, werde ich sie dir aus dem Mund schneiden!"

Inzwischen war seinen Untergebenen das Bewußtsein zurückgekehrt, doch sie verhielten sich ruhig. Um unbesorgt schlafen zu können, mußten wir der Gefangenen sicher sein. Wir banden sie also einzeln an drei Büsche so fest, daß sie unmöglich loskommen konnten. Ihre Waffen nahmen wir mit. Nun legten wir uns mit unseren Pferden nieder. Als ich meinem Hengst die Sure ins Ohr gesagt hatte, fragte mich Halef:

„Sihdi, als du die Ringe ins Wasser geworfen hattest, stecktest du etwas heimlich ein. Was war das?"

„Das waren die drei Ringe. Ich habe sie nicht weggeworfen."

„Nicht? Ich hörte sie doch hineinfallen."

„Das waren Steinchen."

„Allah! Warum diese Täuschung?"

„Sie galt nicht dir, sondern dem Perser. Er gehört mit seinen Begleitern einer heimlichen Verbindung an. Die Ringe sind wahrscheinlich die Zeichen der Mitgliedschaft. Wer weiß, wie weit diese Verbindung verbreitet ist, vielleicht über ganz Persien. Wir aber gehen in dieses Land. Verstehst du mich?"

„Ich ahne, was du meinst. Wir kennen das Zeichen dieses Bundes, das kann uns unter Umständen von großem Vorteil sein."

„Es kann die Möglichkeit eintreten, daß wir uns mit Hilfe dieser Ringe für Sillan ausgeben."

„Sillan? Was ist das?"

„So nennen sich die Mitglieder. Jedes einzelne wird Sill genannt. Dieses Wort, Schatten, deutet auf eine geheime Tätigkeit hin, die jedenfalls ungesetzlich ist, weil sie das Tageslicht scheut. Die gewöhnlichen Mitglieder haben silberne, die Vorgesetzten aber goldene Ringe. Der Oberste dieses Geheimbundes wird Ämir-i-Sillan genannt."

„Sihdi, ich habe einen Gedanken! Sollte es sich um die Sekte der Babi handeln?"

„Das ist möglich. Zwar möchte ich die Babi und die Sillan nicht als gleichbedeutend nehmen, aber es ist nicht unwahrscheinlich, daß sie zusammengehören. Du weißt, was die Babi sind und was sie wollen?"

„Nicht genau. Ich habe nur gehört, daß sie Feinde des Schahs sind und von diesem unerbittlich verfolgt werden, warum aber, das ist mir unbekannt. Kannst du es mir sagen, Sihdi?"

„Ja. Der Gründer dieser Sekte war der junge Ali Mohammed aus Schiras, der sich Bab[1] nannte, weil er lehrte, daß man durch ihn zu Gott gelange. Seine Anhänger glauben, daß der Bab höher als Mohammed stehe, daß es in der Welt nichts Böses, also auch keine Sünde gebe und daß das Gebet nicht unbedingt nötig sei. Sie verbieten den Frauen, sich mit dem Schleier zu verhüllen, und wollen dem Mann nur eine Frau erlauben. Das verstößt gegen die Lehren der Sunna und der Schia. Die weltliche Regierung haben sie sich dadurch zur Feindin gemacht, daß sie neunzehn Oberpriester haben wollen, die über dem Herrscher stehen sollen."

„Das wird der Schah nie zugeben."

„Richtig! Naßîr-ed-din hat sehr strenge Maßregeln gegen sie ergriffen, die sich in grausame Verfolgungen verwandelten, als einige Babi einen Anschlag gegen das Leben des Schahs ausführten. Alle, die als Anhänger der Sekte erkannt und ergriffen wurden, starben einen qualvollen Tod. Die anderen waren gezwungen, scheinbar ihrem Glauben zu entsagen oder außerhalb des Landes zu flüchten. Aber im stillen zählt diese Sekte viele tausend Anhänger, die fest zusammenhalten, sich gegenseitig helfen, kein Opfer scheuen und, wenn es ihrem Glauben gilt, auch vor keinem Verbrechen zurückschrecken. Menschen, die behaupten, daß es keine Sünde gebe, kennen auch den Begriff Verbrechen nicht."

„Genau wie so einer kommt mir der Perser vor, dem ich die Peitsche gegeben habe."

„Mir auch. Ich bin überzeugt, daß der von dir Ge-

1 Pforte, Tor

züchtigte uns sehr zu schaffen machen wird, falls unsere Wege sich wieder kreuzen sollten."

„Meinst du, daß es besser wäre, wenn ich ihn nicht geschlagen hätte?"

„Darüber wollen wir uns jetzt keine Gedanken machen. Es ist geschehen und also nicht zu ändern. Ich ersuche dich aber, mich ein andermal erst um Erlaubnis zu fragen, ehe du zur Peitsche greifst!"

„Sihdi, das ist nicht möglich. Was sollen die, denen ich die Kurbatsch geben will, von mir denken, wenn ich dich erst bitte, es tun zu dürfen? Ich würde die Hochachtung beleidigen, die alle Menschen mir, dem berühmten Hadschi Halef Omar, zollen müssen."

„Du brauchst nicht so zu fragen, daß man es hört. Es genügt ein Blick auf mich, den ich dir auch durch einen Blick beantworte."

„Wirst du diesen Blick aber auch verstehen? Ich weiß nicht, ob der Blick des Prügelns von den anderen Arten der Blicke leicht zu unterscheiden ist."

„Ich unterscheide ihn, verlaß dich drauf!"

„Und nun sag: Wirst du alle drei Ringe behalten?"

„Nein. Einen gebe ich dir. Aber du darfst ihn erst dann anstecken, wenn wir uns von den Persern getrennt haben, denn sie sollen nicht wissen, daß wir ihre Ringe noch besitzen."

„Ich bin zufriedengestellt. Allah sei Dank, daß du gekommen bist, mich abzuholen! Mein Leben verfloß in der letzten Zeit wie ein Nest voll Hühnereier."

„Sonderbarer Vergleich!"

„Er ist gar nicht sonderbar. Wie in diesem Nest ein Ei dem anderen gleicht, so war in meinem Leben ein Tag dem anderen völlig gleich. Ich sehnte mich nach Taten, fand aber keine Gelegenheit; und wenn es ja einmal Gelegenheit gab, so bekam ich keine Erlaubnis dazu."

„Mußt du um Erlaubnis fragen?"

„Ich habe es nicht nötig, aber ich tue es dennoch, denn der Friede im einzelnen Zelt ist ebenso nützlich wie der Friede zwischen den Völkern. Oder fragst du etwa deine Emmeh nicht, wenn ein Abenteuer dich von ihrer lieblichen Seite fortlocken will?"

„In meinem Vaterland gibt es nicht das, was du Abenteuer nennst."

„Dann sind die Bewohner eurer Oasen zu beklagen. Nun begreife ich, warum du so gerne in fremde Länder gehst. Und das ist auch gut für mich, denn kaum haben wir diese Reise angetreten, so haben wir schon drei Schiiten gefangen, drei Ringe des Geheimnisses erobert und zwei Hiebe mit der Peitsche ausgeteilt. Die Kraft der Männlichkeit ist wieder in mir munter geworden, die Tapferkeit erwacht in meinem Herzen, und meine Träume führen mir die Siege vor, die wir miteinander erringen werden."

„Das gönne ich dir, lieber Halef. Und weil man nur im Schlaf träumen kann und dir die im voraus gewonnenen Siege so große Freude machen, so kannst du jetzt nichts Besseres tun als schlafen. Gute Nacht!"

„Schon?! O Sihdi, ich hätte mich so gerne noch länger mit dir unterhalten. Meine Hanneh ..."

„.... ist die beste der Frauen und wünscht, daß du von ihr träumst: also schlaf!", fiel ich ihm in die Rede.

„Und Kara Ben Halef ..."

„.... ist der beste aller Söhne, und der Traum wird dir ihn vielleicht zeigen: schlaf also!"

„Gut, ich gehorche! Du bist ein Tyrann geworden gegen mich und dich. Deine Emmeh ..."

„... will, daß ich alle Tage richtig ausschlafe. Darum: gute Nacht!"

„Sihdi, ich bin gar nicht mit dir einverstanden, werde dir aber trotzdem gehorchen. Ich hätte dir noch viel zu sagen, doch weil du es nicht anders willst, so sage ich nur noch: gute Nacht!"

Er drehte sich um, und es dauerte nicht lange, so hörte ich an seinen regelmäßigen Atemzügen, daß er in den Armen jenes wohltätigen Gottes lag, der von den Beduinen nicht Morpheus, sondern Naum genannt wird.

Ich fiel auch bald in diese Arme, und als ich mich am Morgen ihnen entwand, war es hell. Halef schlief noch, und ich weckte ihn. Wir führten unsere Pferde an das Wasser und sahen nach unseren Gefangenen. Sie hatten sich alle Mühe gegeben loszukommen, doch vergeblich. Welch einen Anblick bot der „Vater der Gewürze"! Die beiden Striemen waren dick angeschwollen und aufgesprungen. Er hatte jedenfalls nicht geringe Schmerzen auszuhalten, und ich will gestehen, daß ich ihn jetzt bedauerte. Später freilich, als ich ihn besser kennenlernte, sah ich ein, daß dieses Mitgefühl überflüssig gewesen war. Seine Augen waren tief gerötet, und seine Stimme klang heiser zischend, als er mich anfuhr:

„Hundesohn, binde mich los! Wir müssen fort."

Da ich auf diese Beleidigung schwieg, entgegnete Halef an meiner Stelle:

„Wenn du in dieser Weise mit dem Effendi sprichst, lassen wir euch die Fesseln und ihr werdet hier liegenbleiben, bis ihr verschmachtet."

„Wir haben euch nichts getan!"

„Mach dich nicht lächerlich!"

„Wenn ich euch wieder treffe, wirst du mich wohl nicht lächerlich finden!"

„Du drohst uns? Gut! Wir binden euch also nicht los."

Halef setzte sich zu mir und nahm sein Frühstück zur Hand. Da schlug der Perser einen anderen Ton an. Er erklärte, daß er das Geschehene als ungeschehen betrachten wolle, nur möchten wir ihn losbinden, denn er müsse fort. Ich überließ es Halef, weiter mit ihm zu verhandeln. Der Hadschi gab seinen Entschluß dahin kund:

„Du hast uns belogen und beschimpft. Darum haben wir dir gezeigt, daß wir Männer sind, die sich das nicht ungestraft gefallen lassen. Wir nehmen die Riemen nur dann von euch, wenn du die Beleidigungen zurücknimmst."

„Ich nehme sie zurück."

„Und uns um Verzeihung bittest."

„Ich bitte darum."

„Schön! Wir werden dich also losbinden. Aber wann wir es tun werden, das kommt auf den berühmten Kara Ben Nemsi Effendi an."

„Du hast gesagt, du seiest ein Scheik; also hast du wohl zu bestimmen."

„Der Effendi ist ein noch viel größerer Scheik als ich. Er zählt seine Pferde nach Hunderten, seine Kamele nach Tausenden, und sein Harem wimmelt von schönen Frauen, die ihm den gebratenen Hammel bereiten. Wende dich also an ihn!"

Das war dem Perser denn doch zuviel. Er schwieg. Ich beeilte mich mit dem Frühstück und machte mich dann über die Feuerwaffen der Gefangenen her: ich schoß ihre Pistolen und Flinten ab und warf dann ihre Pulverbeutel ins Wasser.

„O weh!" schrie der Pädär-i-Baharat da auf. „Warum vernichtest du das einzige Pulver, das wir noch haben?"

Ich antwortete noch immer nicht. Er konnte es sich doch denken, daß ich es aus Vorsicht tat: es mußte diesen Leuten die Möglichkeit, auf uns zu schießen, genommen werden, sonst wären wir schon gleich nach ihrer Entlassung nicht vor ihnen sicher gewesen. Als ich in dieser Weise für uns gesorgt hatte, schafften wir die Pferde auf das Floß, auf dem ich blieb, während ich Halef aufforderte, Aftab loszulassen. Es war der, dessen Messer und Pistole ich ins Wasser geworfen hatte. Der kleine Hadschi ging zu ihm und sagte:

„Du hast gehört, daß ich dich losbinden soll. Eigentlich bist du das nicht wert, aber ich will Gnade walten lassen und dir die Freiheit wiedergeben. Du kannst dann deine prachtvollen Kameraden befreien, aber nicht eher, als bis wir fort sind, sonst bekommst du eine Kugel! Hast du das gehört?“

„Ja“, erklärte Aftab.

„Und wenn dein Herr, oder was er ist, darüber klagen sollte, daß die wohltuende Empfindlichkeit seines Gesichts ihm das Herz mehr als gewöhnlich erquicke, so reibe ihm die beiden Karawanenwege, die ich quer über sein edles Gesicht gelegt habe, mit Salz und Pfeffer ein. Das wird seine Wonne verdoppeln und die holdseligen Gefühle seines Daseins stärken.“

Der Pädär-i-Baharat, der die Worte gehört hatte, wartete, bis Halef sich wieder bei mir auf dem Floß befand, und rief uns dann grimmig zu:

„Fahrt in die Hölle, ihr räudigen Anhänger der Zauberei, ihr Räuber und Diebe der Ringe! Hütet euch, uns wieder zu begegnen! Der Tag, an dem mein Auge euch zum zweitenmal erblickt, wird der letzte eures Lebens sein, denn meine Kugel wird euch die Pforte öffnen, hinter der es nur einen Weg gibt, und der führt zur Hölle hinab, wo ihr die Peitschenhiebe mit ewiger Verdammnis bezahlen werdet!“

Ich gab ihm keine Antwort. Halef aber, der stets redelustige, erwiderte:

„Du warnst uns vor dem Wiedersehen. Ich aber freue mich darauf, denn ich habe die sehnsuchtsvolle Steppe deines Gesichts ausgemessen und dabei gefunden, daß es da Platz für noch mehr solche Kamelpfade gibt. Sobald Allah deinen Weg wieder vor unsere Augen führt, werde ich nicht unterlassen, dir die

Seligkeit dieser letzten Nacht durch einige neue Hiebe ins Gedächtnis zurückzurufen. Bis dahin aber denke zuweilen an uns, die wir deine treuesten Freunde sind und die sich immer gern an Kaßim Mirsa, den erleuchteten Schahsahdä, erinnern werden!"

Während dieser Rede hatte ich das Floß losgebunden. Wir stießen vom Ufer und ruderten es hinaus in den Tigris, in dessen Strömung es abwärts schwamm. Wir hatten die hinter uns erschallenden Verwünschungen der Perser bis zum Ausgang der Bucht vernommen. Für heute war ihre Wut ohnmächtig, später aber mußten wir uns bei einer etwaigen Begegnung sehr in acht nehmen. Als ich Halef eine darauf bezügliche Bemerkung machte, fragte er:

„Du hältst es für möglich, daß wir sie wiedersehen?"

„Sogar für sehr wahrscheinlich, weil diese Leute auch nach Bagdad wollen."

„Sie kommen dort später an als wir."

„O nein. Ihr Floß ist kleiner als das unsrige, und sie haben sechs Hände zum Rudern, also zwei mehr als wir. Es steht zu erwarten, daß sie uns schon heute überholen."

„Das ist freilich nicht vorteilhaft für uns, denn wenn sie uns überholen, können sie in Bagdad auf uns warten und unsere Ankunft sehen, ohne daß wir es bemerken. Wenn sie uns dann folgen, sind wir in ihre Hände gegeben."

„Siehst du, wie vorsichtig wir sein müssen, aber nicht nur in Bagdad, sondern schon vorher, denn ich bin überzeugt, daß sie uns schon heute beobachten werden. Es handelt sich dabei nicht nur um uns, sondern auch um unsere Pferde."

„Du meinst, daß es diese Männer auch auf die Tiere abgesehen haben?"

„Halef, du hast doch genau gesehen, wie entzückt

dieser sogenannte Kaßim Mirsa von ihnen war. Während ihre Rachsucht sie antreibt, sich mit uns zu beschäftigen, wird sich ihre Habsucht auf die Hengste richten. Wenn sie sich an uns rächen und dabei in den Besitz so wertvoller Tiere kommen können, haben sie ein doppeltes Spiel gewonnen. Sie können unterwegs einen solchen Plan viel leichter als in Bagdad ausführen, und so haben wir heute mehr Veranlassung, vorsichtig zu sein, als morgen."

„Du denkst, daß wir morgen in Bagdad ankommen?"

„Morgen mittag, wenn wir nicht durch ein unvorhergesehenes Hindernis aufgehalten werden. Wir werden heute an mehr bewohnten Orten vorüberkommen als bisher. Das ist ein Zeichen von der Nähe der Kalifenstadt."

Was ich vermutet hatte, das geschah: wir hatten kurz nach Mittag das Dorf Sindije beinahe erreicht, als wir die Perser hinter uns kommen sahen. Ihr Floß machte eine schnellere Fahrt als das unserige. Der „Vater der Gewürze" saß an seinem Rand und tauchte fleißig die Hände in die Wellen, um sich das brennende Gesicht mit Wasser zu kühlen. Eine Viertelstunde später kamen sie an uns vorüber. Da stand er auf, streckte beide Fäuste gegen uns aus und rief:

„Hättet ihr uns das Pulver nicht genommen, so wäre es jetzt um euch geschehen. Wenn ihr uns heute auch entgeht, ich schwöre bei Hassan und bei Hussein, daß der Abgrund des Verderbens für euch offen bleibt."

Halef brachte es nicht übers Herz, zu dieser Drohung still zu sein und schrie hinüber:

„Deine Rede macht uns lachen. Und wenn ihr tausend Zentner Pulver hättet, würden wir uns doch nicht vor euch fürchten. Oder bildest du dir ein, daß nur ihr allein schießen könnt? Wir haben auch Gewehre!"

„Hat es jemals einen Giaur oder einen verfluchten Sohn der Sunna gegeben, der schießen und auch treffen kann?" höhnte der Perser herüber. „In kurzer Zeit werden eure Söhne und Töchter Waisen und eure Weiber Witwen sein. Allah verdamme euch und sie!"

Hanneh eine Witwe, Kara Ben Halef ein Waisenknabe und beide von Allah verdammt, das erboste den kleinen Hadschi so gewaltig, daß er seine Stimme zur größten Stärke erhob, um die Drohung des Feindes zu übertrumpfen:

„Schweig! Du sprichst mit dem Maul der Dummheit und mit der Zunge des Unverstandes. Wenn unsere Gewehre knallen, so werden alle eure Väter, Ahnen, Großväter und Urahnen zu Waisen und alle eure Kinder, Enkel und Nachkommensenkel zu Witwen werden. Eure Freunde werden sterben, eure Verwandten und Bekannten werden untergehen, eure Städte und Dörfer aussterben, und das ganze Fars[1] wird ein Schlachtfeld bilden, auf dem nur noch Witwen und Waisen umherirren, um die Besiegten zu beweinen und die Erschlagenen zu bejammern. Zwischen den Ufern der Ströme wird euer Blut dem Meer entgegenfließen, und die Winde werden die aus ihren Körpern getriebenen Seelen wie Staub durch die Lüfte jagen. Ihr seid ohnmächtige —"

Hier brach der Kleine plötzlich ab, wendete sich zu mir und fügte mit gewöhnlicher Stimme und bedauernd hinzu:

„Wie schade, Sihdi, daß sie mich nicht mehr hören können; sie sind leider schon zu weit fort."

„So mach den Mund zu und sei still!"

„Still? Hätte ich etwa nichts sagen sollen? Bedenke, daß sie mich zum hinterlassenen Gatten meiner Witwe und zum abgeschiedenen Vater meines Wai-

1 Persien

sensohns machen wollten! Das durfte ich mir nicht gefallen lassen! Du weißt, daß ich den Tod nicht fürchte. Aber den Vorwurf, daß ich durch meine Sterbestunde Hanneh, die unvergleichlichste der Frauen aller Länder, deine Emmeh ausgenommen, in eine traurige Witwe verwandle, konnte ich nicht auf mir sitzenlassen."

Als Halef das Ruder wieder in die Hand genommen hatte, brummte er noch lange vor sich hin: der Witwen- und Waisensturm wollte sich nur langsam in ihm legen.

4

IN DER SCHILFHÜTTE

Wir kamen an Sindije vorüber und sahen, daß die Perser hier nicht angelegt hatten, ebensowenig in Sadije. Als wir dann am Nachmittag Mansurije erreichten, stand ein Mann mit seinem Weib am Ufer, die uns schon von weitem winkten, anzuhalten.

„Sihdi, die wünschen mitzufahren", sagte Halef. „Kann man verlangen, daß wir noch eine solche Last unserem vollbeladenen Kellek aufbürden?"

„Verstelle dich nicht!" entgegnete ich. „Dein gutes Herz war doch sogleich entschlossen, die beiden mitzunehmen. Ich kenne dich."

„Ja, Sihdi, du kennst deinen Halef genau. Leuten, die so arm sind, daß sie keine Ziegenhäute zu einem Kellek besitzen, darf man eine solche Bitte nicht abschlagen. Sie wollen sicher nach Bagdad. Ein Mann bringt das wohl fertig, aber von den zarten Füßen eines Weibes darf man keine solche Anstrengung verlangen. Wollen wir hinüberlenken?"

„Ja", erwiderte ich, obgleich ich in Beziehung auf die Zartheit der hiesigen Frauenfüße anderer Ansicht war.

Als wir uns dem Ufer näherten und langsam dahintrieben, hörten wir, daß wir richtig vermutet hatten. Der Mann bat uns, ihn und seine Frau mitzunehmen. Er könne uns zwar nichts dafür geben, werde aber aus Dankbarkeit für uns beten.

„Es kam vor einer Stunde ein Floß mit drei Männern vorüber", fügte er hinzu. „Wir riefen ihnen unsere Bitte zu. Sie nannten uns aber verdammte Sunniten und fuhren weiter. Allah vernichte diese abgefallenen Anhänger der Irrlehre!"

Als unser Kellek das Ufer berührte, stieg das Paar zu uns herüber, dann kehrten wir zur Mitte des Stroms zurück. Die „zarten“ Füße der Frau waren größer als die des Mannes, ein Umstand, den man bei den Beduinen, selbst den seßhaft gewordenen, oft beobachten kann, weil die Männer fast jeden Weg zu Pferd machen.

Die beiden Leute hatten nichts bei sich als ein wenig Mundvorrat, der in einen alten Lappen gewickelt war. Der Mann trug keine Waffen. Sie machten zunächst keinen üblen Eindruck und waren so bescheiden, sich hinten am Rand des Floßes niederzusetzen. Da ich dort in ihrer Nähe das Ruder führte, konnte ich sie beobachten, ohne daß es auffällig wurde. Da sah ich denn zu meiner Überraschung am Finger des Mannes einen silbernen Ring, wie ich deren zwei neben dem goldenen in der Tasche hatte. Nun wußte ich sofort, woran ich war.

Sobald der Lauf des Flusses es erlaubte, das Hintersteuer zu verlassen, ging ich zu Halef ans Vorderteil und fragte ihn leise:

„Wie gefallen dir diese Leute?“

Ich bediente mich, um nicht verstanden zu werden, des Moghreb-Arabisch, das Halef, als von dorther stammend, vorzüglich sprach. Er antwortete in gleicher Mundart: „Das sind arme Menschen, die uns, außer daß wir sie mitnehmen, jedenfalls gleichgültig sein können. Aber warum fragst du mich in der Sprache meiner Heimat, Sihdi?“

„Um nicht verstanden zu werden. Diese zwei Leute dürfen uns nicht so gleichgültig sein, wie du denkst. Sie haben Böses gegen uns vor.“

„Allah! — Wirklich? Wieso Böses?“

„Schau dich nicht um! Sie dürfen nicht merken, daß wir von ihnen sprechen. Sie haben nämlich vor, uns an die Perser auszuliefern.“

„Maschallah! Hast du einen Grund, ihnen das zuzutrauen?“

„Der Mann hat den Ring der Sillan am Finger stecken.“

„Ist es kein anderer Ring?“

„Nein. Wie gut, daß ich unsere noch in der Tasche und dir keinen von ihnen gegeben habe! Du hättest ihn wahrscheinlich angesteckt. Dadurch wäre verraten worden, daß ich die Ringe nicht in das Wasser geworfen habe. Wir werden überhaupt vorläufig keinen am Finger tragen.“

„Bist du der Ansicht, daß sie mit den Persern gesprochen haben?“

„Ja. Der ‚Vater der Gewürze‘ bekleidet einen höheren Grad. Er kennt wahrscheinlich alle Mitglieder der Gegenden, in denen er zu tun hat.“

„Ich dachte, daß es diese Sillan nur in Persien gebe.“

„Ich nicht. Ich erinnere dich an unsere gestrige Vermutung, daß die Sillan vielleicht mit den Babi in irgendeinem Zusammenhang stehen. Als diese infolge des Anschlags gegen den Schah so unnachsichtlich verfolgt wurden, flohen Tausende von ihnen unter Mirsa Jahja nach dem Irak Arabi herüber, wo sie ihren Hauptsitz nach Bagdad verlegten. Aus jener Zeit her sind jedenfalls noch viele von ihnen hier vorhanden, die sich nicht öffentlich als Anhänger bekennen. Und wenn es wahr ist, daß es eine Beziehung zwischen ihnen und den Sillan gibt, so brauchen wir uns nicht darüber zu wundern, daß wir heute einen hiesigen Sill getroffen haben. Der Perser kennt ihn, ist in Mansurije ans Land gegangen und hat ihm einen auf uns bezüglichen Auftrag erteilt.“

„Welcher mag das sein?“

„Wir werden es erfahren. Es ist höchst wichtig für uns, daß der Pädär-i-Baharat eine Unterlassung begangen hat, ohne die wir wahrscheinlich in die uns gestellte Falle geraten wären. Er hätte dem Mann sagen sollen, daß er uns seinen Ring nicht zeigen dürfe, weil ich diese Ringe für Zauberringe halte."

„Das ist richtig, Sihdi! Dadurch, daß er das vergessen hat, sind wir gewarnt und werden uns hüten, auf die gegen uns gerichteten Absichten einzugehen."

„Im Gegenteil. Die Vorsicht gebietet mir, den Schein anzunehmen, als lasse ich mich täuschen. Wenn man weiß, wo sich der Feind befindet und wo man von ihm angegriffen werden soll, hat man schon halb gesiegt. Wenn wir ihm ausweichen und nach Bagdad gehen, wissen wir nicht, wann und wo uns die Gefahr befällt. Sie kann uns dort also ganz unvorbereitet treffen. Hier aber werden wir genau wissen, woran wir sind."

„Wie willst du das erfahren?"

„Dieser Sill oder sein Weib wird es mir, ohne es zu beabsichtigen, sagen, und zwar schon heute, denn ich bin überzeugt, daß der Anschlag gegen uns ausgeführt werden soll, noch ehe wir Bagdad erreichen. Ich vermute, daß wir von den Leuten in Beziehung auf unser heutiges Nachtlager einen Rat bekommen, dem die Absicht zugrunde liegt, uns in die Hände der Perser zu liefern. Wir müssen freundlich und unbefangen scheinen, damit sie nicht ahnen, daß wir Mißtrauen gegen sie hegen."

Ich begab mich jetzt auf das hintere Floß zurück und begann mit den beiden ein Gespräch, bei dem ich mich so harmlos als möglich zeigte. Es gelang mir, sie zu täuschen und zuweilen einen unbewachten Blick aufzufangen, durch den sie einander sagten, daß ihr Vorhaben gut vonstatten gehe.

Wir passierten noch Dokhala und einige Dörfer, bis wir die Krümmung hinter Jehultije erreichten. Da rief ich Halef zu:

„Paß nun auf, ob es einen Ort gibt, der sich zum

Übernachten eignet! In einer halben Stunde wird die Sonne untergehen!"

Was ich erwartete, das geschah: kaum hatte ich diese Aufforderung ausgesprochen, so sagte der Mann aus Mansurije:

„Ich höre, daß ihr einen Ort finden wollt, der sich zum Schlafen eignet. Effendi, ich kenne einen, denn ich fahre oft nach Bagdad, und bleibe stets da, wo ich meine, über Nacht."

„Wo ist das?" fragte ich.

„Am rechten Ufer, gar nicht weit von hier."

„Was ist es für ein Ort?"

„Es ist eine Chuß el Kaßab färßi[1], in der es Platz für wohl zehn Männer gibt. Die Wände sind fest gegen den Regen und alle bösen Nebel. Es gibt kein Ungeziefer in ihrem Inneren man wohnt unter dem Dach wie in Allahs Schutz, und süße Träume winken jedem, der durch die gastlich offene Tür schreitet."

Wie verlockend das klang! Der Mann wurde ja fast poetisch, um uns diese Falle möglichst als begehrenswert erscheinen zu lassen! Ich stellte mich, als falle mir das nicht auf, und erwiderte:

„Ist Gesträuch in der Nähe?"

„Soviel du willst. Wir brauchen das Feuer bis zum Morgen nicht ausgehen zu lassen, denn es herrscht der Brauch, daß jeder, der da übernachtet, früh, ehe er sich entfernt, einige Bündel Holz und Schilf für die sammelt, die nach ihm kommen. Wasser zum Trinken gibt der Fluß. Es ist also für alles gesorgt, was nötig ist, den Aufenthalt euch angenehm zu machen."

„Schön! Wir werden also in dieser Hütte übernachten. Sage es uns, wenn wir hinüberlenken sollen!"

Er warf seiner Frau einen Blick der Befriedigung zu. Also sogar Holz zur Feuerung sollten wir vorfin-

1 Schilfhütte

den! Es fiel mir nicht ein, daran zu glauben, daß jeder Fortgehende in der angegebenen Weise für den Nachfolgenden sorge. Die Perser waren schon längst bei der Hütte angekommen. Um uns beobachten zu können, wünschten sie, daß von uns Feuer gemacht werde, und so hatten sie sich der Mühe unterzogen, den dazu nötigen Brennstoff für uns zu sammeln. Es war ja möglich, daß wir die Hütte erst nach eingetretener Dunkelheit erreichten. Dann war es für uns zu spät, Holz zu suchen, und so hatten lieber sie dafür gesorgt, daß unsere Personen ihnen durch ein Feuer sichtbar gemacht wurden.

Der Sill forderte uns schon nach kurzer Zeit auf, dem Ufer zuzuhalten. Wir sahen bald darauf die Hütte liegen, und er deutete uns die Stelle an, wo wir landen sollten. Ich folgte dieser Aufforderung nicht, sondern lenkte das Floß an eine andere Stelle, wo das Ufer frei von Büschen und also zu überblicken war. Wenn die vor uns hier angekommenen Perser im Gesträuch steckten, konnten sie uns einfach niederschießen. Ich hatte ihnen zwar ihr Pulver genommen, aber es verstand sich von selbst, daß sie in Mansurije darauf bedacht gewesen waren, diesen Verlust zu ersetzen.

„Warum landest du nicht weiter unten bei der Hütte?“ fragte mich der Sill. „Ich habe dir ja die Stelle gezeigt, die viel passender als diese ist.“

„Der Pferde wegen“, entgegnete ich. „Sie haben von früh bis jetzt stehen müssen und brauchen Bewegung. Wir werden jetzt ein Stück reiten. Gehe mit deinem Weib einstweilen zur Hütte. Wir kommen nach, bevor es dunkel wird.“

Wir zogen die Pferde ans Ufer und setzten uns auf. Es ging im Galopp hinter dem Schilf- und Buschsaum, der den Fluß begleitete, auf die Hütte zu, die vielleicht fünfzig Schritt vom Wasser entfernt stand.

„Warum willst du zu Pferd und nicht mit dem Floß hierher, Sihdi?“ erkundigte sich Halef.

„Um vor dem Mann und seiner Frau hier zu sein“, erklärte ich. „Ich suche die Spuren der Perser.“

Es genügte, einmal um die Hütte zu reiten, so sah ich die gesuchten Stapfen. Die drei haßerfüllten Menschen waren hier gelandet, hatten sechs große Bündel Brennholz und Schilf gesammelt und sich dann auf ihrem Floß wieder entfernt. Das hatte nur flußabwärts geschehen können, und so wußte ich, in welcher Richtung sie sich versteckt hielten. Höchstwahrscheinlich waren sie nicht weit fort von hier, und als ebenso sicher war anzunehmen, daß sie eine Uferstelle gewählt hatten, von der aus sie unsere Ankunft beobachten konnten. Diese mußte ins Wasser hineinragen, und wenn ich dabei die Sehweite des menschlichen Auges in Betracht zog, so war es nicht schwer, wenigstens ungefähr zu bestimmen, wo der betreffende Ort zu suchen sei. Ihre Aufmerksamkeit war flußaufwärts gerichtet, also mußte ich, wenn ich sie von ihnen unbemerkt sehen wollte, mich an einen abwärts von ihnen liegenden Uferpunkt begeben.

Als ich das Hadschi Halef erklärt hatte, ritten wir einen Halbkreis, der uns an den Fluß führte. Dort stiegen wir ab, ließen die Pferde stehen und drangen durch die Büsche bis zum Wasser vor. Da sahen wir aufwärts von uns eine vom Ufer gebildete Landzunge, an der, von der Hütte ab-, uns jetzt aber zugewendet, das Floß der Perser angebunden war. Sie selbst aber lagen nicht weit davon am Rand des Schilfs und schienen, wie aus ihren Gebärden zu erkennen war, eine lebhafte Unterhaltung zu führen.

„Sihdi, dein Scharfsinn hat das Richtige getroffen“, meinte Halef. „Die Kerle befinden sich da, wo du es vermutet hast. Ich möchte am liebsten hingehen und in der Sprache der Peitsche mit ihnen reden.“

„Dazu gibt es jetzt keinen Grund“, entgegnete ich. „Wenn du in dieser Weise mit ihnen reden willst, müssen wir ihnen beweisen können, daß sie Feindseliges gegen uns vorhaben, und diese Beweise fehlen uns noch.“

„Sie fehlen uns nicht. Wir wissen ja, daß sie den Mann und das Weib gewonnen haben, uns ihnen in die Hände zu liefern.“

„Das ist bis jetzt nur erst Vermutung. Wir brauchen also Gewißheit, die ich mir holen werde, und zwar dann, wenn es völlig dunkel geworden ist.“

„So willst du die Halunken wie gestern belauschen?“

„Ja.“

„Wird es nicht dem Sill auffallen, wenn du dich entfernst, ohne daß er einen triftigen Grund dazu ersieht?“

„Er könnte allerdings Mißtrauen schöpfen, deshalb müssen wir auf eine Ausrede bedacht sein. Der Mann wird erst das Moghreb und dann das Aschâ beten. Beim Aschâ gehe ich fort. Wenn er dich dann am Schluß des Gebetes fragt, warum ich mich entfernt habe, sagst du, ich könne als Christ nicht in Gemeinschaft mit Leuten beten, die Mohammed anrufen. Das ist ein Grund, gegen den er nichts wird einwenden können.“

„Du hast recht, Sihdi. Wie aber, wenn die Perser zur Hütte kommen, während du sie suchst? Was soll ich da tun?“

„Dieser Fall tritt nicht ein. Wir dürfen annehmen, daß die Leute ihr Versteck erst verlassen werden, bis ihr Verbündeter sie aufgesucht hat, um ihnen Bericht zu erstatten. Wir sind, solange er nicht bei ihnen gewesen ist, sicher vor ihnen. Jetzt aber müssen wir zurück, sonst wird es Nacht, ehe wir die Hütte erreichen.“

Wir gingen zu den Pferden und schlugen den Bogen ein, den wir vorhin geritten waren. Da wir infolgedessen von einer anderen Seite anlangten, kam es dem Sill nicht in den Sinn, daß wir am Fluß gewesen waren.

Die Wände der Hütte bestanden aus Schilf und Lehm. Sie waren wohl einen halben Meter dick und hatten, wie ich bemerkte, eine schadhafte Stelle, durch die man von außen ins Innere sehen konnte. Der Eingang war mit einer alten Schilfmatte verhängt. Im Dach gab es ein Loch, durch das der Rauch abziehen konnte. Das Innere war so groß, wie der Sill gesagt hatte, aber höchst schmutzig. Auf die „süßen Träume", die uns nach seinem Ausdruck hier erwarteten, verzichtete ich, denn es verstand sich von selbst, daß wir nicht in diesem Unratstall, sondern im Freien schlafen würden. Freilich durfte ich das jetzt noch nicht sagen, sondern mußte mich in alle Vorschläge des Mannes fügen, der sich sehr besorgt um unsere Bequemlichkeit zeigte.

Er schichtete in einer Ecke Holz auf, das später angebrannt werden sollte. Den dicksten Schmutz räumte er zur Seite, um uns eine einigermaßen annehmbare Lagerstätte zu ermöglichen. Kurz, er tat alles, was unter den gegebenen Verhältnissen möglich war, um unser Vertrauen und unsere Anerkennung zu erlangen. Dann, als die Sonne untergegangen war, begann er mit nach Mekka gerichtetem Gesicht vor der Hütte das Moghreb zu beten.

Wir waren freundlich gegen ihn und seine Frau und teilten die Reste unseres Mundvorrates mit ihnen. Als wir gegessen hatten, war die Zeit des Aschâ gekommen, und er machte sich wieder zum Gebet fertig. Da ging ich an ihm vorüber und vom Fluß fort, scheinbar ins Land hinein. Als er mich nicht mehr hören konnte, verließ ich diese Richtung und wendete mich zum Wasser zurück, doch nicht bis ganz ans Ufer, denn es war immerhin möglich, daß die Perser ungeduldig geworden und näher herangekommen waren. Ich hatte mir die Entfernung und die Ufergestaltung eingeprägt, dennoch war es nicht leicht, mich so zurechtzufinden, daß ich den Fluß da, wo die Landzunge lag, erreichte. Ich fand, daß ich bald eine Strecke zu kurz, bald etwas zu weit gegangen war, und es dauerte dann noch eine Weile, bis ich erkannte, daß ich mein Ziel vor mir hatte. Zunächst über diese Irrung ärgerlich, sah ich bald ein, daß dieser Umweg mir sogar Vorteil brachte.

Ich bückte mich nämlich eben nieder, um durch die Büsche zu kriechen, als ich eilige Schritte hinter mir hörte. Schnell schob ich mich ins Gesträuch, und kaum war das geschehen, so kam der Sill, blieb in kurzer Entfernung von mir stehen und klatschte in die Hände. Als er dieses Zeichen einigemal wiederholt hatte, erklang vom Wasser her die laute Frage:

„Min haida — wer ist da?"

„Safi, der Sill", meldete sich der Mann.

„Komm her, geradeaus!"

Safi schob sich mit solchem Geräusch durch die Büsche, daß ich ihm folgen konnte, ohne gehört zu werden. Die Perser waren aufgesprungen. Safi stand bei ihnen, und ich lag ganz nahe auf der Erde.

„Wir haben dich erst später erwartet", sagte der Pädär-i-Baharat. „Steht etwas falsch, daß du so zeitig kommst?"

„Nein", entgegnete Safi. „Ich komme schon jetzt, weil die Gelegenheit dazu günstig ist. Der Giaur ist nämlich in die Nacht hineingegangen, um sein Gebet zu sprechen. Er scheut sich, das in Gegenwart eines wahren Gläubigen zu tun."

„In die Nacht hinein? Wohin? Doch nicht etwa hierher?"

„O nein! Er hat sich auf die entgegengesetzte Seite gewendet. Dieser Christenhund ist der dümmste Mensch, den ich in meinem Leben gesehen habe. Sein Vertrauen zu mir ist unbeschränkt."

„War er denn gleich erbötig, euch mitzunehmen?"

„Ja, sogleich."

„Das haben wir nur der Klugheit zu verdanken, daß ich dir befahl, dein Weib mitzunehmen. Der Fremde ist nicht so dumm, wie du denkst. Die Gegenwart der Frau aber hat sein Vertrauen erweckt, denn bei Anschlägen, wie der unserige ist, läßt man das Weib daheim. Hat es dir Mühe gemacht, ihn zur Hütte zu bringen?"

„Gar nicht. Er nahm den Vorschlag augenblicklich an. Einen besseren Ort konntest du gar nicht wählen, und ich bewundere den Scharfsinn, mit dem du berechnet hast, daß wir diese Stelle gerade gegen Abend erreichen würden."

„Darüber brauchst du dich nicht zu wundern, denn ein Anführer der Sillan muß Geschick besitzen. Wo sind die Pferde?"

„Sie grasen jetzt in der Nähe der Hütte. Werdet ihr euch zunächst ihrer versichern?"

„Nein. Haben wir die Männer, so werden die Hengste von selbst unser Eigentum. Ich würde diesen beiden Hunden ein schnelles Ende bereiten, sie einfach erschießen, aber das wäre keine Strafe für die Schmerzen, die mir der Knirps zugefügt hat. Sie sollen mit ihrer eigenen Peitsche geschlagen werden, bis ihre Körper keine Stelle mehr haben, die nicht aufgesprungen ist wie diese beiden Schwielen, die wie Feuer der Hölle brennen. Darum muß ich sie lebendig ergreifen, und erst dann, wenn sie halbtot geprügelt sind, werden ihnen zwei Kugeln ein Ende machen. Wie erfahren wir es, ob sie schlafen oder nicht?"

„Ich hole euch."

„Nein, das darfst du nicht. Deine Entfernung könnte sie aufwecken und mißtrauisch machen."

„So sende ich euch mein Weib."

„Auch das geht nicht, denn es schläft im Freien und weiß nicht, ob die Fremden noch wach sind oder nicht. Wir müssen ein Zeichen verabreden, das zuverlässig ist."

„Es gibt kein zuverlässigeres, als das Feuer. Solange es brennt, wachen die beiden noch. Ist es verlöscht, so sind sie eingeschlafen."

„Da hast du recht. Wählen wir also dieses Zeichen! Wir müssen sie demnach im Finstern überrumpeln. Da müssen wir aber wissen, wo sie liegen werden."

„Das weiß ich schon jetzt. Hinten rechts brennt das Feuer. In seiner Nähe habe ich ihnen das Lager bereitet. Dem Eingang gegenüber werde ich auf euch warten. Ich wache, bis ihr kommt. Ihr müßt hineinkriechen, einer nach dem anderen. Da fasse ich euch bei den Händen und leite euch dahin, wo sie liegen. Was ihr dann tut, geht mich nichts an."

„Deine Vorschläge gefallen mir, ich nehme sie an. Wenn du jetzt fortgegangen bist, werden wir zwei Stunden warten und uns dann in die Nähe der Hütte begeben. Sobald es in ihr dunkel geworden ist, kommen wir hineingekrochen. Hast du uns noch etwas zu sagen?"

„Nein."

„So kehre jetzt zurück, denn eine längere Abwesenheit müßte auffallen. Die Belohnung, die ich dir versprochen habe, wirst du —"

Mehr hörte ich nicht, denn ich hielt es für geraten, mich jetzt zurückzuziehen, und wurde dabei durch das Geräusch unterstützt, mit dem sich Safi durch das Gesträuch drängte. Jenseits davon blieb er stehen, um noch einige Fragen auszusprechen, auf die er Antwort bekam. Dadurch gewann ich Zeit, erst leise fortzuschleichen und dann, als er mich nicht hören konnte, so schnell als möglich zur Hütte zu laufen, aber in einem Bogen, so daß ich von der anderen Seite dort ankam. Und das war gut, denn die Frau stand wartend dort. Sie mußte jedenfalls aufpassen und Safi sagen, aus welcher Richtung ich zurückgekehrt war. Drinnen brannte das Feuer, an dem Halef saß. Ich trat ein, und die Frau folgte mir. Indem ich die Abwesenheit ihres Mannes übersah, setzte ich mich zum Hadschi und begann ein Gespräch mit ihm. Nun kam der Sill und setzte sich in einiger Entfernung von uns zu seiner Frau. Nach ungefähr einer halben Stunde standen die beiden auf, und Safi sagte:

„Effendi, wirst du mir erlauben, hier in der Hütte bei euch zu schlafen? Meine Glieder werden zuweilen vom Dâ ilmafâßil[1] befallen, wobei die Nebel des Flusses mir schädlich sind."

„Ihr könnt beide bleiben", antwortete ich.

„O nein! Du wirst wissen, daß ein Weib nicht da weilen darf, wo schlafende Männer sich befinden. Ich werde ihr draußen im Gesträuch einen Harem herrichten, wo sie bis morgen ruhen soll."

„Ja, tue das! Ich werde euch eine Stelle zeigen, die sich am besten zu einem Harem für sie eignet. Kommt! Auch Hadschi Halef mag mitgehen."

Safi sah mich verwundert an, folgte uns aber, ohne ein Wort zu sagen. Auch der Hadschi blieb still, aber ein listiges Blinzeln seiner Augen sagte mir, daß er meinem Verhalten gute Gründe beimesse. Als wir an den Pferden vorbeikamen, nahm ich meinem Assil den Lasso vom Hals. Halef erriet sofort, welchen Zweck ich dabei verfolgte, und ging nun hinter den beiden, denen ich voranschritt: Er beaufsichtigte sie. Als ich mich immer weiter von der Hütte entfernte, ohne anzuhalten, fragte der Mann:

1 Rheumatismus

„Wohin führst du uns, Effendi? Soll der Harem sich nicht in unserer Nähe befinden?“

„Er wird dir viel näher liegen, als du denkst“, antwortete ich. „Wir gehen zu unserem Floß.“

„Das ist viel zu weit, Effendi!“

„Laß mich nur machen! Ihr werdet mit mir zufrieden sein. Was ich tue, geschieht zu eurem Wohl.“

„Inwiefern?“

„Ihr befindet euch in einer großen Gefahr, vor der ich euch bewahren will.“

„Allah akbar! Welche Gefahr könntest du meinen? Ich habe keine Ahnung, daß uns hier in dieser sicheren Gegend ein Unfall treffen könne!“

„Das ist es eben, was die Gefahr für euch verdoppelt: ihr habt nicht die geringste Ahnung von ihr!“

„So sage es mir, was es für eine ist! Wir kehren doch wieder zur Hütte zurück?“

„Gewiß! Wenn auch nicht so schnell, wie du denkst. Komm nur, und folge mir.“

Safi machte zwar einigemal Miene stehenzubleiben, aber Halef ging ihm so auf den Fersen, daß er weiter mußte. So erreichten wir das Floß. Ich sprang hinüber und forderte beide auf, mir zu folgen. Sie hätten sich gern geweigert, wagten es aber nicht. Als sie dann mit Halef bei mir standen, sagte ich:

„Setzt euch! Ich muß euch etwas Wichtiges mitteilen.“ Sie folgten dieser Aufforderung, und ich fuhr fort: „Ich habe euch hierher geführt, um euch das Leben zu retten. Wenn ihr in der Hütte oder in deren Nähe bliebet, würdet ihr gezwungen sein, die Brücke des Todes zu überschreiten.“

„Maschallah! Wie kannst du solche Worte sprechen? Wer könnte uns mit dem Tod bedrohen?“

„Drei persische Halunken, die nicht weit von der Hütte im Gebüsch stecken und uns in nicht viel über einer Stunde überfallen wollen.“

„Al — — al — — lah —!“

Der Sill brachte vor Schreck nichts als diesen auseinandergezogenen Ausruf hervor. Ich sprach weiter:

„Ja, wir sollen überfallen und erst halbtot geschlagen und sodann erschossen werden. Hättest du so etwas für möglich gehalten?“

„Nein — nein — nein —!“ beteuerte Safi stockend. „Ich halte — es auch — jetzt — noch für — unmöglich.“

„Das tust du, weil du keine Ahnung hast, was für gewissenlose Menschen es gibt. Die drei Perser wollen, wenn unser Feuer ausgegangen ist, in unsere Hütte kriechen, um uns zu ermorden.“

„Das — das — kann ich — mir — unmöglich denken, Effendi.“

„Das ist auch nicht nötig, denn wenn du nicht denkst, so denke ich an deiner Stelle. Ich denke da zum Beispiel, daß diese Mörder einen Wegweiser haben, der sie zu unserem Lager führen will.“

Jetzt brachte der Sill kein Wort hervor. Ich fuhr fort:

„Dieser niederträchtige Verräter hält mich für einen Christenhund, der der dümmste Mensch ist, den er in seinem Leben gesehen hat. Hältst du mich vielleicht auch für so dumm?“

„Ich — —? O Effendi, welche Frage? Ich weiß gar nicht, was ich dazu sagen soll! Wer dich für dumm hält, der — — der —“

„Der ist selber unheilbar dumm, nicht wahr? Und doch hat dieser Mensch sich eingebildet, daß ich mich von ihm täuschen lasse! Er ist mit seinem Weib auf unser Floß gekommen, um uns hierher zu locken. Obgleich ich ihn sofort durchschaute, glaubte er, mein ganzes Vertrauen zu besitzen. Er bat mich, bei der Hütte anzulegen, ich tat es nicht, sondern steuerte das Floß zu dieser Stelle. Da hätte er sich doch sagen sollen, daß er sich in Beziehung auf mein Vertrauen geirrt habe. Nicht?"

„Ja, Effendi — — ja!"

„Er suchte nach dem Aschâ die Perser auf, um mit ihnen zu besprechen, wann und wie wir überfallen werden sollen. Wunderst du dich nicht, daß ich das alles bis in alle Einzelheiten weiß?"

„Effendi, ich — ich — bin noch immer so erschrokken, daß mir fast die Sprache mangelt."

„Kannst du dir nicht denken, weshalb ich mit dem Floß so weit von der Hütte gelandet bin?"

„Nein."

„So will ich es dir sagen. Das Floß hier ist bestimmt, diesen Verräter und sein Weib so lange festzuhalten, bis ich mit den Mördern fertig geworden bin. Ich werde beide hier so festbinden, daß sie beim geringsten Versuch, loszukommen, ins Wasser fallen und ertrinken müssen."

„O Allah! Du sprichst von Mördern und einem Verräter. Wenn ich nur wüßte, was — wer"

„Wer dieser Verräter ist? Du Heuchler weißt genau, daß ich nur dich meine. Und nun höre, was ich dir sage! Schau dieses Messer in meiner Hand, und sieh, daß Hadschi Halef das seinige auch gezogen hat. Leben gegen Leben, Blut für Blut! Das ist das Gesetz der Wüste. Ich will aber barmherzig gegen euch sein. Ich sehe, daß du ein Feigling bist, und mit einem Weib rechne ich nicht. Wenn ihr mir gehorcht, wird euch nichts geschehen, und ihr seid morgen wieder frei. Weigert ihr euch aber, so bekommt ihr unsere Klingen zu fühlen. Steht beide auf!"

Der Ton, in dem ich diesen Befehl aussprach, war ein solcher, daß sich Safi schnell erhob, die Frau folgte diesem Beispiel. Sie hatte bis jetzt kein Wort gesagt und ließ auch fernerhin keine Silbe hören.

„Stellt euch mit dem Rücken aneinander!"

Sie gehorchten auch jetzt. Halef schob sie kräftig zusammen und sagte:

„Bleibt so stehen und rührt euch nicht, sonst stoße ich euch das Messer in die Herzen!“

Halef setzte dem Mann das Messer auf die Brust, da jammerte der feige Verräter:

„Nicht stechen! Wir gehorchen gern!“

Ich entrollte den Lasso, den wir von oben bis unten so fest um die beiden wanden, daß sie kein Glied bewegen konnten und ein Bündel bildeten. Das Bündel legten wir erst aufs Floß nieder und banden es dann an seinem Rand in der Weise an, daß ihnen nur eine Umdrehung zur Wasserseite möglich war. Wenn sie nicht still lagen, fielen sie in den Fluß und mußten ertrinken.

„So, jetzt seid ihr uns sicher“, erklärte ich. „Bleibt ihr ruhig liegen, und verhaltet ihr euch still, so binden wir euch wieder los und lassen euch laufen. Ruft ihr aber um Hilfe, so werfen wir euch ins Wasser!“

„Ja, das tun wir unbedingt!“ bekräftigte der kleine Hadschi. „So widerliche Geschöpfe wie ihr, müssen ersäuft und von den Ssarâtîn[1] gefressen werden, damit ihre Seelen, wenn man sie kocht, in den Schalen vor Schande erröten!“

„Wir werden ganz still sein!“ versicherte Safi.

„Das rate ich euch, denn wenn ihr nicht gehorcht, so kenne ich kein Erbarmen. Danke Allah, daß du jetzt mit der Gefährtin deiner Tage und deiner Schlechtigkeiten im schönsten Harem liegst, der sich für euch denken läßt! Seid klug und weise, und genießt in tiefster Schweigsamkeit die Behaglichkeit eurer gegenwärtigen Wohnung, bis wir wiederkommen! Haltet treu zusammen, und zankt nicht, denn der Streit zwischen Mann und Weib ermüdet die Zungen und beschleunigt die Vermehrung der Magenkrankheiten! Ich

1 Krebse

verlasse euch mit Wehmut und hoffe, euch fröhlich wiederzusehen!“

Wir sprangen wieder ans Ufer und kehrten zur Hütte zurück, wo wir noch zur rechten Zeit ankamen, um das fast verlöschte Feuer wieder anzufachen. Wir verhängten zunächst die schadhafte Stelle in der Wand mit Halefs Haïk, damit niemand uns von draußen sehen könne, und dann erzählte ich dem Hadschi, was ich bei den Persern gehört hatte.

„Also hereinkommen werden sie?“ fragte er. „Um uns im Schlaf zu überfallen? Meinst du, daß wir uns schlafend stellen, Sihdi?“

„Nein, das könnte gefährlich für uns werden. Sie kommen einer nach dem anderen. Sowie sie erscheinen, werden sie von uns empfangen.“

„Aber mit dem bekannten, freundlichen Ahlan wasahlan[1], das in deinen Fäusten wohnt. Nicht wahr, Sihdi?“

„Ja.“

„Du gibst ihnen die Hiebe, und ich binde sie. Ich habe wegen einer etwaigen Ausbesserung des Floßes Riemen mitgenommen. Wir haben also, was wir brauchen, um die Glieder unserer persischen Freunde mit Innigkeit und Liebe zu umschlingen. O Sihdi, du hattest recht, als du sagtest, es sei besser, der Gefahr entgegen als ihr aus dem Wege zu gehen. Ich freue mich von ganzem Herzen auf den Augenblick, in dem die Köpfe der Mörder erscheinen, um von dir geklopft zu werden. Wie lange wird das wohl noch dauern?“

„In einer halben Stunde lassen wir das Feuer ausgehen, dann können wir sie erwarten.“

„So spät? Ich werde mir die Riemen schon jetzt zurechtlegen.“

„Das hat noch Zeit. Du stellst dich dort an die

1 Willkommen

Wand. Ich empfange an Stelle des Sill die Perser, gebe ihnen die Hand, wie es ausgemacht worden ist, führe sie dir zu und sorge dafür, daß sie, wenigstens die beiden ersten, nicht laut werden können. Mit dem dritten brauche ich nicht so vorsichtig zu sein. Sobald ich ihn festhabe, sorgst du dafür, daß das Feuer schnell wieder zum Brennen kommt. Jetzt wollen wir still sein, denn es ist nicht ausgeschlossen, daß sie Langeweile empfinden und darum ihr Versteck eher verlassen. In diesem Fall müssen wir mit dem Umstand rechnen, daß sie draußen horchen."

„Oh, sie werden noch viel mehr horchen, wenn dann später meine Peitsche das Zwiegespräch mit ihnen beginnt!"

Wir saßen jetzt still und lauschten. Es war nichts als zuweilen das Glucksen des Wassers zu hören, wenn eine Welle ans Ufer schlug. So verfloß die halbe Stunde, und wir löschten das Feuer aus, nachdem wir trockenes Schilf und Streichhölzer zurechtgelegt hatten, um schnell wieder anzünden zu können. Ich setzte mich in die Nähe der Tür, und Halef nahm die Stelle ein, die ich ihm angegeben hatte. Um uns beide war mir nicht bange. Wenn ich eine Sorge hegte, so war es die, ob Safi mit seiner Frau sich ruhig verhalten würde. Ein Ruf konnte unseren Plan zuschanden machen.

Unsere Gehörnerven waren in der Weise angespannt, daß ich ein Geräusch von leisen Schritten deutlich vernahm, obgleich die betreffenden Personen sich noch ziemlich weit von der Hütte befanden.

„Halef, sie kommen", flüsterte ich.

„Ich habe die Riemen schon längst bereit", entgegnete er.

Die Schritte näherten sich und hielten draußen an. Die Persen waren jedenfalls überzeugt, unhörbar aufzutreten. Nun richtete ich mich halb auf und beobachtete die Türmatte, die sich nach kurzer Zeit bewegte. Es entstand eine Öffnung, die ich gegen den Himmel deutlich sehen konnte. Es kam jemand hereingekrochen und richtete sich im Inneren auf. Jetzt erhob ich mich vollends und nahm den Betreffenden nach kurzem Tasten bei der Hand.

„Sill?“ fragte er fast unhörbar leise.

„Sill“, erwiderte ich und zog ihn von der Tür fort, zu Halef hin.

Dann preßte ich ihm die linke Hand um die Kehle und gab ihm mit der rechten den Hieb an die Schläfe. Es war nichts als ein seufzender Hauch zu hören, dann sank die Gestalt in meinen Händen zur Erde nieder.

„Halef, hier der erste — binden!“ flüsterte ich.

Dann huschte ich wieder an die Tür.

Der zweite kam. Er fragte nicht, wurde vom Eingang weggeführt und bekam den Hieb mit gleichem Erfolg. Beim dritten brauchte ich nicht vorsichtig zu sein. Als er hereingekommen war und sich aufgerichtet hatte, riß ich ihn von hinten nieder, kniete auf ihn und hielt ihm die Arme fest. Er war so erschrocken, daß er sich nicht wehrte.

„Halef, Feuer!“

„Gleich, Sihdi!“ antwortete der Kleine laut. „Warte nur einen Augenblick, dann komme ich hin!“

Das Hölzchen flammte auf und setzte das Schilf in Brand. Die Überreste von vorhin fingen schnell Feuer, der Raum war hell erleuchtet. Der „Vater der Gewürze“ lag ganz, der andere erst halb gebunden am Boden. Der, den ich festhielt, war Aftab. Als er sah, wer ich war, stieß er einen Fluch aus und versuchte, sich loszumachen. Halef bemerkte das, sprang herbei, und sagte: „Wir wollen erst diesen binden, weil er bei Bewußtsein ist. Die anderen beiden sind besinnungslos, wenn du sie nicht gar erschlagen hast. Lieber Sihdi, das ist so prächtig gegangen, daß ich gleich wieder von vorn beginnen möchte. Wären doch Zeugen unseres Sieges hier, meine Hanneh, der Ausbund aller Lieblichkeit, und deine Emmeh, die nur mit der Lieblingsfrau des Sultans zu vergleichen ist! Sie würden die Preisgesänge des Sieges anstimmen und die Loblieder unserer unvergleichlichen Tapferkeit!"

„Laß sie zu Hause singen, hier brauchen wir keine Lieder! Wirf die Kerle dort in die Ecke. Dann wechseln wir zweistündlich im Schlafen und im Wachen miteinander ab."

„Und Safi, der Sill, mit seiner Frau?"

„Die bleiben während der Nacht auf dem Floß liegen. Das soll ihre Strafe sein, dann mögen sie laufen. Wir müssen schlafen, und weil es nur abwechselnd geschehen kann, wollen wir keine Zeit verlieren. Uns mit den Gefangenen zu beschäftigen, ist noch Zeit, wenn es Tag geworden ist. Wer soll die erste Wache haben?"

„Ich, Sihdi, ich! Ich muß unbedingt sehen, was die zwei Bewußtlosen für Augen machen, wenn sie beim Erwachen bemerken, daß sie uns weder geprügelt noch totgeschossen haben. Sie werden vor Scham verglühen und vor Schande wieder erbleichen. Der Zorn wird ihr Herz zerfressen und der Ärger ihre Lebern und Lungen zerstören. Ihre Nieren werden vor Grimm zerplatzen und in allen Eingeweiden wird — halt, wo willst du hin?"

„Hinaus. Ich schlafe draußen. Halte du hier deine Reden weiter!"

„Oh Sihdi, was bist du doch für ein sonderbarer Mensch! Wer nach einem solchen Sieg gleich zu schlafen vermag, der sollte überhaupt nie einen Kampf gewinnen. Der Schlaf ist der Mörder des Ruhms und das Ende jedes Ehrbegriffes. Im Schlaf ist der tapferste Mensch ein fauler —"

Weiter hörte ich ihn nicht, denn ich ließ die Türmatte hinter mir niederfallen und ging zu meinem Pferd, das in der Nähe der Hütte lag und auf mich gewartet hatte. Es begrüßte mich mit einem leisen glücklichen Schnauben und bekam die gewohnte Sure ins Ohr gesagt. Dann dauerte es nicht lange, so war ich eingeschlafen und wachte nicht auf, bis mich Halef nach zwei Stunden weckte.

„Erhebe dich, Sihdi!" sagte er. „Meine Zeit ist um, und ich will versuchen, ob die Gestalten meines Traumes den Ruhm kennen, den wir heute errungen haben."

„Wie steht es mit den Persern?" fragte ich, indem ich aufstand.

„Ihr Verstand ist ihnen wiedergekehrt, aber dennoch haben sie sich sehr unverständlich benommen."

„Wieso?"

„Sie geben nicht zu, daß wir über alle Helden der Erde erhaben sind, und daß unsere Klugheit und Tapferkeit von keinem anderen Menschen erreicht werden kann."

„Ah! Du scheinst ihnen einige große Reden gehalten zu haben!"

„Ja, das habe ich. Bist du etwa nicht damit einverstanden?"

„Nein, gar nicht. Du hättest schweigen sollen."

„Schweigen? Oh Sihdi, du hast keinen Begriff von der Gabe der Rede, die mir verliehen worden ist. Darf ich schweigen, wenn diese Gabe mir die Lippen öffnet? Kann ich die Worte, die mir wie junge Löwen von der Zunge springen, hinunterschlucken und mir damit die gesunde Verdauung meines Magens verderben? Glaube mir, lieber Sihdi, ich verstehe mich auf die Notwendigkeit der Sprachwerkzeuge viel besser als du, und ich hoffe, daß du das anerkennst, indem du mich nicht zum Schweigen verurteilst, wenn ich das Sprechen für notwendig halte."

Wenn der kleine Hadschi jetzt mich in dieser Weise ansprach, welche Reden mußte er da erst den Persern gehalten haben! Ich kühlte seine Hitze durch die hingeworfene, etwas boshafte Bemerkung ab:

„Schweigen ist Gold, Reden ist Silber, oft auch nur Eisenblech. Lege dich nieder, und schlafe! Ich werde dich nach zwei Stunden wecken."

Halef ging zu seinem Pferd, und während ich mich zur Hütte wendete, hörte ich ihn noch klagen:

„So haben zuweilen sonst ganz vernünftige Menschen Ansichten, die selbst der hellste Verstand unmöglich begreifen kann! Allah allein weiß, warum es so und nicht anders ist!"

Als ich zu den Persern kam, sah ich beim Schein des Feuers ihre Augen mit haßerfüllten Blicken auf mich gerichtet. Der „Vater der Gewürze" war so frech, mich anzudonnern:

„Endlich läßt du dich sehen! Wo hast du gesteckt? Ich erwarte, daß du uns augenblicklich losbindest!"

Ich erwiderte kein Wort, warf neues Holz ins Feuer und ging hinaus, um mich an der Stelle der Wand niederzusetzen, wo sie innen lagen und ich ihre Worte hören konnte.

„Dieser Hundesohn ist taub für meine Reden", knirschte er. „Sie haben gewußt, daß wir kommen wollten. Safi hat uns nicht verraten, das weiß ich. Wo mag er mit seinem Weib stecken? Wahrscheinlich liegen sie irgendwo, geradeso gebunden wie wir. Ich möchte wissen, auf welche Weise dieser Giaur unseren Plan erraten konnte."

Hierauf sprachen sie leiser miteinander, so daß ich nichts verstehen konnte. So oft ich hineinging, um dem Feuer Nahrung zu geben, bekam ich Grobheiten zu hören, ohne daß ich ein Wort erwiderte. Als meine Zeit vorüber war, schlief Halef so schön, daß ich es nicht über mich brachte, ihn zu wecken. Ich hielt

Wache bis zum frühen Morgen. Da wachte Halef von selbst auf und machte mir Vorwürfe, daß ich ihn hatte schlafen lassen.

„Du hast gewiß gedacht", murrte der Kleine, „daß ich diese Männer wieder von der Gewandtheit meiner Rede überzeugen würde. Das hätte ich aber nicht getan, denn dein ‚Eisenblech' hat mir alle Lust genommen, die Mörder mit den Vorzügen meines Geistes zu beleuchten. Dafür aber hoffe ich, ihnen nicht durch Worte, sondern durch die Tat beweisen zu dürfen, daß die Pfiffigkeit meiner Peitsche himmelhoch über ihrer Klugheit steht. Du wirst damit wohl einverstanden sein, Sihdi. Nicht?"

„In diesem Fall allerdings. Du weißt, daß ich, selbst wenn es sich um einen rücksichtslosen Feind handelt, gegen alle Quälereien bin. Hier aber gehört uns nach den Gesetzen der Wüste das Leben dieser Menschen, und wenn ich es ihnen schenke, so dürfen sie doch nicht ganz straflos ausgehen."

„Allah sei Dank, daß er dich mit dieser prachtvollen Einsicht erleuchtet hat! Ich bin glücklich darüber, daß du meiner treuen Kurbatsch gestattest, mit wonnevoller Liebe zu untersuchen, welchen Grad von Dickheit ein Schiitenfell besitzt."

Der liebe Kleine schwang seine Peitsche gar zu gern. Mir widerstrebten derartige Strafen, darum erklärte ich: „Sie sollen allerdings die Peitsche bekommen, doch hoffe ich, daß du nicht die Absicht hast, das Amt des Henkers selbst zu übernehmen."

„Warum nicht, Sihdi?"

„Weil es keine Ehre ist, einen Menschen, der sich nicht verteidigen kann, zu schlagen, selbst wenn er die Strafe verdient hat."

„Hm!" meinte Halef nachdenklich. „Zu rühmen braucht man sich dessen allerdings nicht, das ist wahr. Eine Schande ist es auch nicht."

„Was das betrifft, so gibt es Völker, bei denen die Henker so verachtet werden, daß kein ehrlicher Mann mit ihnen verkehrt. Und wo es im Laufe der Zeiten anders geworden ist, hält man doch wenigstens an der Meinung fest, daß es sich für den Richter nicht schickt, sein Urteil mit eigenen Händen auszuführen."

„Das geht mich nichts an. Der Richter bist ja du, Sihdi, und ich, nun, du weißt ja, welche Wonne es für mich ist, die Länge meines Arms und die Innigkeit meines Glücks durch die Peitsche zu vergrößern. Ja, wenn ich der Richter wäre, würde ich es allerdings nicht tun."

„Du bist ja viel mehr als ein Richter, du stehst hoch erhaben über ihm."

„Ich? Wieso?" fragte er verwundert. „Ich ahne, daß du mich durch irgendeine deiner Pfiffigkeiten um den herzerquickenden Genuß bringen willst, auf den sich meine Seele freut."

„Es ist keine Pfiffigkeit, sondern ein ernstes Bedenken, von der Achtung und Freundschaft eingegeben, die ich für dich empfinde, lieber Halef."

Sein Gesicht hatte sich verfinstert, und es klang nicht sehr freundlich, als er sagte:

„Diese Freundschaft und Achtung kannst du mir jetzt nur dadurch beweisen, daß du mir erlaubst, die Haut des Nilpferds in Bewegung zu setzen."

„Höre mich nur noch einen Augenblick an! Wenn du dann noch bei deinem Wunsch bleibst, werde ich ihn dir erfüllen. Der Richter fällt seine Urteile nach den Gesetzen, die der Herrscher gegeben hat. Wenn es gegen die Ehre des Richters ist, eine von ihm bestimmte Prügelstrafe selbst auszuführen, so kann es dem Herrscher, der doch viel höher steht, noch viel weniger einfallen, Henkersdienste zu verrichten. Das gibst du doch zu?"

„Das ist nun freilich richtig, Sihdi", bestätigte

Halef, ohne zu ahnen, daß er mit dieser Zustimmung in die gestellte Falle ging.

„Und dennoch willst du mit deiner eigenen Hand die Perser prügeln?"

„Gewiß! Du, Sihdi, würdest es nicht dürfen, weil du der Richter bist."

„Ja, ich bin allerdings der Richter, du aber stehst erhaben über mir."

„Ich? Erhaben? Ich — noch über dir?" fragte er; sein Gesicht zeigte den Ausdruck großer Spannung.

„Doch, denn du bist ja der Herrscher!"

„Ich — der — Herrscher —?"

„Ja. Oder herrschest du nicht über alle tapferen Haddedihn vom großen Stamm der Schammar? Die Kaiser und Könige des Abendlandes beherrschen ihre Untertanen. Abd ul Hamid thront über allen Völkern der Türkei, Naßir ed-din gibt Persien Gesetze, und du gebietest über alle Krieger und Angehörigen der Haddedihn. Ob man so einen Herrscher als Kaiser, König, Sultan, Schah oder Scheik bezeichnet, das kommt nicht in Betracht, denn alle diese Titel bedeuten dasselbe und sind vom gleichen Wert."

Jetzt war es höchst überraschend, die Veränderung zu bemerken, die in den Zügen des kleinen Hadschi vor sich ging. Der finstere Ausdruck verschwand, indem er sich nach und nach in alle steigenden Grade der Heiligkeit verwandelte, bis das liebe Gesicht geradezu vor Wonne strahlte.

„König — Kaiser — Sultan — Schah — Scheik —" rief er aus. „Sind diese Worte wirklich ganz gleich? Du mußt das wissen, Sihdi, denn du kennst alle Dinge, die vorhanden sind. Ja, du hast recht! Ich bewahre und beglücke meine Haddedihn geradeso, wie der Schah sein Persien, der Sultan die Türkei; wie der Kaiser von Lehistan memleketi[1] oder der König von Tuna[2]

[1] Polen [2] Donau

Gehorsam von ihren Untertanen fordern, so gehorchen mir alle Körper, Seelen und Herzen der freien Beduinen, die ich um meinen Thron versammelt habe. Sihdi, es freut mich, daß du die Ausdehnung meiner Würde erkennst und den Umfang meiner Erhabenheit begriffen hast!"

„Ja, das habe ich, lieber Halef. Und bei all dieser Würde und Erhabenheit willst du dich selbst zum Henker herabwürdigen und Prügel austeilen mit der erleuchteten Hand, auf deren Wink die tapfersten deiner Krieger warten?"

„Maschallah! Nein, das tue ich nicht, denn das würde die Ehrfurcht besudeln, mit der alle meine früheren und gegenwärtigen Ahnen, Urahnen und Vorfahren auf mich niederblicken müssen. Einem freien Feind, der sich wehren kann, darf ich wohl, falls er mich beleidigt, die Peitsche übers Gesicht geben. Aber einen Gefangenen zu schlagen, dem du nach meinen Gesetzen das Urteil gesprochen hast, das kommt mir nie und nimmer in den Sinn. Ich bin es dem Glanz meines Daseins schuldig, zur Hoheit meines Herrschertums immer neue Strahlen zu gesellen. Deshalb bitte ich dich, wenn wir von unserer Reise zurückkehren, so vergiß nicht, zu wiederholen, was du soeben über die Kaiser, Könige, Sultane und mich gesagt hast, damit Hanneh, der Inbegriff aller Lieblichkeit des weiblichen Geschlechts, in Erfahrung bringt, was der Gebieter ihres Zeltes für sie und alle, die ihn kennen, zu bedeuten hat!"

„Ich werde es tun. Also, du verzichtest darauf, die Perser eigenhändig zu bestrafen?"

„Ja. Da aber sie die Prügel unbedingt bekommen müssen, so frage ich dich, wer eigentlich dieses trotzdem beneidenswerten Amtes walten soll."

„Safi, ihr Verbündeter."

„Der — —? O Sihdi, das erfüllt die Tiefe meiner

Seele mit Wehmut und Trübseligkeit! Gerade weil er ihr Verbündeter ist, wird er die Streiche mit einer so zarten Sanftmut niederfallen lassen, daß jeder Hieb als labende Erquickung auf die ihm angewiesene Stelle kommen wird. Und das widerstreitet der Fülle der Gerechtigkeit, die im Umkreis meines Herzens wohnt."

„Dieser Umstand braucht dich nicht besorgt zu machen. Es gibt ein Mittel, die Kräfte seines Arms in der Weise anzuspornen, daß du mit seinen Leistungen zufrieden sein wirst. Komm! Wir wollen ihn und sein Weib holen."

„Ja, das wollen wir. Hoffentlich besitzt Safi Einsicht genug, zu begreifen, daß Hiebe vorhanden sind, um durch die Haut zu gehen und bis an den hintersten Punkt der menschlichen Innigkeit gefühlt zu werden. Sollte er das noch nicht wissen, so müssen wir uns bemühen, die Mangelhaftigkeit seiner Erkenntnis in vollkommene Erleuchtung zu verwandeln."

Wir begaben uns zum Kellek und fanden den Sill und sein Weib noch in der Lage, in der wir sie zurückgelassen hatten. Es hatte ihnen jedenfalls Pein bereitet, die ganze Nacht darin zu verharren, und nicht geringer war wohl auch die seelische Qual gewesen, die ihnen durch die Ungewißheit über den Ausgang des Abenteuers verursacht worden war.

Als wir sie vom Lasso befreit hatten, waren sie kaum imstande, aufrecht zu stehen. Die Frau verhielt sich ebenso still wie gestern abend. Safi aber wartete nicht ab, was wir ihm sagen würden, sondern warf uns, kaum daß er sich von den Fesseln erlöst fühlte, die Frage zu:

„Ihr wolltet uns freigeben, falls wir uns ruhig verhielten; das haben wir getan. Können wir nun gehen?"

„Jetzt noch nicht“, entgegnete ich.

„Warum nicht? Ihr habt uns euer Versprechen gegeben, und wer sein Wort nicht hält, der fällt der Verachtung anheim und wird —“

„Schweig!“ fiel ich ihm in die Rede. „Niemand ist so verächtlich wie ein Verräter deines Schlages, und wenn du etwa meinst, so mit uns sprechen zu können, so irrst du dich! Wir haben euch befohlen, still zu sein. Wenn du jetzt mit Beleidigungen um dich wirfst, dann nehme ich mein Wort zurück und laß dir zukommen, was du durch deinen Verrat verdienst!“

Da wurde Safi kleinlaut: „Ich wollte euch nicht beleidigen — nur wissen, ob und wann wir gehen dürfen.“

„Ob wir euch freilassen oder eure Leichen hier in den Fluß werfen werden, das soll ganz auf dich ankommen.“

„Unsere Leichen!“ rief er erschrocken aus, während sein Weib mich entsetzt anstarrte. „Soll das heißen, daß ihr uns ermorden wollt?“

„Nicht ermorden, sondern mit dem Tod bestrafen, dem uns zuzuführen eure Absicht war. Ich bin ein Christ und gönne selbst dem verächtlichsten Menschen das Leben, denn ich weiß, daß Gott der allein gerechte Richter ist. Außerdem bist du ein so armseliges Geschöpf, daß es mich ekelt, mich mit einer Strafe für dich zu befassen. Aus diesen beiden Gründen werde ich dich laufen lassen, falls du dem Befehl, den ich dir jetzt geben werde, völlig Gehorsam leistest.“

„Sag, was ich tun soll! Ist es schwer?“

„Nein. Die drei Perser, denen du uns ausliefern wolltest, haben den Tod ebenso verdient wie du, und wie ich bereit bin, gnädig gegen dich zu sein, so will ich auch ihnen das Leben schenken. Aber ganz ohne Strafe dürfen sie nicht bleiben.“

„Nein, das dürfen sie nicht!" fiel Halef schnell ein, weil es sich um seinen Lieblingsgegenstand handelte. „Sie werden Prügel bekommen, herzerquickende Prügel. Sieh die Kurbatsch, die an meinem Gürtel hängt! Sie ist aus der erfrischenden Haut des Nilpferdes gefertigt und besitzt darum eine ergötzliche Vorliebe für Menschenhaut. Diese Peitsche werde ich dir leihen, damit du deinen Verbündeten beweist, daß die Freundschaft, die du für sie empfindest, jene Kraft und Eindringlichkeit besitzt, die wir von deinem Arm verlangen."

„Versteh' ich dich richtig?" fragte Safi erschrocken. „Ich soll schlagen?"

„Ja", lächelte Halef freundlich. „Alle drei, und zwar so sehr, wie du nur zuhauen kannst. Wir werden aufpassen. Falls nur ein einziger Schlag nicht so kräftig ist, wie wir wünschen, bekommst du allein so viel Hiebe, wie wir für die drei Halunken zusammen bestimmt haben."

„Allah, Allah! Das kann ich nicht!"

„Warum nicht?"

„Weil sie mich später, wenn ihr fort seid, dafür töten würden."

Die Verhältnisse lagen allerdings so, daß ich dem Sill Glauben schenkte, und darum hielt ich es für angezeigt, ihn durch die Worte zu beruhigen:

„Sie werden es nicht wissen, wer sie schlägt, denn wir werden ihnen vorher die Augen verbinden. Du hast dem Anführer fünfzig, Aftab vierzig und dem dritten dreißig kräftige Hiebe zu geben! Schonst du die Kerle, so bekommst du die für sie bestimmten hundertzwanzig Schläge. Wir haben keine Zeit, entscheide dich! Gehorsam oder Tod, einen Ausweg gibt es nicht für dich."

Nun erklärte er sich bereit. Wir gingen zur Hütte, wo Mann und Weib zunächst angebunden wurden.

Hierauf betrat ich mit Halef das Innere.

Der Pädär-i-Baharat verhielt sich nicht anders als während der Nacht. Kaum sah er uns, so schrie er mich an: „Wirst du nicht endlich gehorchen und uns freigeben.

Dem schnell zornigen Hadschi fuhr diese Frechheit so in die Hand, daß er ausholte und, sowohl die „Größe seiner Würde“ als auch „den Umfang seiner Erhabenheit“ vergessend, dem Perser eine schallende Ohrfeige gab.

„Hund!“ bedrohte er ihn. „Jetzt fühlst du bloß meine Hand. Sagst du noch ein einziges unhöfliches Wort, so bekommst du mein Messer, so daß du zur Hölle fährst. Einen Vorgeschmack der Freuden, die dich dort erwarten, werden wir dir und deinen Gefährten schon jetzt zu kosten geben.“

Der Geschlagene wagte keine Erwiderung. Um so deutlicher aber sprachen seine Augen, die Blitze tödlichen Hasses auf uns sprühten. Halef wand ihm das Kaschmirtuch von der Hüfte, zerriß es in drei Teile und verband den Gefangenen damit die Augen. Dann gingen wir wieder hinaus. Dort zog er mich zur Seite, um von Safi und seiner Frau nicht gehört zu werden, und fragte:

„Sihdi, du wirst doch dabei sein, wenn diese Sillan jetzt die Wohltat unserer Dankbarkeit erhalten?“

„Nein. Das weißt du doch schon von früher her. Es gibt leider Fälle, in denen es notwendig ist, Menschen mit Schlägen zu behandeln, aber es ist mir so fürchterlich, sehen zu müssen, daß ein Ebenbild Gottes dieser schrecklichen Erniedrigung verfällt, daß ich es zu ermöglichen suche, fernzubleiben. Die Leute sind gefesselt und müssen ohne Widerstand nehmen, was sie bekommen. Auch Safi hast du in deiner Gewalt, und so denke ich, daß meine Gegenwart bei dem widerwärtigen Auftritt nicht notwendig ist.“

„Widerwärtig? Sihdi, du bist in jeder Beziehung ein starker Mann, nur in dieser einen bist du schwach. Nicht widerwärtig, sondern im Gegenteil erfreulich ist es, zu sehen, daß die Gerechtigkeit um das, was ihr gehört, nicht betrogen wird. Du hast mich einen Herrscher genannt. Es ist die Pflicht eines jeden Gebieters, sich zu überzeugen, daß jede Missetat den verdienten Lohn empfängt. Nun wohl, ich will mich überzeugen, zumal die Strafe hier viel niedriger ist, als sie eigentlich sein sollte. Wer den Tod verdient hat und nur Schläge erhält, der muß sie so bekommen, daß er sie nicht mit süßen Datteln verwechselt. Ich gehe jetzt, und wenn der Sill nicht aus Leibeskräften haut, so vergesse ich die Hoheit meines Herrschertums, und stärke die Kraft seines Arms mit meiner Kurbatsch."

Halef band Safi wieder los und ging mit ihm in die Hütte, vor der die Frau angebunden stehenblieb. Ich entfernte mich, um das Geschrei der Geschlagenen nicht zu hören. Es verging wohl eine halbe Stunde, bis Halef kam. Meine Spur hatte ihm gesagt, wohin ich gegangen war. Sein Gesicht zeigte keineswegs einen so befriedigten Ausdruck, wie ich erwartet hatte, und deshalb erkundigte ich mich: „Ist's glatt vorübergegangen?"

„Ja", erwiderte der Hadschi brummig. „Nur die Gegenden, die von der Kurbatsch besucht wurden, sind nicht mehr glatt."

„Und doch bist du nicht befriedigt?"

„Es ist anders abgelaufen, als ich erwartete. Safi schlug aus Leibeskräften zu, aber keiner der drei Hunde hat einen Laut von sich gegeben. Sie haben die Zähne zusammengeknirscht, daß ich es hörte. Als der letzte Hieb gefallen war, dachte ich, daß sie nun wenigstens drohen und fluchen würden. Sie blieben aber stumm. Sie blickten mich nur grimmig an!"

„Das ist drohender, als wenn sie getobt hätten. Wehe uns, wenn wir in ihre Hände fallen sollten!"

„Willst du sie sehen?"
„Nein."
„Das dachte ich, darum habe ich ihre Gürtel und Taschen untersucht und dir gebracht, was ich fand."
„Was?"
„In den Taschen des Pädär-i-Baharat steckte dieses Geld und dieses Pergament. Die beiden anderen hatten nichts als einige kleine Münzen, die ich ihnen gelassen habe."
Der Beutel, den Halef mir reichte, enthielt gegen fünfhundert Tuman. Ich gab ihn dem Hadschi wieder. Das mehrfach zusammengebrochene Pergament war auf der einen Seite mit Ziffern beschrieben. Auf der anderen sah ich eine kleine Planzeichnung, aus der ich nicht klug werden konnte, und eine Reihe von Namen, die für mich wahrscheinlich keinen Wert hatten. Dennoch übertrug ich, meiner alten Gewohnheit folgend, Plan und Namen in mein Taschenbuch. Einige kleine Gruppen von verwischten, keilschriftähnlichen Strichen hielt ich für bedeutungslos, weil sie aussahen, als ob sie nur gemacht worden seien, um die Feder zu prüfen, doch blieben sie, wie sich später zeigen wird, meinem Gedächtnis deutlich eingeprägt. Dann gab ich auch das Pergament zurück und sagte:
„Trag alles wieder hin! Wir brauchen es nicht."
„Was tun wir nun? Ich habe den Sill wieder dort neben seiner Frau angebunden."
„Wir setzen unsere Fahrt fort, machen aber beide nur so weit von ihren Banden frei, daß sie noch eine Zeitlang sich bemühen müssen, vollends loszukommen. Dadurch gewinnen wir so viel Vorsprung, daß wir Bagdad eher als die drei Perser erreichen, obgleich ihr Floß schneller als das unsere schwimmt."
„Das ist klug von dir gehandelt, wenn wir uns auch vor solchen Menschen nicht zu fürchten brauchen. Du erteilst mir doch die Erlaubnis, mich, ehe wir gehen,

wenigstens von dem Mann aus Mansurije und seinem Weib zu verabschieden?"

„Wozu das? Es ist nicht nötig."

„Nicht nötig? O Sihdi, wie wenig bist du doch in die Erfordernisse der menschlichen Begrüßungsnotwendigkeiten eingeweiht! Man kommt doch weder zueinander, noch geht man wieder auseinander, ohne die vorgeschriebenen Hochachtungsverbeugungen gemacht und die Versicherungen inniger Liebe und Treue ausgetauscht zu haben. Wenn man im Lande deiner einstigen Geburt ohne diese Höflichkeiten leben kann, so ist damit noch lange nicht bewiesen, daß auch die hochgebildeten Völker des Orients so wortlos auseinandergehen müssen wie zwei Dafâdi[1], die sich begegnen, einander anstarren und stumm auseinanderhüpfen, der eine dem Aufgang, der andere dem Untergang der Sonne zu."

Der Weg zu unserem Floß führte an der Hütte vorüber, zu der Halef in stolzer Haltung schritt. Dort band ich Safi und die Frau halb los, und zwar so, daß sie sich noch stundenlang bemühen mußten, sich ihrer Fesseln vollends zu entledigen. Während ich dies tat, sagte der kleine Hadschi zu dem Sill:

„Wenn edle Freunde voneinander scheiden müssen, so rinnen die Tränen der Trennung von ihren Wimpern, und die Sonne der Wehmut geht unter hinter den Bergen der Trauer. Als ich dich zum erstenmal erblickte, eilte dir meine Seele jubelnd entgegen, und nun ich mich von dir wenden muß, sehe ich das Grab meines Glücks vor mir offen und steige in die Grube hinunter mit der Hoffnung, daß du mir baldigst folgen und statt meiner dort begraben wirst. Unser Beisammensein ist nur kurz gewesen, dennoch haben dich die innigsten Bande hier gefesselt und unser Floß ist eine ganze Nacht hindurch die liebliche Wohnstätte

1 Frösche

eurer Seelenruhe gewesen. Hoffentlich bedeutet unsere jetzige, bittere Trennung nicht ein Scheiden für die Ewigkeit, denn ich wünsche, daß sich unsere Augen wiederfinden. Dann wird mein Puls dir alle seine Schläge widmen, indem er sich in diese Haut des Nilpferds hier verwandelt, und die Liebkosungen meiner Kurbatsch werden dir mit tiefer Eindringlichkeit beweisen, daß mir das Andenken an dich und deine Verdienste teuer ist. Ich bin Hadschi Halef Omar, der Scheik der Haddedihn. Vergiß das nicht, du Vater des Verrats, du Großvater der Lüge und du Oheim der Verstellung und Verächtlichkeit!"

Nachdem Halef in dieser Weise seinem Herzen Luft gemacht hatte, warf er als Zeichen der Verachtung die leere Hand in die Luft und wendete sich dann ab, um mir zu folgen. Wir führten unsere Pferde auf das Floß, lösten es vom Gestade und ließen es abwärts treiben, wobei wir uns in der Nähe des Ufers hielten, um da, wo das Kellek der Perser lag, wieder anzulegen. Ich wollte es den drei Männern unmöglich machen, uns noch vor Bagdad einzuholen und infolgedessen zu erfahren, wo wir dort zu finden seien. Darum durchschnitt ich den Strick, an dem das Floß hing, worauf wir es mit hinüber auf die Mitte des Stroms nahmen, um es da weiterschwimmen zu lassen.

Wir griffen zu den Rudern, um die Schnelligkeit unserer Fahrt zu vergrößern, und kamen bald an Reschidije vorüber. Hierauf folgten die Orte Suadschen, Dscheriat el Maman, Habib el Murallad und Imam Musa, von wo aus wir noch vielleicht eine Stunde lang zwischen rechts und links liegenden Palmenhainen abwärts glitten, bis wir die Brücke von Bagdad erreichten. Dort legten wir am Kumruk[1] an, wurden aber nicht belästigt, weil ich meine guten Ausweise vorlegte. Wir waren an unserem ersten Wanderziel glücklich angekommen.

1 Zollamt

5

DER POLE UND SEIN DIENER

Ehe wir unsere Reise zu Schiff fortsetzten, wollten wir die für uns wichtige Gegend besuchen, in der wir bei unserer früheren Anwesenheit so hilflos und verlassen an der Pest darniedergelegen hatten[1]. Das nächste aber war die Frage nach einer Wohnung in der Stadt. In einer Karawanserei wollte ich des dort herrschenden Ungeziefers wegen nicht bleiben, und auch mein Halef war der Ansicht, daß, wie er sich auszudrücken beliebte, wir die „liebevolle Treue und Anhänglichkeit dieser Bevölkerung" noch bald genug erfahren würden. Es war da sehr naheliegend, daß ich an den wunderlichen Polen dachte, bei dem wir zu jener Zeit gewohnt hatten und der meine Teilnahme erworben hatte. Freilich, ob er noch lebte, und ob er, wenn das der Fall war, sich noch in Bagdad und im gleichen Haus befand, schien mir fraglich zu sein. Ich war indes nicht der einzige, der sich dieses liebenswürdigen Wirts erinnerte, denn als wir die Pferde vom Kellek ans Ufer gebracht hatten, sagte Halef: „Das Floß ist nun für uns wertlos, kein Mensch kauft es uns ab, und wir lassen es einfach hier liegen. Mag es nehmen, wer es haben will. Wohin werden wir uns nun wenden, Sihdi?"

„Das frage ich dich auch", antwortete ich.

„Mir kommt da ein Gedanke, und ich hoffe, daß er dir gefallen wird. Weißt du noch, bei wem wir damals gewohnt haben?"

„Gewiß!"

„Wollen wir wieder hin?"

[1] Siehe: Karl May, Gesammelte Werke, Band 3, „Von Bagdad nach Stambul"

„Es sollte mir lieb sein, den Mann wieder anzutreffen.“

„Und seinen Diener, dem er untertänig war!“ lachte Halef.

Wer mein Buch „Von Bagdad nach Stambul“ gelesen hat, wird sich dieses wohlbeleibten Dieners entsinnen und der Eigenart, in der er seine Pflichten auffaßte. Ich konnte annehmen, daß der Dicke gestorben sei, weil er schon damals bei der Fülle seines Leibes zum Schlagfluß geneigt hatte. Wir hatten Zeit, und so war es kein Fehler, wenn wir das Haus aufsuchten. Wir bestiegen unsere Pferde und wendeten uns der Richtung zu, die uns in die betreffende Gegend führen mußte.

Man wird sich erinnern, daß die Wohnung in den Palmengärten im Süden der Stadt lag. Wir fanden sie trotz der Zeit, die inzwischen vergangen war, leicht, hielten diesmal aber nicht an der schmalen Pforte, sondern vor dem Tor an, das an der anderen Seite des Gartens lag. Dort stiegen wir ab und ich klopfte. Lange Zeit dauerte es, ehe ich einen langsamen, schlürfenden Schritt hörte, der sich von innen dem Tor näherte. Es befand sich eine Klappe darin, die geöffnet wurde. Wir sahen zunächst eine lange spitze Nase erscheinen, noch viel spitziger als sie früher gewesen war, und hierauf ein altes, fahles, runzliges Gesicht. Die blöd gewordenen Augen musterten uns durch die großen, runden Brillengläser, und mit dünner zitternder Stimme wurden wir gefragt:

„Was wollt ihr hier?“

Ich erkannte ihn: es war unser ehemaliger Wirt, der einstige türkische Offizier polnischer Abstammung. Er hatte damals noch keine Brille getragen und war inzwischen sehr gealtert. Wahrscheinlich kannte er mich nicht mehr. Da er sich des Arabischen bediente, antwortete ich ihm in gleicher Sprache:

„Wohnst du allein in diesem Haus?“

„Warum willst du das wissen?“ erkundigte er sich mißtrauisch.

„Weil wir dich bitten möchten, hier bei dir einkehren zu dürfen.“

„Ich habe keinen Platz für fremde Leute.“

„Wir wünschen die Wohnung nicht umsonst, sondern werden gern bezahlen.“

„Ich vermiete nicht. Auch sehe ich, daß ihr Pferde habt, für die bei mir kein Raum vorhanden ist.“

„Du hast einen großen Hof. Ein Teil davon ist überdacht; da haben viel mehr als nur zwei Pferde Platz.“

„*Psia krew* — Hundeblut! Du kennst den Hof? Dir ist nun erst recht nicht zu trauen! Packt euch fort!“

Er wollte die Öffnung schließen, ich verhinderte es mit der Hand und beruhigte ihn:

„Du brauchst kein Mißtrauen zu hegen. Wir sind ehrliche Leute und sollen dir Grüße bringen.“

„Grüße? Von wem?“

„Erinnerst du dich, daß einmal ein persischer Prinz mit zwei Frauen und Dienern bei dir gewohnt hat?“

„Ja“, erwiderte er schnell. „Es war ein Effendi aus Deutschland mit seinem arabischen Begleiter dabei.“

„Dieser Deutsche wurde Kara Ben Nemsi genannt?“

„Ja. Kennst du ihn?“

„Ich kenne ihn und soll dir Grüße von ihm überbringen.“

„So lebt Kara Ben Nemsi noch? Er war nur kurze Zeit bei mir, aber ich habe ihn liebgewonnen. Sag, wo er sich befindet und wie es ihm ergeht!“

„Ist es nicht besser, daß ich dir das in deiner Wohnung berichte?“

„Allerdings! Kommt herein! Ich werde euch öffnen.“

Das Pförtchen auf der anderen Seite schien mehr als dieses Tor in Gebrauch zu sein. Der Alte mußte alle Kraft seiner schwachen zitternden Hände anstrengen, um den Schlüssel im Schloß umzudrehen, und dann wollte sich der Flügel des Tors nicht in Bewegung setzen, so daß wir von außen helfen mußten. Als er offen war, sahen wir den Polen gerade wie damals in riesigen Pantoffeln und einem langen, unten ausgefransten, ganz abgetragenen Kaftan vor uns stehen. Ich schob, nachdem wir die Pferde hereingezogen hatten, das Tor wieder zu, verschloß es und gab ihm den Schlüssel.

„Kommt zunächst in den Hof!" forderte er uns auf und schlurfte dann mit seinen dürren Beinen durch die Gartenanlagen vor uns her, bis wir den Verschlag erreichten. Dort banden wir die Rappen an. Dann führte er uns in den Hausflur, in dessen Hintergrund die uns bekannte Treppe aufwärts führte. Hier öffnete er die Tür rechts, und wir traten in die Bücherei, die genau das frühere Aussehen und die gleiche Einrichtung hatte. Während er uns aufforderte, mit ihm auf dem Diwan Platz zu nehmen, klatschte er nach orientalischer Sitte in die Hände. Ich war gespannt, welcher dienstbare Geist auf dieses Zeichen erscheinen werde. Ich konnte mir den entsetzlich dicken Ganymed jener Zeit, der den Wein seines Herrn ausgetrunken und ihm dafür Wasser in die Flasche gegossen hatte, so deutlich vorstellen, als wäre ich ihm erst gestern zum letztenmal begegnet.

Der Pole mußte noch verschiedenemal klatschen, und endlich, nachdem auch ich meine Hände kräftig in Bewegung gesetzt hatte, öffnete sich die Tür, und es erschien — — ja, das war er, er selber, aber viel dicker noch als er in meinem Gedächtnis gelebt hatte. Die Wangen hingen wie Säcke herab. Unter den Augen bildete die Haut je einen blutrot schimmernden Beutel, und die Äuglein waren fast gar nicht mehr zu sehen. Unten wurde das Gesicht durch eine Unterkehle abgeschlossen, die gewiß das Gewicht eines fetten Bologneserschweinchens hatte, und oben durch einen Fes, aus dessen Fettflecken, wenn er ausgekocht wurde, wahrscheinlich ein Pfund Talg gewonnen werden konnte. Die einzige Kleidung dieses menschlichen Tranfasses schien in einem zerrissenen Kaftan zu bestehen, der keine Farbe mehr hatte, aber doch in allen möglichen Farben glänzte. Das dünne Gewand ließ die erstaunlichen Umrisse der elefantenartigen Arme und Beine deutlich erkennen. Und nun gar der Leib! Diese Hüften! Das ausgewachsenste Walroß war ein hungriger Waisenknabe im Verhältnis zum Umfang dieses Kaschelotten in Gestalt eines türkischen Dieners. Und die Füße! Die Pantoffel, in denen sie steckten, waren die schönsten Donaukähne mit Halbverdeck! Von einem richtigen Gehen konnte bei ihm keine Rede sein: die Fortbewegung war ihm nur durch ein steifes Vorwärtsschieben der Beine möglich. Stand ihm doch schon jetzt, wo er jedenfalls nichts weiter getan, als nur eine oder zwei Türen geöffnet hatte, der helle Schweiß auf der Stirn. Da war es freilich kein Wunder, daß der Herr in eigener Person hatte zu uns an die Pforte kommen müssen. Aber ein lieber, guter Kerl war er doch, dieser Dicke, denn sein Gesicht strahlte geradezu von Dienstwilligkeit, als er vertraulich-unterwürfig fragte:

„Was willst du, Effendi? Du hast geklatscht. Schon wieder, schon wieder! Wann werde ich doch einmal in Ruhe gelassen werden? Aber befiehl nur getrost! Ich werde gern tun, was du gebietest."

„Kaffee und Tabak!" lautete die Antwort seines Herrn. „Du siehst, daß ich Gäste habe!"

„Kaffee? Allah, o Allah!" seufzte der Dicke, indem er die Äuglein verdrehte.

„Was wimmerst du denn? Mach schnell! Man setzt doch den Gästen Kaffee vor!"

„Ja, man setzt, Effendi; das weiß ich wohl. Man setzt — — nämlich, wenn man welchen hat.“

„Aber du hast doch vorgestern sechs Piaster von mir verlangt, um welchen zu holen!“

„Ja. Ich schwöre dir bei allen Propheten und Kalifen, daß ich welchen geholt habe.“

„Wo ist er denn hingekommen?“

„Er ist alle.“

„Alle? Ich habe doch meiner Augen wegen keinen getrunken.“

„O Effendi, zürne nicht! Ich bin unschuldig, denn gerade meiner Augen wegen muß ich Kaffee trinken, um sie für deinen Dienst zu schärfen.“

„Aber für sechs Piaster in zwei Tagen!“

„Wieviel bekommt man für sechs Piaster? Wenn ich gehe, um Kaffee zu kaufen, muß ich auf dem Hinweg zweimal beim Kahwedschi[1] einkehren, um mich zu stärken, und auf dem Heimweg wieder zweimal. Das kostet vier Piaster, bleiben also für den Einkauf nur zwei Piaster übrig. Wieviel bekommt man dafür? Du siehst ein, o Effendi, daß ich unschuldig bin!“

„Aber ich muß meinen Gästen doch Kaffee vorsetzen lassen!“

„Ja, das mußt du bestimmt. Gib mir also wieder sechs Piaster, damit ich gehe, welchen zu holen!“

„Wenn ich dich schicke, kehrst du wieder viermal ein und kommst erst heute abend wieder, um für zwei Piaster Binn[2] zu bringen. Ich bin außer mir und weiß nicht, was ich machen soll.“

Da dieses halb zum Diener und halb zu mir gesprochen worden war, sagte ich begütigend:

„Mach dir keine Sorgen, Effendi! Wir hatten uns für unterwegs mit Kaffee versehen und haben welchen übrig, der in der Satteltasche steckt. Mein Begleiter wird ihn holen.“

1 Kaffeewirt 2 Ungemahlene Bohnen

„Ich danke dir, Herr. Du machst mir das Herz leicht und errettest mich von der Schande, meinen Gästen nicht den braunen Trank der Gastlichkeit vorsetzen zu können. Dafür wirst du nun den besten Tabak, der hier in Bagdad zu haben ist, mit mir rauchen. Hol schnell die Tschibuks!"

Der Dicke, an den dieser Befehl gerichtet war, verdrehte die Äuglein abermals und rief kläglich:

„Die Tschibuks? Allah, Allah! Tabak, o Tabak!"

„Klag nicht, sondern lauf!"

„Effendi, ich bitte dich, nimm doch deinen ganzen Verstand zusammen! Warum soll ich mich beeilen, wenn es durch die Eile doch nicht anders wird? Es ist kein Tabak da."

„Kein Tabak —! Unmöglich! Der kann doch nicht auch schon alle geworden sein! Ich habe ja seit einer ganzen Woche keinen geraucht!"

„Ich auch nicht, Effendi."

„Heraus mit der Sprache! Ich muß doch meinen Gästen Tschibuks geben lassen!"

„Ja, das mußt du allerdings, Effendi. Ich bitte also um zehn Piaster, um welchen zu holen."

Der Dicke blickte seinen Herrn an, und dieser sah mir dann so ratlos ins Gesicht, daß ich ihm erklärte:

„Sorge dich nicht um den Tabak, Effendi! Ich habe welchen einstecken. Dein Diener — wie wird er eigentlich genannt?"

„Man nennt ihn scherzweise Kepek."

„Also dein Kepek mag die Tschibuks bringen, unterdessen wird mein Begleiter Kaffee und Tabak holen."

„Wie gütig bist du, o Herr! Nur durch deine Freundlichkeit ist es mir möglich, die Pflichten zu erfüllen, die ich euch schuldig bin."

Halef entfernte sich. Kepek aber ging noch nicht. Er drehte seine dicken Arme verlegen hin und her und ließ die Unterlippe hängen, so daß man den letzten Zahn, der ihm von allen zweiunddreißig übriggebliebben war, in seiner ganzen Größe erblickte.

„Was willst du noch?“ fragte ihn sein Herr.

„Du sprichst von Tschibuks, Effendi“, stöhnte er, „und wir haben doch nur einen, aus dem wir beide rauchen.“

„So geh und hole die Pfeife!“

Es versteht sich, daß mich dieses Verhältnis zwischen Herr und Diener sehr belustigte. Daß der erstere gegen den letzteren so große Nachsicht zeigte, mußte seine Gründe haben. Ich erinnerte mich, daß der Pole mir damals gesagt hatte: „Vielleicht erzähle ich noch, warum ich mit diesem Mann so nachsichtig bin. Er hat mir große Dienste geleistet.“

Also Kepek nannte man den Dicken. Das ist ein türkisches Wort, das zu deutsch „Kleie“ bedeutet. Gar nicht so übel! Es gibt gewisse Geschöpfe, die man mit Kepek füttert, um sie fett zu machen. Da aber fielen mir auch die damaligen Worte seines Effendi ein: „Er ißt und trinkt das meiste selbst. Nur was übrig bleibt, bekomme ich.“ So war es freilich kein Wunder, daß der eine zu wenig von der Fülle besaß, in der der andere fast ersticken mußte.

Jetzt kam Halef mit dem Kaffee und dem Tabak. Er brachte auch unsere Pfeifen mit, wodurch der Pole aus der letzten Verlegenheit gerissen wurde, denn wenn wir nicht mit Tschibuks versehen gewesen wären, hätten wir zu dreien aus dem seinigen rundum rauchen müssen.

Und da trat auch „Kleie“ wieder herein und pustete außer Atem auf seinen Herrn zu, um ihm die Pfeife zu bringen. Als er das schwere Werk vollbracht hatte, lustwandelte er wieder hinaus, machte aber die Tür nicht zu, sondern lehnte sie bloß an. Ich war überzeugt, daß er draußen vor ihr blieb, um seine Kräfte zu schonen und keinen Weg zurücklegen zu müssen, falls sein Herr wieder klatschen sollte. Was sollte da aus dem Kaffee werden? Den schien er vergessen zu haben, obwohl er den Beutel mit unseren Bohnen liebevoll hinter den Kaftan in seinen Busen geschoben hatte. Als wir die Tschibuks gestopft und in Brand gesteckt hatten, begann der einstige Offizier:

„Also Grüße habt ihr von dem persischen Prinzen zu bringen, der Hassan Ardschir-Mirsa hieß? Er war ein sehr vornehmer Herr und und gehörte vielleicht gar zur Familie des Schah-in-Schah."

Da schob Kepek der Dicke den Kopf zur Tür herein und sagte:

„Ja, er war ganz gewiß von hoher Abkunft, denn er hat mir, ehe er fortging, drei goldene Tumân[1] als Bakschisch gegeben."

Er zog den Kopf zurück, und sein Herr fuhr, ohne ihm einen Verweis erteilt zu haben, fort:

„Ich habe Gründe, gegen keinen Perser gastfrei zu sein. Diesem aber öffnete ich mein Haus, weil er mir von dem Deutschen Kara Ben Nemsi gebracht wurde, den ich gleich, sobald ich ihn sah, liebgewann."

Da steckte Kepek den Kopf wieder herein und rief:

„Auch mir gefiel er sehr, denn er hat mir zwei goldene Tumân Bakschisch gegeben."

Ich hatte damals die Gastfreundschaft des Polen allerdings durch dieses Trinkgeld von sechzehn Mark an seinen Diener vergelten können, weil Hassan Ardschir-Mirsa sehr freigebig gegen mich gewesen war. Das fettglänzende Gesicht verschwand wieder hinter der Tür, und der Alte sprach weiter:

„Ein sonderbarer Mann war der Inglisi[2], der immer nur von Ausgrabungen sprach. Aber reich mußte er sein, sehr reich, denn ich habe dann gehört, daß

1 Ein Gold-Tumân = 8 Mark
2 Engländer = Sir David Lindsay war damit gemeint

er die ganze kostbare Habe des Prinzen gekauft hatte."

Jetzt erschien das Gesicht Kepeks abermals, und wir hörten die freudige Bestätigung:

„Ja, er war sehr reich, denn er hat mir als Bakschisch einen goldenen Lira inglisi[1] gegeben, für den ich hundertundzwanzig Piaster erhalten habe."

„Das sind zusammen dreihundertsechzig Piaster, die du als Bakschisch erhalten hast. Hast du sie noch?" fragte sein Herr.

„Nein."

„Wo hast du sie?"

„Sie sind alle geworden, fort, weg, für Schnupftabak."

„*Psia krew!* So viel Geld für Schnupftabak!"

„Zürne nicht, Effendi, und rege dich nicht unnütz auf! Wenn du nachrechnest, welch lange Zeit seitdem vergangen ist, wirst du gewiß einsehen, daß ich unschuldig bin."

Nach diesen Worten zog Kepek seinen Kopf wieder zurück. Der heißblütige Halef hatte keine Geduld, zu warten, bis ich den Augenblick für gekommen halten würde, mich zu erkennen zu geben und fragte:

„Hast du niemals wieder etwas von denen gehört, die damals bei dir wohnten?"

„Von den Persern und dem Inglisi nicht, wohl aber von den beiden anderen. Ich lebe sehr einsam und verlasse dieses Haus nur selten. Kepek jedoch kehrt, wenn er Einkäufe macht, in den vier Kaffeehäusern ein, von denen er vorhin gesprochen hat. Dort sitzen Männer und erzählen von den Wundern und Taten vergangener Zeiten, von großen Feldherren und anderen Helden. Auch von den Ereignissen der Gegenwart wird gesprochen, zumal wenn sie sich in der hiesigen Landschaft abgespielt haben. Da hat er

1 Sovereign

auch einigemal von dem Effendi aus Almanja und seinem arabischen Begleiter gehört, die meine Gäste gewesen sind. Diese beiden Männer sind unvergleichliche Jäger und die berühmtesten Krieger der ganzen Dschesireh. Wenn sie ihn angreifen, muß der Löwe sein Leben lassen, und vor ihrem Mut, ihrer List und ihren Gewehren fürchten sich alle Stämme, die zwischen dem Grenzgebirge und der Wüste wohnen. Kara Ben Nemsi soll sogar verzauberte Gewehre besitzen, deren Kugeln nicht geladen zu werden brauchen und niemals ihr Ziel verfehlen. Wenn sich so eine Legende hat bilden können, müssen er und sein Halef, ohne den er noch nie gesehen worden ist, doch außergewöhnliche Männer sein."

Bei diesen Worten glänzte das Gesicht meines kleinen Hadschi vor Entzücken. Seine Augen strahlten, und seine Stimme klang jubelnd: „Halef? Heißt er nur so? Kennst du denn nicht seinen ganzen Namen?"

„Er lautet, soviel ich mich erinnere, Hadschi Halef Omar."

„O nein, das ist nur der Anfang. Dieser berühmteste Krieger unter allen Stämmen der Beduinen heißt Hadschi Halef Omar Ben Hadschi Abul Abbas Ibn Hadschi Dawuhd al Gossarah. Und das ist noch lange nicht sein vollständiger Name, denn er könnte ihn infolge seiner unzähligen Ahnen, Urahnen und Großväterurahnen so ausdehnen, daß er von der Erde bis hinauf zum Himmel und dann von diesem wieder bis herunter zur Erde reichte."

Der Alte kannte jedenfalls die beduinische Ansicht, daß der Mann um so mehr zu ehren sei, je länger sein Name ist, und daß daher ein jeder, der etwas aus sich machen will, an seinen eigenen Namen so viele Namen seiner Vorfahren, als er kennt oder auch nicht kennt, anhängt. Daher fiel ihm die lange Reihe, die Halef genannt hatte, nicht auf, und er meinte:

„Ich möchte wissen, ob es wahr ist, daß dieser Halef ursprünglich ein armer, unbekannter Mann gewesen sei und es durch seine Tapferkeit bis zum Scheik der Haddedihn gebracht habe."

„Was man da gesagt hat, ist wahr. Ich kann es bezeugen", bestätigte Halef. „Würdest du diesen Besieger aller bisherigen Helden erkennen, wenn er wieder zu dir käme?"

„Das bezweifle ich, denn meine alten Augen sind sehr matt und schwach geworden."

„Auch nicht an der Stimme?"

„Ich weiß es nicht. Um sich die Stimme eines Menschen zu merken, muß man lange mit ihm beisammen gewesen sein. Hadschi Halef Omar aber war nur sehr kurze Zeit bei mir. Auch ist er mir damals gar nicht so aufgefallen, daß sein Gesicht und seine Stimme sich meinem Gedächtnis eingeprägt hätten."

„Nicht aufgefallen? Was höre ich! Erlaube, daß ich im höchsten Grad erstaunt bin! Ein siegreicher Held, wie dieser unvergleichliche Scheik der Haddedihn ist, besitzt doch eine so unerforschliche Tiefe der Einprägung, daß sein Gesicht auch mit dem schärfsten Messer nicht aus dem Ruhmesreichtum seiner Vergangenheit und dem verehrungsvollen Gedächtnis seiner Bewunderer herausgeschnitten werden kann. Alle Krieger der feindlichen Stämme und alle wilden und reißenden Tiere des Gebirges haben sich sein Gesicht gemerkt und nehmen sofort Reißaus, sobald sie ihn sehen oder seine gewaltige Stimme hören. Und du, der die große Ehre hatte, ihn hier in diesem Haus kennenzulernen und die Herrlichkeit seiner Vorzüge einzuatmen, hast ihn vergessen können? Ich bin erstaunt darüber. Sieh hier diesen berühmten Kara Ben Nemsi Effendi an! Auch er wird dir sagen, daß die Schwäche deines Gedächtnisses zwar niemals die glänzenden Strahlen meiner Erleuchtung —"

Halef wurde unterbrochen. Der kleine, mit dem Lob seiner selbst so freigebige Mann hatte unbedachtsamerweise meinen Namen genannt. Da horchte der Pole zunächst verwundert auf und fiel ihm dann hastig in die Rede: „Kara Ben Nemsi Effendi hier, sagst du? Habe ich richtig verstanden?"

„Allah!" lachte Halef halb verlegen. „Da ist mir freilich der Effendi plötzlich aus dem Mund gefahren. Schau dir ihn an! Auch ihn hast du nicht wiedererkannt!"

„Maschallah —! So seid ihr es also beide! Du bist Hadschi Halef Omar, und er ist Kara Ben Nemsi aus Almanja?"

„Ja, wir sind nicht zu verwechseln und mit keinem Menschen zu vertauschen."

„So heiße ich euch hochwillkommen und sage euch, daß alle Räume meines Hauses und mein ganzes Eigentum euch so lange, wie es euch beliebt, zur Verfügung stehen."

Er war aufgesprungen und zeigte eine Freude, die um so rührender war, als die Kürze unseres damaligen Aufenthalts bei ihm uns nicht zu der Annahme berechtigte, daß er uns eine solche Zuneigung aufbewahrt habe. Ich glaubte annehmen zu müssen, daß hier noch ein Grund vorliege, sich über dieses unerwartete Wiedersehen zu freuen. Und er war es nicht allein, der diese Freude hegte, denn die Tür wurde jetzt sperrangelweit aufgestoßen, und Kepek kam auf uns zugeeilt, so schnell es ihm seine ungeheure Fettpolsterung erlaubte. Er streckte mir beide Hände hin und rief mit seiner hohen, lebertranigen Stimme:

„Gott sei gepriesen für die große Freude, die mir heute von euch bereitet wird. Effendi, ich habe, wie du wohl gehört haben wirst, die zwei goldenen Tumân nicht vergessen, die du mir gegeben hast. Sie sind zwar in Gestalt von Schnupftabak in meine Nase eingegangen, aber dennoch nicht verschwunden, denn sie stiegen von da aus ins Herz hinunter. Wir haben seit jener Zeit stets gewünscht, euch wiederzusehen, um euch in eine Sache einzuweihen, über die wir unsere Köpfe vergeblich zerbrochen haben."

Ah, also doch ein besonderer Grund für die Freude, die uns entgegengebracht wurde. Das Verhältnis zwischen Herr und Diener war so innig, daß ich mich nicht sträubte, dem Dicken die Hand zu drücken, was freilich bei dem Umfang ihrer Fettpolster nicht mit einem einmaligen Griff, sondern nur nach und nach geschehen konnte.

„Ja, so ist es", stimmte der Pole bei. „Ich habe dich, Effendi, um einen Rat zu bitten, denn es gibt keinen Menschen außer dir, dem ich mich anvertrauen möchte."

„Wenn es mir möglich ist, ihn zu geben, sollst du ihn haben. Aber warum bin gerade ich dieser Mensch?"

„Weil ich dich für den einzig Richtigen halte, an den ich mich wenden soll. Alles, was über dich erzählt wird, und ich dann durch Kepek erfahren habe, gibt mir die Überzeugung, daß ich mich nicht vergeblich an dich wenden werde. Euer Kommen macht mich glücklich, denn es wird mir die Ruhe meines Herzens wiedergeben, die ich verloren habe."

„Und mir die Kraft der gesunden Verdauung, die mir abhanden gekommen ist", fügte Kepek mit trübseliger Miene hinzu. „Mein Magen nahm früher alles an, was ihm geboten wurde. Seit langer Zeit versagt er mir den Dienst, und ich darf ihm kaum so viel aufzwingen, als unbedingt erforderlich ist, mich zur Not aufrechtzuerhalten. Ich fühle, daß ich eines langsamen Hungertodes sterbe, und bin überzeugt, daß Allah dich, o Effendi, zu meiner Rettung nach Bagdad gesandt hat."

Ich hätte laut auflachen mögen über diese bittere Klage, hütete mich aber, meine heimliche Heiterkeit merken zu lassen. Auch sein Herr verzog keine Miene über diese Jammerlaute und gab ihm den Befehl:

„Wir müssen zeigen, daß uns diese beiden Gäste hochwillkommen sind. Laufe, eile, springe, Kepek, um ein gutes Mahl zu bereiten! Die Zeit des Mittagessens ist schon längst vorüber."

Laufe, eile, springe! Welch eine Aufforderung an diesen Koloß! Er machte keine Miene, auch nur einen Schritt zu tun, sondern wiegte nur langsam und höchst verwundert den Kopf und hielt dabei den Blick mit sichtbarem Vorwurf auf seinen Gebieter gerichtet.

„Nun, was stehst du noch da?" fragte dieser. „Weißt du nicht, was man tut, wenn man für so willkommene Gäste zu sorgen hat?"

„Ja, das weiß ich ganz gut."

„So beeile dich also, und bereite das Essen!"

„O Allah, o Mohammed! Ich soll mich beeilen, wo die Eile doch nichts ändern kann!"

„Woran denn nicht?"

„An dem gänzlichen Mangel der Vorräte. Wenn nichts vorhanden ist, kann man nichts kochen."

„Aber du hast doch vorgestern, als du Kaffee und Tabak holtest, einen halben Hammel mitgebracht?"

„Ja, das hab' ich."

„Und ein Huhn?"

„Das war sogar ein junger Hahn, der zarteste unter dem vorhandenen Geflügel."

„Und Reis, Butter, Tomaten und Gewürz?"

„Auch das alles", gab Kepek zu.

„So hast du ja alles, um ein gutes Mahl herzustellen."

„O Effendi, du beliebst zu scherzen! Alles das, was du jetzt aufgezählt hast, ist verzehrt worden."

„Wer soll es denn gegessen haben?"

„Ich!"

„Du? Da müßtest du ja den Magen eines Kôsedsch[1] haben!“

Da zog der Dicke seine wehmütigste Miene und sagte:

„Effendi, Allah verzeihe es dir, daß du mich mit so einem Ungeheuer des Meeres vergleichst! Hast du denn nicht vorhin gehört, was ich gesagt habe? Kara Ben Nemsi Effendi und Scheik Hadschi Halef Omar haben es vernommen. Sie werden mir als Zeugen dienen, daß ich fast gar nichts mehr genießen kann, weil mein armer Magen schwach und dünn wie eine Seifenblase ist, die in in jedem Augenblick zu platzen droht.“

„Und bei dieser Magenschwäche hast du einen halben Hammel und einen jungen Hahn allein aufgegessen? Denn was ich davon bekommen habe, das ist gar nicht zu rechnen.“

„Allah! Du versenkst meine Seele in Trübseligkeit! Was ich getan habe, das habe ich aus Liebe und Aufopferung für dich getan. Der Hammel hat vor zwei Tagen den Tod erlitten, so daß sein Duft sich nach der Beerdigung zu sehnen begann. Konnte ich ihn da dir zu essen geben?“

„Warum hast du ihn stinkend gekauft?“

„Weil ich nicht beim Kissâb[2] war, als er noch nicht stank.“

„So hättest du einen frischen nehmen sollen.“

„Es war keiner da. Es stank das ganze Fleisch, das bei ihm hing.“

„Warum bist du da nicht zu einem anderen Kissâb gegangen?“

Da verdrehte der Dicke in mitleidiger Verwunderung die Äuglein, schlug die Hände zusammen, daß es einen Klatsch wie von einem zerreißenden Groß-Bramsegel gab, und rief:

1 Haifisch 2 Fleischer

„Allah beschütze mich! Zu einem anderen Kissâb gehen! Sieh mich an, Effendi! Bin ich ein Windhund, daß du mir zumutest, von einem Fleischer zum anderen zu hetzen? Bedenke doch, daß ich sofort tot bin, wenn ich den Atem verliere, ohne daß er wiederkommt! Auch weißt du genau, daß ich nicht nur zum Fleischer, sondern noch in andere Dkäkîn[1] gehen mußte. Ich habe das Fleisch mit Zusammenfassung meiner ganzen Selbstbeherrschung gebraten und verspeist, damit nicht du gezwungen seist, die traurige Wirkung einer solchen Speise an deiner Gesundheit zu verspüren. Anstatt daß ich dein Lob dafür ernte, muß ich Worte des Tadels hören."

Der Alte schien von diesem Vorwurf gerührt zu sein, denn er sprach mild: „Lassen wir also den Hammel sein! Aber wenigstens der Hahn brauchte nicht so schnell in deinem Magen zu verschwinden!"

„Sprich nicht von ihm; ich bitte dich! Es war ihm so im Buch des Lebens vorgezeichnet. Er war am gleichen Tag wie der Hammel geschlachtet worden. Ich hatte beide zur gleichen Stunde gekauft, sie waren miteinander nach Hause geschafft und beide auf einem Herd nebeneinander gebraten worden. Daraus folgt doch, daß sie auch miteinander verspeist werden mußten. Außerdem hat der Hahn mich gewiß vom Tod errettet. Nämlich als der Hammel den Weg seiner Bestimmung gegangen war, verfiel mein armer Magen in einen solchen Zustand der Erbärmlichkeit, daß ich von dieser Erde abzuscheiden gedachte und deutlich fühlte, daß es mir bestimmt sei, infolge des Genusses dieses verdorbenen Fleisches zu meinen Urahnen versammelt zu werden. Ich dachte aber an dich und was mit dir werden solle, wenn ich, die einzige Stütze deiner Lebenstage, dich verlassen müsse. Ich mußte also das Elend meiner Verdauung überwinden, was

[1] Kaufläden, Mehrzahl von Dikkän

nur dadurch geschehen konnte, daß ich meinen schon halb abgeschiedenen Magen wieder zurückrief, indem ich ihn durch den jungen Hahn verlockte, es noch einmal mit der Erfüllung seiner irdischen Verpflichtungen zu versuchen. Dies ist mir gelungen. Weiter habe ich dir nichts zu sagen, Effendi, nun tu, was du willst!“

Diese beweiskräftige Auseinandersetzung erreichte ihren Zweck: der Alte schien von „der einzigen Stütze seiner Lebenstage“ gerührt zu sein, denn er winkte ihm gütig zu und sagte:

„Ich will dich nicht betrüben und meine Vorwürfe also zurücknehmen. Aber das ändert unsere Lage nicht. Wir müssen essen und haben nichts.“

„O Allah, Allah! Welche Kürze der Gedanken und welcher Mangel der erforderlichen Geistesgegenwart! Wenn du den guten Rat befolgst, der mir auf den Lippen schwebt, so wird alle Not sofort ein Ende haben.“

„Was rätst du mir?“

„Gib mir wieder Geld, so gehe ich, um zu holen, was wir brauchen!“

„Und kommst vor heute abend nicht zurück.“

„Aber ich muß doch meine Kaffeehäuser besuchen, um zu erzählen, daß der unvergleichliche Kara Ben Nemsi Effendi und der tapfere Scheik Hadschi Halef Omar zu uns gekommen sind. Da werde ich Hunderte von Fragen beantworten müssen und kann unmöglich eher wiederkommen, als bis es dunkel geworden ist.“

Wenn ein europäischer Diener diese Worte hervorgebracht hätte, so wäre er für verrückt gehalten worden. Kepek aber hielt sich für berechtigt, uns hungern zu lassen, um seinen Bummel auszuführen. Sein Herr schien in seiner grenzenlosen Nachsicht nicht zu wissen, was er sagen solle, und so hielt ich es für an der Zeit, einzugreifen.

Mein kleiner Hadschi hatte schon längst die Geduld verloren. Er stand auf, klopfte dem stets unschuldigen Schuldigen vertraulich auf die Schulter und fragte ihn: „Verzeihe mir, Freund der halben Hammel und der ganz jungen Hähne! Kannst du mir sagen, wer der Herr dieses Hauses ist?"

„Der Effendi, dem ich diene", lautete die Antwort.

„Schön, du hungrigster unter allen Köchen der Erdenländer! Du hast also nicht zu tun, was dir beliebt, sondern was die Gastfreundschaft deines Herrn erfordert, und diese heischt von ihm, daß seine Gäste sobald wie möglich zu essen bekommen. Willst du dann später in die Kaffeehäuser gehen, so tu es; ich habe dir nichts zu befehlen; aber wenn du dort — — paß wohl auf, was ich dir jetzt sage! — — nur ein einziges Wort davon sagst, daß wir in Bagdad sind und wo wir uns befinden, so bist du morgen früh eine die ganze Nacht hindurch allmählich totgemordete Leiche!"

Der Dicke fuhr vor Schreck einige Schritte zurück, so schnell wie ich es ihm gar nicht zugetraut hätte. Bis herab zur Unterkehle erblassend, stammelte er: „Eine — die ganze Nacht hindurch — allmählich — totgemordete Leiche —!"

„Ja", erklärte Halef sehr ernst.

„Aber — aber — warum tot? — — Warum ermordet — —? Warum Leiche — —?"

„Das will ich dir erklären. Wir haben Feinde, die uns verfolgen, die uns in Bagdad suchen. Wenn sie uns finden, gibt es einen Kampf. Wir beide werden zwar siegen, aber das Haus, in dem wir wohnen, wird die Folgen zu tragen haben: man wird die Bewohner langsam zu Tode martern."

„Zu — Tode — martern —! Allah behüte mich vor dem Teufel, vor dem Tod und vor allen Menschen, die mich ums Leben bringen wollen! Es fällt mir nicht ein, die Kaffeehäuser zu besuchen, solange ihr euch hier befindet. Ich werde den Mund halten und niemand verraten, wo ihr seid! Am liebsten bliebe ich im Haus und ginge nicht über die Grenzen unseres Gartens hinaus."

„Das ist recht gedacht von dir. Ich bin bereit, dir diese mutige Zurückgezogenheit zu erleichtern, indem ich selbst gehen werde, um einzukaufen, was wir nötig haben. Du magst inzwischen Feuer machen. Komm mit mir in die Küche!"

Sie gingen. Als sie fort waren, erkundigte sich der Pole besorgt:

„Hadschi Halef Omar hat auf alle Fälle übertrieben. Aber habt ihr wirklich Feinde, die euch verfolgen?"

„Wir sind allerdings mit Männern zusammengetroffen, die uns so feindselig behandelten, daß wir sie die Peitsche schmecken ließen. Es waren Perser", erwiderte ich.

„Ah, also auch Perser!"

„Ja. Sie glühen vor Rache, und da sie wissen, daß wir in Bagdad sind, werden sie nach uns forschen, um eine Gelegenheit zu finden, uns die Schläge zu vergelten, die sie bekommen haben. Halef hat die Sache übertrieben, um deinem Diener aus naheliegenden Gründen Angst zu machen. Dieser Kepek scheint ziemlich furchtsam zu sein."

„Da irrst du dich, Effendi. Er ist Onbaschi[1] gewesen und war einer der brauchbarsten und furchtlosesten Unteroffiziere. Bei dieser Gelegenheit magst du erfahren, daß ich Dozorca[2] heiße und als Binbaschi[3] entlassen worden bin. Kepek ist jetzt alt und bequem geworden. Früher gewandt, beweglich und stets zum Raufen bereit, hat er durch seine ungeheure Körperdicke den Anschein des Gegenteils er-

[1] Korporal [2] Sprich: Dosortza [3] Major

halten, und es mag sein, daß die Liebe, mit der er an mir hängt, und die Sorge, die er stets um mich hat, auch mit dahin gewirkt haben, daß er bedächtiger erscheint, als er früher war. Er hat mich mehreremal mitten aus den Feinden herausgehauen und mir auch sonstige Dienste geleistet, die mich über seine Schwächen hinwegsehen lassen. Ich bin überzeugt, daß er, wenn es nötig wäre, sein Leben auch jetzt noch für mich wagen würde. Er ist mir treu wie Gold und auch am Herd erfahren, so daß ich keinen Koch zu halten brauche. Er ißt zwar außerordentlich stark und gibt mir bloß die Reste, mit denen ich aber gut ausreiche, und was seinen Kaffee betrifft, so kocht er allerdings zweierlei, nämlich den guten, starken für sich und den dünnen für mich, weil er behauptet, daß der starke mir zu sehr ins Blut gehen würde und meine Nerven das nicht — — *Psia krew!* Da spreche ich vom Kaffee, und ich erinnere mich hierbei, daß wir noch keinen haben! Welche Nachlässigkeit gegen dich, Effendi! Kepek soll gleich welchen bringen!"

Der Binbaschi klatschte zwei-, drei-, fünf- und zehnmal in die Hände, aber der Dicke kam nicht. Erst als ich bei geöffneter Tür so kräftig in die meinigen schlug, daß sie schmerzten, kam er sehr langsam geschlurft. Er sagte unwillig:

„Schon wieder! Kaum habe ich diesem Hadschi Halef, der nichts begreifen kann, meine Anweisungen erteilt, über die er nur lacht, anstatt sie mit Würde entgegenzunehmen, so muß ich schon wieder hierherrennen! Was wollt ihr denn?"

„Kaffee!" antwortete Dozorca.

„Kaffee? Es ist doch keiner da, der Hadschi wird welchen mitbringen. Da er alles selbst bezahlt, was er holt, so habe ich ihm gesagt, er solle auch den Kaffee nicht vergessen."

Weil ich glaubte, daß der Dicke den Kaffee vergessen habe, erinnerte ich ihn daran, daß er ihn an seiner Brust verborgen hatte. Er erklärte mir aber in wirklich überraschender Unbedenklichkeit:

„Ja, hineingesteckt habe ich ihn, Effendi, aber auch wieder herausgenommen."

„Wo ist er jetzt?"

„Versteckt und aufgehoben."

„So willst du ihn wohl für dich allein haben?"

„Ja. Du wirst einsehen, o Effendi, daß ich dazu berechtigt bin. Wisse, daß in einigen Tagen mein Id jaum il wiläde[1] ist, an dem ich einige Bekannte zu mir laden werde. Diese sind vorzügliche Kaffeekenner, und weil ich gesehen habe, daß du besseren hast als mein Effendi kauft, so hebe ich den deinigen für das Fest auf und werde euch den kochen, den der Hadschi mitbringt. Habt nur Geduld! Es wird nicht lange dauern, bis er wiederkommt."

„Aber warum soll gerade dein Besuch diesen meinen guten Kaffee erhalten?"

„O Effendi, wie kannst du nur so fragen? Es ist doch eine der wichtigsten Vorschriften des Koran, daß man seine Gäste dadurch ehren soll, daß man ihnen das Beste gibt, was man hat."

Jetzt mußte ich dem dicken Onbaschi doch ein strengeres Gesicht zeigen:

„Gerade weil ich diese Vorschriften kenne, muß ich mich sehr wundern, daß du es wagst, mir den Kaffee der doch der meinige ist, zu entziehen und schlechteren dafür anzubieten. Du wirst sofort den meinigen kochen, hörst du wohl, sofort, und zwar stark und gut, wie vornehme Herren ihn verlangen können! Übrigens warne ich dich da vor Hadschi Halef. Er ist die aufmerksamste Bedienung gewöhnt und duldet keine Zurücksetzung. Ferner ißt und trinkt er gern so gut als möglich, und wer das nicht beachtet, dem pflegt er

1 Geburtsfest

schnell die fehlende Achtung beizubringen. Hüte dich vor seinem Zorn! Er ist ein freier Ben Arab[1] und bei der geringsten Vernachlässigung der ihm gebührenden Ehre sehr rasch mit Hieben und auch mit Messerstichen bereit."

Eine solche Standrede hatte der Dicke wohl seit langer Zeit nicht mehr zu hören bekommen. Er duckte sich zusammen und entgegnete unterwürfig:

„Ich danke dir, o Effendi, daß du mich auf diese gefährlichen Eigenschaften des Scheiks aufmerksam machst. Das ist ja ein wahrer Wüterich! Ich werde euch schnell deinen eigenen Kaffee bringen, denn das Wasser kocht bereits, und ich habe ihn auch schon im Dschurn el Binn[2] zerstoßen."

„Schon? Ah, der war also für dich, wir aber sollten keinen bekommen?"

„Halt ein mit den Vorwürfen, Effendi! Weil ich ihn meinen Gästen vorsetzen wollte, mußte ich ihn doch kosten, um mich von seiner Güte zu überzeugen. Aber du hast mich belehrt, und ich weiß, wie ich mich verhalten soll. Sein Duft wird deinen Zorn besänftigen und die Empfänglichkeit deines Geruches erquicken. Ich eile schon!"

Kepek stapfte mit den Beinen wie ein Radfahrer, um schnell hinauszukommen. Ich lachte, doch so, daß er es nicht hörte, hinter ihm her. Sein Herr lachte auch und sagte:

„Ich habe ihn verwöhnt, das weiß ich nur zu gut. Ich halte ihn mir, wie man in Europa ein Schoßhündchen behandelt, und lasse meine Schwäche für ihn mit seiner Anmaßung wachsen. Du hast ihm jetzt die nötige Achtung eingeflößt und kannst versichert sein, daß die Wirkung davon nicht lange auf sich warten lassen wird."

Dozorca hatte recht. Der Dicke kam schneller wie-

[1] Araber [2] Kaffeemörser

der, als ich es ihm zugetraut hatte, und setzte den Kaffee zwischen uns auf den Serir[1]. Man sah es ihm an, daß ihm das Wasser im Mund zusammenlief, und es war ein Ton aufrichtiger Betrübnis, in dem er die Bemerkung machte:

„Hier habt ihr ihn! Ich sage euch, daß ich nicht einen Schluck davon gekostet habe. Ich werde ihn auch ferner für euch allein bereiten, selbst wenn sein Wohlgeruch mich um die Ruhe meiner Seele bringen sollte. Aber ich bitte dich, o Effendi, falls Allah so gnädig ist, dich mit dem Gedanken zu erleuchten, daß auch ich eine Tasse dieses Tranks genießen dürfe, so zögere nicht, mir es mitzuteilen!"

Als Kepek sich entfernt hatte, bedienten wir uns selbst. Es ist im Orient gebräuchlich, daß der Kaffee in Tassen und nicht in größeren Gefäßen serviert wird. Kepek aber hatte eine ganze Rakwi[2] voll gebracht. Das war mir lieb, da es nicht angenehm ist, fortwährend durch das Kommen und Gehen Kepeks gestört zu werden. Auch nahm ich an, daß der Pole unser Alleinsein zu den Mitteilungen benutzen werde, auf die er mich vorbereitet hatte.

Wir saßen längere Zeit beieinander. Der Binbaschi ließ sich meinen Tabak und meinen Kaffee schmecken und blickte, ohne ein Wort zu sagen, nachdenklich vor sich hin. Endlich ließ er mich eine Frage hören.

„Hast du vielleicht einmal von einer Gul-i-Schiras[3] gehört?"

„Gul-i-Schiras? Gewiß. Die Rosen von Schiras sind berühmt, doch gestehe ich, daß ich die Rosenzucht in Rumili[4] der persischen vorziehe."

„Das ist es nicht, was ich meine. Ich spreche nicht von Rosenzucht im allgemeinen, auch nicht von den Rosen von Schiras in der Mehrzahl, sondern von einer

[1] Niedriges Tischchen [2] Kaffeekännchen
[3] Persisch: Rose von Schiras [4] Rumelien = das heutige Bulgarien

Rose in der Einzahl, von einer ganz bestimmten Rose, die aus einer mir unbekannten Ursache als Gul-i-Schiras bezeichnet wird."

„Von einer solchen Rose habe ich noch nichts gehört."

„Das ist sehr bedauerlich."

„Wie kommt es, daß du, der du seit langen Jahren hier wohnst, mir, der ich mich nur vorübergehend im Orient aufgehalten habe, die Kenntnis eines Gegenstands zutraut, den du selbst nicht besitzest?"

„Diese Frage sagt mir, daß du nicht weißt, was man von dir erzählt. Nach den Schilderungen, die über dich, den Kara Ben Nemsi Effendi, im Umlauf sind, kannst du alles und weißt alles."

„Das ist echt orientalische Übertreibung. Der Europäer hat mehr gelernt als der unwissende Beduine."

„Du stehst aber in einem so ungewöhnlichen Ruf, daß auch ich geneigt bin, dir mehr als jedem anderen zuzutrauen. Ist Scheik Hadschi Halef Omar dein Freund?"

„Ja, er ist mein Freund."

„So ist Hadschi Halef Omar Mitwissender von allem, was sich auf eure jetzige Reise bezieht?"

„Ja. Ich habe keine Geheimnisse vor ihm."

„So werde ich nicht jetzt sprechen, sondern dann, wenn er von seinem Gang zurückgekehrt ist. Inzwischen können wir uns in deiner Muttersprache unterhalten. Du weißt von deinem damaligen Besuch her, daß ich sie verstehe."

Ich ging sehr gern darauf ein. Aber der Genuß, der sich mir dadurch bot, war nicht von langer Dauer, denn Halef kam herein und meldete:

„Ich habe gebracht, was ich in der Nähe bekommen konnte. Es ist genug, um mehrere Tage davon zu leben, wenn nicht dieser dicke Vater der Gefräßigkeit über Nacht wieder alles verschlingt, um sich aus Liebe zu seinem Herrn vom Tod zu erretten. Nun aber muß ich fragen, wer kochen und braten soll?"

„Kepek", erwiderte der Binbaschi.

„Allah! Kennst du deine Küche? Wann bist du zum letztenmal drin gewesen?"

„Seit Jahren nicht. Sie ist das unbestrittene Reich Kepeks, der mich keinen Augenblick darin duldet."

„Das dachte ich! Und darum geriet er so in Wut, als ich von der Reinlichkeit des Lebens und der Appetitlichkeit der Speisen sprach. Ich habe ihm aber geantwortet, wie sich's gebührt. Da setzte er sich vor Schreck auf die Erde nieder, was einen solchen Plumps gab, daß ich glaubte, der Boden sei geplatzt."

„Und?" fragte der Alte besorgt. „Was tut er jetzt?"

„Hab keine Sorge um ihn! Er sitzt noch fest und kann wegen seiner unmenschlichen Gewichtigkeit nicht eher wieder aufstehen, als bis ich ihm helfe. Laß ihn sitzen, bis ich zu ihm zurückkehre! Ich muß dich vor allen Dingen fragen, ob ich aufrichtig sprechen darf?"

„Du darfst es."

„So muß ich dir sagen, daß du keine Ahnung hast, in welcher Weise bisher für dich gekocht, gebraten und gebacken worden ist. Wenn ich gezwungen würde, nur einen einzigen Bissen aus der fetten Hand dieses Dschidd el Wasach[1] zu essen, so würde sich mein Leib wie ein Geldbeutel umwenden."

Ich befürchtete eine Beleidigung unseres Wirtes und gab also dem Hadschi einen verstohlenen Wink sich zu mäßigen. Halef aber fuhr unbeirrt fort:

„Mein Sihdi winkt mir freilich zu schweigen. Wenn wir bei dir etwas genießen sollen, so muß ich sprechen und dich darauf aufmerksam machen, daß, solange wir uns hier befinden, ich allein diese Chukûmi

1 Großvater des Schmutzes

el Matbach[1] sein werde. Ich will diese Küche nicht beschreiben, weil ich keine Worte dazu finden würde, aber das Geschirr — dieses Geschirr! In der Ecke steht ein Blechgefäß mit dem Wasser, mit dem dein Koch sein Gesicht und seine Hände wäscht und aus dem er auch zum Kochen schöpft. Auf dem Boden des Wassers liegt der Schlamm mehrere Finger hoch. Ich habe es ihm, als er sich vor Schreck niedergesetzt hatte, über den Kopf gegossen —"

„Das hättest du nicht tun sollen!" fiel der Binbaschi ein. „Wenn Kepek nun davon krank und —"

„Ängstige dich nicht um ihn!" unterbrach ihn Halef. „Dieses Bad hat ihn wieder zu sich gebracht und ihm nur gut getan. Dann sah ich eine Tandschara[2]. Es war ein dickes Fett mit Fingerspuren drin, und als ich ihn fragte, wozu das sei, erfuhr ich, daß er es zum Einschmieren seiner Pantoffel nehme. In derselben Tandschara kocht er dann das Fleisch und Gemüse. Ich habe das Fett heraus, und ihm ins Gesicht gewischt."

„*Na zdrowie* — Prosit! O Scheik Hadschi Halef wenn du das getan hast, so wird Kepek —"

„Keine Sorge, Effendi!" fiel Halef ein. „Es hat ihm nichts geschadet. Er leckte es ab, und es schien ihm gut zu schmecken. Während er dies tat, sah ich mich weiter um und entdeckte eine Miklaje[3] von Kupfer, worin er das Fleisch bratet. Jetzt hatte er ein Marham[4] zur Vertreibung der in seinem Bett wohnenden Bakk[5] darin bereitet. Ich habe ihm diese Salbe auf das erste Fett gestrichen. Sodann —"

„Halt ein!" unterbrach ich ihn. „Ich will nichts weiter hören. Du wirst jetzt noch einmal fortgehen und die Gefäße kaufen, die du nötig hast, und sie dann dem Dicken als Geschenk verehren, was, wie ich hoffe, dir seine Zuneigung wiederbringen wird."

1 Behörde der Küche   2 Kasserolle   3 Pfanne   4 Salbe   5 Wanzen

„Ich darf mich also als den Gebieter der Küche betrachten?"

Der kleine Scheik erhielt nach dortigem Brauch durch ein Kopfschütteln die Einwilligung des Polen und entfernte sich. Dozorca befand sich in größter Verlegenheit und bemühte sich, den Eindruck, den der Bericht des Hadschi auf mich hatte hervorbringen müssen, durch Entschuldigungen abzuschwächen. Ich half ihm schnell darüber hinweg, zumal der Hauptgrund dieser Mißwirtschaft in seiner Armut zu bestehen schien. Wir unterhielten uns in deutscher Sprache über mein und über sein Vaterland, das er noch jetzt glühend zu lieben schien. Er fragte mich auch, ob ich die Absicht habe, heute noch auszugehen. Ich verneinte dies, und so machten wir einen Spaziergang in den Garten, wobei ich mich überzeugte, daß es unseren Pferden an nichts fehlte. Als wir dann ins Haus zurückkehrten und an der Küchentür vorübergingen, blieben wir einen Augenblick stehen, um zu lauschen. Wir hörten Topfgeklirr und dabei die Stimme des Dicken:

„Laß die Salsa[1] ja nicht überlaufen, denn ich sage dir, verehrter Scheik der Haddedihn, daß es schade um jeden Tropfen ist, der verlorengeht! Ich sehe, daß du ein wahrer Aschschi es Aschschiji[2] bist und freue mich wie ein Sultan auf dieses Essen."

Der Binbaschi schmunzelte, und auch ich war befriedigt über das gute Einvernehmen, das sich anscheinend zwischen den beiden eingestellt hatte. Wir saßen noch nicht lange wieder im Zimmer, so kam Kepek hereingestampft und fragte seinen Herrn:

„Effendi, das Mahl wird bald beginnen, und der Scheik behauptet, daß ich ihm in der Küche nur im Weg sei. Darf ich mich hier niedersetzen, wie ich immer darf, wenn wir nichts zu tun haben?"

1 Brühe 2 Koch der Köche

Der Alte sah mich fragend an. Ich konnte mir denken, daß die beiden einsamen Menschen so oft als möglich beisammensaßen, weil einer auf den anderen angewiesen war, und wollte sie nicht zu einer Ausnahme unseretwegen veranlassen. Darum erwiderte ich dem Onbaschi, der jetzt viel sauberer aussah als vorher: „Setz dich nieder! Wir haben nichts dagegen."

Kepek nahm uns gegenüber Platz, aber wie! Zunächst drehte er sich zur Wand um, an die er die Hände stemmte. Dann ließ er diese langsam niedergleiten, wobei er sich nicht bückte, sondern den Körper in steifer Haltung folgen ließ, so daß die Füße von dem an der Mauer liegenden Kissen wegrutschten. In dem Augenblick, wo er sich wegen seiner Schwere nicht mehr halten konnte, warf er sich schnell und mit einer gewaltsamen Bewegung herum und kam infolgedessen mit einem kräftigen Plumps aufs Kissen zu sitzen. Bei dem Anblick, den er dort bot, kostete es mich Mühe, das Lachen zu verbeißen. Der Bauch lag ihm wie ein den Kaftan auftreibender Luftballon auf den Oberschenkeln, und er pustete mit vor Anstrengung hochrot gewordenem Gesicht, wobei er sich vergeblich bemühte, die Unterschenkel mit den unzureichenden Flügeln des Gewandes zu bedecken. Als er wieder zu Luft gekommen war, stieß er einen tiefen Seufzer der Erleichterung aus und erklärte: „So! Jetzt stehe ich nicht eher wieder auf, bis ich völlig satt geworden bin."

„Hast du Hunger?" fragte sein Herr.

„Hunger bloß? O Allah! Es ist noch viel, viel mehr als Hunger, o Effendi. Wenn man diesen Scheik der Haddedihn vom großen Stamm der Schammar so eifrig und appetitlich in der Küche herumhantieren sieht, so laufen einem alle möglichen Wasser des Himmels und der Erde im Mund zusammen. Der versteht's, oh, der versteht's! Ich möchte ihn ohne Unterlaß kochen sehen und immer und immer ohne Aufhören von ihm essen!"

Kepek schnalzte mit der Zunge, machte das allerseligste Gesicht und fuhr fort:

„Übrigens ist der Scheik gar nicht so schlimm, wie ich dachte. Erst war er sehr böse zu mir. Dann aber zeigte er mir die Herrlichkeiten des Töpfers und sagte, daß er mir das alles schenken werde, wodurch der Zorn meines Herzens in eine wohltuende Rührung verwandelt wurde. Nun holte er Wasser, machte Feuer und setzte das Fleisch und Gemüse an Ort und Stelle. Als er mit dieser Besorgung des Herdes fertig war, holte er abermals Wasser, nahm die Seife, die er auch mitgebracht hatte, und widmete mir eine reinigende Säuberung der Persönlichkeit, die ihm mein ganzes Wohlwollen gewann. Dann war er mir behilflich aufzustehen, und beehrte mich mit dem Auftrag, durch die fortgesetzte Rührung des Löffels den Reis vor dem Anbrennen zu bewahren. Während dieser Beschäftigung näherten sich unsere Seelen einander immer mehr. Ich bemerkte in der Tiefe meines Innern, daß ich ihn lieb gewann, und als er mich das erste, wohlgeratene Stück Mischwi[1] hatte kosten lassen, konnte ich nicht anders, ich mußte ihn umarmen, worauf er mich höflich ersuchte, hierher zu euch zu gehen und der erwarteten Genüsse mit der Ruhe innigster Zufriedenheit zu harren."

Als Kepek das sagte, war ihm diese innige Zufriedenheit deutlich anzusehen. Seine Freundlichkeit steigerte sich aber noch, als nun Halef die Tür mit dem Fuß aufstieß und mit reich beladenen Händen ins Zimmer trat. Nachdem er abgelegt hatte und noch einigemal zwischen hier und der Küche hin und her gegangen war, hatte er das ganze Serir und den Boden davor mit den Erzeugnissen seiner Tätigkeit bedeckt,

1 Gebratenes Fleisch

und auch vor dem Dicken ragte ein so großer Berg von Reis und Fleisch auf, daß ich meinte, er könne wenigstens heute und morgen nicht alle werden. Ich brauchte aber nicht lange zu warten, so war dieser Berg verschwunden, und „Kleie“ schaute sehnsüchtig zu uns herüber, ob nicht von da noch etwas zu erlangen sei. Dieser Wunsch wurde ihm mit solcher Ausgiebigkeit erfüllt, daß mir schließlich bange um ihn wurde, und auch er selbst einsah, daß selbst das größte Loch endlich einmal ausgefüllt werden kann. Er strich sich mit den Händen liebkosend über den Teil seines Körpers, den ich vorhin mit einem Luftballon verglich, und sagte seufzend:

„Jetzt hört's auf, ich kann nicht mehr. O Unglück dieser Sättigung, o Unzulänglichkeit der Magenwände! Warum schmeckt es noch, wenn man nicht mehr essen kann? Ich hoffe aber, daß der vorzügliche Scheik der Haddedihn heute noch einmal in die Stadt gehen wird, um den Fleischer zu besuchen, da es leicht geschehen könnte, daß morgen nichts Gutes dort mehr zu finden ist.“

Noch weit zufriedener als dieser Unersättliche war Halef darüber, daß seine Kunst von uns allen durch die Tat anerkannt wurde, daß wir am Ende des Mahls alles aufgegessen hatten. Da machte er uns die besonders für Kepek tröstliche Mitteilung, daß er nicht zum Fleischer zu gehen brauche, weil er dort eine Bestellung aufgegeben habe, die in der Dämmerung durch einen Boten erledigt werde.

Zur angegebenen Zeit wurde das Fleisch geschickt. Ob ich davon würde genießen können, wußte ich nicht. Für heute war ich übersatt, und morgen — — — wir wollten ja morgen schon fort, und es kam nur darauf an, ob die vom Binbaschi zu erwartenden Mitteilungen vielleicht derartig seien, daß sie uns Ursache gaben, länger zu bleiben.

6

DIE ERZÄHLUNG DES BINBASCHI

Der Abend brach nach kurzer Dämmerung herein, und die am Tag herrschende trockene Hitze verwandelte sich in eine so drückende Schwüle, daß wir den Tabak und die Pfeifen nahmen, um auf das Dach zu steigen. Wir drei hatten noch nicht lange oben gesessen, so kam der Onbaschi nachgeächzt und setzte sich mit Halefs Hilfe auf eine für ihn hergerichtete Unterlage nieder. Der einzige Tschibuk des Hauses ging zwischen seinem Herrn und ihm in kurzen Pausen hin und her.

Der Himmel strahlte kurz nach dem Neumond in seinem vollsten Glanz. Die Abendluft bewegte die Palmenwedel, deren zeitweiliges Geflüster die einzige Unterbrechung der in dieser abgelegenen Gegend herrschenden tiefen Stille war. Das gab die richtige Märchenstimmung.

Hierher nach Bagdad verlegt das Volk den Schauplatz jener Erzählungen, die unter dem Titel Alif leïla wa leïla[1], viele, viele Millionen Zuhörer und Leser gefunden haben. Sehr wahrscheinlich ist die Quelle dieser Märchen im Hesâr efsâne[2], einer Sammlung des Persers Rasti, zu suchen. Sie haben für das Studium des Orients einen hohen Wert, obwohl man sich hüten muß, das Buch jedermann in die Hand zu geben. Diese Märchen sind unübertroffen, wenn es sich darum handelt, Leben, Sitten und Anschauungen, das Denken und Fühlen des Ostens kennenzulernen. Nirgends wird die ungestüme Tapferkeit und edle Ritterlichkeit des Orientalen, sein abenteuerlicher Sinn, die Glut seines Hasses und seiner Liebe, die

1 Tausendundeine Nacht   2 Tausend Erzählungen

Geldsucht seiner Beamten, die Verschlagenheit des sogenannten schwachen Geschlechts, die Pracht des Reichtums und die nackte Unverfrorenheit der Armut so treu geschildert wie in diesen Erzählungen, mit denen die ebenso schöne wie kühne und phantasiereiche Scheheresad gegen den König Scheherban um ihr Leben kämpfte. Waren es Erinnerungen aus einer der von ihr durchwachten Nächte, die jetzt flüsternd durch die sanftgebogenen Fliederblätter gingen?

Wenn es so war, ihr Zauber ging an mir verloren, denn meine Gedanken gehörten dem Mann neben mir, dessen Leben jedenfalls ungewöhnlich gewesen war und von dem ich ahnte, daß ihm Lasten auferlegt worden seien, an denen er noch jetzt im Alter tragen müsse. Was hatte ihn aus dem Vaterland getrieben, und was hielt ihn bis heute von ihm fern? Warum vergrub er sich hier in tiefe Einsamkeit?

„Effendi, glaubst du an Gott?"

Ich erschrak fast, als diese Frage so plötzlich und unvorbereitet durch die tiefe Stille klang.

„Ja", antwortete ich nur mit diesem einen Wort.

„Ich nicht!"

Welch schweren Druck dieses „Ich nicht" hatte! Es war mir allerdings aufgefallen, daß Dozorca und sein Diener weder vor noch nach der Mahlzeit den üblichen frommen Spruch gesagt hatten.

„Warum nicht?" fragte ich ihn nach einer kleinen Weile.

„Weil ich nicht an einen Gott glauben kann, der mir nichts als Ungerechtigkeiten erwiesen hat."

„Bist du der Mann dazu, eine solche Anklage gegen den, der die Allgerechtigkeit selbst ist, zu erheben?"

„Wäre er die Allgerechtigkeit, so säße ich nicht hier, sondern daheim im Schloß meiner Väter."

„Vielleicht wäre es richtiger, wenn du sagtest: hätte ich seiner Gerechtigkeit vertraut, so wäre mir nicht genommen worden, was ich verloren habe. Das Auge des Menschen reicht nicht weit. Es vermag nicht, den Ratschluß des Allwissenden zu durchdringen, der vor Ewigkeiten sieht, was nach Ewigkeiten geschehen wird."

„Hätte er mein Leben gesehen, so konnte er ihm, als der Allmächtige, einen anderen Verlauf, einen anderen Inhalt geben."

„Sind wir Kinder Gottes oder seine Sklaven? Wenn er jeden Augenblick deines Lebens, jeden einzelnen deiner Gedanken und Entschlüsse zu bestimmen hätte, wer und was wärest du dann? Ein willenloses Spielzeug seiner Hand. Aber wahrlich, Gott spielt nicht! Das Leben ist kein Spiel und der Mensch kein hölzerner Kegel, den jede Kugel zufällig umwerfen oder ebenso zufällig stehenlassen kann."

„Aber was will Gott, wenn es einen gibt, mit uns? Warum fallen wir, ohne zu wissen, weshalb, ohne schuld zu sein? Warum bleiben tausend andere stehen, ohne es zu verdienen? Warum nimmt er dem Braven alles, alles, selbst das allerletzte, was ihm geblieben ist, und dem Verdienstlosen gibt er immerfort, mehr und immer mehr zu dem, was er schon vorher besessen hat?"

„Mit dem ‚Braven' meinst du gewiß dich?"

„Ja."

„Und unter den Verdienstlosen verstehst du jene, die deine Absichten und Hoffnungen durchkreuzten?"

„Ja, sie und auch noch andere."

„Welch ein Hochmut! Du setzest dich also zu alleroberst, schaust selbstgerecht und selbstgefällig von dieser stolzen Höhe herab, richtest deine Mitmenschen mit einem einzigen kalten, vernichtenden Wort und duldest den, als dessen Spielzeug du dich soeben noch bekanntest, weder neben noch viel weniger über dir! Weiß der Mensch, wenn er gefallen ist, wirklich nicht, warum? Bist du an deinem Schicksal ganz ohne Schuld? Warst du der immerwährend Brave, und haben jene, die du verdienstlos nennst, das, was ihnen gegeben wurde, wirklich nur der Ungerechtigkeit Gottes zu verdanken? Was verstehst du unter Gerechtigkeit und Ungerechtigkeit? Was dir gefällt und was dir nicht gefällt! Denke dir, du seist ein Kind und sähest in der Hand deines Vaters eine für dich noch unverdauliche oder gar giftige Frucht! Du bittest ihn, sie dir zu geben. Bekommst du sie, so hältst du ihn für gerecht. Verweigert er sie dir, so nennst du ihn ungerecht. Er aber hat, wie du später einsehen wirst, als liebevoller, weiser Vater gehandelt."

„Ich bin kein Kind, sondern so alt geworden, daß ich um die Einsicht, von der du redest, nun endlich bitten möchte!"

„Gerade, weil sie dir fehlt, bist du trotz deiner Behauptung noch ein Kind, ein zornig schmollendes, vertrauensloses und undankbares Kind. Wenn du das jetzt in deinem Alter noch bist, so bist du es in deiner Jugend noch viel mehr gewesen. Du warst zu sehr Kind, als daß du eingesehen hättest, was zu deinem Wohl diente. Du hast falsch gewählt, vielleicht gar die giftige Frucht aus der Hand des Vaters gerissen, und nun du dir durch ihren Genuß das ganze Leben vergiftet hast, klagst du über seine Ungerechtigkeit oder magst du überhaupt nichts von ihm wissen. Es ist freilich nicht schwer, Gott zu leugnen, wenn man ihm nie Gehorsam geleistet, sondern sich nur nach dem eigenen Willen gerichtet hat. Da kommen unausbleiblich Stunden stiller, heimlicher Selbstanklage. Es naht von Zeit zu Zeit der peinigende Gedanke, daß man doch vielleicht unrecht gehandelt und damit Gottes Gericht, den Wahrspruch des Allgerechten, auf sich herabgerufen habe. Was tut der Kurzsichtige dann, um die anklagende Stimme des Gewissens zum

Schweigen zu bringen? Er greift zum kürzesten, aber auch trügerischsten Mittel. Er leugnet einfach Gott. Wenn es keinen Gott gibt, gibt es kein Gesetz und kein Gericht, kein Unrecht und kein Gewissen, keine Anklage und keine Strafe, und wer mit dem Leben unzufrieden sein zu müssen glaubt, der wirft die Schuld nicht auf sich, sondern auf Gott, den er doch soeben erst geleugnet hat. Du hörst und siehst, daß du nicht um Gott herumkommst, ihn nicht aus deiner Welt schaffen kannst, sondern sein Dasein über allen Zweifel erhebst, indem du ihn wegen seiner angeblichen Ungerechtigkeit leugnest."

Es trat eine Pause ein. Dann sagte der alte Pole halblaut und nachdenklich:

„Wie drücktest du dich aus, Effendi? Ich habe — — die giftige Frucht aus der sie verweigernden Hand meines Vaters gerissen — — gerissen! — —! also mit Gewalt meinen Willen durchgesetzt — —, das hat mir noch niemand gesagt. — — Dann kommen Stunden der Selbstanklage — — peinigende Gedanken — — das Gewissen! — — Man wirft aus Furcht vor sich selbst alle Vorwürfe auf Gott — — leugnet ihn aus Angst — — beweist aber gerade dadurch sein Dasein — —. Warte, Effendi, warte nur!"

Dozorca ließ den Kopf sinken, und ich hütete mich, ihn zu stören. Nach einer Weile fuhr er fort:

„Woher kennst du mich so genau? Wie kommst du dazu, mir mein Inneres, meine heimlichen Gedanken, Gefühle und Ahnungen zu enthüllen?!"

„Ich habe nur im allgemeinen gesprochen."

„Das ist unmöglich, denn es stimmt, es trifft zu! Und doch auch — — wieder nicht! Ich kann mir keinen Gott denken, der die ewige Weisheit und Liebe ist und doch den Menschen, sein Kind, ins Elend sinken läßt."

„Wie nun, wenn das Geschöpf dem Schöpfer nicht

gehorcht, weil es sich klüger dünkt als er, den Weg zum Elend wählt?“

„So dürfte Gott dies nicht zulassen. Er müßte den Menschen zwingen.“

„Dann hätte dieser Mensch keinen Willen, keine Freiheit, keine Selbstbestimmung, keinen Wert. Er brauchte keine Seele und wäre ein totes Spielzeug. Du siehst, daß du dich im Kreis bewegst. Wir sind wieder beim Spielzeug, beim Nichts angekommen. Aber sag mir einmal aufrichtig: bist du wirklich — nichts?“

„Vielleicht!“

„Dann wären alle deine Gedanken, Schlüsse und Vorwürfe überflüssig. Ein Nichts tut nichts, denkt nichts, fühlt nichts, braucht nichts; also schweig!“

Da schlug er die Arme übereinander, wendete sich mir voll zu, sah mich starr an und sagte:

„Ich weiß nicht, entgleitest du mit deiner Beweisführung meiner Hand oder ich der deinigen? Ich beginne, Angst vor dir zu bekommen.“

„So fühlst du dich schon halb besiegt.“

„Noch nicht! Deine Beweisführung scheint zwar siegreich zu sein, aber ich kann dich schlagen, indem ich durch Tatsachen den Sieg auf meine Seite bringe.“

„Das glaube ich nicht. Gott ist das unumschränkte Ich; wer ihn leugnet, vernichtet sich selbst; eine Lächerlichkeit, denn wer leugnet, muß doch bestehen. Deine Tatsachen machen mich nicht bange. Ich kenne sie nicht, bin aber überzeugt, daß ich, wären sie mir bekannt, deinen Unglauben gerade durch sie besiegen würde.“

„Du sollst sie kennenlernen, wenigstens einige von ihnen. Ich werde dir erzählen — — keine lange Geschichte, keinen ermüdenden Lebenslauf. Ich bin selbst schon müde genug, du sollst es nicht auch noch durch mich werden.“

Wieviel ungläubige, zweifelnde, suchende Seelen

hatte ich schon kennengelernt, daheim und auch draußen in der Ferne! Welche Freude, wenn es mir gelungen war, eine davon auf die ewig suchende Liebe aufmerksam zu machen, die neunundneunzig Schafe in der Hürde läßt, um das verlorene hundertste in der Wüste zu finden! Würde mir das auch bei diesem Mann gelingen, der sich vor meiner Logik zu fürchten begann? Und doch, was ist die Logik des kalten, berechnenden Verstandes gegen die Himmel und Erde beherrschende Logik der Liebe! Der Verstand des Binbaschi war unfähig, Gott vom Thron zu stoßen, aber sein Herz war tot und leer, es mußte Leben und Inhalt hinein. Das war es, wonach er sich gesehnt hatte, aber woher sollte ihm dieses Leben kommen? Womit war die Leere auszufüllen? Es war hohe Zeit für ihn. Seine halt- und kraftlose Nachsicht gegen den Diener bewies, daß er schon kindisch zu werden begann, was jedenfalls nicht die Folge seines Alters war, das ich auf siebzig Jahre schätzte. Er mußte aufgerüttelt werden. Wenn man den Glauben an Gott verloren hat, gehört Tatkraft dazu, ihn wiederzufinden.

„Sprichst du polnisch?“ fragte er mich jetzt.

„Nein.“

„Aber du kennst die Geschichte Polens?“

„Ja.“

„Die Geschichte des unglücklichen Landes und seiner unglücklichen Bewohner! Ich gehöre zu diesen Bemitleidenswerten.“

„Bitte, sprich nicht so! In diesem Sinn soll und darf ein Mensch niemals bemitleidenswert sein. Das Mitleid ist nur für gewisse Fälle löblich; in anderen Fällen beleidigt es den, auf den es fällt. Es gibt eine Art von Unglück, das man mit edlem Selbstbewußtsein zu tragen hat; Mitleid ist da Demütigung. Überhaupt ist meine Ansicht über den landläufigen Begriff ‚Unglück‘ eine andere als deine. Für mich, der ich mich von Gott geleitet weiß, kann es kein Unglück geben.“

„So bist du eben glücklich. Oder gibt es für dich auch kein Glück?“

„Nein, was man gewöhnlich Glück nennt und mit einem ‚günstigen Zufall‘ gleichbedeutend ist. In höherem Sinn gibt es freilich ein Glück, aber auch nur eines, das ich die irdische Seligkeit nenne. Dieses Glück ist nichts Vorübergehendes. Es ist nicht zu messen und zu berechnen. Es hat keine Grenzen und besteht in der beseligenden Überzeugung, daß man in der Vaterhand Gottes ruhe.“

„Diese Hand kenne ich nicht. Mir ist weder die Ruhe in Gott noch eine andere geboten worden. Wer und was ich war, brauchst du nicht zu wissen. Ich weiß es selbst kaum mehr, wenigstens mag ich nicht daran denken. Es war ein altes, adeliges, reich begütertes Geschlecht, dem ich entstamme. Ich habe seinen Namen abgelegt, um vor Nachstellungen sicher zu sein, und mich Dozorca genannt, weil ich mein Vaterland zu sehr liebe, als daß ich einen nichtpolnischen Namen führen möchte. Unsere Verhältnisse, meine Erziehung und noch vieles andere gehören nicht hierher. Ich will nur erwähnen, daß ich zum Offizier ausgebildet wurde, keinen einzigen gläubigen Verwandten oder Lehrer hatte und meinen einzigen Lebenszweck in der Befreiung des Vaterlands aus dem Joch der Unterdrückung erkannte. Ich war in Paris, um mit Gleichgesinnten die Erhebung unseres Volkes vorzubereiten. Mieroslowski nannte mich seinen Freund. Ich wurde nach Deutschland geschickt und ging dann nach Rußland, hatte an der verunglückten Überrumpelung von Posen teilgenommen, war bei dem Versuch von Siedlce zugegen und stand in Krakau dem Diktator Tyssowski nahe. In Galizien rotteten sich unsere eigenen Leute unter Jakob Szela zusammen.

Sie trugen Brand, Plünderung und Mord in die Höfe der mit uns verbündeten Edelleute. Wir wateten im Blut. Überall geschlagen, gaben wir alle Hoffnung auf. Wo sollte ich hin? Ich war überall geächtet. In Preußen, in Österreich, in Rußland drohte mir der Henker. Mein Todesurteil war gefällt, Steckbriefe verfolgten mich allerorts. Meine Besitzungen waren in Beschlag genommen. Ich nahm den Bettelsack und schlug mich in die Türkei durch, wo ich unter meinem jetzigen Namen im Heer Aufnahme fand. Es galt, mir eine Zukunft zu schaffen, und da mir unter damaligen Verhältnissen das als Christ nicht möglich war, trat ich zum Islam über."

„Zum Islam?" fragte ich erschrocken. „Ah, so bist du — ein — Abtrü —"

„Ein Abtrünniger. Sprich das Wort nur immer aus. Was willst du? Ich war nie ein frommer, überzeugter Christ gewesen, und mein Übertritt wurde mit einer höheren Rangstufe belohnt. Das war alles, was ich wollte."

„Und heute wunderst du dich darüber, daß dein Leben verfehlt ist? Sag aufrichtig, wolltest du nur die Freiheit deines Volkes, oder dachtest du, nach dem etwaigen Gelingen des Aufstands mit einer hervorragenden Stellung bedacht zu werden?"

„Beides."

„So ist das die vorhin erwähnte giftige Frucht, die du dir damals mit Gewalt angeeignet hast. Du bist an ihr zugrunde gegangen. Und dann der Übertritt zum Islam! Es ist mir unbegreiflich, wie —"

„Bitte, laß mich erzählen!" unterbrach er mich. „Wenn es dir zur Beruhigung dienen kann, will ich dir sagen, daß ich zwar ein sehr lauer Christ war, aber auch kein eifriger Muslim geworden bin. Dieser Wechsel war nichts als Mittel zum Zweck. Ob ich Gott oder Allah sage, Christus oder Mohammed, das bleibt sich gleich. Wenn es wirklich einen Gott gibt, so sind alle Menschen seine Kinder. Diese Ansicht gab mir die innere Ruhe, deren ich bedurfte, um vorwärts zu streben. Ich hatte Erfolg, nicht nur als Offizier, sondern auch als Mensch. Ich stand in Beirut, dessen Besatzung zur Arabistan Ordüssi[1] gehörte. Dort lernte ich einen persischen Handelsmann kennen, der Wohlgefallen an mir fand. Ich verkehrte täglich in seinem Haus, wo nach iranischer Sitte die Haremsgesetze nicht so streng wie bei den Sunniten gehalten wurden. Er hatte ein einziges Kind, eine Tochter. Sie war, nach orientalischer Ausdrucksweise, schön wie die Morgenröte und sorgfältiger erzogen als sunnitische Haremstöchter. Wir liebten uns, und der Vater gab sie mir zum Weib, obgleich ich nicht Schiit war."

„Daß ihr Vater einer war, hat dein Gewissen nicht beschwert?" fragte ich.

„Nicht im geringsten. Der Sprung vom Christen zum Mohammedaner war ja viel größer als der kleine Griff des Sunniten nach einer schiitischen Frau. Warum sollte ich mir Vorwürfe darüber machen? Ich hatte meine Wahl nicht zu bereuen. Die Vergangenheit mit allen ihren Wünschen war für mich eine abgetane Sache, und ich lebte nur für meine Familie und meine militärische Zukunft. Meine Ehe bot mir ein täglich sich erneuerndes Glück, das sich noch vergrößerte, als mir erst ein Sohn und später eine Tochter geboren wurden. Ein Jahr nach der Geburt des zweiten Kindes wurde ich nach Damaskus versetzt, wohin mir nach wenigen Wochen der Vater meines Weibes folgte, da er und seine Frau glaubten, nicht ohne ihr Kind leben zu können. Das war anfangs 1860 dem für Damaskus so verhängnisvollen Jahr, ist dir seine traurige Geschichte bekannt?"

„Ja."

1 Division von Arabistan

„So habe ich keine ausführliche Erzählung nötig. Wie glücklich ich war, können dir die Namen sagen, die ich meinen Kindern gegeben hatte. Mein Sohn hieß Ikbal[1] und meine Tochter Ssäfâ[2]. Auch mein Weib hatte einen bedeutungsvollen Namen, nämlich Älmâs[3], und sie war für mich ein Edelstein."

„Und wie hieß ihr Vater?"

„Er nannte sich Mirsa Ssibil oder auch Aga Ssibil." Ssibil bedeutet in der persischen Sprache Schnurrbart. „War dieser Name ererbt, oder hatte er ihn sich in bezug auf seinen Bart beigelegt?"

„Das weiß ich nicht; aber er hatte wirklich einen so starken Schnurrbart, wie ich keinen zweiten gesehen habe. Nur auf dem Bild des früheren Königs von Italien, Viktor Emanuel II., habe ich einen ähnlichen gefunden. Warum erkundigst du dich nach seinem Namen?"

„Ich habe keinen eigentlichen Grund gehabt. Die Frage kam mir unbeabsichtigt auf die Zunge, vielleicht nur, weil du die anderen Namen alle nanntest und dieser eine fehlte."

„Ich nenne keinen einzigen gern, denn sie erinnern mich an das verlorene Glück, das niemals wiederkehren wird."

„Gott ist allgütig, und kein Mensch braucht auf das, was du Glück nennst, zu verzichten."

„Das verstehst du wohl kaum. Man muß Vater sein, um mit mir empfinden zu können. Vater- und Mutterliebe sind etwas ganz anderes als die von uns geforderte allgemeine Menschenliebe. Hast du Kinder, Effendi?"

„Nein."

„So kannst du mich nur halb begreifen. Könntest du dich jemals wieder im Leben glücklich fühlen, wenn dir dein Weib ermordet würde? Und mir hat man nicht

[1] Glück [2] Wonne [3] Diamant

nur das Weib, sondern auch die Kinder samt deren Großeltern umgebracht!“

Als Halef das hörte, rief er aus:

„Allah verdamme die Mörder! Wenn mir meine Hanneh, die die herrlichste aller Jungfrauen, Frauen, Mütter, Muhmen und Basen ist, und mein lieber Sohn Kara, dem Stolz und Tapferkeit aus den Augen blitzen, ermordet würden, so wäre das Glück meines Lebens für immer dahin, und ich fände keine Ruhe, bis ich die Scheusale, die die Tat begingen, zu den verruchtesten Teufeln der tiefsten Hölle gesandt hätte!“

„Ja, du verstehst mich wohl besser als dein Freund Kara Ben Nemsi, denn du hast einen Sohn. Auch ich glühte vor Rache. Aber ich kannte die Mörder nicht, und alle Mühe, sie zu entdecken, war vergeblich.

„Erzähle, wie sich das Unglück zugetragen hat!“ forderte ich ihn auf. „Das wird dein Herz erleichtern.“

„Es wird nicht leichter, sondern schwerer davon“, entgegnete Dozorca. „Es verursacht immer Schmerzen, wenn man in Wunden wühlt, die nicht zuheilen wollen. Ich hatte schon in Beirut die tödliche Feindschaft kennengelernt, die zwischen den mohammedanischen Drusen und den christlichen Maroniten des Libanon stets geherrscht hat und wohl auch nie verlöschen wird. Da du die Verhältnisse kennst, so brauche ich keine Erklärung vorauszuschicken. Die erwähnte Feindschaft entspringt nicht einem Unterschied in Beziehung auf den Wohnsitz oder die Sprache, sondern der Verschiedenheit des Glaubens. Drusen und Maroniten bewohnen die Höhen und Täler des Libanon, und beide sprechen Arabisch. Die Maroniten sind eigentlich katholische Christen, obgleich sie hinsichtlich ihrer Kirchengebräuche und der Priesterehe von den Vorschriften der römischen Kirche abweichen, und die Drusen bekennen sich zum Islam, haben jedoch ihre geheimen Lehren und sollen, wie man sagt, sogar noch dem alten syrischen Naturdienst ergeben sein. In früherer Zeit hielten Drusen und Maroniten gegen die Türken zusammen: Bergvölker sträuben sich stets am längsten gegen ihre Besieger. Um diese Eintracht zu zerstören, wurde Feindschaft zwischen sie gesät. Die Frucht ging auf, und die Folge waren die blutigen und schonungslosen Metzeleien, die in den Jahren 1842 und 1845 stattfanden. Als dann die Türken im Krim-Krieg von seiten der mit ihnen verbündeten Engländer und Franzosen wiederholte Demütigungen erlitten, setzte sich bei den Mohammedanern ein Haß gegen die Christen fest, der sich am leichtesten im Libanon und in Syrien Luft machen konnte, wo englische und französische Vorteile unvereinbar mit türkischen zusammenstießen. Man begann zu schüren. Als die Westmächte den Sultan zwangen, in dem berühmten Hatt-i-Humajun[1] von 1856 auch allen andersgläubigen Untertanen die gleichen Rechte wie den Mohammedanern zuzusprechen, ging eine tiefe Erbitterung durchs Land, deren erstes Zeichen die Ermordung des englischen und französischen Konsuls in Dschidda, der Hafenstadt des heiligen Mekka, war, wo man bekanntlich mohammedanischer als Mohammed selber ist. Die hierauf erfolgende Maßregelung durch die beiden Mächte vergrößerte den heimlich fressenden Groll. Hinzu kam, daß die Befugnisse der Pforte hinsichtlich ihrer Vasallenstaaten immer mehr beschnitten und endlich fast völlig aufgehoben wurden. In Serbien setzte man Kara Georgiewitsch, der dem Sultan ergeben war, ab und holte die Obrenowitsch zurück. In der Moldau und der Walachei wurde Cusa zum Fürsten gewählt. Durch diese Ereignisse wurde die Erbitterung der Muslimin gegen die Christen so

1 Erlaß des Großherrn

gesteigert, daß der Ausbruch des Kampfes nicht zu vermeiden war; er geschah zunächst im Libanon. In Damaskus fand eine heimliche Beratung zwischen dem dortigen Pascha Ahmed, dem Scheik ul Islam[1] Abdallah el Halebi und Kurschid Pascha von Beirut statt, deren Ergebnis der Scheik ul Islam in die Worte zusammenfaßte: ‚Der Hatt-i-Humajun, der gegen Geist und Buchstaben des Koran verstößt, kann nur mit der Aufreizung des Volkes zum Christenmord beantwortet werden.' Kurschid Pascha brachte diesen Beschluß als erster zur Ausführung. Er gab bei seinem Ausmarsch aus Beirut durch Kanonenschüsse das Zeichen zum Gemetzel. Die Drusen erhoben sich zum Vernichtungskampf gegen die Christen."

Als nun der Erzähler bis hierher gekommen war, unterbrach ich ihn:

„Ehe du weitersprichst, bitte ich dich, mir zu sagen, ob du in der Beurteilung dieser Kämpfe auf seiten der Christen oder der Mohammedaner stehst."

„Ich nehme keinerlei Partei", erwiderte er. „Es wurde auf beiden Seiten mehr oder weniger gesündigt. Wenn du gerecht bist, mußt zu zugeben, daß die Maroniten in sittlicher Beziehung tief unter den Drusen gestanden und ihnen Grund zur Verachtung und oftmals auch Veranlassung zur Rache gegeben haben. Auch wirst du nicht leugnen können, daß es Christen waren, die Saïda, das alte Sidon, damals stürmen wollten. Die blutigsten Kämpfe aber gab es zu Hasbeja, am Westhang des Hermon, und in der Stadt Rascheja, die nördlich davon an den Quellflüssen des Jordan liegt. Dort wurden die Maroniten zu Tausenden niedergemacht. Noch weiter nördlich liegt am Fuß des Libanon das Städtchen Sahle, dessen Bewohner sich stets als die tapfersten Krieger der Maroniten ausgegeben hatten. Sie lebten in Feind-

[1] Oberhaupt der mohammedanischen Geistlichkeit

schaft mit den Drusen und waren auf jene ihrer Satzungen stolz, durch die sie sich von den römischen Katholiken unterschieden. Als sie vom Ausbruch des Kampfes hörten, feuerten sie ihre Flintenkugeln gegen den Himmel und beteuerten: ‚Und wenn Gott selbst gegen uns zöge, er könnte Sahle nicht erobern!' Die Strafe folgte dieser Vermessenheit auf dem Fuß. Die maronitischen Hilfsvölker, die ihnen beistehen sollten, kehrten unterwegs aus Feigheit um, während die arabischen Beduinen der Ebene, die Drusen des Libanon und Hauran, die Arnauten und Kurden von Damaskus und die Metualis von Baalbek mit Macht gegen die Stadt vordrangen, aus deren brennenden Häusern sich die Verteidiger nur zum Teil durch die Flucht retten konnten. Entgegen anderen Behauptungen kann ich versichern, daß die Drusen sich hier zwar schonungslos tapfer, sonst aber brav benommen haben, denn als sie sahen, daß ihre Verbündeten sich über die Wehrlosen herwarfen, machten sie diesem Greuel durch die Drohung: ‚Schont die Frauen und Kinder. Wer ein Weib anrührt, wird erschossen!' ein schnelles Ende. Hierauf erfolgte die Erstürmung der mitten im drusischen Gebirge gelegenen Christenstadt Der el Kamar[1], welchen Namen sie von einem früheren Kloster der Heiligen Jungfrau hat, die in Syrien gewöhnlich mit der Mondsichel zu den Füßen abgebildet wird. Leider hatten sich auch die Bewohner dieses Ortes oft gegen die Mohammedaner herausfordernd verhalten und die in die Stadt kommenden Drusen beleidigt und mißhandelt. Als einer ihrer Scheiks sich in der Nähe des Ortes an einer von ihm rechtlich erworbenen Stelle ein Haus bauen wollte, wurde er von ihnen verjagt, infolgedessen er ihnen in seinem berechtigten Zorn drohte: ‚Ich baue es dennoch, und zwar werde ich es auf

1 „Kloster des Mondes"

eure Schädel gründen!' Die Rache kam bald. Fast die ganze Stadt wurde der Erde gleichgemacht. Den Christen in Damaskus wurde es angst und bang. Weißt du, Effendi, wieviele damals dort wohnten?"

„Über zwanzigtausend. Weil Dimischk esch Scham[1] die Hauptstadt des Wilajets Syrien und des Sandschaks Scham-i-Scherif ist, war leider mit Bestimmtheit vorauszusehen, daß die Wirren sich auch dorthin ziehen und vielleicht einen noch blutigeren Ausgang als im Gebirge nehmen würden."

„Das ist es, was auch ich sagen wollte und was jedermann dort wußte. Die Christen der Hauptstadt schienen zwar in tiefem Frieden mit den Mohammedanern zu leben, forderten aber deren Neid und Haß unvorsichtigerweise durch ihr selbstbewußtes Auftreten und durch die Prunkhaftigkeit heraus, mit der sie ihre Wohnungen ausstatteten und ihre Frauen und Töchter geschmückt und unverschleiert durch die Straßen gehen ließen. Sie hatten vergessen, daß der Muslim sich noch immer als den Eroberer, als den Herrn des Landes betrachtete und daß sie nur die Rechte der Ra'aja[2] besaßen, die sich die Erlaubnis, im Land wohnen zu dürfen, durch die Kopfsteuer erkaufen mußten. Sie waren als Ra'aja vom Grundbesitz ausgeschlossen gewesen, hatten sich also auf den Handel legen müssen und durch ihn Reichtümer erworben, die sie nun unklugerweise zur Schau zu tragen wagten. Dieser Besitz war zwar ihr Eigentum, und jeder Mensch soll zeigen dürfen, was er sich erworben hat, aber es ist nicht klug, das in einer Weise zu tun, die die Augen anderer Leute reizt. Du wirst das Auftreten reicher, christlicher Griechen und Armenier genugsam kennengelernt haben, und solltest du dennoch nicht meiner Meinung sein, so verweise ich dich auf die reichen Jahûd[3] des Abend-

[1] Damaskus [2] Meist falsch Rajah geschrieben: Schutzbefohlene [3] Juden

landes, die dort auch nur Schutzbefohlene waren und von den dortigen Nichtjuden mit Neid betrachtet werden. Gibst du das zu?"

„Ich kann es nicht leugnen. Sprich weiter!"

„Als die Sorge in Damaskus zu steigen begann, fragten die christlichen Konsule bei dem Pascha an, ob Gefahr für die Christen vorhanden sei. Er antwortete beruhigend, zog aber aus der meist von Turkmenen und Kurden bewohnten Vorstadt Selehije tausend Mann zusammen, die scheinbar zum Schutz der Christen, eigentlich jedoch dazu bestimmt waren, mit deren Ermordung den Anfang zu machen. Auch der Scheik ul Islam, der die Seele der Verschwörung war, tat das Seinige, die Befürchtungen einzuschläfern. Hingegen gab es auch viele hochgestellte Mohammedaner, die den Christen wohlgesinnt waren und sie warnten. Durch die Mitteilung dieser Leute erfuhr man, daß das Militär bereit zum großen Mord sei und daß auch eine heimliche Waffenverteilung an die Zivilbevölkerung stattgefunden habe. Schließlich sah man gar eine Menge von Hunden, denen das christliche Kreuz am Hals hing, auf den Straßen herumlaufen, aber weder diese allerstärkste Verhöhnung, noch andere Anzeichen waren imstande, die mit Blindheit geschlagenen Bedrohten aus ihrem unglückseligen Vertrauen aufzurütteln. Kennst du den Tag, an dem das Unglück hereinbrach wie ein Blitzstrahl, der vom wolkenlosen Himmel herniederfällt?"

„Es war der neunte Juli."

„Richtig! Die Mueddins riefen eben zum Gebet. Die Häuser und Basare entleerten sich, und die Straßen waren voller Menschen. Da erscholl plötzlich überall der Ruf: ‚Mordet, raubt und brennt! Heute ist der Tag des Todes der Christen!' Im Nu waren die Christenviertel besetzt, und das fürchterliche Werk begann, um erst nach vollen sieben Tagen ein Ende zu nehmen. Schon am dritten Tag waren gegen vierzehnhundert Häuser eingeäschert. Über fünftausend Menschenleben gingen zugrunde; mehr als tausend Frauen waren ermordet worden oder verschwunden."

„Aber dieser Christenmord", schaltete ich ein, „hätte noch viel weiter um sich gefressen, wenn Abd el Kader, der ebenso berühmte wie edle algerische Beduinen-Emir, nicht gewesen wäre."

„Ja, dieser furchtbare Gegner der Franzosen hatte sein Vaterland verlassen müssen und war nach Damaskus gekommen, um seine letzten Jahre hier friedlich zu verleben. Schon seit der Besitznahme Algiers durch die Franzosen waren zahlreiche Araber von dort nach Damaskus gezogen und viele seiner tapferen Krieger ihnen nachgefolgt. Seine Hände hatten die Fahne des Propheten siegreich über viele Schlachtfelder getragen, und die Franzosen hatten ihn gelehrt, alles, was christlich ist, zu hassen. So durften, obgleich man in Damaskus gewöhnt war, mit seinem bedeutenden Einfluß zu rechnen, die dortigen mohammedanischen Behörden wohl des Glaubens sein, daß er sie in ihrem blutigen Beginnen nicht stören werde. Man war überhaupt der Meinung, daß der ‚Löwe von Algier', wie er genannt wurde, alt und bequem geworden sei und zur Führung seines einst so schnell bereiten Schwertes keine Lust mehr habe. Aber dieses Urteil sollte sich als falsch erweisen. Als man ihn infolge des Ansehens, das er genoß, und seiner militärischen Erfahrungen wegen zu dem heimlichen, gegen die Christen gerichteten Kriegsrat zog, erklärte er dem Pascha in furchtloser Aufrichtigkeit: ‚Das, was ihr wollt, ist gegen unser Gesetz. Ich bin ein besserer Muslim als ihr und werde die Christen verteidigen. Ja, um die Ehre des Islam zu retten, bin ich bereit, dabei unterzugehen!' Und als das Blutbad dennoch begann, hielt er Wort. Er öffnete den Bedrängten die weiten Räume seines Hauses, entsetzte die in ihren Wohnungen belagerten Christen und reichte jedem Flüchtling seine rettende Hand, um ihn in Sicherheit zu bringen. Er kämpfte inmitten seiner unerschrockenen Afrikaner gegen die türkischen Soldaten und den Pöbel und brachte nach und nach fast elftausend Christen in das Kastell, darunter die Lazaristen und auch die Barmherzigen Schwestern mit zweihundert jungen Zöglingen. Dazu gehörten sieben Streifzüge, bei denen mehrere seiner Krieger getötet wurden. Auch in seinem eigenen Haus befanden sich viele Hunderte. Es sollte auf Befehl des Scheiks ul Islam von mehreren tausend Soldaten und Plünderern angegriffen werden. Da verteilte Abd el Kader seine Afrikaner, auf die er sich verlassen konnte, mit Fackeln in die mohammedanischen Stadtteile, sprengte in Helm und Panzer den Angreifern entgegen und drohte: ‚Ihr Elenden, glaubt ihr den Propheten durch Blut und Mord zu ehren? Wenn ihr nicht umkehrt, lasse ich den Pascha und seine Offiziere niederhauen und Feuer in alle eure Häuser und Straßen werfen!' Das wirkte, wenn auch nur für kurze Zeit. Aber während dieser langte die Nachricht an, daß ein mit Abd el Kader verbündeter Hauran-Scheik, zu dem er um Hilfe geschickt habe, mit einer großen Kriegerschar komme, um dem ‚Löwen von Algier' beizustehen. Da ließ man von seinem Haus ab und begnügte sich damit, das Kastell mit den darin befindlichen, von ihm geretteten Christen einzuschließen. Dieser in der Nordwestecke der Altstadt liegende Bau ist von einem tiefen Graben umgeben und hat hohe, dicke Mauern, die von Türmen verstärkt werden. Er bot den Christen einstweilen die nötige Sicherheit, aber sie hatten bei ihrer großen Zahl noch viele Tage lang durch Hunger und Durst, Hitze, Angst und Fieber fürchterlich zu leiden, bis infolge der Einmischung der abendländischen Regierungen Ahmed Pascha abberufen wurde und sein Nachfolger Fuad Pascha mit neuen Truppen erschien, um die Ruhe wiederherzustellen. Später wanderten die Christen in Scharen aus, weil sie überzeugt waren, daß der gegen sie gerichtete fanatische Haß heimlich weiterglimme."

„Das kann ich ihnen nicht verdenken, zumal die Bestrafung der eigentlichen Urheber des Blutbads höchst lässig war."

„O Effendi, darüber weiß ich mehr zu sagen als du! Die Strafe traf nur wenig Schuldige, aber um so mehr Unschuldige, zu denen auch ich gehörte."

„Auch du?"

„Auch ich!" bestätigte der Alte. „Ahmed Pascha durfte mit großem Prunk die Stadt verlassen und wurde in Smyrna mit Kanonenschüssen und allen Ehren empfangen. Erst später ließ Fuad Pascha, vom Abendland gedrängt, ihn nach Damaskus zurückbringen und erschießen. Auch die Kommandanten von Rascheja und Hasbeja wurden erschossen. Von einer Bestrafung Abdallah el Halebis, des Scheiks ul Islam, habe ich nichts gehört. Die Rächerhand konnte ihn, den Obersten der Geistlichkeit, wohl nicht erreichen. Und doch war er es, der die ersten Mörder ins Haus eines reichen Christen schickte, weil er diesem eine große Summe schuldete. Dafür aber wurden gegen sechzig Einwohner gehenkt, die schuldig sein sollten, und weit über hundert Soldaten und Offiziere erschossen, unter denen auch ich mich befand."

„Und doch lebst du noch?!"

„*Oczywiscie!* Es ist beides richtig, obgleich ein Widerspruch vorhanden zu sein scheint. Daß ich noch lebe, habe ich hier meinem Onbaschi zu verdanken, dem ich diese Rettung niemals vergessen werde."

„Du machst mich wißbegierig, o Binbaschi! Was

du bisher erzähltest, war mir großenteils bekannt; jetzt erwarte ich, ein Erlebnis zu hören, das unsere ganze Aufmerksamkeit in Anspruch nehmen wird."

„Du kannst dir wohl denken, daß es mir entsetzlich gewesen wäre, wenn man mich gezwungen hätte, auf unschuldige Christen zu schießen. Aber ich war Offizier und hätte gehorchen müssen. Glücklicherweise wurde meine Kompanie zu den Truppen kommandiert, die das Kastell zu bewachen hatten, was mich von dem Zwang befreite, grausam gegen Menschen zu sein, deren Glaube früher der meinige war. Ich mußte drei Tage und drei Nächte vor dem Kastell liegen, ohne meine Kinder, mein Weib und deren Eltern zu sehen. Als ich dann für einen halben Tag abgelöst wurde, fand ich das Haus mit der ganzen Gasse eingeäschert und erfuhr, daß der Grimm des Pöbels sich nicht nur gegen die Christen, sondern gelegentlich auch gegen schiitisch gesinnte Mohammedaner gerichtet habe. Der Vater meiner Frau war Perser, also Schiit. Das wußte das ganze Stadtviertel, in dem wir wohnten. Ebenso wußte man, daß er reich sei, und das war genug, die Plünderungslust sunnitischer Halunken auf unser Haus zu lenken. Du kannst dir denken, was ich fühlte. Ich begann wie ein Wahnsinniger in den Trümmern des Hauses zu wühlen. Kepek half mir dabei, aber sie rauchten noch, und wir mußten der Hitze weichen. Nun rannten wir in der Nachbarschaft herum, Erkundigungen einzuziehen, und diese verwandelten meine Trauer in Wut: nicht sunnitische Gläubige hatten mir mein Glück gemordet, sondern eine Schar herabgekommener Perser, angeführt von einem feindlich gesinnten Landsmann meines Schwiegervaters, war es gewesen, die ihn und die Seinigen ermordet, beraubt und dann das Haus in Brand gesteckt hatten. Seitdem hasse ich alles, was Perser heißt, und spätere

Ereignisse haben diesen Haß nur vergrößern können. Ich war unsinnig vor Grimm und beschloß, nach den Missetätern zu forschen. Es war bei der überall herrschenden Verwirrung unmöglich, sie anders als durch Zufall zu finden. Alle Vorstellungen Kepeks vermochten nicht, mich von meinem Vorhaben abzubringen. Unser Urlaub lief ab, wir mußten bei dem Regiment eintreffen, und Kepek machte mich auf die Folgen der Überschreitung aufmerksam. Seine Warnungen waren für mich Luft. Es fiel mir nicht ein, meine Nachforschungen zu unterbrechen, aber ich schickte wenigstens ihn zurück und trug ihm auf, mich bei dem Oberst zu entschuldigen und ihn um Verlängerung meines Urlaubs zu bitten. Ich dachte in meiner Aufregung nicht daran, daß mir dieser Offizier nicht wohlwollte, weil ich früher Christ gewesen war und infolge meines Übertritts und meines jetzigen Fleißes einen Rang bekleidete, den er in meinem Alter noch nicht erreicht gehabt hatte. Ich hatte Hoffnungen auf eine rasche Beförderung, um die er mich beneidete. Als ich mich nach fast zweitägigem, vergeblichem Suchen todesmüde und auch geistig abgespannt bei ihm einstellte, ließ er mich festnehmen und einsperren. Ich wurde dann vors Kriegsgericht geführt und erfuhr, daß ich nur angeblich nach meinen Verwandten und deren Mörder gesucht habe, und das als Vorwand vorbringe, um meine Abwesenheit zu beschönigen. Die Wahrheit sei, daß ich mich in hervorragender Weise an der Ermordnung der Christen beteiligt habe. Es wurden mir sogar Menschen gegenübergestellt, die dies bezeugten, und diese Menschen waren — — Perser, persische Diener, die der Vater meines Weibes aus seinem Geschäft verjagt hatte, weil er von ihnen betrogen worden war."

„Ich kann mir alles erklären. Fuad Pascha suchte Schuldige und da die eigentlichen Urheber des Blutbades aus gewissen Gründen zu schonen waren, so wurden mißliebige Personen mit der Schuld beladen und mußten büßen, was sie nicht verbrochen hatten."

„Deine Ansicht ist richtig. Man machte kurzen Prozeß mit mir und verurteilte mich zum Tod. Ich erleichterte dem Gericht allerdings diesen Spruch durch mein Verhalten. Anstatt mich ruhig zu verteidigen, beleidigte ich in meinem halb wahnsinnigen Zustand die Richter, die überhaupt schon gegen mich waren, in einer Weise, daß an eine Schonung nicht zu denken war. Schon in der Dämmerung des Tages wurde ich mit anderen Verurteilten an Ort und Stelle geführt, um erschossen zu werden. Es waren Soldaten meiner eigenen Kompanie, die die Vollstreckung auszuführen hatten, unter ihnen mein Kepek, der Onbaschi. Als den armen Sündern die Augen verbunden wurden, war er es, der zu mir trat. Indem er mir das Tuch anlegte, hörte ich ihn leise sagen: ‚Fall um, wenn wir schießen, und bleib unbeweglich liegen! Wir sind übereingekommen, daß keiner auf dich zielen wird, und auch der Asker Hekimi[1] ist einverstanden.' Ich muß bemerken, daß meine Untergebenen mir alle wohlwollten, weil ich gegen sie stets so nachsichtig gewesen war, als es sich mit meiner Pflicht vertrug. Der Arzt war ein übergetretener Inselgrieche, mit dem ich unserer Gesinnungsgemeinschaft wegen näheren Umgang gepflogen hatte. Als die Schüsse fielen, warf ich mich zurück und vermied, auch nur einen Finger zu bewegen. Es gab noch mehrere Salven. Dann bemerkte ich, daß der Hekim die Gefallenen untersuchte, ob sie wirklich tot seien. Als er zu mir kam, fühlte ich seine tastenden Hände auf meiner Brust. Er sagte nichts und ging weiter. Nach einiger Zeit hörte ich das Geräusch von Spaten, Hacken und Schaufeln. Es

1 Militärarzt

mußte inzwischen Nacht geworden sein. Dann wurde ich eine Strecke weit fortgeschleift, und man nahm mir die Binde ab. Es war dunkel um mich her, doch erkannte ich den über mich gebeugten Onbaschi und seine Stimme, als er sagte: „Komm, Herr, wir müssen schleunigst fort, aus Damaskus hinaus!"

Ich sprang auf und fragte, während ich ihm folgte: „Du willst meinetwegen fahnenflüchtig werden?"

„Ja, denn ich hab' dich lieb."

„Nach dem Verlust der Meinigen wäre mir der Tod gleichgültig gewesen. Aber der Gedanke an ihren Mörder gab mir Grund, leben zu bleiben. Ich wollte mich an ihm rächen, muß dir aber leider sagen, daß all mein Forschen nach ihm vergeblich gewesen ist. Ich will dich nicht mit einer langen Erzählung ermüden, sondern zunächst erwähnen, daß Kepek in allen, selbst den ärmlichsten Verhältnissen treu zu mir gehalten hat. Unsere Mittel bestanden in dem wenigen Sold, den er sich gespart hatte. Wir bettelten uns nach Konstantinopel und noch weiter durch. Ein glücklicher Umstand führte eine Begegnung mit Midhat, dem einsichtsvollen, später ebenso berühmten wie verkannten Pascha herbei. Er nahm mich in seinen Dienst, nachdem ich ihm meine Erlebnisse mitgeteilt hatte. Ich stand unter ihm in Bulgarien und ging dann mit ihm nach Bagdad. Hier wurde mir der Rang eines Binbaschi verliehen und die Oberstelle der hiesigen Zollbeamten anvertraut. Seine Gönnerschaft hätte mich jedenfalls noch weit höher geführt, wenn nicht die Geschichte sich ereignet hätte, von der ich dir jetzt erzählen werde und die mich gezwungen hat, meine Stelle niederzulegen. Erwähnen muß ich noch, daß auch Kepek im Rang hätte aufsteigen können, aber er begnügte sich mit seiner früheren Rangstufe als Onbaschi und bestand darauf, mein Diener sein und bleiben zu dürfen."

Der Dicke war ein kreuzbraver Mensch, und ich konnte nun begreifen, daß sein Herr ihn mit einer so ungewöhnlichen Nachsicht behandelte. Der Pole fuhr in seiner Erzählung fort, indem er mich fragte:

„Sind dir die hiesigen Zollverhältnisse bekannt?“

„Nein“, entgegnete ich.

„So hast du keine Ahnung von der Verwirrung, in der sie sich befanden, als Midhat die Verwaltung von Irak Arabi übernahm. Es dauerte lange, ehe es ihm gelang, Ordnung zu schaffen und die Strenge, mit der er dies tat, hatte zur Folge, daß die Zöllner hier noch mehr gehaßt wurden als in anderen Gegenden, wo man ihnen doch auch keine Liebe entgegenbringt. Man blieb nicht nur beim Haß stehen, sondern man verfolgte sie und schonte selbst ihr Leben nicht, denn der Schmuggel blühte auf dem Fluß und besonders von der perischen Grenze her in einer Weise, daß sich Hunderte und aber Hunderte von ihm nährten, die nun mit uns, den Beamten, um ihr Dasein kämpfen mußten. Ob es jetzt wieder so ist, weiß ich nicht, ich bekümmere mich nicht darum. Ich aber bitte dich, mir zu glauben, daß ich als der oberste Zollbeamte der am meisten Gehaßte war. Wir haben damals Gefahren bestanden, die ich nicht noch einmal erleben möchte. Wenn du meinen dicken Onbaschi jetzt betrachtest, ist es kein Wunder, zu bezweifeln, daß er mir stets ein treuer und mutiger Helfer gewesen ist.“

„Welche Waren wurden damals geschmuggelt?“ erkundigte ich mich.

„Vorzugsweise Felle, Seide, Schals, Teppiche, Türkise, Hausenblase und Opium. Jetzt aber würde bei der Höhe des Zolls, der auf ihm liegt, Safran der einträglichste Gegenstand des Schmuggels sein.“

Als der Binbaschi das sagte, mußte ich unwillkürlich an den Pädär-i-Baharat, den „Vater der Gewürze“, denken und an das, was ich gehört hatte, als ich ihn und seine zwei Gefährten oben am Tigris belauschte. Er fuhr fort:

„Die Pascherei wurde nicht etwa von jedem, wie ihm beliebte, betrieben, sondern ich machte die Beobachtung, daß sie sehr gut geordnet sein müsse. Es gab jedenfalls Oberhäupter, niedere Befehlshaber und gewöhnliche Schmuggler. Diese Leute mußten geheime, aber umfangreiche Niederlagen besitzen, in denen die Waren aus allen Gegenden zusammenflossen und dort bis zu dem Augenblick aufbewahrt wurden, an dem sie ohne Besorgnis gleich in Menge fortgeschafft werden konnten. Ich war schon lange im Amt, ohne daß es mir gelingen wollte, eine solche Niederlage zu entdecken, und als mir dieser Wunsch endlich erfüllt wurde, kostete es mich nicht nur mein Amt, sondern auch mein Vermögen, so daß ich durch diesen Erfolg zum armen Mann wurde."

„Wie ist das möglich? Ein solcher Erfolg muß doch Nutzen und Beförderung bringen!"

„Das sagst du, weil du nicht weißt, in welcher Weise diese Entdeckung geschah. Ich habe bisher darüber geschwiegen, dir aber will ich alles erzählen. Nur möchte ich vorher wissen, wie du über den Eid denkst."

„Ich kenne zwar die Beziehung nicht, in der du diese Frage aussprichst, aber ich sage, daß der Eid ein heiliges Gelöbnis ist, das man auf keinen Fall brechen darf. Ich würde lieber sterben, als einen Eid verletzen, den ich geschworen habe."

„Dann muß ich freilich schweigen und darf dir nichts erzählen, denn ich habe geschworen, gegen jedermann zu schweigen, und Kepek hat den gleichen Eid leisten müssen."

„War es wirklich ein Eid?"

„Ja."

„Von der Obrigkeit euch abgefordert?"

„Obrigkeit? Nein. Von den Schmugglern."

„Dann war es nur ein Schwur und zwar ein erzwungener, wie ich vermute. Hab' ich es erraten?"

„Ja."

„So brauchst du dir keine Gedanken zu machen. Der Begriff des Eides erfordert, daß er von der zuständigen Obrigkeit verlangt und vor ihr abgelegt worden ist. Du hast also keinen Eid geleistet. Und selbst der Schwur, den du beim Namen Gottes dir selbst oder einem anderen Menschen gibst, verpflichtet dich nur dann zu einer Erfüllung, wenn es sich um eine löbliche, also nicht verbotene Angelegenheit handelt. Den Namen Gottes in einer schlechten Sache anzurufen, ist nichts als Gotteslästerung. Ist einem aber ein solcher Schwur gar abgezwungen worden, so kann seine Erfüllung zum Verbrechen werden, und man ist nicht nur berechtigt, sondern sogar verpflichtet, sich nicht nach ihm zu richten. Hast du vielleicht schwören müssen, verbotene Taten zu verschweigen?"

„Ja."

„So hast du damit ein großes Unrecht begangen."

„Es galt unser Leben. Man hätte uns ermordet, wenn wir es nicht taten."

„Ich an deiner Stelle hätte dennoch nicht geschworen. Doch deine Ansichten über den Eid und über den Schwur sind nicht die meinigen, zumal dir der Islam ebenso gleichgültig ist, wie du ein lauer Christ gewesen bist. Aber du bist ein Mann, und ein rechter Mann hält sein Wort, das ihm heilig ist und das er nicht gegen Zwang und für eine schlechte Sache hinwirft."

„Du magst recht haben, und ich streite nicht mit dir. Es ist mir eigentlich auch nicht um den Eid an sich, sondern um die Folgen, die eintreten sollen, wenn ich ihn nicht halte. Seid ihr, du und dein Halef, so verschwiegen wie das Grab, das keine Worte hat, so kann ich ruhig erzählen, was ich euch anvertrauen möchte."

„Das Gleichnis vom Grab ist nicht gut gewählt. Das Grab ist nicht verschwiegen. Es spricht im Gegenteil eine sehr beredte und ernste Sprache, die sogar in Donnerworten erklingen kann, nicht für das leibliche, sondern für das geistige, das seelische Ohr. Wir versprechen dir also, verschwiegener als das Grab zu sein, falls es sich nicht um eine Angelegenheit handelt, die mitzuteilen wir verpflichtet sind."

„Diese Verpflichtung habt ihr nicht, denn ihr seid keine auf den Padischah vereideten Zollbeamten. Ich weiß, daß ich mich auf dein Wort verlassen kann und werde also weitersprechen. Nämlich wenn ich damals manche Vorkommnisse und die Erfahrungen und Ansichten meiner Untergebenen mit den Ergebnissen meiner eigenen Beobachtungen und Nachforschungen verglich, so führten in Beziehung auf den gesuchten Knotenpunkt der Schmuggelei die Fäden alle zu den Ruinen von Babylon. Es wäre zu weitläufig, dir die Gründe dazu alle mitzuteilen. Ich folgte diesen Fingerzeigen und mietete zwei arme Beduinen, die von ihrem Stamm ausgestoßen worden waren und also gegen keinen Menschen irgendwelche Verpflichtungen hatten. Nachdem ich mich durch freigebige Versprechungen ihrer Treue versichert hatte, schickte ich sie zu dem Ruinenfeld. Sie mußten tun, als veranstalteten sie dort Ausgrabungen, um die Funde zu verkaufen, hatten aber die Aufgabe, ihre Augen besonders während der Nächte offenzuhalten und mir sofort heimlich Mitteilung zu machen, falls ihnen eine nützliche Entdeckung gelingen sollte. Es waren zwei pfiffige Leute, und kaum waren einige Wochen vergangen, so machten sie mir eine Mitteilung die mich in Entzücken versetzte. Sie hatten Schmuggler beobachtet, die zu verschiedenen Zeiten und aus verschiedenen Richtungen mit beladenen Tieren oder die Lasten selbst tragend zu einer bestimmten Stelle gegangen waren und sich dann, ohne die Pakete bei sich zu haben, wieder entfernt hatten."

„Du erfuhrst also die Stelle?"

„Ja. Sie konnte mir sehr leicht bezeichnet werden, obwohl die beiden Spione sich wohlweislich gehütet hatten, sich so weit heranzuwagen, daß sie hätten bemerkt werden können. Es war am Birs Nimrud. Ich weiß den Ort noch heute genau und werde ihn dir beschreiben. Ich belohnte die Spione reichlich und befahl ihnen, noch weiter aufzupassen. Die Nachrichten, die sie mir brachten, bestätigten das Vorherige in einer Weise, daß ich beschloß, die Entdeckung auszunützen. Ich brach mit zehn zuverlässigen Untergebenen und Kepek auf, um die betreffende Stelle zu untersuchen."

„In welcher Weise sollte das geschehen?"

„Das werde ich dir später sagen. Es handelte sich um eine verborgene Niederlage von Waren, die jedenfalls einen Raum bildete. Dieser mußte einen Eingang haben und danach war zu forschen. Zu diesem Zweck nahmen wir Werkzeuge zum Graben und Hacken mit."

„So habt ihr diese Werkzeuge vergeblich mitgenommen."

„Woher weißt du das?"

„Ich ahne es. Ja, ich vermute noch mehr, nämlich daß ihr verunglückt seid."

„Das schließt du daraus, daß ich von einem erzwungenen Eid gesprochen habe?"

„Nicht nur daraus. Deine beiden Spione haben dich betrogen."

„Nein. Sie waren treue zuverlässige Menschen."

„Waren sie bei dir, um dir die Stelle zu zeigen?"

„Ja."

„Bist du auch später im Verkehr mit ihnen gewesen?"

„Nein. Sie müssen die Gegend dann gleich verlassen haben. Aber das ist keine Ursache, sie für Betrüger zu halten. Sie hatten stets den besten Eindruck auf mich gemacht, und besonders der eine, der Safi hieß, sah wie die Ehrlichkeit selber aus."

„Safi?" fragte ich überrascht, indem ich an den Mann aus Mansurije dachte, der uns an die Perser verraten hatte. „Wie alt war dieser Araber?"

„Warum willst du das wissen?"

„Weil ich einen Mann dieses Namens kenne."

„Es gibt viele Menschen, die so heißen."

„Wann ist das, was du erzählst, geschehen?"

„Vor siebzehn Jahren."

„Wie alt war der Mann ungefähr?"

„Er sagte, er zähle dreißig Jahre, sah aber älter aus. Der andere Beduine hieß Aftab, und auch von ihm möchte ich beschwören, daß er treu und ohne Falsch war."

„Aftab; Safi und Aftab, sonderbar, hm, sonderbar!"

Der Pole sah mich erstaunt an und fragte:

„Kennst du vielleicht auch einen Mann dieses Namens?"

„Allerdings, und wenn meine Vermutung mich nicht täuscht, so kann ich ernsthaft behaupten, daß du in eine dir gestellte Falle gegangen bist."

„*Rzecz smieszna!* Hältst du mich für so dumm, daß mir so etwas geschehen kann?"

„Es sind nicht die dummen, sondern sogar sehr pfiffige Tiere, die man in Fallen fängt. Ich bitte dich in deiner Erzählung fortzufahren."

„Das will ich tun, bin aber neugierig, wie du deine Behauptung wirst beweisen wollen."

„Das wirst du sehr bald hören. Übrigens deutest du an, daß ihr die Werkzeuge zum Graben von hier mitgenommen habt. Ihr seid doch wohl nach Hille geritten?“

„Ja. Man muß doch dorthin, wenn man zu den Ruinen von Babylon will.“

„Man kann diese Stadt vermeiden, wenn man etwas beabsichtigt, was niemand wissen soll.“

„Wir haben sogar die Nacht dort zugebracht und sind dann am Morgen zum Birs Nimrud geritten.“

„So war es unnötig, euch mit den Werkzeugen zu schleppen. Ihr hättet in Hille welche haben können.“

„Wir wollten dort nicht wissen lassen, was wir beabsichtigten.“

„Man hat aber eure Hacken und Schaufeln dort jedenfalls bemerkt, die eure Absichten auch schon zwischen hier und Hille verraten haben.“

„Wieso und an wen?“

„Ich nehme an, daß ihr unterwegs beobachtet worden seid.“

„Wir sind nur im Khan Bir Nust und im Khan Mahawil, wo sich wenig Menschen befanden, eingekehrt und haben unterwegs einige Reiter nur von weitem bemerkt.“

„Von weitem? Diese Reiter mieden also den Weg? Warum? Sie kamen nicht näher, weil sie euch beobachteten, denn sie gehörten zu den Schmugglern, denen ihr später in die Hände fielt.“

„Effendi, du sprichst so, als wüßtest du schon alles, was ich dir erzählen will! Also wir kamen wohlbehalten in Hille an, übernachteten dort und ritten dann früh bis zum Birs Nimrud hinaus, wo Aftab und Safi uns die Stelle zeigten, um die es sich handelte.“

Er drehte den ausgerauchten Tschibuk in der Hand um und machte mit der Pfeifenspitze Striche vor sich hin, als habe er ein Papier vor Augen und einen Stift in der Hand, um die angegebenen Richtungen zu zeichnen. Dabei fuhr er fort:

„Also hier liegt Hille, und so, wie ich es dir jetzt zeige, ritten wir. Da vorn liegt der Turm zu Babel. Von dieser Seite näherten wir uns ihm. Dann wurden wir hier nach links geführt, wo ein Haufen von Steinen mit Keilinschriften lag. Von da ging's schief nach rechts empor, einen Einschnitt hinan, hierauf wieder links, wo wir um einen Vorsprung schwenkten, der aus meist beschädigten Ziegeln bestand. Hinter diesem Vorsprung lag die betreffende Stelle."

„Nein", rief ich in plötzlicher Erregung fast überlaut.

„Nicht?" fragte der Major erstaunt. „Wie kommst du zu dieser Behauptung?"

„In diesem Augenblick weiß ich, daß die von dir bezeichnete Stelle nicht die rechte ist. Die richtige muß weiter oben liegen."

„Du bringst mich in Verwunderung! Welche Stelle soll die richtige sein?"

„Die, wo man ins Versteck der Schmuggler gelangt."

„Das stimmt, Effendi. Ich höre, daß du im Besitz eines Geheimnisses bist, das niemals zu verraten wir einen schweren Eid ablegen mußten. Wie bist du in seinen Besitz gekommen?"

„Davon später! Habt ihr an der falschen Stelle, also an der, die du erwähntest, sofort zu graben angefangen?"

„Nein, denn ich hatte meine zehn Zollwächter in Hille zurückgelassen und war zunächst mit Kepek und den Führern allein zum Birs geritten, um mir die Stelle zeigen zu lassen. Es konnten sich ja womöglich Gründe ergeben, die Nachforschungen nicht vor den Augen der Untergebenen vorzunehmen."

„Welch unangebrachte Vorsicht! Erzähle weiter! Ich bin überzeugt, daß jetzt die Schmuggler über euch herfallen werden."

„Du scheinst allwissend zu sein, Effendi, denn es ist wirklich so. Wir waren nämlich kaum von den

Pferden gestiegen, so tauchten aus einer Vertiefung seitwärts von uns mehr als zwanzig bewaffnete Strolche auf, die so schnell auf uns eindrangen, daß wir nicht Zeit zur Gegenwehr fanden. Einige Augenblicke später waren wir gebunden. Auch die Augen verhüllte man uns. Ich hörte eine Stimme mit befehlendem Ton sagen: ‚Fort mit ihren Pferden, weit fort, und schnell hinauf mit ihnen, daß kein Kumrukdschi[1] ahnen kann, was geschehen ist. Denn die zehn anderen Hunde, die der Binbaschi mitgebracht hat, werden wohl auch bald eintreffen.' Ich fühlte, daß ich aufgehoben und fortgeschleppt wurde, nicht abwärts oder zur ebenen Erde, sondern steil aufwärts, wo man mich niederlegte. Ich sage dir, daß mir nicht wohl zumute war, denn ich kannte den Haß der Schmuggler gegen mich und hatte allen Grund, um mein Leben besorgt zu sein."

„Es war aber nicht so schlimm, o Binbaschi. Du lebst ja noch."

„Scherze nicht! Als ich nun auf der Erde lag, vernahm ich das Geräusch von aneinanderklingenden Steinen, wie wenn ein Maurer bei der Arbeit ist. Das dauerte längere Zeit und ohne daß ich ein Wort zu hören bekam. Hierauf wurde ich wieder aufgehoben und fortgeschafft, wobei ich bald rechts, bald links an Steine, also wahrscheinlich an Mauern stieß. Hierauf wurde ich abermals niedergelegt, worauf man endlich zu sprechen begann, aber leider persisch, das ich damals nicht so verstand wie heute. Ich habe mir nur den Namen Gul-i-Schiras gemerkt, der mir auffallen mußte, weil er wiederholt genannt wurde. Nach einiger Zeit hörten wir Schritte, die sich entfernten; dann wurde es still."

„Und Kepek?" fragte ich. „Was war mit ihm geschehen? Wo befand er sich?"

[1] Zollbeamter

Da ergriff der Dicke das Wort, indem er antwortete:

„O Effendi, ich lag neben meinem Herrn, denn man hatte mich auch in dieses Loch des Verderbens geschleppt. Ich zitterte vor Besorgnis um ihn, und war hocherfreut, als ich seine geliebte Stimme hörte. Er fragte nämlich, ob noch jemand da sei, und als ich ihm meinen Namen genannt hatte, besprachen wir unsere Lage."

„Und eure Spione, die zusammen mit euch gekommen waren?"

„Die lagen nicht bei uns."

„Das glaube ich gern, denn sie waren mit den Schmugglern verbündet. War es euch denn nicht möglich, von den Fesseln loszukommenn"

„Nein", antwortete der Binbaschi. „Ich versuchte es auf alle mögliche Weise, aber vergeblich. Wir lagen lange, lange Zeit. Es schien ein ganzer Tag zu sein, und die Glieder schmerzten uns von diesem andauernden Liegen. Endlich nahten wieder Schritte. Wir hörten, daß mehrere Personen kamen. Die Augen wurden uns freigegeben, und wir sahen drei Männer vor uns stehen und einen vierten, der unweit von uns auf einem Stein saß. Dieser wurde von einem der drei gefragt, was er gehört habe, und er berichtete jedes Wort, das von uns gesprochen worden war. Daraus erkannten wir nun, daß wir nicht allein gewesen waren, denn dieser Mensch hatte uns bewachen und belauschen müssen."

„Waren Fenster oder sonstige Öffnungen in dem Raum?"

„Nein."

„So muß er erleuchtet gewesen sein. Wodurch?"

„Durch irdene Öllämpchen, von denen ich später, als ich mich aufrichten durfte, einen ganzen Vorrat nebst einer Ölkanne in einer Nische stehen sah."

„Kannst du mir sagen, wie der Raum beschaffen war?"

„Ja. Er war lang und schmal und nicht viel mehr als mannshoch."

„Also ursprünglich kein Gemach, sondern ein Gang."

„Du kannst recht haben, denn die nackten Wände, die aus Ziegeln bestanden, waren leer und nur in einer Ecke lagen einige Werkzeuge und ein Haufen Stricke."

„Gab es eine Tür?"

„Nein."

„Ich kann mir das nicht denken, denn es steht zu vermuten, daß dieses Gelaß nur das Vorgemach zu anderen, größeren Räumlichkeiten war."

„Das ist allerdings richtig, obwohl ich, im eigentlichen Sinn gemeint, nicht von einer Tür sprechen kann. Ich werde das später erklären. Jetzt muß ich dir erzählen, was der Ssäfir zu mir gesagt hat."

„Der Ssäfir? Dieses persische Wort bedeutet ‚Gesandter'. Woher kennst du diese Bezeichnung."

„Er wurde von den anderen so genannt. Sein Aussehen war furchterweckend, und zwar wegen einer feuerroten Narbe, die auf der Stirn begann und über die linke, leere Augenhöhle und die Wange bis herunter zur Spitze des Mundes reichte und dort den langen Schnurrbart in zwei ungleiche Hälften schied. Der Hieb, der ihm diese Narbe brachte, hatte ihm das Auge geraubt. Der Anzug, den er trug, war —"

„Der tut nichts zur Sache", unterbrach ich ihn. „Die Kleidung kann gewechselt werden. Wie war seine Gestalt? Und hatte er sonst etwas Auffälliges an sich?"

„Er trug nur Schnurrbart. Seine Gestalt war nicht hoch, aber breit und ungewöhnlich kräftig, und seine Stimme hatte einen schnarrenden Klang. Auch sah ich, daß er die Gewohnheit hatte, die Haare des Schnurrbarts oft über die genannte Lücke zu streichen. Warum fragst du nach solchen Merkmalen?“

„Weil das in meiner Gewohnheit liegt. Ich beachte auf meinen Reisen den geringsten Umstand und habe häufig die Erfahrung gemacht, daß Kleinigkeiten mir, wenn ich sie im Gedächtnis behalten hatte, später großen Nutzen brachten. Dieser Ssäfir ist mir schon deinetwegen wichtig. Aber wir gehen nach Persien, und da auf Erden nichts unmöglich ist, kann es Gott fügen, daß ich ihm dort begegne. Auch will ich mit Halef zum Birs Nimrud reiten, und da ist es —“

„Das wollt ihr? Wirklich?“ fiel er schnell ein.

„Ja. Zwar habe ich keinen Grund, anzunehmen, daß wir den Ssäfir dort sehen werden, aber er steht in meinen Gedanken nun einmal mit dem Turm zu Babel in Beziehung und darum möchte ich über seine Person unterrichtet sein.“

„Habt ihr die Absicht, den Turm zu untersuchen?“

„Bisher hatten wir sie noch nicht.“

„So laßt euch nicht gelüsten, es zu tun, denn dieser Gedanke könnte für euch gefährlich werden! Ich weiß, was mir mein damaliger Besuch des Turms gebracht hat, und wenn es mir auch unbekannt ist, ob er dergleichen Gesindel jetzt noch birgt, so sagt mir doch eine innere Stimme, daß ich euch warnen soll. Vor allen Dingen hütet euch, dort nachzuspüren, weil mir das den angedrohten Tod bringen könnte! Ich spreche nicht darum zu euch, daß ihr meine Erlebnisse verfolgen sollt, sondern nur um deinen Rat zu holen.“

„Wir wissen dein Vertrauen zu schätzen und werden nichts unternehmen, was dir schaden könnte.“

„Das beruhigt mich. Ihr dürft mir meine Besorgnis nicht verübeln, denn die Gefahr, der wir damals nur durch die Ablegung des Schwurs entgingen, ist für uns auch noch heute vorhanden."

„Es kann uns nicht einfallen, deine Worte anders zu nehmen, als sie gemeint sind. Berichte getrost davon weiter, was ihr im Birs Nimrud erlebt habt!"

„Der Ssäfir sprach eine Weile persisch mit seinen Leuten, wobei er uns von Zeit zu Zeit bald höhnische und bald grimmige Blicke zuwarf. Meine Frau und ihr Vater hatten mir von dieser Sprache nur so viel beigebracht, daß ich mich ihrer gebrochen bedienen konnte. Darum verstand ich jetzt nur wenig von dem, was gesprochen wurde, zumal diese Halunken sehr schnell redeten. Es wurde auch diesmal häufig der Name Gul-i-Schiras erwähnt. Erst in diesem Augenblick kommt mir ein Gedanke: der Orientale drückt sich gern bildlich aus, er legt besonders seinen Frauen oft Blumennamen bei. Sollte etwa nicht eine wirkliche Rose, sondern ein Weib gemeint sein? Dann müßte diese weibliche Person in enger Beziehung zu den Schmugglern stehen. Wen man so oft nennt, der muß Wichtigkeit besitzen, und hieraus ist meines Erachtens zu schließen, daß diese Beziehung ungewöhnlich ist. Ich bin geneigt, die ‚Guli-i-Schiras' für die Frau eines Anführers zu halten. Was meinst du, Effendi?"

„Ich überlasse die Lösung des Rätsels jetzt noch dir. Wichtiger als die Person ist mir der Ort."

„Wieso?"

„Ob eine Person oder ein Gegenstand gemeint ist, das hat vorläufig noch keine Wichtigkeit für mich. Die Hauptsache ist für mich das Wort Schiras, aus dem ich die Vermutung ziehe, daß die Enthüllung des Geheimnisses nur drüben in der gleichnamigen Hauptstadt der persischen Provinz Farsistan oder deren Nähe zu suchen ist. Und selbst wenn ich mich mit dieser Annahme im Irrtum befinden sollte, möchte ich doch behaupten, daß sich ein Zusammenhang zwischen einer dortigen Persönlichkeit und der gesuchten Gul-i-Schiras finden lassen wird. Es ist jetzt nicht nötig, uns den Kopf darüber zu zerbrechen. Also du erzähltest, daß der Ssäfir zunächst mit seinen Leuten gesprochen habe?"

„Ja. Dann wendete er sich zu uns, um seinen Grimm besonders über mich auszuschütten. Indem er mich mit den niedrigsten Schimpfworten bewarf, zählte er mir vor, welchen ungeheueren Schaden mir die Schmuggler anzurechnen hätten und drohte, daß man mir dafür Ersatz und das Leben abfordern würde. Seine Rede war lang, ich aber will kurz sein und nur sagen, daß ich sie nicht beantwortete. Auch Kepek sagte kein Wort. Da begann der Perser von neuem, indem er hohnlächelnd alle meine Nachforschungen vorbrachte, die ich gemacht hatte, um das Versteck der Pascher zu entdecken. Woher wußte er das alles? Befand sich etwa unter meinen Beamten einer, der in seinem Sold stand und ihm alles verraten hatte?"

„Es ist sehr wahrscheinlich, denn ich schließe aus deiner Erzählung, daß die Verbindung der Schmuggler weitreichend und wohlgeordnet ist, und da ihre Leitung kühn und schlau zu sein scheint, kann man mit Sicherheit annehmen, daß Spione angestellt worden sind, um alles, was du gegen sie zu unternehmen gedachtest, zu erfahren. Und wo gab es Personen, die darüber unterrichtet waren? Doch nur unter deinen eigenen Leuten."

„Das ist richtig. Hätte ich doch auch in dieser Beziehung meine Augen offen gehalten! Erst jetzt wird es mir klar, warum mir oft Pläne mißglückten, die so sorgfältig angelegt waren, daß der Erfolg nicht ausbleiben zu können schien. Ich sehe ein, daß ich gegen meine Untergebenen zu vertrauensselig gewesen bin, und das ist ein Fehler, den ich schwer habe büßen müssen."

„Gleich von der Zeit an, von der du erzählst?“

„Ja. Ich habe dir schon gesagt, daß der Anführer nicht nur mein Leben bedrohte, sondern auch Schadenersatz verlangte. Er forderte mein ganzes Vermögen, und als ich sagte, daß ich nicht reich sei, lachte er mich aus und nannte mir die Summe, die ich besaß, so genau, als hätte ich es ihm selbst anvertraut. Der Ssäfir verlangte eine Anweisung auf die Bank, bei der meine Ersparnisse lagen, und als ich sie ihm verweigerte, erklärte er mir, daß ich dann binnen einer Stunde mit dem Onbaschi getötet werde. Er gab mir Zeit zu überlegen, und setzte sich dann zu den anderen wartend nieder. Als die Bedenkzeit vorüber war, wurde ich gefragt, ob ich mich eines Bessern besonnen hätte. Ich gab eine verneinende Antwort. Da schlugen sie zwei Pflöcke in die Mauer und banden mir und Kepek Stricke um die Hälse. Ich konnte nicht bezweifeln, daß sie uns hängen würden, und so erklärte ich mich denn mehr aus Rücksicht auf den Onbaschi als auf mich bereit, die Summe zu bezahlen. Vielleicht wirst du sagen, Effendi, daß es feig von mir gewesen ist?“

„Nein. Es hätte wohl jeder an deiner Stelle genauso gehandelt, denn wenn man die Wahl hat, entweder als armer Mann leben bleiben zu dürfen, oder als reicher gehängt zu werden, so wird man wohl das erstere vorziehen. Du hattest ja deine einträgliche Stellung und konntest also wieder wohlhabend werden.“

„Das sagte ich mir auch, mußte aber nur zu bald einsehen, daß diese Hoffnung vergeblich war. Man nahm uns die Stricke wieder ab und brachte — ah, kannst du erraten, was man nun brachte?“

„Nein.“

„Man brachte mein eigenes Schreibzeug nebst Hibr[1], Kalem und Warak[2], und erstaunlicherweise war dieses

[1] Tinte [2] Feder und Papier

Warak auch das meinige! Aus meinem Amtszimmer genommen! Man hatte das alles in ein Päckchen gepackt, in dem auch Schama achmar[1] und mein Chatim[2] war. Was sagst du dazu?"

„Daß dieser Streich seit langer Zeit und eingehend vorbereitet gewesen ist. Du hast die Anweisung geschrieben?"

„Ja. Der Ssäfir diktierte sie. Er mußte ein gewandter Geschäftsmann sein, denn er verfaßte sie so, daß ich, wenn ich Kassier der betreffenden Bank gewesen wäre, das Geld ohne alles Bedenken sofort ausgezahlt hätte. Es stand übrigens ohne Kündigungsfrist, da ich in meinen Verhältnissen und als türkischer Beamter unter einem übelwollenden Pascha in einer von Stambul so entfernten Stadt unter allerlei Scherereien zu leiden hatte und sogar gezwungen war, mit einer plötzlichen Entlassung zu rechnen. Als der Ssäfir die Anweisung in den Händen hatte, verglich er sie mit einigen anderen Papieren und sagte mir

‚Hier sind Schriftstücke, die du unterzeichnet hast, und ich habe dein jetziges Schreiben mit ihnen verglichen. Hättest du deine Hand verstellt, so wäret ihr doch noch gehängt worden. Jetzt will ich euch etwas zeigen und werde dann eine Frage an dich stellen. Überlege dir wohl, ehe du sie beantwortest, denn von deiner Entscheidung hängt wahrscheinlich euer Leben ab!'

Man band uns die Stricke von den Füßen los, so daß wir gehen konnten, die Hände blieben gefesselt. Er trat, während die anderen mit Lämpchen leuchteten, in die Ecke, wo die Stricke lagen und den Boden bedeckten. Sie wurden weggeräumt, worauf man auch den darunterliegenden Sand eine Hand hoch entfernte. Da kamen einige Bretterstücke und

[1] Siegellack [2] Petschaft

unter ihnen, als man sie weggenommen hatte, ein Loch mit abwärts führenden Stufen zum Vorschein. Wir stiegen hinab und gelangten in einen weiten Raum, der von einer solchen Menge von Schmuggelwaren angefüllt war, daß ich mich vor Erstaunen kaum zu fassen wußte. Da hingen, lagen oder standen —"

„Bitte, erlaube mir!" unterbrach ich den Binbaschi. „Wie hoch war denn dieser Raum?"

„Vielleicht vier Fuß über mannshoch", erklärte der Pole.

„Du wirst es nicht mehr wissen, aber es wäre mir beachtenswert zu erfahren, wieviel Stufen hinabgeführt haben."

„Das weiß ich noch. Als ich in das Loch steigen mußte und die dunkle Tiefe unter mir sah, dachte ich, daß da unten unser Gefängnis liege, in dem man uns umkommen lassen wolle. Ich war entschlossen, in diesem Fall alles Mögliche zu unserer Rettung zu unternehmen, und weil die Treppe dabei von Bedeutung war, zählte ich die Stufen. Es waren achtzehn."

„Waren sie von gewöhnlicher Höhe?"

„Ja. Ich glaube, es werden in den hiesigen Häusern sechs Treppenstufen auf eine Sär-i-Schahi[1] gerechnet."

„Richtig! Die Sär-i-Schahi hat hundertzwölf Zentimeter. Wenn der Raum vier Fuß über mannshoch gewesen ist, muß die Decke neunzig bis hundert Zentimeter dick gewesen ein. Der Abstand zwischen den beiden Fußböden oben im Gang und unten im Vorratsraum hat also ungefähr dreihundertfünfzig Zentimeter oder nach persischem Maß drei königliche Ellen und eine halbe Wädschäb[2] betragen."

Dozorca sah mich nachdenklich an und sagte:

1 „Königliche Elle"   2 Spanne, persisches Volksmaß

„Immer wieder muß ich dich fragen, warum du dich so eingehend erkundigst und nun gar eine so genaue Berechnung anstellst?"

„Und ich antworte dir immer wieder, daß ich das nur aus alter Gewohnheit tue. Wenn man weiß, wie tief der Vorratsraum unter dem Gang liegt, so kann man, ohne das Innere zu betreten, auch von außen angeben, in welcher Höhe oder Tiefe des Birs Nimrud man diesen Raum zu suchen hat. Welche Ecke des Ganges war es, in der die Stricke lagen?"

„Hinten rechts. Aber mir kommt es vor, als hegtest du Absichten, die du mir verheimlichen willst!"

„Ich habe wirklich keine. Meine Fragen entstammen lediglich meiner Teilnahme für dein Schicksal. Also der Raum war mit Schmuggelwaren angefüllt?"

„Völlig angefüllt, und zwar so, daß kaum genug Platz blieb, sich zwischen ihnen zu bewegen. Der Ssäfir befahl, rundum zu leuchten, und da sahen wir eine Menge der mühselig und kostspielig herzustellenden Kalämkar[1]-Gewebe, deren Farben mit Sakkes-Harz fixiert werden. Ferner kostbare Tücher aus Murgus[2]-Wolle und herrliche Färschhâ[3] aus Farahan bei Kermanschah, geflammte Seide und wellige Charah[4] und palmendurchwebte Schals abrischum. Auch sah ich große Ballen von Saghri[5], Tscherme hamadani[6] und Puste buchara[7]. Hierauf wurden wir durch noch drei andere Räume geführt, in denen ähnliche Waren aufbewahrt wurden, auch andere Dinge, wie Haschisch, Opium, Gewürze, Rosenöl und Arsenik aus Kaswin, für Konstantinopel bestimmt. Es wurden uns auch Lapislazuli aus Turkestan gezeigt und Diamanten, die in Isfahan und Schiras geschliffen worden waren, und eine ganze Menge Baras, Schir-

1 Wörtlich „Federzeichnung" 2 Angoraziege 3 Teppiche 4 Moiré
5 Chagrin. Narbenleder 6 Maroquins 7 Schwarze Lammfelle aus Buchara

bam und Maden-i-Nau[1], die an sich ein Vermögen ausmachten."

„Wozu hat man dir, dem obersten Zollbeamten, dem man es doch hätte verheimlichen sollen, das alles gezeigt? Es gibt nur einen Grund, nämlich den, daß man dich in Versuchung führen und ins heimliche Einvernehmen mit den Schmugglern bringen wollte. Wenn du dich verlocken ließest, darauf einzugehen, konnten sie noch weit bessere Geschäfte machen als bisher."

„Ja, das war der Zweck. Der Ssäfir machte mir den Vorschlag, seine Gesellschaft zu begünstigen, und bot mir dafür neben der Rückgabe meiner Bankanweisung eine jährlich zahlbare Summe an, die so beträchtlich war, daß manch anderer sich sehr wahrscheinlich hätte verleiten lassen. Ich aber sagte ihm, daß ich kein Verbrecher sei, noch einer werden wolle. Da ergrimmte er und erklärte: ‚Es handelt sich um euer Leben. Ihr kennt unser Versteck und habt alles gesehen, was sich darin befindet. Folglich kann nur euer Tod uns die Sicherheit bieten, auf die wir nicht verzichten dürfen. Ich schicke jetzt einen Boten mit deiner Anweisung nach Bagdad. Wird sie nicht bezahlt, bist du auf alle Fälle verloren. Bekommen wir das Geld, so werde ich nochmals mit dir reden.' Als er diese Drohung ausgesprochen hatte, wurden wir wieder gebunden und eingesperrt, ohne daß man uns mit Wasser oder einer Speise versah."

„Du vergißt, den Ort zu nennen, an den man euch brachte. Auch hast du von noch drei Räumen gesprochen, ohne zu erwähnen, in welcher Weise sie zusammenhingen und wie ihr aus dem einen in den anderen gelangt seid."

„Durch Türöffnungen, die mit Teppichen verhängt waren."

1 Drei nach ihrer Qualität verschiedene Türkisarten

„Es gab also keinen verborgenen Mechanismus, wodurch etwaigen Eindringlingen der Zugang unmöglich gemacht wurde?"

„Nein."

„Sonach handelt es sich nur um zwei verborgene Stellen, nämlich um den äußeren Eingang und um die unter den Stricken versteckte Treppenöffnung. Wie lagen die drei Räume zu dem ersten?"

„Von ihm aus kam man in den mittleren, neben dem rechts und links die beiden anderen lagen. Dem ersten gegenüber stieß an das mittlere das Gefängnis, in das wir eingesperrt wurden. Es war ebenso groß, wie die anderen vier Uwad[1]."

„Also bildeten diese fünf Uwad eine regelmäßige Figur von gleichgroßen Vierecken, die in Form eines Kreuzes aneinanderstießen?"

„Ja, ich will es dir zeigen."

Dozorca nahm den Tschibuk und zeichnete mit seiner Spitze das nebenstehende Bild vor sich hin. Dann fuhr er fort:

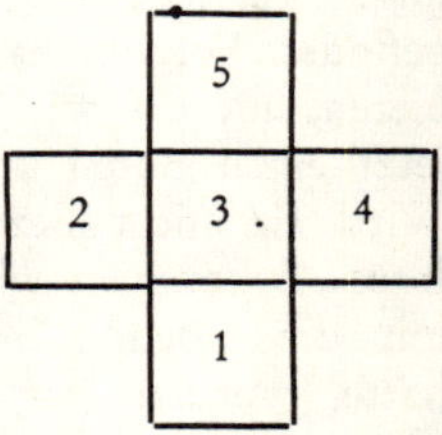

„Zu Nummer eins führt die Treppe hinab. Von da gingen wir in die Räume drei, vier und zwei, und dann wurden wir wieder gebunden und in die Abteilung fünf geschafft, wo wir bewegungslos wie Warenballen liegen mußten."

„Im Finstern?"

„Ja. Doch solange die Schmuggler mit den Lampen bei uns waren, konnten wir uns umschauen, sahen aber nichts als kahle Mauern aus Ziegelstein, und auf dem Boden unten einen kleinen Haufen Erde in der Ecke links."

„Bestand denn der Boden aus Erde?"

„Nein, aus Ziegeln."

1 Mehrzahl von Uda = Stube, Zimmer

„Dann ist dieses Häufchen Erde so merkwürdig, daß es, wenn ich an deiner Stelle gewesen wäre, meine Aufmerksamkeit erregt hätte.“

„Etwa wegen der Kanafid[1], die später kamen? Das sind ja ganz friedliche Tiere, die keinem Menschen etwas tun.“

„Kanafid? Ah, ihr habt Stachelschweine in diesem Raum gehabt?“

„Ja. Als wir, wie uns deuchte, wohl eine ganze Ewigkeit gelegen hatten, hörten wir ein leises Geräusch. Es rasselte, wie wenn dünne Stäbe zusammenklingen, und hierauf jagten sich einige Tiere hin und her. Wir wußten erst nicht, was für welche es waren, aber als wir die eigentümlichen grunzenden Töne hörten, die das Kunfud im Zorn ausstößt, erkannten wir, daß es Kanafid seien.“

„Merkwürdig, höchst merkwürdig!“

„Warum?“ fragte der Binbaschi.

„Siehst du das nicht ein? Zunächst ist es seltsam, daß sich diese sonst so scheuen Tiere in eure unmittelbare Nähe gewagt haben. Das erklärt sich aber dadurch, daß vielleicht Frühling war, ihre Paarungszeit in der ihr Gesellungstrieb wohl stärker als ihre angeborene Furchtsamkeit sein kann. Viel auffälliger aber ist der Umstand, daß sie sich in dieser aus Ziegeln gemauerten Kammer befunden haben. Die Stachelschweine graben oft lange Gänge, aber durch feste Ziegel können sie wohl kaum. Entweder handelt es sich da um eine Lage zerfallener Luftziegel in der Mauer oder gar um einen verschütteten Ausgang ins Freie, der euch freilich nichts nützen konnte, weil ihr gefesselt wart. Wichtiger ist die Frage, in welcher Weise eure Kammer von Nummer drei abgeschlossen wurde. Gefangene verwahrt man doch nicht durch eine Teppichtür.“

1 Mehrzahl von Kunfud = Stachelschwein

„Was das betrifft, so war den Schmugglern eine solche Unvorsichtigkeit auch nicht in den Sinn gekommen. Sie hatten vor dem Raum fünf einen Vorhang herabgelassen, der aus starken Drahtstäben bestand, nach Belieben auf- und niedergerollt und gut befestigt werden konnte. Selbst wenn wir nicht gebunden gewesen wären und unsere Messer bei uns gehabt hätten, wäre es uns nicht gelungen, diese Stäbe zu zerschneiden."

„Das Vorhandensein dieses festen Rollvorhangs läßt darauf schließen, daß die Kammer schon vor euch Gefangene aufgenommen hat. Erzähle weiter!"

„Es schien uns fast eine Ewigkeit zu sein", fuhr er fort, „bis wir die Drahtstäbe rasseln hörten, und wieder Licht sahen. Der Ssäfir kam und mit ihm die Männer, die schon vorher dagewesen waren. Er hatte, wie er uns mitteilte, das Geld bekommen. Das schien ihn zur Milde gestimmt zu haben, denn er trat viel weniger barsch als früher auf. Er fragte zwar, ob ich mich eines Besseren besonnen hätte, nahm aber meine abweisende Antwort ohne den früheren Zorn ruhig hin und sagte gelassen, wenn auch trotzdem sehr entschieden:

‚Mit dieser Weigerung hast du dein Urteil selbst gefällt. Ich muß dafür sorgen, daß du uns nicht schaden kannst. Wir ahnten, daß du den Vorschlag zurückweisen würdest, der Unsrige zu werden, und in diesem Fall war dein Tod beschlossen. Man hat aber für dich gebeten, wer das gewesen ist, brauchst du nicht zu wissen. Ich habe dem Betreffenden Schonung deines Lebens zugesagt, falls du bereit bist, uns in anderer Weise sicherzustellen. Höre also, was ich dir jetzt sage! Gehst du darauf ein, so erhaltet ihr die Freiheit wieder; wenn nicht, so werdet ihr schon die nächste Stunde nicht überleben. Also: ihr schwört mit einem Eid, den ich euch vorsagen werde, daß ihr diesen Ort hier keinem Menschen verraten wollt, und du gibst, sobald du nach Bagdad zurückgekehrt bist, deine Stellung auf. Tust du es nicht, so verfallt ihr unserer Rache. Und wird dieses Versteck hier früher oder später in irgendeiner Weise entdeckt, die uns auch bloß nur ahnen läßt, daß ihr euren Eid gebrochen habt, so steht euch der martervollste, grauenhafteste Tod bevor. Auch darfst du, solange du lebst, Bagdad niemals verlassen, damit du unserer Rache nicht entrinnen kannst. Wir werden dich stets beobachten und dich niemals aus den Augen lassen. Bei der geringsten Vorkehrung zur Abreise wärst du verloren!' — Das verlangte der Ssäfir von mir, Effendi. Was hättest du an meiner Stelle getan?"

„Jedenfalls nicht, was du getan hast", erwiderte ich. „Er hätte mich wahrscheinlich gar nicht mehr im Gefängnis vorgefunden. Doch darauf kommt es jetzt nicht an. Ihr habt den Eid geschworen und seit entlassen worden, worauf du dann nach Bagdad zurückgekehrt bist und dein Amt niedergelegt hast."

„So ist es. Ich weiß wirklich nicht, was ich sonst hätte tun sollen. Wir mußten schwören und wurden dann gleich von den Fesseln befreit und hinaus vor den Turm geschafft."

„Des Nachts?"

„O nein. Es war am hellen Tag."

„Wirklich? Welche Unvorsichtigkeit vom Ssäfir!"

„Warum Unvorsichtigkeit?"

„Weil ihr da sehen konntet, was man euch bisher verheimlicht hatte, nämlich den Eingang, seine Lage und wie er geöffnet und verschlossen werden konnte."

„Das haben wir freilich alles gesehen. Der Ssäfir stand dabei und sagte: ‚Daß ich das nicht als ein Geheimnis für euch betrachte, mag euch zeigen, wie sicher ich euch in meinen Händen halte.' Übrigens, was den heimlichen Eingang betrifft, so würden wir ihn jedenfalls nicht finden, und wenn wir noch so lange suchten, denn wir haben uns die Striche nicht gemerkt, mit denen der kleine Ziegel gezeichnet war, den man erst entfernen muß, ehe sich die größeren bewegen lassen.“

Ich horchte auf, als der Binbaschi dies sagte. Er hatte geschworen, den Eingang nicht zu verraten, und ahnte nicht, daß er mir mit diesen Worten alles offenbart hatte. Die Ziegel des Birs Nimrud tragen Keilinschriften. Dozorca hatte aber nicht von Keilen, sondern von ‚Strichen‘ gesprochen, und dieser Ausdruck lenkte meine Aufmerksamkeit auf einen Umstand, dem ich bisher keine Beachtung geschenkt hatte, weil ich ihn für bedeutungslos hielt. Nämlich das Pergament des Pädär-i-Baharat hatte, wie man weiß, eine Zeichnung enthalten, deren Bedeutung ich damals nicht verstand. Als der Binbaschi den Weg zur Höhe des Birs Nimrud beschrieb, trat sie mir plötzlich wieder klar vor die Augen, und ich erkannte zu meinem Erstaunen, daß die Linien, aus denen sie bestand, den Pfad zum Versteck der Schmuggler verdeutlichen sollten. Und nun er jetzt ‚Striche‘ anstatt ‚Keile‘ sagte, fiel mir ein, daß ich unter der Zeichnung auch ‚Keile‘ bemerkt hatte, die mir aber nicht aufgefallen waren. Ich hatte den Plan abgezeichnet, aber diese Keile nicht, doch besitze ich glücklicherweise ein äußerst gutes Gedächtnis, das oft Gegenstände und Vorgänge festhält, die mir gleichgültig sind, und sie mir plötzlich deutlich wiederzeigt, sobald meine Gedanken durch die Verbindung der Ideen zu dem betreffenden Ort oder Zeitpunkt zurückgeführt werden. So auch jetzt. Kaum hatte der Binbaschi das Wort ‚Striche‘ ausgesprochen, da standen diese Schriftzeichen auf jenem Pergament so deutlich vor meinem geistigen Auge, daß ich nicht nur ihre Zahl, sondern sogar ihre verschiedene Größe und gegenseitige Lage wußte.

Das waren Worte in babylonischer Keilschrift, und während ich auf das, was der Alte weitersagte, nicht hörte, übersetzte ich mit einiger Mühe die Keile in folgende Worte: „— — *romen 'a. Illai in tat kabad bad 'a. Illai* —“ Das heißt wörtlich zu deutsch: „— — darbringen dem höchsten Gott mit der Absicht allein zur Pracht des höchsten Gottes — —“

Es war also nur das Bruchstück eines Satzes, jedenfalls der noch erkennbare Teil der Inschrift des betreffenden Steins, während die anderen Zeichen unlesbar geworden waren. Aber hier kam es nicht auf die Entzifferung der ursprünglich vorhandenen Inschrift an, sondern darauf, dieses übriggebliebene Bruchstück festzuhalten, weil mit dessen Hilfe der betreffende Steine zu erkennen war. Und selbst wenn man die Inschrift genau kannte, hatte es, falls man noch nicht dort gewesen war, seine Schwierigkeiten, ihn zu entdecken, denn diese Steine haben nur die Größe eines alten babylonischen Fußes im Quadrat. Diesem Gedanken, ohne auf den noch sprechenden Binbaschi zu achten weiter folgend, fragte ich ihn plötzlich:

„Gibt es in der Nähe des Steins mit den Strichen auch noch andere Steine, die so gezeichnet sind?“

„Das weiß ich nicht mehr“, bemerkte er. „Aber wie kommst du zu dieser Frage? Ich rede von etwas anderem und du unterbrichst mich mit diesem Stein! Ich glaube, du hast gar nicht gehört, was ich sagte!“

„Wahrscheinlich. Ich dachte nämlich darüber nach, ob man vielleicht doch einen —“

„Denke nicht nach, ich bitte dich!“ fiel Dozorca mir nun seinerseits in die Rede. „Ich habe dir erzählt, was ich erzählen durfte, weil ich weiß, du bist verschwiegen. Mehr kann ich nicht sagen. Du weißt, daß ich das Geheimnis nicht verraten darf, denn der Tod wäre die unausbleibliche Strafe.“

„So glaubst du, daß du auch jetzt beobachtet wirst?“

„Ja."

„Dann weiß man vielleicht, daß ich bei dir bin?"

„Mag man es wissen! Ich wüßte nicht, aus welchem Grund mir das Schaden bringen könnte. Dich geht die hiesige Schmuggelei doch gar nichts an."

„Was war, während ihr euch gefangen im Birs Nimrud befandet, aus den Zollbeamten geworden, die du mitgebracht hattest?"

„Die hatten in Hille vergeblich auf mich gewartet und mich dann ebenso vergeblich gesucht. Da waren sie, ohne sich weiter um mich zu sorgen, wieder nach Bagdad zurückgekehrt. Übrigens bekamen wir von dem Ssäfir unsere Pferde und Waffen wieder und ritten zunächst nach Hille, um uns satt zu essen, denn wir waren über drei Tage im Turm gewesen. Sofort nach meiner Ankunft in Bagdad meldete ich mich beim Pascha krank, bat um meine Entlassung und wurde nicht eher wieder gesund, als bis mein Nachfolger meine Stelle angetreten hatte. Man setzte mir eine kärgliche Pension aus, von der wir bisher gelebt haben, und wenn ich dir sage, daß wir seit jener Zeit noch kein einziges Mal ein Mittagessen gehabt haben, wie das heutige war, so genügt das wohl zum Verständnis unserer Lage. Es gibt Gegenden, in denen ich, der dortigen Billigkeit wegen, besser leben könnte als hier in dem teuren Bagdad. Aber ich darf ja nicht fort, mein Leben steht auf dem Spiel."

„So hast du keinen Versuch gewagt, Bagdad zu verlassen?"

„Nein. Wie hätte ich auch nur den Gedanken dazu fassen können? Wir sind hier Gefangene wie damals im Birs Nimrud. Du wirst fragen, warum ich denn nicht schon damals, als du vor Jahren mein Gast warst, mich dir eröffnete. Aber ich kannte dich damals noch nicht so gut, wie ich dich jetzt kenne, hatte also keinen Grund, dir zu sagen, wie unglücklich wir sind. Wir sehnen uns von ganzem Herzen fort und fühlen uns doch fürs ganze Leben angekettet. Das erzwungene Leben in diesen Banden ekelt mich an. Ich bin menschenscheu geworden. Wenn nur das geringste dort am Turm von Babel vorfällt, wenn das Wetter einen Stein abbröckelt, oder etwas Ähnliches geschieht, kann man denken, ich habe einen Versuch gemacht, dort einzudringen. Ich sehe den Dolch des Mörders an einem Haar über mir hängen und zucke bei jedem ungewöhnlichen Geräusch zusammen, als hörte ich, daß er die für mich bestimmte Kugel in den Lauf seines Gewehrs stößt. Ich esse nichts aus fremder Hand, denn es könnte für mich vergiftet sein, und genieße nur die Reste des Mahls, von dem der Onbaschi vorher gegessen hat. Ich möchte sterben, nur um dieses von Furcht und Angst zermürbte Leben loszuwerden. Dennoch fürchte ich den Tod, denn es gibt eine Stimme in meinem Innern, die mir zuruft, daß ich noch nicht sterben dürfe, weil es noch einen mir unbekannten Zweck meiner letzten Lebenstage gäbe. Ich bin unbeschreiblich unglücklich, das kannst du mir glauben, Effendi."

Wie dauerte mich der alte Mann! Jetzt kam er mir gar nicht mehr so wunderlich vor wie vorher. Die Angst hatte seinen Charakter so zerfressen, seine Tatkraft gelähmt und ihn zum Falter gemacht, der vor jedem auf ihn fallenden Schatten flieht. Wie herzlich gönnte ich ihm die Erlösung von diesem Leiden. Und er hatte außer dem Ssäfir und seinen Anhängern noch weitere Feinde: diese lebten nicht im Birs Nimrud, nicht in der Wüste, nicht in dem Grenzgebiet zwischen Irak Arabi und Persien, sondern in seinem Innern.

„Ja, du bist unglücklicher noch, als du denkst", sagte ich. „Du fürchtest den Tod und fürchtest für dein Leben, aber du lebst schon seit langer Zeit nicht mehr!"

„Wie meinst du das?" fragte er.

„Deine Seele ist ein Kabr[1], in dem dein Glaube und dein Gottvertrauen begraben liegen. Wer keinen Gott besitzt, hat auch das Leben nicht. Wer aber weiß, daß er unter dem Schirm des Allmächtigen steht, den ficht keine Angst und kein Bangen an, der fürchtet keinen Feind und keinen Widersacher, denn alle menschlichen Anschläge müssen zuschanden werden vor dem Willen dessen, ohne den kein Wassertropfen verdunstet und kein Sonnenstäubchen zur Erde fällt."

„Du hast gut predigen: dir droht keine Mörderhand!"

„Meinst du? Wüßtest du, wie oft sich solche Hände gegen mich ausgestreckt haben! Es haben Menschen, die ich gar nicht kannte, oder noch schlimmer, die ich für Freunde hielt, mir nach dem Leben getrachtet. Der Tod hat nahe vor mir, neben oder hinter mir gestanden, ohne daß ich es ahnte. Das ist schlimmer, gefährlicher, als wenn man, wie du, die Personen kennt, vor denen man sich hüten muß. Du sagst, daß mir kein Mörder drohe, und ich sage dir, daß es hier Leute gibt, die nach meinem Blut lechzen. Aber siehst du etwa, daß ich Besorgnis hege? Diese Menschen, die mich verfolgen, können mir nichts anhaben, weil ich unter einem Schutz stehe, gegen den ihre Kraft der Dabbûr[2] gleicht, die sich einbildet, in die Höhe steigen und mit ihrem Stachel den Nißr[3] durchbohren zu können."

„Das werden gewöhnliche Menschen sein. Mein Feind aber ist der Ssäfir, der mächtige Anführer einer Bande von Verbrechern, gegen deren Anschläge selbst der Pascha von Bagdad nicht aufzukommen vermag."

„Du täuschst dich. Der Mann, der mir hier in Bagdad nach dem Leben trachtet, ist wahrscheinlich ebenso mächtig als der Ssäfir. Denn weil Ssäfir ‚Gesandter' heißt, befindet er sich jedenfalls nur zeitweilig und vorüber-

[1] Grab [2] Wespe [3] Adler

gehend hier. Ich vermute sogar, daß beide einander kennen, daß beide Freunde und ganz gleichwertige Halunken sind."

„Was sagst du? Dir und mir trachten zwei Menschen nach dem Leben, die Freunde sind?"

„Ja."

„Ist dein Gegner auch Schmuggler?"

„Vielleicht gar etwas Schlimmeres."

„Wer ist er, und wie heißt er?"

„Hast du einmal den Namen Sill gehört?"

„Das ist ein persischer Ausdruck, der soviel wie ‚Schatten' bedeutet."

„Ich spreche von diesem Wort als einem Namen, nicht als einem Ausdruck."

„Da kenne ich ihn nicht."

„So sei froh! Wie der Schatten nie vom Menschen läßt, so läßt auch der Sill den nicht los, hinter dessen Ferse er mit gezücktem Messer schreitet."

„Und so einen Sill hast du hinter dir?"

„Mehrere. Ihr Anführer ist, wie ich vermute, ein Freund und Verbündeter deines Ssäfir, und es sollte mich nicht wundern, wenn ich bei einer Begegnung mit dem einen auch den anderen mit vor meine Fäuste bekäme. Es würde mich freuen, wenn es mir da möglich würde, die Zuneigung, die der Ssäfir bisher dir gewidmet hat, auf mich zu lenken, denn ich denke, daß ich schnell mit ihm fertig würde."

„Effendi, du hast viel Selbstvertrauen, vielleicht zu viel!"

„Das glaube ich nicht! Wer sich mehr zutraut, als er vermag, ist ein eingebildeter Mann; wer sich aber weniger zutraut, als er vermag, der ist ein schlechter Mann. Ich bilde mir nichts ein, will aber auch kein schlechter Mann sein. Man muß sich genau kennen, und diese Selbsterkenntnis ist freilich nicht leicht zu erlangen. Man erwirbt sie durch den Kampf mit widerwärtigen Verhältnissen, mit feindlichen Personen und — und das nicht zum wenigsten — im Kampf mit sich selbst. Je kaltblütiger man sich dabei verhält, desto leichter und schneller wird man Sieger und desto sicherer gelangt man zur Erkenntnis seiner selbst. Hat man die aber erworben, so kann man seine eigene Kraft getrost mit den Kräften anderer vergleichen und dann nach dem Ergebnis dieser Vergleichung handeln. Wer beim berechtigten, selbstbewußten Wort eines anderen die Nase rümpft und von Hochmut spricht, der kennt den hohen Wert des Selbstvertrauens nicht, weil er selbst kein wahres Vertrauen zu sich hat, obgleich er wohl im stillen von sich sagt, er sei ein tüchtiger Mann."

„Effendi, das weiß ich wohl. Aber ich bin ein alter Mann, du bist noch jung, und dir wurden nicht jene, die dir die Liebsten auf Erden waren, durch Mord aus den Armen gerissen."

„Ich habe trotzdem soviel wie du, vielleicht noch mehr verloren. Wem aber der Herrgott in seiner Weisheit nimmt, dem gibt er doppelt wieder. Freilich, wer es nicht versteht, die Hand danach auszustrecken und zuzugreifen, der wird nicht von dem reichen Ersatz und der Heilung seiner Wunden reden können. Und wenn du klagst, daß dir deine Lieben durch den Tod entrissen worden seien, so frage ich dich: kannst du denn wirklich behaupten, daß sie tot sind?"

„Effendi!" fuhr er auf. „Willst du mit meinem Gram ein grausames Spiel treiben?"

„Nein. Vor einem solchen Beginnen möge mich Gott behüten! Denke nicht, daß ich dir diesen Gedanken in frevlem Leichtsinn in die Seele werfe! Ich weiß wohl, was ich tue! Indem ich jetzt zu dir rede, ist jedes Wort bedacht und hat darum ein schweres Gewicht."

„Aber wie kommst du dazu, meine Toten zu den Lebenden zu zählen?"

„Ich habe nur gefragt, ob du beweisen kannst, daß sie wirklich tot sind. Kannst du das?“

„Ja und — — doch auch nein.“

„Hast du ihre Leichen gesehen?“

„Nein.“

„Sprachst du mit Leuten, die vollgültige Zeugen ihres Todes waren?“

„Wieder nein. Man erzählte mir von der Ermordung, aber niemand war selbst dabei gewesen, und niemand hatte die Tat mit eigenen Augen gesehen.“

„Und doch glaubst du so fest daran? Ich an deiner Stelle hätte unumstößliche Beweise gesucht.“

„Effendi, treibe mich nicht zur Selbstanklage! Mache mir das Herz nicht noch schwerer, als es während aller dieser Jahre war und auch noch heute ist!“

„Ich möchte es dir im Gegenteil erleichtern. Du hast uns jene Ereignisse in Damaskus nur kurz erzählt. Denke nach! Es werden sich in dem bisher herrschenden Dunkel Stellen finden, die lichter sind und dir vielleicht Grund zur Hoffnung bieten.“

„Oh, ich will dir gestehen, daß es Stunden gegeben hat, in denen ich an der Wahrheit dessen, was ich bisher für unumstößlich hielt, zweifeln wollte. Aber wie sehr ich mich dann auch bemühte, einen einzigen Grund zu finden, der meinem Anker einen Halt bieten könnte, immer kehrte dieser, mir meinen Kummer wiederbringend, aus der Tiefe zurück.“

„So wirf ihn nun von neuem aus!“

„Das nützt mir nichts! Sage doch selbst: würden die Meinen, wenn sie nicht tot wären, mir nicht ein Zeichen ihres Lebens geben?“

„Sie können es nicht, weil sie nicht wissen, wo du bist.“

„Sie hätten forschen müssen, bis sie mich gefunden hätten.“

„Wahrscheinlich haben sie das getan. Du mußt bedenken, daß du nichts von dir hören lassen durftest. Wie sollten sie dich da finden?“

„Das ist wahr, Effendi.“

„Vielleicht haben sie auch gar nicht nach dir geforscht, weil sie dich für tot hielten. Sie mußten doch erfahren, daß du erschossen worden seist.“

„Sie konnten von den Soldaten, die mich geschont hatten, das Gegenteil erfahren.“

„Hätten diese davon sprechen dürfen?“

„Zu meinem Weib und ihren Eltern jedenfalls, denn diese hätten nichts verraten.“

„Aber wie kannst du denken, daß die Deinen auf den Gedanken hätten kommen sollen, zu den Angehörigen deiner Kompanie zu gehen, um zu fragen, ob man, um dich zu retten, vielleicht nicht auf dich gezielt habe? Und wenn ihnen Gott selbst diesen Gedanken eingegeben hätte, so wußten sie doch nicht, welche Soldaten es waren, die man zu eurer Hinrichtung kommandiert hatte. Sie hätten sich hin und her erkundigen müssen, und das hätte Argwohn erregt. Bedenke das!“

„Daran habe ich allerdings noch nicht gedacht.“

„Du hast die Ansicht gehabt, daß deine Angehörigen ermordet worden seien. Ich aber will annehmen, es sei nicht wahr. In diesem Falle sind sie vor dem Pöbel geflohen, der die Schiiten ebenso wie die Christen bedrohte. Als die Straße, in der sie wohnten, geplündert und niedergebrannt wurde, befanden sie sich schon in Sicherheit, vielleicht außerhalb der Stadt. Es ist auch möglich, daß sie unter den Tausenden waren, die Abd el Kader in das Kastell und sein Haus rettete. Im ersteren Fall durften die Deinen sich nicht eher in die Stadt zurückwagen, und im letzteren konnten sie das Kastell oder das Haus des Algeriers nicht eher verlassen, als bis Ruhe eingetreten war. Da warst du schon tot, das heißt, offiziell erschossen und begraben. Als sie sich wieder sehen lassen durften, erfuhren sie das. Es gab für sie keinerlei Ursache, an deiner Hinrichtung zu zweifeln, und deine Verwandten mußten sie als vollendete Tatsache hinnehmen. Siehst du das nicht ein?“

„Effendi, wenn du in dieser Weise sprichst, ist es mir unmöglich, dir ein Wort zu widerlegen. Was denkst du wohl, was meine Angehörigen dann getan haben werden?“

„Vorausgesetzt, daß meine Mutmaßungen richtig sind, zogen sie alsbald von Damaskus fort. Sie trauten der erzwungenen Ruhe nicht, der leicht ein neues und noch größeres Blutbad folgen konnte. Warum soll gerade dein Schwiegervater sich sicherer gefühlt haben als andere Schiiten oder Christen?“

Der Binbaschi rückte unruhig auf seinem Sitz hin und her. Es war geradezu zum Verwundern, daß er noch nie diese Gedanken wie jetzt ich gehabt hatte. Endlich antwortete er: „Höre, Effendi, jetzt glaube ich selbst, daß der Vater meiner Frau, falls sie nicht umgebracht worden sind, nicht länger, als unumgänglich nötig war, in Damaskus geblieben ist.“

„Und meinst du, daß Mirsa Ssibil es fertiggebracht hätte, nur allein seine Frau mitzunehmen?“

„Nein. Er hat auf alle Fälle mein Weib und meine Kinder mitgenommen.“

„Aber wohin?“

„Wer kann das wissen?“

„Man kann es allerdings nicht wissen, aber doch vermuten. Denke nach!“

„Hm! Ich an seiner Stelle wäre unbedingt nach Beirut gezogen, weil er vorher dort gewohnt hat und glücklich gewesen war.“

„Aber ich an seiner Stelle hätte das nicht getan, weil der Aufstand gegen die Andersgläubigen dort die weitesten Kreise gezogen hatte. Die Ruhe war nur infolge des Zwanges eingetreten. Beirut liegt inmitten dieses gefährlichen Gebietes. Brach die Empörung von neuem aus, so war mit Sicherheit anzunehmen, daß sie wieder dort beginnen werde. Hat nun Mirsa Ssibil Damaskus aus Besorgnis, daß sich das Blutbad wiederholen werde, verlassen, so wird er doch nicht dahin gezogen sein, wo das neue Unheil am ehesten zu erwarten war."

„Effendi, ich bemerke etwas wie Allwissenheit an dir!"

„Übertreibe nicht! Nur einer ist allwissend, und den kennst auch du, obgleich du nicht an ihn glaubst. Ich ziehe nur den gesunden Menschenverstand zu Rat und hole aus den klar daliegenden Tatsachen meine Schlüsse."

„Aber sage, wohin Mirsa Ssibil sich gewendet haben soll, wenn er nicht nach Beirut gegangen ist?"

„O Binbaschi, wie muß ich mich über diese Frage wundern!"

„*Psia krew*! Da gibt es gar nichts zu wundern! Du magst es zugeben oder nicht, zum Erraten solcher Dinge gehört doch ein kleines Stückchen Allwissenheit. Berechnen kann jeder etwas, denn er hat die Zahlen dazu; was aber hat er, wenn er raten soll?"

„So wollen wir es nicht raten, sondern berechnen nennen. Wir haben hier ja auch Ziffern, wenn diese auch nicht in Einzelheiten, Mehrheiten oder Nullen, sondern in Tatsachen bestehen."

„Du wirst gelehrt, Effendi. Das verstehe ich nicht."

„Du wirst es sofort begreifen, wenn ich dir ein Beispiel gebe. Du fühlst dich hier unglücklich und möchtest gern fort. Wenn du das könntest und nichts dich hinderte, welchen Ort oder welches Land würdest du da wählen?"

„Welch eine Frage! Ich würde nach Bulûnija[1] gehen, weil ich ein geborener Bulûni[2] bin. Darüber kann es keinen Zweifel geben!"

[1] Polen [2] Pole

„Keinen Zweifel?“ fragte ich lächelnd. „Und doch befandest du dich im Zweifel darüber, zu welchem Land sich dein Schwiegervater gewendet hat.“

„Maschallah! Ja, das ist wirklich ein Wunder! Effendi, wie du mich zu fangen verstehst!“

„Nun, was sagst du jetzt?“

„Mirsa Ssibil ist nach Persien gegangen, denn er konnte ja nur nach Persien gehen, weil er ein eingeborener Perser ist. Das Unglück, das er in der Fremde, im Ausland erlebte, muß ihn dahin getrieben haben, wohin es das Herz des Menschen bis an das Ende seines Lebens immer wieder zieht, nämlich in sein Vaterland. Und ich wohne schon so lange Zeit und so nahe an der Grenze dieses Landes, ohne auf den Gedanken gekommen zu sein, den du mir jetzt eingegeben hast. Wie hätte ich forschen können, zwar nicht selbst — denn ich durfte nicht von hier weg — aber durch andere Leute! Vielleicht hätte ich die gefunden, die ich für verloren hielt. O Effendi, was habe ich versäumt! Ich bin untröstlich darüber!“

„Beruhige dich! Wie es scheint, haben wir jetzt unsere Standpunkte vertauscht. Du hast den meinigen eingenommen und mir den deinigen überlassen.“

„Wieso?“

„Vorhin wolltest du von keiner Hoffnung etwas wissen und ich versuchte, dir den Strahl einer solchen ins Herz fließen zu lassen. Jetzt scheint es keine Trauer, sondern bloß noch Hoffnung in dir zu geben, und ich muß dich nun wieder zu deinen früheren Zweifeln führen.“

„Tu das nicht, Effendi, ich bitte dich! Du ahnst ja nicht, wie glücklich du mich damit gemacht hast, daß du das Blut der Meinen, das ich für vergossen hielt, aus meinem Gedächtnis wischtest.“

„Du irrst. Ich habe diese blutigen Spuren nicht vertilgt, denn eine solche Absicht wäre gleich einer Versündigung an dir gewesen. Es lag mir fern, eine volle Überzeugung in dir zu erwecken, denn wenn sie sich später als Trugbild erwiese, so müßte dein Gram sich verdoppeln. Ich wollte, wie ich schon sagte, dir nur einen Strahl der Hoffnung geben, der deiner starren Gleichgültigkeit gegen das Leben ein Ende machen sollte. Du aber springst sofort von einer Übertreibung in die andere über und nimmst als Gewißheit an, was höchstens möglich ist. Hüte dich! Ich werde dir jetzt überzeugende Gründe vorführen, daß deine Lieben ermordet worden sind!"

„Nein, tu das nicht!" wehrte er ab. „Diese Gründe kenne ich nur zu genau. Sie haben mir alle Lebensfreude getötet und selbst den geringsten Genuß des Daseins zur Unmöglichkeit gemacht. Ich verspreche dir, daß ich nicht überschwenglich hoffen will. Ich gebe dir mein Wort, daß ich zwischen Hoffnung und Befürchtung gehen werde, bis die eine oder die andere zur Gewißheit wird."

„Das ist das richtige Verhalten. Glaube mir, daß ich, indem ich dir diese Hoffnung gab, mit meiner Verantwortlichkeit voll bewußt gewesen bin; aber indem ich einer inneren Stimme folgte, habe ich es gewagt. Diese Stimme hat mich noch nie getäuscht, außer wenn ich sie einmal mißverstand. Sie hat mich sehr oft aus schweren Gefahren geführt und mir bei der Lösung von Aufgaben beigestanden, zu der ich ohne sie zu schwach gewesen wäre. Es ist, wenn ich diese Stimme wahrnehme, als spräche mein Schutzengel mit mir, und indem ich ihr gehorche, fühle ich mich selig und mein Herz gehoben wie in Engelsnähe. Als diese sich vorhin wie eine freundliche Ahnung, und doch viel klarer und bestimmter als eine Ahnung, in mir bemerkbar machte, konnte ich ihr nicht widerstehen. Ich mußte ihr meine Bedenken opfern und von der Möglichkeit eines Morgens nach langer, dunkler Nacht zu dir sprechen. Ich glaube nicht, daß ich diese Stimme heute falsch verstanden habe, aber ich warne dich dennoch, mehr zu erwarten, als eine bloße Möglichkeit erfüllen kann."

„Ich danke dir, Effendi, und ich werde so vorsichtig sein, wie du es wünschest. Den Strahl aber, der schon begonnen hat, mein altes, müdes Herz zu erwärmen, gebe ich nicht wieder her. Ich sage dir, es ist sonderbar: In keiner Kirche und in keiner Moschee habe ich die fromme, erhebende Regung gespürt, die ich jetzt in mir auftauchen fühle. Du bist weder ein christlicher noch ein mohammedanischer Prediger, aber deine Worte haben mir —"

„Verkenne dich und dein Inneres nicht selbst!" unterbrach ich ihn. „Du bist stets ein Weltkind mit nur irdischen Wünschen und Gedanken gewesen. Dein Herz war für die Forderungen des Himmels so fest verschlossen, daß das Wort weder eines Wâ'is[1] noch eines Chatîb[2] es zu öffnen vermochte. Es mußten Trübsale über dich ergehen und lange, schwere Leiden deine Seele vorbereiten. Dann war vorauszusehen, daß die erste Hand, die freundlich nach dir griff, dich aus der Tiefe des Elends und der Glaubenslosigkeit auf die erste Stufe der Erkenntnis führen werde. Daß es gerade meine Hand gewesen ist, darfst du nicht mir anrechnen. Deine Zeit ist gekommen, und jeder andere, falls er fest im Glauben und treu in der Liebe war, hätte dir die gleiche Gabe wie ich gebracht. Du ahnst noch nicht, was auf unsere jetzige Unterredung folgen wird, aber ich sage dir, es wird ein Licht aufgehen, das du nicht auslöschen kannst, wenn du das auch wolltest. Es wird immer größer werden und schließlich dich und dein ganzes Sein und Wesen erleuchten."

„Glaubst du das wirklich, Effendi?"

„Ich bin überzeugt davon. Gott, den du leugnest, hat

1 Christlicher Prediger 2 Mohammedanischer Prediger

schon die verborgenste Falte deines Herzens ergriffen, es wird ihm sehr bald ganz gehören. Wo seine allmächtige Liebe ihren Einzug halten will, gibt es keinen Widerstand."

Da sprang der alte Pole auf und flehte:

„Liebe! Liebe! Gib mir mein Weib, gib mir meine Kinder wieder, und ich will, o Liebe Gottes, an dich glauben und dich festhalten bis zum letzten Augenblick des Lebens und noch länger — — länger!"

„Noch länger! Da sprichst du schon von der Ewigkeit, die du noch vor kaum einer Stunde leugnetest! Halte die Hand fest, die sich dir heute geboten hat, um dich zu retten! Aber verlange nicht zuviel von ihr! Stelle keine Bedingungen, denn Gott läßt nicht mit sich feilschen! Will er dir gnädig sein, so ist er es ohne Handel. Bete zu ihm, sooft du kannst, denn die Stufen des Gebetes sind es, auf denen er herniedersteigt!"

Es trat eine tiefe Stille ein. Die Palmwedel flüsterten wieder. Das klang jetzt nicht mehr wie Märchenklänge aus Tausendundeiner Nacht, sondern wie ein süßes, verheißungsvolles Mahnen: „Suchet, so werdet ihr finden; klopfet an, so wird euch aufgetan!" Der Binbaschi hatte sich wieder niedergesetzt und die Hände ineinander verschlungen. Jetzt sagte er:

„Weißt du, was ich jetzt getan habe?"

„Ja. Du hast gebetet", erwiderte ich.

„Gebetet, du hast es erraten. Ich habe gebetet, zum allererstenmal in meinem Leben! Wie oft habe ich die Beter ausgelacht oder gar bemitleidet, und nun fühle ich, daß ich es war, der Mitleid verdiente. Es ist mir, als hätte ich lange zum Sterben krank gelegen und eine Arznei von wunderbarer Kraft bekommen, die mir mit einemmal die verlorene Gesundheit wiederbrachte. Seit dem Verlust meiner Familie bin ich kein Mensch gewesen. Jetzt lebe ich wieder!"

„Ja, ein wirkliches Leben lebt nur der, der in Gott

und seiner Liebe ist. Dir war die Liebe gestorben, und an ihrer Stelle wucherten der Groll, der Haß, die Rache empor. Du warfst die ganze Schuld an deinem verfehlten Dasein auf Gott, ohne zu bedenken, daß niemand schuld war als du selbst. In deiner hochmütigen Selbstgerechtigkeit hadertest du mit Gott und hieltest seine unwandelbare Gerechtigkeit für Ungerechtigkeit. Du allein warst es, der gefehlt hatte; aber es mangelte dir die Selbsterkenntnis, und so klagtest du den an, von dem du zum Glück geführt worden wärest, wenn du seine Gebote geachtet hättest. Du bist nicht imstande einzusehen, wie barmherzig er trotz allem, worüber du klagst, gegen dich gewesen ist, mit welcher Langmut er gezögert hat, dir deine Schuld voll anzurechnen und welch unverdiente Gnade es für dich ist, daß er dir jetzt einen Lichtstrahl sendet, und zwar gerade durch mich, gegen den du ihn verleugnet und der Ungerechtigkeit beschuldigt hast."

Als ich jetzt schwieg, zögerte der Alte zu antworten. Es waren schwere Anklagen, die ich ausgesprochen hatte, Anklagen, die ihn um so kräftiger treffen mußten, je weniger bisher von Selbsterkenntnis bei ihm die Rede gewesen war. Es wäre ein großer Fehler von mir gewesen, ihn in dieser Beziehung zu schonen. Steht der Arzt vor einem Menschen, der seine Gesundheit durch ein unordentliches Leben ruiniert hat, so muß er ihm mit voller Aufrichtigkeit sagen, welchen Ursachen die Krankheit zuzuschreiben ist. Und die Verpflichtungen des Seelenarztes sind nicht weniger hoch als die eines Mediziners, der die Aufgabe hat, nur die körperlichen Gebrechen zu behandeln. Schienen meine Worte hart gewesen zu sein, so hatte ich nicht danach fragen dürfen, ob sie mir übelgenommen werden könnten, denn wenn sie eine solche Aufnahme fanden, dann war dem Binbaschi auf geistlichem Gebiet überhaupt nicht mehr zu helfen.

Was ich gedacht hatte, das geschah. Dozorca gestand mir nach einer längeren Pause:

„Effendi, hätte ein anderer so zu mir gesprochen wie du, so hätte er gewärtig sein müssen, hier vom Dach hinabgestürzt zu werden. Von dir jedoch nehme ich diese Worte ruhig hin, denn ich weiß, du meinst es gut mit mir. Wenn ich auch noch nicht mit vollster Bestimmtheit erkenne, daß deine Vorwürfe die Wahrheit enthalten, so finde ich doch auch keine Worte, mit denen ich sie widerlegen könnte. Es taucht in mir eine Ahnung auf, daß es nicht lange dauern wird, bis ich einsehe, daß du tiefer als ich selbst in mich hinabgeblickt hast. Ich komme mir vor wie ein Kranker, der dem Arzt wehrlos in die Hand gegeben ist. Ich möchte mich gegen dich sträuben und fühle doch, daß ich die Hand, die mir heute Schmerzen bereitet, vielleicht einst noch segnen werde. Ich gleiche einer Pflanze, die einen schweren Regen auf sich fallen lassen muß, der ihr wohl die Blätter von den Zweigen schlägt, aber dabei ihren dürstenden Wurzeln Nahrung gibt, daß sie Früchte bringen kann. Es würden das" — fügte er nachdenklich hinzu — „am Ende wohl die ersten guten und nützlichen Früchte meines Lebens sein, auf die ich zeigen könnte, wenn ich dereinst gefragt werde, was ich mit meinem Dasein begonnen habe."

Tief gerührt von diesem demütigen Geständnis erwiderte ich ihm:

„Du sprichst da von der Rechenschaft, die wir dereinst alle von unserem Tun und Lassen abzulegen haben. Ich sage dir: Wenn wir Menschen alle uns dieser furchtbaren Verantwortlichkeit bewußt wären und uns mit Ernst bestrebten, sie in unserem Verhalten keinen Augenblick außer acht zu lassen, so würde zwar nicht die Sünde ganz verschwinden und die Erde zum Himmel werden, aber der Ozean der Schmerzenstränen, dessen Wasser heute noch immer höher und höher steigen, würde vertrocknen. Es gäbe weder Haß noch Rache, weder Kampf noch Streit, sondern die vom Himmel herniederstrahlende, unendliche Liebe würde ihre Schwingen breiten vom Aufgang bis zum Niedergang über unsere ganze Erdenwelt und über ein Gott wohlgefälliges Menschengeschlecht, dem alle Seligkeiten des ewigen Zions offenstehen. Schau in die Heilige Schrift, und lies: ‚Was kein Menschenauge jemals sah und kein Menschenohr jemals hörte, das hat Gott denen bereitet, die ihn lieben!' Hier steht es wieder, das einzige große Gebot, das ohne Unterlaß erklingt, das einzige große Wort, um das sich Sonnen und Welten drehen, nämlich die Liebe. Gott verlangt nichts von uns als nur Liebe und immer wieder Liebe, denn sie ist es, außer der es keine Kraft im Himmel noch auf Erden gibt, wenn wir auch zu schwach sind, dieses herrliche, für uns unfaßbare Gotteswunder zu begreifen. Wir sind diesem Glanz gegenüber wie Blinde, und erst der Tod wird uns sehend machen. Auch du bist von dieser unendlichen Fülle der Barmherzigkeit getragen worden, ohne daß du es wußtest. Du hast die unsichtbare Hand nicht geschaut, die von Stunde zu Stunde bereit war, die deine zu ergreifen, wenn du sie ihr nur entgegenstrecken wolltest. Es steigen immerwährend Engel auf und ab, dem Schlag deines Herzens zu lauschen, ob nicht doch endlich das Verlangen darin entstehen will: ‚Herr, halte mich, denn sonst versinke ich!' Greif zu, und laß den Regen vorüber sein, der die Pflanze entblättert hat! Sie ist noch stark genug, um neu zu grünen und Frucht zu bringen. Du glaubst nicht, wie wichtig, wie heilig mir die jetzigen Augenblicke um deinetwillen sind. Wie müssen sie erst dir, der du aus der Tiefe des Kummers —"

Ich konnte nicht weitersprechen, denn er sprang auf, warf dem Onbaschi den ausgegangenen Tschibuk hin und rief aus:

„Halte ein, Effendi! Ich muß fort, ich halte es nicht länger aus!"

Dozorca eilte zur Luke, die vom Dach in das Innere des Hauses führte. Als er bis zum Kopf in ihr verschwunden war, drehte er sich um und fügte hinzu:

„Bleibt hier oben, denn ich komme wieder!"

Als er fort war, hörten wir lange nichts als wieder nur das leise Flüstern der Palmen. In meiner jetzigen frommen Stimmung erklang es mir wie das Flüstern der Zypressen auf der Höhe des Horeb, wohin sich der Prophet Elias einst vor den Nachstellungen Achabs und Jezabels flüchtete. Dort[1] hörte er einen starken Sturm, der die Berge zerriß, aber der Herr war nicht darin; dann kam ein Erdbeben, aber der Herr war nicht darin; nach dem Erdbeben kam ein Feuer, aber der Herr war nicht im Feuer; und nach dem Feuer kam ein leises, sanftes, liebliches Säuseln; und in diesem Säuseln war der Herr. So offenbarte sich auch dort der Herr der Heerscharen nicht im Sturm, im Erdbeben, im Feuer, sondern im stillen Säuseln, nicht in seiner strengen Gewalt und Macht, sondern in seiner Liebe und schonenden Barmherzigkeit. Vielleicht nahm diese Barmherzigkeit sich jetzt der Seele an, die von dem Widerstreit der Gedanken und Empfindungen unten im Garten hin und her getrieben wurde! Ich hörte nämlich nun die Schritte des Binbaschi, der das Haus verlassen hatte und unter den Bäumen sich bewegte. Unser Gespräch schien auch auf Halef und den Onbaschi tiefen Eindruck gemacht zu haben, denn sie sagten kein Wort. Wenn der kleine, sonst so gesprächige Hadschi in dieser Weise schwieg, mußte er sehr mit sich selbst beschäftigt sein. Nach einer Weile aber sagte er leise, als scheue er sich, die Stille zu unterbrechen: „Sihdi, horch! Er weint!"

Halef hätte nicht nötig gehabt, mich darauf aufmerk-

1 Siehe I. Buch der Könige, 19

sam zu machen, denn ich hatte das von unten heraufklingende Schluchzen auch gehört. Das starre Herz war gebrochen. Ein Auge, das noch Tränen finden kann, wird auch seinen Herrgott finden, wenn es ihn ernstlich sucht.

Es verging eine lange Zeit. Der Onbaschi schien sich nur mit dem Tschibuk zu beschäftigen. Er qualmte wie ein Schornstein und stopfte die Pfeife, wenn er sie ausgeraucht hatte, immer von neuem. Aber sein Inneres mußte auch in Bewegung sein, denn aus der dichten Rauchwolke, die ihn umhüllte, klang zuweilen ein glucksender Ton, den man zu hören pflegt, wenn jemand mit Tränen kämpft. Und da teilte sich die Wolke. Der Dicke schob sich zu mir her und rief, in plötzliches Weinen ausbrechend, wobei er mir den ganzen Qualminhalt seines Mundes ins Gesicht blies:

„O Kara Ben Nemsi, mein Effendi weint! Das hat er noch nie getan, seit ich ihn kenne. Das halte ich nicht aus! Sage mir, ob es ihm schaden wird!"

„Sorge dich nicht um ihn!" mahnte ich. „Tränen mildern jedes Leid, sie werden ihm eine Wohltat sein."

„Aber mir nicht! Mir laufen ganze Wasserbäche über die Wangen, so daß mein Herz auf ihnen schwimmt. Du hast mit deinen Worten auch mich zu Tränen gerührt. Kann es denn wirklich eine Liebe geben, die so groß ist, wie du sie beschrieben hast?"

„Ja, lieber Kepek, es gibt eine solche."

„Lieber Kepek hast du gesagt? So hat mich noch niemand genannt als nur mein Effendi, und auch dieser nur ein einziges Mal! Lieber Kepek! Ich habe viele Christen, die ich kannte, hassen müssen, denn sie besaßen keine Spur von Liebe. Aber in der Weise, in der du von ihnen sprichst, kann doch nur ein Christ von ihr reden."

„Die Christen, die keine Liebe besaßen, nannten sich nur so, waren aber keine."

„Sie stellten sich aber außerordentlich fromm, diese Armenier mit Habichtsnasen und diese Griechen und Levantiner mit den listigen Augen die auf nichts als auf ihren Geldbeutel sahen. Allah setze ihnen einen Hut auf den Kopf! Doch jetzt kommt mein Effendi wieder."

Kepek schob sich auf seinen Platz zurück. Die soeben gehörte Redensart vom Hut ist im Orient sehr gebräuchlich. Sie wird, da die Mohammedaner nie Hüte tragen, nur gegen Christen gerichtet und hat eine sehr verächtliche Bedeutung[1].

Der Binbaschi kehrte zu uns zurück. Als er sich wieder niedergesetzt hatte, bat er:

„Erlaube, Effendi, daß wir unser Gespräch jetzt nicht fortsetzen! Willst du?"

Ich verstand ihn nur zu gut. Es war etwas in ihm erstanden, was unberührte Heiligkeit für ihn besaß. Es begann in seinem Innern ein Altar emporzuwachsen, vor dem nur seine eigene Seele anbetend knien durfte. Weitere Einwirkung meinerseits hätte als Entweihung wirken können. Darum entgegnete ich:

„Du kommst meinem Wunsch mit dem deinigen zuvor. Auch der Abend ist vorgeschritten. Laß uns schlafen gehen."

„Nein, das noch nicht, noch lange nicht! Wenn es auf mich ankommt, so erwarten wir hier den Morgen. Bedenke, daß ich hier in tiefster Einsamkeit lebe und deine Anwesenheit also soviel wie möglich ausnützen und genießen muß! Du warst am Nachmittag noch nicht entschlossen. Jetzt kannst du mir vielleicht sagen, wie lange ihr in Bagdad bleiben werdet."

„Wir reiten morgen fort —"

„So bald schon?" unterbrach mich Dozorca. „Effendi, ich bitte dich, mir das nicht anzutun!"

„Du hast mich nicht aussprechen lassen. Ich wollte

1 Man beachte die Handlungszeit!

sagen, daß wir morgen fortreiten, aber dann bald wiederkommen."

„Das klingt schon besser. Aber warum schon morgen wieder fort? Ihr müßt von der Reise ausruhen!"

„Im Gegenteil, wir müssen uns Bewegung machen. Wir haben während der ganzen Fahrt auf dem Kellek sitzen müssen, und wenn wir auch nicht sagen wollen, daß uns das ermüdet hat, so müssen wir doch Rücksicht auf unsere Pferde nehmen. Diese feurigen Tiere sind zu immerwährendem Stillstehen gezwungen gewesen, und du als Kenner wirst wissen, daß wir sie nicht noch länger stehenlassen dürfen."

„Das gebe ich zu, aber ihr könnt ihnen doch einen tüchtigen Spazierritt bieten."

„Wir haben Gründe, es nicht zu tun. Ich sagte dir schon, daß wir uns vor Feinden hüten müssen. Zwar fürchten wir uns keineswegs, aber es ist stets besser, ein Übel zu vermeiden, als es herbeizurufen."

„Wohin wollt ihr reiten?"

„Zum Birs Nimrud. Die Fragen, die ich an dich stellte, haben aber mit diesem Plan nichts zu tun. Wir verlebten, nachdem wir dich damals verlassen hatten, dort eine so schlimme Zeit, so daß uns die betreffenden Örtlichkeiten fürs ganze Leben unvergeßlich geworden sind. Wir wollen also, da wir in Bagdad sind, wieder hin, um sie zu besuchen."

„Eine schlimme Zeit, sagst du. Welche Erlebnisse sind das gewesen? Darf ich es erfahren? Willst du es mir erzählen?"

Kaum hatte der alte Pole das Wort „erzählen" ausgesprochen, so fiel Halef schnell ein:

„Richte diese Bitte, o Binbaschi, nicht an meinen Effendi, sondern an mich! Er liebt es nicht, ein unendlich langes Kamelseil der Erzählung aus seinem Mund laufen zu lassen, und wenn er doch dazu gezwungen wird, so beißt er es ab, ehe es alle ist und schluckt das Ende wieder hinunter, wo es seiner Gesundheit den größten Schaden bringen kann. Ich aber bin von Allah mit der Gabe eines unzerbissenen Seils begnadet worden und pflege das, was ich einmal angefangen habe, auch stets bis an das Ende zu bringen, wo nichts mehr zu sagen ist. Darum erkläre ich mich bereit, dir mitzuteilen, was du gern wissen willst. Hoffentlich hat niemand etwas dagegen."

Mit dem „niemand" war ich gemeint. Ich kannte das Vergnügen, das ich dem kleinen Hadschi bereitete, wenn ich ihm die Erlaubnis zum Erzählen nicht versagte, und pflegte ihn nur dann dieser zu berauben, wenn es sich um einen sachgemäßen Bericht handelte, den ich selbst übernahm. Halef hingegen liebte die Ausschmückungen, und wenn diese Liebe dem Orientalen im allgemeinen eigen ist, so besaß sie der Hadschi in so hervorragender Weise, daß ich oft gezwungen war, seinen übertriebenen Lobeserhebungen Einhalt zu tun. Offen gestanden aber hörte ich ihm selbst gern zu, denn er war ein wirklich guter Erzähler und bearbeitete die beigefügten Ausschmückungen nach einem so humorvollen Stil, daß er mich dadurch stets köstlich belustigte. Da ich jetzt seine Frage nicht sofort beantwortete, nahm er mein Schweigen als Zustimmung und begann seinen Bericht, der eine ganze Stunde in Anspruch nahm und mir einen neuen Beweis seiner Kunst lieferte, selbst traurige Ereignisse, wie die Ermordung unserer Reisegefährten und unsere Erkrankung an der Pest, in einer Weise darzustellen, durch die die Aufmerksamkeit der Zuhörer bis zum letzten Wort gefesselt wurde.

Als Halef geendet hatte, fügte er in seiner eigenartigen Weise noch hinzu:

„Ihr seht, daß wir weder von den Feinden gefressen, noch vom Rachen der Pest verschlungen worden sind. Allah bewahrte uns zu ferneren großen Taten auf, von

denen ich euch vielleicht ein anderes Mal erzählen werde, wenn es meiner Huld gefällt, euch davon zu berichten. Jetzt will ich euch nur sagen, daß wir beabsichtigen, nach Persien zu reiten, um den Ruhm zu vergrößern, den unsere Namen dort schon längst besitzen. Wenn es uns beliebt, sind wir bereit, mit dem ganzen Heer des dortigen Herrschers zu kämpfen und ihn, falls er uns auch nur mit einem einzigen scheelen Auge betrachten sollte, samt seinem ganzen Harem von der Erde auszurotten. Was dann geschieht, nämlich ob wir von dort nach Amîrika[1] oder nach Usterali[2] reiten werden, das muß jetzt noch unser Geheimnis bleiben, das wir auf keinen Fall verraten dürfen. Jedenfalls aber wird die Kunde von unseren Taten zu euch dringen, noch ehe wir zu den Zelten der Haddedihn zurückgekehrt sind. Allah erhalte euch bis dahin bei Kraft und Verstand des Leibes und der Seele, damit ihr dann meine Erzählung mit der gleichen Bewunderung vernehmen könnt, mit der ihr die jetzige angehört habt!"

Nach diesem schwungvollen Schluß stopfte er seine Pfeife und rauchte sie mit unendlicher Genugtuung darüber, daß ich seine Ruhmredigkeit durch keine Zwischenrede um den beabsichtigten Erfolg gebracht hatte. Der Onbaschi gab seiner Begeisterung durch einige tiefe, grunzende Atemzüge Ausdruck, Worte schienen ihm zu fehlen. Sein Herr nahm die Sache nüchterner und sagte: „Ihr habt da freilich sehr Schweres durchgemacht, und darum kann ich nicht begreifen, was euch verlocken kann, diese Orte wieder zu besuchen. Ich zum Beispiel möchte, wenn ich nicht durch einen Zwang hingetrieben würde, den Birs Nimrud nicht wiedersehen."

„Das bist du", meinte Halef. „Wir aber sind von anderer Art. Wenn wir das erlebt hätten, was dir und deinem Onbaschi dort begegnet ist, so wären wir gleich

[1] Amerika [2] Australien

in den nächsten Tagen wieder hin, um das Nest auszunehmen und der Erde gleichzumachen."

„Den gewaltigen Birs Nimrud der Erde gleich?"

„Warum nicht? Traust du uns das etwa nicht zu? Übrigens hätten wir das nicht nötig gehabt, denn wir an eurer Stelle hätten uns nicht einsperren lassen, keinen Eid abgelegt und auch keine Anweisung unterschrieben."

„Das kannst du gut behaupten, weil ihr eben nicht an unserer Stelle gewesen seid."

„Du irrst, weil du weder mich noch meinen Sihdi kennst. Was wäre dieser Ssäfir, von dem du erzählt hast, gegen ihn gewesen? Und wenn er noch so kräftig und noch so listig und noch so mutig gewesen wäre, so hätte ihm das alles doch gegen die Stärke, die Klugheit und Kühnheit meines Sihdi, geschweige der meinigen, gar nichts genützt. Wir haben noch ganz andere Leute bezwungen als diesen Perser. Ich wollte, wir würden von ihm in den Birs Nimrud gesperrt! Du würdest bald erfahren, wie schnell wir wieder heraus wären, um ihn mit unserem Hohngelächter niederzuschmettern."

Der Hadschi überlegte nicht, daß diese Worte geeignet waren, den Binbaschi zu kränken. Er ahnte auch ebensowenig, wie bald seine Prahlerei zur Wahrheit werden sollte. Zu meiner Beruhigung klang die Antwort des Polen ohne Groll:

„Allah verhüte, daß ihr jemals in eine solche Lage kommt! Der stärkste und klügste Mann kann, wenn er gefesselt ist, nichts gegen seine Feinde unternehmen, und eure Feinde — — ah, ich sollte doch erfahren, wer sie sind?"

„Ja, du sollst es wissen und wirst erstaunen, wenn du erfährst, mit welcher List und Leichtigkeit wir uns ihrer entledigt haben. Willst du es vielleicht erzählen, Sihdi?"

„Nein", erklärte ich.

„Das ist sehr recht von dir", meinte der Kleine selbstbewußt. „Wer eine solche Sache erzählen will, der muß die Offenheit des Mundes, die Beweglichkeit der Zunge, die Eindringlichkeit der Vernunft in die Tiefen des Verstandes und zugleich die große Kunst besitzen, gerade da anzufangen und aufzuhören, wo die richtige Stelle ist. Diese Kenntnis und dieses Geschick aber besitzen nur wenig Menschen, und wenn nichts davon vorhanden ist, darf man sich nicht darüber wundern, daß aus dem schönsten Erzählungsstoff ein alter, zerrissener und zerbrochener Sattel wird, auf den sich niemand setzen kann. Nun werde ich beginnen, und ihr habt mir mit Andacht zuzuhören!"

Es versteht sich, daß Halef unserer Begegnung mit dem Pädär-i-Baharat einige abenteuerliche Seiten, die nicht vorhanden gewesen waren, hinzufügte, und ebenso unvermeidlich war es, daß er mich zwar lobte, sich selbst aber noch viel weniger vergaß. Er pflegte es bekanntlich in der Weise zu tun, daß er sich als meinen Berater und Beschützer bezeichnete. Als Nutzanwendung ließ er dann noch die Bemerkung folgen:

„Ich sage dir, o Binbaschi, so eine Kurbatsch ist der Inbegriff aller siegreichen Unwiderstehlichkeit! Ich würde niemals ohne Peitsche in den Birs Nimrud steigen. Hättet ihr eine mitgehabt, so würde die Gunst des Schicksals euch hineinbegleitet und als freie Männer wieder herausgelassen haben."

Dozorca ließ diese Ermahnung unerwidert über sich ergehen und richtete an mich die Frage:

„Und nun denkst du, Effendi, daß diese Perser dich hier in Bagdad suchen werden?"

„Falls sie überhaupt hierherkommen, werden sie das sicher tun", entgegnete ich.

„Und darum willst du schon morgen fort?"

„Nicht darum allein, denn ich habe dir schon gesagt, daß ich ihnen zwar ausweiche, sie aber nicht fürchte. Ich habe jetzt keinen Grund, hier liegenzubleiben."

„Ist meine Bitte kein Grund für dich?"

„Nein, denn wir kommen wieder. Dann werden wir Ursache zum Bleiben haben, denn es liegt ein mehrtägiger Ritt hinter uns, von dem wir ausruhen müssen."

„So will ich nicht länger in dich dringen, bitte dich aber, beim Birs Nimrud nichts vorzunehmen, was mir schaden könnte."

„Ich habe dir die Erfüllung dieses Wunsches schon zugesagt, und du kannst dich darauf verlassen, daß ich Wort halten werde."

Ich hatte ursprünglich nur die Absicht gehabt, die erwähnten Erinnerungsstätten zu besuchen, gestehe aber aufrichtig, daß die Erzählung des Binbaschi den Entschluß in mir rege gemacht hatte, dem Birs Nimrud eine größere Aufmerksamkeit zu schenken. Ich wußte längst, daß er Gänge enthält, in die man schon oft einzudringen versuchte. Dic Versuche wurden aber später aufgegeben, weil sie in vielen Fällen unglücklich verlaufen sind. Die unterirdischen Räume, in denen der Pole gesteckt hatte, erweckten meine Wißbegierde um so mehr, als sich die Zeichnung in meinem Taschenbuch auf sie bezog. Ich wollte nach ihnen forschen, sagte Dozorca aber nichts davon und war selbstverständlich entschlossen, nichts zu unternehmen, was geeignet war, ihm Schaden zu bringen.

Davon, daß wir die Nacht durchwachen wollten, war nicht mehr die Rede. Wir sahen kurz nach Mitternacht nach unseren Pferden und legten uns dann schlafen.

7

NACH HILLE

Man rechnet von Bagdad nach Hille drei kurze Tagereisen. Mit unseren schnellen Pferden brauchten wir nicht so lange, und darum fiel es uns nicht ein, den Ritt schon am Vormittag zu beginnen. Wir ließen vielmehr wie vor Jahren die größte Tageshitze vorüber und ritten, nachdem wir uns von Dozorca und seinem dicken Onbaschi verabschiedet hatten, den Fluß hinauf und über die Brücke ans rechte Tigrisufer.

Als wir von dort einen Blick zurücksandten, schimmerte die Stadt, gerade wie damals, in hellem Sonnenglanz vor unseren Augen. Links sahen wir den Volksgarten und die Quarantäneanstalt, weiter das Kastell und hart am Wasser das Regierungsgebäude. Rechts lag die Vorstadt mit der alten Medresse von Mostanßir. Dann dehnte sich die von Minaretts und Moscheekuppeln überragte Häusermasse aus, über die sich der Dunst- und Staubschleier breitete, der Bagdad eigen ist.

Von hier aus wendeten wir uns zum Oschach-Kanal, und als wir ihn hinter uns hatten, sahen wir vor uns die freie Wüste. Ja, die Landschaft dort ist Wüste! Da, wo vor Jahrhunderten Garten an Garten sich reihte, wo Tausende von Palmen winkten, Blumen dufteten und herrliche Früchte glänzten, dehnt sich eine unabsehbare, trostlose Wüste westwärts bis an das Ufer des Euphrat.

Durch diese Einöde führte unser Weg erst zum Khan Asad und dann zum Khan Bir Nust, den wir kurz vor Abend erreichten. Im Khan[1] zu übernachten, fiel uns nicht ein — wegen des Ungeziefers. Wir suchten ihn nur auf, um unsere Pferde zu tränken, und ritten

[1] Khan ist nur eine andere Schreibweise für Han

dann noch ein Stück in der Richtung zum Khan Iskenderije weiter. In der Wüste stiegen wir ab, pflockten die Tiere an und breiteten unsere Decken zum Lager aus. Wir hatten bis hierher keinen schiitischen Pilger und keinen Leichenzug gesehen, dennoch sagte Halef, als wir uns nebeneinander niedergesetzt hatten:

„Sihdi, riechst du nichts? Mir ist ganz so, als befänden wir uns im Pesthauch der Todeskarawane. Geht es dir nicht auch so?"

„Ja, genau wie dir", bestätigte ich. „Die Erinnerung wirkt auf unsere Geruchsnerven. Ich sehe die Todeskarawane nicht bloß an mir vorüberziehen, sondern ich rieche sie förmlich. Es war damals ganz entsetzlich, und es ist kein Wunder, daß unsere Nasen den Leichenduft, der ihnen so grausam mitspielte, heute noch nicht vergessen haben."

Was wir dann bei und mit der Todeskarawane erlebten, ist schon erzählt worden und bedarf der Wiederholung nicht[1]. Es ging aber an unserem geistigen Auge vorüber, als wir jetzt nach vielen Jahren in tiefer, nächtlicher Einsamkeit an dem Weg saßen, den wir damals geritten waren. Das Gedächtnis brachte uns die einstigen Ereignisse mit vollster Deutlichkeit zurück, und so kam es, daß wir auch jene entsetzlichen ‚Wohlgerüche des Paradieses' in unseren Nasen zu spüren glaubten. Wir wußten, daß es nur Täuschung war, die Luft drang rein und kräftig in unsere Lungen und verhieß uns einen stärkenden Schlaf. Nachdem wir unser einfaches Mahl verzehrt und auch für die Pferde gesorgt hatten, wickelten wir uns samt unseren Gewehren in die Decken und schlossen die Augen. Wir konnten das wagen, denn ich durfte mich auf meinen leisen Schlaf verlassen, und unsere beiden Rappen waren darauf abgerichtet, uns jede Annäherung durch Schnauben

1 Siehe Karl May, Gesammelte Werke, Band 3, „Von Bagdad nach Stambul"

zu verraten. An meinen Hengst geschmiegt, dem ich seine gewohnte Sure ins Ohr gesagt hatte, schlief ich bald ein und erwachte nicht eher, als bis ich von der jetzt sehr fühlbaren Morgenkühle geweckt wurde.

Da es hier am Weg kein Wasser gab, konnten wir die Pferde erst im Khan Iskenderije tränken. Wir stiegen also auf und ritten zunächst diesem Ziel zu.

Unter einem Khan versteht man hier das, was man im Abendland nicht ganz richtig eine Karawanserei nennt. Die Khane oder Hane zwischen Bagdad und den Ruinen von Babylon sind von fast gleicher Bauart. Sie wurden von Persien aus zum Besten der Pilgerzüge gestiftet und bilden kleine mit Mauern umgebene Festungen, die genügend Schutz gegen etwaige Überfälle der Beduinen bieten sollen. Unter einem Turm, der eine weite Umschau über die Wüste gestattet, tritt man durch ein starkes Tor in den Hof, der von gewölbten Gemächern umgeben ist. In der Mitte erhebt sich eine Plattform, auf der man des Nachts schläft und sich am Tag zum Gebet verneigt. Hinten befinden sich die Unterkünfte für die Pferde und Kamele. Die Aufnahme in diese Hane braucht nicht bezahlt zu werden, doch kommt sie dem an Reinlichkeit gewöhnten Reisenden durch das leidige Ungeziefer teuer genug zu stehen und wird noch widerwärtiger für ihn, wenn ihn während seiner Anwesenheit das Unglück trifft, eine Leichenkarawane hereinziehen zu sehen, deren stinkende Särge vor ihm aufgestapelt werden. Und wenn er sofort die Flucht ergriffe und erst am Nordpol einhielte, er könnte doch sicher sein, den Leichendurft noch dort auf dem ewigen Eis in seiner gequälten Nase zu spüren!

Wir langten nach zwei Stunden bei dem Han an und ritten durch das Tor. Dieser Ort war groß genug, Hunderte von Menschen und Tieren zu fassen, war aber heute wenig in Anspruch genommen. Die Anwesenden schenkten uns eine lebhafte Aufmerksamkeit, sie galt nicht uns, sondern unseren Pferden, zu denen man sich drängte, um sie unter Ausrufen der Bewunderung zu betrachten. Da uns das lästig wurde, wendete ich mich an den Aufseher, der uns gegen ein Bakschisch von den Zudringlichen befreite.

Als wir an dem Brunnen abstiegen, befanden sich schon zwei Männer dort, die ihre Pferde tränkten. Wir mochten sie nicht stören, sondern warteten, bis sie fertig waren. Während wir ihnen zusahen, bemerkte ich an dem Finger des einen einen silbernen Ring, der mir auffiel. Schärfer hinblickend gewahrte ich, daß seine Platte achteckig war. Ich gab mir den Anschein, als wollte ich hinunter ins Wasser blicken, ob auch für uns noch genug vorhanden sei, nahm dabei aber seine Hand in Augenschein. Ja, es war der Ring der Sillan. Die Inschrift bestand aus einem *„sâ"*, das mit einem *„lâm"* verbunden war, und darüber stand ein Teschdid[1], das ich trotz seiner Kleinheit deutlich erkannte. Ein verstohlener Blick auf die Hand des anderen zeigte mir, daß auch er einen solchen Ring am gleichen Finger trug. Diese zwei Männer waren also Sillan.

Da stieg in mir der Gedanke auf, ob das nicht eine gute Gelegenheit sei, die Wirkung unserer Ringe einer Probe zu unterwerfen. Jetzt, wo ich das erzähle und die späteren Ereignisse alle kenne, weiß ich freilich, daß die Ausführung dieses Gedankens eine große Unvorsichtigkeit war.

Wieder zu Halef zurückgekehrt, zog ich die dem Pädär-i-Baharat und seinen Begleitern abgenommenen Ringe aus der Tasche, steckte mir den goldenen an und sagte:

„Schiebe unbemerkt diesen Ring an den Finger! Diese Männer sind Sillan. Ich bin neugierig, was sie tun werden, wenn sie unsere Ringe bemerken."

1 Verdoppelungszeichen

„Maschallah, das ist ein guter Gedanke!“ lachte er leise, wobei seine Augen freudig aufleuchteten. „Vielleicht bringt uns diese Begegnung ein Abenteuer, von dem wir später erzählen können. Wenn sie mich fragen, werde ich ihnen sagen, daß —“

„Nichts wirst du ihnen sagen!“ unterbrach ich ihn. „Das Sprechen überläßt du mir! Wir können nicht wissen, was wir erfahren, und müssen also vorsichtig sein. Und nun paß auf, und betrage dich ja nicht ungeschickt!“

„Ich, Ungeschickt?“ fragte er beleidigt. „Sihdi, hast du mich, deinen Freund und Beschützer, jemals ungeschickt gesehen? Hätte meine Hanneh, die holdeste der herrlichsten Rosen und Reseden der Mädchenparadiese, mich jemals als Mann ihres Herzens genommen, wenn ich ein ungeschickter —“

Weiter hörte ich seine Worte nicht, denn ich hatte schnell meinen Tschibuk gestopft, ging wieder zu den Männern hin und bat den einen von ihnen, der rauchte:

„Der Tabak ist die Speise der Seele, und sein Rauch trägt die Gedanken von der Erde empor. Ich habe kein Feuer und bitte dich, mein Herz zu erfreuen.“

Einer so höflichen Bitte war nicht auszuweichen. Ich hatte angenommen, daß er sich des hier gebräuchlichen Feuerzeugs bedienen würde. Er zog aber Zündhölzer aus dem Gürtel und brannte eins an. Dieser so geringfügige Umstand war für mich doch nicht ohne Bedeutung, denn er gab mir Anhalt zu Schlüssen, die ich sonst nicht hätte ziehen können. Er war so höflich, das Feuer auf den Tabak zu geben. Das benutzte ich, den Tschibuk so zu halten, daß sein Auge auf den Ring an meinem Finger treffen mußte. Was ich beabsichtigte, geschah. Er bemerkte ihn, ließ vor Überraschung das brennende Hölzchen fallen und rief aus:

„Abarhraka ’llah — gesegnet sei Gott! Was muß ich an deiner Hand erblicken!“

Ich hob warnend die Hand empor und warf einen forschenden Blick rundumher. Da fügte er leise hinzu: „Verzeih, o Herr! Meine Überraschung, dich schon hier zu finden, war so groß, daß ich die gebotene Vorsicht fast vergessen hätte!“

Er hielt mich also für jemand, der eigentlich anderswo zu suchen war. Ich mußte sehr geschickt verfahren.

„Wo vermutetest du mich?“

„In Bagdad, wo du nicht eher als gestern erst angekommen sein kannst.“

„Du hast das Richtige getroffen. Ich habe mich aber dort nicht aufgehalten.“

„Ist dir die Weisung des Ssäfir sogleich ausgehändigt worden?“

„Ja.“

Der Ssäfir! Dieses Wort wirkte wie ein elektrischer Schlag auf mich. Der Ssäfir war da! War das der gleiche Ssäfir, von dem der Binbaschi erzählt hatte? Wo befand er sich? Welchen Zweck verfolgte er? Auf was bezog sich seine Weisung? Wer und was war der Mann, für den ich jetzt gehalten wurde? Diese und noch andere Fragen gingen mir durch den Kopf. Vielleicht war es möglich, die betreffenden Antworten herauszulocken.

Der Mann sah jetzt Halef forschend an, gewahrte den silbernen Ring an dessen Hand und richtete dann unterwürfig die Frage an mich:

„Sei gütig, o Herr, wenn ich mich zu erkundigen wage, ob dieser Mann vielleicht Aftab ist, von dem mir der Ssäfir sagte, daß er dich begleitet!“

„Er ist es“, bestätigte ich, denn ich erkannte, daß ich für den Pädär-i-Baharat gehalten wurde.

„Du hast dich während dieser Reise Kaßim Mirsa genannt?“

„Kaßim Mirsa ist mein jetziger Name“, stimmte ich bei.

Der Pädär-i-Baharat hatte sich mir gegenüber des gleichen Namens bedient. Er bekleidete die Stelle eines führenden Sill, deshalb nahm ich eine würdevolle Haltung und den Ton eines Vorgesetzten an. Um nicht lange in Ungewißheit zu bleiben, hängte ich meiner Antwort die Frage an:

„Der Ssäfir hat dich also nach Bagdad geschickt, um mich dort aufzusuchen?"

„Ja, o Herr."

„Er hat dir eine Botschaft an mich aufgetragen?"

„Ja, o Herr."

Dieses „Ja, o Herr" konnte mir leicht gefährlich werden, wenn ich immer nur der Fragende sein und von ihm nur so kurze Antworten erhalten sollte. Darum fuhr ich dringender fort:

„Welche Botschaft ist es? Sprich! Ich liebe es nicht, überflüssige Fragen zu tun."

„Verzeih, o Herr! Der Ssäfir ist sehr streng mit uns. Wir dürfen nur antworten, wenn wir gefragt werden, und müssen dann so kurz wie möglich sein. Ich habe dir mitzuteilen, daß du nicht in Bagdad bleiben, sondern sofort kommen sollst."

„Warum?"

„Die *Leichen* müssen bald eintreffen. Sie werden nicht auf dem Karawanenweg gebracht, sondern sind der größeren Sicherheit wegen auf dem Nahr Sersar in den Euphrat geschafft worden, wo sie auf Kelleks abwärts kommen."

„Wohin?"

Er warf mir einen Blick des Erstaunens zu.

„Das mußt du doch besser wissen als ich, o Herr!"

Da hatte ich mich beinahe verdächtig gemacht! Ich lenkte also schnell ein:

„Gewiß kenne ich die gewöhnliche Stelle. Ich dachte aber, der Ssäfir hätte für diesmal, weil du von einer größeren Sicherheit sprachst, eine andere bestimmt."

„Der bisherige Ort ist der beste, den es gibt. Es ist also kein Grund vorhanden, einen anderen zu wählen."

Ich fragte mich im stillen, um welchen Transport es sich eigentlich handle. Um *Leichen!* Er hatte diesem Wort eine eigentümliche Betonung gegeben. Eigentliche Leichen waren wohl nicht gemeint, was aber sonst? Bedienten sich die Sillan einer Geheimsprache, etwa in der Weise, wie unsere Verbrecher untereinander in der Kochemer Loschen[1] sprechen? Ich wollte das gerne wissen und fragte darum, obgleich ich dabei Gefahr lief, nun einen Fehler zu begehen:

„Weißt du, was es diesmal für *Leichen* sind?"

Ich betonte dabei das Wort *Leichen* genauso wie er vorhin. Er faßte keinen Verdacht und antwortete:

„Wenn du es nicht weißt, so weiß es der Ssäfir jedenfalls auch noch nicht. Der Absender wird Gründe gehabt haben, es geheimzuhalten. Aber diese *Leichen* sind nur das eine, wovon ich dir sagen soll. Es gibt noch etwas anderes, was viel wichtiger zu sein scheint!"

„Was?"

„Die Karwan."

„Welche?"

„Das mußt du doch am besten wissen!"

Es schien, als wolle er wieder Argwohn fassen. Darum sagte ich streng:

„Drücke dich höflicher aus, sonst zeige ich dir, wie du mit mir zu sprechen hast! Wohl weiß ich es am besten, aber du redest von einer Karwan im allgemeinen, und da wir es oft mit Karawanen zu tun haben, so kannst du in diesem Fall eine gewöhnliche meinen und nicht die, auf die wir es besonders abgesehen haben. Wenn du nicht klug genug bist, das zu begreifen, und auch ferner nicht deutlicher reden kannst, werde ich für ähnliche Fälle vom Ssäfir andere Boten verlangen, die weniger dumm und höflicher sind!"

1 Diebes- oder Gaunersprache

Da sank der Sill vor Schreck in sich zusammen und flehte:

„Tu das nicht, o Herr! Du weißt, was es mich kosten würde. Ich habe doch keine andere, als die Karwan-i-Pischkhidmät Baschi[1] gemeint, von deren Aufbruch du den Ssäfir unterrichtet hast."

„Chudarâ schukr[2]! Jetzt wirst du deutlicher! Ich rate dir, es stets zu sein; denn ein Bote, der in Rätseln spricht und den Mund nicht öffnen kann, ist nicht zu gebrauchen. Ja, ich habe den Ssäfir von ihr benachrichtigt. Was läßt er mir nun sagen?"

„Er hat Späher ausgesandt, die ihm gemeldet haben, daß sie heute oder morgen in Bagdad eintreffen wird. Du könntest ihr zufällig begegnen und dabei erkannt werden. Darum mußt du schnell von Bagdad fort und zu ihm eilen. Das sollte ich dir noch ausrichten."

„Da du mich glücklicherweise schon hier getroffen hast, brauchst du nicht nach Bagdad zu reiten. Das wird euch willkommen sein. Ihr kehrt also mit mir zu ihm zurück!"

Ich sagte das befehlend, obwohl ich die Leute im stillen nun dahin wünschte, wo der Pfeffer wächst. Wenn ich sie mitnehmen mußte, setzte ich mich und Halef Zwischenfällen aus, die uns unangenehm werden konnten. Zu meiner Freude aber fiel er schnell ein:

„Verzeih, o Herr, daß wir dich nicht begleiten können, weil wir auch hinüber nach Madaïn müssen!"

„Nach Madaïn? Also nicht nur hinauf nach Bagdad zu mir?"

„Nein. Wir sollten zunächst dich aufsuchen und dann den Tigris abwärts nach Madaïn reisen. Das würde uns erst hier aufwärts und dann drüben wieder abwärts geführt haben, ein langer Weg, den wir uns nun dadurch kürzen können, daß wir von hier aus geradewegs hinüberreiten."

1 Karawane des obersten Kammerherrn   2 Persisch: Gott sei Dank!

„Dann kommt ihr wieder zum Ssäfir?“

„O nein. Wir müssen dann noch, bevor wir zurückreiten, eine wichtige Botschaft von ihm nach Kut el Amara bringen.“

Dieser Ssäfir schien sehr ausgebreitete Verbindungen zu unterhalten! Das ging mich aber weiter nichts an. In diesem Augenblick konnte es mir nur lieb sein. Der Weg von hier nach Madaïn betrug acht Stunden, von da nach Kut el Amara zwölf und von dort zu den Ruinen von Babylon, wo ich den Ssäfir vermutete, wieder vierzehn Stunden. Selbst wenn sich die beiden Sillan mit ihren nicht allzu kräftigen Pferden noch so sehr beeilten, mußten sie sich doch Zeit zum Essen und Schlafen nehmen und konnten also, wie ich ihre Leistungen nach ihrem Äußeren schätzte, unter zwei und einem halben Tag nicht beim Ssäfir eintreffen. Indessen waren wir, da wir bloß einige Plätze kurz besuchen wollten, längst wieder auf dem Rückweg und hatten also keine zweite Begegnung mit ihnen zu erwarten. Das beruhigte mich so, daß ich die freilich etwas zudringliche Frage wagte: „Welche Botschaften habt ihr nach Madaïn und Kut el Amara zu bringen?“

„Nimm es nicht übel, o Herr, das sollen wir verschweigen.“

„Auch gegen mich?“

„Gegen jedermann, und da der Ssäfir dich nicht als Ausnahme genannt hat, müssen wir dich als mitinbegriffen betrachten.“

„Recht so! Das gefällt mir von dir! Man darf selbst einem Vorgesetzten zuliebe nicht von seiner Pflicht abgehen. Hat euch der Ssäfir eine bestimmte Stelle angegeben, wo ich ihn treffen soll?“

„Du kennst sie ja, o Herr!“

„Gewiß! Aber er hält sich doch nicht stets dort auf und könnte euch gesagt haben, wo er dann anderwärts zu finden ist.“

„Wenn er nicht da ist, wirst du auf ihn warten sollen. Das Tamariskengestrüpp so weit oberhalb von Hille ist groß und dicht genug, dich und alle, die du dort findest, zu verbergen. Selbst heute noch kommt kein Mensch mehr hin, seitdem die große Mordtat dort begangen wurde. Man müßte doch fast zwei Stunden weit über heißen Sand gehen, und die Geister der Erschlagenen schleichen Tag und Nacht umher, wie alle Bewohner von Hille glauben. Du bist, o Herr, dort noch sicherer als im Schoß Ibrahims[1]!"

„Gut! Ihr habt mir also nichts mehr zu melden?"

„Gar nichts; aber — o doch! Da fällt mir noch ein: der Ssäfir sagte, etwas wüßtest du noch nicht, und diese Unkenntnis könnte dich unterwegs vielleicht zu einem Fehler verleiten. Er ist nämlich wegen der Karawan-i-Pischkhidmät Baschi mit den Ghasai eine Verbindung eingegangen. Ein Trupp von ihnen hat sich hier zerstreut und gibt sich, um keinen Verdacht zu erregen, für Solaib aus. Das sollen wir dir sagen. Und nun haben wir dir wirklich nichts mehr mitzuteilen, o Herr!"

„Gut! Ich bin mit euch zufrieden, und ihr habt ein Bakschisch verdient. Das werdet ihr von mir erhalten, wenn wir uns in Hille wiedersehen. Wann seid ihr von dort aufgebrochen?"

„Gestern abend."

„So werdet ihr euch in Madaïn tüchtig ausschlafen müssen. Säumt also nicht hier, sondern macht, daß ihr hinkommt!"

„Wir werden sofort aufbrechen, denn unsere Pferde sind getränkt, und wir haben hier nichts mehr zu suchen. Allah sei mit dir! Dour-i sär-ät bigär-där, Aga[2] — ich will dein Haupt umkreisen, o Aga!"

Sie stiegen auf und ritten zum Tor hinaus. Halef

1 Abrahams 2 Persischer Ausdruck der Höflichkeit gegen Höherstehende

führte nun unsere Pferde ans Wasser, und während er ihnen zu trinken gab, blinzelte er mich pfiffig-lustig an.

„Allah macht Köpfe hell und Köpfe dunkel. Der deinige strahlte wie die Sonne am Himmel, die ihrigen aber waren umnachtet mit der Finsternis des Unverstandes, so daß ich in die Tiefen ihrer Klugheit wie in einen dunklen Brunnen blickte, in dem kein Tropfen Wasser zu finden ist. Dein Auge hat sie durchschaut, wie die Sonne durch die Scheiben des Glases scheint. Sie hingegen halten dich für einen anderen Menschen. Sie haben sich einer so albernen Vermischung dreier Persönlichkeiten schuldig gemacht, daß selbst ich sie kaum wieder auseinanderbringe, der ich doch Hadschi Halef Omar bin, der berühmte Scheik der Haddedihn vom großen Stamm der Schammar!"

„Wird dir das Auseinanderbringen denn wirklich gar so schwer?" lachte ich.

„Leicht ist es nicht, Sihdi, denn ich habe nicht alles verstanden, weil von drei Personen und vier Ortschaften die Rede war, die ich wieder vermischte. Während von diesen Personen gesprochen wurde, ritt meine Seele zwischen Bagdad, Madaïn, Kut el Amara und Hille immer hin und her, ohne Einsicht in die Tiefen der Weisheit zu finden, die über deine Lippen floß."

„Es handelt sich nicht um drei, sondern nur um zwei Personen."

„Nein, um drei. Du, der Ssäfir und der Pädär-i-Baharat. Ihr seid doch drei Personen, das wirst du mir nicht bestreiten wollen. Diese Leute wurden so durcheinandergemengt, daß ich jetzt nicht weiß, ob du der Pädär oder dieser der Ssäfir oder der Ssäfir und du oder du der Ssäfir oder aber der Ssäfir der Pädär sein soll. Mit wem bist du denn eigentlich verwechselt worden, und wie muß ich es anfangen, dich mit ihm, und euch dann mit dem dritten auseinanderzubringen?"

„Der Sill hat mich für den Pädär-i-Baharat gehalten; das mußt du doch verstanden haben."

„Für den Pädär-i-Baharat? Wenn er das getan hat, so konnte es nicht verstanden werden, denn es war ja gar kein Verstand dabei! Wer dich, den berühmten Kara Ben Nemsi Effendi, für diesen Schurken hält, verdient durchgepeitscht zu werden. Hätte ich diese Frechheit des Sill durchschaut, so wäre meiner Kurbatsch eine Arbeit geworden, von der der Rücken dieses Menschen noch lange hätte erzählen können! Aber nun, da du mir das erklärt hast, begreife ich alles andere: der Ssäfir, dieser Feind unseres guten Binbaschi, befindet sich in Hille?"

„In der Nähe von Hille. Sein Versteck liegt in einem Tamariskengebüsch zwei Stunden oberhalb der Stadt. Er ist dort wohlgeborgen, weil man außer der Beschwerlichkeit des Weges auch die Geister der Erschlagenen scheut, die dort umgehen sollen."

„Sehr gut! Das gefällt mir außerordentlich! Ich werde auch dort umgehen und ihm als Geist erscheinen! Und ich werde einen anderen Geist mitnehmen, der aus der Haut eines Nilpferdes gefertigt ist! Und dieser Geist wird auch umgehen, aber nicht im Wasser oder am Ufer, sondern auf seinem Rücken! Er wird so lange auf diesem Rücken umgehen, bis der Ssäfir selber auch ein Geist geworden ist, nämlich ein Geist der Wehmut und der Klage über die Hiebe, die er von mir empfangen hat, weil er unseren lieben Binbaschi um sein Geld und seine Stellung brachte! Was wird der Schurke in seinem Versteck treiben?"

„Du hast ja gehört, daß er auf *Leichen* wartet."

„Die gönne ich ihm! Mag er sie verzehren in jeder Weise, die ihm beliebt, gekocht, gebacken, gebraten oder gleich frisch aus dem Sarg heraus! Aber war nicht auch von einer anderen Karawane die Rede?"

„Ja, von der Karwan-i-Pischkhidmät Baschi."

„Das verstehe ich nicht. Ich spreche jetzt doch ziemlich gut persisch, aber was ein Pischkhidmät Baschi ist, weiß ich nicht."

„Dieses Wort bedeutet einen Färâsch-Baschi[1], einen Hofbeamten des Schah-in-Schah."

„Also einen hohen Angestellten, der sich jetzt unterwegs bei einer Karawane zu befinden scheint?"

„Ja."

„Was hat der Ssäfir mit ihm vor?"

„Das weiß ich nicht!"

„Du weißt es nicht? O Sihdi, wie tief betrübst du meine Seele! Dein Auge ist doch sonst so scharf, und dein Ohr pflegt alle Töne zu vernehmen, vom Brausen des Sturms und dem Schlag des Donners bis herab zum lieblichen Gesang der Ssaraßir[2]. Und die Absichten dieses Ssäfir, der doch tausendmal größer als eine Grille ist, sind dir verborgen geblieben?"

„Eine Grille zirpen zu hören und die geheimen Absichten eines arglistigen Verbrechers zu durchschauen, das sind zwei sehr verschiedene Dinge. Was der Ssäfir mit der Karawane des Kammerherrn vorhat, kann ich nicht wissen, aber doch vermuten."

„Nun, und was vermutest du?"

„Daß er sie mit Hilfe der von ihm angeworbenen Ghasai überfallen will. Aus dieser Verbindung mit den Ghasai ziehe ich übrigens den für uns vielleicht wichtigen Schluß, daß er entweder nicht genug Sillan bei sich hat, oder daß diese sich zum Überfall einer Karawane nicht hergeben würden, weil sie keine Räuber und Mörder sind, sondern weniger verbrecherische Aufgaben verfolgen."

„Aber der Pädär-i-Baharat war auch ein Sill und wollte uns doch morden!"

„Das kann eine Ausnahme gewesen sein. Du hattest

1 Oberster der Kammerdiener
2 Mehrzahl von Ssarßur = Grille

ihn geschlagen, und wir wissen, daß Schläge nur mit Blut abgewaschen werden können."

„Ich glaube nicht an eine Ausnahme, Sihdi. Nun denke ich, wenn der Ssäfir die Karawane des Kammerherrn überfallen will, muß er sich doch gute Beute von dieser Karawane versprechen?"

„Allerdings. Es ist auch leicht begreiflich, obgleich ich auch da keine Gewißheit, sondern nur eine Vermutung hege. Sie hängt mit der Majdana koma[1] in Paris zusammen."

„Paris, die Hauptstadt der Franken? Eine Majdana koma, wo alles gezeigt wird, was ein Volk geschaffen und gearbeitet hat? Wie wird diese vom Ssäfir und dem geplanten Überfall berührt?" fragte Halef erstaunt. „Sihdi, du bist der klügste Mann unter allen, die ich kenne, aber den Ssäfir vermagst du unmöglich mit Paris und der Majdana koma zusammenzubringen."

„Ich werde es wenigstens versuchen. Der Schah hat nämlich die Absicht, nach Paris zu reisen, um diese Majdana koma zu sehen. Alle seine Beamten sind damit einverstanden, aber die Geistlichkeit ist dagegen. Er jedoch weiß ebensogut wie jeder andere Muslim, wie man die frommen Leute zur besseren Einsicht bringen kann: man muß sie kaufen. Diese schiitischen Geistlichen sind alle für Gold zu haben, vom obersten Imam-Dschuma bis hinunter zum niedrigsten Mullah. Man beschenkt einige Moscheen, gibt einigen einflußreichen Imams einen klingenden Händedruck, und wenn das noch nicht hilft, so greift man zum wirksamsten Mittel, das noch nie vergeblich angewendet wurde, nämlich man sendet eine Karwan-i-Raschwa[2] zu den heiligen Städten und kann dann sicher sein, daß der Erfolg nicht auf sich warten läßt. Die Priesterschaft von Meschhed Ali und Kerbela hat auf die Anhänger der Schia einen sehr großen Einfluß."

1 Ausstellung 2 Karawane der Bestechungsgeschenke

„Weiter, Sihdi! Ich beginne jetzt zu begreifen. Du stehst im Begriff, meinen vorhin ausgesprochenen Zweifel zu besiegen."

„Eine solche Karwan-i-Raschwa vertraut man nur einem wohlgeprüften Mann an, von dem man weiß, daß man sich auf ihn verlassen kann. Und wen kennt der Schah bei den an seinem Hof herrschenden Verhältnissen wohl genauer als seine Kammerherren? Unter diesen Vertrauten sucht er sich den vertrautesten und zuverlässigsten aus, um ihm die reichen Gaben mit den ebenso wichtigen, wie geheimen Aufträgen zu übergeben, und wenn der Zug dann aufgebrochen ist, kann er ebensogut eine Karwan-i-Raschwa wie eine Karwan-i-Pischkhidmät Baschi genannt werden, weil sich ein Kammerherr an ihrer Spitze befindet."

„Das klingt so einfach", gestand der Hadschi, „daß ich mich darüber wundere, es nicht selber erdacht zu haben."

„Ich überlege noch weiter, lieber Halef. Du hast gehört, daß der Pädär-i-Baharat den Ssäfir über die Karawane unterrichtet hat. Er ist in Persien, wahrscheinlich in der Hauptstadt, gewesen und hat das Vorhaben des Kammerherrn erlauscht. Eine auf Befehl des Herrschers unternommene Reise zum Zweck, wertvolle Geschenke zu überbringen, wird gewiß möglichst geheimgehalten, zumal das Unternehmen gegen die bisherige Stimmung der Geistlichkeit gerichtet ist. Es hat also jedenfalls viel Zeit gekostet, viel Aufmerksamkeit und List, viel Geld, um irgendeinen oder mehrere Wissende zu bestechen, also ungewöhnliche Opfer, in dieses Geheimnis einzudringen, und wenn das alles dem Pädär-i-Baharat nicht zuviel gewesen ist, so muß es sich um eine sehr lohnende Sache handeln. Er hat dann von Persien aus einen Boten hierher gesandt, und der Ssäfir hat der Karawane Kundschafter entgegengeschickt. Auch das sind Umstände, die darauf schließen lassen, daß diese Karwan-i-Pischkhidmät Baschi von großer Wichtigkeit für die beiden ist, wahrscheinlich von größerer noch als die sogenannten *Leichen,* die auf dem Euphrat herabkommen werden."

„So ist sie auch für uns wichtig, Sihdi?"

„Jetzt noch nicht, sie kann es aber unter Umständen werden. Wir beabsichtigen kein Zusammentreffen, weder mit dem Pädär-i-Baharat noch mit dem Ssäfir. Wenn es dennoch stattfinden sollte, so müssen wir gewärtig sein, mit in diese geheimnisvolle Angelegenheit gezogen zu werden, denn wir haben den Ssäfir vor und den Pädär hinter uns, und der Ort, an dem sie sich treffen wollen, ist zugleich der, den wir aufzusuchen beabsichtigen. Es gibt wahrscheinlich nur ein Mittel, die Begegnung zu vermeiden."

„Welches?"

„Auf den Besuch der Stätten zu verzichten und nach Bagdad zurückzukehren, wobei wir, um nicht auf den Pädär zu treffen, einen anderen Weg einschlagen müßten."

„Das fällt mir nicht ein, Sihdi! Was ich mir einmal vorgenommen habe, das wird ausgeführt. Am allerwenigsten würde ich wegen dieser Halunken darauf verzichten, denn das würde so aussehen, als fürchteten wir uns vor ihnen. Wir haben beschlossen, zu den Ruinen von Babylon zu reiten, und werden es auch tun. Oder bist du etwa anderer Meinung?"

„Nein."

„So laß uns aufbrechen! Die Pferde haben getrunken, und unser Wasserschlauch ist gefüllt. Mag kommen, wer da will, die Sillan oder andere Schatten, ich bin in jedem Augenblick bereit, ihnen mit meiner Peitsche zu erklären, daß ihnen die Gefühle meines Herzens mit großer Lebhaftigkeit entgegenschlagen. Hörst du wohl, Sihdi, entgegen — schlagen habe ich gesagt!"

Er zog bei diesen Worten die Kurbatsch aus dem

Gürtel und machte einige pfeifende Hiebe durch die Luft. Dann sagte er:

„So, nun ist der Wasserschlauch an den Sattel gebunden, und wir können fort."

„Ja, reiten wir weiter! Wir wollen aber nicht vergessen, die Ringe der Sillan von den Fingern zu ziehen und wieder einzustecken."

„Warum?"

„Weil wir nur dann, wenn es uns Nutzen bringt, für Sillan gelten wollen. Wenn jeder Sill, der uns begegnet, uns für seinesgleichen hält, können wir in unangenehme Lagen geraten."

Wir stiegen wieder auf und verließen den Han. Die Karawanen suchen, wenn sie nach Hille gehen, von hier aus noch die Khane Nasrije und Mahawid auf. Wir aber unterließen es, weil wir jede unwillkommene Begegnung vermeiden und gerne auch den gleichen Weg einhalten wollten, den wir damals eingeschlagen hatten, um der Todeskarawane auszuweichen und ihren Gestank zu vermeiden.

Ich spreche zwar von einem Weg, aber es war keiner vorhanden. Wir ritten über freies Feld oder vielmehr über die ungebahnte Wüste, wobei wir viele alte, längst ausgetrocknete Kanäle und Gräben überschreiten mußten. Zwar hatte ich mich damals schon im Fieberstadium der Pest befunden, in einem traumhaften Zustand, der es mir unmöglich gemacht hatte, mir die Gegend einzuprägen, dennoch aber erkannten wir heute in der Öde jeden hervorstechenden Punkt, an dem wir vorüber gekommen waren.

„Hier war es, Sihdi", sagte Halef, indem er sein Pferd anhielt, „wo wir seinerzeit abstiegen, um die größte Tageshitze vorüberzulassen, und wo mir dein Aussehen aufzufallen begann. Dein Angesicht war grau und dunkle Ringe zogen sich um deine Augen. Ich mußte dir Wasser und Essig geben, aber dein Blick blieb den noch ohne Seele, und ich ahnte, daß du alle Kräfte anstrengtest, um aufrecht zu bleiben, und mir das verschwiegst, um mein Herz nicht zu betrüben."

„Ja, es war eine schlimme Zeit, Halef", bestätigte ich. „Ich war nur noch ein Schemen. Während wir über die Wüste jagten, flog sie wie ein trostloses Hirngespinst an mir vorüber, und die Menschen, die bei mir waren, glichen Gespenstern. Wenn es dir recht ist, werden wir uns nach der damaligen Zeiteinteilung richten und heute an der gleichen Stelle am Birs Nimrud übernachten."

„Ganz wie du willst, Sihdi. Wie lange müssen wir noch bis Hille reiten?"

„Es sind vier Stunden."

„So treffen wir in der größten Sonnenglut dort ein und können sie vorüberlassen, bevor wir dann weiterreiten."

Gegen Mittag erreichten wir die am linken Euphratufer liegenden Palmenpflanzungen. Wir sahen die Ruine El Himaar rechts vor uns liegen, dann die Höhe des Tell Babil und das Kasr, die Überreste der einstigen Königsburg, in deren Räumen Alexander der Große starb. Der näherliegende Hügel Amran Ibn Ali trug wahrscheinlich die berühmten Hängenden Gärten der Semiramis. Auch links zeigte sich eine Menge Ruinen, deren gewaltigste noch heutigentags Babil heißt. Die mohammedanische Sage erzählt, daß im Innern die beiden gefallenen Engel Harut und Marut an den Beinen aufgehängt wurden und noch jetzt in dieser Stellung dort verharren. Als wir Hille erreichten, ritten wir über die Schiffsbrücke hinüber und kehrten in einem Mensîl[1] ein, das wir dem Han vorzogen, weil es heute keine Gäste hatte, dafür aber ein ziemlich großes unterirdisches Gemach, dessen Kühle eine Wohltat war. Als wir die Pferde unter ein Schutzdach gestellt und mit Futter

1 Arabisches Gasthaus

und Wasser versorgt hatten, stiegen wir in den Keller hinab, worauf sich Halef mit Erlaubnis des Handschi[1] in die Matbach[2] begab, um mit eigenen Händen für uns ein Huhn mit Reis zu bereiten, während ich mich auf ein Kissen legte.

Hille ist ganz aus den Ziegeln der babylonischen Trümmerhaufen erbaut worden und bildet den Hauptort des Bezirks Diwanije. Hier trennen sich für die Karawanen die Wege nach Kerbela und Nedschef Ali. Unter den öffentlichen Gebäuden ist die Moschee Esch Schems[3] das bedeutendste. Die zehntausend Bewohner sind schiitische Perser und Araber und so fanatisch gesinnt, daß ich mich sehr hütete, dem Wirt zu sagen, daß ich ein Christ sei. Er hätte mich keinen Augenblick bei sich geduldet, und alles, was ich berührt hätte, wäre für unrein erklärt und einer priesterlichen Säuberung unterworfen worden, deren Kosten ich hätte tragen müssen. Da ich von Unreinheit und Säuberung spreche, möchte ich bemerken, daß die Bewohner von Hille keine Veranlassung haben, auf ihre Reinlichkeit stolz zu sein. Soviel ich sah, scheint die Stadt vielmehr eine Ablagerungsstätte alles möglichen orientalischen Schmutzes zu bilden.

Unser Huhn konnten wir zwar mit Genuß verzehren, weil es von Halef selber gebraten worden war. Als wir uns hierauf saure Milch bestellten — Hille ist nämlich wegen seiner sauren Milch weithin berühmt —, mußten wir die obere Schicht abschöpfen, weil sie wegen des darauf liegenden Schmutzes für uns ungenießbar war. Der Handschi sah das und wollte es übelnehmen. Er fragte mit gerunzelter Stirn nach der Ursache. Halef, der in solchen Sachen immer Zungenfertige, wußte sofort eine Ausrede.

„Verzeih uns, o Vorbild frommer Gastlichkeit! Wir sind Büßer und haben, um uns zu strafen und in der

1 Wirt, Pächter eines Han 2 Küche 3 Sonnenmoschee

Entsagung zu üben, ein Gelübde getan, von keiner Speise, die wir genießen, das Beste zu essen, und du wirst doch zugeben, daß das, was wir abgeschöpft und weggeworfen haben, von deiner Milch das Beste war."

„Allah sei euch gnädig und gebe euch Kraft, euer Gelübde bei allen Speisen und nicht bloß bei der Milch auszuführen! Ihr hättet vom Huhn doch auch das Beste übriglassen sollen, habt es aber ganz verzehrt."

„Du irrst, denn wir haben es nicht verzehrt."

„Ich erblicke aber nichts mehr!"

„Wirklich? Erlaube, daß mir um das Licht deiner Augen bang wird! Was wäre ein Huhn, wenn ihm nicht die Knochen zur Aufrechterhaltung seines Wuchses verliehen wären? Und wie könnte es bestehen, wenn es nicht Federn besäße, die den Schmuck seiner Schönheit bilden? Wenn Allah dich mit der Gabe der Vernunft gesegnet hat, wirst du also erkennen, daß die Knochen und die Federn am Huhn das Beste sind. Nun schau hierher! Da siehst du die Knochen liegen. Und wenn du oben in die Küche gehst, wirst du auch die Federn entdecken, von denen wir keine einzige mitgegessen haben."

Der Mann wußte nicht, was er dazu sagen sollte, und ging verdrießlich brummend hinauf. Halef aber lachte lustig vor sich hin.

Nach einiger Zeit kam der Handschi mit drei Leuten zurück, die in alte, verschlissene Maschlachs[1] gekleidet waren und nicht sehr vertrauenerweckend aussahen. Sie betrachteten uns mit auffälliger Neugier und setzten sich nahe bei uns nieder. Nachdem sie sich Tschibuks und Kaffee bestellt hatten, wendete sich einer von ihnen an uns:

„Wir sahen droben eure Pferde stehen und haben sie bewundert. Wer so ein Tier besitzt, muß sehr reich sein. Darf ich fragen, wo eure Heimat liegt?"

1 Wollmäntel

Halef warf mir einen fragenden Blick zu. Ich winkte ihm leise zu, und so übernahm er die Antwort.

„Wir wohnen im fernen Land Schibiri[1], wo die Berge bis zum Mond hinaufreichen und weiß vom Schnee sind, in den sich dort der Regen zu verwandeln pflegt."

„Allah! Wie kalt muß es dort sein! Wir wissen hier nicht, was Schnee ist, haben aber davon gehört. Es wohnen wohl Sunniten dort?"

„Nein, lauter Schiiten."

„So segne Allah dieses Land und lasse ihm hunderttausend Palmen für jeden Bewohner wachsen! Sind die Leute dort wohlhabend?"

„Ja, alle!"

„Das sieht man an euren Pferden. Wenn diese Bewohner auf Reisen gehen, stecken sie wohl nur Gold in ihre Taschen?"

Halef war, indem er den Reichtum bejahte, sehr unvorsichtig gewesen, und er konnte dadurch die Raublust dieser Menschen leicht auf uns lenken. Jetzt entgegnete er klüger.

„Nein. Sie stecken gar nichts ein, denn man ist dort so gastfreundlich gesinnt, daß niemand Geld zu haben braucht."

„Aber hier muß jede Gastfreundschaft belohnt werden; sie tragen also wohl Kostbarkeiten mit sich? Vielleicht Perlen oder gar edle Steine?"

„Edle Steine? Was für Steine meinst du da?"

„Diamanten, Rubine, Smaragde, Türkise."

„Allah, Allah! Sind etwa diese bei euch hier edel?"

„Gewiß!"

„Welch ein Land! Und welch ein Volk seid ihr! Bei uns in Schibiri bestehen sämtliche Gebirge massiv aus solchen Steinen. Die werden also gar nicht geachtet; die Wege sind mit Diamanten gepflastert, und die Häuser

1 Sibirien

werden aus Rubinen und Türkisen errichtet. Zum Bau der Moscheen nimmt man nur Smaragde, die so groß sein müssen wie zehn eurer Kieselsteine."

Jetzt sah der Mann ein, daß er von Halef gefoppt worden war. Er griff zum Messer und drohte:

„Schweig! Wenn du beabsichtigst, uns zu beleidigen, wirst du diese Klinge fühlen!"

„Laß sie stecken!" lachte der Hadschi. „Wir haben auch Messer. Deine große Neugier verdiente eine Lehre, und die habe ich dir gegeben. Wir halten unseren Kef und wollen ruhen. Warum läßt du uns nicht unbelästigt. Wir sind keine Knaben, denen man mit unvorsichtigen Fragen nahen darf. Das will ich dir noch sagen, und nun laß uns in Ruhe!"

Da sprang der Mann auf, hielt ihm die geballten Fäuste hin und schrie:

„Das sind Beleidigungen, für die ich dich erstechen würde, wenn ich nicht — wenn wir nicht Solaib wären! Hast du von diesem Stamm gehört?"

Nach einem alten Übereinkommen erfreuen sich die Solaib des ungestörtesten Friedens. Niemand darf einen Solaib feindlich behandeln. Dafür sind die Angehörigen dieses Stammes auch verpflichtet, ihrerseits alles zu vermeiden, was herausfordernd wirken kann. Wir wußten von den zwei Boten des Ssäfir, daß dieser sich mit einer Schar Ghasai verbunden hatte, die sich für Solaib ausgaben. Wahrscheinlich gehörten diese drei zu ihnen. Da der Hadschi die Schuld an diesem immerhin unangenehmen Auftritt trug, ließ ich ihn nicht weitersprechen, sondern richtete nun selber einige warnende Worte an den Sprecher:

„Wenn du wirklich ein Solaib bist, so mache der Friedfertigkeit deines Stammes keine Schande und setze dich ruhig nieder! Wir sind, wenn wir mit jemandem sprechen wollen, gewöhnt, das Wort selber zu ergreifen. Warte also ab, was uns beliebt!"

„Ihr scheint euch für sehr vornehme Leute ausgeben zu wollen", höhnte er. „Ich aber will euch sagen, was ihr seid! Ihr seid —"

Ich sprang rasch auf, trat nahe vor ihn hin und herrschte ihn an:

„Nun, was sind wir? Sprich!"

Er hatte den Mund noch offen und vergaß, ihn zuzumachen, obgleich er mit der Antwort zögerte. Während ich seinen Blick mit meinem Auge festhielt, wich er langsam Schritt um Schritt zurück, setzte sich dann nieder, wo er vorhin gesessen hatte, und sagte kein Wort. Auch ich suchte meinen Platz wieder auf und stellte mich, als wäre außer uns niemand anwesend. Es dauerte nicht lange, so entfernten sich die Beduinen, doch nicht, ohne uns vorher drohende Blicke zugeworfen zu haben.

„Sihdi, der hatte Angst vor dir!" lachte Halef. „Ich sah ihm die Feigheit gleich am Anfang an."

„Das ist kein günstiges Zeugnis für dich! Reizt man einen Feigling zum Zorn?"

„Wie du nur wieder einmal bist, Sihdi! Du selber hast mich doch durch deinen Wink aufgefordert, ihm zu antworten!"

„Habe ich dich aufgefordert, es in der Weise zu tun, in der es geschehen ist?"

„Konnte ich anders? Was hatte er nach unserem Vermögen zu fragen. Ein ehrlicher Mann tut das nicht, und von einem unehrlichen Menschen muß es beleidigen, denn er hält mich für dumm genug, es ihm zu sagen. Ich habe zwar erklärt, daß ich ihn für einen Feigling halte. Ich füge noch hinzu, daß er obendrein ein Schurke ist, und es gibt auch feige Schurken. Was denkst du von diesen Leuten?"

„Ich halte sie für Ghasai, die bei dem geplanten Überfall der Karawane beteiligt sein sollen. Ich wollte, sie wären nicht hierhergekommen."

„Mögen sie sein, wer und was sie wollen, mir ist es gleich. Und wenn sie das sind, was du denkst, so müssen sie auf die Karawane achtgeben und haben keine Zeit übrig, sich mit uns zu beschäftigen. Wir sind vor ihnen sicher. Doch — horch!“

Wir hörten das Geräusch schlagender Hufe und begaben uns schnell hinauf in den Hof. Die Beduinen, bei denen sich auch der Handschi befand, hatten unsere Pferde losgebunden und bemühten sich aufzusteigen. Die Hengste sträubten sich dagegen. Als Halef das sah, griff er zur Peitsche. Ich nahm ihn beim Arm.

„Nicht schlagen! Es ist frech von ihnen, aber sie sollen ihren Willen haben und ihre Strafe dadurch finden, daß sie abgeworfen werden.“

Er bezwang seinen Grimm und erwiderte mit einem ärgerlichen Lachen:

„Ganz recht, Sihdi! Aber sie sollen so herunter, daß sie es nicht leicht vergessen werden. Überlaß das mir! Ich bringe das besser fertig, denn ich habe es mit den Rappen eingeübt.“

Der kleine Scheik machte ein anscheinend wohlwollendes Gesicht, ging auf die Leute zu und fragte:

„Ihr wollt die Pferde versuchen?“

„Ja, das wollen sie“, meinte der Wirt. „Aber die Tiere haben den Scheïtan[1] im Leib und lassen niemanden in den Sattel.“

„Ja, sie sind gewöhnt, nur gute Reiter zu tragen und scheinen diesen Solaib nichts zuzutrauen.“

Weil das etwas höhnisch klang, fiel einer der Beduinen schnell ein:

„Das mögen sie nur abwarten! Das Aufsteigen zu verwehren, ist weiter nichts. Wenn wir erst oben sitzen, dann sollen sie erfahren, ob wir Reiter sind oder nicht! Wir fordern dich auf, sie nur erst zu beruhigen!“

„Diese Liebe kann ich euch erweisen; aber ich warne

[1] Teufel

euch vorher, sie werden euch abwerfen. Gebt mir nicht die Schuld, wenn ihr die Hälse brecht!"

„Unsere Hälse gehören uns und nicht dir: Wir werden sie selber zu hüten wissen!"

„Gut! Macht, daß ihr hinaufkommt! Und haltet euch fest, sonst seid ihr schneller wieder unten als oben!"

Daß diese Leute sich ohne Erlaubnis an unsere Pferde gemacht hatten, braucht nicht aufzufallen. Der Beduine ist ein geborener Reiter und gerät sehr leicht in Entzücken, wenn er ein reinblütiges Pferd sieht. Sein Verlangen, es zu versuchen, ist verständlich. Daher die Begeisterung und der Wunsch dieser drei Männer, den sie wegen des vorangegangenen Streits nicht hatten aussprechen wollen.

Die Hengste waren aufgeregt. Sie schlugen noch jetzt um sich, obgleich wir, ihre Herren, nun zugegen waren. Da hob Halef den Arm und rief das Wort „Ssuß[1]!" Sofort standen sie unbeweglich. Zwei der Beduinen stiegen auf und fanden den gewünschten Gehorsam. Sie ritten die ganze Schule durch und ahmten schließlich die Bewegungen des Barud-Spiels mit den plötzlichen Zickzackbewegungen nach, was hier im engen Hof nicht ungefährlich war. Ich bemerkte, daß die Augen der Rappen fortwährend auf Halef gerichtet waren. Die klugen Tiere wußten, worum es sich handelte. Eben jagten beide Reiter von entgegengesetzten Seiten aufeinander los, da erscholl Halefs Ruf: „Litaht, litaht[2]!"

Der Hadschi trennte beide Worte durch einen schrillen Pfiff. Das war das Zeichen. Die Rappen warfen sich mitten im Galopp hoch in die Luft — ein katzenartiges Krümmen des Rückens, ein blitzschnelles Auffußen und Wiederhochspringen — — die Reiter flogen in weiten Bogen aus den Sätteln und mit lautem Prall auf die Ziegel nieder. Es herrschte kurze Zeit tiefe Stille. Die Pferde standen ruhig, und die Abgeworfenen

1 Still! 2 Herunter!

lagen unbeweglich. Auch der Handschi und der dritte Beduine rührten sich zunächst nicht, dann aber eilten sie zu den am Boden Liegenden hin. Auf dem Gesicht Halefs lag der Ausdruck stolzer Freude.

„Was sagst du dazu, Sihdi?“ fragte er. „Wie sind die Hengste geschult?“

„Vorzüglich“, lobte ich. „Aber ich glaube, die Reiter haben Schaden genommen!“

„Das ist mir gleich. Was haben sie sich mit unseren Pferden zu schaffen zu machen? Ich habe sie gewarnt, und du bist Zeuge, daß sie für ihre Hälse selber sorgen wollten. Schau hin, sie haben ihren Lohn!“

Der eine wollte sich aufrichten; er konnte nicht, denn er hatte das Bein gebrochen; der andere lag besinnungslos; ob auch er verletzt war, ließ sich jetzt nicht entscheiden. Wir gingen, um unsere Sachen aus dem Keller zu holen. Als wir wiederkamen, hatten sich die Kerle besprochen und einen Beschluß gefaßt, den anscheinend der Handschi uns mitteilen sollte, denn er erkundigte sich feindselig bei mir: „Ihr scheint fortzuwollen?“

„Ja“, bestätigte ich.

„Das geht nicht. Ihr müßt bleiben.“

„Warum?“

„Du siehst, was hier geschehen ist. Dieser Mann hat das Bein gebrochen, und der da ist vielleicht tot!“

„Was geht das uns an! Wir haben sie gewarnt.“

„Aber ihr habt den Pferden ein Zeichen gegeben, sie abzuwerfen!“

„Das geht dich nichts an. Du wirst uns zunächst sagen, was wir dir für das Essen bezahlen müssen.“

„Später. Ich lasse euch nicht fort.“

„Pah! Du wirst uns wohl nicht halten.“

„Das werde ich gewiß, und wenn ihr mir nicht gehorcht, so werde ich meine Klage bis zum Pascha treiben!“

„Wenn du denkst, uns dadurch zu ängstigen, daß du

eurem hiesigen Sandschaki den hohen Titel eines Pascha gibst, so irrst du dich. Wir stehen unter dem unmittelbaren Schutz des Padischah, und selbst wenn das nicht wäre, so würden wir uns selber zu beschützen wissen. Willst du uns mitteilen, was das Essen kostet?"

„Nein!"

„So bezahle ich, was mir beliebt. Es wird mehr sein, als du fordern darfst. Hier hast du!"

Ich nahm das Geld aus dem Beutel und reichte es ihm hin. Da schlug er mir von unten an die Hand, daß die Geldstücke zur Erde flogen. Ich warnte ihn:

„Höre, Mann, ich bin nicht gewohnt, daß man mich schlägt oder in ähnlicher Weise beleidigt. Versuchst du das noch einmal, so zeige ich dir, wie ich solche Frechheiten bestrafe! Geh weg!"

Der Handschi stellte sich mir nämlich in den Weg, weil er sah, daß ich in den Sattel wollte. Halef hatte sich schon aufgeschwungen. Die Beduinen riefen dem Wirt zu, uns nicht fortzulassen. Er wagte es auch wirklich, mich am Arm zu packen.

„Laß los!" forderte ich ihn auf.

„Du bleibst!" herrschte er mich an, während er mich festhielt.

„So fliege dorthin, wo schon die anderen liegen!"

Ich gab dem Handschi einen Hieb unter das Kinn, daß er zurücktaumelte, faßte ihn bei der linken Hüfte und unter dem rechten Arm, hob ihn auf und warf ihn auf den dritten Beduinen, der ihm zu Hilfe eilen wollte. Beide stürzten nieder. Bevor sie sich aufraffen konnten saß ich auf dem Pferd, und wir ritten fort. Hinter uns brüllten die Leute. Wir achteten nicht darauf und trabten, ohne von ihnen verfolgt zu werden, durch den westlichen Stadtteil und die dortige Palmenwaldung der Gegend zu, in der südwestlich von der Stadt der Birs Nimrud in der Nähe der Ruine Ibrahim Chalil liegt.

8

ALS PASCHER VERDÄCHTIG

Die Entfernung bis zum Birs Nimrud beträgt nicht ganz drei Stunden. In dieser Zeit begegneten uns nur einige einsam wandernde Menschen. Als wir dort anlangten, war die Sonne im Untergehen, und wir machten am Fuß der Ruine an der Stelle halt, an der wir einst unser Lager aufgeschlagen hatten. Es war kein Mensch weithin zu sehen. Wir konnten unsere Pferde ohne Aufsicht unten stehen lassen und stiegen auf die Höhe des Turms, um einen Blick über das weite Ruinenfeld zu werfen. Oben befanden wir uns an einer der berühmtesten Stätten der Religions- und Weltgeschichte!

Wie damals dachte ich an die Worte der Heiligen Schrift:

„Und die Menschen sprachen: Wohlan, lasset uns eine Stadt und einen Turm bauen, dessen Spitze bis an den Himmel reicht, damit wir uns einen Namen machen!“

Die Stadt wurde gebaut und Babel genannt. Der Name ist noch da; aber wo ist die Stadt und wo der Turm? Trümmer und nichts als Trümmer weit umher, und da, wo der Turm bis gen Himmel reichen sollte, stand ich nun zum zweitenmal und erinnerte mich der Worte:

„Wo der Herr nicht das Haus baut, da arbeiten die Meister umsonst, und wenn der Herr nicht die Stadt behütet, da wachen die Wächter umsonst!“

Erschüttert vom Anblick der gewaltigen Ruinen dachte ich daran, wie oft ich die Weissagung Jeremias' gelesen hatte, die wie Posaunenschall über das von Gott gerichtete Sinear erklang! An den Wassern Babylons, an den Ufern des Euphrat und an den Rändern der Seen und Kanäle saßen die heimatlosen Söhne Abrahams. Ihre Saitenspiele, Psalter und Harfen hingen stumm an den Weiden, und ihre Tränen rannen zum Zeichen der Buße über ihre Sünden. Und wenn ja eine der Harfen erklang, so ertönte sie vor Sehnsucht nach der Stadt, die den Tempel Jehovas barg, und der Schluß des Klagelieds war: „Ich hebe meine Augen auf zu den Bergen, von denen mir Hilfe kommt." Und der Herr erhörte diese Gebete. Es erklang die gewaltige Stimme Jeromijahus aus Anathot, den wir Jeremias nennen, und das weinende Volk lauschte seinen Worten:

„Dies ist das Wort des Herrn wider Babel und das Land der Chaldäer: Es ziehet von Mitternacht ein Volk herauf, das euer Land zur Wüste machen wird; es hat Bogen und Schild und ist grausam und unbarmherzig; sein Geschrei ist wie das Brausen des Meeres. Flieht aus Babel, damit ein jeder seine Seele errette; denn es ist ein Kriegsgeschrei und großer Jammer im Land! Es spricht der Herr Zebaot: Siehe, ich will den König zu Babel heimsuchen; rüstet euch wider Babel! Jauchzet über sie um und um; ihre Grundfesten sind gefallen und ihre Mauern abgebrochen. Kommet her gegen sie! Öffnet ihre Kornhäuser; erwürget alle ihre Rinder; belagert sie, und lasset keinen entfliehen! Sie hat wider den Herrn gehandelt; darum sollen ihre Männer fallen und ihre Krieger untergehen zu derselben Zeit. Schwert soll kommen über Babel und seine Fürsten, über die Weissager und Starken, über Rosse und Wagen und über den Pöbel, der darinnen ist. Gleichwie Gott Sodom und Gomorrha umgekehrt hat, so soll auch Babel zum Steinhaufen werden und seine Stätte zur Wüste!"

Und wie schrecklich ist dieses Wort des Propheten in Erfüllung gegangen! Mit 600 000 Streitern zu Fuß, 120 000 Reitern und 1000 Sichelwagen, ungezählt noch Tausende von Kamelreitern, kam Cyrus und eroberte die Stadt trotz ihrer festen Lage, und obwohl sie auf zwanzig Jahre mit Lebensmitteln versorgt war. Später ließ Darius Hystaspis die Mauern niederreißen, und Xerxes beraubte sie aller ihrer Schätze. Selbst der große Alexander konnte das Schicksal der Stadt nicht aufhalten. Es dauerte nicht lange, so wurde auf dem von den Mauern eingeschlossenen Teil der Stadt Getreide gebaut, dann benutzten die Partherkönige Babylon als Wildgehege. Seit der Herrschaft der Araber ist der Name Babylon ganz aus der Geschichte verschwunden, und heute ist nichts mehr von ihr zu sehen als ein weites verwittertes Backsteinfeld, in dem sich selbst das scharfe Auge des Forschers nur schwer zurechtfinden kann.

„So vergeht die Welt mit all ihrer Herrlichkeit, und nur Gottes Wort bleibt ewiglich!"

Die Sonne wollte untergehen, und so stiegen wir wieder hinab zu unseren Pferden, um die Decken für das Nachtlager auszubreiten. Dabei gelangten wir auf einen Vorsprung des Trümmerkolosses, vom dem aus wir etwas bemerkten, was uns oben entgangen war. Es gab da einen alten Kanal, der im Sommer wohl stets austrocknete, jetzt aber voll Wasser war. Er führte auf den Birs Nimrud zu, erreichte ihn nicht ganz, sondern endete in der Entfernung von vielleicht einer Viertelwegstunde von ihm. Er mußte mit ihm in Verbindung stehen, und wir sahen eine Anzahl von Fahrzeugen sich auf ihm bewegen.

„Wer mag das sein, Sihdi?" fragte Halef.

„Das weiß ich ebensowenig wie du", entgegnete ich. „Vielleicht kann es uns gleichgültig sein, wir wissen nicht, welche Richtung diese Fahrzeuge haben. Wir wollen sie betrachten."

Wir bemerkten schon nach kurzer Zeit, daß sie sich näherten. Da man auf solche Entfernung nicht von dort erspäht werden konnte, blieben wir noch eine Weile stehen. Dann mußten wir die Stelle doch verlassen, weil wir sonst entdeckt werden konnten. Während wir hinunterstiegen, sagte Halef:

„Sihdi, ich habe einen Gedanken. Aber ob er richtig ist, weiß ich nicht.“

„Nun?“

„Ich denke an das, was die Boten des Ssäfir sagten, nämlich, daß *Leichen* den Euphrat herunterkommen würden.“

„Auch ich habe diese Ansicht, obgleich ich keinen Grund finde, anzunehmen, daß es sich um diese *Leichen* handelt.“

„Aber bedenke, daß wir es, wenn diese Vermutung richtig ist, mit dem Ssäfir zu tun haben!“

„Das bedenke ich allerdings.“

„Wir müssen vorsichtig sein. Der Ort, wo wir lagern wollen, liegt auf der Seite der Ruine, wohin diese Leute kommen werden.“

„Wenn sie überhaupt kommen, ja, dann freilich. Jetzt müssen wir es ruhig abwarten, ob sie das beabsichtigen. Der Art nach, in der sie sich bewegen, sind die Fahrzeuge nicht Boote, sondern kleine Kelleks, die man bis an das Ende des Kanals rudern wird. Was dann geschieht, werden wir erfahren. Diese Leute können etwas vorhaben, was sie nur an jene Stelle führt und nicht weiter. Sie können die Kelleks aber auch mit Gegenständen beladen haben, die dann vom Kanal aus in die Ruine geschafft werden sollen. In diesem Fall führt die gerade Richtung auf uns zu, was freilich noch lange nicht besagt, daß sie gerade an den Punkt gelangen müssen, wo wir uns befinden. Wir werden wachsam sein und dafür sorgen, daß wir wenigstens für unsere Pferde eine Stelle finden, wo sie nicht so ungedeckt wie jetzt stehen. Es ist noch hell genug, ein solches Versteck zu suchen.“

Als wir unten ankamen, gingen wir am Fuß der

Ruine hin, und es dauerte nicht lange, so bemerkte ich etwas, was meine Aufmerksamkeit erregte, obwohl es mit unserer Absicht, einen verborgenen Ort für die Pferde zu suchen, nicht zusammenzuhängen schien. Es gab da eine Halde lockeren Schutts, aus verwitterten Luftziegeln bestehend, die von oben herabgerutscht waren. An dieser Halde führte da, wo wir jetzt standen, eine undeutliche Fährte empor. Für ein in den Prärien und Urwäldern Amerikas geschärftes Jägerauge war sie deutlich genug. Ich fragte meinen kleinen Hadschi:

„Siehst du diese Spuren, Halef?"

„Spuren?" fragte er verwundert. „Ich bemerke nichts. Was für Leute sollen da hinaufgestiegen sein?

„Es handelt sich nicht um Menschen, sondern um Tiere, die hier öfters auf- und abwärts spazieren."

„Wohl gar Löwen!" lachte er.

„Das nicht. Es sind kleine Tiere, die hier einen häufig benützten Pfad haben."

„Möglich! Ich sehe nichts. Auch kann uns der Spaziergang dieser unbekannten Tiere gleichgültig sein. Komm, Sihdi, wir wollen gleich weiter!"

„Nein. Wir suchen ein Versteck, und die Tiere, die hier verkehren, sind wild. Wilde Tiere aber haben verborgene Lagerstätten, wir werden den Spuren folgen."

Wir stiegen also die Halde empor und kamen an eine von unten nicht bemerkbare Stelle, wo sie einen zur Ruinenwand führenden Einschnitt hatte, der sich durch die Mauer fortzusetzen schien. Ob hier einst ein Tor gewesen oder die Mauer aus einem besonderen Grund an dieser Stelle verwittert und eingestürzt war, ließ sich nicht feststellen. Aber die Lücke war groß genug, auch die Pferde durchzulassen. Wir drangen in sie ein. Sie führte durch gewaltige Ziegelmassen in einen viereckigen Innenraum, der am besten mit einem sogenannten Lichthof zu vergleichen war, obgleich wir keine Fenster entdeckten, die sich vor Zeiten auf ihn geöffnet hatten. Seine Umfassungsmauern waren an vielen Stellen zerrissen und abgebröckelt, und der Boden bestand aus lockerem Ziegelmehl, das hier Stockwerke tief zu liegen schien. Es war in diesem Innenhof dunkler als draußen, dennoch sahen wir die Losung der Tiere in Menge umherliegen und entdeckten nun auch, welcher Art sie waren. Es schien hier ihr Kampf- und Tummelplatz zu sein, denn wir erblickten große Borstenflocken und viel Stacheln rund umher, die den Besiegten ausgerissen oder abgebrochen waren.

„Maschallah!" rief Halef aus. „Wir scheinen da einen Ssuk el Kanafid[1] entdeckt zu haben. Meinst du nicht auch, Sihdi?"

„Ja", bestätigte ich. „Dieser tief versteckte Hof, der wohl seit Jahrtausenden von keines Menschen Fuß betreten wurde, paßt einzig gut für solche nächtliche Stachelborster. Sie können in dem weichen Schutt und den zu Mehl zerbröckelnden Mauern leicht ihre Gänge graben, die oft bedeutend tief sind — ah, da fällt mir das Gemach ein, in das der Binbaschi eingesperrt worden ist! Er sagte, daß es da Stachelschweine gegeben hätte. Ferner sprach er von einem Erdhaufen in der Ecke, und ich war geneigt anzunehmen, daß dieser Haufen aus zerfallenen Ziegeln bestanden hat, durch deren Mehl diese Tiere leicht hindurchdringen konnten. Es hat da also einen Gang für sie gegeben. Ob der wohl auch für Menschen weit genug wäre? Und ob der Gang in diesen Hof mündet?"

„Sihdi, träume nicht! Du willst da Dinge zusammenbringen, die nicht zueinander gehören!"

„Woher weißt du, daß sie nicht zusammengehören?"

„Nach der Beschreibung des Binbaschi hat das Gefängnis höher gelegen, als wir uns befinden."

„Ja, hier an dieser einen Stelle. Aber dort vor uns,

1 Stachelschweinemarkt

zwischen den beiden Ecken steigt der Schutt fast um ein Stockwerk an und — schau hin! Bemerkst du die Löcher, die in die zerrissene Mauer führen?"

„Hm! Ich wundere mich, daß die Kanafid gerade da einen Gang gegraben haben sollen, wo du einen brauchst."

„Ich verbinde Umstände, die im Zusammenhang zu stehen scheinen, vollends miteinander, und ich werde diesen Hof hier morgen etwas eingehender untersuchen, als es jetzt möglich ist. Wir müssen uns beeilen, denn in zehn Minuten wird es völlig dunkel sein."

„Und das Versteck für die Hengste?"

„Ist gefunden. Wir schaffen sie hierher."

„Das denke ich auch. Sie werden zwar etwas klettern müssen, befinden sich dann aber hier so sicher wie im Schoß Ibrahims. Komm, holen wir sie!"

Die zehn Minuten waren noch nicht verflossen, da hatten wir die Tiere in dem Hof untergebracht und suchten unseren Lagerplatz wieder auf, weil wir eine etwaige Annäherung dort am leichtesten bemerken konnten. Der Abendwind hatte sich erhoben. Er wehte aus nördlicher Richtung, und das war uns insofern lieb, als er uns, falls die Leute am Kanal die Absicht hegten, zur Ruine zu gehen, das Geräusch ihrer Schritte zutragen mußte. So verstrichen wohl zwei Stunden, da begann Halef zu pusten und verdrießlich vor sich hinzubrummen, bis er ärgerlich fragte: „Riechst du etwas, Sihdi?"

„Ja", erwiderte ich, denn ich hatte die gleiche Beobachtung wie er gemacht.

„Es beginnt sich in meiner Nase ein schmerzliches Unbehagen zu entwickeln, und die Grundpfeiler der Gesundheit meiner Geruchsnerven scheinen ins Wanken geraten zu wollen. Ich glaube — ah — bah — pschah — — Pfui! Das wird ja immer schlimmer! Das ist schon kein Geruch mehr, sondern ein Höllenduft, gerade als zöge eine Leichenkarawane vorüber."

„Sie wird wohl auch kommen."

„Wer —? Was —? Die Leichenkarawane?"

„Ja, wenn auch keine große, wie wir damals gesehen haben. Man riecht deutlich, daß sie sich nähert. Verhülle deine Nase, aber öffne deine Ohren desto mehr! Horch!"

Wir vernahmen Schritte, die unweit an uns vorübergingen. Einzelne halblaute Befehle erschallten, und dann wurde es wieder still.

„Allah sei Dank, sie sind vorüber!" seufzte Halef erleichtert auf. „Der Wind hat ihre Düfte vertrieben, und wir können nun wieder Atem holen."

„Das magst du tun! Ich werde diese Wohlgerüche noch länger genießen, denn ich will ihnen folgen; ich muß erfahren, wer die Leute sind und was sie hier treiben."

„Oh, Sihdi, laß sie tun, was ihnen beliebt! Was kann es dir für Nutzen bringen, wenn deine Augen sie sehen, aber deine Nase dabei für immer krank und elend wird?"

„Das Wohlbefinden meiner Nase muß mir jetzt leider gleichgültig sein. Ich bin überzeugt, daß es sich wirklich um *Leichen* handelt, die der Ssäfir erwartet, und möchte wissen, was es mit ihnen für eine Bewandtnis hat."

„Gar keine, als daß es gewöhnliche Leichen sind, die nach Kerbela oder Nedschef Ali geschafft werden sollen."

„Nein! Der Bote, der von ihnen sprach, betonte das Wort in eigentümlicher Weise. Und gewöhnliche Leichen würde man auch auf dem üblichen Weg befördern, nicht aber so heimlich den Euphrat hinab, in den Kanal hinein und dann auf Menschenarmen noch hierher."

„So willst du ihnen also wirklich nach?"

„Ja."

„Dann laß ich dich nicht allein fort. Ich begleite dich."

„Das ist nicht nötig. Ich brauche dich nicht."

„Sollst du etwa den Teufelsgestank allein einatmen, während ich hier in den schönsten, reinsten Lüften schwelge? Ich bin mit dir geritten, um alles, was dir begegnet, mitzuerleben. Also muß ich nun auch meinen Teil von diesen beglückenden Gaben der Verwesung haben. Wenn du mich nicht freiwillig mitnimmst, laufe ich dir heimlich nach. Darauf kannst du dich verlassen!"

„Es ist mir nicht lieb, Halef, daß du mitgehen willst!"

„Aber warum?"

„Es ist möglich, daß ich mich Gefahren aussetzen muß, die dir —"

„Gefahren aussetzen? Du?" unterbrach er mich. „Und da soll ich dich ohne die Stärke meines Schutzes lassen? Mutest du mir das wirklich zu, Sihdi?"

„Ja."

„So versichere ich dir, daß ich dir nachlaufen werde, selbst wenn zehntausend Teufel ihre Krallen gegen dich ausstrecken!"

Da er so fest auf seinem Vorsatz bestand, mußte ich ihm seinen Willen tun, denn er war wirklich imstande, seinen Vorsatz auszuführen und mir ohne meine Erlaubnis zu folgen. Ich gab nach.

„Wenn du in dieser Weise darauf bestehst, will ich nicht länger widerstreben und wünsche nur, daß du mir keine Veranlassung zu Vorwürfen gibst. Komm, wir wollen unsere Gewehre zu den Pferden schaffen!"

„Warum das?"

„Sofern man anschleichen will, darf man sich nicht mit schweren Waffen schleppen. Da du aber darauf bestehst, mitzugehen, werden wir sie verstecken."

„Das können wir doch hier tun!"

„Nein. Wir wissen nicht, was geschieht, und müssen

unsere Sachen an einer Stelle beisammen haben. Komm, wir nehmen auch die Decken mit!“

Halef sah die Notwendigkeit dieser Maßregel nicht ein. Ich aber gehorchte dem Gebot der Vorsicht, gegen das ich niemals handle, und es sollte sich leider später herausstellen, daß ich sehr wohl daran getan hatte.

Nachdem wir wieder hinauf zu den Tieren gestiegen waren, sie fester angepflockt und die in die Decken gewickelten Gewehre im Geröll versteckt hatten, machten wir uns auf den Weg, den geheimnisvollen Leuten, die an uns vorübergeschritten waren, zu folgen. Das war nicht leicht, weil seitdem gewiß eine Viertelstunde verstrichen war. Glücklicherweise wurde das, was sich unseren Ohren entzogen hatte, unseren Augen kenntlich, denn wir waren der eingeschlagenen Richtung noch nicht lange gefolgt, so bemerkten wir, als wir um eine Biegung der Ruine schwenkten, in nicht sehr großer Entfernung einige Feuer vor uns leuchten, und zugleich drang in unsere Nasen ein so unbeschreiblicher Gestank, daß wir zurückprallten.

„Allah behüte uns vor dem neunmal geschwänzten Teufel!“ klagte Halef. „O Mohammed, o ihr heiligen Kalifen alle, o ihr Ahnen und Urahnen aller Gerechten und Frommen, die auf Erden leben, welche Qualen der Hölle und welche Leiden der Verdammnis erwarten uns, wenn wir dorthin müssen, wo diese Feuer der Vernichtung meiner Nase brennen! Müssen wir denn wirklich hin, Sihdi?“

„Du nicht, aber ich!“

„So gehe ich auch, und wenn ich tausendmal daran erstickte! Zwar wird mich meine Nase dereinst, wenn ich Rechenschaft ablegen muß, wegen ihres gewaltsamen Untergangs verklagen, und ich werde diesen Mord an ihr schwer zu büßen haben, aber wenn du vorwärts drängst, kann ich doch nicht stehenbleiben. Was mögen diese Unglückseligen dort wohl brennen?“

„Ich vermute, daß sie die Feuer mit den Umhüllungen der Leichen, also mit den Särgen und den Dekken nähren, die von dem Saft der Toten durchtränkt sind und darum diesen unerträglichen Gestank verursachen."

„Eine größere Dummheit kann es nicht geben."

„Es ist keine Dummheit, Halef. Da ihr Tun jedenfalls das Tageslicht zu scheuen hat, brauchen sie Beleuchtung und müssen dann später alles vernichten, was zu ihrer Entdeckung führen könnte. Beide Zwecke erreichen sie dadurch, daß sie die Särge verbrennen. Nur wie sie diesen unerhörten Gestank aushalten können, ist mir unbegreiflich. Du mußt bedenken, daß sie sich in der unmittelbaren Nähe der stinkenden Reste befinden, während wir mit dem Wind kommen und jetzt nur einen geringen Teil der Seligkeit genießen, die dort auf uns wartet."

„Ich möchte den Euphrat voller Tränen weinen, denn das Herz wird mir schwerer, als alle diese Schutt- und Trümmerhaufen wiegen. Aber kein Mensch kann dem, was vor ihm liegt, entgehen, und so wollen wir den ganzen Mut der Seele und alle verfügbaren Kräfte des Geistes zusammenraffen und diese zehntausendfache Hölle der Teufelsdüfte aufsuchen. Vorwärts!"

Hadschi Halef wollte voran. Ich schob ihn aber hinter mich und mahnte: „Du hast hinter mir zu bleiben und gar nichts zu tun, was ich dir nicht erlaube. Wenn du dich nicht genau nach mir richtest, stehe ich für nichts. Wir dürfen uns nicht blicken lassen und müssen Deckung suchen. Wir schleichen darum hier links ins Trümmergewirr hinein und folgen ihm, bis wir die Feuer erreicht haben. Jetzt komm!"

Es lagen zahlreiche große Mauerbrocken umher, bestehend aus Ziegelsteinen, die von dem Erdpechkitt noch fest zusammengehalten wurden. Man konnte sich recht gut dahinter verstecken. Bald gehend oder springend, bald schlüpfend oder kriechend huschten wir dahin, rechts von uns die dunkle, offene Wüste und links die drohenden Riesenreste des Babelturms, an dessen Fuß herabgestürzte Mauerstücke haushoch lagen. Zwischen solchen Bruchstücken brannten die Feuer. Es waren drei, denen wir bald so nahe kamen, daß wir menschliche Gestalten deutlich erkennen konnten. Freilich nahm, je weiter wir vorwärts drangen, die Unerträglichkeit des Gestanks zu, und als wir endlich so weit heran waren, daß wir jedes Wort deutlich verstehen konnten, hatte ich das Gefühl, als wollte mein Inneres sich umkehren. Ich mußte alle Kraft aufbieten, einen gewaltsamen Ausbruch des Ekels zu verhüten.

Glücklicherweise trieb der Wind den dicken Qualm, der sich bei ruhiger Luft auf uns gelagert hätte, fort. Die sich hin und her bewegenden Gestalten hatten beim unsteten Schein der flackernden Feuer das Aussehen von Teufeln, die die Seelen Abgeschiedener aus den Särgen holten, um sie der Hölle zu überantworten. Denn es waren wirklich Särge, die nacheinander aufgesprengt oder aufgerissen wurden. Es waren lange, mumienartige Pakete, die aufgewickelt wurden, damit man zu den Leichen gelangte. Ich zählte über dreißig Männer, die bei dieser fürchterlichen Arbeit beschäftigt waren, und zwar in einer Weise, die erkennen ließ, daß sie darin große Übung besaßen. Das Holz der Särge wurde zertreten, um als Feuerungsmittel zu dienen. Die Decken und Matten, die als Umhüllungen der Leichen nun ihren Zweck erfüllt hatten, gingen den gleichen Weg.

Das Schrecklichste, was sich dem Auge bot, war der Zustand der Leichen. Ja, wenn sie fest und hart wie Mumien gewesen wären, so hätte der Anblick vielleicht nur meine geistige und nicht auch meine körperliche Verfassung empört. Aber die Überreste bildeten, von den Knochen abgesehen, eine halbflüssige Masse, die — doch es ist besser, ich schweige!

Es ist nicht zu sagen, in welcher Weise diese Schufte mit den Menschenresten, die doch für Kerbela oder Nedschef Ali bestimmt waren, umgingen. Die Verwandten der Toten hatten große Summen zahlen müssen, um den letzten Wunsch der Sterbenden, an einem der heiligen Orte begraben zu werden, erfüllen zu lassen, und nun ging man mit den Überresten hier in einer Weise um, die den übernommenen Verpflichtungen grausig hohnsprach.

Während wir das abscheuliche Gebaren beobachteten, machten wir die auffällige Bemerkung, daß die Särge und Pakete nicht bloß Leichen enthielten, sondern neben diesen auch noch verschieden gestaltete, größere oder kleinere Bündel, die mit großer Sorgfalt herausgenommen, abgewischt und dann ein wenig abseits nebeneinandergelegt wurden. Der Inhalt dieser Bündel mußte den Leuten also wertvoller sein als die ihnen anvertrauten Leichen. Worin aber bestand er? Diese Frage fesselte uns lebhaft, vielleicht war sie sogar von Wichtigkeit für uns. Da es unmöglich war, aus der Form der Packen auf den Inhalt zu schließen, so blieb uns nichts anderes übrig, als unsere Beobachtungen fortzusetzen und ruhig abzuwarten, was noch geschehen würde.

Die Gesichter der Leute wurden von den Feuern derart beleuchtet, daß wir sie deutlich erkennen konnten, doch befand sich keines dabei, das wir schon gesehen hatten. Dadurch wurde die von mir gehegte Erwartung, den Ssäfir hier zu finden, zerstört.

Es dauerte trotz der Eile dieser Leute lange, ehe sie alle Särge und Pakete geöffnet hatten und alles von der Leichenbrühe durchzogene Holz und Zeug in die Flammen geschleudert worden war. Zuletzt wurde ein großer Haufe trockenen Tamariskengestrüpps aufgeschichtet, in den man, als er in Brand gekommen war, die herumliegenden Knochenteile warf. Da an diesen noch halbverfaulte Fleischfetzen hingen, wurde der

Gestank jetzt so höllisch, daß es uns unmöglich war, ihn länger zu ertragen. Wir zogen uns so weit zurück, bis wir in eine Luft kamen, die wenigstens ohne Erbrechen eingeatmet werden konnte.

Was noch bei den Feuern geschah, vermochten wir nicht zu beobachten, weil der zwischen uns und ihnen liegende Pestqualm so dick war, daß sie uns nur als kleine, graue Nebelpunkte erschienen. Halef machte seinem bedrängten Innern durch ein so anhaltendes Husten und Niesen Luft, daß ich ihn zur Vorsicht mahnen mußte.

„Vorsicht?" fragte er empört. „Du verlangst Unmögliches von mir, Sihdi! Es ist jedenfalls ganz gleich, ob ich vorsichtig oder unvorsichtig ersticke. Wie kann ein Mensch an Vorsicht denken, wenn seine Nase im tiefsten Abgrund der Dschehenna[1] steckt, während sein übriger Körper noch auf der Erde weilt? Wenn ich der Teufel wäre und für meine lieben Verdammten die schrecklichste der Qualen ersinnen müßte, so würde ich ihnen befehlen, die Leichen persischer Schiiten ins Feuer zu werfen und die Düfte dieser von der Sunna abgefallenen Menschen einzuatmen. Ich sage dir, du bringst mich nicht eher wieder dorthin, wo wir jetzt gewesen sind, als bis sich dieser Gestank der Geruchsverzweiflung völlig verzogen hat!"

„Habe ich dir zugemutet, mich zu begleiten? Oder hast du nicht vielmehr mich gezwungen, dich mitzunehmen?"

„Ja, ich bin selber schuld daran, Sihdi, daß mein ganzes Dasein sich in heller Empörung befindet. Nun wird es keiner Macht der Erde gelingen, mich noch einmal dorthin zu locken, wo das Verderben aller wohlriechenden Nerven mir entgegengähnt!"

„So wirst du also hier auf mich warten?"

„Warten? Wieso?"

1 Hölle

„Ich gehe, sobald sich der dickste Qualm verzogen hat, wieder hin."

„Bist du bei Sinnen, Sihdi? Bedenke, was du tust! Wenn du dich infolge der entsetzlichen Gerüche so umkehrst, daß deine Innenseite nach außen kommt, so erwartest du bei mir vergeblich die Geschicklichkeit, mit dir die zum Weiterleben erforderliche Umwendung vorzunehmen!"

„Das glaube ich wohl. Ich muß trotzdem wieder hin, wenn ich wissen will, was dort geschieht."

„Kannst du das nicht später auch erfahren?"

„Nein. Die Leute werden, sobald sie fertig sind, keinen Augenblick unnötig verweilen, sondern sich sofort entfernen. Ich muß ihnen bald folgen, um zu beobachten, wohin sie sich wenden."

„Wäre es nicht besser, wenn wir sie laufen ließen, wohin sie wollen?"

„Nein. Ich will nicht nur ihr heutiges Ziel, sondern auch noch anderes erfahren."

„Sihdi, nimm es mir nicht übel, wenn ich dich frage, ob das nicht bloß eine, wenn auch sehr mutige, Neugier von dir ist!"

„Hast du mich je einmal neugierig gesehen? Denke doch an unseren Gastfreund in Bagdad, den Binbaschi! Du hast jedes Wort seiner Erzählung gehört und mußt also ganz so wie ich ahnen, daß wir jetzt auf dem Punkt stehen, das Geheimnis seines Feindes, des Ssäfir, zu entdecken. Ich glaube, es liegt die Möglichkeit vor uns, unserem Gastgeber einen großen Dienst zu erweisen, und ich bin der Meinung, daß wir uns diese Gelegenheit nicht durch die Scheu vor den Gerüchen dort zerstören lassen dürfen. Zu dieser Erwägung kommt, aufrichtig gestanden, noch ein weiterer Punkt —"

„Noch ein Punkt!" unterbrach mich Halef ergeben. „Sihdi, wenn du beginnst, Punkte zu bringen, dann ist's mit jedem Widerstand aus; ich kenne dich! Ich weiß, daß dieser Punkt mich überwältigen wird, bitte dich trotzdem, ihn mir mitzuteilen."

„Er betrifft den Ort, an dem wir uns befinden. Wir stehen an einer geschichtlich hochberühmten Stätte. Das heilige Buch der Christen sogar erzählt vom Birs Nimrud, dessen Ruinen da vor uns wie dunkle Gespenster aus einer noch dunkleren Zeit zum nächtlichen Himmel ragen[1]. Es sagt: ‚Die Menschen sprachen: ‚Kommt, wir wollen eine Stadt bauen und einen Turm, dessen Spitze bis an den Himmel reicht, und lasset unseren Namen berühmt machen, ehe wir in alle Länder zerstreut werden!' Und einer sagte zum anderen: ‚Kommt, laßt uns Ziegel machen und sie im Feuer brennen!' Und die Ziegel brauchten sie als Steine und Erdpech als Mörtel. Aber der Herr kam herab, um die Stadt und den Turm zu sehen, den die Söhne Adams bauten, und sprach: ‚Siehe, es ist ein Volk und eine Sprache unter allen, und das haben sie begonnen zu tun und werden von ihren Gedanken nicht ablassen, bis sie selbe im Werk vollbracht haben. Daher kommet, lasset uns niedersteigen und daselbst ihre Sprache verwirren, daß einer des anderen Rede nicht verstehe!' Und also zerstreute sie der Herr von da in alle Länder, und sie hörten auf, die Stadt zu bauen. Und darum heißt man ihren Namen Babel[2], weil daselbst die Sprache der ganzen Erde verwirrt worden ist. Und von da zerstreute sie der Herr über alle Gegenden.'

So erzählt die Heilige Schrift, und die seitdem verflossenen Jahrtausende haben das damals verlassene Bauwerk zwar stürzen, aber nicht vollständig zerstören dürfen, weil es gegenwärtig und noch in fernen Zeiten emporragen soll als eine steinerne Predigt von der Allmacht Gottes. Dieser Birs Nimrud hat gewaltige Weltreiche entstehen und vergehen sehen, und

[1] 1. Mose, 11 [2] „Wirrwarr"; babil von balal (assyrisch) = verwirren

mächtige Fürsten, die über viele Millionen herrschten, sind gewillt gewesen, ihn wieder aufzubauen, damit er ein Denkmal ihres Namens und ihrer Größe sei; aber keiner hat es vermocht, diese Absicht auszuführen. Du siehst, wir halten an einem geschichtlich hochbedeutenden Ort, in dessen Nähe wir beide, du und ich, die gefährlichsten Stunden unseres Lebens verbracht haben. Alles, was sich auf uns bezieht, muß uns fesseln, sogar das menschliche Ungeziefer, das sich durch seine Mauern bohrt, um dahinter die Früchte seiner Verbrechen aufzuhäufen. Menschen, die den Himmel stürmen und Gott gleich sein wollten, haben an ihm gearbeitet, und nun bildet er ein Versteck der sittlichen Verkommenheit, die nicht zur Höhe, sondern in die Tiefe strebt, weil sie das Licht des Tages und das Auge des Gesetzes zu scheuen hat. Begreifst du, daß es mich hinzieht, diesen Leuten nach? Begreifst du, daß ich wissen möchte, was sich hinter den Steinen ereignet, die die Enkel Noahs zusammenfügten, um sich einen Namen zu machen?"

„Also doch nur Neugier, Sihdi! Ich fürchtete mich vor deinem ‚Punkt'. Zwar weiß ich nicht, ob du schon alles gesagt hast, was du sagen wolltest, aber ich bin jetzt — horch! Wer hat geschossen?"

Es war ein Schuß in der Gegend gefallen, wo die Feuer brannten. Und gleich darauf hörten wir einen zweiten. Der stinkende Qualm war nicht mehr so dicht wie vorher. Es ging nicht mehr über Menschenkraft, den Geruch zu ertragen. Ich mußte wissen, wer geschossen hatte und aus welcher Veranlassung geschossen worden war. Darum schlich ich wieder der Stelle zu, von der aus wir vorhin den widerlichen Auftritt beobachtet hatten. Der wackere Hadschi folgte mir auf dem Fuß. Zwar hatte er sich vorhin von keiner Macht der Erde dazu bewegen lassen wollen, aber mich der Gefahr allein entgegengehen zu lassen, brachte er doch nicht übers Herz.

Ich hinderte ihn nicht daran, obgleich ich es lieber gesehen hätte, wenn er zurückgeblieben wäre.

Als wir unseren früheren Beobachtungspunkt erreichten, war niemand mehr zu erblicken. Die Feuer brannten noch, beleuchteten aber nur die verlassene, nach Leichen grausig duftende Stätte, wo noch zahlreiche Sarg- und Körperreste lagen, die den Flammen nicht übergeben worden waren, weil, wie die Schüsse vermuten ließen, der Vorgang ein unerwartetes Ende gefunden hatte. Aber von wem und aus welchem Anlaß waren diese Leute gestört worden?

Mochte das sein, wie es wollte, ich nahm als gewiß an, daß sich die dreißig Leichenschänder zu der Stelle der Ruinen entfernt hatten, wo nach dem Bericht unseres Bagdader Binbaschi der Eingang zu den verborgenen Räumen zu suchen war, in denen man ihn gefangengehalten hatte. Ihnen jetzt dorthin zu folgen, wäre nicht nur zwecklos, sondern wohl gar gefährlich gewesen, weil sie sich nun — mochten die zwei Schüsse von ihrer oder von einer anderen Seite gefallen sein — jedenfalls vorsichtig verhielten und wir ihnen leicht in die Hände laufen konnten. Darum hielt ich es für geraten, den Platz, wo wir uns befanden, einer kurzen Besichtigung zu unterwerfen und alles übrige bis zum Tagesanbruch aufzuschieben. Unserer Sicherheit wegen aber umschlich ich den Platz erst vorsichtig und überzeugte mich, daß sich außer uns beiden niemand in der Nähe befand.

Als das geschehen war, durften wir uns an die Feuer heranwagen. Wir taten das, obgleich der Gestank noch so stark war, daß er uns eigentlich hätte soweit wie möglich forttreiben sollen. Es war mir auf meinen Reisen gar manche schwere Beleidigung meiner Geruchsnerven vorgekommen, wenn ich Verhältnisse berührte, von denen man weder mündlich noch gar schriftlich etwas erzählen darf, aber so schlimm wie heute war es noch nie gewesen.

Die Untersuchung des Platzes hatte nur den einen Zweck, womöglich zu erfahren, was sich in den geheimnisvollen Bündeln befunden hatte. Und unser Forschen war nicht ohne Erfolg. Es mußten zwei von ihnen beschädigt gewesen oder aufgegangen sein, denn wir sahen an zwei Stellen Proben des Inhalts auf der Erde liegen. Es war Safran, in Fäden und in Pulverform. Als ich diese Beobachtung machte, mußte ich daran denken, daß der Binbaschi zu uns gesagt hatte: „Jetzt aber würde bei der Höhe des Zolls, der darauf liegt, Safran der einträglichste Gegenstand des Schmuggels sein." Man weiß, daß der orientalische, besonders aber der persische Safran, unverfälscht, von allen Sorten der beste ist. Aber seit ich festgestellt habe, daß man ihn sogar in den Särgen persischer Schiiten über die Grenze pascht, mag ich von diesem Gewürz nur dann etwas wissen, wenn ich die Überzeugung habe, daß es von unserem abendländischen *Crocus sativus* gewonnen wurde. Eben machte Halef eine ähnliche Bemerkung zu mir, als wir durch das Geräusch von Hufschlägen überrascht wurden, die sich schnell näherten. Es klang, als kämen viele Reiter im Trab geritten. Waren es etwa die Pascher, die zu Pferd zurückkehrten, um die letzten Reste der Leichen zu verbrennen?

„Sie kommen wieder!" warnte der Hadschi, indem er mich bei der Hand ergriff, um mich mit sich fortzuziehen. „Schnell! Wir müssen uns verstecken! Der beste Platz ist da oben auf dem Mauerstück. Ich klettere voran!"

Halef ließ mich wieder los und eilte auf einen Ruinenteil zu, der die Höhe eines kleinen Hauses und so viele hervorstehende Zacken und Kanten hatte, daß er leicht zu ersteigen war. Ich freilich hätte mir einen anderen Zufluchtsort gewählt, weil dieser im hellen Schein der Feuer lag. Doch konnte man, wenn man sich oben befand, nicht erblickt werden, und da Halef schon am Emporklimmen war, so blieb mir nichts anderes übrig, als sein Beispiel nachzuahmen.

Der betreffende Mauerrest bestand aus meist verglasten Ziegeln, die mit Erdpech verbunden waren. Dieser Kitt hatte Tausende von Jahren festgehalten. Warum sollte man sich ihm nicht auch heute anvertrauen können? Leider aber war seine Zuverlässigkeit weit geringer, als ich dachte. Halef befand sich schon einige Meter hoch über der Erde, und ich hob eben den Fuß, um ihm nachzusteigen, als der Mauervorsprung, über den er kletterte, losbrach und auf mich herabstürzte. Es war ein mehrere Zentner schweres Stück das mich zu Boden riß und auf mir liegenblieb. Ich hörte den Schreckensruf des Hadschi, der nachstürzte, und spürte einige Augenblicke lang die Last auf meiner Brust. Dann hatte ich das Bewußtsein verloren, obgleich mein Kopf nicht mitgetroffen war.

Als ich wieder zu mir kam, war ich zwar vom Druck der Steinlast, aber leider nicht auch in anderer Weise frei, denn ich konnte weder die Arme noch die Beine bewegen, sie waren gebunden. Neben mir lag Halef, ebenso gefesselt wie ich. Um uns saßen wohl zwanzig Asaker[1], deren Anführer ein alter verwetterter Kol Agassi[2] war. Sie gehörten zur Reiterei, denn ich sah ihre Pferde in der Nähe stehen. Bei ihnen befanden sich zwei Nichtsoldaten, bei deren Anblick ich sofort wußte, woran ich war: nämlich der Handschi, bei dem wir in Hille eingekehrt waren, und der dritte Beduine, dessen zwei Gefährten von unseren Pferden abgeworfen worden waren. Die guten Menschen hatten uns eine so liebevolle Anhänglichkeit bewahrt, daß sie uns doch noch gefolgt waren, und zwar in militärischer Begleitung. Daraus war zu schließen, daß sie uns angezeigt hatten, was mich auf die Vermutung leitete, daß der Beduine, den wir für ohnmächtig gehalten hatten, tot ge-

1 Mehrzahl von Askari = Soldat 2 Adjutant

wesen war. Beide hielten die Augen auf uns gerichtet, und sobald ich die Lider geöffnet hatte, rief der Wirt dem Kol Agassi zu:

„Er ist wach und hat die Augen auf. Jetzt ist es also Zeit, ihn zu verhören!"

Der alte Offizier bewegte keine Miene und entgegnete keine Silbe. Als die Aufforderung wiederholt wurde, wendete er sein Gesicht dem Handschi zu, musterte ihn mit einem Blick geringschätzigen Staunens und fragte dann:

„Mit wem sprichst du denn eigentlich?"

„Mir dir!" entgegnete der Gefragte.

„Mit mir? Das kann ich nicht glauben, denn wenn du mich wirklich meintest, müßte ich dir die Bastonade geben lassen, weil du mir nicht die Höflichkeit und Achtung zollst, die ich fordern kann."

„Aber wenn ich nicht sprechen darf, wozu bin ich euch mitgegeben worden?"

„Ich mußte euch mitnehmen, um von euch zu erfahren, ob die, die wir ergreifen würden, auch wirklich die Richtigen sind. Und wer hat dir gesagt, daß du nicht sprechen darfst? Es ist dir nicht verboten. Du sollst reden, aber höflich und möglichst nur dann, wenn du gefragt wirst. Du gehörst nicht zu uns, denn du bist nicht Soldat. Ich aber bin Offizier des Beherrschers aller Gläubigen, dem Allah ein tausendfaches Leben schenken möge, und wenn du mir etwas mitteilen willst, so darf es nur in Form einer untertänigen Bitte geschehen!"

Da fiel der Beduine schnell ein:

„Wenn mein Freund schweigen soll, so werde ich desto lauter sprechen. Ich bin ein freier Ben Arab und brauche keinem Soldaten zu gehorchen. Ich verlange, daß die Mörder meines Gefährten, der beim Sturz vom Pferd den Hals gebrochen hat, sofort von dir verhört werden! Wir alle sind Zeugen."

„Wer und was bist du?" fragte der Kol Agassi verächtlich. „Ich will es dir sagen, ihr habt euch zwar für Solaib ausgegeben, seid aber, wie sich herausgestellt hat, Ghasai, und die Angehörigen dieses Stammes sind uns als räuberisches Gesindel und Diebe bekannt. Man sollte euch hängen. Und da behauptest du, daß du keinem Soldaten zu gehorchen brauchtest, und willst mir befehlen, was ich tun soll? Wenn du noch ein einziges Wort zu mir sprichst, ohne dein Haupt in tiefster Ehrfurcht zu neigen, so zeige ich dir, wer hier gebietet!"

„Allah! Du nennst uns Diebe und Gesindel? Ich werde mich sofort entfernen!"

Er machte eine Bewegung, als wollte er aufstehen. Aber der Kol Agassi befahl ihm:

„Du bleibst! Ihr seid mir mitgegeben worden. Ich bin also für euch verantwortlich, denn ich muß euch wiederbringen. Nötigenfalls werden unsere Kugeln euch verhindern, uns zu entlaufen. Jetzt kein Wort mehr, bis ich euch auffordere zu sprechen! Wir sind Soldaten des Padischah, dessen Kismet im hellsten Glanz strahlen möge, aber keine Wächter des Zolls, die Allah verdammt hat, sich von den Abfällen des Schmuggels zu ernähren. Wenn wir heute gezwungen wurden, einmal in die Fußtapfen der Zöllner zu treten, so haben wir zwar gehorchen müssen, bleiben aber trotzdem, was wir waren."

„Wir haben euch nicht zugemutet, in diese Fußtapfen zu treten!"

„Das würde euch auch schlecht bekommen sein! Aber es hat sich doch gefügt, daß die Leute, die wir fangen sollten, Schmuggler sind, und da wir sie einliefern müssen, ist es genauso, als wären wir mit den Obliegenheiten der Zollaufpasser beleidigt worden. Nun schweige, ich bin fertig mir dir!"

Das Verhalten des Kol Agassi war mir in seinen Gründen nicht klar. Hielt er wirklich so auf seine militärische Ehre, daß ihm der heutige Dienst als Beleidigung erschien? Im Grunde genommen konnte mir seine Ansicht gleichgültig sein. Wichtiger war mir der Beweis, daß die drei Beduinen, wie ich gedacht hatte, nicht Solaib, sondern Ghasai waren. Das ließ auf die Berechtigung auch meiner anderen Vermutungen schließen.

Der Unfall mit den auf mich gestürzten Ziegeln schien nicht ohne Folgen zu bleiben. Meine Brust schmerzte, und das Atmen fiel mir schwer. Wie stand es mit Halef? Er lag so still an meiner Seite, daß ich ihn für schlafend oder gar tot hätte halten können, wenn seine Augen nicht offen und in steter Bewegung gewesen wären. Ich drehte ihm den Kopf zu und flüsterte:

„Bist du verletzt?"

„Nein", erwiderte der Hadschi ebenso leise.

„War ich lange bewußtlos?"

„Zehn Minuten ungefähr."

„Konntest du nicht fliehen?"

„Fliehen? Ohne dich, Sihdi? Bin ich nicht dein Freund, der alles mit dir teilen, leiden und ertragen muß?"

„Wenn du frei wärst, könntest du mir mehr nützen als jetzt!"

„Die Soldaten fielen über mich ebenso schnell her wie über dich. Ich hätte mich verteidigen müssen, und das wollte ich nicht, weil sie kein Gesindel, sondern Krieger des Sultans sind."

„Das war allerdings recht! Hat dich der Kol Agassi ausgefragt?"

„Er sprach bis jetzt kein Wort zu mir. Er hat uns gesucht und, als er die Feuer sah, zwei Kundschafter ausgeschickt. Auf diese ist von den Safranschmugglern geschossen worden, und er denkt, daß wir es gewesen sind. Das habe ich aus seinen Reden gehört."

„Wir können ihm beweisen, daß wir es nicht getan haben."

„Wie denkst du über unsere Lage? Die angeblichen Solaib waren wirklich Ghasai. Der eine hat das Bein gebrochen, und der andere scheint tot zu sein."

„Es ist mir trotzdem nicht bange. Also brauchst auch du keine Angst zu haben."

„Angst? Das würde mir nicht einfallen, selbst wenn der ganze Ghasai-Stamm sämtliche Beine und Hälse gebrochen hätte. Wie aber steht es mit dir, Sihdi? Die Last, die mich herabriß und auf dich fiel, war sehr schwer."

„Die Brust schmerzt mich ein wenig. Die Rippen sind, wie ich fühle, nicht beschädigt."

„Allah sei Dank! Wenn die Steine auf mich gefallen wären, so hätten meine Rippen gewiß nicht widerstanden, denn die Zusammensetzung meiner wohlgerundeten Körperteile zeichnet sich durch größere Zartheit aus als die Erschaffung deiner festen Knochen."

Halef hatte das lauter gesagt, als er beabsichtigte. Darum hörte es der Kol Agassi und rief uns zu:

„Ihr habt zu schweigen! Wißt ihr nicht, daß Gefangene nicht miteinander sprechen dürfen?"

Ich nahm die Gelegenheit wahr, ihm höflich zu antworten:

„Habe die Güte, o tapferer Jüsbaschi[1], mir zu erlauben, dich um die Erfüllung eines Wunsches zu ersuchen!"

Daß ich ihn als Hauptmann bezeichnete, also einen Rang höher, brachte ein beifälliges Lächeln auf seinem Gesicht hervor, und seine Stimme klang freundlich, als er mich aufforderte:

„Laß mich hören, was du willst!"

„Ich sehe dir an, daß du nicht nur ein wohlverdienter Offizier bist, sondern auch die hohen Vorzüge der Gerechtigkeit und Herzensmilde besitzt. Wir wissen nicht, weshalb ihr uns gefangengenommen und ge-

1 Hauptmann

bunden habt, und bitten dich, uns als Befehlshaber dieser vorzüglichen Truppen mitzuteilen, aus welchem Grund du unsere Festnahme angeordnet hast."

Er war vielleicht ein Menschenalter lang gewöhnlicher Soldat gewesen. Ihm fehlte der Scharfsinn, die Absicht meiner höflichen Ausdrucksweise zu begreifen, darum fühlte er sich geschmeichelt und erwiderte anerkennend:

„Allah hat dir die Sprache der Gebildeten verliehen. Deine Worte klingen darum ganz anders als die Ausdrücke, die ich vorhin aus dem Mund deiner Ankläger vernommen habe. Wie schade, daß gerade ein Mörder und Schmuggler diese Gabe der schönen Rede besitzt!"

„Erlaube mir, o Jüsbaschi, daß ich dich nicht verstehe! Du hältst uns für Schmuggler?"

„Allerdings. Es ist klar erwiesen, daß ihr welche seid. Wir haben die Stelle, an der wir euch ergriffen, genau untersucht. Dann brachten wir euch hierher, wo es nicht so nach Leichen stinkt wie dort. Was es mit diesen Leichen und ihrer heimlichen Verbrennung für eine Bewandtnis hat, das wissen wir nicht; aber wir sahen den Safarân[1], den ihr verschüttet habt, an der Erde liegen. Der hat uns verraten, daß ihr Schmuggler seid."

„Es tut mir sehr leid, daß die Umstände das helle Auge eines sonst so scharfsinnigen Mannes, wie du bist, täuschen. Die Schmuggler, von denen du sprichst, gehen uns nichts an."

„Nichts? So ist es wohl auch irrtümlich, wenn ich euch für Mörder halte?"

„Ja. Deine Güte wird es mir verzeihen, daß ich mich erkundige, warum du eine so kränkende Meinung von uns hast?"

„Das will ich dir sagen, weil du so höflich fragst. Wir befanden uns in der Nähe, nämlich da drüben auf dem Hügel der kleinen, aber berühmten Moschee, in

1 Hier arabisch: Safran

der die Gebeine Ibrahims des Erzvaters liegen. Da sahen wir mehrere Feuer brennen, und ich sandte zwei meiner Leute aus, zu erkunden, wer sie angezündet habe. Sie führten diesen Auftrag aus, wurden von euch gesehen und hörten die Kugeln, die aus euren Flinten kamen, an sich vorüberpfeifen. Ihr habt auf sie geschossen. Seid ihr da nicht Mörder?"

„Nein. Wir wissen, daß auf sie geschossen worden ist, denn auch wir haben die zwei Schüsse gehört. Aber ich habe mich schon einmal unterfangen gehabt, deiner freundlichen Einsicht den Umstand mitzuteilen, daß die Schmuggler, die geschossen haben, uns gar nichts angehen."

„Erlaube mir, daß nun ich das, was gesagt wird, nicht begreifen kann! Du behauptest, nicht zu ihnen zu gehören, und wir haben euch doch bei ihnen getroffen."

„Da du ein Liebling Allahs bist, o Jüsbaschi, so wird er dich über diesen Punkt sofort erleuchten. Wenn du die Güte hast, die Gedanken deiner Seele rückwärts zu lenken, so wirst du dich erinnern, daß du uns nicht bei ihnen erblickt hast. Als du zu der Stelle des Gestanks kamst, waren sie längst fort, denn sie haben den Ort augenblicklich verlassen, als sie auf deine beiden Kundschafter geschossen hatten."

„Kannst du das beweisen?"

„Ich? Ein Mann von deiner durchdringenden Klarheit weiß genau, daß ich nichts zu beweisen brauche. Die Sache liegt mit deiner Erlaubnis so, daß unsere Ankläger beweisen müssen, daß wir die Täter sind."

„Ich will gerecht sein und dir mitteilen, daß du auch ein Liebling Allahs zu sein scheinst, denn deine Worte enthalten fast ebensoviel Scharfsinn wie die meinigen. Ich gebe zu, daß wir, als wir die erwähnte Stelle erreichten, nur euch beide erblickten, leider freilich fliehend. Warum das? Wer gerechte Sache hat, braucht noch nicht vor den Männern des Padischah die Flucht zu ergreifen!“

„Als wir zum Birs Nimrud ritten, hatten wir nur die Absicht, die berühmten Ruinen dieser Gegend in Augenschein zu nehmen. Es wurde dabei Abend, und wir suchten einen Platz zum Lagern während der Nacht. Wir entdeckten die Feuer und näherten uns ihnen. Der Gestank trieb uns zurück, doch bemerkten wir gegen dreißig Männer, die Särge öffneten, in denen Leichen und Schmuggelwaren steckten. Die Särge und Leichen wurden verbrannt, die Waren aufgehoben. Dann hörten wir zwei Schüsse, worauf sich die Schmuggler schnell entfernten. Hierauf gingen wir näher, denn die Wißbegier trieb uns, den Platz zu betrachten. Während wir das taten, hörten wir euch nahen. Wir glaubten, die Pascher kämen wieder, und wollten uns eiligst verstecken, denn wir sind ehrliche Menschen, die die Gesetze Allahs und des Padischah achten. Dabei stürzte mein Gefährte und ich wurde von den Steinen zu Boden gerissen. Was dann geschah, das weißt du besser als ich. Jetzt liegt vor deinen scharfen Augen alles klar, und deine untrügliche Einsicht wird nicht zögern, die auf uns ruhenden Vorwürfe von uns zu nehmen.“

„Deine Worte besitzen die Unwiderstehlichkeit der Koransuren. Aber ich will dir aufrichtig gestehen, daß ich mich nicht allein auf sie verlassen kann, sondern erst die Kundschafter befragen muß.“

„Bevor du das tust, mag deine Nachsicht mir noch eine Bemerkung gestatten! Als wir uns den Feuern näherten, hatten wir weder unsere Pferde noch unsere Gewehre bei uns, wir haben sie an einem sicheren Ort zurückgelassen. Dein wohlgeübtes Denkvermögen aber wird nicht zögern zu bestätigen, daß man ohne Gewehre nicht schießen kann. Und wie ich gehört habe, waren es nicht Pistolen-, sondern Flintenschüsse.“

„Es ist sehr einsichtsvoll von dir, daß du dich an mein geübtes Denkvermögen wendest. Wenn ihr eure Gewehre nicht bei euch gehabt habt, müssen es allerdings andere Leute gewesen sein, die geschossen haben. Dennoch werde ich nicht versäumen, die Erkundigungen, von denen ich sprach, einzuziehen."

Er tat es, und das Ergebnis war, daß die Kundschafter erklärten, sie seien zwar nicht so nahe gekommen, um die Gesichtszüge zu unterscheiden, aber zwei in der Weise und so sauber gekleidete Männer wie wir hätten sie bei den Schmugglern nicht beobachtet. Hierauf wandte sich der Kol Agassi uns wieder zu: „Ihr hörtet, daß der Bericht zu euerem Vorteil ausgefallen ist. Habt ihr noch etwas hinzuzufügen, so sprecht immerhin."

„Ich danke dir!" erwiderte ich. „Ich habe schon sehr viele und sehr hohe Offiziere das Padischah von Stambul kennengelernt, aber unter ihnen war keiner, der dich an Scharfsinn, Menschenfreundlichkeit und Gerechtigkeitsliebe übertroffen hätte. Wenn du mir gestattest, werde ich einen Bericht an Hasreti, den Sseraßker[1], senden und darin deiner so gedenken, daß er sein Auge auf dich richten wird."

„An Hasreti, den Sseraßker, den Unüberwindlichen?" fragte er, halb freudig, halb erstaunt. „Verzeih, daß ich mich wundere! Kennst du ihn denn? Hast du am Babi humajun[2] solchen Einfluß, daß der Gebieter der Kriegsangelegenheiten deinen Bericht überhaupt bekommt, gar nicht zu fragen, ob er ihn lesen oder sogar beachten wird?"

Diese Frage brachte Wasser auf die Mühle meines kleinen Halef. Sie hatte so lange stillgestanden, daß er jetzt nicht zögerte, sie kräftig in Bewegung zu setzen. Kaum hatte der Kol Agassi seine Frage ausgesprochen, so fiel der Hadschi, ohne eine Antwort von mir abzuwarten, mit größtem Eifer ein:

1 Seine Exzellenz, der Kriegsminister 2 Hohe Pforte

„Wie kannst du Worte aussprechen, in denen eigentlich eine Beleidigung für uns liegt! Du bist ein tapferer und kluger Mann, aber du hast vergessen, das zu tun, was du gleich anfangs hättest tun sollen, nämlich uns zu fragen, wer wir sind. Ich bin der Scheik der Haddedihn vom großen Stamm der Schammar. Mein Name lautet Hadschi Halef Omar Ben Hadschi Abul Abbas Ibn Hadschi Dawuhd al Gossarah. Und mein Gefährte, dessen Freund und Beschützer ich bin, heißt Kara Ben Nemsi Effendi. Er stammt aus Almânja, einem Land, das außer den Gebieten des Padischah das größte Reich auf Erden ist und sich über mehr als zehntausend Gebirge, Ebenen, Seen und Flüsse erstreckt. Er hat mit mir alle Gegenden des Westens und Ostens, des Nordens und Südens durchritten, um Wunder des Mutes und der Tapferkeit zu verrichten. Seine Freunde lieben und seine Feinde fürchten ihn. Wir haben den Löwen getötet und den schwarzen Panther aus der Welt geschafft. Wir haben ganze Stämme besiegt und bei keinem Kampf den Rücken vorn gehabt. Mein Effendi spricht alle Sprachen der Völker, nennt alle Sterne des Himmels bei ihren Namen und kann dir sagen, wie alle Tiere, Pflanzen und Steine heißen. Er ist der berühmteste Krieger, der weiseste Gelehrte und der herrlichste Mensch, den ich kenne. Sultane, Kaiser, Könige und Fürsten lauschen auf seine Wünsche, denn sie lieben und verehren ihn, und wenn sein Bericht über dich nach Stambul zum Sseraßker kommt, so wird dieser die Schrift an seine Stirn drücken und jedes Wort mit dem Gehorsam beherzigen, als wäre es von der Hand des Beherrschers aller Gläubigen geschrieben. Daß wir jetzt deine Gefangenen sind, ändert nichts an unserem Ruhm, denn es ist nur der Zerbröckelung der Mauer zuzuschreiben, daß wir jetzt in einer Weise vor dir liegen, die unserem Stand so wenig angemessen ist. Von euerem Sandschaki in Hille will ich nicht sprechen, aber wenn der Pascha in Bagdad erfährt, daß wir nur noch eine Minute gefesselt geblieben sind, nachdem wir dir unsere Namen genannt haben, so wird aus seiner Kantschelaria[1] ein Wetter über dich ergehen, das von dir abzuwenden ich dir ernstlich rate, weil du durch die Vorzüglichkeit deiner Eigenschaften unsere Herzen gewonnen hast. Jetzt weißt du, wer wir sind, und wirst danach zu handeln wissen!"

Der Kol Agassi war zu sehr Morgenländer, als daß ihn die Übertreibungen des Hadschi befremdet hätten; ich merkte es ihm an, daß sie den beabsichtigten Eindruck auf ihn nicht verfehlten. Der in Aussicht gestellte Bericht an den Kriegsminister und die Drohung mit dem Pascha in Bagdad waren von guter Wirkung. Er sah eine Weile überlegend vor sich nieder. Dann schien er einen Entschluß gefaßt zu haben, denn er hob den Kopf und fragte:

„Ist es so, wie der Scheik der Haddedihn gesagt hat, Effendi?"

„Ja", erwiderte ich unbedenklich.

„So möchte ich der Gerechtigkeit, auf die ihr euch berufen habt, gerne Folge leisten, falls du mir die Möglichkeit bietest, es verantworten zu können."

„Wie denkst du dir diese Möglichkeit?"

„Du kannst sie mir geben, indem du dich ausweist."

„Nichts ist leichter als das. Mach mir die Hände frei, so will dich dir mehr Pässe zeigen, als du zu deiner Rechtfertigung brauchst. In meiner Tasche habe ich ein Bujuruldu, einen Teskere und sogar einen Ferman, mit der Tughra[2] des Beherrschers versehen."

„Allah! Wirklich mit der Tughra?" staunte er ehrfurchtsvoll.

„Gewiß!" bemerkte ich in einem Ton, als wäre das etwas Gewöhnliches.

1 Türkisch: Kanzlei 2 Unterschrift des Sultans

„So laß diese hohen kaiserlichen Schriften stecken. Ich könnte sie jetzt bei dem schlechten Schein des Feuers doch nicht lesen. Es ist aber genauso, als hätte ich mich überzeugt. Ich bitte dich, mir einen Rat zu geben! Die Unterschrift des Padischah gebietet mir, euch freizulassen. Aber mir ist befohlen worden, euch nach Hille zu bringen. Hältst du es für möglich, beiden Pflichten zu gleicher Zeit gerecht zu werden?"

„Ja."

„Auf welche Weise?"

„Du gibst uns frei und wir reiten mit euch nach Hille."

„Werdet ihr das auch? Wirklich?"

„Ja. Ich gebe dir mein Wort."

„Ich nehme es an und bitte dich um die Erlaubnis, euch selber losbinden zu dürfen!"

Er war infolge der kaiserlichen Unterschrift so von Hochachtung erfüllt, daß uns kein gewöhnlicher Soldat berühren sollte. Warum er darauf verzichtet hatte, die Papiere zu lesen, das war nicht schwer zu erraten. Erstens konnte er wahrscheinlich nicht oder nur schlecht lesen, und zweitens wußte er jedenfalls nicht, wie er eine mit der Tughra versehene Urkunde vorschriftsmäßig behandeln sollte. Daß wir frei sein sollten, erregte den Widerspruch des Handschi und des Ghasai. Als der Kol Agassi uns die Fesseln abnahm, rief ihm der Besitzer des Einkehrhauses zornig zu:

„Halte ein! Du hast nicht das Recht, Schmugglern und Mördern die Freiheit zu geben, ohne daß du dazu beauftragt bist. Tust du es dennoch, so werde ich dich anzeigen, sobald wir in die Mahkemi[1] kommen!"

Der Alte wollte antworten. Ich hielt ihn durch einen Wink davon ab und wendete mich selber an den Sprecher.

„Du hast hier nichts zu bestimmen, denn wenn es

1 Arabisch: Gerichtshof

mir beliebt, so wird man in der Mahkemi nicht über uns entscheiden, sondern du wirst der Angeklagte sein. Ich sollte eigentlich nicht mit dir reden, will dir aber doch in meiner übergroßen Güte einige Bemerkungen machen. Pascher sind wir nicht, das werde ich beweisen. Auch haben wir nicht auf die Soldaten geschossen. Das steht außer allem Zweifel, weil wir ohne Gewehre sind. Also könnte es sich nur noch um die beiden verunglückten Beduinen handeln. Da aber behaupte ich, daß sie unsere Rappen stehlen wollten, und du bist mit ihnen im Einvernehmen gewesen. Wären wir nicht noch zur rechten Zeit in den Hof gekommen, so wären sie mit ihnen fortgeritten und wir hätten die Tiere niemals wiedergesehen. Da aber unser Erscheinen dies verhinderte, taten sie, als wollten sie die Hengste nur versuchen. Nur aus unverdienter Höflichkeit und um nicht mit ihnen in Streit zu geraten, gaben wir ihnen die Erlaubnis, aufzusitzen —"

„Ihr sagtet ihnen aber nicht, wie gefährlich das ist!" fiel mir der Handschi in die Rede.

„Das Abgeworfenwerden ist stets gefährlich. Übrigens haben wir sie gewarnt. Der Scheik der Haddedihn hat sie aufgefordert, ihm nicht die Schuld zu geben, wenn sie die Hälse brechen wollten. Er erhielt die Antwort, daß sie ihre Hälse selber zu hüten wüßten."

„Aber der Scheik hat den Pferden dann das Wort ‚Litaht' zugerufen, worauf die Reiter abgeworfen wurden und verunglückten!"

„Kannst du das beweisen?"

„Ja!" versicherte er. „Ich kann es beschwören."

„Daß der Scheik es den Pferden zugerufen hat?"

„Ja."

„Wir behaupten dagegen, daß er dieses Wort nicht den Pferden, sondern den Reitern zugerufen hat. Er sah, daß es für sie zu gefährlich wurde, und forderte sie durch seinen Ruf auf, abzusteigen. Sie gehorchten nicht und wurden also abgeworfen. Kannst du etwa beschwören, daß nicht die Reiter, sondern die Pferde gemeint waren?"

Er sah mich betroffen an und schwieg, so überraschte ihn meine unerwartete Auslegung.

„Du siehst also", fuhr ich fort, „daß wir uns im vollen Recht befinden und daß das Unrecht nur auf eurer Seite liegt. Übrigens ist das Unglück in deinem Hof geschehen, und ich bin überzeugt, daß die Mahkemi dich darum zur Verantwortung ziehen wird. Jetzt kennst du meine Ansicht, und wenn du noch ein einziges Wort gegen uns zu sprechen wagst, werde ich dir fühlbarer antworten!"

Der Mann war über das verlorene Wortgefecht wütend, wagte aber infolge meiner Drohung keine Entgegnung, sondern ließ nur einen halblauten Fluch hören. Sein Gefährte aber, der Beduine, konnte seinen Grimm nicht beherrschen. Er fuhr mich zornig an:

„Du tust ja, als wärest du der Sultan selber! Bilde dir nicht ein, daß ich mich vor dir fürchte oder vor dem, was du in der Mahkemi sagen willst! Du hast die Absicht, uns als Pferdediebe zu bezeichnen. Ich fordere dich auf, mir zu beweisen, daß wir eure Pferde stehlen wollten!"

„Du kannst hier gar nichts fordern!" entgegnete ich. „Wenn ein Beweis für nötig gehalten wird, werde ich ihn vor dem Gericht führen."

„So habe ich mit dir und mit euch allen jetzt nichts mehr zu schaffen. In der Mahkemi treffen wir uns wieder!"

Diese Drohung sollte seinen Rückzug decken. Ich war überzeugt, daß er seine Sache verloren gab und sich nicht wieder zeigen wollte. Als er aufgestanden war, sprang auch der Wirt auf.

„Ich gehe mit. Wo Schmuggler und Mörder freigelassen und ehrliche Leute beleidigt werden, habe ich nichts zu suchen. Aber es bleibt bei dem. was gesagt worden ist und was ich wiederhole: in der Mahkemi treffen wir uns wieder!"

Man hatte uns, als wir ergriffen wurden, nichts von unserem Eigentum genommen. Darum konnte ich in den Gürtel greifen und den Revolver ziehen. Ich richtete ihn auf die beiden und drohte:

„Die Sache steht jetzt anders als vorhin. Vorhin waren wir gefangen, jetzt aber werdet ihr es sein. Ihr wollt euch entfernen und habt allen Grund dazu. Uns aber liegt daran, daß ihr bei uns bleibt, und so werden wir dafür sorgen, daß ihr nicht gegen unseren Willen fortgehen könnt."

Und zum Kol Agassi gewendet, fuhr ich fort:

„Im Namen der Tughra, die ich bei mir trage und der jeder Beamte und Untertan des Padischah gehorchen muß, fordere ich dich auf, diese beiden Männer so zu binden, wie wir vorhin gebunden waren! Ich erwarte, daß du diesem Wunsch nachkommst!"

Der alte Offizier gab auf der Stelle den entsprechenden Befehl, und so wurden sie, die unsere Gefangennahme veranlaßt hatten, in gleicher Weise gefesselt wir vorher wir. Die Tughra tat Wunder. Es ist das der arabeskenartig verschlungene Namenszug des Sultans, in einer besonderen Schrift geschrieben, die Diwâni genannt wird. Viele leiten den Ursprung der Tughra auf Murad I. zurück, der einst eine Urkunde durch den Abdruck seiner Hand beglaubigte. Andere wieder erzählten das vom Sultan Orchan. Hervorragende Kenner aber behaupten, daß die Tughra oder Toghra von Mohammed II., dem Eroberer Konstantinopels, stammt. Als er im Jahre 1453 durch Einnahme dieser Stadt das oströmische Reich vernichtete und beim Einzug in Konstantinopel an die Sophienkirche kam, tauchte er, der Schreibunkundige, seine Hand in Tinte und drückte sie zum Zeichen der

Besitzergreifung an die Kirchentür. Das war die erste Tughra. Das Wort wird von dem alttürkischen *turgai* abgeleitet. Es heißt soviel wie „es stehe", „es habe Bestand". Die Tughra hat allerdings eine entfernte Ähnlichkeit mit einer offenen Hand. Sie wird auf türkische Münzen geprägt, wo sie das Brustbild des Herrschers vertritt, und über dem Eingang der von ihm errichteten Paläste und öffentlichen Gebäude wie Moscheen, Stiftungen, Kasernen, Schulen angebracht. Auf Urkunden wird sie von besonderen Beamten, die Nischandschi heißen, in Gold, auch in Rot oder Schwarz ausgeführt. Sehr selten ist es, daß sich der Sultan herabläßt, seinen Namenszug auf einem ihm vorliegenden Schriftstück mit eigener Hand zu vollziehen. Der Betreffende muß bei ihm in höchster Gunst stehen, oder es müssen dabei Umstände obwalten, die nur der Kenner der Verhältnisse zu benützen weiß. Es kann vorkommen, daß ein niedriger Beamter auf einem nur ihm persönlich offenstehenden Weg mehr erreicht als selbst der Scheik ul Islam oder der Großwesir.

So darf ich jetzt, da der Betreffende kürzlich gestorben ist, sagen, daß ich meine türkischen Papiere immer durch einen Unterbeamten bezogen habe, dessen Stellung bei uns im Abendland eine der niedrigsten wäre. Das war mein Freund Mustafa Moharrem Aga, der fünfzig Jahre lang Kapidschi[1] der Hohen Pforte gewesen ist. Pförtner! Das ist doch ein geringer Rang, wird man meinen, aber der Einfluß dieses ebenso braven wie urwüchsigen Kapidschi, reichte bis in die geheimsten Gemächer hinauf. Er genoß dort ein fast beispielloses Wohlwollen, und es galt da fast als ein heiliger Brauch, seinen bescheidenen und immer in besonderer Weise vorgebrachten Wünschen entgegenzukommen. Es sind während seiner langen, in dieser Beziehung einzig dastehenden Tätigkeit eine Menge großer, berühmter

1 Pförtner

oder einflußreicher Männer an der Hohen Pforte erschienen und wieder verschwunden, Mustafa Moharrem Aga aber blieb in seiner Stellung, bis der Tod ihn rief. Ob ein erbetener Empfang gewährt wurde oder nicht, hing manchmal von ihm ab. Es genügte ein kleiner, kurzer Wink von ihm, so wurde der Besucher angenommen, oder er mußte, selbst wenn er eine hervorragende Persönlichkeit war, auf die Erfüllung seines Wunsches verzichten. Ich hatte Gelegenheit, mir das Wohlwollen dieses Kapidschi zu gewinnen, und er hat es mir bis an sein Ende treu bewahrt. Ich habe es nie mißbraucht, nie eine lästige Bitte ausgesprochen, und gerade deshalb stets Ausweise mit der eigenhändigen Tughra des Großherrn besessen. Es ist mir nicht eingefallen, ihn zu fragen, auf welche Weise er zu der persönlichen Unterschrift gelangte, doch als er beim erstenmal diese Frage in meinen Augen las, sagte er lächelnd: „Hidmet etmeje öirenmejen effendilik dachy etmes — wer nicht den Diener machen kann, der kann auch den Herrn nicht machen.“ Es braucht wohl nicht gesagt zu werden, daß ein Ausweis mit der eigenhändigen Tughra beim Vorzeigen einen ganz anderen Eindruck macht als ein gewöhnlicher, im Jasy odassy[1] ausgestellter. Ein Beispiel davon war die Ehrfurcht, die die bloße Erwähnung jetzt dem Kol Agassi abnötigte.

Der Handschi war so klug, ruhig zu sein, als er gebunden wurde. Der Beduine aber schimpfte über diese unverdiente und unwürdige Behandlung eines „freien Mannes“. Der Offizier hätte ihn gewiß auch zum Schweigen gebracht, dem kam aber Halef zuvor. Ihm war es unmöglich, solche Reden anzuhören, und er zog seine Peitsche aus dem Gürtel, trat zum Schimpfenden und drohte:

„Was nennst du dich? Einen freien Mann? Siehst du nicht, daß du gefesselt bist? Ist ein Gefesselter frei?

[1] Kanzlei

Wo hast du deinen Verstand? Wahrscheinlich hast du niemals welchen gehabt, denn wenn nur eine kleine Spur davon in deinem Kopf wäre, so würdest du dich jetzt hüten, die Tür deines ungewaschenen Mundes zu öffnen. Ihr habt euch uns gegenüber für Solaib ausgegeben, und nun stellt es sich heraus, daß ihr zu den Ghasai gehört. Warum diese Täuschung? Ein ehrlicher Ben Arab wird niemals seinen Stamm verleugnen. Ich würde lieber sterben, als verneinen, daß ich zu den Haddedihn gehöre. Und nun will der Mund, der uns belog, sich gar in ein großes Maul verwandeln, das uns verschlingen möchte! Klappe es zu und halte es verschlossen, sonst zeichne ich dir meine Verachtung mit dieser Kurbatsch quer übers Gesicht, daß dich jedermann, solange du lebst, gleich als den Schuft erkennt, der du in meinen Augen bist!"

Der Beduine schwieg. Die Drohung des Hadschi hatte ihn eingeschüchtert.

Nachdem sich die anfangs so bedrohlich scheinenden Verhältnisse für uns einstweilen auf befriedigende Weise geklärt hatten, galt es nun die Frage unserer Rückkehr in die Stadt zu klären. Ich legte sie dem Kol Agassi vor, und er entgegnete:

„Wenn es dir recht ist, Effendi, brechen wir sogleich auf. Wir brauchen nicht zu warten, bis es Tag geworden ist, denn wir kennen den Weg."

„Lieber würde es mir sein, wir warteten. Der Schmuggler wegen."

„Die gehen mich nichts an. Du hast von mir schon gehört, daß es eine Beleidigung für einen alten Soldaten ist, der seinen Dienst getan hat, den Zollspürhund zu machen."

„Ich habe es gehört und mute dir auch nicht zu, diesen Leuten des umgangenen Zolls wegen nachzulaufen. Es würde ein Dienst sein, den du mir erweisen würdest."

„Wieso?"

„Wir müssen ihre Spuren sehen, was doch jetzt bei Nacht nicht möglich ist."

„Warum ihre Spuren?"

„Um unsere Unschuld feststellen zu können."

„Allah! Du sprichst in Rätseln! Was haben die Stapfen dieser Menschen mit eurer Unschuld zu tun?"

„Es handelt sich darum, klarzulegen, daß wir nicht zu ihnen gehören. Wir suchen unsere Spur und dann die ihrige. Indem du, der du ja den nötigen Scharfsinn besitzt, beide miteinander vergleichst, wirst du dich überzeugen, daß sie und wir einander nichts angehen, und kannst in der Mahkemi unser Zeuge sein, wofür ich dir die größte Dankbarkeit widmen werde."

Aufrichtig gestanden, war es mir weniger um sein Zeugnis zu tun, als vielmehr darum, zu erfahren, ob die Spuren zu der von mir vermuteten Stelle führten. Der Alte wiegte nachdenklich den Kopf und erkundigte sich: „Wirst du in deinem Bericht an den Sseraßker meinen Scharfsinn auch miterwähnen?"

„Gewiß!"

„So bleiben wir und warten, bis es hell geworden ist. Aber könnt ihr eure Pferde solange ohne Aufsicht lassen?"

„Ja. Sie sind Radschi Pak[1] und würden lieber verschmachten, als ihren Platz verlassen. Wir müssen auch der Spuren wegen hierbleiben. Wenn ihr in der Dunkelheit darauf herumreitet, sind sie morgen nicht mehr zu unterscheiden."

„Das mit den Fährten ist mir neu. Ich habe stets gedacht, Spur sei Spur."

„Da befindest du dich im Irrtum. Das Lesen der Fährten ist sehr wichtig, aber auch nicht leicht. Es bildet geradezu eine Wissenschaft, der man sich gründlich widmen muß."

[1] Echtestes Bl

„Beschäftigt man sich in deinem Vaterland Almânja mit dieser Wissenschaft?"

„Nein. Ich habe es anderswo gelernt."

„Es wird dich freuen zu erfahren, daß ich Almânja sehr genau kenne. Es liegt zwischen Tarabulus[1] und Ustrali[2]. In der Mitte liegt der große See Felemenk[3], und um die Grenzen laufen die Flüsse Iswitschera[4], Londra[5], Budschan[6] und Tschin[7]. Im Norden steht der Berg Dschenewe[8] und im Süden der Berg Danimarka[9]. Nicht wahr, Effendi, du siehst ein, daß ich dein Vaterland genau kenne?"

„Ja, sehr genau", bestätigte ich möglichst ernst.

Höchst stolz auf dieses länderkundliche Wissen warf er einen stolzen Blick im Kreis umher und fuhr fort:

„Das sind die Errungenschaften davon, daß ich mich in meiner dienstfreien Zeit sehr gern mit der Dschografia[10] beschäftige. Die Bewohner von Almânja sind Nomaden. Sie wohnen in grünen oder blauen Zelten, ziehen bald dahin, bald dorthin und züchten Kamele, die einen, oftmals auch zwei Höcker haben. Ihre Datteln sind zwar nicht so wohlschmeckend wie die bei uns, dafür aber gedeihen bei ihnen die Ziegen besser als hierzulande. Ihre Scheike zahlen dem Sultan von Stambûl[11] eine jährliche Abgabe, die in Teppichen und Haremspantoffeln besteht, wofür sie die Erlaubnis haben, zur Erlangung der nötigen Lebensklugheit unsere Makâtib und Medâris[12] zu besuchen. Sie sind treue Anhänger des Propheten. Man findet sie bei jedem Pilgerzug, und Mekka und Medina sind ihnen die heiligsten Städte der Welt. Du wirst mir bezeugen, Effendi, daß meine Schilderung den Inbegriff der Wahrheit enthält."

Was sollte ich antworten? Ich wollte ihn nicht kränken und konnte die Dummheiten, die er vorgebracht

1 Tripolis 2 Australien 3 Niederlande 4 Schweiz 5 London 6 Walachei 7 China 8 Genua 9 Dänemark 10 Geographie 11 Arabisch: Konstantinopel, heutige amtliche türkische Bezeichnunng: Istanbul 12 Volksschulen und Universitäten

hatte, doch unmöglich bestätigen. Da half mir Halef aus der Verlegenheit. Er war ein Beduine, und zwar ein in der westlichen Sahara geborener, der sich durch nichts verpflichtet fühlte, dem Beherrscher in Konstantinopel eine besondere Verehrung zu zollen. Dafür aber hatte er, weil er mich hochschätzte, eine große Vorliebe für mein Vaterland. Seine Kenntnisse darüber waren allerdings auch fragwürdig, denn was ich ihm von Deutschland erzählt hatte, das war von ihm schnell wieder vergessen worden. Auch konnte er sich das Abendland nicht anders als nur mit morgenländischen Verhältnissen denken, und so wirkte, wenn er einmal von einem europäischen Land oder Volk sprach, seine Darstellung meist Heiterkeit erweckend. Aber klüger war er in dieser Beziehung dennoch als der Kol Agassi. Ganz besonders ärgerte es Halef, daß der Türke von einer Abgabe gesprochen hatte. Das war eine Herabwürdigung des deutschen Volkes, eine Beleidigung, die er, weil ich ein Deutscher war, unmöglich dulden konnte. Darum wartete er nicht ab, was ich dazu sagen würde, sondern er fiel schnell ein:

„Wie? Du meinst den Inbegriff der Wahrheit gesagt zu haben? Ich muß dir mitteilen, daß dein Inbegriff über alle Begriffe unbegreiflich ist, und daß ich noch nie eine Wahrheit gehört habe, die in Wahrheit so viele Unwahrheiten enthält wie die deinige."

„Wie?" fragte der Alte erstaunt. „Das sagst du mir, der ich in der Dschografia so bewandert bin! Und zwar sagst du es in einer Weise, die so ganz entfernt ist von der Höflichkeit, die man im Umgang mit Offizieren des Großherrn anwenden soll!"

„Was du über Almânja sagtest, das hast du nicht als Offizier, sondern als Dschograf gesagt, und wenn ein Dschograf unrecht hat, so verbietet es mir die Wahrheitsliebe, ihm aus Höflichkeit recht zu geben. Übrigens bist du selber noch viel unhöflicher gewesen als ich!"

„Ich? Inwiefern und gegen wen?“

„Gegen Kara Ben Nemsi Effendi. Schau ihn an! Sieht er so aus, als ob sein Volk die Teppiche und Pantoffeln für eure Harems herschenken müßte? Ich sage dir, die Deutschen schenken nicht einmal ihren eigenen Frauen Pantoffeln, also noch viel, viel weniger fremden Weibern! Und wenn du denkst, daß sie euch Teppiche schicken, so irrst du dich da ebenso, denn sie haben ja selber keine. Dein allergrößter Irrtum aber liegt in der Abgabe, von der du gesprochen hast. Das deutsche Volk besteht aus Helden, die sich selbst vor der Hölle nicht fürchten. Es gibt ein unübertretbares Gesetz bei ihnen, durch das aufs strengste verboten wird, einem fremden Fürsten Abgaben zu entrichten, und gerade der deutsche Sultan ist es, dem ausländische Herrscher Steuern zahlen müssen. So weiß ich zum Beispiel genau, daß die Beherrscher von Ulah, Midilli, Marakesch, Süwejsch, Dschibeltar und Frankistan[1] ihm hohe Abgaben zu entrichten haben, denn er hat sie alle besiegt und im letzten Krieg die Völker von Brasilli, Schibiri memleketi und Prussia[2] überwunden. Es ist also eine Beleidigung meines Effendi, wenn du behauptest, sein Volk müßte Abgaben zahlen, während es doch im Gegenteil solche bekommt. Und ebenso falsch war das, was du von den Deutschen in Beziehung auf die Pilgerzüge und auf Mekka und Medina erzähltest. Du wirst dort niemals einen Deutschen sehen, denn die Bewohner von Almânja sind keine Mohammedaner, sondern entweder Christen oder überhaupt gescheite Leute. Die Kamele haben dort nicht nur einen oder zwei, sondern drei oder gar vier Höcker, und die Datteln wachsen dort so groß und schwer wie bei euch die Kürbisse. In ihren Flüssen gibt es Fische, Balina[3] genannt, die ihren eigenen Schwanz nicht sehen können, weil man von der

[1] Wallachei, Mytilene (Lesbos), Marokko, Suez, Gibraltar und Europa
[2] Brasilien, Königreich Sibirien und Preußen [3] Walfische

hintersten Flosse aus bis zum Kopf einen halben Tag lang im Galopp reiten müßte. Und wenn die Deutschen von einer Stadt zur anderen reisen, tun sie das nur auf eisernen Straßen, indem sie ihre Wagen von feuerspeienden Pferden ziehen lassen, die stählerne Glieder haben und mit brennenden Kohlen gefüttert werden."

Der Kol Agassi saß staunend mit offenem Mund und sah den Hadschi sprachlos an.

„Nun, was sagst du jetzt?" fuhr Halef fort. „In deiner Dschografia steht wohl nichts davon, daß die Deutschen solche Feuerpferde haben und keine Mohammedaner sind?"

„Wird — wird — das Pferd, das — das der Effendi mit hat, auch mit glühenden Kohlen gefüttert?" fragte der Offizier, seine Sprache wiedergewinnend.

„Nein, das nicht. Du brauchst dich also nicht zu fürchten."

„Und — und ist er — wirklich kein Anhänger des Propheten, sondern ein Christ?"

„Er ist ein Christ, also ein sehr gescheiter Mann."

„Verzeih, o Scheik der Haddedihn, daß ich einen Gedanken ausspreche, der vielleicht nicht achtungsvoll klingt! Du nennst ihn einen gescheiten Mann. Ist es dann klug von ihm, als Christ diese Gegend aufzusuchen?"

„Warum sollte das etwa unklug sein?"

„Weil unweit die berühmten Orte der schiitischen Wallfahrten liegen. Es ist für ihn äußerst gefährlich, nur eine Stunde hier zu verweilen, denn sobald die Schiiten in der Nähe ihrer heiligen Orte jemanden als Christen erkennen, so ist er verloren."

„Das was andere Menschen Angst nennen, haben wir nicht kennengelernt. Wir kamen hierher, weil wir den Birs Nimrud besuchen wollten, und es ist uns nicht eingefallen, daran zu denken, ob das für uns gefährlich sein kann oder nicht. Ich sage dir, es ist keine Kleinigkeit, den berühmten Scheik der Haddedihn oder den unüberwindlichen Kara Ben Nemsi Effendi zum Feind zu haben. Und wenn in diesem Augenblick fünfzig Schiiten kämen, um über uns und euch herzufallen, so würden wir uns nicht fürchten, sondern es getrost mit ihnen aufnehmen."

„Allah verhüte das! Ich bin ein tapferer Soldat und Offizier, aber diese Leute, die Ali und seine Söhne mehr verehren als den Propheten selber, sind keine ehrlichen Krieger. Ich trete dem Feind offen entgegen, sie aber lieben die Heimtücke und die Hinterlist. Ist es mir beschieden, im Kampf zu sterben, so soll es doch wenigstens nicht durch eine Kugel sein, die von feiger Hand von hinten auf mich geschossen wird. Doch sagt, seid ihr wirklich bloß in der Absicht hierhergekommen, den Birs Nimrud zu sehen?"

„Ja."

„Ich will nicht in euch dringen, mir mehr mitzuteilen, als euch beliebt. Es ist mir aber unmöglich zu glauben, daß man einen so weiten und gefährlichen Ritt unternehmen kann, nur um einen großen, wüsten Haufen von Trümmern und Ziegelsteinen zu betrachten. Ich bitte um die Erlaubnis, meine Anordnungen für die Nacht zu erteilen, denn da wir beabsichtigen, erst am Tag nach Hille zu reiten, werden wir jetzt zu schlafen versuchen!"

Der Kol Agassi gehörte zu der großen Zahl derer, denen es unverständlich ist, wenn andere etwas tun oder unternehmen ohne die Absicht auf äußerliche, handgreifliche Vorteile. Wahrscheinlich war er trotz allem, was wir gesprochen hatten, immer noch der Ansicht, daß wir in irgendeiner Beziehung zu den Schmugglern ständen. Er bestimmte die Posten, die auch die Gefangenen bewachen mußten, und wickelte sich in seinen Mantel. Seinem Beispiel folgten seine Untergebenen sogleich. Halef streckte sich auch lang aus und fragte mich leise:

„Meinst du vielleicht, Sihdi, daß es für uns geraten ist, abwechselnd zu wachen?"

„Nein", erwiderte ich. „Der alte Kol Agassi meint es ehrlich. Wir werden auch ohne unsere Decken gut schlafen, denn es ist heute nicht kalt. Gute Nacht!"

„Gute Nacht sage auch ich, obgleich ich weiß, daß ich keine Ruhe finden werde. Der Gestank der Leichen sitzt noch so tief in meiner Nase, daß mich der Tod heute fliehen würde, also noch viel mehr der Schlaf. Sei der deinige um so fester!"

Sein Wunsch ging in Erfüllung. Ich schlief sehr gut und so lange, bis der Hadschi mich weckte. Er versicherte mir, kein Auge geschlossen zu haben, denn „die Empörung seiner Nase hätte ihn gequält bis zu diesem Augenblick". Die Soldaten nahmen ein einfaches Frühstück und stiegen dann auf, um sich von uns zu der Stelle führen zu lassen, wo unsere Rappen standen. Diese begrüßten uns mit frohem Wiehern. Sie hatten sich nach uns gesehnt, aber doch keinen Versuch gemacht, sich loszureißen. Als wir sie von der Schutthalde herabgeführt brachten und der Kol Agassi sie erblickte, rief er bewundernd aus:

„Ja, das ist wirklich Radschi Pak! Dergleichen hat selbst der Pascha von Bagdad nicht in seinem Besitz, und ich begreife es sehr wohl, wenn andere lüstern danach werden. Solche Pferde sind für Diebe eine Versuchung, der kaum zu widerstehen ist. Was für reiche Männer müßt ihr sein! Nehmt euch in acht, daß man sie euch nicht einmal heimlich entführt!"

Nun galt es, uns mit den Spuren zu beschäftigen. Ich wollte, wie bereits gesagt, sehen, wohin die Schmuggler gestern abend den Safran geschafft hatten. Sie waren fast eine ganze Nacht an diesem Ort geblieben und dann, kurz vor Tagesanbruch, zum Kanal zurückgekehrt, denn ich erblickte ihre Kelleks draußen auf dem Wasser, sie ruderten nach Norden zu, woher sie gestern gekommen waren. Das sah ich, ohne dem Kol Agassi etwas davon zu sagen. Die Augen des Hadschi aber lenkte ich durch einen verstohlenen Wink dorthin.

Zunächst führte ich den Offizier zu den Spuren, die wir gestern bei unserer Ankunft gemacht hatten, dann zu der vom Kanal herlaufenden Fährte der Pascher. Diese war tief eingedrückt, weil die Leute schwer getragen hatten. Wieder zu unseren Fußtapfen zurückgekehrt und ihnen bis zu den Feuerstätten folgend, erklärte ich ihm alles, was er nicht von selber zu finden vermochte, und betonte besonders den Umstand, daß unsere Spur erst hier, wo wir gefangengenommen worden waren, auf die Pascher stieß und wir also nicht mit ihnen verkehrt haben konnten.

„Ich begreife alles sehr leicht, Effendi“, sagte er. „Du kannst überzeugt sein, daß ich dir jedes deiner Worte glaube. Du hast mir bewiesen, daß euch diese Schmuggler unbekannt waren und ihr also keine Ahnung davon hattet, daß sie sich hier befinden würden. Ich werde das, wenn du es wünscht, in der Mahkemi sagen.“

„Ich bitte dich darum.“

„Du hast nicht zu bitten, sondern zu fordern, denn du willst ja einen Bericht an den Sseraßker senden. Wenn ich ja vorher noch daran gezweifelt hätte, daß du einen Einfluß bei ihm hast, so wäre mein Bedenken verschwunden, seitdem ich dich zu Pferd sitzen sehe. Wer einen solchen Rappen besitzt und in der Weise wie du reitet, der hat das Zeug dazu, selber Sseraßker zu sein.“

Fast hätte ich über dieses Lob laut aufgelacht. Ich unterdrückte aber die Anwandlung dazu.

Wir folgten jetzt den Spuren der Schmuggler weiter, von den Feuern weg in südlicher Richtung, bis sie von den Ruinen rechts fort in die freie Wüste führten. Das sah für den Nichtkenner aus, als hätten sie einen schon vorher beabsichtigten Bogen geschlagen. Ich aber bemerkte deutlich, daß sie da, wo ihre Fährte vom Gemäuer ablenkte, angehalten hatten. Sie waren hinauf zur Höhe gestiegen, wo die Stelle lag, von der Dozorca gesprochen hatte. Da hinauf hatten sie die Schmuggelware geschafft und dann unten ihren Weg hinaus ins Freie fortgesetzt. Dieser Umweg war notwendig gewesen, weil sie sonst auf die Soldaten gestoßen wären, deren Feuer sie hatten brennen sehen. Auch von diesen Gedanken erfuhr der Offizier nichts. Wir kehrten an dieser Stelle um, ritten auf unseren eigenen Spuren zurück und schlugen dann den kaum zwanzig Kilometer langen Weg zur Stadt ein.

Der Wirt und der Ghasai, die sich den Soldaten angeschlossen hatten, um unserer Verhaftung beizuwohnen, hatten wohl nicht geahnt, daß sie auf dem Rückweg selber gefangen sein würden. Sie waren jetzt nicht mehr gebunden, doch wurden ihre Pferde von je einem Soldaten an den Zügeln geführt, und Halef ritt hinterdrein, um sie stets im Auge zu haben, während ich mich neben dem Kol Agassi hielt, der den Zug anführte.

Jetzt erfuhr ich auch, warum dieser Offizier nicht hatte glauben wollen, daß wir bloß hergekommen waren, um den Turm zu sehen. Als wir nämlich eine ziemlich lange Zeit still nebeneinander geritten waren, legte er mir die schüchtern klingende Frage vor:

„Ist es wirklich wahr, Effendi, daß du ein Christ bist?"

„Es ist wahr."

„Gibt es bei den Christen auch Schmuggler?"

„Leider, ja."

„Du sagst leider. Es scheint also, daß du die Schmuggelei für eine Sünde hältst?"

„Alles, was das Gesetz verbietet, ist vom Standpunkt dieses Gesetzes aus eine Sünde."

„Aber wie komme ich als Türke dazu, zum Beispiel für den Safran, der in Persien viel billiger ist als bei uns, hier so viel mehr zu bezahlen, weil es dem Großherrn gefallen hat, einen Zoll auf dieses Gewürz zu legen?"

„Ich bin nicht der Großherr und bitte dich also, diese Frage nicht mir, sondern ihm vorzulegen."

„Du willst mir ausweichen. Sag mir aufrichtig, ob es Christen geben kann, die auch anderswo als in ihrem Vaterland Schmuggel treiben!"

„Ich halte das nicht für unmöglich."

„So ist der Gedanke, den ich hatte, doch nicht so ganz dumm gewesen."

„Welcher Gedanke?"

„Ich hielt dich für den Anführer der Pascher und dachte, du wärest nur dadurch, daß wir euch fingen, verhindert worden, dich mit ihnen zu entfernen."

„Hoffentlich bist du jetzt anderer Meinung?"

„Ganz anderer. Aber ich gehöre nicht zu den Zollhunden, die hinter den Paschern hergehetzt werden, und wäre dir, falls du zu ihnen gehört hättest, deswegen nicht gefährlich geworden. Das wollte ich dir noch sagen, damit du einsiehst, daß ich nur Soldat und sonst weiter nichts bin."

Ich verstand ihn sehr gut. Er war immer noch nicht ganz überzeugt, daß die Pascher mich nichts angingen, und hätte nötigenfalls gegen ein gutes Bakschisch in Hille gern darüber geschwiegen. Das war der versteckte Sinn seiner Rede, auf den ich aber glücklicherweise nicht einzugehen brauchte. Seine Aussage über mich vor der Mahkemi war mir auch ohne Trinkgeld sicher, weil ich ihn mir durch die Hoffnung auf meinen Bericht zum Freund gewonnen hatte. Übrigens muß ich erwähnen, daß ich ihn mit dieser Hoffnung nicht etwa belogen hatte.

Ich hegte wirklich die Absicht, etwas für ihn zu tun, selbst wenn ich die Gelegenheit dazu bei den Haaren herbeiziehen mußte. Freilich war ich dabei der Ansicht, daß es nicht gerade durch einen Bericht an den Sseraßker zu geschehen brauchte. Bei einem ihm näherstehenden Vorgesetzten war auch jedenfalls eher etwas zu erreichen, als bei diesem hohen Herrn, dem ein Kol Agassi im fernen Hille sehr gleichgültig war. Daß man sich diesen Mann durch die Verabreichung eines Trinkgelds nicht zum Todfeind machen würde, konnte man sich bei seinen armseligen Einkünften leicht denken. Das Einkommen eines Kol Agassi betrug — wenn es überhaupt gezahlt wurde! — damals in Hille nach unserem Geld achtzig Pfennig für den Tag, und davon mußte er alle seine Bedürfnisse bestreiten.

Unser weiteres Gespräch, bis wir die Stadt erreichten, bezog sich auf unwichtige Gegenstände, doch zeigte die Art und Weise, wie er sich dabei gegen mich benahm, daß wir den beabsichtigten Eindruck auf ihn gemacht hatten. Daß ich ein Christ war, schien mir in seinen Augen nichts zu schaden. Er kam mit keinem Wort darauf zurück.

9

VOR GERICHT

In Hille ritten wir zunächst zum Mensîl, vor dem angehalten wurde.

„Ich habe euch, meiner Weisung nach, wieder zurückgebracht", sagte der Kol Agassi zum Handschi. „Ihr könnt also in dein Haus gehen. Aber ich werde einen Posten an die Tür stellen, der euch hindert, es zu verlassen, bis ihr zur Mahkemi geholt werdet, wo ihr eure Anklage vorbringen und ihre Wahrheit beweisen sollt. Ich mache euch darauf aufmerksam, daß ihr euch also auch jetzt noch als Gefangene betrachten müßt. Unterlaßt darum jeden Versuch, euch ohne Erlaubnis von hier zu entfernen!"

Sie gefangen, wir aber frei! Das ärgerte sie gewaltig; sie waren aber klug geworden und sagten nichts dazu. Wir ritten unter Zurücklassung eines Postens weiter, der sogenannten Makam i ikamet[1] des Sandschaki zu.

Dort im Hof wurden wir vom Kol Agassi aufgefordert abzusteigen. Es gehörte nicht viel Scharfsinn dazu, den Grund dieser Anordnung zu erraten und uns über unsere gegenwärtige Lage klar zu sein. Wie wir uns dazu verhalten sollten, wollte ich nicht von den hiesigen Verhältnissen, sondern von unserem eigenen Willen abhängig machen. Darum fragte ich ihn, indem ich ruhig im Sattel blieb: „Warum absteigen?"

„Weil man doch nicht sitzenbleibt, wenn man nicht weiterreitet."

„Hm! Bei uns kommt es zuweilen vor, daß wir zwar anhalten, aber doch nicht absteigen."

„Ich muß euch aber abliefern."

1 Residenz

„Das kannst du auch, während wir uns im Sattel befinden."

„Aber, Effendi, ihr könnt doch unmöglich zu Pferd ins Gefängnis kriechen."

„Ins Gefängnis sollen wir?"

„Gewiß! Ihr seid doch gefangen!"

„Ich spüre nichts davon!"

„Weil ihr nicht gebunden seid? Ich habe euch verhaftet und euch nur darum ohne Fesseln hierhergebracht, weil ihr mir versprochen habt, mir gutwillig hierher zu folgen. Nun aber muß ich euch ins Gefängnis bringen."

„Du? Ich denke, du bist Offizier, aber nicht ein gemeiner Sindandschi[1], der Verbrecher betreut!"

„Maschallah! Ich wollte es keinem Menschen raten, mich für einen solchen Kerl zu halten! Ich bin Offizier des Beherrschers aller Gläubigen, aber kein Gefängnisdiener!"

„So zürne auf dich selber! Denn soeben hast du gesagt, daß du die Obliegenheiten eines ‚solchen Kerls' ausüben willst. Ich werde das leider mit in den Bericht an den Sseraßker aufnehmen müssen!"

„Allah! Du kannst es getrost weglassen, denn ich werde es nicht tun, wenn du mir folgende Bitte erfüllst: ich gehe jetzt zum Sandschaki, um ihm zu melden, daß ich euch gebracht habe. Bis das erledigt ist, macht ihr keinen Versuch, den Hof zu verlassen. Was dann geschieht, das geht mich nichts mehr an. Seid ihr einverstanden?"

„Wenn du mir einige Fragen beantwortest."

„Welche?"

„Wie ist dein Name?"

„Amud Mahuli."

„Ich muß ihn wissen, weil ich ihn doch im Bericht erwähnen will und es ungewiß ist, ob ich wieder Gelegen-

1 Gefangenenwärter

heit finde, mit dir zu sprechen. Du kennst die Umgebung dieses Gebäudes?"

„Ja."

„In welchem Teil wohnt der Sandschaki?"

„Gerade vor dir. Da befinden sich auch die Stuben seiner Mamûrin[1]."

„Wo ist das Gefängnis?"

„Zur ebenen Erde rechts, wo du die kleinen Löcher in der Mauer siehst."

„Ich danke! Das sind keine Wohnungen für uns! Da drüben wird der Hof von einer Mauer abgeschlossen. Was liegt hinter ihr?"

„Eine freie Gasse."

„Wie breit ist sie?"

„Es können fünf oder sechs Leute an dieser Stelle nebeneinander gehen. Warum fragst du?"

„Weil wir zwar gute Reiter sind, aber aus gewohnter Vorsicht uns stets vorher erkundigen, wenn wir die Hälse wagen."

„Die Hälse? Ich verstehe dich nicht!"

„Ist auch nicht notwendig. Und nun höre, was ich dir sage! Wir werden genau zehn Minuten auf dich warten. Das ist Zeit genug, dem Sandschaki deine Meldung zu machen. Bist du dann noch nicht wieder da, so reiten wir fort."

„Kann ich mich auf dein Versprechen verlassen?"

„Ich breche nie mein Wort."

„So will ich gehen, denn ich vertraue dir. Ihr braucht nicht zehn Minuten zu warten, denn ich werde schon eher wiederkommen."

Er ging, indes ich darüber lächeln mußte, daß er mir mein Wort abgenommen hatte. Seine Leute waren doch da! Warum hatte er sie nicht aufgefordert, uns zu bewachen und jeden Fluchtversuch zu verhindern? Traute er ihnen weniger als meinem Versprechen? Der

1 Beamten

Eindruck, den wir auf ihn gemacht hatten, schien noch günstiger zu sein, als ich gedacht hatte. Er glaubte nicht, daß wir uns trotz ihrer Überzahl von ihnen halten lassen würden, und damit hatte er auch recht!

Das Gebäude bestand, wie alle Häuser der Stadt, aus Ziegeln, die den Trümmern Babylons entnommen waren. Es sah schmutzig und baufällig aus. Der Hof war nicht groß, bot uns aber hinreichend Platz zu den Bewegungen, die später vielleicht nötig wurden. Die Mauer, von der ich gesprochen hatte, besaß etwas über Mannshöhe, zeigte aber einige Stellen, wo die oberen Ziegellagen herabgefallen waren, und es erschien mir kein Wagnis, an einer dieser Stellen mit unseren Pferden über sie hinwegzukommen. Darum hatte ich gefragt, was hinter ihr läge.

Eigentlich hätte mir bange sein können. Ein Christ, gefangen, in Hille, dem Hauptort schiitischer Unduldsamkeit, der Schuld am Tod eines Menschen und an der Verletzung eines anderen, vielleicht auch des Schmuggels angeklagt — das waren Gründe genug, besorgt zu sein. Aber ich sah dem Kommenden mit größter Seelenruhe entgegen, und als ich mein Auge auf Halef richtete, lächelte er mich zuversichtlich an.

„Hast du schon einen Plan, Sihdi?“

„Nein“, antwortete ich, indem ich mich der moghrebinischen Mundart bediente, um von den Soldaten nicht verstanden zu werden. „Um einen Plan zu haben, müßte ich wissen, was sich nun ereignen wird. Weil ich das aber nicht weiß, können wir nichts tun, als ruhig warten.“

„Aber wie wir uns im allgemeinen verhalten sollen, kannst du mir mitteilen?“

„Ja. Ich werde nicht leugnen, daß ich Christ bin, hier am allerwenigsten. Das bin ich mir und meinem Glauben schuldig. Du brauchst dich nur nach mir zu richten und alles so wie ich zu machen. Ich vermute, daß wir iber die Mauer setzen werden. Die dahinterliegende Gasse ist nicht breit. Es muß also, um nicht jenseits anzurennen, in schiefer Richtung, und zwar von rechts nach links geschehen, so daß wir beim Sprung nördlich schauen. Das mußt du dir merken, damit wir keinen Augenblick auseinanderkommen und du nicht etwa umzuwenden brauchst."

„So meinst du, daß wir gar nicht absteigen?"

„Wir werden wahrscheinlich doch herunter müssen. Ins Gebäude gehen wir auf keinen Fall, und von den Pferden trennen wir uns keinen Augenblick, sondern behalten die Zügel in den Händen."

„Aber wir sind angeklagt, man will uns verhören, und wir können die Pferde doch nicht mit hinein ins — ah, du willst ja gar nicht hinein in die Mahkemi!"

„Nein! Wer uns verhören will, muß zu uns herauskommen."

„Muß herauskommen, muß! Ob er will oder nicht! O lieber Sihdi, wie freue ich mich! Das ist doch endlich wieder ein Fall, eine Begebenheit, bei der wir zeigen, daß wir gewohnt sind, nur das zu tun, was uns beliebt. Ich bin überaus neugierig, was sich alles dabei ereignen wird. Vielleicht kommt es dazu, daß wir die Waffen brauchen?"

„Auch dessen müssen wir gewärtig sein, obgleich ich es nicht wünsche. Anfassen darf uns niemand, denn wenn wir es einmal dazu kommen lassen, haben wir das Spiel schon halb verloren. Wir können noch so kräftig sein, wenn uns die Überzahl zusammendrückt, so daß wir keinen Raum mehr zur Verteidigung haben, werden wir überwältigt. Sieh dort an der Torseite die vielen Menschen! Der Vorfall von gestern ist in der Stadt bekanntgeworden. Jetzt hat man erfahren, daß wir eingeliefert worden sind, und nun strömen die Neugierigen herbei, um zu erfahren, was mit uns geschieht."

„Das können wir ihnen jetzt schon sagen: wir reiten fort und lachen Hille aus."

„Sei nicht allzu sicher! Es ist nicht ausgeschlossen, daß die Angelegenheit eine schlimmere Wendung nimmt, als wir denken. Schau, das Spiel beginnt; man naht!"

Wir sahen den Kol Agassi aus der Tür treten. Ihm folgte eine beträchtliche Anzahl von Personen. Hinter ihm kam ein Offizier in der Uniform eines Mir Alai[1], der wohl jetzt beim Sandschaki gewesen war. Dann traten Diener heraus, die einen Stuhl und verschiedene Kissen trugen, dann Beamte der Mahkemi, einer von ihnen mit einem unförmigen Tintenfaß, Feder und Papier. Das war jedenfalls der Schreiber, woraus wir schlossen, daß das Verhör hier im Hof stattfinden sollte. Wie wir einigen später fallenden Äußerungen entnahmen, war heute überhaupt öffentlicher Gerichtstag, und da unser Fall Aufsehen erregte, hatte der Sandschaki beschlossen, ihn zuerst zu verhandeln, uns nicht erst in einer langen Untersuchungshaft schmachten zu lassen und uns eine desto strengere Strafe aufzuerlegen. Bei einer Anklage, wie sie gegen uns gerichtet wurde, konnte er sich in seinem ganzen Glanz zeigen. Zuschauer waren genug vorhanden. Hinter den Beamten bemerkten wir mehrere Männer in würdevoller Haltung, die Beisitzer des Gerichts, wie ich später erfuhr. Und nun kam er selber, der Herr und Gebieter von Hille und des Sandschak, in dem der Ort liegt. Man sah es ihm beim ersten Blick an, daß er ein Alttürke war, von dem ich als Christ keine Spur von Wohlwollen oder Schonung erwarten durfte. Seine Gestalt war klein und schmächtig, desto größer sein Turban, der mir aber trotz seines Umfangs keine Achtung einflößte. Zu seiner Linken ging ein Mann, dem ich zunächst keine Aufmerksamkeit schenkte. Er war persisch gekleidet.

1 Oberst

Alle diese Personen schritten, den Kol Agassi ausgenommen, am Gebäude hin bis zu einer Stelle, wo ein altes, ziemlich zerfetztes Leinentuch an der Mauer niederhing, das von einem schnell vorausspringenden Diener aufgespannt wurde. Es bildete das Sonnendach der Stelle, an der die öffentlichen Gerichtssitzungen abgehalten wurden.

Der schon erwähnte Stuhl wurde unter seinen segensreichen Schutz gestellt, und der Sandschaki nahm darauf Platz wie auf einem Thron. Zu seiner Rechten und Linken legte man die Kissen nieder, um den hervorragenden rechtskundigen Größen Gelegenheit zu bieten, mit untergeschlagenen Beinen so weich wie möglich zu sitzen. Die geistig weniger Begabten nahmen den Platz, wo und wie sie ihn fanden. Der persisch gekleidete Mann hatte sich unmittelbar neben dem Stuhl niedergelassen. Als sich die Mahkemi in dieser Weise entwickelt hatte, kam die Menge der Zuschauer herbei, um den Maidân el Adl[1] in einem Halbkreis zu umschließen.

Mittlerweile hatte der Kol Agassi uns erreicht. Sein Gesicht war sehr ernst, und seine Stimme klang bedenkenschwer.

„Ich habe euch gemeldet, und da die Mahkemi schon zur heutigen Sitzung versammelt war, beschloß der Sandschaki, sogleich über euch Gericht zu halten. Ihr werdet mit größter Strenge behandelt werden und habt keine Nachsicht zu erwarten."

„Weiß es, daß ich ein Christ bin?" erkundigte ich mich.

„Ja. Ich habe es ihm gesagt. Ich habe ihm auch mitgeteilt, wer ihr seid."

„Was sagte er dazu?"

„Wer ihr wärt, das gehe ihn gar nichts an. Er brauche weiter nichts zu wissen, als daß er es mit Schmugglern

[1] Platz der Gerechtigkeit

und Mördern zu tun habe, und solche Menschen dürfe man nicht schonen."

„Ich danke dir für diese Mitteilung! Du siehst, daß wir Wort gehalten haben und hier geblieben sind. Von jetzt an ist es dir also gleichgültig, was wir unternehmen?"

„Nein."

„Du sagtest es doch vorhin!"

„Ich wußte nicht, was kommen würde. Der Mir Alai meines Regiments war beim Sandschaki. Er befahl mir, mit meinem Leuten das Tor zu besetzen, damit jeder Fluchtversuch von euch vergeblich sei. Ich muß gehorchen, hoffe aber, daß du mir nicht deswegen zürnst, Effendi!"

„Du besitzt mein Wohlwollen im gleichen Maß wie vorher."

„Aber wenn ihr fliehen wollt und ich hindere euch daran, was wird da aus deinem Bericht?"

„Ich schreibe ihn und schicke ihn auch ab. Wenn du unsere Flucht unmöglich machst, verdienst du ja das Lob, das ich dir erteile, doppelt."

„Aber wenn ihr hingerichtet werdet, kannst du den Bericht nicht schreiben!"

„Mach dir in dieser Beziehung keine Sorge! Ehe der Sandschaki uns hinrichten läßt, hängen wir ihn mit dem ersten besten Strick!"

„Du kannst bei so ernsten Dingen scherzen? Aber steigt ab und kommt mit mir! Ich soll euch vor die Richter bringen."

Bevor ich hierauf antworten konnte, ließ Halef einen unterdrückten Ruf der Überraschung hören.

„Was ist's?" fragte ich.

„Schau den Mann, der jetzt bei dem Perser steht und mit ihm spricht!" raunte er mir zu.

„Er steht mit abgewendetem Gesicht."

„Aber ich habe seine Züge gesehen!"

„Wer ist's?"

„Safi."

„Was? Wer? Etwa Safi, der Sill, der uns dem Pädär in die Hände liefern wollte?"

„Und den du begnadigt hast, obgleich ich ihn so gern meine Peitsche hätte schmecken lassen."

„Du irrst dich nicht?"

„Nein. Jetzt, jetzt dreht er sich um!"

Ich erkannte ihn. Es war allerdings der Mann aus Mansurije. Er hatte uns jedenfalls auch erkannt. Was wollte er hier in Hille? War er in Angelegenheiten der Sillan hier? Warum sprach er mit dem Perser? Kannte er ihn? Dann gehörte dieser jedenfalls auch zu dem Geheimbund. Hatte der Verräter ihm gesagt, daß wir die waren, von denen der Pädär durch Prügel gezüchtigt wurde? Wer war dieser Perser? Welchen Grund oder welchen Zweck hatte seine Anwesenheit? War er nur persisch gekleidet, oder war er persischer Untertan? War das der Fall, so hatte er doch wohl kein Recht, in einer Mahkemi zu sitzen, die unsere Angelegenheit behandeln wollte!

Während mir alle diese Fragen durch den Kopf schossen, drängte der Kol Agassi zum Absteigen.

„Wir bleiben sitzen!" erwiderte ich.

„Aber ihr könnt doch unmöglich zu Pferd vor der Mahkemi erscheinen!"

„Warum nicht?"

„Es ist verboten."

„Es gibt kein Gesetz, das bestimmt, man dürfte nur zu Fuß vor den Richtern erscheinen!"

„Wenn es kein Gesetz darüber gibt, so ist ein solches Beginnen doch gegen allen Brauch!"

„Du irrst. Es ist bei mir ein alter Brauch, von dem ich niemals lasse. Sooft ich vor Gericht erscheine, komme ich nicht anders als zu Pferd."

„Ich auch", stimmte Halef bei. „Ich bin der Scheik

der Haddedihn, bei denen man einen Mörder nur dann zum Tod verurteilen darf, wenn er im Sattel sitzt."

„Aber eure Gebräuche haben doch in Hille keine Geltung!"

„So wird es endlich Zeit, daß wir ihnen Geltung verschaffen!" entschied der kleine Hadschi sehr bestimmt.

„Ich kann es nicht verantworten! Denkt, wie es mir vom Mir Alai, dem Obersten meines Regiments, ergehen wird, wenn ich euch geführt bringe, während ihr auf euren Pferden sitzt!"

„Das muten wir dir auch gar nicht zu. Wir können auf deine Begleitung verzichten", entgegnete ich. „Komm, Halef!"

Ich kann mich kaum erinnern, jemals in einer solchen Stimmung gewesen zu sein wie jetzt. Es lag etwas in mir, was mich nicht dazu kommen ließ, diese Mahkemi ernst zu nehmen. Und Halef schien bei gleich guter Laune zu sein. Er lachte über das ganze Gesicht, als er meine Aufforderung hörte, und antwortete heiter: „Wollen wir nicht auf das Verhör verzichten und lieber sofort mitten hineinreiten, so daß die weisen Herren auf alle Seiten auseinanderfliegen?"

„Fast hätte ich Lust dazu. Aber ich denke, es ist besser, wenn wir von dieser Tollheit absehen. Wir würden doch nur um den Genuß kommen, den uns ein Wortsieg über diese scharfsinnigen Männer des Gesetzes bereiten wird. Also seien wir vernünftig! Komm, vorwärts!"

„Ja, vorwärts, Sihdi! Wir wollen in einer Weise mit ihnen sprechen, wie wohl noch niemand mit einer Mahkemi gesprochen hat."

Es folgte nun eine Gerichtsverhandlung, die ich für unmöglich halten würde, wenn ich sie nicht selber erlebt hätte. Kenner der türkischen Verhältnisse von damals werden allerdings, wenn sie diese Zeilen lesen, nicht in Verwunderung geraten. Der Vorgang ist nur dadurch ungewöhnlich, daß die beiden Angeklagten Männer waren, denen der ganze hohe Gerichtshof keine Angst einflößen konnte. Der einzige Grund, bedenklich zu sein, hätte in dem Umstand gelegen, daß wir uns mitten in einer unduldsamen Bevölkerung befanden und der von den Zuschauern gebildete Halbkreis sich von Minute zu Minute vergrößerte. Die durch das offene Tor hereinströmenden Menschen waren alle bewaffnet, und es schien fraglich, ob die Mahkemi gegebenenfalls die erforderliche Macht oder auch nur Bereitwilligkeit besitzen würde, uns gegen Gewalttätigkeiten in Schutz zu nehmen. Es galt zu bedenken, daß Halefs sunnitisches und nun gar mein christliches Bekenntnis sehr leicht Pulver auf die Pfanne so mancher Pistole werden konnte. Andererseits kannten wir den Eindruck, den ein furchtloses Auftreten gerade auf so leicht erregbare Menschen zu machen pflegt. Wir sahen also dem Kommenden zwar gespannt, aber keineswegs ängstlich entgegen und ritten auf den erwähnten Halbkreis zu, der sich vor uns öffnete, um uns hindurchzulassen. Der Kol Agassi begab sich ans Tor zu seinen Soldaten, die die Aufgabe hatten, unserer Flucht entgegenzutreten. Die Lücke der Zuschauer wurde hinter uns sogleich wieder geschlossen.

Der Vorsitzende hatte sich unser Erscheinen vor seinen Schranken anders gedacht. Er sah uns aus erstaunten Augen an und rief uns zornig zu:

„Wie könnt ihr es wagen, zu Pferd und bewaffnet vor uns zu erscheinen? Herunter von den Gäulen, und weg mit euren Waffen!"

„Ich halte es für besser, daß wir sitzenbleiben", antwortete ich ruhig.

„Euch ist hier keine eigene Meinung gestattet. Ihr habt nur zu gehorchen!" entgegnete er befehlend wie vorher.

„Wir sind ja gehorsam, und zwar gerade in dem wir sitzenbleiben. Wir gehorchen nämlich der Notwendigkeit."

„Was ist das für eine Ausrede? Ich verstehe dich nicht. Sprich deutlicher!"

„Wenn meine Vermutung richtig ist, hat man dir von unseren Pferden erzählt?" fragte ich.

„Gewiß! Diese Bestien sind es ja, wegen deren wir euch wahrscheinlich das Todesurteil sprechen werden!"

„Wir können diesem Urteil vom Sattel aus ruhig entgegensehen. Stiegen wir aber ab, so könnte leicht etwas geschehen, was euch den Stoff zu einer neuen Anklage gäbe."

„Was meinst du? Was könnte geschehen?"

„Du siehst, daß unsere Hengste Radschi Pak sind. Sie werden wie jedes reine Blut gefährlich, wenn man sie von ihren Herrn trennt. Sähen sie, daß man uns zwingt, sie zu verlassen, so würden sie uns dennoch folgen, dabei jeden, der sie daran hindern wollte, mit den Hufen niederschlagen. Wir haben sie also, um Unglück zu vermeiden, mit hierher gebracht."

„Ihr könnt aber absteigen und sie an den Zügeln halten. Das gebietet die Achtung, die ihr der Mahkemi schuldig seid. Man sitzt nicht vor den Richtern, sondern man steht vor ihnen. Ich verlange, daß auch ihr das tut!"

Ich wollte eine verweigernde Antwort geben. Da kam mir Halef zuvor, indem er den Sandschaki fragte:

„Kannst du die Folgen deines Begehrens verantworten?"

Sein Gesicht zeigte dabei jenen pfiffigen Ausdruck, der stets bei ihm zu beobachten war, wenn ihn ein Hintergedanke leitete.

„Was ich befehle, verantworte ich", lautete die Entgegnung.

„So werden wir nach deinem Willen tun."

Der Hadschi sprang aus dem Sattel, und ich folgte

seinem Beispiel, denn ich erriet, was er beabsichtigte. Wenn wir die Zügel lang hielten und unsere Pferde also die Köpfe frei hatten, standen sie still. Nahmen wir ihnen aber diese Freiheit, indem wir sie kurz faßten, so wehrten sie sich nachdrücklich und versuchten alles, um sich loszureißen. Halef gab seinem Hengst beim Absteigen absichtlich eine solche Stellung, daß sich gerade hinter ihm Safi, der Sill aus Mansurije, befand. Er rief ihm und seinen Nachbarn warnend zu:

„Geht zurück! Dieser Rappe duldet nicht, daß man ihm so nahe steht!"

Es fiel niemandem ein, dem Ruf zu gehorchen. Der kleine Scheik faßte die Zügel nahe am Maul, worauf sein Hengst den Kopf hochzuwerfen versuchte, um sich loszureißen. Als ihm das nicht gelang, schlug er hinten aus und traf den Sill, glücklicherweise nicht gefährlich, aber doch so, daß der Geschlagene zurückgeworfen wurde und einige andere mit niederriß. Mein Assil Ben Rih verhielt sich ebenso, denn ich hatte ihn auch kurz genommen. Er traf sogar zwei Männer, die weit fortgeschleudert wurden, und während sich darüber ein großes Geschrei erhob, ließen wir die unaufhörlich ausschlagenden Rappen um uns tanzen, bis der Halbkreis der schimpfenden Zuschauer so weit zurückgewichen war, daß niemand von den drohenden Hufen mehr erreicht werden konnte. Die Verletzten wurden inzwischen fortgeschafft, und so viel Köpfe es gab, so viele Stimmen riefen uns alle möglichen Flüche und Verwünschungen zu. Halef aber brüllte dem Sandschaki noch lauter zu, so daß er sie alle überschrie:

„Da hast du die Folgen! Nun verantworte sie auch! Wer kein Pferdekenner ist, soll nicht Befehle erteilen, von deren Wirkungen er nichts versteht!"

Man sah es dem Beamten an, daß er diese Beleidigung zornig zurückweisen wollte. Aber der Oberst machte eine beruhigende Handbewegung und warf ihm einige

Worte zu, die wir des Lärmes wegen nicht verstanden. Hierauf wurde uns die willkommene und auch beabsichtigte Weisung:

„Steigt wieder auf! Es sei euch einstweilen gestattet. Später werden wir euch samt euren Bestien zu zähmen wissen."

„Wir werden es tun", meinte Halef herablassend. „Doch wir geben dir zu bedenken, daß Reiter und Pferd sich ähnlich zu sein pflegen. Auch wir haben die Gewohnheit, uns nach unserem eigenen Willen zu richten."

Leider, oder vielleicht auch glücklicherweise, achtete der Sandschaki nicht auf diese Worte, denn er war damit beschäftigt, seinen Dienern einige Befehle zu geben, um den Lärm zu stillen und die Aufregung der Anwesenden zu beruhigen. Sie mischten sich unter die Schreienden und es gelang ihnen auch, Ruhe zu schaffen.

Nur einer schien sich nicht so schnell wie die anderen beherrschen zu können, das war der persisch gekleidete Mann, mit dem Safi vorhin gesprochen hatte. Der Verletzte war ein Stück fortgetragen worden. Da saß er wimmernd und mit den Händen die Körperstelle streichend, an der er getroffen war. Der Perser stand bei ihm, deutete auf uns, focht mit den Armen drohend in der Luft und war von allen der letzte, der seinen Platz wieder aufsuchte. Bevor er sich dort niedersetzte, sagte er so laut, daß jedermann es hörte, zu dem Sandschaki:

„Du siehst, o Pascha, daß drei Personen schwer verletzt worden sind! Das darf nicht unbestraft bleiben, denn nicht die Pferde sind schuld daran, sondern es ist von den Reitern beabsichtigt worden. Dort sitzt Safi, ein treuer Untertan des Padischah. Er ist ein Bekannter von mir und steht unter meinem Schutz. Ich hoffe, daß der Huftritt, der ihn getroffen hat, so streng wie möglich geahndet wird. Nur wenn das geschieht, kann ich so lobend, wie du es wünschst, von dir zu meinem Herrn, dem königlichen Sillullah[1] sprechen, dessen Ssa'id[2] ich bin."

Erst jetzt, indem er sprach, fand ich Zeit, den Mann genauer als vorher anzusehen. Er war nicht hoch, aber desto breiter gebaut. Seine Stimme klang gebieterisch und dabei eigentümlich schnarrend. Wangen und Kinn waren rasiert. Dafür trug er einen um so längeren Schnurrbart, durch dessen linke Hälfte eine feuerrote Narbe ging, die von der Stirn hinab bis zur Mundspitze reichte. Die Augenhöhle, über die sie lief, war leer. Der Hieb, dessen Spur diese Narbe war, hatte ihn das linke Auge gekostet. Ich beobachtete, daß er beim Sprechen oft die Hand hob, um die Barthaare über die Narbenlücke zu streichen.

Man wird mir glauben, daß ich überrascht war. So, wie dieser Mann da vor uns nebem dem Sandschaki stand, hatte Dozorca uns den Ssäfir beschrieben. Die Erscheinung war so ausgeprägt, daß ein Zweifel nicht aufsteigen konnte. Er war es, der unserem alten Gastfreund und seinem dicken Kepek im Birs Nimrud den Schwur abgenommen hatte. Der Ssäfir, der Anführer der Schmuggler, den ich so gern hatte sehen wollen, stand vor mir!

Ihn hier bei dem Statthalter zu treffen, hatte ich freilich nicht erwartet. Es war eine Kühnheit oder vielmehr eine Frechheit von ihm, die Stadt und das Haus aufzusuchen, wohin er eigentlich als Strafgefangener gehörte. Wer diesen Mann zum Feind hatte, konnte nicht behaupten, es mit einem verächtlichen Gegner zu tun zu haben. Aus dem Wort Ssa'id, das er von sich gebrauchte, war zu schließen, daß er sich für einen hohen Beamten des persischen Schah ausgegeben hatte. Wahrscheinlich behauptete er, in dessen Auftrag hier anwesend zu sein. Welche besondere Absicht er dabei

1 ‚Schatten Gottes' = der Schah von Persien   2 ‚Unterarm'

verfolgte, konnte mir gleichgültig sein. Sie betraf wahrscheinlich die Schmuggelei, die mich nichts anging. Aber aus der Gegenwart Safis und aus dem Umstand, daß der Perser diesen Mann in seinen Schutz nahm, war zu schließen, daß er zu den Sillan gehörte. Jedenfalls war er ein hervorragendes Mitglied dieses geheimen Bundes, und nun ich das wußte, stand es bei mir fest, daß ich Hille nicht verlassen würde, ohne den Birs Nimrud wieder aufzusuchen, um an Stelle unseres Binbaschi mit diesem angeblichen oder auch wirklichen Perser abzurechnen. Gerade, daß er ein so verwegner Mensch war, vor dem man sich doppelt in acht nehmen mußte, machte mir erst recht Lust, mit ihm anzubinden. Halef hatte, als wir mit dem Polen auf dessen Dach saßen und der Alte uns seine Erlebnisse erzählte, zu ihm gesagt: „Ich wollte, wir würden vom Ssäfir in den Turm gesperrt“, und dann hinzugefügt: „Ich würde niemals ohne Peitsche in den Birs Nimrud steigen!“ Jetzt fand sich für ihn vielleicht die Gelegenheit zu beweisen, daß diese Worte ernst gemeint gewesen waren.

Aber diesen Gedanken im gegenwärtigen Augenblick nachzuhängen, dazu gab es keine Zeit, denn wir mußten auf den Perser achten, der in seiner Anklage fortfuhr:

„Diese beiden Menschen sind überhaupt gewalttätige Leute, die schon längst verdient haben, totgepeitscht zu werden.“

„Kennst du sie?“ fragte der Statthalter.

„Ja. Ich könnte dir sehr viel von ihnen erzählen. Es genügt aber vollständig, wenn ich dich über eine ihrer Missetaten unterrichte. Sie sind auf einem Kellek den Tigris herabgekommen und haben des Nachts einige meiner Freunde, die am Ufer gelandet waren und ruhig schliefen, überfallen, gebunden, ausgeraubt und dann beinahe totgeschlagen.“

„Allah! Weißt du das gewiß?“

„Ja. Es ist sogar ein Zeuge anwesend, der es beschwören kann.“

„Wer?“

„Safi, der dort sitzt. Er ist dabei gewesen.“

„Wo ist es geschehen?“

„Oberhalb Bagdad.“

„So liegt der Tatort nicht in meinem Bereich, und ich kann leider nicht darüber aburteilen.“

„Das weiß ich. Doch bin ich überzeugt, daß diese Tat als Verschärfung der Strafe heute mit angerechnet werden kann.“

„Ich werde dafür sorgen, daß es diesen Hunden unmöglich ist, noch irgendwelchen Schaden anzurichten.“

„So bitte ich dich, den Umstand, daß der eine von ihnen ein Christ ist, besonders zu beherzigen! Der andere gibt sich für einen Scheik der Haddedihn aus, eine Lüge, wie man sich keine größere denken kann. Du brauchst ihn nur anzuschauen, um sogleich im klaren über ihn zu sein. Ich behaupte, daß er ein von seinem Stamm ausgestoßener Pferdedieb ist. Auf welch andere Weise kämen solche Schufte zu solchen Tieren? Wer weiß, welch hohem Herrn sie diese gestohlen haben, denn nur sehr reiche und hochstehende Leute können so ‚reines Blut‘ besitzen. Wenn du die Rappen ihnen abnimmst und nachforschst, so wirst du bald erfahren, wem sie eigentlich gehören, und dir durch die Rückgabe ein Verdienst erwerben, das man dir hoch anrechnen wird.“

Das leuchtete dem Sandschaki sofort ein, und er entgegnete schnell:

„Ich bin ganz deiner Ansicht und werde diese Halunken so lange auf die Fußsohlen schlagen lassen, bis sie ein Geständnis ablegen und mir sagen, wo ich den rechtmäßigen Besitzer der Pferde suchen soll. Setz dich jetzt wieder, denn es verlangt mich, ihnen zu zeigen, daß ihre verbrecherische Laufbahn hier ein gerechtes

Ende nimmt. — Der Deïnekdschi mit seinen Leuten mag kommen!"

Auf diesen Befehl entfernte sich ein Diener, der bald darauf den Genannten brachte. Der Deïnekdschi, ein Wort, das am besten mit ‚Stockmeister' übersetzt wird, bekleidet ein Amt, dessen Ausübung für die, die ihm übergeben werden, sehr schmerzhaft ist. Wenn er sich auch mit noch anderen Handlungen zu beschäftigen hat, die mit der irdischen Gerechtigkeit im Zusammenhang stehen, so richtet sich doch seine Lieblingstätigkeit auf Körperteile, die sehr gefühlvoll sind, nämlich auf die Fußsohlen. Es hat zwar nie einen Deïnekdschi gegeben, dem Gelegenheit geworden ist, die Empfindlichkeit der meinigen einer liebevollen Prüfung zu unterwerfen, aber ich kann mich trotzdem in die Lage eines armen Teufels versetzen, dem es vergönnt ist, eine solche Handlung des orientalischen Strafvollzugs an sich vornehmen zu lassen. Es ist wirklich kein Wunder, daß der Herr Deïnekdschi dort überall in Furcht und Ansehen steht.

Dieser hier kam, wohl ein Dutzend Stöcke unter dem Arm, in würdevoller Haltung herbeigeschritten. Ihm folgten seine Untergebenen, die ‚Stockknechte'. Sie trugen eine hölzerne Vorrichtung, die einer Bank glich, der zwei Beine fehlten; an deren Stelle waren zwei Riemen angebracht. Diese Bank wird von arabisch sprechenden Sachkundigen Dschamal'l Alâm[1] genannt. Die Anwendung des sehr zweckmäßig gebauten Werkzeugs geschieht in folgender Weise, die Bank wird so auf die Erde gelegt, daß die beiden Beine an der einen Schmalseite emporstehen. Dann erhält der Missetäter die Einladung, Platz zu nehmen. Er tut es in der Weise, daß er sich auf die Bank legt, und zwar mit dem Rücken, der dabei nichts zu befürchten hat, nach oben. Hierauf wird ihm der eine Riemen über das

1 Kamel der Schmerzen

Genick und der andere über den Leib und die fest anliegenden Arme geschnallt, so daß er sich nicht bewegen kann. Die Unterschenkel werden aufwärts gebogen und an den Bankbeinen festgebunden, wodurch die Sohle der nackten Füße in die Querlage kommen, die in der freundlichen Absicht des Deïnekdschi liegt. Sobald diese Hal el Kabul[1] erreicht ist, sind die wichtigen Vorbereitungen beendet, und der Meister verteilt die Stöcke unter die Knechte, die in der vorgeschriebenen Weise die Hiebe auf die Fußsohlen verabreichen, während er darüber wacht, daß nichts an der bestimmten Zahl und Stärke fehlt.

Also auch für uns wurde so ein trautes ‚Kamel der Schmerzen' gebracht und vor uns hingelegt, worauf die zur Ausübung Berufenen einige Schritte zurücktraten und dann in erwartungsvoller Haltung stehenblieben. Ich beobachtete, wie die Augen der Umstehenden glänzten und ihre Gesichter einen festlich frohen Ausdruck annahmen. Der Sandschaki deutete mit der Hand auf die Marterbank und richtete an uns die Warnung: „Ihr seht, was eurer wartet, wenn ihr leugnet. Ich werde euch so lange hauen lassen, bis ihr alles gesteht. Erspart euch die Hiebe, und gebt mir aufrichtige Antworten auf meine Fragen!"

Er machte eine Kunstpause, während der er sich einen neugestopften Tschibuk geben ließ. Hierbei muß ich bemerken, daß sämtliche Beisitzer des Gerichts rauchten, was ich ihnen übrigens nicht übelnahm, weil ich selbst ein tapferer Raucher bin. Hierauf trat er der vorliegenden Angelegenheit nicht eigentlich näher, sondern er fiel gleich mitten in den gegebenen Rechtsstoff hinein und richtete an uns die Frage: „Ihr seid Mörder?"

Weil er dabei mich ansah, erklärte ich:

„Nein."

„Ihr seid Schmuggler?"

1 Lage des Empfangens

„Nein."

„Ihr habt diese Pferde gestohlen?"

„Nein."

„Sag ‚ja', sonst erhaltet ihr sofort die Bastonade! Habt ihr oberhalb Bagdad am Ufer des Flusses die Leute, von denen vorhin gesprochen wurde, überfallen?"

„Nein."

„Sie beraubt?"

„Nein."

„Ihnen Schläge gegeben?"

„Ja."

„Endlich, endlich ein Geständnis! Das ist euer Glück, denn es wären nur noch fünf Minuten vergangen, so hättet ihr die Knochen aus dem Fleisch eurer Füße hervorragen sehen. Antworte weiter! Du bist ein Christ?"

„Ja."

„Dieses Eingeständnis bringt dich um, denn daß du ein von Allah verfluchter Giaur bist, ist schlimmer als alles, dessen du außerdem beschuldigt wirst. Hast du gewußt, daß ein Christ sein Leben wagt, wenn er die hiesige Gegend der heiligen Orte betritt?"

„Ja."

„Und das hat dich nicht abgehalten, hierherzukommen? Wie unrettbar mußt du der Lust am Verbrechen verfallen sein, daß du ihr willig bis hierher gefolgt bist, wo dir schon als Christ dein Leben keinen Augenblick sicher ist! Dich erwartet hier ein schreckliches Ende und dort die Verdammnis in alle Ewigkeit, denn die Rache Allahs ist fürchterlich. Er vergibt nie!"

„Woher weißt du das?"

„Der Koran sagt es."

„Der Koran sagt gerade das Gegenteil!"

„Was kannst du, der Giaur, vom heiligen Buch der Gläubigen wissen?"

„Dieses Buch sagt in der 110. Sure: ‚Preise das Lob des Herrn und bitte ihn um Vergebung, denn er vergibt gern!' Du scheinst die Sure nicht zu kennen."

Er warf den Kopf empor, starrte mich eine Weile überrascht an und rief mir dann zornig zu:

„Schweig! Ein gläubiger Sohn des Propheten muß sein Buch besser kennen als du, ein Christ. Was du sagst, ist Lüge, muß Lüge sein, weil ihr Isa[1] verehrt, der ein Sohn der Unwahrheit ist!"

„Ein Sohn der Unwahrheit? Nimm dieses Wort zurück, denn du schändest damit eure eigene Lehre."

„Hundesohn! Beleidige mich nicht! Beweise, was du gesagt hast!"

„Nimm den Koran und schlag die neunzehnte Sure auf! Da wirst du lesen: ‚Das ist Jesus, Mariens Sohn, das Wort der Wahrheit!' Und du bezeichnest den, den eure Offenbarung das Wort der Wahrheit nennt, als einen Sohn der Unwahrheit?"

„Schweig!" herrschte er mich an.

„Ich schweige nicht! Meinen Christenglauben brauche ich nicht zu verteidigen. Er ist so herrlich und erhaben, daß er meiner schwachen Worte nicht bedarf. Aber hier stehen zahlreiche Muslimin, die ruhig dulden, daß du den Islam schändest. Geh in die Dschawämi[2] und in die Medâris, so wirst du hören, daß Jesus am Jüngsten Tag herniedersteigen wird, um alle Lebendigen und Toten zu richten! Und den, den der Islam den Gebieter des Jüngsten Tags nennt, wagst du, einen Sohn der Unwahrheit zu heißen? Ist diese Beleidigung des Islam etwa dadurch begründet, daß du ein Anhänger der Sunna bist, während die Schia die Wahrheit lehrt?"

Diese Frage war, um mich so auszudrücken, ein rednerischer Handstreich von mir, den ich unternahm, weil die meisten der Anwesenden Schiiten waren. Die Wir-

1 Jesus 2 Moscheen

kung zeigte sich sofort in einem beifälligen Gemurmel. Dadurch ermutigt, fuhr ich fort:

„Du hast mich einen Hundesohn und einen von Allah verfluchten Christen genannt. Den Hundesohn verzeihe ich dir. Wo aber steht im Koran oder in einer seiner Auslegungen zu lesen, daß Allah die Christen verflucht hätte? Wo steht geschrieben, daß wir Ungläubige, daß wir Heiden wären? Mohammed gibt uns, weil wir an den gleichen Gott glauben, zwar nicht alle sieben, aber doch auch einen Himmel. Wer sind die eigentlichen Feinde des Islam? Sind wir Christen es, oder seid ihr es selber? Wer hat euch entzweit? Etwa wir? Wer hat gegen Ali, den Kalifen, gestritten, und von wessen Hand wurde Husseïn getötet? Sind das Christen oder Mohammedaner gewesen?"

Jetzt wurden so zahlreiche Beifallsrufe laut, daß der Sandschaki erkannte, er dürfe mich unmöglich in dieser Weise fortfahren lassen. Er sprang auf, warf die Arme abwehrend in die Luft und rief:

„Wer hat dir, dem Christen, befohlen, vom heiligen Islam zu sprechen? Wir sind hier versammelt, um über eure Schandtaten zu Gericht zu sitzen, und ihr seid die Angeklagten. Du darfst nicht ohne meine Erlaubnis reden, sondern hast nur meine Fragen kurz zu beantworten!"

„Und du", erwiderte ich, „läßt mich nicht weitersprechen, weil du dich vor den anwesenden Bekennern der Schia fürchtest. Ich sage dir, wenn ein Christ in die Gegend von Meschhed Ali oder Kerbela kommt, so ist darin nichts Besonderes zu sehen, denn er ist ein für die Schiiten gleichgültiger Mann, dessen Herz weder an Abu Bekr, Omar und Osman, noch an der Dynastie der Omajjaden hängt, auch hat er den traurigen Tag von Kerbela nicht verschuldet. Betritt aber ein Sunnit wie du diese Stätten, so ist das eine Schändung der heiligen Orte, denn er bekennt sich zu denen, die damals Husseïns Blut vergossen und seinem Vater das Recht der unmittelbaren Nachfolge des Propheten verweigerten. Darum habe ich geglaubt, keine Sünde zu begehen, wenn ich hierherkomme, und darum bin ich überzeugt, daß für die verständigen Anhänger des Islam mein Glaube kein Grund dazu ist, mich feindlich zu behandeln."

Da stand einer der Beisitzer, ein silberhaariger, ganz in Seide gekleideter Greis von seinem Sitz auf und erhob den Arm zum Zeichen, daß er reden wollte.

„Dieser Christ hat Worte gesprochen, die wie die eines wahren Gläubigen klingen, und ich erkläre, daß ich ihnen meinen Beifall spende. Solche Worte spricht kein Mörder. Ich habe gehört, daß er in die Tiefen des Korans eingedrungen ist. Wer das getan hat, darf nicht Giaur genannt werden, denn seine Seele ist der unserigen verwandt, weil sie uns in den heiligen Suren begegnet. Wenn er als Angeklagter ebenso spricht, wie er als Christ gesprochen hat, werden wir ihn so frei entlassen, wie er hierhergekommen ist."

Er setzte sich wieder. Dieser Mann war, wie ich später erfuhr, einer der reichen Inder, die im Alter nach Hillé ziehen, um ihre letzten Tage in der Nähe von Kerbela und Nedschef Ali zu verleben, ohne dort von der mohammedanischen Geistlichkeit bis auf die letzte Rupie ausgesogen zu werden. Hinter uns und zu beiden Seiten hörten wir „afak, afarim" und „jißlaho[1]" rufen, Beifallsworte, die uns bewiesen, daß er nicht der einzige war, der nicht die Meinung des Sandschaki teilte.

Der Beamte machte ein verlegenes Gesicht. Man merkte ihm an, daß er nach Worten suchte und doch keine für den Augenblick passenden fand. Da kam ihm der Perser zu Hilfe, indem er laut erklärte:

„Wir befinden uns nicht hier, um über den Koran und seine Auslegungen zu streiten, sondern um über

1 Arabische Beifallsrufe

Mörder, Schmuggler und Diebe zu Gericht zu sitzen. Was dieser Christ für Ansichten über die Sunna und Schia hat, gehört nicht hierher. Wir haben es mit den Verbrechen zu tun, die er mit seinem Begleiter begangen hat, und dürfen uns von seiner Kenntnis der Suren nicht blenden lassen. Ich bitte dich, o Pascha, den Handschi und den unverletzten Ghasai kommen zu lassen, die die Schuld der beiden Angeklagten beweisen werden."

Dieser Mensch verhielt sich ganz so, als wäre er Mitglied der Mahkemi, und das war doch keineswegs der Fall. Ich hob mir eine Bemerkung darüber für später auf. Es wurde fortgeschickt, und wir hatten Pause, bis die Zeugen kamen. Halef füllte diese Zeit mit Bemerkungen über die einzelnen Persönlichkeiten aus. Sie waren oft so drollig, daß ich laut lachen mußte, worüber der Sandschaki und besonders der Perser in Zorn gerieten, doch ohne ihm durch Worte Ausdruck zu geben. Endlich wurden die beiden genannten vom Kol Agassi herbeigebracht und von dem Vorsitzenden ausgefragt. Sie stellten den Vorgang höchst ungünstig für uns dar. Wenn es nach ihren Verdrehungen und Ausschmückungen gegangen wäre, hätten wir freilich auf keine Nachsicht rechnen können.

Als sie ihre Aussage über das Ereignis im Hof des Mensîl gemacht hatten, erzählten sie auch unsere Gefangennahme am gestrigen Abend und was darauf gefolgt war. Sie stellten auch das in einer Weise dar, daß wirklich nicht viel Einbildungskraft dazu gehörte, uns für Verbündete der Schmuggler zu halten. Mit großem Vergnügen hörten wir dann zu, wie sich der Perser Mühe gab, aus den von ihnen angegebenen Punkten den unumstößlichen Beweis zu ziehen, daß wir Pascher seien.

„Man weiß", sagte er, „daß der Schmuggel in großartiger Weise betrieben wird und dadurch sowohl dem

Schah-in-Schah als auch dem Padischah große Summen verlorengehen. Man hält bei Tag und Nacht die Augen offen, um zu entdecken, auf welchem Weg und in welcher Weise diese Warenmengen herüber und hinüber geschafft werden, doch ist alle diese Mühe und Aufmerksamkeit bisher vergeblich gewesen, weil man nicht auf den Gedanken gekommen ist, daß man die Fäden nur deshalb nicht entdecken konnte, weil sie sich in der Hand eines Fremden, eines Christen, vereinigen. Und nun es endlich infolge des gestrigen Unfalls, den er auch verschuldet hat, geglückt ist, ihn zu ergreifen, ihn und den gefährlichsten seiner Leute, dürfen wir uns auf keinen Fall durch seine spitzfindigen Reden irremachen lassen, sondern müssen sie beide durch die Bastonade zwingen, alles einzugestehen. Das ist meine Meinung, und wer eine andere Ansicht hegt, der gilt für mich als ein Verräter an der Gerechtigkeit."

Das war unverschämt! Dieser Mensch war selber der Anführer der Schmuggler und mußte als solcher von unserer Unschuld überzeugt sein. Dennoch wagte er es, so dreist den Spieß umzukehren und uns dabei offen in die Augen zu sehen. Hätte er gewußt, daß wir ihn besser kannten, als er ahnte! Wie gern hätte ich ihm den Beweis seiner Verworfenheit entgegengeschleudert, wenn es mir nicht gerade dadurch unmöglich geworden wäre, einen entscheidenden Schlag gegen ihn zu führen. Der Perser konnte durch die leiseste Andeutung meinerseits gewarnt werden und sich mir dann so entziehen, daß er nicht zu fassen war. Ich begnügte mich also damit, ihn ruhig lächelnd anzublicken und, als er gesprochen hatte, dem Sandschaki zu sagen, der Kol Agassi würde beweisen, daß wir mit den Paschern in keine Beziehungen zu bringen seien.

Amud Mahuli zeigte sich sofort bereit dazu. Er beschrieb die Spuren, erklärte mit ihrer Hilfe, daß uns nur unsere Nachforschungen an die Feuer der Schmuggler geführt hätten, und endete schließlich mit der treffenden Bemerkung:

„Sie gaben mir ihr Wort, nicht zu fliehen, und sie hätten sich sehr leicht entfernen können, haben es aber nicht getan. Ein Schmuggler hält kein solches Versprechen, und daß sie ohne allen Zwang mit hierhergeritten sind, muß uns ein Beweis ihrer Unschuld sein."

Amud hatte seine Sache gut gemacht, sah mich dann aber auch mit einem Blick an, der deutlich fragte: „Du kannst mit mir zufrieden sein, wirst du denn aber meine Rede auch mit in deinen Bericht an den Sseraßker aufnehmen?" Ich winkte ihm eine Bejahung zu und mußte dann meine Aufmerksamkeit dem Statthalter schenken, der sich im Zorn über die entlastende Aussage des Kol Agassi an dessen Vorgesetzten, den Oberst, wendete:

„Was sagst du dazu, o Mir Alai, daß dein Untergegebener es wagt, diese schon völlig überführten Verbrecher zu verteidigen und für unschuldig zu erklären? Ich hoffe, daß du ihn dafür in Strafe nimmst!"

Der Oberst, der schon einmal zu unseren Gunsten eingegriffen hatte, zeigte sich auch jetzt gerecht.

„Amud hat als Zeuge gesagt, was er für richtig hält. Wie kannst du verlangen, daß ich ihn dafür bestrafe?"

„Ich befehle es dir!"

„Du irrst dich über den Bereich deiner Macht. Du bist der Verwalter deines Sandschak, und ich bin der Befehlshaber meines Regiments. Ich bin für gewisse, genau vorgeschriebene Fälle verpflichtet, dir militärischen Beistand zu leisten, aber zu befehlen haben wir uns gegenseitig nichts. Der Kol Agassi hat ausgesagt, was ihm von seinem Gewissen geboten wurde. Ich an seiner Stelle hätte das gleiche getan."

„Aber du mußt doch einsehen, daß Amud Schuldige verteidigt! Es ist erwiesen, daß diese beiden Angeklagten den Tod eines Menschen und den Beinbruch eines anderen verschuldet haben, ferner, daß sie Schmuggler sind und gestern bei ihrem verbotenen Gewerbe eine himmelschreiende Leichenschändung begangen haben. Das sind zwei todeswürdige Verbrechen. Und drittens ist es erwiesen, daß sie am Tigris mehrere Personen überfallen, beraubt und mißhandelt haben. Es ist mir unbegreiflich, wie man da noch zu ihren Gunsten sprechen kann!"

„Ist das wirklich alles erwiesen?"

„Du hast es ja gehört!"

„Erlaube mir, anderer Meinung zu sein! Um einen Angeklagten zu überführen, muß man ihn doch wohl vor allen Dingen verhören?"

„Das habe ich ja getan!"

„Nein. Du hast Fragen gestellt; aber ein Verhör war das nicht. Es ist ja nicht einmal eine Masbata[1] aufgenommen worden. Du weißt ebenso wie ich, daß ein Verhör ohne Masbata nur ein gewöhnliches Gespräch und also nicht gültig ist. Hier sitzt der Schreiber, aber seine Feder ist trocken. Er hat sie noch nicht in die Tinte getaucht. Und doch ist es vorgeschrieben, daß wir alle diese Masbata unterzeichnen müssen, wenn das Verhör Geltung haben soll. Übrigens habe ich weder unanfechtbare Beweise gesehen, noch liegt ein Geständnis der Angeklagten vor. Auch will ich dich darauf aufmerksam machen, daß nur die Mahkemi in ihrer Gesamtheit über Schuld oder Unschuld bestimmen kann, nicht du allein. Wir sitzen nicht als stumme Zuhörer hier, sondern wir sind versammelt, um unter deinem Vorsitz Recht zu sprechen!"

Das klang scharf. Dieser Offizier besaß Ehrgefühl. Nahm er sich unser nur darum an, weil dieses Gefühl beleidigt worden war? Oder waren es nebenbei auch persönliche Gründe, die ihn veranlaßten, zu widersprechen? Ich bemerkte bei ihm, während er sprach,

1 Türkisch: Niederschrift, Protokoll

einen ganz eigenen Gesichtsausdruck, und es waren seltsame Blicke, die dabei aus seinen Augen zu uns herüberschweiften.

Der Sandschaki konnte die Vorwürfe des anderen nicht entkräften. Er kämpfte vergeblich mit seinem Ärger und stieß zornig hervor:

„Bei so ungewöhnlichen Fällen, wie der vorliegende ist, habe ich das Recht, auch zu ungewöhnlichen Mitteln zu greifen. Diese Menschen werden bestraft!"

„Wenn sie überführt worden sind!"

„Ich habe sie überführt!"

Da lachte der Mir Alai halblaut vor sich hin:

„Sie werden nicht bestraft, gleichviel, ob ihre Schuld zu beweisen ist oder nicht."

„Das klingt unklar. Sprich deutlicher!"

„So will ich deutlich sein: Diese beiden Männer werden sich nicht bestrafen lassen."

„Ich begreife dich nicht!"

„Schau sie an! Sehen sie so aus, als ließen sie mit sich machen, was dir beliebt?"

„Maschallah! Sie sollen sofort andere Gesichter ziehen! Da du es verlangst, werde ich ein regelrechtes Verhör anstellen und eine Masbata anfertigen lassen. Jede Frage und jede Antwort soll niedergeschrieben werden, und wenn die Kerle nur eine einzige Frage verneinen, bekommen sie ohne Gnade die Bastonade."

„Werden sie absteigen?"

„Sie müssen!"

„Und wer wird es wagen, ihre Pferde zu halten?"

„Die werden einstweilen weggejagt. Sie mögen laufen, wohin sie wollen, wenn sie nur nicht hier im Hof bleiben. Also, es wird begonnen!"

Es war auch wirklich Zeit dazu. Denn bis jetzt war es nur Kinderei gewesen. Der Kjatib[1] tauchte mit gerunzelter Stirn und wichtiger Miene seine Feder in die

1 Schreiber

Tinte, und der Vorsitzende warf uns zum zweitenmal die schreckliche Frage hin:

„Ihr seid Mörder? Ich rate euch, es sofort zu gestehen, sonst werdet ihr ohne Säumen dort angeschnallt!"

Er zeigte bei diesen Worten auf das ‚Kamel der Schmerzen'. Ich wehrte lässig ab.

„Hamdulillah! Endlich scheint der Scherz zu Ende zu sein und der Ernst zu beginnen! Darum frage ich dich: Hast du schon einem Verhör beigewohnt?"

„Bist du verrückt? Mir eine solche Frage vorzulegen!"

„Du hast keinen Grund, dich darüber zu wundern. Vielmehr haben wir alle Veranlassung, erstaunt zu sein, daß du ein Verhör anstellen willst, ohne zu wissen, welche Fragen dabei zunächst vorzulegen sind."

„Welche Fragen?" donnerte er mich an.

„Vor allen Dingen mußt du doch wissen, wer wir sind!"

„Das weiß ich: Mörder seid ihr!"

„Ich verbiete dir, uns so zu nennen! Du darfst diesen Ausdruck nicht eher auf uns anwenden, als bis bewiesen ist, daß wir ihn verdienen. Wenn du nicht weißt, was sich —"

„Schweig!" befahl er mir. „Wenn du mich beleidigst, bekommst du so viel Hiebe, daß —"

„Still!" unterbrach ich ihn sehr kräftig. „Jetzt spreche endlich ich, und du mußt ruhig zuhören, bis ich fertig bin! Ich gebe dir mein Wort: Wenn du mich noch einmal unterbrichst, ohne von mir gefragt zu sein, reite ich dich vom Stuhl herab und unter die Füße meines Pferdes! Du willst uns verurteilen, ohne gefragt zu haben, wer wir sind. Ich aber frage dich: wer bist denn du? Doch nicht etwa der hiesige Sandschaki? Wenn du der wärest, müßtest du doch wenigstens die geringen Kenntnisse besitzen, die dazu gehören, ein gewöhnliches Verhör zu leiten. Da du das aber nicht verstehst, halte ich dich für alles andere, nur nicht für einen so hohen Verwaltungsbeamten. Was sollte aus dem Reich des Padischah werden, wenn er seine Provinzen von so unerfahrenen Leuten verwalten ließe! Beweise mir also, wer und was du bist, ehe du verlangst, daß wir auf deine Fragen Antwort geben! So, jetzt bin ich einstweilen fertig. Nun kannst du auch einmal sprechen, bis ich wieder anfange!"

Es herrschte tiefe Stille rundum. So etwas war diesen Leuten noch niemals vorgekommen. Ein Christ, mehrerer Verbrechen beschuldigt, wagte es, hier vor der Mahkemi und mitten in einer schiitischen Bevölkerung in dieser Weise mit dem höchsten Beamten des Sandschak zu sprechen! Der Mann selber war wie vom Schlag getroffen. Er stotterte einige Worte, die ich nicht verstand; darum fuhr ich fort:

„Und solltest du trotz alledem der Sandschaki sein, so fordere ich dich auf, mir vor allen Dingen mitzuteilen, vor was für einem Gericht wir uns befinden. Es ist unser gutes Recht, das zu erfahren, und wir haben nicht die mindeste Lust, darauf zu verzichten. Ist es ein Scherije[1] oder ein Nisamije[2]? Und wenn es ein Nisamije ist, müssen wir wieder wissen, ob wir ein Hukuk-mehkemessi[3], ein Dschesa-mehkemessi[4] oder ein Tidschared-mehkemessi[5] vor uns haben. Gib also Antwort! Sprich!"

„Es ist ein Dschesa-mehkemessi", erwiderte er so kurz, weil er seine Betroffenheit noch nicht zu überwinden vermochte.

„Also sind die Mitglieder nicht vom Justizminister angestellt, sondern hier von euch selber gewählt worden. Wer von euch ist ein Christ?"

„Niemand."

1 Geistliches Gericht, aus lauter Mohammedanern bestehend 2 Weltliches Gericht, aus Christen und Mohammedanern zusammengesetzt 3 Zivilgericht 4 Strafgericht 5 Handelsgericht (2 bis 5 sind türkische Bezeichnungen)

„Niemand? Und doch wißt ihr, daß ich ein Christ bin! Ein Gericht, dem ich mich zu unterwerfen hätte, falls ich Bewohner von Hille wäre, müßte aus Muslimin und Christen zusammengesetzt sein. Und nun gestehst du ein, daß ihr lauter Mohammedaner seid! Du hast gewußt, daß euch kein Recht über mich zusteht, und es dir dennoch angemaßt! Du hast mir Ausdrücke wie Hundesohn, verfluchter Christ, Schmuggler, Mörder zugeschleudert und bist dir doch bewußt gewesen, daß du mir nichts, kein Wort zu sagen, zu befehlen hast! Ich werde mich darüber bei dem Umuru adlieh we meshebieh nasareti[1] beschweren und ihm mitteilen, was für einen Sandschaki er hier in Hille sitzen hat! Aber die Ungerechtigkeit ist noch viel schlimmer, denn ich bin ein Fremder, ein Ausländer. Als solcher stehe ich nur unter der Gerichtsbarkeit meines Vaterlandes, und ihr hättet euch in dieser Angelegenheit an das Ssefaret[2] oder an die Kanschelarije[3] meiner Regierung wenden müssen. Um dem auszuweichen und mich ohne alles Recht verurteilen zu können, hast du mich lieber gar nicht gefragt, wer und woher ich bin; jetzt verstehe ich dich. Aber das wirst du schwer zu büßen haben, denn mein Harschijeh nasareti[4] wird von dem eurigen Rechenschaft fordern über die Gesetzwidrigkeiten und Beleidigungen, die ich hier erduldet habe, und dann wirst du wohl erfahren, was es zu bedeuten hat, wenn ein Untertan meines Vaterlandes und meines Kaisers hier, weil er Christ ist, nicht nur ein Hundesohn genannt, sondern wirklich wie ein herrenloser Hund getreten und behandelt wird! Ich bin wieder fertig und erlaube dir, auch ein Wort zu sagen."

„Wie heißt du, und welches Reich ist dein Vaterland?" fragte er.

1 Minister der Justiz und des Kultus 2 Botschaft, Gesandtschaft 3 Arabisch: Konsulat 4 Außenminister (1, 2 und 4 sind türkische Bezeichnungen)

„Mein Name ist —"

„Halt! Laß mich an deiner Stelle sprechen!" unterbrach mich da der Mir Alai, der meinen Worten mit größter Aufmerksamkeit gefolgt war. Dann erhob er sich von seinem Sitz und rief laut: „Dieser fremde Mann heißt Kara Ben Nemsi Effendi. Er stammt aus dem berühmten Reich Almanja, dessen Kaiser der Freund des Großherrn ist, und hat sich der Armen, Bedrängten und Hilflosen unseres Landes stets mit aufopfernder Liebe und Güte angenommen, ohne zu berücksichtigen, daß sie nicht seines Glaubens sind. Er kennt keine Angst, fürchtet keine Gefahr, flieht keinen Feind, und seine Klugheit ist ebenso groß wie seine Stärke und seine Tapferkeit. Und sein treuer Begleiter, den ihr hier neben ihm seht, weicht nie von ihm und nimmt an allen seinen Taten teil. Sein Name lautet Hadschi Halef Omar Ben Hadschi Abul Abbas Ibn Hadschi Dawuhd al Gossarah."

„Wie? Du kennst uns? Du kennst mich? Du kennst sogar meinen ganzen Namen, den ich allerdings noch sehr verlängern könnte?" fragte Halef freudig.

„Ja, ich kenne euch. Darum habe ich vorhin behauptet, daß ihr euch auf keinen Fall bestrafen lassen werdet. Denn euer Wille gibt euch Flügel, und euer Zorn bricht Löcher durch die Mauern."

„Aber ich erinnere mich deiner nicht. Wo bist du uns begegnet?"

„Ich habe euch gesehen droben zwischen den Bergen der Jesidi. Es ist schon lange her. Ich war damals noch Mülasim[1] und befand mich bei den Truppen, die der Mir Alai Omar Amed befehligte. Er war ein überstrenger, rücksichtsloser Mann, wofür er mit dem Feuertod bestraft wurde. Ihr befandet euch in der Nähe und habt es gesehen[2], daß Pir Kamek, der

[1] Leutnant [2] Siehe Karl May, Gesammelte Werke, Band 2, „Durchs wilde Kurdistan"

Oberste der Teufelsanbeter, mit ihm ins Feuer des Scheiterhaufens sprang, so daß beide verbrannten. Dann vermittelte Kara Ben Nemsi Effendi den Frieden zwischen den Jesidi und uns. Da erst erfuhren wir, was wir euch zu verdanken hatten. Wir waren rundum eingeschlossen, und keiner von uns wäre mit dem Leben davongekommen, wenn der Effendi sich unser nicht angenommen hätte. Das wurde nun von Mund zu Mund erzählt, und alle gewannen euch lieb. Wir hörten auch alles, was ihr vorher getan und erlebt hattet. Später, als ich in Kerkuk und dann in Suleimanije stand, wurde oft noch mehr von Kara Ben Nemsi und seinem Hadschi Halef Omar erzählt, von euren Pferden, euren Gewehren und euren Taten bei den Beduinen der Dschesireh und den Kurdenstämmen der Berge und der Täler. Ich war stolz darauf, euch zu kennen, und wünschte, euch wiederzusehen. Heute ist dieser Wunsch in Erfüllung gegangen, und ihr könnt euch denken, daß ich mich darüber freue. Ich möchte euch so gerne dankbar dafür sein, daß ihr uns damals das Leben gerettet habt, aber leider bin ich nicht der Sandschaki von Hille, sondern nur der Befehlshaber meines Regiments. Doch wenn ich euch einen Dienst leisten darf, so bitte ich, es mir unbedenklich zu sagen. Ich werde von Herzen gerne tun, was ihr wünscht. Jetzt erlaubt mir, das eine zu bemerken: Ich gehöre zur Mahkemi und habe als Soldat die Aufgabe übernommen, euch nicht fliehen zu lassen. Diesen Verpflichtungen muß ich nachkommen. In allem aber, was darüber hinausgeht, werde ich euch meine Hilfe und meinen Schutz gerne gewähren, wenn ich auch überzeugt bin, daß Kara Ben Nemsi und Hadschi Halef dieses Schutzes nicht bedürfen, obgleich sie scheinbar Gefangene sind."

Diese Begegnung mit dem Mir Alai war auch einer der so oft von mir erlebten Beweisfälle, daß jede gute Tat nicht von anderer Seite her belohnt zu werden braucht, weil es Bestimmung Gottes ist, daß solche Handlungen die spätere Vergeltung ganz aus sich selber heraus entwickeln. Übrigens schien der Oberst ein tüchtiger Offizier zu sein, da er seither vom Mülasim zum Mir Alai aufgerückt war.

Er hatte, wie schon erwähnt, so laut gesprochen, daß ihn alle hörten. Der Eindruck seiner Worte war für uns günstig. Wenn ich die freundlichen Blicke sah, die auf uns ruhten, so kam es mir gar nicht so vor, als befände ich, „der von Allah verfluchte Christ", mich mitten unter unduldsamen Schiiten. Wahrscheinlich war dieser Unduldsamkeit schon dadurch für uns das Gefährliche genommen, daß ich vorhin die Schia so wohlwollend erwähnt und dabei auf den Glaubenshaß der Sunniten hingedeutet hatte. Sodann war mein Auftreten gegen den Sandschaki hier unerhört; war, ich möchte sagen, ein Schauspiel, das die regste Teilnahme für den Träger der Hauptrolle erweckte; man vergaß darüber den Andersgläubigen und sah nur den mutigen Mann in mir. Dazu kam, daß der Statthalter Sunnit und infolgedessen hier also überhaupt nicht beliebt war. Man gönnte ihm im stillen die Zurechtweisungen, die er erfuhr. Und als sich nun der Mir Alai mit solcher Wärme unser annahm, wurde die Stimmung noch freundlicher. Sah ich doch, daß der alte Inder mir mit befriedigtem Lächeln zuwinkte.

Ganz anders freilich verhielten sich der Sandschaki und der Perser. Sie waren über die günstige Aussage des Obersten wütend und flüsterten miteinander. Ich bemerkte, daß der Pascher den Beamten unterwies, wie er sich verhalten sollte, um seine Absicht doch noch zu erreichen. Dieser ging auf die Vorschläge seines Beraters ein. Wahrscheinlich gab es eine geheime Abmachung dabei, denn er reichte ihm etwa so, wie man ein Versprechen bekräftigt, die Hand und ergriff dann wieder das Wort:

„Es ist in der vorliegenden Angelegenheit eine Wendung eingetreten, die eine Änderung des Verfahrens nach sich zieht. Hätte mir der Mir Alai gesagt, daß er die Angeklagten kennt, so wäre mein Verhalten gleich von Anfang an anders gewesen. Haben diese beiden Männer damals dem Mir Alai durch Vorzeigung ihrer Papiere bewiesen, daß sie wirklich die sind, für die sie sich ausgaben?"

„Nein", antwortete der Oberst. „Sie waren als Kara Ben Nemsi Effendi und Hadschi Halef Omar bekannt und wurden so genannt."

„Hast du vielleicht dann später ihren Paß gesehen?"

„Nein. Aber ich erkläre, daß sie die Leute sind, für die ich sie halte."

„Das genügt mir nicht. Da der eine von ihnen ein Christ und Untertan eines fremden Staates zu sein vorgibt und das vielleicht nur tut, um sich unserer Gerichtsbarkeit zu entziehen, ist die größte Vorsicht und Gewissenhaftigkeit geboten. Ich muß Papiere sehen!"

„Papiere?" fragte Halef lachend. „Meinst du, daß ich, ein freier Beduine und Scheik meines Stammes, einen Paß bei mir trage, wenn ich einen Ritt unternehme?"

„Du siehst aber, daß du hier einen brauchst!"

„Wer soll ihn mir ausstellen? Wo ist die Behörde, an die sich ein unabhängiger Ibn Arab in dieser Angelegenheit wenden sollte? Es gibt keine. Und du sagst, daß ich hier einen Ausweis brauche? Warum und wozu?""

„Weil du vor dem Gericht stehst, das wissen muß, wer du bist."

„Schau dort den Ghasai an! Auch er steht vor Gericht, sogar als Zeuge; hat er dir einen Paß vorgezeigt?"

„Das ist nicht nötig, denn der Handschi kennt ihn."

„Hat dieser einen Paß von ihm gesehen?"

„Das ist gleichgültig!"

„Maschallah! Der Mir Alai kennt uns, und du glaubst ihm nicht. Einem gemeinen Mann aber schenkst du dein Vertrauen! Der eine ist ein Wirt, ein gewöhnlicher Kaffeesieder, der andere aber ein hoher Offizier! Wäre ich der Mir Alai, ich spräche wegen Beleidigung ein sehr ernstes Wort mit dir!"

Da schnellte, obgleich diese Worte nicht an ihn gerichtet waren, der Ssäfir von seinem Sitz auf und rief zornig:

„Ist es möglich, daß sich ein Angeklagter hier an dieser Stelle, also vor denen, die ihn zu richten haben, solche Beleidigungen erlauben darf? Er hat damit die Bastonade verdient, die ihm augenblicklich gegeben werden sollte!"

Halef griff mit der Hand zur Peitsche. Er wollte eine Unvorsichtigkeit begehen, und darum kam ich ihm zuvor, indem ich dem Perser entgegnete:

„Wer bist denn du, daß du dir erlaubst, hier das Wort zu ergreifen? Gehörst du zur hiesigen Mahkemi, oder bist du wenigstens ein Bewohner dieser Stadt? In diesem Fall wäre deine eigenmächtige Einmischung einigermaßen zu entschuldigen."

„Wer ich bin, das geht dich nichts an!" antwortete er verächtlich.

„Ich werde dir beweisen, daß es mich mehr angeht, als du zu denken scheinst. Wir haben nicht die mindeste Lust, einen Menschen sich hier einmischen zu lassen, der an einen anderen Platz gehört als an die Seite des obersten Beamten vom Bezirk Diwanije!"

„Wie meinst du das?"

„Das wirst du erfahren, sobald es mir beliebt. Einstweilen will ich nur fragen, ob der Sandschaki von Diwanije selber weiß, was er zu tun und zu lassen hat oder ob er einen Vormund benötigt, der an seiner Stelle spricht und handelt!"

„Schweig!" fuhr mich da der Sandschaki an. „Dieser Mann ist mein Freund, und ich erlaube ihm zu reden, wann er will!"

„Was du ihm erlaubst, kommt hier nicht in Betracht. Die Hauptsache ist, daß ich ihm verbiete, sich in unsere Angelegenheit zu mischen. Ich bin ein christlicher Europäer, und mein Begleiter ist ein freier Haddedihn; eure Mahkemi hat also keine Macht über uns. Und wenn ich euch die Gewalt abspreche, über uns zu richten, so muß ich es mir erst recht verbitten, daß ein Mensch, der nicht einmal hierher, sondern hinüber nach Farsistan[1] gehört, sich anmaßt, grob gegen uns zu sein und gegen uns zu hetzen. Wenn du es nicht für deine Pflicht hältst, ihm das zu verbieten, werden wir es selber übernehmen, ihm den Mund zu schließen!"

„Allah! Wie wollt ihr das anfangen?"

„Das wird sich sofort zeigen, sobald er es wagt, uns wieder zu beleidigen. Es kommt nur auf mein Belieben an, so befinde ich mich nicht als Angeklagter, sondern als Kläger hier vor euren Augen. Vor allen Dingen erkennen wir eure Zuständigkeit nicht an."

„So beweise, daß du ein Franke bist!"

„Nichts ist leichter als das!"

Ich trieb mein Pferd bis nahe zu ihm hin, nahm meine drei Pässe heraus, gab sie ihm und ließ dann den Rappen wieder an seine vorige Stelle zurückgehen. Er faltete eine der Urkunden nach der anderen auseinander, las sie durch und prüfte die Siegel und die Unterschriften sorgfältig, doch ohne ihnen die vorgeschriebenen Höflichkeiten zu erweisen. Dann war seiner Stimme die Enttäuschung deutlich anzuhören.

„Es stimmt! Er ist der, für den er sich ausgegeben hat, und gehört vor einen christlichen Richter. Ich kann nichts tun, als ihn nach Bagdad bringen lassen."

1 Persien

„Ganz recht!" fiel ich ein. „Und dort wird es mein erstes sein, zu bezeugen, daß du dem Siegel und der Unterschrift des Padischah die schuldige Ehrerbietung verweigert hast. Es scheint, ich als Christ und Ausländer kenne deine Pflichten weit besser als du selber! Und da du dich nun überzeugt hast, wer ich bin, stelle ich dir meinen Begleiter als den weitbekannten Hadschi Halef Omar vor, der der Scheik der Haddedihn ist vom großen Stamm der Schammar. Ich hoffe, daß niemand es wagt, an der Wahrheit meiner Worte zu zweifeln!"

Da fiel der Ssäfir schnell ein: „Ich bezweifle sie! Diese Pässe sind gefälscht. Er will dadurch der gerechten Strafe entrinnen. Man muß sie zerreißen, sofort zerreißen. Dann gehört er uns und kann nichts gegen das Urteil der Mahkemi machen. Gib sie her; gib sie mir!"

Er griff zu und riß sie dem Sandschaki aus der Hand. Die Urkunden befanden sich in der größten Gefahr. Ich durfte keinen Augenblick zögern, sie zu retten, riß den Revolver aus dem Gürtel und richtete ihn auf den Ssäfir.

„Laß sie fallen, augenblicklich! Sobald auch deine andere Hand zugreift, zerschmettere ich sie dir!"

Der Perser hielt die Schriftstücke in der Linken. Mit einer Hand allein konnte er sie nicht zerreißen, dazu gehörte auch die Rechte.

„Du wirst dich hüten, vor der Mahkemi auf mich zu schießen!" lachte er. „Sieh her, wie die Fetzen fliegen werden!"

Er griff mit der anderen Hand zu, und ich gab sofort einen Schuß ab. Er ließ die Papiere fallen, stieß einen Schrei aus, warf die verletzte Hand empor und kam auf mich zugesprungen. Ein scharfer Druck meiner Knie — der Hengst tat einen Sprung auf ihn zu und riß ihn nieder. Im nächsten Augenblick war ich aus dem Sattel, hob mit der linken Hand die Pässe auf, schlug mit der Rechten dem Ssäfir den Revolvergriff an den Kopf, daß er, schon halb aufgerichtet, wieder niederstürzte, und schwang mich sofort wieder auf meinen Assil Ben Rih.

Die ehrwürdigen Mitglieder der Mahkemi waren, wie von Spannfedern getrieben, emporgeschnellt. Sie schrien vor Entsetzen über meine Missetat; der Oberst aber rief ein wiederholtes ‚Afarim[1]!' Die Zuhörer lärmten auch. Es gab eine Aufregung, die ich nicht ungenützt vorübergehen lassen durfte.

„Jetzt fort, Halef, fort!"

Indem ich dem Hadschi diese Worte zuwarf, trieb ich mein Pferd durch die lebhaft herumfuchtelnden und wirr durcheinander rufenden Leute. Er folgte mir sofort. Wir galoppierten über den Hof hinüber zu der Stelle, die ich vorher bezeichnet hatte. Es war eine Wonne, mit welcher Leichtigkeit wir über die Mauer hinaus auf die Gasse kamen, die schmal war, aber bald in eine breitere mündete. Dann ging es schlank durch die Stadt, bis wir sie hinter uns hatten und uns auf dem wohlbekannten Weg nach Bagdad befanden. Da meinte Halef: „Warum solche Eile, Sihdi? Wer solche Pferde reitet wie wir, kann doch von keinem Menschen eingeholt werden!"

„Das ist wahr. Doch ich will den Anschein erwecken, als wären wir froh, Hille hinter uns zu haben, und dächten nicht daran, jemals wiederzukommen."

„Willst du denn zurückkehren?"

„Gewiß!"

„Hamdulillah! Ich ahne den Grund und weiß, was du beabsichtigst."

„Was?"

„Du hast dem Ssäfir die Hand zerschossen. Aber das ist noch nicht genug, du willst noch weiter mit ihm abrechnen. Ist diese Vermutung richtig?"

1 ‚Bravo'

„Ja.“

„So gestehe ich dir, daß dein Entschluß wie aus meiner eigenen Seele kommt. Der Perser hat unseren Mut bezweifelt. Wir werden ihm beweisen, daß wir von dieser Gabe Allahs mehr besitzen, als er jemals kennengelernt hat!“

„Oh, es ist mir sehr gleichgültig, ob er mich für feig oder für mutig hält. Aber der Mahkemi und besonders dem Sandschaki will ich zeigen, wer vor das Gericht gehört, der Perser oder wir.“

„Wie, Sihdi? Du willst die Mahkemi wieder zusammenrufen lassen?“

„Ja.“

Da trieb er seinen Hengst zu einem Sprung an und jubelte, indem sein Gesicht vor Freude strahlte:

„Welche Wonne, welche Seligkeit! Das ist es, was ich liebe, und was so ganz nach meinem Herzen ist. Achtung müssen sie vor uns bekommen. Achtung vor mir und dir! Einsehen müssen sie, daß die Eigenschaften unserer Vorzüge wie die Vorzüge unserer Eigenschaften von ihnen niemals erreicht werden können! Zur Erkenntnis müssen sie kommen, daß wir eine Beispiellosigkeit aller Unvergleichlichkeiten besitzen, vor der alle unsere Feinde in den Staub sinken. Ich werde sie auffordern, uns doch einen Menschen zu nennen, dem Allah so viele und so herrliche Gaben des Körpers und des Geistes wie uns verliehen hat! Sie müssen in tiefster Demut und Unterwürfigkeit —!“

„Still, Halef!“, unterbrach ich ihn lachend. „Wenn ich dich so fortsprechen lasse, wirst du noch erhabener als Allah. Denk an die Ehrfurcht gebietende Majestät, mit der wir gestern abend von den Ziegeltrümmern herabgefallen und den Soldaten in die Hände geraten sind, dann wirst du dir gewiß etwas weniger bewundernswürdig erscheinen!“

„O Sihdi, erinnere mich doch nicht an diesen Sturz!

Bin ich etwa der Erbauer von Babylon? Kann ich dafür, daß die Ziegel nicht mehr zusammenhalten? Du behauptest, mich liebzuhaben, und bist doch so ungerecht gegen mich! Du hast den gleichen Fall getan, aber werfe ich ihn dir etwa vor? Ist das nicht ein Beweis, daß mein Verstand mehr Bildung des Herzens besitzt als der deinige? Doch ich will dich nicht kränken, denn ich bin dein wahrer Freund, und als solcher rate ich dir, niemals wieder eine Kletterei wie gestern zu unternehmen!"

„Ich muß leider bezweifeln, diesen guten Rat befolgen zu können."

„Warum?"

„Weil wir zum Birs Nimrud zurückkehren und da wahrscheinlich noch mehr klettern werden als gestern."

„Auf welchem Weg gedenkst du dorthin zu kommen? Etwa durch die Stadt zurück?"

„Nein. Wir müssen über den Euphrat."

„Schwimmen?"

„Vielleicht. Wenn es uns möglich ist, ein Floß zu bauen, werden wir das vorziehen."

„Und wann kehren wir um?"

„Jetzt noch lange nicht. Es ist sicher, daß wir verfolgt werden, und wir müssen den Anschein erwecken, daß wir so schnell als möglich nach Bagdad wollen. Darum ist es notwendig, uns im nächsten Han für kurze Zeit blicken zu lassen und dann noch ein Stück über ihn hinauszureiten. Unsere Verfolger werden wahrscheinlich bis zu diesem Han reiten, dann aber umkehren, wenn sie erfahren, welchen Vorsprung wir ihnen mit unseren besseren Pferden abgewonnen haben. Wir müssen uns also beeilen, obgleich wir uns nicht zu fürchten brauchen."

10

DIE KARAWANE DES KAMMERHERRN

Wir waren während dieser Auseinandersetzungen so weit gekommen, daß wir jetzt El Kulea links von uns am Euphrat liegen hatten. Nun ging es auf den Wardije-Kanal zu. Als dieser durchquert war, erreichten wir Dschimtschima, von wo aus sich hohe Erdwälle in gerader Linie nach Nordost ziehen, um dann im rechten Winkel und in nordwestlicher Richtung zum Fluß zurückzukehren. Wahrscheinlich bezeichnen sie die Eindämmungen des früheren, alten Euphratlaufes. Hierauf kamen wir an dem allenthalben zerrissenen Tell Amran Ibn Ali vorüber, der diesen arabischen Namen von einem mohammedanischen Heiligen hat, der hier begraben liegt, und sahen dann die gewaltigen Trümmerhaufen des Kasr sich erheben. Kasr heißt soviel wie Schloß. Der Name hängt mit der Bedeutung dieser Ruine zusammen, denn das Kasr ist das Residenzschloß Nabuchodonosors[1] gewesen, der sich die Burg baute, nachdem seine Vorfahren in einem Schloß auf der rechten Seite des Euphrat Hof gehalten hatten. Die Ruinen sind noch jetzt 400 Meter lang und 350 Meter breit, und doch soll dieses Schloß, wie der jüdische Geschichtsschreiber nach dem Chaldäer Berosus berichtet, in nur fünfzehn Tagen errichtet worden sein. Selbst wenn man annimmt, daß sämtliche Baustoffe vorher erst vollständig fertiggestellt und herbeigeschafft wurden, um nur noch zusammengesetzt zu werden, erscheint diese Leistung unglaublich. Allein es wurde eine jetzt in London befindliche Keilinschrift ausgegraben, die neben anderen wichtigen Stellen auch folgende Worte enthielt: *„ina XV yumi sibirsa usaklil“*, zu deutsch: „in fünfzehn

[1] Auch: Nebukadnezar

Tagen habe ich dieses herrliche Werk vollendet." Wieviel Tausende von Menschenhänden haben dazu gehört, den Bau in so kurzer Zeit zustande zu bringen! Und dieses gewaltige Unternehmen war nur eins von den vielen, die von Nabuchodonosors Unternehmungsgeist und Tatkraft zeugen! Die erwähnte Inschrift sagt freilich auch in Beziehung hierauf sehr stolz:

„Ich habe den Palast errichtet, den Sitz meines Königtums, das Herz Babels im Land Babylonien; ich habe seine Grundmauern tief unter den Flußspiegel legen lassen; ich habe den Bau gestützt auf Zylinder, von asphaltiertem Mauerwerk umschlossen. Mit deinem Beistand, o erhabener Gott Merodach, habe ich diesen unzerstörbaren Palast errichtet. Möge der Gott in Babylon thronen; möge er dort seine Wohnung nehmen; möge er ihre Einwohner siebenfach mehren; möge er durch mich das Volk Babyloniens beherrschen bis zu den fernsten Tagen!"

Die Heilige Schrift aber sagt[1]: „Nachdem zwölf Monate um waren, da er auf der Burg zu Babylon wandelte, hub der König an und sprach: ‚Ist das nicht das große Babel, das ich zur Wohnung des Königs erbaute durch meine starke Macht und zu Ehren meiner Herrlichkeit?' Und als der König das Wort noch im Mund hatte, fiel eine Stimme vom Himmel: ‚Dir, o König Nabuchodonosor, wird gesagt: Dein Reich soll dir genommen werden, und man wird dich von den Menschen verstoßen, und deine Wohnung wird bei den wilden Tieren sein; Gras wirst du fressen wie ein Ochs, und sieben Zeiten werden über dir ablaufen, bis du erkennst, daß der Allerhöchste im Reich der Menschen herrschet und dasselbe gibt, wem er will!" Diese Weissagung ging an ihm in Erfüllung, als der Größenwahn seinen Geist umnachtete. Noch nicht hundert Jahre später kam Cyrus, der Eroberer Babylons, und später

1 Daniel 4, 26—29

machte Alexander der Große der persischen Satrapenherrschaft ein Ende, um, noch jung und voll Tatenlust, in diesem Palast zu sterben. Der „unzerstörbare“, wie die Keilinschrift ihn nennt, liegt nun seit ungezählten Jahren in Trümmern!

Nördlich davon erreichten wir die Mudschellibeh, auch Tel Babil[1] genannt, die durch diesen Namen allein noch an das alte Babylon erinnert. Das sind die Trümmermassen der sogenannten Hängenden Gärten, deren unendlich kostspielige Anlage auf den nicht ganz geheilten Wahnsinn Nabuchodonosors deutet.

Später durchquerten wir den Schatt en Nil und machten dann am Tell Kreni einen kurzen Halt, um die Pferde verschnaufen zu lassen. Kein Mensch war uns bisher begegnet. Jetzt sahen wir drei Reiter, die es eilig zu haben schienen. Sie kamen nicht vom Khan Mahawil her, sondern schienen ihn in einem Bogen umritten zu haben und lenkten nun erst in den vom Gebäude herführenden Weg ein. Daraus war zu schließen, daß sie Ursache hatten, sich dort nicht blicken zu lassen. Wer sich aber vor den Augen anderer scheut, erregt Verdacht, und so sahen wir ihnen mit begründetem Mißtrauen entgegen. Als sie sich uns weit genug genähert hatten, bemerkten wir, daß sie persisch gekleidet waren, und einige Sekunden später erkannten wir sie.

„Maschallah!“ staunte Halef. „Das ist ja der Pädär-i-Baharat mit seinen beiden Halunken! Welch ein Zusammentreffen! Wer hätte das für möglich gehalten!“

„Es ist nicht nur möglich, sondern war sogar wahrscheinlich“, entgegnete ich. „Wir wissen ja, daß der Pädär-i-Baharat vom Ssäfir erwartet wird.“

„Warum bist du da nicht auf den Gedanken gekommen, ihm auszuweichen?“

„Weil es nicht nötig ist, eine offene Begegnung mit

1 = Babel

ihm zu scheuen. In Bagdad mußten wir uns vor einem hinterlistigen Überfall in acht nehmen. Hier gibt es keinen Grund, uns vor den dreien zu verbergen. Ich denke vielmehr, daß sie es sind, die uns zu meiden haben."

„Das ist sehr richtig, Sihdi. Jetzt aber bin ich neugierig, wie sie sich verhalten werden. Ich werde aus Fürsorge die Peitsche aus dem Gürtel nehmen!"

Wir hatten uns, als wir abgestiegen waren, auf den Boden niedergesetzt, und zwar so, daß die Tiere zwischen uns und den Nahenden standen; darum konnten sie uns nicht vorzeitig erkennen. Als nun die Augen des Pädär-i-Baharat auf uns fielen, riß er unwillkürlich sein Pferd zurück und stieß einen Fluch zorniger Überraschung aus.

„Seht, wer da sitzt!" rief er seinen Gefährten zu. „Allah gibt sie in unsere Hände. Wir wollen sie zum Scheïtan senden!"

Er nahm sein Gewehr vor, um es auf uns anzulegen. Halef war ihm zuvorgekommen, indem er das seinige auf ihn gerichtet hatte, und drohte:

„Tu sofort die Flinte weg, sonst frißt dich meine Kugel! Du wärst der Mann, uns zu dem zu schicken, zu dem du selber gehörst! Macht euch schleunigst davon, sonst werden euch die Striemen von letzthin aufgewärmt!"

Da auch ich, um die Sache abzukürzen, meinen Stutzen in Anschlag nahm, getraute sich keiner von ihnen, einen Schuß zu wagen. Doch der Grimm des Pädär war so groß, daß er trotz der drohenden Gewehre anhielt und uns zuschrie:

„Denkt ja nicht, ihr Hundesöhne, daß euch das, was ihr getan habt, geschenkt wird! Wir treffen euch auf alle Fälle wieder, und dann werden wir Riemen aus euren Fellen schneiden, um euch damit totzupeitschen. Allah zerschmettere alle eure Knochen!"

Nun ritten sie weiter. Für Halef war es unmöglich, auf diese Drohung zu schweigen, und er rief ihm nach: „Die deinigen koche der Teufel und gebe sie seiner Urahne als Erik bulamadschy[1] zu essen!"

Dann wendete er sich lachend an mich:

„Sihdi, habe ich das nicht gut gemacht mit dem Erik bulamadschy?"

„Ja, du bist sehr geistreich gewesen. Ich bewundere dich, lieber Halef!"

„Spotte nicht! Ich mußte ihm doch antworten, denn es wäre eine Feigheit gewesen, ihm das letzte Wort zu lassen. Wie kann dieser Dummkopf drohen, daß er uns wieder treffen und sich dann rächen wird? Er sieht ja, daß wir uns auf dem Weg nach Bagdad befinden!"

„Da irrst du. Er hat uns nur hier sitzen sehen und weiß also nicht, daß wir schon in Hille waren, sondern ist der Meinung, daß wir aus Bagdad kommen, und von ihm eingeholt worden sind. Darum ist er so überzeugt, uns wiederzutreffen."

„Das kann leicht möglich werden, da wir doch zum Birs Nimrud zurückwollen. Er wird freilich vom Ssäfir erfahren, daß wir schon dort gewesen und jedenfalls nach Bagdad geritten sind."

„Viel wichtiger als das ist mir der Umstand, daß der Pädär-i-Baharat den Khan Mahawil vermieden hat. Ich vermute, daß sich Leute dort befinden, die ihn nicht erblicken sollen. Errätst du, wer das ist?

„Erraten? Ich? Sihdi, du weißt, daß ich alle Dinge durchschaue, sobald sie den Mut besitzen, mir vor die Augen zu kommen. Was sich aber vor meinem Angesicht verbirgt, kann ich doch nicht sehen. Darum habe ich das Erraten stets dir überlassen und bleibe dieser Gewohnheit auch im gegenwärtigen Fall treu. Also sag du, wer es ist!"

1 Pflaumenmus

„Mit Gewißheit kann auch ich es nicht bestimmen, aber ich denke, daß ich mit meiner Vermutung das Richtige treffe. Ich ahne nämlich, daß es die Karwan-i-Pischkhidmät Baschi ist, die im Han Einkehr gehalten hat. Es sind Leute bei dieser Karawane, die den Pädär kennen, darum sandte ja der Ssäfir die beiden Boten, ihn zu warnen. Er ist auch ohne diese Warnung auf seiner Hut und hat einen Umweg gemacht, um nicht entdeckt zu werden. Nun sucht er den Ssäfir auf, um ihm zu melden, daß der Pischkhidmät Baschi schon nahe ist und der Überfall der Karawane bald stattfinden kann."

„Sihdi, denkst du nicht, daß wir diese Leute warnen müssen?"

„Ja, das ist unsere Pflicht. Hoffentlich schenken sie uns Glauben!"

„Warum sollen sie die Wahrheit unserer Worte bezweifeln?"

„Es ist mir schon oft geschehen, daß gerade solche wohlgemeinte Warnungen mit Undank zurückgewiesen wurden. Können wir Beweise bringen, wenn man es verlangt?"

„Nein. Aber wenn es einer wagen sollte, mir ins Gesicht zu sagen, daß er uns keinen Glauben schenkt, so erleuchte ich seinen dunklen Verstand mit den Strahlen meiner Peitsche. Komm, laß uns weiterreiten! Ich möchte gern sobald wie möglich wissen, ob es wirklich die Karwan-i-Pischkhidmät Baschi ist."

Wir setzten unseren Weg fort. Ungefähr nach einer halben Stunde lag der Han vor uns, und wir lenkten in das Tor ein. Als wir in den Hof ritten, zeigte uns der erste Blick, daß die Karawane hier war. Es gab außer ihr auch mehrere Gruppen von Pilgern und Leichenträgern, die sich aber bescheiden in die Winkel zurückgezogen hatten, denn der Zug des Kammerherrn war so reich ausgestattet, daß sich niemand in die

Nähe seiner Schar wagte. Wir aber ritten ohne weiteres zwischen den Leuten hindurch, um am Brunnen abzusteigen. Dieses ungezwungene Verhalten schien ihr Mißfallen zu erregen. Wir hörten sie darüber murren und bemerkten ihre unfreundlichen Blicke, machten uns aber nichts daraus.

Die Karawane zählte zwölf wohlbewaffnete Reiter zu Pferd und sechs Lastkamele, die mit anscheinend wertvollen Paketen beladen waren. Die Pferde gehörten dem mittelguten persischen Schlag an. Eins von ihnen aber war das Prachtergebnis einer Kreuzung zwischen arabischer und turkmenischer Rasse. Es schien dem Pischkhidmät Baschi zu gehören und trug ein reiches, silberbeschlagenes Geschirr. Dieses Zurschautragen der Wohlhabenheit war für die hiesigen Verhältnisse sehr unklug, denn es forderte die Raublust geradezu heraus.

Im Schatten der Plattform war ein kostbarer Teppich ausgebreitet, auf dem der ‚Kammerherr' seine Hukah[1] rauchte. Er war ein schwarzbärtiger Mann in den Dreißigerjahren und so kostbar gekleidet, daß man sein Bestreben, seinen hohen Stand zur Geltung zu bringen, nicht übersehen konnte. Sein Anzug war mit echt goldenen Borten und Tressen besetzt. Ein weicher Kaschmirschal schlang sich um seine Hüften. Die schwarze, hohe Lammfellmütze gehörte wohl zu den teuersten, die ich je gesehen hatte, und seine Waffen funkelten von eingelegter Arbeit. Welche Unvorsichtigkeit inmitten einer Bevölkerung, die den Raub als lohnenden Sport betrachtet! Ähnlich, wenn auch nicht so kostbar, waren auch seine Begleiter gekleidet und bewaffnet.

Als wir abgestiegen waren, schickte er einen dieser Leute mit der Aufforderung zu uns, zu ihm zu kommen.

1 Wasserpfeife

„Was sollen wir bei ihm?“ fragte ich.

„Ihm pflichtschuldigst sagen, wer und was ihr seid, und ihm beweisen, daß euch das Recht zusteht, in seiner beglückenden Nähe zu verweilen.“

„So! Wer ist er denn?“

„Er ist der Pischkhidmät Baschi des Beherrschers der Welt und darf den Titel Ämîn-i-Husûr[1] führen.“

Der Mann sagte das in einer so dünkelhaften Weise, und in den Gesichtern seiner umstehenden Gefährten lag eine solche Fülle von Anmaßung, daß ich abweisend antwortete:

„Des Beherrschers der Welt? Wo gibt es einen Menschen, der die Welt beherrscht? Pischkhidmät Baschi? Also ein Angestellter, der Dienste zu verrichten hat! Ämîn-i-Husûr? Also Vertrauter einer anderen Gegenwart, aber nicht der meinigen! Ich bin kein Diener wie er. Wie kannst du behaupten, daß ich mich ihm pflichtschuldigst nahen soll?“

„So weigerst du dich?“ fragte er streng.

„Weigern? Pah! Bin ich ein Kammerdiener, der unter seinem Befehl steht? Befinden wir uns etwa in Persien? Ihr seid hier fremd, genauso wie wir. Ihr seid hier eingekehrt, um auszuruhen, genauso wie wir. Wir haben gleiche Rechte. Es ist mir gleichgültig, wer ihr seid, und was geht es euch an, wer ich bin? Wenn euer Pischkhidmät Baschi mir einen Wunsch vorzutragen hat, so mag er zu mir kommen. Befehlen kann uns hier kein Mensch!“

„Du willst also nicht hin zu ihm?“ erkundigte er sich im gleichen rücksichtslosen Ton wie vorher.

„Nein.“

„So werden wir euch zwingen!“

„Versuch es! Du hast seine Nähe ‚beglückend‘ genannt. Wir aber wissen, daß das Glück an ganz anderen Orten zu suchen ist als in der Nähe von Leuten, die

1 Vertrauter der königlichen Gegenwart

nicht einmal die Regeln der allereinfachsten Höflichkeit kennengelernt haben."

„Das ist eine Beleidigung! Wenn ihr uns nicht gutwillig folgt, werden wir Gewalt anwenden!"

Ich setzte mich an den Rand des Brunnens, nahm meinen Henrystutzen zur Hand und deutete auf eine Schnur, an der der Handschi Zwiebeln aufgehängt hatte.

„Seht dort die Baßal[1]-Reihe! Ich werde die ersten fünf auf der linken Seite treffen. Paßt auf!"

Die Zwiebeln hingen in einer Entfernung von vielleicht neunzig Schritt von uns. Ich drückte fünfmal los, und jeder Schuß traf die angegebenen Ziele. Einige der Perser eilten hin, um sich zu überzeugen. Als sie wiederkamen, meldeten sie mit Erstaunen, daß ich alle fünf Zwiebeln getroffen hätte, und zwar ohne wieder zu laden, obgleich mein Gewehr doch nur einen Lauf besäße.

„Es ist ein Zaubergewehr", erklärte Halef. „Dieser weltberühmte Effendi schießt zehntausendmal, ohne zu laden. Was seid ihr gegen uns!"

Er machte dabei eine wegwerfende Handbewegung, und ich fügte ruhig hinzu: „Ich wollte euch nur zeigen, was euch erwartet, wenn ihr auch nur eine Hand gegen uns zu erheben wagt. Ihr seid zwölf Mann und in zwölf kurzen Augenblicken werden euch zwölf Kugeln aus diesem Gewehr zur Erde strecken. Nun tut, was ihr nicht lassen könnt!"

Sie schauten einander verlegen an. Der Henrystutzen hatte wie schon oft seine Schuldigkeit getan und ihnen Achtung eingeflößt. Der ‚Oberste der Kammerherrn' war Zeuge des Vorgangs gewesen. Auch er war besorgt geworden und rief seine Leute zurück.

„Geht weg von ihm! Mit so rücksichtslosen und gewalttätigen Menschen können Leute, die unter dem er-

1 Zwiebel

habenen Schutz des Allbeherrschers wandeln, nicht verkehren. Sie sind auf der tiefsten Stufe der Bevölkerung geboren und im Dunkel der Unwissenheit erzogen worden, darum ist ihr Betragen das ungebildeter Männer. Beschmutzt euch nicht mit ihnen! Wir verachten sie!"

Auf diese Worte zogen sich seine Untergebenen von uns zurück. Es trat aber noch eine andere Wirkung ein, die er wahrscheinlich nicht vermutet hatte. Mein überaus empfindlicher Hadschi glaubte nämlich die Beleidigung, die in den Ausdrücken des Kammerherrn lag, nicht auf sich sitzen lassen zu dürfen. Er sprang vom Brunnenrand herunter, schnellte zu dem Perser hin und herrschte ihn zornig an:

„Was hast du gesagt? Von der tiefsten Stufe der Bevölkerung und dem Dunkel der Unwissenheit hast du gesprochen? Du kennst wohl diese Stufe und dieses Dunkel aus eigener Erfahrung sehr genau? Uns beiden sind sie unbekannt! Auch hast du gewagt, das Wort der Verachtung über deine niemals abgewischten Lippen zu bringen! Wer bist du denn eigentlich, daß es dir beifällt, in diesem hohen Ton mit uns zu sprechen? Du kriechst in der Kammer deines Gebieters herum wie eine niedrige Ssakkâji[1] in den Löchern der Erde. Du sinkst vor ihm auf die Knie und schlägst mit deiner Stirn den Boden zu seinen Füßen. Du bist ein Diener seiner Einfälle und ein Sklave seiner Launen. Die Kleider und die Waffen, in denen du dich brüstest, hast du dir nicht erworben wie ein Mann, der Ehre besitzt, sondern er hat sie dir geschenkt, weil du seinen Speichel wie Honig aufleckst. Wir aber sind freie Männer. Wir tun, was uns beliebt, und beugen unsere Nacken vor Allah allein, aber vor keinem einzigen seiner Geschöpfe, auch dann nicht, wenn es sich lächerlicherweise ‚Beherrscher der Welt' nennen läßt. Wer steht da höher, wir oder du? Und wem gehört

1 Eidechse, Lurch

die Verachtung, die an unsere Ohren drang, uns oder dir?"

Der mutige Kleine hatte diese Strafrede so schnell hervorgesprudelt, daß es unmöglich war, ihn zu unterbrechen. Als er aber eine Pause machte, um Atem zu holen, riß der Oberste der Kammerherren zornig den Dolch aus dem Gürtelschal.

„Schweig, Hundesohn! Wenn du noch ein einziges solches Wort sagst, steche ich dich nieder oder lasse dich durchpeitschen, daß dir die Haut auseinanderspringt!"

Auch seine Leute nahmen eine drohende Haltung an. Dem Hadschi aber fiel es nicht ein, sich bange machen zu lassen. Er deutete auf mich, der ich den Stutzen schußbereit in den Händen hielt und lachte laut auf.

„Was sagtest du? Wie war das? Mich erstechen? Sieh dort den Effendi an! Ehe du den Dolch erhoben hättest, würde seine Kugel dir durch den Schädel fahren. Und mich schlagen lassen? Hast du eine Peitsche? Ich sehe keine. Schau aber einmal her an meine Seite! Da hängt eine Kurbatsch, die aus liebevoll verbundenen Nilpferdhautstreifen zusammengeflochten ist. Die hat schon mit dem Rücken manch eines Menschen gesprochen, der sich höher dünkte, als seine Nase reichte, und von uns niedergebogen wurde, um durch unsere Hiebe zu Demut und Bescheidenheit gebracht zu werden. Bilde dir nicht ein, daß wir uns vor euch fürchten, weil ihr zwölf Männer seid und wir nur zwei sind! Es ist uns niemals eingefallen, unsere Gegner zu zählen. Je mehr ihrer sind, desto lieber ist es uns, und so sage ich euch aufrichtig, was wir zu tun gesonnen sind: der Effendi hält euch mit seinem Gewehr in Schach. Er wird jeden, der die Hand erhebt, sofort über den Haufen schießen. Ich aber nehme, wie du siehst, jetzt meine Kurbatsch vom Gürtel und schlage sie dem um die Ohren, der noch ein einziges Wort der Beleidigung zu uns spricht. Du hast mich ‚Hundesohn' genannt. Nimm dich in acht, und zwinge mich nicht, dir zu zeigen, wer hier als Herr auftreten darf und wer als Hund behandelt wird!"

Halef stand vor dem Perser, der von seinem Teppich aufgesprungen war, und fuchtelte ihm drohend mit der Peitsche vor dem Gesicht herum. Der Zurechtgewiesene war wütend. Unter anderen Verhältnissen hätte er sich wohl anders verhalten. Aber er sah den Lauf meines Gewehrs auf sich gerichtet und meinen Finger am Drükker, und das hielt ihn ab, sich nachdrücklich zur Wehr zu setzen. Man merkte ihm an, daß er einen Ausweg suchte, sich ohne Beschämung aus der Sache zu ziehen, und es trat auch ein Umstand ein, der seiner Verlegenheit zu Hilfe kam.

Der Auftritt hatte die Aufmerksamkeit der anderen im Han Anwesenden erregt. Sie waren herbeigetreten, um zu beobachten, wie der Zwischenfall verlaufen würde. Da stand der Handschi mit einigen Soldaten, die ihm zum Schutz des Orts beigegeben waren. Er hatte als der Verwalter hier die Verpflichtung, auf Ruhe und Ordnung zu achten, schien aber ein bequemer und wenig tatkräftiger Mann zu sein, dem es nicht einfiel, sich mit unserer Angelegenheit zu beschäftigen. Seine Soldaten lächelten vergnügt vor sich hin, ihnen machte der Auftritt Spaß. Das gab doch eine ergötzliche Unterbrechung des alltäglichen und langweiligen Einerlei, zu dem sie hier verurteilt waren. Die Pilger, die Leichenträger und anderen Leute verhielten sich ebenso. Nur einer von ihnen schien Lust zu haben, sich persönlich beteiligen zu wollen. Sein scharf geschnittenes, von der Sonne gebräuntes Gesicht war lebhaft bewegt. Er rannte hin und her, um bald Halef, bald mich forschend zu betrachten. Ich merkte es ihm an, daß er etwas plante, und als er jetzt den Perser so unentschlossen sah, trat er zu ihm hin und verbeugte sich tief:

„Hasreti[1], verzeih, daß ich ein Wort an dich richte! Ich kann dir über diese beiden Männer Auskunft geben."

„Wer bist du?" fragte ihn der Pischkhidmät Baschi, sichtlich erfreut, aus seiner Unschlüssigkeit erlöst zu werden.

„Ich war ein tapferer Krieger des Beduinenstammes der Obeïde, bin aber wegen dieser Leute, die Allah zerreißen möge, ausgestoßen worden und muß nun, um nicht zu hungern, der Diener fremder Menschen sein."

Das Gesicht dieses Mannes kam mir bekannt vor, doch konnte ich mich nicht besinnen, wann und wo ich ihm begegnet war. Da kam Halef zurück und sagte leise:

„Sihdi, ich erkenne ihn. Er ist einer der beiden Kundschafter, die wir seinerzeit mit der Schande bestraften, daß wir ihnen die Bärte abschneiden ließen[2]."

Jetzt besann ich mich auch: Halef hatte recht. Die zwei Beduinen waren durch diese Bestrafung ehrlos geworden und infolgedessen von ihrem Stamm verstoßen worden. Jetzt ergriff der Mann die unerwartete Gelegenheit, sich an uns zu rächen. Mir war nicht bange dabei, und Halef setzte sich mit erwartungsvollem Lächeln wieder neben mich auf den Brunnenrand.

Der Perser ließ sich wieder auf seinen Teppich nieder, steckte den Dolch in den Schal, zeigte eine möglichst würdevolle Miene und forderte nun den einstigen Obeïde auf: „Erzähl mir, was du von ihnen weißt! Wenn du eine gerechte Sache gegen sie hast, sind wir bereit, dir zu helfen."

„Meine Sache ist nicht nur gerecht, sondern blutig", kam der Beduine dieser Aufforderung nach, „denn eine Schande, wie sie mir angetan wurde, kann nur mit Blut vergolten werden. Der Stamm der Haddedihn fing

1 Hoheit 2 Siehe Karl May, Gesammelte Werke, Band 1, „Durch die Wüste"

damals Streit mit den Obeïde an. Wir rüsteten zum Krieg, und unser Scheik sandte zwei Kundschafter aus, die Absichten der Haddedihn zu erforschen. Einer dieser Kundschafter war ich. Allah wollte, daß wir Unglück hatten: wir wurden ergriffen und zu alten Weibern gemacht, indem man uns die Bärte schor. Dadurch ging unsere Ehre verloren, und wir wurden von den Unsrigen ausgestoßen."

„Du sprichst von dir, wolltest aber doch von ihnen reden!"

„Verzeih, es wird sofort geschehen! Ich kannte diese Männer damals noch nicht, habe sie aber später kennengelernt und viel über sie gehört. Der Kleine dort heißt Hadschi Halef Omar und ist jetzt der Scheik der Haddedihn —"

„Was sind die Haddedihn? Sunniten?"

„Ja."

„So wird Allah sie und ihn verfluchen und verderben! Wie darf er es wagen, diesen Han zu betreten, der nur für die gläubigen Bekenner der heiligen Schia erbaut worden ist? Sobald er fort ist, muß dieser Ort von seinem Gestank gereinigt werden!"

„Allah! Der Gestank des anderen ist aber noch viel größer!"

„Wieso?"

„Weil er überhaupt kein Muslim ist."

„Etwa ein verfluchter Jehudi[1]?"

„Nein, sondern noch schlimmer, denn er ist ein ungläubiger Naßrani[2]."

„Ein Naßrani?" fuhr der Perser auf. „Ist das auch nur denkbar? Hat man eine so verfluchte Entweihung des heiligen Pilgerwegs jemals erlebt? Ermannt euch, ihr Leute, es ist ein nach Verwesung duftendes Aas in unserer Mitte! Werft euch auf den Schurken, schafft ihn, lebend oder tot, vor das Tor hinaus!"

[1] Jude [2] Christ

Halef griff wieder zur Peitsche und wollte vom Brunnenrand herunterrutschen. Ich hielt ihn aber zurück.

„Bleib! Es wird jetzt unterhaltend. Ich bin neugierig, ob sie den Mut besitzen, sich an mir zu vergreifen."

Sie besaßen ihn nicht, sondern fluchten und schimpften in allen Tonarten, blieben aber an ihren Plätzen. Der Obeïde bestärkte sie in dieser Feigheit, indem er sie warnte:

„Seid nicht unvorsichtig, sondern nehmt euch in acht! Dieser Ungläubige ist euch unbekannt, ich aber kenne ihn, denn ich habe alles gehört, was man von ihm berichtet."

„Du widersprichst dir doch!" warf der Kammerherr ein. „Erst sprichst du voll Verachtung gegen ihn, und dann warnst du uns vor ihm!"

„Weil ich nicht will, daß ihr gegen ihn unterliegen sollt."

„Wir sind ihm überlegen!"

„Im Kampf nicht! Er ist stark und geschmeidig wie ein Panther und erlegt den Löwen des Nachts mit einer einzigen Kugel. Das große, schwere Gewehr, das dort neben ihm lehnt, hat Geschosse, die mehrere Tagesreisen weit fliegen und dann noch jedes Ziel treffen, ganz nach seinem Willen, denn ihm hilft der Scheïtan, mit dem er ein Bündnis geschlossen hat. Und mit dem kleinen Gewehr kann er, obgleich er niemals zu laden braucht, soviel millionenmal schießen, wie er wünscht, denn es ist in der Hölle angefertigt worden, wo alle seine Ahnen und Urvorväter wohnen. Im Kampf könnt ihr nichts gegen ihn erreichen. Es gibt nur ein einziges Mittel, ohne Schaden für sich selber mit ihm fertig zu werden: das ist die List!"

Ich hätte bei diesen Worten beinah laut aufgelacht. Daß er in meiner Gegenwart die List empfahl, war doch ein gar zu auffälliger Beweis dafür, daß er selber von dieser Eigenschaft keine Spur besaß. Auch der Perser empfand es, schaute ihn erstaunt an und wiegte den Kopf:

„Wir sollen uns nicht an diesen fränkischen Effendi wagen, sondern listig sein? Und das sagst du uns vor seinen eigenen Ohren?"

„Warum nicht? Er weiß es doch, ganz gleich, ob er es hört oder nicht, denn seine Verschlagenheit ist fast noch größer als die Stärke seines Körpers und die Unfehlbarkeit seiner Gewehre."

„Und da sollen wir ihn mit List überwinden? Willst du uns angeben, auf welche Weise?"

„Das ist eure Sache. Ich habe euch gewarnt. Nun könnt ihr machen, was ihr wollt!"

„Ich höre, daß du selber große Angst vor ihm hast. Ich aber fürchte mich nicht und weiß, was ich zu tun habe."

Das war nur Redensart. Er fürchtete sich doch, denn anstatt einen tätlichen oder wörtlichen Angriff gegen mich zu unternehmen, wendete er sich an den in seiner Nähe stehenden Handschi: „Du bist der vom Pascha eingesetzte Aufseher dieses Han?"

„Ja, Hasreti", bestätigte der Gefragte mit breitem, verlegenem Lächeln.

Er hatte die Warnungen auch gehört, fürchtete sich infolgedessen ungeheuer vor Halef und mir und ahnte zu seiner größten Beunruhigung, daß man ihm zumuten würde, in irgendeiner Weise gegen uns einzuschreiten.

„Der Han steht an dem Weg zu den heiligen Stätten der von Allah gesegneten und begnadeten Anhänger der Schia?" fragte der Perser weiter.

„Ja."

„Er ist also wohl nur für die Rechtgläubigen vorhanden?"

„Ja."

„Der Zutritt eines Ungläubigen muß als todeswürdige Entweihung dieses Ortes gelten?"

„Ja."

„Und du hast darüber zu wachen, daß er die Bestimmung erfüllt, für die er errichtet wurde?"

„Ja."

„Und streng dafür zu sorgen, daß jede ungesetzliche oder entwürdigende Benützung unterbleibt?"

„Ja."

Es machte mir großes Vergnügen, daß das wohlgenährte, runde Gesicht des Handschi bei jedem Ja länger wurde. Der Perser aber peinigte ihn noch weiter:

„Du hast gehört, daß sich jetzt ein Christ innerhalb dieser Mauern befindet?"

„Ja."

„So fordern wir dich auf, deine Pflicht zu tun! Die Anwesenheit dieses Menschen ist ein himmelschreiendes Verbrechen gegen Allah, gegen den Propheten, gegen die Gebote des Islam und gegen alle seine Bekenner, die sich hier befinden. Wir verlangen die schnellste und schwerste Bestrafung, hier gleich, vor unseren Augen! Hörst du wohl? Wenn du dich weigern solltest, werde ich mich bei unserem Beherrscher der Welt beschweren, der deinen Padischah anhalten wird, dich mit dem Tod zu bestrafen!"

Als der Oberste der Kammerherren seinen Strafantrag beendet hatte, war das Gesicht des Handschi so lang geworden, daß die weitere Verlängerung auch nur um ein Mû-i-Schutur[1] unmöglich war. Im gleichen Maß war auch seine Verlegenheit gewachsen. Er wußte weder ein noch aus, und das erweckte mein Mitleid mit dem harmlosen, friedfertigen Menschen. Ich ergriff deshalb das Wort:

„Tritt näher zu mir her, Handschi! Du hast bisher

1 Persisch: kleinstes Maß = Breite eines Kamelhaares

gehört, was andere meinen. Nun sollst du auch unsere Ansicht kennenlernen. Aber sei höflich, sonst gehen unsere Gewehre los!"

Er hatte solche Angst vor uns, daß er nur wenige Schritte tat, meiner Aufforderung zu folgen.

„Ist dieser Han wirklich nur für die Anhänger der Schia da?" fragte ich.

„Ja", erklärte er.

„Für Andersgläubige ist er verboten?"

„Ja."

„Bist du ein Schiit?"

„Nein."

„Sind deine Soldaten Schiiten?"

„Nein."

„Und doch seid ihr hier? Auch der Obeïde, der uns beschuldigt hat, ist kein Schiit. Ich achte das Gesetz, erwarte aber, daß andere es ebenfalls achten. Wenn dieser Han nur für Schiiten da ist, so haben alle, die das nicht sind, ihn unverweilt zu räumen. Pack also deine und deiner Soldaten Habseligkeiten zusammen! Sobald ihr fortgeht und der Obeïde mit, werden auch wir den Han verlassen."

Es war eine wahre Wonne, das Gesicht zu beobachten, das der arme Teufel machte; die Verlegenheit knickte ihn beinah zusammen.

„Außerdem halte ich es für notwendig", fuhr ich fort, „daß jeder, der sich für einen Schiiten ausgibt, auch nachweist, daß er wirklich einer ist. Wer das nicht kann, muß sich gleichfalls entfernen. Haben dir die Leute, die sich so feindlich gegen uns benehmen, ihre Pässe vorgezeigt?"

„Nein."

„So sollst du zunächst die meinigen begutachten. Ich verlange aber, daß du ihnen die Ehrfurcht erweist, die bei Androhung strengster Bestrafung vorgeschrieben ist!"

Ich nahm die Pässe, heute zum zweitenmal, aus der Tasche, öffnete sie und reichte sie ihm. Ob er lesen konnte oder nicht, war mir gleich. Er erblickte die Siegel und rief erschrocken:

„Maschallah! Ein Bujuruldu, ein Teskere und gar ein Ferman mit der eigenhändigen Unterschrift des Großherrn, der der Liebling Allahs ist!“

Er legte die Siegel an die Stirn, den Mund und das Herz und verbeugte sich dreimal bis auf die Erde hinab. Dann gab er mir die Papiere zurück. Ich nahm noch ein viertes hervor und fuhr fort:

„Da sich unsere Gegner für Leute aus Farsistan ausgeben, will ich dir beweisen, daß wir auch dort der größten Hochachtung versichert sind. Selbst die höchsten Würdenträger dieses Landes müssen uns die Ehren erweisen, die wir auf Grund dieses Schriftstückes beanspruchen können. Bist du der persischen Sprache mächtig?“

Bei dieser Frage reichte ich ihm meinen persischen Ferman hin.

„Leider nicht“, antwortete er achtungsvoll.

„So will ich dir sagen, daß dieser Ferman vom Schah-in-Schah eigenhändig unterschrieben und untersiegelt ist. Die Inschrift des Siegels lautet: ‚Sobald die Hand Naßîr-ed-dîns das Siegel des Reiches ergreift, erfüllt die Stimme der Gerechtigkeit die Welt vom Mond bis zu den Fischen.‘ Ich hoffe, du siehst nun ein, daß mein Dasein von der Gewogenheit sowohl des Großherrn als auch des Schah von Persien erleuchtet wird, und wirst dich demgemäß gegen uns verhalten. Du bist nicht persischer Untertan und kannst also über die Drohung lachen, die dieser Pischkhidmät Baschi vorhin ausgesprochen hat. Eine Beschwerde von mir aber würde dich um deine Stelle bringen!“

Er erwies, obgleich er Türke war, jetzt auch dem persischen Ferman die erwähnten Höflichkeiten und gab ihn mir dann mit der untertänigen Versicherung zurück: „Ich bitte dich demütig, o Liebling des Großherrn, mir in Bagdad und Stambul zu bezeugen, daß ich euch weder mit einer Miene noch mit einer Silbe beleidigt habe, denn gleich der erste Blick auf euch sagte mir, daß euch alle Pforten des Reiches und also auch die Tore dieses Hauses geöffnet sind. Betrachte mich als deinen Diener! Ich bin bereit, deine Befehle zu erfüllen!"

„Das hoffe ich! Vor allen Dingen verlange ich, daß nun auch diese angeblichen Perser beweisen, daß sie Perser, und zwar Schiiten sind. Wir haben uns ausgewiesen. Nun kommt die Reihe an sie!"

„Du hast recht und ich erwarte, daß sie diesem Verlangen nachkommen!"

Der Wirt drehte sich von mir ab und dem Kammerherrn zu. Ich hatte bei diesem mit meinem persischen Ferman Eindruck gemacht. Er sah die vorhin gegen mich gerichtete Waffe jetzt in meinen Händen, und der Ausdruck der Verlegenheit, der dabei auf seinem Gesicht erschien, verriet mir, daß er nicht imstand war, den verlangten Nachweis zu führen. Er versuchte das unter einem möglichst selbstbewußten Ton zu verbergen, indem er den Handschi zornig fragte:

„Ist es denn möglich, daß du den Mut hast, im Ernst einen solchen Ausweis von mir zu verlangen? Du warst bisher überzeugt, daß ich der Pischkhidmät Baschi des Schah von Persien bin, und jetzt forderst du mich infolge der Worte eines Fremden auf, die Beweise vorzuzeigen! Steht dir als Muslim deine Würde so wenig fest, daß sie ein so schwaches Lüftchen aus dem Land der Ungläubigen umzuwehen vermag?"

„Es handelt sich hier nur um meine Würde als Beamter des Großherrn. Sobald ich sein von Allah gesegnetes Siegel erblicke, muß ich meine Pflicht erfüllen, ohne nach der Religion und dem Glauben dessen zu fragen, der mir bewiesen hat, daß er unter dem besonderen Schutz des Padischah steht. Du hast den Streit mit ihm begonnen, indem du dich als ein Mann gebärdetest, der das Recht besitzt, hier als Gebieter aufzutreten. Dieses Recht gebührt dir selbst als Pischkhidmät Baschi nicht. Aber da du dich für ihn ausgibst, ist es meine Pflicht, den Beweis von dir zu verlangen!"

„Meine Untergebenen hier können es mir bezeugen."

„Was sie sagen, gilt nichts, denn ich kenne sie nicht. Wenn du ein so hoher Herr bist, der in der immerwährenden Gegenwart des Schah-in-Schah wandelt, mußt du doch sein Siegel und seine Unterschrift in Händen haben. Da dieser fränkische Effendi beides besitzt, muß es dir doch noch viel leichter sein als ihm, eine solche Beglaubigung deines Herrschers zu erhalten."

„Ich habe sie nicht von ihm gefordert, weil ich es für völlig unmöglich hielt, daß irgendein Mensch an der Wahrheit meiner Worte zweifelt. Ich habe zwar Briefe meines Gebieters mit, die muß ich aber an den heiligen Orten abgeben und darf sie keinem anderen zeigen als denen, an die sie gerichtet sind."

„Das ist nicht vorteilhaft für dich. Du hast ja selber geäußert, daß nur Schiiten hierher gehören und jeder Andersgläubige den Han verlassen soll. Wenn du mir nicht beweisen kannst, daß du ein Bekenner der Schia bist, muß ich dich nach deinem eigenen Willen mit deinen Leuten aus dem Tor weisen!"

„Welche Schande!" fuhr der Perser auf. „Muß ich mir das wirklich bieten lassen?"

„Ja, das mußt du! Du bist ein Fremder, der sich nicht ausweisen kann, und hast mir, dem Befehlshaber dieses Orts, zu gehorchen."

„Und was geschieht, wenn ich dir den Gehorsam verweigere?"

„So werde ich einen Bericht abfassen, den ich fortsende, euch aber werde ich hierbehalten, bis die Antwort eingetroffen ist."

„Wir lassen uns aber nicht halten!"

„Allah bewahre dich vor schädlichem Ungestüm. Meine Asaker fürchten sich nicht vor euch, und dieser wohlbewaffnete Effendi würde mir mit seinem tapferen Scheik der Haddedihn gewiß beistehen. Ihr habt gesehen, wie er schießen kann!"

Der Kammerherr blickte sich fragend im Kreis seiner Leute um. Sie zeigten jetzt ganz andere Gesichter als vorher. Der frühere Ausdruck der Zuversicht war daraus völlig verschwunden. Meine Schießprobe und die Pässe hatten die beabsichtigte Wirkung hervorgebracht: der Handschi war mutig, der Kammerherr aber bedenklich geworden. Meinem kleinen, wackeren Hadschi machte das Spaß. Er griff mit der Hand zu den Waffen in seinem Gürtel und fragte mich unternehmend:

„Wollen wir es diesen Leuten sofort beweisen, wie zwei erfahrene Krieger es anfangen, zwölf Gegner in zwei Minuten widerstandsunfähig zu machen?"

„Ja, das wollen wir, aber in anderer Weise, als du denkst", erwiderte ich. „Gerade weil ich ein Christ bin, werde ich diesen Zwist, an dem wir unschuldig sind, auf friedliche Weise lösen."

Ich wendete mich an den Handschi.

„Würdest du es gelten lassen, wenn jemand, den du kennst, dir die Versicherung gäbe, daß dieser persische Mirsa wirklich der Pischkhidmät Baschi des Schah ist?"

„Ja", antwortete er.

„So sag, ob du mich jetzt kennst!"

„Dich? Du hast mir ja die allerhöchsten Schriftstücke vorgezeigt. Folglich kenne ich dich so gut, als ob ich von Jugend auf an deiner Seite gewesen wäre."

„Du würdest also meine Worte gelten lassen?"

„Wie meine eigenen!"

„Gut, so versichere ich dir, daß dieser Mirsa wirklich der ist, für den er sich ausgegeben hat, und bitte dich, ihn hier im Han verweilen zu lassen, solang es ihm beliebt!"

„Du hast es gesagt, und es soll geschehen, Effendi!"

„Maschallah!" rief Halef aus. „Du vergiltst die Beleidigungen, die wir anhören mußten, mit dieser unverdienten Güte? Wie kannst du mich um die Glückseligkeit bringen, diesen zwölf Personen zu beweisen, daß wir zwei viel mehr als zwölf bedeuten?"

Ich antwortete ihm mit einem Wink auf die Perser, und da begriff er mich. Die verblüffte Miene, die der Kammerherr jetzt zeigte, bereitete mir mehr Genugtuung, als ich durch die Ausführung der Absicht Halefs gefunden hätte. Er starrte mich an und stammelte:

„Allah akbar — Gott ist groß! Wie groß aber ist mein Erstaunen!"

„Worüber?" erkundigte sich Halef lachend.

„Daß ein Christ, ein Ungläubiger, der mich heut zum erstenmal sieht, es wagt, mich als den Abglanz des Beherrschers zu bestätigen!"

„Wenn du glaubst, daß es ein Wagnis ist, so irrst du dich. Man sieht dir gerade jetzt diesen Abglanz so deutlich an, daß ein Irrtum völlig ausgeschlossen ist. Dein Gesicht strahlt uns in der ganzen Fülle seiner Weisheit entgegen, und wir erkennen, daß du viel zu klug und zu erhaben bist, als daß wir dir das sagen dürfen, was wir dir eigentlich mitzuteilen hätten."

„Mitzuteilen? Mir? Was meinst du?"

„Daß ihr euch in einer großen Gefahr befindet, von der ihr keine Ahnung hättet, wenn du nicht eine so große Leuchte des Scharfsinns wärst."

Der Perser mußte den Spott aus diesen Worten heraushören. Er hielt es aber, da es sich um eine Warnung handelte, für angezeigt, so zu tun, als hätte er ihn nicht bemerkt, und erkundigte sich weiter:

„Ich wüßte nicht, was für eine Gefahr uns bedrohen

könnte! Wir wandeln unter dem mächtigen Schutz des Schah-in-Schah und sind überzeugt, daß uns nirgends etwas geschehen kann."

„In Persien mögt ihr von diesem Schutz sprechen, aber nicht hier. Ihr habt vorhin erfahren, wie gering seine Macht gegen unseren Willen war. Sag mir doch, ob deine Truppe einen besonderen Namen hat!"

„Was sollte sie für einen besonderen Namen haben? Sie ist eine Karwan wie jede andere."

„Du irrst. Sie besitzt einen Namen, den man ihr gegeben hat, ohne daß du etwas davon weißt."

„Welchen?"

„Man nennt sie die Karwan-i-Pischkhidmät Baschi."

„Diesen Namen wirst du ihr wohl in diesem Augenblick erst selber gegeben haben!"

„Nein. Wir haben ihn gekannt, längst ehe wir dich sahen, und wußten, daß diese Karwan-i-Pischkhidmät Baschi unterwegs war und erwartet wurde. Als wir euch hier trafen, erkannten wir euch sofort. Darum nur konnte mein Effendi gegen den Handschi behaupten, daß du der Oberste der Kammerherren seist."

„Der Sinn deiner Rede ist mir dunkel. Du sagtest, daß unsere Karwan erwartet würde. Ich frage dich, wo und von wem? Wir haben uns in tiefster Verborgenheit zur Reise gerüstet und sind so heimlich aufgebrochen, daß niemand etwas von uns wissen kann."

„Allah hat erlaubt, daß Menschen vorhanden sind, die schärfere Augen und Ohren besitzen, als du zu haben scheinst. Eure Vorbereitungen sind beobachtet worden. Man weiß, daß ihr kostbare Waren geladen habt, um sie zu den heiligen Stätten zu bringen. An eurem Weg warten Räuber, denen eure Ankunft schon gemeldet ist. Ihr sollt überfallen werden, und wenn ihr nicht auf unsere Warnung hört, so ist es nicht nur um das Eigentum des Schah-in-Schah, sondern wahrscheinlich auch um euer Leben geschehen."

Ich hatte den Hadschi nicht unterbrochen. Er fühlte sich als den Herrn der Lage, und diesen Genuß wollte ich ihm nicht verkümmern. Dabei nahm ich als selbstverständlich an, daß er für seine wohlwollende Absicht Dank und Anerkennung ernten würde. Zu meinem Erstaunen mußte ich aber einsehen, daß ich mich da getäuscht hatte. Als er jetzt schwieg, blickte der Kammerherr bald ihn, bald mich forschend an und brach in ein höhnisches Gelächter aus.

„Gott sei gesegnet, daß er so gute Menschen wie euch geschaffen hat! Ich bin erstaunt, daß es so unvergleichliche Leute gibt! Wir haben euch ganz anders, nur nicht wie Freunde behandelt, und als Antwort darauf, seid ihr auf unser Heil bedacht! Es trieft Segen aus euren Zungen und Wohltat von euren Lippen. Das ist nur darum möglich, weil einer von euch ein Christ ist, dessen Lehre ihm ja gebietet, seinen Feinden Gutes zu erweisen. Diese unmännliche Lehre habe ich aber stets verachtet, und ebenso verachte ich jeden, der sich zu ihr bekennt. Ihr habt also zu wählen zwischen meiner Verachtung und meinem Gelächter, und ich bin überzeugt, daß dieses Lachen auf euch passen wird. Denn lächerlich ist es, mir zuzumuten, das zu glauben, was jetzt behauptet wurde."

„So zweifelst du an dem, was ich von den Absichten dieser Räuber gesagt habe?" fragte Halef zornig.

„Daran ganz und gar nicht. Aber die Personen der Räuber sind wahrscheinlich andere, als du uns glauben machen willst. Du hast von einer wertvollen Ladung gesprochen, nur um zu erfahren, was wir mit uns führen. Das übrige brauche ich nicht zu sagen, du kannst es dir denken!"

„Verstehe ich dich richtig? Meinst du etwa, daß wir —"

Sein Zorn war so groß, daß er mit der Rechten zur Peitsche griff, um die unterbrochene Rede in dieser Weise zu vollenden.

Ich faßte seinen Arm, hielt ihn fest und mahnte:

„Keine Unüberlegtheit, Halef! Was dieser Mann spricht, kann uns gleichgültig sein. Mag er später zu seinem Schaden erkennen, daß er jetzt die größte Unklugheit seines Lebens begangen hat. Wir sind mit ihm fertig. Komm!“

„Ja, reiten wir fort, Sihdi“, stimmte er mir bei. „Er wird es bitter bereuen, daß er heute wie in seinem ganzen Leben nicht gescheiter war, als sein Vater, Großvater und Ahne gewesen ist, die die unverzeihliche Dummheit begangen haben, sich vom Kismet der Schiiten einen solchen Sohn, Enkel und Urenkel anhängen zu lassen. Allah gebe, daß alle Nähte seines Leibes und seiner Seele aufplatzen wie bei einem alten, zerrissenen Alduwân[1]!“

Ich mußte über diesen derben Wunsch laut lachen. Der Perser getraute sich nur, die beiden Fäuste gegen uns zu schütteln und uns in ohnmächtigem Zorn zuzurufen:

„Ja, macht im Namen aller Teufel, daß ihr fortkommt, und laßt euch nicht wieder vor uns blicken! Ich habe heute abermals einen Christen kennengelernt, und er ist nicht anders und nicht besser als so viele, die ich schon vor ihm getroffen habe. Es ist wahr, was das alte persische Sprichwort sagt: Wer einem Ißävî[2] begegnet, der stoße ihn mit dem Fuß von sich, sonst muß er die Folgen in diesem und in jenem Leben tragen!“

Ich saß schon zu Pferd und hatte mich einige Schritte weit entfernt. Als ich diese Worte hörte, lenkte ich noch einmal zu ihm zurück.

„Ich könnte dir jetzt die Faust ins Gesicht schlagen, ohne daß du den Mut hättest, dich zu wehren. Aber ich werde es nicht tun, eben weil ich ein Ißävî bin. Ich fordere dich nur auf, nicht zu vergessen, was du

1 Handschuh 2 Persisch: Christ

jetzt gesagt hast. Wir sollen uns nicht wieder vor euch sehen lassen? Du bildest dir doch nicht etwa ein, daß wir uns vor euch fürchten? Das würde nach dem, was sich hier ereignet hat, der reine Wahnsinn sein. Und ich glaube, daß ihr herzlich froh sein und Allah danken werdet, sobald ihr uns wieder erblickt. Ich weiß schon jetzt genau, daß wir uns sehr bald wieder begegnen werden, und dann werdet ihr euch hüten, uns mit den Füßen von euch zu stoßen, sondern uns von ganzem Herzen und aus voller Seele willkommen heißen. Merke dir diese Vorhersage! Ich werde dich an sie erinnern!"

Jetzt ritten wir fort, ohne auf das zu achten, was uns noch nachgerufen wurde. Der Handschi war mit seinen Asakern ans Tor gegangen. Ich gab ihm und ihnen das erwartete Bakschisch, worauf sie sich tief verneigten und uns Glück auf unserem weiteren Weg wünschten.

Der Sicherheit wegen und um die Perser zu täuschen, damit sie die von uns beabsichtigte Richtung dem Ssäfir nicht verraten konnten, folgten wir dem zum Khan Nasrije führenden Weg so weit, bis man uns nicht mehr erblicken konnte, und wendeten uns dann links, um auf geradem Weg durch das wüste Feld den Euphrat zu erreichen.

11

AUF DEM EUPHRAT

Halef dachte zunächst still über unsere letzte Begegnung nach. Als er sich alles zurechtgelegt hatte, erkundigte er sich:

„Du hast diesem allerdümmsten der persischen Kammerherren gesagt, daß er uns sehr bald wiedersehen würde. War das nur eine Redensart, oder denkst du wirklich, daß wir nochmals mit ihm zusammentreffen werden?"

„Ich bin davon überzeugt."

„Kennst du auch schon den Ort dieses Wiedersehens?"

„Nein, denn ich weiß nicht, wo sich der Ssäfir über die Karwan hermachen wird. Auf dem Weg vom Han, den wir eben verlassen haben, bis nach Hille kann es unmöglich geschehen. In der Nähe der heiligen Stätten auch nicht, also höchstwahrscheinlich kurz hinter Hille, und da eignet sich kein Ort besser dazu als das Ruinenfeld von Babylon. Wenn ich mich in alles hineindenke, ist es mir nicht schwer zu erraten, wie sich das Ereignis abwickeln wird."

„Du weißt, daß mein Verstand nur breite und schwere Arbeiten gewöhnt ist. Mit leichteren Dingen, wie zum Beispiel dem Erraten, gibt er sich grundsätzlich niemals ab. Darum bitte ich dich, die Kostbarkeit der Zeit in Betracht zu ziehen und mir gleich mitzuteilen, was deine Vernunft, die schmäler als die meinige ist, ausgesonnen hat!"

„Es scheint, daß meine Vernunft trotz ihrer Schmalheit mehr wert ist als deine breite, lieber Halef!"

„Irre dich nicht, Sihdi! Ich mag dir doch nicht zutrauen, der verkehrten Ansicht zu sein, daß eine breit ausgedehnte Klugheit durch diese Ausreckung geringer wird!"

„Diese Frage wollen wir, obgleich sie höchst wichtig ist, doch lieber unerörtert lassen. Du weißt, daß sich der Ssäfir in Hille befindet. Der Pädär-i-Baharat, dem wir begegnet sind, wird ihn dort treffen und ihm mitteilen, daß das Eintreffen der Karwan-i-Pischkhidmät Baschi in kurzer Zeit zu erwarten ist. Der Ssäfir, den die Perser gewiß nicht persönlich kennen, wird ein unauffällig erscheinendes Zusammentreffen mit dem Kammerherrn herbeiführen und sich bemühen, sein Vertrauen zu erwerben. Ich bezweifle nicht, daß es ihm gelingen wird, und dann hat er die Karwan in den Händen. Er wird sie verleiten, den Weg einzuschlagen, der seinen Absichten entspricht und —"

„Sihdi", fiel da Halef ein, „jetzt ist deine Kürze mit meiner Länge zusammengetroffen: ich verstehe dich! Der Ssäfir wird sich sogar an die Spitze der Karwan stellen, um sie ins Verderben zu führen."

„Nein. Er ist wahrscheinlich zu klug dazu.."

„So hältst du meine Ansicht nicht für vortrefflich?"

„Allerdings nicht, trotz der ungeheuren Länge deiner Vernunft. Es muß doch später unbedingt herauskommen, daß die Karwan verunglückt ist. Hätte sich der Ssäfir ihr beigesellt, so würde man ihn zur Verantwortung ziehen, und das muß er vermeiden."

„Höre, Sihdi, die Kürze deines Verstandes ist wirklich nicht übel! Sie hat auch ihre Vorteile, und ich bin, wie du siehst, gerecht genug, dich hiervon zu benachrichtigen."

„Ich danke dir und hoffe, daß sich deine Gerechtigkeit auch fernerhin bewähren wird! Also ich vermute, daß der Überfall an irgendeiner Stelle des Trümmerfeldes ausgeführt wird, und ich nehme an, daß diese Stelle nicht weit von dort liegt, wo wir die Schmuggler belauscht haben."

„Warum?“

„Weil sich in der Nähe das Versteck befindet, in das man die Beute wahrscheinlich schaffen wird. Gleichgültig ist es uns, durch welche Vorspiegelungen man die Karwan dorthin lockt, Hauptsache ist, daß wir den Platz rechtzeitig erreichen. Wir werden, wie ich hoffe, noch vor der Karwan dort eintreffen und ihr, vorausgesetzt, daß wir sie finden, gegen den Ssäfir Beistand leisten.“

„Ja, das werden wir!“ stimmte er begeistert bei. „Das müssen wir ja schon um des Sandschaki willen.“

„Allerdings!“

„Wir bringen ihm den Ssäfir auf der Tat ertappt als Räuber. Da muß er einsehen, wie falsch er uns behandelt hat, und uns um Verzeihung bitten. Wie freue ich mich darauf! Das wird ein Sieg sein, auf den wir stolz sein können. Meinst du nicht auch, Sihdi?“

„Wir wollen vom Stolz jetzt noch nicht reden. Unsere Absicht ist gut, aber zwischen ihr und der Ausführung liegt eine weite Strecke.“

„Sogar der Euphrat liegt dazwischen! Nicht?“

„Ja.“

„Wenn wir zu den Ruinen wollen, müssen wir an das rechte Ufer hinüber. Nach Hille, wo die Brücke ist, können wir nicht zurück. Wie gelangen wir auf die andere Seite?“

Hoffentlich finden wir Schilf oder überhaupt Gesträuch, um ein Floß zusammenzustellen. Sonst müssen wir schwimmen.“

„Weißt du, wie breit der Fluß in dieser Gegend ist?“

„Gewiß fünfhundert Drâ[1].“

„Oh, mir ist es nicht bange hinüberzukommen. Aber bei so einer Strecke ist es nicht zu verhindern, daß alles an uns naß wird, was trocken bleiben soll.“

[1] 1 Dra (Elle) = 67,75 cm

„Es gibt Mittel, das zu vermeiden. Wir wollen jetzt schneller reiten, damit wir am Fluß Zeit gewinnen, ein Floß zu bauen, falls wir finden, was wir dazu brauchen."

„Es wäre wohl am besten, wenn ein Floß oder Boot gefahren käme, dessen Besitzer uns hinüberschaffte."

„Auf so eine Gelegenheit magst du verzichten. Wir müssen vermeiden, entdeckt zu werden, denn jeder uns begegnende Mensch kann ein Verbündeter des Ssäfir sein und ihn davon benachrichtigen, daß wir nicht nach Bagdad geritten sind. Du hast ja gehört, daß sein Versteck zwei Stunden oberhalb Hille liegt. Das müssen wir wohl in Erwägung ziehen und dabei bedenken daß die Mitglieder seiner Bande nicht immer dort stecken, sondern sich auch an den Ufern oder auf dem Fluß hin und her bewegen werden. Sobald man uns bemerkt, ist zehn gegen eins zu wetten, daß unser Plan mißglückt."

Der Ritt bis zum Euphrat bot nichts Bemerkenswertes Das Gelände war eine von keiner Erhöhung, aber desto häufiger von tiefen Rinnen unterbrochene Ebene Als wir am frohen Schnauben unserer Pferde merkten daß wir in der Nähe des Wassers angelangt waren stiegen wir ab und legten den Rest des Weges, um nicht so leicht erspäht zu werden, zu Fuß zurück. Dann mußte Halef mit den Pferden in eine der erwähnten Rinnen steigen, während ich mich dem Ufer vorsichtig näherte, um zu erkunden, ob wir unbemerkt ans Wasser könnten.

Es war kein Mensch zu erblicken. Die Sonne stand schon sehr tief, und ihre in spitzem Winkel auf den Strom fallenden Strahlen blendeten die Augen, daß sie schmerzten. Froh überrascht wurde ich von einer Menge Tarfa-Sträucher, die dicht am Wasser wuchsen und uns erlaubten, wenn nicht uns selber, so doch die Gegenstände, die nicht naß werden durften, trocken hinüber zuschaffen. Ich holte Halef, und als wir die Pferde versorgt hatten, begannen wir, Zweige zu schneiden und zu Bündeln zu vereinigen.

Leider wuchs die Tarfa[1] hier nur schwach, nicht einmal fingerstark. Von einem Floß, das uns zu tragen vermochte, war keine Rede. Die Sonne ging unter, und es wurde Abend, ehe wir dem leichten, zu einem schwimmenden Haufen vereinigten Bündel die gefährdeten Sachen anvertrauen konnten. Es war Halefs Aufgabe, dieses Floß zu lenken, indem er es im Schwimmen vor sich herstieß. Mir fiel die Führung der Pferde zu. Ich knüpfte Schlingen an die lang entschnallten Zügel und schob je einen Arm in eine dieser Schlingen. In dieser Weise führte ich die Hengste und stieg ins Wasser; sie folgten mir willig. Das edle Pferd der Dschesireh ist nicht wasserscheu.

In anderer Beziehung konnte es uns nicht so lieb sein, daß es Abend geworden war, nur in Hinsicht auf unsere Sicherheit hätte uns die Helle des Tages leicht gefährlich werden können. Die Kühle des Flusses tat uns und den Tieren wohl. Wir schwammen mit Behagen, und als wir das jenseitige Ufer erreicht hatten, fühlten wir uns so wenig angestrengt, daß Halef meinte:

„Das war keine Arbeit, sondern ein Bad, Sihdi. Ich bin wie neugeboren."

„Hoffentlich ist es für die dir anvertrauten Sachen nicht auch ein Bad gewesen!"

„O nein! Ich habe sie mit meinen Augen behütet, wie ein Kamel sein Füllen bewacht. Wir nehmen alles wieder an uns und lassen dann das Floß treiben."

„Nein, wir werden es am Ufer befestigen."

„Warum?"

„Weil es uns sonst möglicherweise verraten könnte."

„Verraten? Nimm mir meine Worte nicht übel, Sihdi, aber du treibst die Vorsicht zu weit! Selbst

1 Tamariske

wenn dieser Tarfahaufen von den Leuten des Ssäfir entdeckt würde, kämen sie gewiß nicht auf den Gedanken, daß wir es sind, die ihn als Floß benutzt haben."

„Gedanken sind unberechenbar. Millionen Menschen haben schon Unmögliches gedacht, und hier haben wir es mit etwas sehr Möglichem zu tun. In unserer Lage können wir nicht vorsichtig genug sein."

„Sihdi, wenn die bedeutenden Männer der Weltgeschichte alle so vorsichtig gewesen wären wie du, so hätten wir keine Weltgeschichte, denn da hätte sich überhaupt gar nichts ereignet, und wo jetzt überall die Berühmtheiten strahlen, wäre es so finster wie im Magen einer Ziege oder in einem Stiefel, den man am Fuß trägt."

„Wenn er nicht zerrissen ist!" warf ich ein.

„Ich bitte dich zu schweigen, Sihdi! Wenn ich Beispiele anführe, um etwas zu beweisen, so sind sie tadellos. Also ist auch dieser Stiefel nicht zerrissen, sondern einer, den ich selber anstandslos anziehen würde!"

„So zieh ihn schnell an, denn wir müssen weiter! Wir sind nicht über den Euphrat geschwommen, um uns hier über Fußbekleidungen und Ziegenmagen zu unterhalten. Wir müssen uns beeilen, an den Birs Nimrud zu kommen."

„Denkst du nicht, daß wir vorher das hiesige Versteck des Ssäfir aufsuchen sollten?"

„Ich würde das allerdings vorschlagen, wenn der Ort uns etwas näher bekannt wäre. Da wir aber das Ufer erst mühsam absuchen müßten, würden wir zu viel Zeit verlieren. Wenn sich die Notwendigkeit ergeben sollte, das Versteck zu entdecken, werden wir später danach forschen. Jetzt wollen wir fort!"

Wir hatten während dieser halblauten Wechselrede die Pferde wieder gesattelt und alles auf dem Floß

Befindliche an uns genommen. Nun stiegen wir auf und ritten in südlicher Richtung fort. Wir durften uns während dieses Ritts nicht so nahe am Ufer halten, daß der Hufschlag unserer Tiere dort gehört werden konnte. Darum bogen wir weiter rechts hinaus. Wie weit, wußten wir nicht, weil es dunkel war und wir die Krümmungen des Euphrat nicht kannten.

Als wir eine Weile geritten waren, bemerkten wir zu unserer Linken einen Lichtschein, der auf ein Feuer schließen ließ. Wir zügelten unsere Rappen, und Halef sagte: „Sihdi, ich vermute, daß dort das Versteck ist. Das Ufer, an dem das Feuer brennt, liegt tiefer als die Ebene. Darum sieht man nur den Schein und nicht das Feuer selbst. Meinst du, daß ich recht habe?"

„Es ist möglich, daß du das Richtige getroffen hast", meinte ich.

„Wollen wir hin, um zu erfahren, wer sich dort befindet?"

„Wir? Wenn nachgeforscht werden soll, genügt es, daß ich hinschleiche."

„Allah! Warum willst nur immer du es sein, auf den der Ruhm der Entdeckungen fallen soll? Ich kenne dich zu genau, als daß ich annehmen möchte, daß es Mißgunst von dir ist. Du wirst dich wahrscheinlich wieder in den bekannten Sattel setzen, um mir deine heißgeliebte Vorsicht vorzureiten?"

„Das tu ich allerdings."

„Und weißt doch, wie tief es mich betrübt! Es mag ja sein, daß ich früher, in der Zeit, als du mich kennenlerntest, ein wenig ungestüm und vielleicht auch unbedächtig war. Daran war meine Jugend schuld. Das ist nun vorüber. Jetzt bin ich Besitzer eines Harems mit der besten Frau des Erdenlebens und habe einen Sohn, der sich nach den Regeln meiner Weisheit und Erziehung richtet. Wenn du mich trotzdem noch für unbedachtsam hältst, so ist das eine Beleidigung, auf die ich jedem außer dir mit meiner Peitsche antworten würde. Ich fordere als Beweis deiner Freundschaft, daß du mich nachsehen läßt, was für Leute dort das Feuer angezündet haben."

Was sollte ich einer solchen Dringlichkeit gegenüber machen? Ich fühlte die Verpflichtung, ihm seine Bitte abzuschlagen, denn ich kannte ihn und wußte, daß ich ihn nicht ohne Sorgen gehen lassen konnte. Aber ich brachte es nicht übers Herz, ihm das Leid anzutun, seinen Wunsch nicht zu erfüllen. Deshalb gab ich nach einigem Sträuben meine Einwilligung, über die er sich sehr erfreut zeigte. Hierauf galt es, uns nach einem Ort für unsere Pferde umzuschauen, für den Fall, daß ich sie verlassen mußte, um Halef zu folgen. Er wollte zwar die Notwendigkeit dieser Maßregel nicht zugeben, aber ich setzte diesmal meinen Willen durch. Wir brauchten nicht lange zu suchen: die letzte tiefe Rinne, die wir durchquert hatten, schien mir am besten geeignet. Wenn sich die Tiere da unten befanden, konnten sie selbst am Tag nur dann bemerkt werden, wenn ein ungünstiger Umstand jemanden in die Nähe führte.

Wir lenkten also um und mußten ungefähr fünf Minuten reiten, bis wir die betreffende Vertiefung erreichten. Der Schein der Sterne hatte sie uns vorhin deutlich gezeigt, und er war uns auch jetzt behilflich, wieder bequem hinabzugelangen. Als Halef seine Schußwaffen, die er auf dem Kundschaftergang nicht mitnehmen sollte, da niedergelegt hatte, stiegen wir wieder hinauf. Der Schein des Feuers war auch von hier aus zu erkennen, aber nur, weil wir schon von ihm wußten.

„Du wirst vielleicht eine halbe Stunde brauchen, um hinzukommen", sagte ich. „Auf dem Rückweg kannst du schneller sein. Ich rechne anderthalb Stunden, aber allerhöchstens! Hörst du? Wir müssen noch vor der

Ankunft der Perser bei den Ruinen sein, und so ist diese Zeit eine wahre Ewigkeit. Mehr kann ich dir nicht geben."

„Ich brauche nicht so viel."

„Doch! Du mußt beim Anschleichen vorsichtig sein; das erfordert Zeit. Und eine Weile mußt du doch dort bleiben, wenn ich dir auch geradezu verbiete, so weit an die Leute heranzugehen, daß du sie belauschen kannst. Das ist für dich allein zu gefährlich."

„Warum für mich? Ich bin überzeugt, daß ich es ebensogut mache wie du."

„Veranlasse mich nicht noch im letzten Augenblick, dich zurückzuhalten! Du kennst meine Bedenken und zeigst mir dennoch ein Selbstvertrauen, das mich wieder wankend macht!"

„Sihdi, was mußt du von mir denken, daß du in dieser Weise zu mir sprechen kannst! Wenn das Hanneh gehört hätte, die Perle aller Kostbarkeiten der Erde und des Meers, so müßte sie mich für einen Taugenichts halten, obwohl sie überzeugt ist, daß ich nicht weniger leiste, als jeder wackere Mann und Held zu leisten vermag. Ich entferne mich jetzt und kehre sicher glücklich wieder. Allah sei mit dir!"

„Ich wünsche, daß er lieber mit dir gehe!" antwortete ich. Dann hörte ich seine Schritte schon nicht mehr.

Es gibt Dummheiten, die der Mensch erst später und auch solche, die er sofort einsieht. Zu der zweiten Art gehörte die, die ich jetzt begangen hatte. Kaum war Halef verschwunden, so hätte ich ihn zurückholen mögen, und es wäre gut für ihn und mich gewesen, wenn ich es getan hätte. Aber ich hatte ihn zu lieb, als daß ich ihm diese Kränkung zufügen wollte, zumal er den Kundschafterweg schon angetreten hatte. Ich stieg wieder in die Vertiefung hinab und setzte mich bei den Rappen nieder.

Hat man etwas getan, was man lieber hätte unterlassen sollen, so gibt das ein Gefühl des Unbehagens, das nicht nur die Seele belastet, sondern auch den Körper ergreift. So wenigstens ist es bei mir. Während ich jetzt still auf dem Grund der Rinne saß, war es mir, als hätte ich etwas Schädliches gegessen. Ich kenne Leute, die behaupten, daß die Seele des Menschen den Körper beim Tod in der Gegend des *Plexus solaris* verläßt und daß dieser *Plexus* überhaupt in inniger Beziehung zum Seelenleben steht. Ich habe weder Gelegenheit noch Zeit gefunden, mich mit irgend jemand wegen eines *Plexus* herumzustreiten. Aber das muß ich als ehrlicher Mann zugeben, daß ich jenes unangenehme Gefühl, das als Folge jeder Unklugheit auftritt, stets an der Körperstelle empfinde, die der Sitz meines *Plexus solaris* ist. Er gab mir auch jetzt seine Unzufriedenheit kund, und es war mir leider nicht möglich, ihm zu beweisen, daß er unrecht hatte. Ich war, mit einem Wort, mit mir selber höchst unzufrieden.

Ich saß eine viertel, eine halbe, eine ganze Stunde. Dann stieg ich wieder hinauf und setzte mich oben nieder. Das Feuer brannte noch, denn ich erkannte den Schein. Wäre Halef entdeckt worden, so hätte man es wahrscheinlich ausgelöscht! Dieser Gedanke beruhigte mich. Aber es verging wieder eine halbe Stunde und dann noch eine Viertelstunde, ohne daß er zurückkehrte. Hatte er seine Beobachtungen glücklich beendet, dann aber die Stelle, an der ich ihn erwartete, nicht wiedergefunden? Ich wußte doch, daß er einen guten Ortssinn besaß!

Als abermals eine halbe Stunde verstrichen war, wurde mir bange um ihn, und ich hielt es für meine Pflicht, mich nach ihm umzusehen. Es blieb mir nichts anderes übrig, als zum Feuer zu schleichen. Ihn anderswo zu suchen oder zu rufen, wäre ein weiterer Fehler gewesen. Freilich mußte ich selber nun noch vorsichtiger verfahren, als ich Halef angeraten hatte. Wenn er entdeckt oder gar ergriffen worden war, und zwar wahrscheinlich von den Leuten des Ssäfir, unter denen es welche gab, die ihn kannten, so mußten sie sich sagen, daß ich wohl auch in der Nähe sei, und nach mir forschen.

Vor allen Dingen mußte ich nach Kräften für die Sicherheit unserer Pferde sorgen. Es war zwar anzunehmen, daß sie während der Nacht nicht entdeckt würden. Es lag auch im Bereich der Möglichkeit, daß ich durch irgendeinen Umstand bis zum Tag ferngehalten wurde, und dann konnte es leicht um die kostbaren Tiere geschehen sein, und nicht bloß um sie, sondern auch noch um unsere Waffen. Denn daß ich die meinigen jetzt nicht mitnehmen konnte, wird man wohl verstehen. War meinem Halef ein Unglück widerfahren, so ging ich jetzt Ungewißheiten entgegen, denen ich meine beste Habe nicht aussetzen durfte. Bei dem großen Wert, den die Rapphengste und die Gegenstände für uns besaßen, würde mich bestimmt nichts abhalten, zur rechten Zeit wieder hier zu sein. Ich stieg also nochmals hinunter, wickelte alles, was ich nicht mitnehmen wollte, fest in unsere Decken, band die Pferde an die Riemenpflöcke, die ich fest in die Erde schlug, und behielt nur mein Messer im Gürtel stecken. Nachdem ich die Hengste geliebkost und ihnen das bekannte ‚Ssuß!'[1] zugerufen hatte, konnte ich überzeugt sein, daß sie sich bis zu unserer Rückkehr ruhig verhalten, gegen jeden Fremden aber mit den Hufen verteidigen würden. Dann machte ich mich auf den Weg.

Eigentlich war es mir unmöglich, mit Bestimmtheit zu sagen, was für Leute sich dort am Feuer befanden. Es gibt aber Gedanken, die in der Weise überzeugend

1 ‚Sei still!'

aufsteigen, daß kein Zweifel an ihrer Richtigkeit entstehen kann. Mag man sie Eingebungen oder sonstwie nennen, sie werden dem Menschen wie Depeschen über vollendete und feststehende Tatsachen übermittelt und von ihm als Wahrheiten aufgenommen. Ich habe das sehr oft an mir selber erlebt und bin von dem Glauben, den ich solchen Eingebungen entgegenbrachte, niemals getäuscht worden. So war mir auch jetzt, als hätte ich schon die Beweise dafür in den Händen, daß ich es mit dem Versteck des Ssäfir zu tun hatte und wenn auch nicht gerade ihn, so doch Kumpane von ihm dort finden würde. Ich wußte bestimmt, daß vor mir eine Gefahr lag, nahm aber mit gleicher Selbstverständlichkeit an, daß sie mich zwar fassen, aber nicht überwältigen könnte. Das war auch der Grund dafür, daß ich mich von den unersetzlichen Pferden und Gewehren mit verhältnismäßig geringer Besorgnis getrennt hatte.

Der Feuerschein vor mir wurde immer heller. Ich bewegte mich in gerader Linie auf ihn zu und hätte Halef unbedingt sehen müssen, wenn er sich auf dem Rückweg zu mir befunden hätte. Ich ging gebückt und trat so leise wie möglich auf. Dabei lauschte ich aufmerksam nach rechts und links, um seine Schritte zu hören, falls er sich unterwegs befand und nur von der Richtung abgewichen war. Diese Aufmerksamkeit blieb jedoch ohne Erfolg.

Als ich noch ungefähr hundert Schritte zu gehen hatte, legte ich mich nieder und kroch weiter, doch der Seite zu, weil mir die Vorsicht gebot, nicht unmittelbar aufs Ziel zu treffen. Ich mußte den Feuerplatz zunächst von einer Stelle aus in Augenschein nehmen, die mir die größte Sicherheit bot. So erreichte ich das hohe Ufer, sah die Wasser des Stroms unter mir und hörte ihr leises, von keinem Laut unterbrochenes Rauschen.

Sonderbar! Besorgt um den Freund war ich hierhergeschlichen, um ihn zu suchen, und doch richtete sich meine Aufmerksamkeit zunächst nicht dorthin, wo ich nach ihm forschen sollte, nämlich zum Feuer, sondern auf die von links herbeiströmenden Fluten, deren nachtdunkle Fläche wie mit einem weichen, flimmernden, sich immerfort bewegenden Silbernetz überzogen war. Das geheimnisvolle ‚Finsterleuchten' zog meine Blicke an und hielt sie eine Weile fest.

Das war nicht der Euphrat, den wir am Tag gesehen hatten und über den wir vor kurzem geschwommen waren, sondern ein geheimnisvolles, schlangengleiches Wesen, das aus dem Paradies vertrieben, seinen endlosen Leib in stummer Pein hier vorüberwand, ein nie versiegender Hinweis auf die unerbittliche Gerechtigkeit dessen, der seiner nicht spotten läßt. Hier an diesem Fluß hatte sich einst das Gericht vollzogen, von dem der Psalmist sagt[1] „An den Flüssen Babylons, dort saßen wir und weinten, wenn wir Sions gedachten. An den Weiden, die drinnen sind, hingen wir unsere Harfen auf; denn die uns gefangen wegführten, und die uns wegnahmen, forderten da von uns Lieder. Wie aber sollten wir singen den Gesang des Herrn im fremden Land?" Vielleicht hatten dort, wo ich jetzt lag, auch solche Klagende gesessen und sehnsüchtig hinabgeschaut in die Fluten, die von den Höhen kamen, über die der Weg nach Palästina führte. Und wenn sie hier in der Einsamkeit mit ihren Klagen geendet hatten, so stiegen sie in die Binsenfähre, um ans linke Ufer überzusetzen, an dem ihre niedrigen Hütten lagen.

Das war noch der Fluß von damals, und rechts von mir, unten im Wasser, lag eine Binsenfähre von der gleichen Form, die diese Fahrzeuge zu jener Zeit schon hatten, rund und niedrig ausgebaucht wie eine große, leicht schwimmende Wasserschüssel. Diese Fähre

1 Psalm 136 (137)

war halb von dem dichten Tamariskengestrüpp verdeckt, das sich fast undurchdringlich und üppig längs des Ufers hinzog. Es war bloß eine einzige, vom Gebüsch freie Stelle zu erkennen. Dort brannte das Feuer, an dem ich nur einen einzigen Mann bemerkte. Ein zweiter Beduine hockte am Wasser und hatte eine Angel ausgeworfen.

Welch friedliches Bild. Wo war da auch nur die Spur einer Gefahr für mich? Befand ich mich am gesuchten Versteck, von dem man glaubte, daß die Geister der Erschlagenen des Nachts da ihr Wesen trieben? Oder waren diese beiden Männer nur harmlose Fischer, die jetzt in der Dunkelheit einen Fang machen wollten, um ihn am Morgen unten in Hille zu verkaufen? Es widerstrebte mir, sie für so unbefangen zu halten, wie sie aussahen. In einem solchen Binsenfahrzeug, das sich gern um seine eigene Achse dreht, zwei volle Wegstunden weit stromaufwärts rudern, ist keine Arbeit, die man eines Fischfangs wegen unternimmt, der möglicherweise nicht einmal ein Ergebnis haben wird. Zudem war es gerade diese Friedlichkeit der Lage, die mich in meinem Argwohn bestärkte. Sie kam mir zu gemacht, zu künstlich vor. Ich sagte mir, daß — wie man sich auszudrücken pflegt — etwas dahintersteckte, und ich hätte diese beiden Männer ihre Rolle ruhig und ungestört weiterspielen lassen, wenn ich nicht Halefs wegen hergekommen wäre. Ich mußte wissen, warum er nicht zurückgekehrt war, und konnte das nur hier erfahren. Wer weiß, was man ihm angetan hatte! Es konnte jede Minute kostbar sein, und so durfte ich nicht untätig abwarten, ob bei den Anglern ein Fisch anbeißen würde oder nicht. Ich wollte zunächst erfahren, ob sich diese zwei Leute wirklich allein hier befanden, und beschloß, längs des hohen Uferrands hinzukriechen, um zu entdecken, ob noch jemand unten im Buschwerk steckte. Ich schob mich demnach vorsichtig in der erwähnten Richtung an der Erde hin.

Es verging wohl über eine Viertelstunde, bis ich die hier oben völlig kahle Strecke so weit, wie unten das Gebüsch reichte, abgesucht hatte. Da lag ich nun wieder und überlegte. Ich hatte trotz meiner scharfen Augen und Ohren nichts wahrgenommen. Wenn sich jemand hier versteckt hatte und gegen mich im Hinterhalt lag, so konnte das nur unten im Gestrüpp sein. Ich mußte hinunter, aber das war ebenso schwer wie gefährlich — schwer, da der obere Teil der Böschung aus tiefem, lockerem Sand bestand, mit dem ich wahrscheinlich hinunterrutschte, weil er mich nicht tragen konnte, und gefährlich, da ich von jedem der da unten steckte, entdeckt werden mußte, wenn ich von oben herabglitt. Es gab freilich noch eine andere Art, meinen Zweck zu erreichen wenn ich nämlich meinen Weg noch weiter fortsetzte, dann das Wasser aufsuchte und nachher ihm entlang wieder aufwärts schlich. So vermied ich es, von der Böschungshöhe zu kommen, wurde vom Schein des Feuers nicht getroffen und konnte nicht bemerkt werden. Aber das erforderte mehr Zeit, als ich zu diesen nicht unwichtigen Vorbereitungen verwenden durfte. Vielleicht gelangte ich doch gleich hier unbemerkt hinab, und vielleicht hatte die Sandböschung mehr Halt, als ich dachte. Es gab verschiedene dunklere Punkte in ihr, die ich für Steine oder sonstige festere Stellen nahm, deren Färbung sich von der helleren des Sandes abhob. Nahe vor mir gab es zwei solche Stellen und seitwärts wieder drei. Aber wenn ich die Nebenumstände in Erwägung zog, war es doch besser, ich entschloß mich zu dem erwähnten Umweg, und so kroch ich langsam weiter.

Dadurch erreichte ich die zwei mir zunächst liegenden Punkte in einigen Augenblicken. Ich wollte an ihnen vorüber, hielt aber still, denn sie bewegten sich! Kamen diese Steine etwa durch den von mir verursachten Druck mit dem Böschungssand ins Rollen? Nein, es waren ja gar keine Steine, sondern es fuhren plötzlich vier Arme aus dem Sand heraus, ebenso viele Hände klammerten sich um meinen Hals und meine Oberarme, und eine Stimme rief:

„Lahaun, lahaun, ia ridschal — hierher, hierher, ihr Männer! Wir haben ihn!"

Man glaube nicht, daß ich erschrocken gewesen wäre. Ich war solche Überraschungen gewohnt. Diese hier kam so schnell über mich, daß ich keine Sekunde zur Gegenwehr bekam. An Hals und Armen wurde ich festgehalten, trotzdem wollte ich mich aufschnellen. Es gelang mir auch, mich von dem einen Angreifer loszureißen. Ich kam halb empor und wollte den anderen fassen. Da warf mir der erste zwei Hände voll Sand ins Gesicht, eine Unzahl dieser Körnchen drang mir in die Augen. Meine Hände wurden dadurch zu den gefährdeten Augen gelenkt, und der erlangte Vorteil ging mir sofort wieder verloren. Das Sehvermögen war mir genommen und damit auch die Möglichkeit, meinen Gegnern zu entwischen. Es stürzten noch mehrere herzu. Ich hörte wohl zehn, zwölf verschiedene Stimmen durcheinander schreien. Ich wurde überall gepackt, wieder niedergerissen, gebunden und erst die Böschung hinab und dann durch das Gebüsch geschleift, bis man mich am Feuer lang auf die Erde warf. —

Lieber Leser, hast du vielleicht einmal die Augen so voll Sand gehabt, daß auch nicht ein einziges Körnchen mehr Platz darin gefunden hätte? Nein? Ich auch nicht alle Tage, dafür aber damals so gründlich wie nur möglich. Ich will nicht behaupten, daß dadurch ein gefährlicher Zustand hervorgerufen wird, aber sehr unangenehm ist er auf alle Fälle. Und wenn man dazu gefesselt ist, so daß man den geblendeten Augen nicht mit den Händen zu Hilfe kommen kann, und sich von Menschen umgeben weiß, denen alles andere, nur nichts Gutes zuzutrauen ist, so ist das nichts weniger als eine Erleichterung.

Wie ich mich verhalten sollte, darüber brauchte ich nicht erst lange nachzudenken. Ich mußte ruhig bleiben und nur auf das achten, was gesprochen wurde. Im übrigen mußte ich es der Tätigkeit der Tränendrüsen überlassen, meine Augen nach und nach vom Sand zu befreien. Wenn das geschehen war und ich wieder sehen konnte, dann mußte es sich finden, was ich weiter tun konnte. Zunächst durfte ich mir sagen, daß ich mich sehr wahrscheinlich in der Nähe meines lieben Halef befand, was aber keineswegs eine wohltuende Beruhigung für mich war, da ich aus Erfahrung wußte, daß es leichter ist, sich selber allein als noch einen zweiten aus einer solch heiklen Lage zu befreien.

Während mir die sandigen Tränen immerfort über die Wangen rannen, verfolgte ich mit größter Aufmerksamkeit, was um mich her gesprochen wurde. Es entging mir kein Wort, denn es fiel niemand ein, so leise zu reden, daß ich es nicht gehört hätte.

„Welch ein Fang!" frohlockte einer, den ich an seiner Stimme als den Pädär-i-Baharat erkannte. „Noch heute sind wir ihnen begegnet und mußten glauben, daß sie nach Bagdad wollten. Wir gaben unsere Rache schon verloren, da sind sie uns in die Hände gelaufen!"

„Allah hat uns lieb. Ihm sei Dank und Preis gesagt!" fügte ein anderer bei. Es war Aftab, der Begleiter des Pädär. „Der Hundesohn rührt und bewegt sich nicht, er wird doch nicht etwa tot sein?"

„Tot? Wovon? Ihr habt ihn hierhergeschleift, dabei ist sein Kopf über die Erde gestreift. So ist er trotz der Weichheit des Sandes ohnmächtig geworden. Diese christlichen Schufte sind nur mit dem Mund stark, sonst aber können sie nichts vertragen. Wir warten, bis er wieder zu sich kommt, dann muß er gestehen, was sie hier zu suchen hatten."

„Sie haben nichts gewollt", sagte ein dritter, dessen Stimme mir ihn als den Handschi aus Hille verriet. „Nur das Kismet kann sie hierher geführt haben, denn es ist unmöglich, daß sie etwas von diesem Versteck und von unseren Plänen wissen."

„Ja, unmöglich!" gab der Pädär zu. „Nur aus diesem Grund war trotz aller Drohungen aus diesem verfluchten Scheik der Haddedihn kein Wort herauszubringen. Holt ihn aus der Fähre! Er soll die Freude haben, seinen geliebten Effendi aus Almanja in unseren Händen zu sehen."

Ich hörte, daß einige fortgingen. Dann ließ sich einer, der noch nicht gesprochen hatte, vernehmen:

„Ich erwarte, daß nun die Strafe beginnt, der diese Halunken durch ihre Flucht aus der Mahkemi entgangen sind. Sie müssen totgeprügelt werden!"

Das war der Ghasai, der sich für einen Solaib ausgegeben hatte. Es waren also fast alle unsere hiesigen lieben Freunde beisammen.

„Trage nur darum keine Sorge!" beruhigte ihn der Pädär. „Sie werden totgepeitscht, und zwar so langsam, daß sie Monate darüber zubringen. Ich würde sofort damit beginnen, doch du weißt, wie streng der Ssäfir in solchen Dingen ist. Er duldet keine Eigenmächtigkeit und ahndet jede Übertretung unserer Gesetze mit dem Tod des Ungehorsamen."

„Er treibt die Strenge zu weit!"

„Nein, denn nur dadurch können Zucht und Ordnung erhalten werden. Jeder andere Bund hat die Möglichkeit, den Ungehorsam mit der Ausstoßung zu bestrafen. Uns ist das versagt, weil der Ausgestoßene uns verraten würde. Nur der Tod gibt Sicherheit. Wir dürfen den beiden Gefangenen nicht die Taschen untersuchen, weil die Hand des Ssäfir die erste ist, die hineingreifen darf. Es genügt zu wissen, daß sie keine Waffen als nur ihre Messer bei sich trugen und der Scheik die Nilpferdpeitsche."

Wie lieb mir das war. Sie hätten bei genauer Durchsuchung die Ringe der Sillan gefunden, die wir ihm und seinen Begleitern abgenommen hatten.

„Wird der Ssäfir sie nicht etwa leichter bestrafen, als wir wünschen?" fragte der Ghasai.

„Gewiß nicht! Er hat, wie ihr erzähltet, selber mit ihnen abzurechnen, und ich bekomme eine der ersten, vielleicht die wichtigste Stimme, wenn wir über sie zu Gericht sitzen; das genügt vollständig. Du hast dich vorhin über die Strenge unserer Gesetze beklagt, und zwar mit Unrecht, denn sie kommt deinem Wunsch entgegen, indem sie unbedingt den Tod dieser Männer fordert. Nur die Art ihres Todes unterliegt noch dem Beschluß. Jetzt still! Sie bringen den Kleinen. Ich werde von ihm zu erfahren suchen, wo die Pferde und ihre anderen Sachen stecken."

Halef wurde neben mich gelegt. Er war ebenfalls gefesselt und sogar geknebelt, vielleicht um nicht rufen zu können, falls ihm der Gedanke kommen sollte, mich zu warnen.

„Bindet ihm den Mund auf, damit er meine Fragen beantworten kann!" befahl der Pädär.

Als man dieser Weisung Folge geleistet hatte, sagte er höhnisch zu Halef: „Ich hatte recht: wir haben ihn!"

„Ist der Effendi tot?" fragte mein kleiner Scheik sehr besorgt.

„Nein. Es ist ihm nur die Besinnung abhanden gekommen. Sobald er wieder bei sich ist, werdet ihr Hiebe erhalten, die bis auf die Knochen gehen!"

„Das freut mich ungeheuer", lachte Halef. „Es ist eine lobenswerte Einrichtung bei euch, daß diese Hiebe auf euch zurückfallen werden."

„Du bist wohl nicht bei Sinnen?"

„Oh, ich habe sie alle beisammen. Ihr hattet mir zwar den Mund, nicht aber die Ohren zugebunden, und da ihr so klug gewesen seid, laut genug zu reden, so habe ich alles gehört. Ihr dürft uns ohne den Ssäfir nicht einmal in die Taschen greifen, viel weniger also prügeln!"

„Hundesohn! Ich werde dir beweisen, daß wir dich prügeln, daß das Blut zur Erde läuft, wenn du jetzt meine Fragen nicht augenblicklich beantwortest. Also höre, was ich wissen will! Warum seid ihr nicht nach Bagdad geritten?"

„Weil wir gar nicht dorthin wollten."

„Wohin denn?"

„Zu den Ruinen bei Kefil."

„Das liegt doch im Süden. Ihr aber rittet nördlich auf Bagdad zu. Du verwickelst dich also in einen Widerspruch!"

„Allah behüte deinen Verstand! Du scheinst zu den unglücklichen Menschen zu gehören, deren Gehirn in Unordnung geraten ist und die darum gerade in der besten Übereinstimmung den ärgsten Widerspruch entdecken."

„Die Unordnung liegt in deinem, aber nicht in meinem Gehirn. Ich verlange eine Erklärung!"

Ich gestehe, daß ich höchst neugierig auf die Antwort war, denn ich kannte meinen kleinen Hadschi. Er war zwar in seinen Taten schnell und unbedachtsam, sonst aber außerordentlich schlau. In Worten überlisten ließ er sich fast nie. Wie er gerade auf die Ruinen bei Kefil gekommen war, bildete für mich ein Rätsel, aber daß er sich gut herausreden und dabei nicht das geringste verraten würde, davon war ich überzeugt.

„Da du die Ordnung meines Verstandes bezweifelst", antwortete er, „werde ich dir beweisen, daß nichts daran zu tadeln ist. Mein Effendi gehört zu den gelehrten Herren, die gern alte Ruinen untersuchen, um die Denkmäler früherer Zeiten auszugraben. Er kam mit mir hierher, um das hier auch zu tun. Wir wollten zu diesem Zweck zu den Ruinen bei Kefil, wurden aber leider am Birs Nimrud festgenommen und nach Hille geschafft. Von dort sind wir zwar entflohen, aber das Nachgraben bei Kefil hat mein Effendi trotzdem nicht aufgegeben. Wir stellten uns darum, als wollten wir nach Bagdad, ritten aber bloß bis zum Khan Nasrije. Zurück nach Hille und über die Brücke dort mochten wir nicht. Darum wendeten wir uns dem Euphrat zu, durchschwammen ihn und legten uns dann nieder, um zu schlafen. Bevor wir die Augen schlossen, bemerkten wir den Schein dieses Feuers, und ich ging, um nachzusehen, wer es angezündet hätte. Als ich oben angekommen war, fuhr der lose Sand mit mir herunter und ich mitten unter euch hinein. Ich wurde gefangengenommen. Die Strahlen deiner unübertrefflichen Weisheit werden dir erklären, daß mein Effendi neugierig gewesen ist, warum ich nicht zu ihm zurückgekehrt bin. Er hat nachgeforscht und unglücklicherweise bei euch den gleichen Empfang gefunden wie ich. Nun sage mir, ob in meinem Gehirn oder in dem, was wir taten, ein Widerspruch zu finden ist!“

Halef hatte das so selbstverständlich erzählt, daß der Pädär sich täuschen ließ.

„So ist euer Hiersein zur Genüge erklärt. Wo ist die Stelle, an der ihr schlafen wolltet? Wir werden eure Pferde holen.“

„Unsere Pferde? Die sind nicht dort.“

„Nicht?“ klang die erstaunte Frage. „Wo befinden sie sich?“

„Im Khan Nasrije, wo wir sie in Aufbewahrung gegeben haben.“

„Und eure Waffen?“

„Die sind auch dort. Das ist doch selbstverständlich!“

„Selbstverständlich? Ich begreife es nicht!"

„Nicht? Wirklich nicht? So ist es also doch dein Gehirn und nicht das meinige, das in Unordnung geraten ist! Wir sind hier unschuldig überfallen und in die Mahkemi geschafft worden. Wir haben fliehen und über den Euphrat schwimmen müssen, dessen Wasser unser Eigentum beschädigt oder ganz verdorben hätte. Und bei all diesen vielen Gründen und Erklärungen findest du es unbegreiflich, daß wir nichts mitgenommen haben?!"

„Du wirst aber zugeben, daß ihr das alles in Kefil gebraucht hättet!"

„Gewiß brauchen wir es, und wir erhalten es auch. Wir erwarten nämlich noch einen zweiten Effendi, der mit mehreren Dienern und Begleitern in zwei Tagen nachkommt. Dieser kehrt im Khan Nasrije ein, bekommt vom Handschi unsere Sachen und wird sie uns mitbringen, ohne daß sie im Euphrat durchnäßt werden oder in Hille Gefahr laufen, vom Sandschaki beschlagnahmt zu werden. Wenn du noch etwas unbegreiflich findest, so sag es! Ich bin bereit, mich auch noch weiter der sehr beeinträchtigten Klarheit deines Verstandes anzunehmen."

Ich muß sagen, daß ich mich über meinen kleinen pfiffigen Hadschi freute. Seine Erklärungen und Gründe waren, besonders auch infolge der Art und Weise, wie er sie vorbrachte, so vortrefflich, daß er seine Sache gar nicht besser hätte machen können. Der Pädär schien überzeugt zu sein, daß ihm die Wahrheit gesagt worden war, denn er sagte dem Hadschi mürrisch:

„Über die Beleidigungen meines Verstandes werde ich später mit dir abrechnen, denn in diesem Augenblick bin ich zur Milde geneigt, weil du meinem Befehl Folge geleistet und mir die geforderte Auskunft gegeben hast. Darum will ich dir auch als Belohnung deiner Fügsamkeit mitteilen, daß alle eure im Khan

Nasrije angewendete Vorsicht vergeblich gewesen ist, denn wir werden doch alles bekommen, was ihr dort in Verwahrung gegeben habt."

„Hast du vielleicht die Absicht, mich zum Lachen zu bringen?" fragte Halef. „Bilde dir nichts über meine Fügsamkeit ein! Alles, was ich tue oder sage, geschieht nur, weil es mir gefällt, nicht aber aus Gehorsam gegen dich oder einen anderen Menschen. Und der Effendi, den wir erwarten, wird sich hüten, sich auf irgendeine Weise das ablocken zu lassen, was er uns in Kefil übergeben soll!"

„Du redest wie ein unerfahrener, blinder Knabe, der nicht sieht, was vor ihm liegt. Ihr werdet gar nicht hinkommen, sondern wir werden uns dort befinden und ihn in einer Weise empfangen, daß er niemals mehr daran denken wird, die rechtgläubigen Bewohner dieser Gegend durch seine ungläubige Gegenwart zu beleidigen. Pferde und Waffen wie die eurigen läßt man sich nicht entgehen."

„So hätte ich dich also zu der Sorte von Menschen zu rechnen, die man Diebe oder gar Räuber nennt?"

„Ja, tu das; tu es getrost!" lachte der Pädär. „Du hast überhaupt keine Ahnung von unseren — ah, schaut, der Christ bewegt sich! Seine verlorene Seele scheint zurückgekehrt zu sein, um von uns zu erfahren, daß wir sie zur Hölle senden werden."

Meine Augen waren zwar noch nicht ganz vom Sand frei, aber ich konnte sie doch wenigstens für kurze Augenblicke öffnen und hielt es darum für angebracht, ein Lebenszeichen zu geben. Als der Pädär das bemerkte, schürte er das Feuer heller, um mein Gesicht deutlich betrachten zu können, und sprach mich höhnisch an:

„Sei gegrüßt, o tapferer Held der Ziegelsteine, nach denen ihr bei Kefil graben wollt! Dein Erwachen gibt meiner Seele Trost und lindert mir den Schmerz, den ich empfand, als ich dich für tot hier liegen sah. Ich bin voll Begier, euch hier am Euphrat die Freundschaft zu vergelten, die ihr uns am Tigris erwiesen habt. Es wird mir eine Wonne sein, mit der Peitsche in die Tiefen deines Körpers einzudringen und das Geheul der Angst und des Schmerzes zu vernehmen, mit dem ihr zur Hölle fahren werdet!"

Hierauf zu schweigen, hätte als Zeichen der Furcht gelten können, darum erwiderte ich zunächst mit einem kurzen, verächtlichen Lachen.

„Lach nicht, Hundesohn!" fuhr er zornig auf. „Du scheinst noch nicht zu wissen, bei wem du dich befindest. Öffne deine Augen, und schau mich an! Kennst du mich?"

Ich warf ihm einen Blick zu und lachte wieder.

„Allah vernichte dich! Du hast mich erkannt und lachst dennoch abermals! Ich sage dir, daß sich deine Lustigkeit sehr bald in das Gejammer der Verzweiflung verwandeln wird! Du hast keine Ahnung von dem Schicksal, das dich erwartet!"

„Mein Schicksal kenne ich freilich nicht, denn das steht in Allahs Hand. Dafür kenne ich das deinige um so besser, weil ich darüber bestimmen werde", entgegnete ich nun.

„Habt ihr gehört, was er jetzt sagte? Als sein Kopf vorhin auf der Erde schleifte, ist der Inhalt dieses verruchten Schädels verletzt worden. Der Kerl ist wahnsinnig; das bestätigen die verrückten Worte, die aus seinem Mund kommen. Wie schade das ist! Nun hat er nicht Verstand und Gefühl genug, die unendliche Liebe zu begreifen, mit der wir uns seines Glückes und seines Wohlbefindens annehmen werden. — Horcht!"

Es war vom Fluß her ein Pfiff erklungen, dem jetzt ein zweiter und dann ein dritter folgte. Die Anwesenden sprangen auf.

„Sie sind's schon!" sagte der Pädär. „Leider! Wie

ern hätte ich diesen beiden Schurken hier die Qualen usgemalt, mit denen wir sie beglücken werden! Nun nüssen wir sie fortschicken, weil uns die Wasserarmut les Kanals zwingt, die Kelleks zu teilen und die Särge mzuladen. Diese Arbeit darf keinen Augenblick aufeschoben werden, wenn bis zum Tagesanbruch alles n Machsan[1] untergebracht sein soll. Der Bote muß ofort aufbrechen, um den Ssäfir zu benachrichtigen. Es oll noch einer mit, weil er diese Gefangenen mitehmen muß!"

Nach diesen hastigen Bemerkungen stellte er sich ans Vasser und pfiff auch dreimal. Es wurde mit dem gleihen Zeichen erwidert, und dann wurden einige schwer eladene Kelleks herbeigerudert und am Ufer befestigt. Da die Aufmerksamkeit aller auf diese Fahrzeuge geichtet und von uns abgelenkt war, benützte Halef die Gelegenheit, sich mit mir zu verständigen. Er flüterte:

„Ich kann nichts dafür, Sihdi! Nicht ich bin schuld, ondern es stand im Buch des Geschicks verzeichnet, laß wir Gefangene dieser Leute werden sollten. Denkst lu, daß es uns möglich sein wird, den Schmugglern abernals zu entwischen!"

„Nur dann, wenn du jetzt schweigst. Wir dürfen uns kein Wort entgehen lassen. Wahrscheinlich hören wir Dinge, die uns zustatten kommen."

Als das erste Floß angelegt hatte, sprang ein Mann von ihm zum Pädär herüber.

„Du bist selber da? Das ist ein gutes Zeichen. Es st alles nach Wunsch abgelaufen?"

„Ja. Eure erste Abteilung ist gestern glücklich angelangt, und die Ladung wurde richtig untergebracht. Wenn wir heute bis zum Anbruch des Tages fertig werlen, ist auch für eure Waren nichts zu befürchten. Wir nüssen also augenblicklich mit der Arbeit beginnen."

1 Magazin, Lager

„Wen habt ihr denn hier liegen? Zwei gefesselte Menschen! Also Gefangene? Leute, die uns gefährlich sind?“

„Ja. Ein christlicher und ein sunnitischer Hund, die wir in die Dschehenna schicken werden. Ich erzähle dir das nachher. Jetzt haben wir keine Zeit, davon zu sprechen. Ich lasse sie sofort zum Ssäfir bringen, der sie einstweilen, bis wir mit diesem Schub fertig sind, in das Habs[1] des Nimrud sperren wird.“

Der Neuangekommene wendete sich seinem Fahrzeug wieder zu. Der Pädär winkte zwei Männer zu sich und sprach so leise mit ihnen, daß ich nichts hören konnte. Seine Blicke und Gesten verrieten mir aber, daß die Weisungen, die er ihnen erteilte, unsere Personen betrafen. Dann kam er zu uns, gab mir einen Tritt an den Leib und drohte:

„Für jetzt muß ich mich leider von euch trennen. Laß es dir aber nicht einfallen, daraus auch nur die geringste Hoffnung für euch zu schöpfen! Ich komme nach, und dann rechne ich mit euch ab. Es gibt kein Wort des Schreckens, das ausreichend wäre, das zu beschreiben, was wir mit euch vornehmen werden. Der Teufel sei euer Wächter, bis ich euch wiedersehe!“

„Er wird es besser mit uns meinen als du. Darauf gebe ich dir mein Wort!“ entgegnete ich.

„Willst du mir etwa drohen, räudiges Hundefell?“

„Was ich sage, ist keine leere Drohung, sondern es geschieht! Nicht du wirst mit uns, sondern wir werden mit euch abrechnen, sobald du es wagst, uns wieder vor die Augen zu treten. Mach dich gefaßt darauf!“

Er stieß einen Fluch aus, versetzte mir noch einen kräftigen Fußtritt und gab dann seinen Leuten einen auf uns bezüglichen Wink. Wir wurden angefaßt und zur Binsenfähre getragen, in der man uns nebeneinander legte. Die beiden Männer, denen er vorhin seine Befehle erteilt hatte, stiegen zu uns herein, lösten

1 Arabisch: Gefängnis

die Fähre vom Ufer und griffen zu den Rudern, um vom Land zu stoßen. Das Fahrzeug setzte sich in Bewegung.

Die geflochtenen Ränder der Fähre waren so hoch, daß wir nicht über sie hinwegschauen konnten. Wir erblickten ein Stück Himmel über uns, weiter nichts. Die Bewegungen des leichten Fahrzeugs waren sanft und gleichmäßig. Man merkte, daß unsere Wächter große Übung in der Führung eines solchen Binsenkorbes besaßen. Sie kümmerten sich nicht um uns und arbeiteten, weil sie Eile hatten, aus Leibeskräften. Da wir gefesselt waren, nahmen sie an, daß eine besondere Beaufsichtigung nicht nötig sei.

Als eine Weile vergangen war, näherte Halef seinen Mund meinem Ohr und hauchte

„Darf ich jetzt reden, Sihdi?"

„Ja", erwiderte ich ebenso leise.

„Bist du zornig auf mich?"

„Wie ein Löwe!"

„Das beruhigt mein Herz, denn ich habe noch mit keinem einzigen Löwen gesprochen, der mir mitgeteilt hat, daß er zornig auf mich wäre. Ich kann dir nur wiederholen, daß ich keine Schuld an unserem Unglück habe. Es brach so plötzlich über mich herein, wie der Sand einbrach, der in seinem Unverstand das Gleichgewicht des Halts verlor und erst mit meinen Füßen, dann aber mit der ganzen Ausdehnung meines Körpers in die Tiefe flog. Ich sage dir, diese Perser oder was sie sind, waren im ersten Augenblick nicht weniger bestürzt als ich!"

„Konntest du denn ihre Überraschung nicht benutzen, schnell aufzuspringen und zu fliehen?"

„O Sihdi, was du doch manchmal für sonderbare Gedanken hast! Erstens liegt es in der Bestimmung des Kismet, daß das Fallen immer schneller vor sich geht als das Aufspringen, was du wohl auch schon an dir selber erfahren hast. Zweitens war mein Weg von obe herab bis zu ihnen hinunter weiter als der ihrige z mir, die doch einfach sitzengeblieben waren, und s dauerte meine Überraschung auch länger als die ihrig Drittens lag ich unter einem Berg von Sand, sie abe nicht. Viertens besaß ich nur zwei Beine zum Aus reißen, sie aber besaßen zusammen wohl zwanzig Händ zum Zugreifen. Fünftens waren —"

„Halt ein, sonst bist du morgen mit deinem Auf zählen noch nicht fertig!" fiel ich ein. „Ich habe da Unheil vorausgeahnt. Es ist richtig eingetroffen, was ic befürchtete. Ich hätte dich nicht schicken sollen. Du bis nicht vorsichtig genug!"

„Sihdi, zanke nicht auf mich, sondern auf dich! Ic habe mich so verhalten, wie du es wolltest, du dic aber nicht so, wie ich es wünschte."

„Wie meinst du das?"

„Du wünschtest, ich sollte vorsichtig sein, und da bin ich auch gewesen. Daß die Böschung dann so un vorsichtig war, mit mir dorthin zu rutschen, wohin si gar nicht gehört, das mußt du ihr vorwerfen, aber nich mir. Dann, als ich gefangen war und mir sagte, da du mir folgen würdest, wünschte ich von ganzem Her zen, du möchtest dich nicht auch ergreifen lassen. Has du meinen Wunsch etwa befolgt?"

„Hm, nein!"

„Gut! Du siehst also ein, daß du nicht mit mir, son dern mit dir zürnen mußt. Also zanke nicht!"

Ich hätte laut auflachen mögen. Der pfiffige Kleine wälzte alles von sich auf mich, und zwar so schlau, da es mir unmöglich war, ihm unrecht zu geben. Un dann fügte er zur Abwehr eines möglichen Seitenhieb hinzu:

„Ich glaubte, du seist wirklich ohnmächtig. Du wars es aber nicht?"

„Nein."

„So hast du gehört, welche Antworten der Pädär von mir bekommen hat?"

„Ja."

„Sag aufrichtig, habe ich das nicht gut gemacht?"

„Vortrefflich!"

„Ich danke dir! Dein Eingeständnis gibt mir die beglückende Überzeugung, daß die Kürze meiner Einsicht der Länge deines Verstandes doch noch ebenbürtig ist. Wir stehen uns also vollständig gleich und sind in Beziehung auf unsere tiefe, von den Persern besorgte Ergriffenheit vollständig miteinander quitt. Wir können uns darum nun in freundschaftlicher Einigkeit der Hauptsache zuwenden: denkst du, daß es uns glücken wird, freizukommen?"

„Gewiß."

„Wann? Wo? Wie?"

„Das ist zuviel auf einmal gefragt. Wir müssen abwarten, was geschehen wird."

„Man wird uns dem Ssäfir ausliefern?"

„Ja."

„Was wird er mit uns tun?"

„Er wird uns, wie du vom Pädär gehört hast, im Habs des Nimrud unterbringen."

„Hast du eine Ahnung, was für ein Gefängnis das ist?"

„Ich denke, daß es der unterirdische Raum im Birs Nimrud sein wird, in dem unser Bagdader Binbaschi gesteckt hat."

„Allah! Wie kommst du auf diesen Gedanken?"

„Es sind verschiedene Gründe, die mich darauf führen. Wir können das jetzt nicht ausführlich erörtern."

„Meintest du nicht, daß es aus diesem Raum einen Ausweg gibt?"

„Ich bin beinahe überzeugt davon, doch fragt es sich, ob dieser Ausweg auch für Menschen gangbar ist. Mag eintreten, was da will, und mag es kommen, wie es will, wir müssen trachten, nicht voneinander getrenn zu werden."

„Das ist richtig, darum werde ich, falls man un trennen will, dies einfach nicht zugeben!"

„Wie willst du das anfangen?"

„Das weiß ich jetzt noch nicht, aber im richtige Augenblick werde ich es wissen."

„Du wirst gar nichts wissen. Wenn man uns tren nen will, wird man es tun, ohne daß wir es verhinder können. Unsere Befreiung steht mir außer Zweife Nur darf sie nicht zu lange auf sich warten lassen schon unserer Pferde wegen. Wir wollen vor allen Din gen unsere Fesseln untersuchen. Du hast die Finger frei?"

„Ja."

„Mir hat man die Hände leider auf dem Rücke zusammengebunden. Ich werde mich umdrehen. Unter suche, ob du sie losknüpfen kannst!"

Ich legte mich auf die andere Seite, so daß ich ihr den Rücken zukehrte und fühlte dann, daß er trot seiner gefesselten Hände sehr eifrig an den festen Kno ten herumarbeitete. Es dauerte eine Viertelstunde, bi ich merkte, daß sie locker wurden. Ich half durch Dre hen der Hände und Dehnen der Riemen nach, un es gelang mir, zunächst die rechte Hand freizube kommen, die linke aber noch nicht, weil man di Vorsicht angewendet hatte, die Bande nicht um beid Handgelenke zusammen, sondern um jedes einzeln z schnüren und dann noch unter dem Gürtel zweifac hindurchzuziehen.

Die Befreiung dieser Hand hatte eine ziemlich Kraftanstrengung erfordert und einen Ruck verursach der sich dem leichten Fahrzeug mitteilte: es schwankte

„Was macht ihr da?" rief uns der eine der Rudere zu, indem er sich zu uns umdrehte. „Liegt ruhig, sons werfen wir um, und ihr müßt elend ersaufen!"

Der andere war leider bedenklicher.

„Wer weiß, was sie miteinander vorhaben!“ sagte er. „Das sind durchtriebene Hunde. Untersuche doch ihre Fesseln! Ich führe inzwischen das Ruder allein.“

Sobald ich das hörte, wußte ich, daß ich vor einem Augenblick der Entscheidung stand. Es wurde unbedingt entdeckt, daß eine meiner Hände frei war. Was dann? Sollte ich sie mir wieder festbinden lassen? Nein! Dann gab es einen Kampf, und wir fielen alle ins Wasser. Und wenn das auch nicht geschah, so waren uns die beiden Gegner, weil sie Waffen besaßen und ich mich nur eines Armes bedienen konnte, weit überlegen. Das war also auch zu vermeiden. Da gab es nur noch meine Flucht. Aber Halef war gefesselt, er konnte nicht mit. Durfte ich ihn verlassen? Warum nicht? Bekam ich meine Freiheit wieder, so konnte ich ihm mehr nützen, als wenn ich mit ihm gefangenblieb. Aber ich wagte mein Leben. Die Füße waren zusammengebunden, und die linke Hand hing noch am Gürtel fest. Dazu war anzunehmen, daß man auf mich schießen würde, denn die beiden Männer waren im Besitz von Pistolen. Pah! Ich brauchte nur rasch im Wasser zu verschwinden, so brauchte ich keine Kugel zu fürchten. Also, frisch gewagt!

Diese Gedanken gingen mir so schnell durch den Kopf, daß ich am Entschluß stand, noch bevor sich der Ruderer zu uns niedergebückt hatte. Ich flüsterte Halef noch rasch zu:

„Sei ohne Sorge, ich hole dich!“

Dann richtete ich mich auf und sprang über den Rand des Fahrzeugs ins Wasser. Die Flut schlug über mir zusammen, doch hörte ich vorher noch einen doppelten Schrei. Mein Sprung brachte die Fähre aus dem Gleichgewicht. Sie war gebaut wie ein runder Korb, mußte sich also im Kreis drehen, und so war die Aufmerksamkeit der Ruderleute zunächst darauf gerichtet das Kellek wieder ins Gleichgewicht zu bringen. Dadurch gewann ich Zeit und säumte nicht, sie zu meinem Vorteil auszunützen.

Wir hatten uns an einer Krümmung des Flusses und darum in der Nähe des rechten Ufers befunden. Meine Aufgabe war, das Land so rasch wie möglich zu erreichen. Der rechte Arm genügte mir zum Schwimmen. Als ich untergetaucht war, brachte ich mich durch einige Seitenschläge in die gewünschte Richtung und tauchte erst wieder empor, als mir der Atem ausgehen wollte. Da sah ich den Binsenkorb als umrißlosen Gegenstand wohl über dreißig Schritt von mir schaukeln. Ich ging wieder nieder und wiederholte das, bis ich ihn nicht mehr erkennen und annehmen konnte, daß man von ihm aus auch mich nicht entdecken würde. Von da an blieb ich oben und gelangte ohne sonderliche Anstrengung ans Ufer, von dem aus ich die beiden zornigen Euphratpiraten brüllen hörte.

Am Wasser setzte ich mich nieder und machte mich von den Banden frei. Ich zog am Gürtel, bis der hintere Teil und mit ihm die Hand vorgekommen war, und knüpfte sie mit der Rechten los. Nun standen mir alle zehn Finger zur Verfügung, auch den um die Fußgelenke geschlungenen Riemen aufzuknoten, was nicht mehr als eine Minute erforderte. Dann befand ich mich im Wiederbesitz aller meiner Glieder und konnte vor allem die Pferde aufsuchen.

Wir waren nicht ganz drei Viertelstunden unterwegs gewesen und dabei den Krümmungen des Flusses gefolgt. Ich kannte jetzt diese Windungen, denn wenn wir auch nicht über den Rand der Fähre hatten blikken können, so hatte es in dem oberen Teil des Flechtwerkes doch Lücken gegeben, die uns hinauszulugen erlaubten. Ich brauchte also nicht dem Lauf des Stromes zu folgen, sondern schritt erst ein Stück schräg ins Land hinein und wendete mich dann in die Richtung, die mich geradewegs zu den Pferden führen mußte.

Wenn man einen Winnetou zum Lehrmeister im Dauerlauf gehabt hat und so hübsch frisch, naß und erquickt aus dem Wasser gestiegen ist wie jetzt ich, so fördern die Schritte doppelt. Schon nach einer guten halben Stunde erblickte ich rechts von mir den Feuerschein und gelangte dann an die Rinne, in der ich die Pferde wußte.

Die Tiere empfingen mich mit frohem Schnauben. Wäre es Tag gewesen, so hätten sie vor Freude gewiehert. Sie lagen noch gerade so da, wie ich sie verlassen hatte. Ich streichelte sie zum Dank für ihre Folgsamkeit. Dann mußten sie auf, denn es galt, zum Birs Nimrud zu eilen. Am liebsten wäre ich freilich hinüber zum Pädär-i-Baharat geritten, um ihm und seiner Sippe zu zeigen, wie lange man mich hatte festhalten können. Das wäre entschieden eine unnütze und für unsere Zwecke schädliche Prahlerei gewesen, und so verzichtete ich darauf. Halefs Barkh bekam die Gewehre und die anderen Gegenstände zu tragen. Assil Ben Rih mußte mit mir fürliebnehmen und so ging es zu Pferd der Gegend wieder zu, aus der ich soeben als Schnellläufer gekommen war. Welche Ereignisse mich am Birs Nimrud erwarteten, darauf war ich neugierig. Es galt Halef zu befreien. Auf welche Weise, das kam auf den Ort an, wohin man ihn geschafft hatte, und auf die Verhältnisse dort. Ich nahm mir für alle Fälle vor, daß es keinem Menschen wieder gelingen sollte, meine Person in seine Gewalt zu bringen. Der Mensch denkt und — ist dabei so kurzsichtig, daß das Gegenteil seiner Berechnungen eintrifft.

12

IM TURM VON BABEL

Ich wäre gern Galopp geritten, durfte es aber nicht wegen der vielen ausgetrockneten Kanäle, Gräben und sonstigen Einsenkungen, die ich überqueren mußte. Ich kam trotzdem so schnell vorwärts, daß ich schon nach drei Viertelstunden den Karawanenweg nach Kerbela kreuzte. Dann kam ich an Tahmasije und später an Tell Markeh vorbei, worauf ich zum Birs Nimrud einbog.

Hier brauchte ich wieder einen Ort, an dem ich die Pferde verbergen konnte. Das gestrige Versteck, wo wir die Spuren der Stachelschweine entdeckt hatten, war vortrefflich, aber in der Dunkelheit schwierig zu erreichen. Als wir in der Frühe mit den Soldaten nach Hille geritten waren, hatte ich unabsichtlich den Teil der Ruinen, an dem wir vorüberkamen, genau in Augenschein genommen, und so erinnerte ich mich jetzt eines Mauereinschnitts, der vermutlich meinem Zweck entsprach. Ich ritt also der betreffenden Gegend zu und verfehlte ihn nicht.

Ich stieg ab und untersuchte die Stelle näher. Ich hatte mich nicht getäuscht, sie paßte sehr gut für die Absicht, die ich verfolgte. Darum schaffte ich die Pferde hinein, pflockte sie an und befahl ihnen, sich zu legen. Ein Messer hatte ich nicht mehr, weil mir das meinige vom Pädär abgenommen worden war. Ich steckte also einen meiner Revolver zu mir. Alles andere ließ ich zurück. Dann ging ich, um Halef zu suchen.

Nach meiner Berechnung mußte er schon vor mir eingetroffen sein. Meine Flucht hatte seine Begleiter unbedingt zur größten Eile angetrieben. Ich nahm an, daß das Habs, in das man uns hatte schaffen wollen, das frühere Gefängnis unseres Binbaschi sei. Dessen Eingang kannte ich, und so wußte ich, wohin ich meine Nachforschungen richten sollte, ich mußte über die Stelle hinweg, an der die Särge geöffnet und verbrannt worden waren. Dorthin wendete ich mich.

Da ich die Örtlichkeit kannte, bot sie mir keine Schwierigkeiten, doch hütete ich mich, von jemand gehört oder gesehen zu werden. Ich benutzte jede Ecke, jeden Vorsprung, um vorher zu horchen, bevor ich weiterging, und das nahm mehr Zeit in Anspruch, als ich diesem Schleichweg eigentlich zugedacht hatte. Es herrschte tiefe Stille ringsumher; sogar die Luft schien unbewegt zu sein. Das war so recht der Tod, der einst, vor nun über zweitausend Jahren, seine Sterbedecke über das damals so leichtlebige Babel ausgebreitet hatte! Ich kam auch an die Stelle, von der aus ich mit Halef das Verbrennen der Leichen zuerst bemerkt hatte, und hielt unwillkürlich an. Da klang eine unterdrückte Stimme links aus den Ziegeltrümmern heraus: „Sihdi!"

Dieses Wort zog mich rasch zur Seite hin. War es Halef geglückt zu entfliehen, und hatte er mich hier erwartet, weil ich ihn suchen würde?

„Halef, bist du es?" raunte ich.

„Ja. Komm schnell her, sonst entdecken sie dich!"

„Zeig dich erst! Tritt hervor!" forderte ich ihn in meiner bewährten Vorsicht auf.

„Da bin ich! Aber komm schnell. Sie sind in der Nähe, dort, da hinten und auch drüben. Gleich erblicken sie dich!"

Halef hatte sein Versteck auf einen Augenblick verlassen. Er war es, der kleine, schmächtige Kerl, in dem mir wohlbekannten Anzug. Er winkte beim Sprechen hastig mit beiden Händen. Es mußte wirklich für mich gefährlich sein, länger halten zu bleiben. Ich huschte zu ihm hinüber und zwischen die Trümmerstücke hinein. Da wurde ich gepackt, bekam einen Schlag, wie mit dem Helm einer Axt, auf den Kopf und brach wie ein lebloser Klotz zusammen.

Wenn der Mensch sich doch nicht erkühnte, vorherbestimmen zu wollen, was geschehen oder nicht geschehen soll! Das sage ich jetzt und habe es schon oft gesagt, und doch muß ich zugeben, daß gerade ich während meines wechselvollen Lebens den soeben gerügten Fehler öfter als hundertmal und auch tausend andere begangen habe. Und dabei kenne ich die alten, guten Kirchenliederzeilen:

„Du bist doch nicht Regente,
der alles führen soll;
Gott sitzt im Regimente
und führet alles wohl!" — —

Als ich wieder zu mir kam, lag ich in einem langen, schmalen, nicht viel über mannshohen Raum, dessen Wände aus Ziegeln errichtet waren. Er wurde von einem irdenen Öllämpchen, das in einer Nische stand, nur so erleuchtet, daß man nichts als die nächste Umgebung dieser Nische, die noch mehrere solcher Lämpchen enthielt, erkennen konnte. In einer Ecke, bis zu der der spärliche Lichtschein drang, sah ich am Boden, von dem der Sand entfernt war, ein Loch in die Tiefe führen. Daneben lagen die ausgehobenen Deckelbretter und mehrere Werkzeuge und Stricke. Ich sagte mir sofort, das sei der Gang, in dem Dozorca mit seinem dicken Kepek gelegen und den er uns beschrieben hatte. Ich war in eine Falle geraten, glücklicherweise in eine mir bekannte, obwohl ich mich noch niemals hier im Inneren des Birs Nimrud befunden hatte.

Es war klar, daß es nicht Halef gewesen war, der mich zu sich gerufen hatte. Und wenn ich das nicht schon selbst erkannt hätte, so wäre es mir jetzt bewiesen worden, denn der Lockvogel hockte mir gegenüber an der Wand des Ganges und beobachtete mich so scharf, daß ich sah, er sei als mein Wächter angestellt. Er war von kleiner, schmächtiger Gestalt und trug den Anzug des Hadschi, jedenfalls eine Entschuldigung dafür, daß ich ihn in der Dunkelheit für Halef gehalten hatte. Als er bemerkte, daß meine Augen auf ihn gerichtet waren, verzog er sein bartloses Gesicht zu einem Grinsen und höhnte:

„Allah sei Dank, daß du endlich erwachst! Der Hieb, den wir dir gaben, war zu kräftig ausgeholt. Ihr Christenhunde scheint eiserne Schädel zu besitzen, denn jedem Rechtgläubigen hätte dieser Schlag die Pforten des Paradieses geöffnet. Nicht wahr, das haben wir schlau angestellt?"

Da ich diese Frage nicht beantwortete, fuhr der verkleidete Schmuggler sehr selbstgefällig fort:

„Ihr nennt euch berühmte Leute, und so dürft ihr euch nicht wundern, daß wir eure Besonderheiten kennen. Als nur dein Begleiter gebracht wurde, sagte der Ssäfir sogleich, daß du nach deinem Freund forschen würdest. Ich mußte, da ich von gleicher Gestalt bin, die Kleidung mit ihm wechseln, und dann stellten wir uns auf, dich zu erwarten. Ich bekam den Platz, an dem du wahrscheinlich vorüberschleichen würdest, und der Ssäfir gab mir die Weisung, dich so in den Hinterhalt zu locken, wie ich es getan habe. Es war beobachtet worden, daß dein Gefährte dich stets ‚Sihdi' nennt, und mit diesem Wort gelang es mir, deinen anfänglichen Verdacht zu zerstreuen. Allah hatte dir die Schärfe des Gesichtes und des Gehörs genommen, sonst hättest du merken müssen, daß es ein anderer war, der dich rief."

„Wo bin ich jetzt?" fragte ich.

Ich erwartete nicht, die Wahrheit zu hören. Wenn ich mich aber in ein Gespräch mit ihm einließ, so war es vielleicht möglich, aus seinen Worten etwas zu berechnen, was er mir nicht sagen wollte.

„Das möchtest du wohl sehr gern wissen?“ lachte er. „Ich will die Güte meines Herzens über dich ergießen und dir die gewünschte Auskunft geben: Du befindest dich hier in der Vorkammer zur Hölle, in der der Teufel mit allen seinen Untergebenen auf dich wartet, um ihnen zu zeigen, wie ein Christenhund deines Schlages geschunden werden muß. Sag, wie gefällt dir das?“

„Ganz gut!“

„Verstell dich nicht! Ich sehe dir doch die Angst an, die in deinem Inneren wohnt. Auch brauche ich es dir gar nicht erst mitzuteilen, weil du es dir selber sagen mußt, daß der Scheïtan für dich das Höchste, was die Hölle leisten kann, erfinden wird.“

Er hatte wahrscheinlich die Absicht, mir dieses ‚Höchste‘ so recht behaglich auszumalen, kam aber nicht dazu, denn es machte sich jetzt in dem erwähnten Loch ein Geräusch bemerkbar, wie wenn langsame, tastende Schritte Stufen ersteigen, und dann erschienen die drei Männer, von denen ich den zweiten und dritten nicht, den ersten dafür aber um so besser kannte: Es war der Ssäfir. Er warf einen forschenden Blick auf mich und fragte dann meinen Wächter: „Ich sehe, der Schurke ist aufgewacht. Hast du mit ihm gesprochen?“

„Ja“, antwortete der Kleine.

„Was hat er gesagt?“

„Daß es ihm hier gut gefällt.“

„Das hat nicht der Franke, sondern seine Verzweiflung gesprochen. Er kann sich denken, was ihn erwartet. Hier gibt es andere Richter als in Hille und auch keine Mauer, über die man fliehen kann. Jetzt haben wir leider keine Zeit, uns mit ihm abzugeben. Mit um so größerer Liebe aber werden wir uns später mit ihm beschäftigen. Schafft ihn hinab! Er kommt zum Pischkhidmät Baschi, wir haben keinen anderen Platz. Zu seinem Scheik der Haddedihn dürfen wir ihn nicht bringen, denn wenn sie beisammen sind, so schnieden sie Fluchtpläne, und das muß verhütet werden."

„Darf ich meine Kleider wieder haben?" fragte der Wächter. „Ich will diesen Anzug des verfluchten Sunniten keinen Augenblick länger tragen, als notwendig ist. Es ist ja alles vermaledeit, was so ein Unreiner berührt!"

„Nimm deinen Anzug wieder, wenn wir hinunterkommen! Jetzt verbindet ihr diesem Ungläubigen die Augen! Er darf nichts sehen. Und gebt ihm einstweilen die Beine frei, damit er gehen kann und ihr ihn nicht zu tragen braucht!"

Man führte diesen Befehl aus. Nun mußte ich mich erheben und wurde zum Loch geführt, um hinabzusteigen. Ich zählte achtzehn Stufen, was mit der Schilderung des Binbaschi stimmte. Unten hörte ich, als gesprochen wurde, am Klang der Stimmen, daß wir uns in einem großen Raum befanden. Jedenfalls war das Nummer eins der fünf Vierecke, die der Pole uns zur Erläuterung gezeichnet hatte.

Ich wurde weitergeführt. Ein Vorhang, den ich berührte, verriet mir, daß wir in Nummer drei gelangten. Hier sagte der Wächter:

„Jetzt werde ich mit dem Haddedihn die Anzüge wechseln."

Ich beobachtete, daß er nach rechts ging, und schloß daraus, daß man Halef im Raum Nummer vier untergebracht hatte. Der Perser hielt ihn zurück:

„Warte, bis wir hier mit dem Christen fertig sind! Du bist schon verunreinigt, und es kommt auf eine Minute länger auch nicht an!"

Hierauf hörte ich Riegel zurückschieben und eiserne Stäbe klirren. Man öffnete den aus starken Drahtstäben bestehenden Vorhang, den ich aus dem Bericht Dozorcas kannte, und schob mich in Nummer fünf. Kaum waren wir dort eingetreten, so ertönte eine

Stimme: „Endlich kommt ihr, mich loszulassen! Ich hätte es in Fesseln und in dieser Finsternis nicht länger ausgehalten!“

„Du wirst es dir noch länger gefallen lassen“, lachte der Ssäfir. „So liebe Gäste läßt man nicht so schnell fort.“

„Aber ich habe alles getan, was ihr von mir verlangtet! Nun haltet auch Wort und laßt mich frei!“

„Beruhige dich, mein Liebling! Wir sind noch nicht ganz fertig mit dir!“

„Was wollt ihr noch?“

„Du hast uns nur eine Anweisung gegeben. Wir verlangen mehr!“

„Nur eine? Ihr wolltet doch nur diese eine. Sie war hoch genug! Die Summe, die ich ausgeschrieben habe, stellt fast mein ganzes Vermögen dar!“

„Eben darum sind wir noch nicht mit dir fertig. Wir wollen dein Vermögen nicht fast, sondern ganz.“

„Allah kerîm — Gott sei mir gnädig! Was habe ich euch getan, daß ihr mich zum Bettler machen wollt? Bedenkt doch, daß ich in der beglückenden Nähe des Beherrschers wohne, der mir seine ganze Macht zur Verfügung stellen wird, mich an euch zu rächen!“

Da stießen alle ein großes Gelächter aus, und der Perser spottete:

„Entweder bist du verrückt oder sehr dumm. Es hängt doch nur von uns ab, ob du Gelegenheit zur Rache findest oder nicht. Ich darf nur wollen, so bekommst du deinen beglückenden Beherrscher nicht wieder zu sehen. Ich brauche dir nur den Lauf dieser Pistole an die Stirn zu halten und loszudrücken, so ist es mit dir und deiner ganzen Rache zu Ende!“

Er schien ihm die Pistole wirklich vorzuhalten, denn der Kammerherr kreischte ängstlich: „Halt! Schieß nicht! Ich will ja alles tun, was ihr von mir verlangt!“

„Gut! Jetzt verlange ich weiter nichts von dir, als daß du schweigst, solange wir uns hier befinden. Wir können dein Jammergewinsel nicht vertragen. Wir sind gekommen, dir zu zeigen, wie gut wir es mit dir meinen. Du klagst, daß dir die Zeit so lang geworden ist: sie soll dir kürzer werden. Hier bringen wir dir einen Kameraden, mit dem du dich unterhalten kannst. Er ist für den Tod bestimmt und wird hier in diesem Raum vor deinen Augen in einer Weise sterben, die dir die prächtigste Unterhaltung bieten wird. Schau ihn einmal an! Er ist zwar nur ein aussätziger Christenhund, aber —"

„Das ist ja Kara Ben Nemsi Effendi!" unterbrach ihn der Kammerherr.

Der Ssäfir hatte mir, um ihm mein Gesicht zu zeigen, die Binde von den Augen genommen und die Lampe emporgehoben.

„Kennst du ihn etwa?" fragte er schnell. „Woher?"

„Ich traf ihn unterwegs im Han, wo er einen Streit mit mir begann."

„So könnt ihr hier vortrefflich weiterstreiten. Ihr habt die beste Gelegenheit dazu und es wird euch binnen sechs oder sieben Stunden kein Mensch stören. Früher hast du ihn nicht gekannt?"

„Nein. Aber er kennt euch."

„Woher weißt du das?"

„Kara Ben Nemsi hat mich vor euch gewarnt."

„Wieso?"

„Er sagte mir, daß ihr es auf die Karwan-i-Pischkhidmät Baschi abgesehen hättet."

„Maschallah! Wie ist es möglich, daß er das gewußt hat? Sag, wie hast du es erfahren, und wer hat es dir verraten?"

Der Perser wendete sich mit dieser Aufforderung an mich. Seine Augen blitzten mich an, und die feuerrote Narbe in seinem Gesicht verdunkelte sich. Da ich nicht sofort antwortete, fügte er drohend hinzu:

„Sprich schnell, sonst öffne ich dir den Mund!"

Ich aber blieb ruhig. „Bilde dir nichts ein! Ich spreche nur, wenn es mir gefällt. Aus deinen Worten entnehme ich, daß du beabsichtigst, in sechs oder sieben Stunden zurückzukehren. Diese Zeit genügt mir, mit mir ins reine zu kommen, in welcher Weise ich dann mit dir reden werde."

„Gut! Vortrefflich!" lachte er mir ins Gesicht. „Also nach dieser Frist wirst du wissen, wie du mit mir verkehren sollst?"

„Ja."

„Und ich weiß schon jetzt in diesem Augenblick, wie ich mich zu dir verhalten werde und welches Ende unsere Bekanntschaft nehmen wird. Du wirst diesen Ort nicht lebend verlassen. Du wirst hier sterben, und dein Tod wird schrecklich sein, so schrecklich, daß dir dann die Hölle als ein Ort der Erlösung gelten wird!"

„Daß es deine Absicht ist, glaube ich dir. Aber ich bin überzeugt, daß ich mich weder vor dir noch vor dem Tod und der Hölle zu fürchten brauche. Die Dauer meines Lebens ruht nicht in deiner, sondern in Allahs Hand, und da er ein gerechter Richter ist, so ist es gewiß, daß er dich viel eher fassen wird als du mich!"

„Ich habe dich ja schon!" zischte er mich an.

„Nur einstweilen, für kurze Zeit. Er aber wird dich nicht wieder aus seinen Händen lassen. Du kannst mich nicht hier halten, du bist zu schwach dazu. Wen aber der Zorn Allahs packt, für den gibt es keine Hoffnung zu entkommen: er wird zermalmt."

Der Perser trat einen Schritt zurück, schlug die Hände in gemachter Verwunderung zusammen und rief mir spottend zu:

„Was für ein wunderbarer Prophet du bist! Wünschst du, daß ich vor dir niederfalle und dich verehre? Ich sage dir, daß du wie ein Mensch gesprochen hast, der an unheilbarer Verrücktheit leidet. Wenn du vom Zorn

Allahs faselst, so setze ich den meinigen dagegen, und du wirst bald erfahren, welcher von beiden gefährlicher ist. Aus meiner Hand kann dich kein Allah retten. Hier im Birs Nimrud gilt er nichts. Da bin nur ich allein der Herr!"

„Lästerer!"

„Ich lästere nicht. Ich kenne nur meine Macht, an der du zu zweifeln wagst. Höre, was ich dir sage! Mit dem neuen Tag wird deine Todesqual beginnen, und nur wenn du mich um Erbarmen bittest, wird sie mit dem Tag zu Ende sein, sonst aber wird sie mehrere Tage dauern!"

„So höre auch, was ich dir sage! Mit Beginn des neuen Tages wird deine eingebildete Macht zu Ende sein, und mit dem Ende dieses Tages wird dich die Faust der ewigen Gerechtigkeit ergreifen. Nun haben wir beide unsere Meinungen ausgesprochen und werden sehen, was geschieht!"

Diese Worte waren mir keineswegs von einer bestimmten Absicht eingegeben worden, sondern ich wußte selber nicht, wie ich dazu gekommen war, sie auszusprechen. Ich bin überzeugt, daß sie die Folge einer Eingebung waren, deren Quell nicht in mir selber lag. Der Ssäfir ließ einen verächtlichen Blick an mir niederstreifen.

„Ja, wir werden sehen, was geschieht. Ich weiß es schon jetzt, und du wirst es erfahren, sobald ich zurückkehre. Damit du inzwischen einen kleinen Vorgeschmack von den Freuden erhältst, die dich erwarten, werden wir dich mit der wonnevollen Stellung der Glieder beglücken, auf die nur hervorragende Herren Anspruch haben, und die wir Ssa'âdet-i-Bädän[1] zu nennen pflegen. Bindet ihn, aber so fest, daß er sich nicht rühren kann!"

Ich hätte mich wehren können, doch voraussichtlich

1 Seligkeit des Körpers

ohne allen Erfolg. Darum verzichtete ich auf Widerstand und ließ mit mir machen, was sie wollten. Ich mußte mich niedersetzen. Sie richteten mir die Knie bis an die Brust empor und befestigten sie dort mit Hilfe eines um den Hals geführten Stricks, der meinen Kopf bis zu ihnen niederzog. Die beiden Enden dieses Stricks wurden mir unten mehrmals um die Fußgelenke geschlungen und fest verknüpft. Sodann legten sie mir die Arme um die Knie und banden sie mir, wie sie meinten, so fest zusammen, daß ein Öffnen der Knoten ausgeschlossen schien und mein Körper nun die Haltung einnahm, die man mit dem Ausdruck „in den Bock gespannt" bezeichnet.

Ich habe mich mit Absicht der Worte „wie sie meinten" bedient, denn sie hatten, ohne es zu bemerken, ihre Absicht nicht ganz erreicht. Während sie mir die Unterarme zusammenschnürten, hatte ich die Handgelenke hoch aufeinandergelegt und dabei die Ellbogen so weit wie möglich niedergedrückt. Zog ich diese dann empor und drehte dabei die Gelenke, so mußte die Schlinge schlaff werden, und es gelang mir vielleicht, herauszuschlüpfen. In dieser Hoffnung wurde ich durch den günstigen Umstand bestärkt, daß mir die Hände frei herunterhingen. Man hatte, da die Handwurzeln zusammengefesselt waren, es nicht für notwendig gehalten, auch noch die Hände unschädlich zu machen. Ich war ihnen hier in diesem unterirdischen Raum so sicher, daß es ihrer Ansicht nach, selbst wenn ich nicht gefesselt gewesen wäre, nicht die geringste Hoffnung zu entrinnen gab.

Als man mir in dieser Weise scheinbar alle Bewegungsmöglichkeit genommen hatte, zerrte man mich in eine Ecke. Der Ssäfir faßte mich an der Schulter, wiegte meinen krummgezogenen Körper einigemal wie einen Schaukelstuhl auf und nieder und sagte dann:

„So, das ist die Ssa'âdet-i-Bädän, die dir eine sieben

Stunden lange Wonne bereiten wird, der Anfang der Glückseligkeit, die wir dir zugedacht haben. Nun drohe, soviel du willst, mit deiner ‚Faust der ewigen Gerechtigkeit', über die ich nur lachen kann!"

„Ich werde dich an diese Worte erinnern", antwortete ich, „dann wirst du nicht mehr lachen!"

„Tu das, Wurm, ich freue mich darauf!"

Mit diesen Worten wendete er sich von mir ab und ging hinaus, die anderen folgten ihm. Die Eisenstäbe klirrten nieder. Die Riegel wurden vorgeschoben, und es war nun völlig dunkel um uns. Kaum waren wir allein, so begann der Kammerherr:

„Wer hätte gedacht, daß —"

„Schweig!" unterbrach ich ihn. „Sei jetzt ruhig! Wir müssen horchen."

Ich legte mich um, so daß mein Ohr den Boden berührte, und lauschte. Der dünne Drahtvorhang war nicht hinreichend, die Schallwellen völlig abzuhalten. Ich hörte deutlich, daß die vier Männer aus Nummer drei in Nummer vier gingen, also zu Halef seines Anzugs wegen. Nach vielleicht zehn Minuten kamen sie von dort zurück und begaben sich in Nummer eins, um, wie ich annahm, in den Gang hinaufzusteigen. Ich unterschied bestimmt die Schritte von vier Personen und durfte also überzeugt sein, daß keiner von ihnen zu unserer Bewachung zurückgeblieben war. Wozu auch; sie hielten das für überflüssig und brauchten wahrscheinlich draußen so viel Leute, daß niemand zu entbehren war.

Jetzt machte ich den oben erwähnten Versuch mit dem um meine Handgelenke geschlungenen Strick. Ich bekam Spielraum, wenn auch nicht so viel, daß es mir möglich gewesen wäre, die eine Hand herauszuziehen. Aber ich konnte sie doch wenigstens drehen und erhielt dadurch den Knoten in die Finger. Es galt, ihn aufzuknüpfen, worüber ich wohl eine Viertelstunde zubrachte. Während ich mich hiermit beschäftigte, fragte der Kammerherr:

„Horchst du noch, oder darf ich jetzt sprechen?"

„Du darfst, aber ganz leise", flüsterte ich. „Es könnte doch jemand heimlich herangeschlichen sein, um uns zu belauschen."

„Sag, wie bist du hierhergekommen? Ihr schlugt doch den Weg nach Bagdad ein!"

„Das taten wir nur zum Schein. Wir sind auf einem Umweg zurückgekehrt, um euch zu retten."

„Um — uns — zu — retten? Du bist aber doch selber gefangen!"

„Das stört mich nicht. Oder stört dich vielleicht meine Gegenwart?"

„Nein! Wie kommst du auf diesen Gedanken und zu dieser Frage?"

„Hast du vergessen, was du uns im Han zuriefst? Deine Worte lauteten: ‚Laßt euch nicht wieder vor uns blicken! Ein altes persisches Sprichwort fordert, daß jeder Schiit, der einem Christen begegnet, ihn mit den Füßen von sich stößt, sonst hat er die Folgen in diesem und in jenem Leben zu tragen.' Nun, ich bin ein Christ, und du bist ein Schiit. Jetzt stoß mit den Füßen!"

„Effendi, du darfst das, was ich gesagt habe, nicht so nehmen, wie es geklungen hat, zumal alles anders gekommen ist, als ich dachte. Hätte ich deine Warnung beachtet, so läge ich nicht hier, und meine Begleiter wären nicht ermordet worden!"

„Ermordet?"

„Ja. Alle elf. Ich habe dabeigestanden und zuschauen müssen, ohne ihnen helfen zu können. Ich bot Geld über Geld für ihr Leben. Aber der, den sie stets den Ssäfir nennen, lachte mich aus und erklärte, er dürfe keinen Zeugen leben lassen und würde mein Geld gewiß auch so bekommen."

„Elf Menschen umgebracht! Das ist geradezu teuflisch! Erzähle mir, wie ihr in seine Hände gefallen seid!“

„Wir kamen nach Hille, und ich suchte sogleich den Sandschaki auf, bei dem ich den Ssäfir fand —“

„Habt ihr da von mir gesprochen?“

„Nein. Es war nur die Rede von meiner Reise und von den Gefahren, die in dieser Gegend auf jeden wohlhabenden Pilger lauern.“

„Vortrefflich ausgedacht! Ich bin überzeugt, daß der Ssäfir das Gespräch auf diesen Gegenstand gebracht hat.“

„Deine Vermutung trifft das Richtige. Der Sandschaki versprach mir seinen Schutz. Aber der Ssäfir warnte mich vor ihm.“

„Heimlich?“

„Ja. Er suchte mich auf, als ich dann allein war, und sagte mir, daß der Sandschaki mit den Räubern im Einvernehmen stände und einen guten Teil der Beute erhielte.“

„Das glaubtest du?“

„Warum nicht? Solche Dinge kommen vor, und zwar nicht bloß hier im Land der Türken, wo Beamte oft jahrelang vergeblich auf die Zahlung ihres Gehalts warten und darum suchen müssen, auf dunklen Wegen Geld zu verdienen. Der Ssäfir teilte mir im Vertrauen mit, auch er wolle zu den heiligen Stätten, hätte sich aber wohl gehütet, dem Sandschaki anzuvertrauen, daß er schon heute abend aufbrechen würde. Er habe die Leute seiner Karawane, lauter friedliche und zuverlässige Solaib, bei den Ruinen gelassen und werde die Wanderung beginnen, ohne dem Sandschaki ein Wort davon zu sagen.“

„Er lud dich ein, dich ihm anzuschließen?“

„Nein, sondern ich bat ihn darum.“

„Gerade das hat er gewollt!“

„Ja. Ich ahnte es leider nicht. Er ritt voran, um uns

vor der Stadt zu erwarten, und wir folgten ihm. Als wir ihn erreicht hatten, machte er den Führer."

„Da habe ich ihn also für vorsichtiger gehalten, als er gewesen ist. Ich glaubte, daß er für ein Alibi sorgen würde."

„Was ist das, ein Alibi?"

„Ein Rêr matrah[1], ein Beweis, daß der Angeklagte sich zur Zeit des Verbrechens an einem anderen Ort befunden hat als da, wo das Verbrechen verübt wurde. Ich nahm an, daß er beim Sandschaki in Hille bleiben und euch von den sogenannten Solaib überfallen lassen würde. Da konnte er nachweisen, daß er nicht dabeigewesen war."

„Warum brauchst du das Wort ‚sogenannt'?"

„Weil diese Leute keine ehrlichen Solaib, sondern räuberische Ghasai sind."

„Allah! Und gerade weil er sie als Solaib bezeichnete, hatte ich solches Vertrauen, denn ich weiß, daß die Angehörigen dieses Stamms jede kriegerische Tätigkeit scheuen."

„Eben darum, also um Vertrauen zu erwecken, bezeichnete er seine Leute als Solaib. Hättest du mir im Han Glauben geschenkt, so wärst du nicht in ihre Hände geraten! Doch erzähl jetzt weiter!"

„Wir begaben uns zu den Ruinen, in welchen Teil, das wußte ich nicht, denn es war dunkel, und ich kenne diese Gegend nicht. Ich ritt mit ihm voran, meine Leute folgten. Zwischen uns und ihnen war ein Zwischenraum —"

„Oh", fiel ich ein. „Der Ssäfir wollte dich von ihnen absondern, weil du leben bleiben solltest!"

„Ja. Plötzlich ertönten hinter uns mehrere Schreie. Als ich mich umdrehte, sah ich die Meinigen im Kampf mit fremden Männern."

„Du eiltest doch sofort hin, um ihnen zu helfen?"

1 ‚Anderswo'

„Ich wollte, aber da schlug mir der Ssäfir mit dem Kolben seines Gewehrs auf den Kopf, daß ich vom Pferd stürzte. Er sprang ab und band mir die Hände auf dem Rücken zusammen. Dabei drohte er mir, mich sofort zu erstechen, falls ich schreien oder eine Bewegung machen würde."

„Du gehorchtest?"

„Ja. Was hätte ich sonst tun sollen? Ich sage dir, ich bin kein Feigling, aber in einer solchen Lage hilft selbst die größte Kühnheit nichts. Das sah ich an meinen Leuten. Einige waren tot, die anderen wurden gebunden wie ich und mit den Tieren an einen geschützten Ort geführt, wo man ein kleines Feuer anzündete, um uns bei seinem Schein die Taschen zu leeren und auch sonst alles zu rauben, was wir bei uns hatten. Dann wurden sie einer nach dem anderen elend erstochen! Hast du einmal zugeschaut, wie ein Kissâb[1] seine Tiere absticht?"

„Ja."

„So, geradeso sah es aus, als man ihnen der Reihe nach die Klinge in die Herzen stieß. Mich schaudert, wenn ich nur daran denke! Ich allein durfte leben bleiben, ich allein, denn ich sollte Urkunden unterschreiben, die diese Mörder vorzeigen wollen, um Geld, viel Geld zu bekommen."

„Hast du das schon getan?"

„Ja. Meinst du etwa, daß ich es nicht hätte tun sollen? Der Ssäfir stand mit gezücktem Messer dabei und befahl. Hätte ich mich nur einen Augenblick geweigert, so wäre ich auch erstochen worden."

„Wo hast du unterschrieben?"

„In der Stube, die hier nebenan liegt."

„Gab es da ein Schreibzeug?"

„Schreibzeug und alles, was er brauchte. Siegeln mußte ich mit einem Ring, den man mir abgenommen hatte.

1 Schlächter, Fleischer

Der Ssäfir nahm das alles aus einer großen, mit Eisen beschlagenen Sandûk[1], zu der er den Schlüssel an einer Schnur um den Hals unter der Weste hängen hat. Da sah ich auch Geld liegen, viel Geld in Silber und Gold. Auch flimmernde Edelsteine zeigte er mir."

„Wie? Er zeigte sie dir?"

„Ja. Wundere dich nicht! Es ist wahr, denn ich habe es mit meinen Augen gesehen! Es war ein ganzer Berg von Reichtum beisammen!"

„Du verstehst mich falsch. Ich wundere mich keineswegs über diese Schätze. Auf mich machen sie keinen Eindruck. Aber daß er sie dir freiwillig zeigte, das ist kein gutes Zeichen für dich."

„Wieso?"

„Du hoffst doch, bald wieder frei zu werden?"

„Gewiß! Zwar werde ich wohl noch einmal unterschreiben müssen, wie du doch selber vorhin gehört hast, dann wird er mich laufen lassen."

„Hat dein Peiniger dir das versprochen?"

„Ja."

„Und du glaubst daran?"

„Warum sollte ich nicht?"

„Man sollte es nicht für möglich halten, daß du noch fragen kannst. Der Ssäfir hat deine Leute ermorden lassen, um keine Zeugen seiner Schandtat zu haben. Falls er dich leben läßt, bist du aber ein Zeuge seines Verbrechens. Denk doch nach!"

„Allah, Allah! Ich verstehe, was du meinst."

„Und wenn ein Räuber jemand seine Schätze zeigt, so tut er das nur, weil er überzeugt ist, daß der Betreffende nichts verraten kann. Diese Sicherheit gibt aber nur der Tod!"

„Mäbada — das sei ferne! Du läßt mich da in einen Abgrund blicken, der so schwarz ist wie die Tiefe des Verderbens!"

1 Truhe

„Ich bin aufrichtig mit dir. Du hast mich schon einmal mit Unglauben belohnt und hast es teuer bezahlen müssen. Hörst du jetzt wieder nicht auf mich, so ist es um dich geschehen. Du wirst den Himmel nicht mehr schauen, sondern hier ebenso abgestochen werden, wie deine Leute abgeschlachtet wurden."

„Bist du davon überzeugt?"

„Es ist meine feste, unerschütterliche Überzeugung."

„So begnadige mich Allah mit seiner Barmherzigkeit! Ich muß dir glauben, wenn ich auch nicht wollte. Wenn ich mir deine Worte überlege und dazu die Schlechtigkeit dieser Menschen — wenn ich daran denke, mit welcher Kaltblütigkeit sie meine Begleiter erstachen, so kann ich nicht anders, ich muß mich verloren geben!"

Nun, da er erkannte, was ihn erwartete, begann er zu jammern und zu klagen. Er betete zu Allah, wimmerte vor Angst und machte mir inzwischen eine Menge unnütze, unausführbare Vorschläge, uns zu retten. Inzwischen war es mir geglückt, die Knoten zu öffnen und die Hände frei zu bekommen. Den Strick vom Hals, den Knien und den Füßen zu lösen, war nur eine Kleinigkeit. Dann stand ich auf und reckte und streckte mit unendlichem Behagen meine Glieder. Jetzt mochte der Ssäfir erscheinen mit allen seinen Leuten, ich hatte keine Angst vor ihnen!

Das erste, was ich hierauf tat, war, daß ich in die Ecke links ging, die Dozorca bezeichnet hatte, und da den Boden untersuchte. Es gab hier einen niedrigen, aber breiten Haufen Ziegelmehl, das so fein und leicht war, daß ich den Arm fast bis an die Achsel hineinstoßen konnte, ohne besonderen Widerstand zu finden. Dann schritt ich zum Eingang, um den Eisenstabvorhang zu betasten. Da war nicht hinauszukommen. Als ich dabei ein leises Klirren der Stäbe verursachte, warnte der Pischkhidmät Baschi:

„Horch! Es ist jemand an der Tür?"

„Nein. Ich war es“, entgegnete ich.

„Du —?“ fragte er erstaunt. „Deine Stimme klingt jetzt von oben. Stehst du denn? Wie kommst du an die Tür? Du bist doch gefesselt!“

„Ich war es, bin es aber nicht mehr. Während du nur jammertest, habe ich gearbeitet und mich von den Banden befreit. Nun werde ich auch dich losmachen.“

„O Allah, Allah, Allah! Welch Glück bricht über mich herein! Ja, eile herbei, Effendi, und mach mich frei — frei — frei!“

„Nicht so laut! Eigentlich kann ich dich gar nicht losmachen.“

„Warum nicht?“

„Weil ich ein Christ bin und meine Berührung dich für dieses und für jenes Leben schändet.“

„Sprich nicht so! Was gewesen ist, das soll vergeben und vergessen sein. Ich erkläre dir, daß die Christen sehr gute und edle Menschen sind; ich bin davon vollständig überzeugt!“

„Ja, wenn ihr uns brauchen könnt, dann lobt ihr uns, sonst aber habt ihr nur einen Mund voll Speichel für die ‚ungläubigen Hunde‘. Aber gerade weil ich ein Christ bin, will ich mich deiner erbarmen und dich nicht hier liegenlassen, bis der Ssäfir zurückkehrt. Wie bist du geschnürt?“

„Die Füße sind mir zusammengebunden und die Hände an den Leib.“

„So wird es nicht schwer sein, dich frei zu machen.“

Ich kniete bei dem Kammerherrn nieder und nahm ihm ohne große Mühe die zwei Stricke ab, worauf er emporsprang und seiner Freude so unvorsichtig Ausdruck gab, daß ich ihm Schweigen befehlen mußte.

Nun galt es, die Ecke genauer zu untersuchen, als ich es vorhin getan hatte. Der Kammerherr mußte helfen. Wir entfernten das Ziegelmehl, indem wir es mit den Händen herausschöpften und zur Seite auf den

Boden warfen. Aber es gab da nicht bloß Mehl, sondern auch viele mürbe Bruchstücke von Ziegeln dazwischen. Auf diese Weise entstand ein Loch, das immer tiefer wurde. Die Arbeit förderte schnell. Als wir einen Meter tief gegraben hatten, stießen wir auf festen Boden. Die mehlige Masse setzte sich rechts und links in waagrechter Richtung fort. Links ging es ins Innere des Gemäuers, rechts hinaus. Darum gruben wir in dieser Richtung weiter, was wegen der Herausnahme des Füllsels einige Schwierigkeiten bereitete. Ich grub voran, warf das Mehl auf den hinter mir liegenden Gürtelschal des Kammerherrn, und er brachte es dann in dem sackartig zusammengefalteten Gürteltuch hinauf. Schon nach kurzer Zeit fand ich nur noch ganz geringen Widerstand. Ich merkte, daß ich die leichte Masse vorwärtsschieben konnte. Ich kroch weiter und weiter, der Perser folgte mir. Ich fühlte, daß ich frische Luft atmete. Der Gang wurde frei von Schutt, und kurze Zeit darauf war er zu Ende. Ich erblickte trotz der Dunkelheit rechts und links hoch emporsteigendes Mauerwerk, vor mir eine Lücke und oben darüber ein kleines Stück des Himmels, an dem die hellen Sterne flimmerten. Ich kannte den lichthofähnlichen Raum, der vor mir lag: Es war der Platz der Stachelschweine, an dem wir gestern unsere Pferde versteckt hatten.

Mit dem Kopf voran im Loch liegend, schaute ich auf den an der Mauer hochsteigenden Trümmerhaufen. Es fehlten nicht ganz zwei Meter, so hätte er bis zu mir heraufgereicht. Einige Verwitterungen in den Ziegeln hatten den Stachelschweinen als Weg an der Mauer herauf gedient. Ich konnte sie nicht benutzen und ließ mich also einfach aus dem Loch hinunter auf den Haufen fallen, was bei der Weichheit des Mülles nicht gefährlich war. Dann schaute der Perser verwundert aus dem Loch.

„Wo befinden wir uns?" fragte er.

„Wieder im Freien. Komm herab! Wir sind gerettet!“

„Alhamdulillah! Gerettet! Im Freien! Aber du hast gut reden. Wie soll ich hinabkommen. Es ist doch kein Ssullam[1] da!“

„Habe ich eine Leiter gebraucht? Du verlangst vom Glück allzuviel. Soll es dir vielleicht gar einen Tachtirewan[2] schicken, in dem ich dich heruntertragen lassen darf? Mach es wie ich und falle! Oder bleib in deinem Loch stecken und laß dich vom Ssäfir herausholen! Ich verschwinde. Gute Nacht!“

Ich wendete mich um und stieg den Trümmerhaufen hinab. Da tat es hinter mir einen Plumps: der Oberste der Kammerherren kam, in eine Staubwolke gehüllt, auf dem Rücken an mir vorübergesaust und rief:

„Halt, Halt! Nimm mich mit, nimm mich mit! Ich bleibe gewiß nicht hier!“

„Nein, nimm du mich mit, du bist mir ja schon voran!“ antwortete ich lachend, indem ich ihm nachkletterte.

Als ich ihn einholte, stand er, an allen Gliedern zitternd, da, klopfte sich den Staub aus dem Gewand und jammerte: „Das war ein entsetzlicher Sprung, mit dem Kopf voran! Ich werde so etwas nie wieder wagen! Du konntest mich doch herunterheben! Ich habe an jeder Stelle meines Leibes das Gefühl, als ob ich die Bastonade erhalten hätte!“

„Sei froh, daß du deine Freiheit nicht teurer als nur mit diesem Gefühl zu bezahlen brauchst! Bist du ein guter Reiter?“

„Das sollte niemand bestreiten!“

„Das ist gut, denn wir reiten nach Hille.“

„Dazu gehören Pferde!“

„Die habe ich. Sie sind hier in der Nähe versteckt. In einer Stunde müssen wir dort sein.“

1 Leiter 2 Sänfte

„Man braucht doch drei Stunden! Warum so schnell?“

„Weil wir längst vor Tagesanbruch wieder hier sein müssen.“

„Wieder hier? Ich sage dir, daß mich keine Macht der Erde wieder hierherbringen wird!“

„Darüber wollen wir später sprechen. Jetzt voran!“

„Was willst du mitten in der Nacht in Hille?“

„Wir holen Militär und nehmen den Ssäfir und alle seine Schurken gefangen.“

„Allah sei Dank! Dieser Gedanke ist vortrefflich! Wenn Soldaten dabei sind, so reite ich wieder mit.“

„So komm!“

Wir stiegen vollends hinab. Als wir die Trümmer hinter uns hatten, blieb ich lauschend halten. Es war nichts zu sehen und zu hören. Wir wendeten uns rechts und hatten nach fünf Minuten die Stelle erreicht, wo die Tiere standen. Hier klopften wir den Ziegelstaub, so gut es ging, aus unseren Kleidern. Ich nahm meine Waffen, gab dem Perser die des Hadschi, und dann stiegen wir auf, um den alten Birs Nimrud auf baldiges Wiedersehen zu verlassen.

Da ich den Weg kannte, so durften wir es wagen, trotz der Dunkelheit Galopp zu reiten, denn es war keine Zeit zu verlieren.

Zunächst lenkte ich auf den Weg hinüber, der von Hille nach Kefil führte, und als wir ihn erreicht hatten, rief ich den Pferden ein aufmunterndes ‚Kawäm[1]!‘ zu, worauf sie in schlankem Lauf über das ebene, hindernislose Gelände flogen. Auch der Kammerherr bewährte sich als guter Reiter, so daß wir schnell vorwärts kamen. Ich erlaubte den Pferden nur zweimal, langsamer zu gehen, und so kam es, daß wir in noch nicht ganz einer Stunde die ersten Gebäude von Hille vor uns liegen sahen.

1 Schnell!

13

OSMAN PASCHA

Da ich das Serail[1] des Sandschaki kannte, wurde es mir nicht schwer, es in der Dunkelheit zu finden. Ich hatte geglaubt, wegen der nächtlichen Stunde am Tor klopfen zu müssen. Es stand aber weit offen, und als wir in den Hof ritten, sah ich, daß der Eingang zur Wohnung des Beamten erleuchtet war. Wir lenkten hin und stiegen ab. Es stand ein Doppelposten, den ich am Tag nicht bemerkt hatte, vor der Tür.

„Ist der Sandschaki wach?“ fragte ich.

„Ja“, erwiderte der eine Soldat.

„Wir müssen sofort zu ihm. Haltet unsere Pferde!“

„Wir dürfen niemand einlassen.“

„Warum?“

„Es ist ein Offizier, ein Abgesandter des Padischah, den Allah segnen möge, von Stambul eingetroffen. Der hat mit ihm zu sprechen und darf nicht gestört werden.“

„Wir müssen dennoch zu ihm. Hier habt ihr, um euern guten Willen zu erleuchten!“

Ich drückte ihm einige Silberstücke in die Hand. Er hielt sie in den Lichtschein, um zu erkennen, wieviel es war, und sagte dann:

„Herr, deine Güte geht über die Befehle, die wir erhalten haben. Gebt meinem Arkadasch[2] die Pferde, er wird sie gut bewachen. Ich aber springe hinein, um euch den Kol Agassi, der die Wache hat, herauszuholen.“

Er verschwand und kam mit dem Offizier zurück. Zu meiner Freude war es der brave Amud Mahuli, der so fest an meinen Einfluß auf den Sseraßker glaubte. Als er mich erkannte, schlug er vor Erstaunen die Hände zusammen.

1 Palast 2 Kamerad

„Du bist es, du? Effendi, das ist kühn, das ist sogar tollkühn von dir! Man wird euch festnehmen, einsperren und verurteilen. Der Sandschaki war voll Wut über eure Flucht!“

„Ich fürchte ihn nicht. Führ mich zu ihm! Ich habe ihm eine sehr wichtige Mitteilung zu machen, die keinen Aufschub duldet.“

„Was ist geschehen? Warum kommst du wieder?“

„Jetzt habe ich keine Zeit zum Erzählen, denn mir ist jede Minute wichtig. Du wirst aber bald erfahren, was du wissen willst. Also melde uns sofort!“

„Ihr werdet aber wahrscheinlich nicht vom Sandschaki, sondern vom Abgesandten des Sultans empfangen werden!“

„Wer ist das?“

„Es ist ein Dscheneral[1]. Wie er heißt, weiß ich nicht. Er ist am Abend von Bagdad hier eingetroffen, und seitdem gibt es lauter Geheimnisse hier im Haus. Es sind alle Oberbeamten des Sandschak und auch einige Offiziere versammelt, die mit großer Heimlichkeit verhandeln. Wenn ich wüßte, daß du mich in deinem Bericht wirklich lobend erwähnst, würde ich dir etwas mitteilen.“

„Ich erwähne dich und werde dich schon in Bagdad empfehlen.“

„So will ich es glauben. Also komm her!“

Er nahm mich bei der Hand, führte mich beiseite und raunte mir ins Ohr:

„Ich glaube, es steht mit dem Sandschaki nicht so, wie es sein soll. Ich habe hinter der Tür die strenge Stimme des Dschenerals gehört, und dann, als ich hineintrat, war das Gesicht des Sandschaki so voll Verlegenheit, daß ich glaube, es liegt etwas Schlimmes gegen ihn vor. Er hat seit der Anwesenheit des Dschenerals keinen einzigen Befehl erteilt, scheint also nichts mehr

1 General

bestimmen zu dürfen. Darum denke ich, daß ihr nicht mit ihm, sondern mit dem Boten des Sultans sprechen werdet."

„Das ist mir nur lieb. Also melde uns!"

„Das kann ich nicht. Ich darf nur Personen, die verlangt werden, den Zutritt gestatten und mache mit euch nur deines Berichtes wegen eine Ausnahme, für die ich wahrscheinlich einen scharfen Verweis erhalten werde. Anmelden darf ich euch nicht, aber ich kann doch auch nicht immer an der Tür sein, und wenn ich einen Augenblick nicht dort bin und ihr tretet ein, so kann ich nichts dafür."

„Wo ist diese Tür?"

„Geht dort rechts die Stufen hinauf, dann liegt sie euch gerade gegenüber. Im ersten Gemach findet sich meine Wache, die euch zurückweisen wird. Wie ihr euch dazu verhaltet, ist eure Sache. Die nächste Stube ist die, in die ihr treten müßt. Jetzt entferne ich mich, denn ich darf nichts von euch wissen."

Amud Mahuli schritt auf den Hof hinaus, und ich stieg die Treppe empor und öffnete die bezeichnete Tür. Es gab da einen Onbaschi mit fünf Soldaten. Er trat auf uns zu, um uns den Weg zu verlegen. Ich schob ihn aber mit einem strengen „Rûh min haun[1]!" auf die Seite, was ihn so verblüffte, daß wir, bevor er zur Besinnung kam, schon im nächsten Zimmer standen.

Da saßen mehrere Zivilbeamte rauchend auf den Wandkissen, ein Stück von ihnen entfernt auch einige Offiziere, und auf der anderen Seite, allein, von ihnen abgesondert, der Sandschaki, ohne Tschibuk und in sich zusammengesunken. Er hob bei unserem Eintritt den Kopf. Als er sah, wer die Ankömmlinge waren, sprang er rasch auf, eilte hinter uns an die Tür, breitete dort die Arme weit aus, um uns das Fortgehen unmöglich zu machen, und rief:

1 ‚Mach dich fort!'

„Da ist der entflohene Halunke, da ist er wieder! Greift zu! Haltet ihn fest, damit er nicht wieder entweichen kann!"

Die anderen erhoben sich schnell von ihren Sitzen und blickten uns mit allen Zeichen der Überraschung an. Ich drehte mich zu dem Sandschaki um und sagte ruhig:

„Reg dich nicht auf! Es fällt uns nicht ein, dieses Zimmer zu verlassen, ehe wir unseren Zweck erreicht haben. Wir sind herbeigeeilt, um mir dir zu sprechen. Hoffentlich hast du Zeit?"

„Zeit? Ja, Zeit habe ich für dich, sehr viel Zeit, aber nur, um dich binden zu lassen und ins Gefängnis zu stecken!"

„Dazu wirst du wohl nicht kommen, denn nicht wir, sonderen andere Personen sind es, die ins Gefängnis gehören. Du hast gestern so unverzeihliche Fehler begangen, daß sie dir schlimme Folgen bringen würden, wenn wir nicht jetzt erschienen wären, dir Gelegenheit zu geben, sie wiedergutzumachen. Ich habe also Dankbarkeit von dir zu erwarten!"

„Dankbarkeit?" lachte er laut und höhnisch auf. „Ja, die Dankbarkeit der Bastonade, die soll dir werden! Ein verbrecherisches Gesindel, wie ihr seid, muß —"

Da wurde der Vorhang vor der Tür zurückgeschlagen. Es erschien ein Offizier in türkischer Generalsuniform und fragte streng verweisend:

„Was ist das für ein Geschrei und Lärmen in meiner Nähe? Achtet man den Beauftragten des Großherrn in der Weise, daß —"

Er sprach nicht weiter. Sein Blick war auf mich gefallen, und sofort machte der ernste Ausdruck seines Gesichts einem freundlichen Lächeln Platz. Der Sandschaki merkte das nicht und fiel schnell ein:

„Hasretinis[1], hier steht ein ganz gefährlicher Strolch, der mir heute entflohen ist. Er ist ein Pascher, Dieb,

1 Eure Exzellenz

Räuber und Mörder und muß sofort festgenommen werden!"

Der General blickte ihn verächtlich an.

„Ich werde ihn sofort festnehmen, und zwar bei der Hand."

Er kam auf mich zu, ergriff meine Hände, die er herzlich schüttelte, und begrüßte mich in deutscher Sprache:

„Welche Freude, Sie so unvermutet hier zu sehen! Überrascht bin ich zwar nicht darüber, denn ich habe vorhin vernommen, daß Sie sich in dieser Gegend befinden, und nahm mir vor, nach Ihnen zu forschen, um Sie aufzusuchen."

„Wenn Exzellenz nicht überrascht sind, so bin ich es um so mehr", antwortete ich. „Ich konnte nicht ahnen, daß Sie sich in Irak Arabi und gar hier in Hille aufhalten. Ich sehe, daß Sie in so unerwartet kurzer Zeit den ‚Oberst' überstiegen haben. Darf ich Sie beglückwünschen, Herr General!"

„Danke! Ich wurde ausgewählt, plötzlich in einer heiklen Angelegenheit nach Hille zu reisen, um, mit den nötigen Vollmachten ausgerüstet, den hiesigen Sandschaki zu überrumpeln und zu verhören."

„Ah! So hat er sich in irgendeinen Verdacht gebracht?"

„Es handelt sich nicht bloß um einen Verdacht, sondern es ist mir geglückt, Beweise gegen ihn in die Hand zu bekommen. Sie wissen, daß der Schah Naßîred-din nach dem Besitz von Bagdad trachtet. Er hat vor einigen Jahren die Bedrängnis der Türkei benutzt, es zurückzuverlangen, stieß aber auf unerwarteten Widerstand. Jetzt nun mehren sich die Zeichen, daß er diese Absichten in anderer Weise verfolgt und dabei ist denn der hiesige Sandschaki im höchsten Grad belastet. Ich habe hier noch nicht alles durchgeprüft, weiß aber schon jetzt, daß ihm zunächst die Amtsenthebung und dann noch größere Strafen bevorstehen. Er hat auch Sie und Ihren guten Halef in einer Weise behandelt, die mehr als eine Rüge verdient."

„Das wissen Exzellenz?"

„Ich weiß alles genau. Der Mir Alai, der Sie kennt, hat es mir erzählt."

Er deutete hinter sich auf den Oberst, der nach ihm eingetreten war, der sich während der Mahkemi so wohlwollend unser angenommen hatte.

„Dieser Oberst", fuhr er fort, „ist ein braver Mann, und seiner Unterstützung habe ich hier schon viel zu verdanken. Ich werde ihn empfehlen."

Bei diesen Worten fiel mir Amud Mahuli ein, und so fragte ich ihn, obgleich ich eigentlich viel Notwendigeres mitzuteilen hätte:

„Exzellenz sprachen von Vollmachten. Würden sich diese vielleicht auch darauf erstrecken, einen altgedienten Kol Agassi mit einer höheren Rangstufe zu beglükken?"

Er blickte mir lächelnd ins Gesicht.

„Hat er sich um Sie verdient gemacht?"

„Sehr!"

„Das muß der Padischah belohnen. Sie wissen, es ist bei uns, und zumal hier in dieser abgelegenen Provinz, so manches möglich, was anderwärts wohl nicht geschehen dürfte. Ich will also Ihr Herz durch die Mitteilung erleichtern, daß es mir nicht schwerfallen wird, ihn zum Alai Emini oder Binbaschi zu machen. Wollen Sie mir mitteilen, in welcher Weise er Ihnen genützt hat?"

„Ich bitte, das später tun zu dürfen, da mir in diesem Augenblick die Zeit dazu mangelt. Es ist jetzt jede Minute bei mir gezählt, denn es gilt, eine gefährliche Verbrecherbande auszuheben und dabei einen Fang zu machen, wie er hier wohl noch nicht vorgekommen ist."

„Hängt das mit Ihrer Anwesenheit am Birs Nimrud,

mit Ihrer Gefangennahme und nachherigen Flucht zusammen?"

„Sehr eng."

„So erzählen Sie mir schnell alles, aber kurz und bündig, weil Sie keine Zeit haben! Wie ich Sie kenne, handelt es sich um eine fesselnde Begebenheit, und es sollte mich freuen, wenn es mir möglich wäre, mich auch einmal an einem Erlebnis Kara Ben Nemsis zu beteiligen."

„Oh, was das betrifft, so stecken Exzellenz schon mitten drin", lachte ich, „und es würde Ihnen wohl schwerfallen, unbeteiligt wieder herauszukommen!"

Nun gab ich ihm den gewünschten Bericht, den er mit gespannter Aufmerksamkeit entgegennahm. Es läßt sich denken, welchen Eindruck sein freundschaftliches Verhalten zu mir auf die Anwesenden machte. Sie verstanden zwar, weil wir deutsch sprachen, kein Wort unserer Unterredung, aber sie mußten doch merken, daß wir in näherer Beziehung zueinander standen.

Adolf Farkas, ein geborener Mähre und späterer ungarischer Offizier, war während der dortigen Erhebung Bems Adjutant und zeichnete sich dabei mehrfach aus. Nach diesen Kämpfen gingen beide in türkische Dienste und traten zum Islam über, Bem unter dem Namen Amurat Pascha, während Farkas den Namen Osman wählte und, da er später den Rang eines Pascha erhielt, jetzt Osman Pascha heißt. Während des Krieges im Jahre 1853 bat Omer Pascha sich ihn als Adjutant aus, und ebenso leistete Farkas in dem Feldzug von 1877—78 Ausgezeichnetes. Für diese Verdienste wurde er zum Oberst und bald darauf zum General ernannt, war zugleich Professor an der militärischen Hochschule in Konstantinopel und genoß auch sonst das Vertrauen des Padischah, wie seine jetzige Sendung nach Bagdad und Hille bewies. Ich hatte ihn in Stambul kennengelernt und an seiner Seite bei anregender Unterhaltung manche

Tasse Kaffee getrunken und manchen Tschibuk geraucht. Jetzt nun standen wir so unerwartet im Zimmer des Sandschaki beieinander, und er hörte mit wachsender Aufmerksamkeit der Erzählung unseres Erlebnisses zu. Als ich damit zu Ende war, rieb er sich vergnügt die Hände.

„Das ist allerdings fesselnd, und ich sehe ein, daß Sie keine Zeit verlieren dürfen. Wie gern würde ich mit hinausreiten und mich an diesem Fang beteiligen, aber die Pflicht hält mich hier fest. Ich darf dem Sandschaki nicht von der Seite weichen, und die unaufschiebbaren Nachforschungen werden noch die ganze Nacht ausfüllen. Aber ich stelle Ihnen alles zur Verfügung, was Sie verlangen. Sagen Sie, womit ich Ihnen dienen kann! Haben Sie schon einen Feldzugsplan entworfen?"

„Darf ich diese Cäsaren- und Napoleonsarbeit nicht lieber Ew. Exzellenz überlassen? Mir liegt nur daran, meinen Halef unverletzt wiederzuerhalten. Das übrige ist Sache der hiesigen Verwaltung, der ich das Bewußtsein, ihre Pflicht erfüllt zu haben, gern gönne."

„Sie Diplomat! Im Fall des Mißlingens sind Sie dann verantwortungsfrei! Weiß der Sandschaki schon, daß der Pischkhidmät Baschi überfallen und ausgeraubt worden ist und seine Begleiter tot sind?"

„Er hat wohl keine Ahnung davon!"

„So wollen wir ihm auch nichts sagen. Seit ich Ihre Erzählung gehört habe, kann ich nämlich den Gedanken nicht loswerden, daß er in Beziehung auf seine Verbindungen mit Persien mit dem sogenannten Ssäfir unter einer Decke steckt. Dieser Mann ist der Unterhändler. Meinen Sie nicht?"

„Ja. Er oder der Pädär-i-Baharat, vielleicht auch beide zugleich. Daß man sich gerade an den Sandschaki gewendet hat, scheint mir zwei Gründe zu haben."

„Welche?"

„Erstens hat man ihn als bestechlichen Mann gekannt, und zweitens stehen die heiligen Orte, auf die es doch wohl vor allen Dingen abgesehen ist, unter ihm.“

„Das ist richtig. Sie öffnen mir da die Augen.“

„Auch muß es einen triftigen Grund haben, daß sein Verhalten zu dem Ssäfir so gesetzwidrig ist. Er ließ ihn, den Fremden, nicht nur an der Mahkemi teilnehmen, sondern gestattete ihm auch, in das Verhör hineinzureden. Das läßt auf verdächtige Verbindungen schließen.“

„Ich stimme bei. Wir werden auch hinter diese Schliche kommen. Jetzt mache ich Sie darauf aufmerksam, daß wir etwas Wichtiges vergessen haben: wir sind nicht allein hier. Ich bin den Anwesenden eine Erklärung schuldig.“ Er wandte sich dem Sandschaki zu und sagt zu ihm, nun nicht mehr in deutscher Sprache:

„Du redetest vorhin von Strolchen, Paschern, Die ben, Räubern und Mördern. Wie bisher in vielen an deren Punkten, so bin ich auch in dieser Hinsicht nich mit dir einverstanden, sondern ganz anderer Meinung Dieser Franke ist mein Freund, und ich freue mich ihm so unerwartet hier zu begegnen. Er heißt Kara Be Nemsi Effendi und steht unter dem Schutz des Padi schah. Das hat er dir erklärt und auch bewiesen, ohn daß es dir beliebte, auf seine Worte zu achten. Ich hab jetzt seine Anklage entgegengenommen und werde si zu den übrigen Beschuldigungen fügen, die gegen dic vorliegen und zu denen wahrscheinlich noch weiter kommen.“

Man sah es dem Sandschaki an, daß er sich seit de freundlichen Begrüßung zwischen dem General und mi in der größten Verlegenheit befand. Er wollte jetzt ein entschuldigende Antwort versuchen, wurde aber dara verhindert, denn mein alter Kol Agassi trat herein un meldete, daß drei Männer den Sandschaki zu spreche begehrten.

„Wer sind sie?“ fragte Osman Pascha.

„Ich weiß es nicht, sie wollten keinen Namen nennen. Sie sind persisch gekleidet, und der eine von ihnen sagte, er käme mitten in der Nacht, weil er dem Sandschaki einen sehr wichtigen Brief zu übergeben und auch von einer großen Mordtat zu erzählen hätte, die am Birs Nimrud geschehen sei.“

„Wer soll ermordet sein?“

„Der Pischkhidmät Baschi mit allen Leuten, die bei ihm waren.“

„Von wem?“

„Von Kara Ben Nemsi und dem Haddedihn, den beiden Fremden, die heute entflohen sind.“

Der Pascha sah mich und ich den Kol Agassi an. Diese drei persisch gekleideten Männer konnten nur Leute des Ssäfir sein. Ich dachte sogleich an den Pädär-i-Baharat und seine zwei Begleiter. Wenn sie es waren, so spielten sie ein höchst gefährliches Spiel, das sie freilich für unbedenklich hielten, weil sie zweierlei nicht wußten: nämlich erstens, daß ich mit dem Kammerherrn entwischt war, und zweitens, daß sich seit dem Abend die Verhältnisse des Sandschaki außergewöhnlich verändert hatten. Der schlau berechnende Ssäfir wollte aus sehr naheliegenden Gründen, die keiner Erklärung bedurften, den Überfall und Mord auf mich und Halef, also auf einen Christen und einen Sunniten schieben, um dadurch jeden doch vielleicht gegen ihn auftretenden Verdacht gleich im Beginn von sich und seiner Bande abzuwälzen.

„Wo befinden sich die drei Perser?“ fragte ich Amud Mahuli.

„Unten an der Tür“, erwiderte er.

„So haben sie unsere Pferde gesehen?“

„Nein, Effendi. Da die Hengste dir gehören, habe ich sie mit Aufmerksamkeit behandelt und in den Achor[1]

1 Stall

unseres Serails schaffen lassen, wo sie Futter und Wasser bekommen."

„Das ist gut! Hast du den Männern gesagt, daß ich hier bin?"

„Kein Wort! Was denkst du von dem Licht meiner Gedanken, daß du mir eine so große Dummheit zumutest?"

„Aber die Posten werden es jetzt unten ausplaudern?"

„Auch nicht! Sie sind, während du hier oben warst, abgelöst worden, und die jetzigen wissen nichts von dir."

„Hast du davon gesprochen, daß ein Abgesandter des Padischah eingetroffen ist?"

„Nein. Diese drei Männer sind so ahnungslos wie Hammel, die zur Tür drängen, hinter der sie geschlachtet werden sollen."

„Dieser Vergleich ist nicht übel. Warte einen Augenblick!"

Ich wendete mich zu dem General, der mir mit der Frage zuvorkam:

„Du hast einen Gedanken, ich sehe es dir an. Habe ich recht?"

„Ja."

„Welchen?"

Osman Pascha sprach arabisch und nannte mich also du. Bevor ich antworten konnte, ergriff der Sandschak das Wort:

„Ich höre, daß die Karawane des Pischkhidmät Basch überfallen und er mit den Seinigen ermordet worden sein soll. Hier steht er aber ja! Wie ist das zu erklären?"

„Auf so einfache Weise, wie dir heute noch manches andere auch erklärt werden wird", erwiderte ich ihm.

„Wo aber ist der Haddedihn? Warum hast du ihn nicht mitgebracht?" erkundigte er sich höhnisch. „Es scheint doch etwas vorgefallen zu sein, was du verschweigen mußt!"

„Wohl dir, wenn du so wenig zu verschweigen hast wie ich! Es wäre nur gut für dich, wenn du jetzt gar nichts sagtest!"

Nun führte ich den General abseits und besprach mit ihm meinen Plan. Er stimmte bei und traf schnell die nötigen Anordnungen. Er blieb allein im Zimmer, alle anderen begaben sich ins Nebengemach, aus dem er vorhin mit dem Oberst getreten war. Auch der Korporal mußte mit seinen Soldaten aus dem Vorraum zu uns kommen, denn wir brauchten sie wahrscheinlich zur Verhaftung der drei Perser, die mißtrauisch geworden wären, wenn sie eine solche Wache vor der Wohnung des Sandschaki angetroffen hätten. Diesem wurde streng bedeutet, daß er sich ruhig und schweigsam verhalten müsse, wenn er nicht Gefahr laufen wollte, seinem hohen Stand zuwider behandelt zu werden. Jedenfalls wurde es ihm, dem hier bisher Allgewaltigen, schwer, die gewünschte Fügsamkeit zu zeigen. Ich selber stellte mich hinter den Vorhang, um jedes Wort hören und die Perser durch eine Lücke beobachten zu können.

Kaum waren diese Vorbereitungen getroffen, so traten sie ein. Sie hatten erwartet, den Sandschaki zu finden, und waren nicht wenig betroffen darüber, daß sie vor einem General standen, von dessen Anwesenheit sie nichts gewußt hatten. Man merkte es ihnen an, wie verlegen sie waren. Ich hatte mich nicht geirrt, es war der Pädär mit seinen beiden Kumpanen.

„Ihr habt gewünscht, hier gehört zu werden. Was ist euer Verlangen, jetzt mitten in der Nacht?" fragte Osman Pascha.

„Wir baten, mit dem Sandschaki sprechen zu dürfen", meinte der Pädär.

„Er kann nicht erscheinen. Ich befinde mich an seiner Stelle hier. Also redet!"

Er sah sie so durchdringend an, daß sie es nicht wagten, sich zu weigern. Der Pädär begann kleinlaut:

„Unser Bericht ist eigentlich nur für den Gebieter des hiesigen Sandschak. Da du behauptest, an seiner Stelle hier zu sein, so werden wir dir die Angelegenheit mitteilen."

„Drückt euch höflicher und vorsichtiger aus! Ich behaupte nichts, sondern was ich sage, das gilt. Merkt euch das! Was ist es für eine Angelegenheit, die ihr mir vorzutragen habt? Ich hoffe, eine genügend wichtige, um euer nächtliches Kommen zu entschuldigen!"

„Sie ist wichtig. Es handelt sich um den Überfall einer Karawane und zwölffachen Mord."

„Welcher Karawane?"

„Der Karawane des Pischkhidmät Baschi, der der Gast des hiesigen Gebieters war. Sie ist vor einigen Stunden draußen bei den Ruinen überfallen und geplündert worden, wobei der Pischkhidmät Baschi mit seinen elf Begleitern das Leben verloren hat."

„Wer sind die Mörder?"

„Der Christ und der sunnitische Haddedihn, die hier schon wegen Mord, Leichenschändung und Schmuggelei vor der Mahkemi standen, aber entflohen sind."

„Könnt ihr das beweisen?"

„Ja. Durch unser Zeugnis. Wir waren dabei und sind die einzigen, die dem Blutbad entronnen sind."

„Ihr werdet mir den Hergang dieses Ereignisses erzählen. Vorher aber handelt es sich um den Brief, von dem die Rede gewesen ist."

„Er ist für den Sandschaki", meinte der Pädär verlegen.

„Ich bin sein Vertreter!"

„Er enthält eine Schrift, die von ihm zu unterzeichnen ist!"

„So wird er unterzeichnen!"

„Wir sollen diese Schrift wieder abliefern und müssen sie uns also zurückerbitten!"

„Dagegen habe ich nichts."

„Wir dürfen sie aber nur ihm geben, keinem anderen."
„So handelt es sich um ein Geheimnis?"
„Das weiß ich nicht. Ich habe strengen Befehl, nach dem ich handeln muß."
„Von wem?"
„Das darf ich nicht sagen."
„Woher kommt der Brief?"
„Auch das mitzuteilen, ist uns verboten."
Es war dem Pädär himmelangst. Er wand sich hin und her und atmete sichtlich auf, als der General gleichgültig entschied:
„Mag sein, ihr sollt einstweilen euren Willen haben! Jetzt zu dem Überfall der Karawane. Wie ging das zu?"
„Es geschah folgendermaßen: wir drei befinden uns auf der Pilgerschaft zu den heiligen Stätten. Wir kamen gestern hier an und trafen einen Landsmann, mit dem wir uns befreundeten. Als es Abend wurde, wollten wir die Kühle zur Fortsetzung der Reise benutzen und baten ihn, uns eine Strecke zu begleiten."
„Wie hieß dieser Mann?"
„Wir haben nicht nach seinem Namen gefragt. Er nannte sich Daif[1] des Sandschaki, und so will ich ihn auch weiter bezeichnen, wenn du es erlaubst."
Er meinte den Ssäfir, und es war sehr vorsichtig von ihm, sich auf diese Weise aus der Notwendigkeit zu ziehen, den wahren oder auch einen falschen Namen dieses ‚Gastes' anzugeben. Er fuhr fort:
„Der Daif willigte ein, bis zu den Ruinen mitzureiten. Unterwegs trafen wir auf die Karwan-i-Pischkhidmät Baschi, die kurz vor uns von Hille aufgebrochen war, und baten um die Erlaubnis, uns ihr anschließen zu dürfen, was uns nicht verweigert wurde. Wir waren froh darüber, denn wir hatten von der großen Unsicherheit des Weges und von einem Fran-

1 Gast

ken und einem Haddedihn gehört, die die Anführer räuberischer Beduinen sind und jeden Pilger, der ihnen in den Weg kommt, ausplündern."

„Kennst du die Namen dieser Räuber?" fragte der General.

„Ja. Der Franke wird Kara Ben Nemsi genannt, und der Haddedihn heißt Halef."

„Diese Schurken! Man muß sie zu fangen suchen. Leider aber kennt man ihr Aussehen nicht!"

„Oh, das kennen wir", fiel der Pädär schnell ein. „Man hat sie uns beschrieben, und heute haben wir sie auch erblickt."

„Nun, wie?"

Jetzt beschrieb der Schurke Halef und mich so genau, daß ich selber es nicht besser hätte machen können, und setzte dann seine Erzählung fort:

„Kurz vor den Ruinen kamen zwei Männer seitwärts herangeritten und gesellten sich zu uns. Allah hatte unsere Augen verdunkelt, sonst hätten wir erkennen müssen, daß es die beiden Räuber waren. Dann verabschiedete sich der Gast des Sandschaki von uns und wünschte uns glückliche Reise. Sie sollte leider nicht glücklich werden, denn kaum war er fort, so fielen Schüsse, und eine Menge Beduinen drang auf uns ein. Wir beobachteten, daß die beiden zuletzt Angekommenen, also der Franke und der Haddedihn, ihre Messer zogen und zwei Pilger niederstachen. Nun erkannten wir sie und wendeten schnell unsere Pferde, um ihnen zu entfliehen. Das gelang uns auch, denn die Kugeln, die uns nachgeschickt wurden, trafen uns nicht. Nach einiger Zeit stießen wir wieder mit dem Daif zusammen, der umgekehrt war, weil er die Schüsse gehört hatte. Wir berichteten ihm den Überfall, und er beredete uns, mit ihm zurückzureiten und den Schauplatz des Überfalles zu beschleichen, weil dort vielleicht ein Menschenleben zu retten sei. Als wir dort eintrafen, brannte ein Feuer, und die beiden Anführer waren beschäftigt, die Beute unter sich und die Beduinen zu verteilen. Als sie damit fertig waren, ritten sie fort. Die Leiche des Pischkhidmät Baschi nahmen sie mit, um sie in den Fluß zu werfen. Wir aber wagten uns nach ihrem Abzug hin ans Feuer, um die dort liegenden elf Körper zu untersuchen: sie waren tot, nicht erschossen, sondern erstochen. Uns graute. Der Gast des Sandschaki aber war ein kühner Mann. Er beschloß, den beiden Anführern heimlich nachzureiten, um ihr Versteck zu erkunden und sie dann mit Hilfe der hiesigen Soldaten zu fangen. Uns sandte er nach Hille zurück, um dem Sandschaki noch während der Nacht die Untat zu melden."

Er hielt jetzt inne, darum erkundigte sich Osman Pascha: „Bist du fertig?"

„Ja."

„Ihr könnt alles, was du erzählt hast, durch einen Eid bekräftigen?"

„Ja."

„Es kommen in deinem Bericht einige Punkte vor, die mir unklar sind. Du wirst mir also noch einige Fragen beantworten müssen. Du sagtest, ihr hättet euch mit dem Daif befreundet. Wie kommt es, daß ihr da seinen Namen nicht kennt? Bevor man sich befreundet, sucht man doch zu erfahren, wie man heißt!"

„Unter schiitischen Pilgern nicht. Du bist ein Sunnit und kannst das also nicht wissen."

„Gut, das hast du vortrefflich gemacht! Weiter! Es fielen so viele Schüsse, und doch hat keiner getroffen: die Toten waren nicht erschossen, sondern erstochen. Ist das nicht sonderbar?"

„Nein. Es war eben nicht genau gezielt worden!"

„Und alle zwölf Mitglieder der Karawane hielten ruhig still, um sich geduldig nach und nach erstechen zu lassen?"

„Das war die Angst!“

„Der Daif hat die Schüsse gehört, muß also noch nicht weit entfernt gewesen sein. Ihr kamt mit ihm zurück. Es kann also inzwischen nur eine sehr kurze Zeit verstrichen sein, höchstens einige Minuten?“

„Mehr nicht.“

„Und doch brannte schon ein Feuer? Und doch war man schon mit der Verteilung der Beute beschäftigt? Du mußt selber zugeben, daß deine Erzählung stellenweise höchst verwunderlich klingt!“

„Allah! Ich habe die volle, reine Wahrheit berichtet!“

„Ihr wart vorher in Hille?“

„Ja.“

„Wie lange?“

„Einige Stunden.“

„Wohin wolltet ihr von hier aus?“

„Zunächst nach Kerbela, dann nach Nedschef Ali.“

„Nicht wieder über Hille, denn das wäre ein Umweg gewesen, sondern über Kefil?“

„Ja.“

„Und wohin von Nedschef Ali aus?“

„Hinunter nach Samawat.“

„Weiter!“

„Von dort aus wollten wir über Korna, Hawisa und Disful im Tal des Kercha-Flusses nach Persien zurück.“

„Also ohne wieder hierherzukommen?“

„Ja“, antwortete der sonst so schlaue Pädär, der nicht ahnte, welche Falle der General ihm mit diesen Fragen stellte. Der Fang glückte vollständig. Osman Pascha fuhr fort:

„Wie steht es da mit dem Brief an den Sandschaki Ihr solltet ihn abgeben, seid aber fortgeritten, ohne es zu tun, obwohl ihr die Absicht hattet, nicht zurückzukehren. Und nun kommt ihr mitten in der Nacht um ihn zu bringen. Erkläre mir diese Widersprüche!“

Die Perser waren völlig überzeugt gewesen, nur von

Sandschaki empfangen zu werden und daher auf ein solches Verhör nicht vorbereitet. Der Pädär zermarterte sich das Gehirn nach einer nur leidlich geeigneten Ausrede. Er setzte mehrmals an, um zu antworten, fand aber nichts, was er als nur einigermaßen glaubhaft vorbringen konnte.

„Nun sprich!" drängte Osman Pascha. „Woher dieses Schweigen? Fällt dir denn keine Ausrede ein?"

„Wir — wir — hatten den Brief — ver — vergessen!" stieß der Pädär endlich hervor.

„Vergessen? Einen Brief, der so wichtig ist, daß ihr ihn jetzt zu einer so unpassenden Stunde bringt? Dessen Wert ihr so hoch ansetzt, daß ihr das Schreiben nicht einmal mir anvertraut, sondern es nur eigenhändig übergeben wollt? Seid ihr denn wirklich so dumm anzunehmen, daß ich dieser Ausrede Glauben schenke? Es ist eine geradezu unglaubliche Frechheit von euch, mir da eine Menge von Lügen ins Gesicht zu sagen, die jeder Dummkopf durchschauen würde. Denn nicht bloß eure letzte Ausrede, sondern alles, was du mir von dem Überfall erzählt hast, ist Schwindel!"

„Denke das nicht!" fiel der Pädär schnell und ängstlich ein. „Mein Bericht beruht auf lauterer Wahrheit, die wir sofort durch einen Eid bekräftigen können."

„Ja, ich traue euch allerdings zu, daß ihr euch nicht besinnen würdet, diesen Meineid zu schwören! Ihr bleibt also dabei, daß Kara Ben Nemsi und der Haddedihn die Anführer der Beduinen sind, die die Karwan-i-Pischkhidmät Baschi überfallen haben?"

„Ja."

„Zu welchem Stamm gehörten diese Beduinen?"

„Das können wir nicht wissen, weil wir nicht mit ihnen gesprochen haben. Außerdem war es auch so dunkel, daß wir irgend vorhandene Merkmale nicht zu erkennen vermochten."

„Und der Pischkhidmät Baschi ist wirklich tot?"

„Ja."

„Ihr habt tatsächlich seine Leiche gesehen? Besinne dich wohl, ehe du antwortest!"

Es wurde dem Pädär bei diesen dringlichen Fragen angst, und er begann zu ahnen, daß die Luft hier für ihn nicht so gesund und rein war, wie er angenommen hatte. Doch es gab für ihn keinen Ausweg: Er konnte seine Lügen nicht zurücknehmen und beharrte also.

„Ja, wir haben sie gesehen. Der Mann ist wirklich tot. Er war ja einer der ersten, der erstochen wurde."

Osman Pascha ließ eine kurze Pause eintreten, um die Bedeutung der nächsten Worte zu erhöhen, nahm den Pädär scharf in die Augen und sprach mit schwerem Nachdruck:

„Ich habe geglaubt, er wäre unverletzt und läge im Inneren des Birs Nimrud gefangen!"

Das kam den Persern so unerwartet, daß sie sich nicht zu beherrschen vermochten. Ihr rasches Zusammenzucken und die erschrockenen Blicke, die sie einander zuwarfen, waren vollgültige Beweise ihrer Schuld. Sie standen in wortloser Bestürzung vor dem General. Dieser fuhr mit der gleichen Strenge fort:

„Der Gast des Sandschaki ist den Anführern der Räuber nach, um ihren Schlupfwinkel zu entdecken?"

„Ja, so sagte er", würgte der Pädär in einer Weise heraus, die seine Beklemmung verriet.

„Das war höchst überflüssig, denn ich kenne dieses Versteck schon genau. Der Haddedihn liegt abgesondert im Raum rechts, wenn man von der Treppe aus in die nächste Kammer kommt. Geht man aber geradeaus, so sieht man das Drahtgitter, hinter dem Kara Ben Nemsi und der Pischkhidmät Baschi gelegen haben!"

„Bärâ-i-Chuda — um Gottes willen!" schrie der Pädär auf. „Woher — woher weißt du — —" er hielt vorsichtig inne, denn er besann sich, daß er im Begriff stand, ein Geständnis auszusprechen, und verbesserte sich, indem er es in die Worte veränderte: „Wir wissen nicht, was du meinst. Wir haben nicht die geringste Ahnung davon, was dein Ausspruch bedeuten soll!"

„Wirklich nicht? So mache ich euch darauf aufmerksam, daß ich nicht gesagt habe, daß diese beiden Männer noch dort liegen, sondern daß sie dort gelegen haben. Sie sind nämlich nicht mehr gefangen. Euer Ssäfir —!"

„Ssäfir, Ssäfir!" rief da Aftab höchst unvorsichtig aus.

„Oh, du erschrickst darüber, daß ich den von euch so sorgfältig verschwiegenen Namen des sogenannten ‚Gastes' kenne? Dein Schreck überführt euch aller eurer Schuld! Also euer Ssäfir hat sich in Kara Ben Nemsi stark verrechnet. Der Franke ist klüger und geschickter als ihr alle miteinander. Er hat das Innere des Birs Nimrud gekannt, längst bevor er von euch hineingeschafft wurde, und hat heimlich über den Ssäfir gelacht, als dieser vor ihm stand und von den Qualen sprach, mit denen er ihn martern wollte."

„Ich — ich — wir — du — du siehst uns fast ohne Sprache vor Erstaunen über das, was du erzählst. Wir können es nicht begreifen!" stammelte der Pädär.

„Nicht vor Erstaunen, sondern vor Angst! Als Kara Ben Nemsi und Halef beim Tamariskengebüsch am Euphrat in deine Hände fielen, hast du gejubelt vor Freude darüber, daß du ihnen die Hiebe, die ihr von ihnen erhalten habt, nun zurückzahlen könntest. Jetzt nun gelangst du zu der Einsicht, daß es allerdings Hiebe, gewaltige Hiebe geben wird, aber nicht für sie, sondern für euch!"

Da hielt es der Pädär für angemessen, seine Bestürzung zu unterdrücken und den unschuldig Beleidigten herauszukehren. Er richtete sich hoch auf und fragte:

„Herr, wie kommst du dazu, all dieses unverständliche Zeug uns zu —"

„Schweig!" donnerte der General dazwischen. „Ich werde nicht Herr, sondern Hasret genannt. Diese Anrede hast du bis jetzt sorgfältig vermieden. Es wird euch aber die vorgeschriebene Höflichkeit bald beigebracht werden! Und wenn du von ‚unverständlichem Zeug' redest, so soll dir sofort das Verständnis dämmern. Schau hin! Du kennst sie wohl!"

Osman Pascha deutete auf den Vorhang. Ich hatte in Erwartung dieses Augenblicks den Kammerherrn schon längst zu mir gewinkt und trat mit ihm hinaus. Die Wirkung unseres Anblicks war noch stärker, als wir erwartet hatten. So frech und hartgesotten diese Menschen waren, dem Schreck, den dieser Augenblick ihnen brachte, konnten sie doch nicht widerstehen. Sie knickten zusammen, und der Pädär flüchtete zur Tür. Da eilte ich hin, stellte mich zwischen sie und ihn, zog den Revolver und hielt ihm die Mündung vor die Brust.

„Weg von der Tür, sonst schieße ich dich nieder!"

Das trieb ihn einige Schritte zurück. Da er aber dabei mit der Hand zum Gürtel fuhr, fügte ich hinzu:

„Und weg dort mit der Hand! Jetzt hat der Scherz ein Ende, und es wird Ernst! — Onbaschi, herein!"

Der Korporal folgte diesem Ruf, er eilte mit seinen Leuten herbei und versperrte mit ihnen die Tür. Während ich den Persern den Revolver noch immer entgegenstreckte, nahm man ihnen die Messer und Pistolen ab. Gewehre hatten sie nicht mit. Sie machten keinen Versuch, sich zu wehren.

„So!" sagte ich zu dem Pädär gewendet. „Weißt du noch, was du mir angedroht hast, was bei unserem Wiedersehen geschehen sollte? Das Wiedersehen ist da, was wird nun weiter kommen?"

Ich hörte seine Zähne knirschen, eine andere Antwort gab er nicht.

„Ihr habt euch wunder wer weiß wie klug gedünkt, und doch, wie dumm seid ihr!“ sprach ich weiter. „Es ist wirklich kaum glaublich, mich in den Birs Nimrud zu stecken und mir doch vorher zu verraten, wie man es anfangen muß, ins Innere dieser Ruine zu gelangen!“

„Wer hat das verraten?“ fuhr er auf.

„Du! Du selber!“

„Lüge, nichts als Lüge!“

„Pah! Hattest du nicht eine Schrift bei dir, die eine Zeichnung des Weges des Einganges und sogar die auf dem Ziegel befindlichen Zeichen enthielt?“

Da ballte er die Fäuste, sprang auf mich zu, ohne sich aber ganz heranzugetrauen, und schrie:

„Du hast sie in der Hand gehabt? Du hast sie gesehen? Allah vernichte dich!“

„Ja, ich habe sie gehabt und die Zeichen wohl verstanden!“

„So mußt du allwissend sein oder dich mit teuflischer Zauberei befassen!“

„Dazu ist weder Allwissenheit noch Zauberei nötig. Es gehört weiter nichts dazu, als daß man nicht ganz und gar so einfältig ist wie ihr drei Kerle. Ich will aber darauf verzichten, euch eure Dummheit vor Augen zu halten, denn ihr würdet ja doch nicht zur Einsicht gelangen. Wir wollen es lieber so kurz wie möglich mit euch machen. Gib den Brief heraus, den du für den Sandschaki mitgebracht hast!“

Er zuckte unwillkürlich mit der Hand nach hinten, zog sie aber von der Stelle, die er berührt hatte, schnell wieder zurück.

„Ich habe keinen Brief!“

„Sprich keinen solchen Unsinn! Es ist ja geradezu zum Lachen, daß du jetzt etwas leugnest, was du vorhin wiederholt behauptet hast.“

„Der Brief war nur ein Vorwand. Ich habe wirklich

keinen. Und wenn ich einen hätte, so würde ich ihn doch nicht hergeben."

„Ich werde ihn schon finden!"

„So such!" brüllte er mich grimmig an und ließ ein erzwungenes Gelächter folgen.

Ich trat hinter ihn, legte die Hand auf die Stelle, die er vorhin berührt hatte, und sagte:

„Hier steckt er!"

„Da im Gürtel? Nimm ihn doch heraus!"

„In dem Gürtel wohl nicht, sondern darunter, in der Sirdschamä[1], denke ich."

„Napâk[2], du hast den Teufel!"

Er hatte dieses beleidigende Wort kaum ausgesprochen, so gab ich ihm eine Ohrfeige, daß er, so lang er war, zu Boden stürzte.

„Haltet ihn fest!" rief ich dem Korporal zu.

Dieser warf sich mit seinen Leuten auf den Pädär, noch bevor er sich erheben konnte. Er wollte sich zwar wehren, vermochte aber gegen so viel kräftige Hände nichts auszurichten. Da wurde der Vorhang auseinandergerissen, der Sandschaki stürzte aufgeregt herein und herrschte mich zornig an:

„Was hast du mit den Briefen zu schaffen, die an mich gerichtet sind? Bist du etwa mein Vormund, oder bin ich ein Knabe, der, wenn er etwas haben will, was ihm gehört, erst um Erlaubnis fragen muß? Wenn ein Brief an mich hier ist, so darf ihn kein anderer Mensch bekommen als nur ich allein!"

„Auch ich nicht?" fragte der General.

„Nein."

Da legte ihm Osman Pascha die Hand auf die Schulter und belehrte ihn ernst:

„Du scheinst noch immer nicht zu wissen, weshalb und wozu ich mich hier aufhalte. Es sei dir also kurz und deutlich gesagt: ich bin die Hand des Padischah,

1 Hose 2 Schurke

die sich ausstreckt, um das Buch deiner Taten aufzuschlagen. Da gibt es keine Weigerung und keine Abwehr deinerseits. Ich handle nach der Vorschrift, die mir geworden ist, und werde, falls du dich widersetzt, deinem Ungehorsam zu begegnen wissen!"

Der Sandschaki wich einen Schritt zurück, sah ihm kampfbereit ins Gesicht, senkte aber vor dem Blick, dem er begegnete, die Augen und besann sich eines Besseren.

„Ich weiß, daß ich gehorchen muß, wenn es sich um amtliche Angelegenheiten handelt. Dieser Brief aber ist in eigener Sache an mich gerichtet!"

„Oh! So kennst du schon seinen Inhalt?"

„Ja."

„Und weißt also, daß dieser Mann, obgleich er es leugnet, im Besitz eines Schreibens für dich ist?"

„Behaupten kann ich es nicht, aber wenn er eins für mich hat, weiß ich, daß der Inhalt kein amtlicher ist."

„Warum dann die Angst des Überbringers? Warum die Weigerung, ihn vorzuzeigen?"

„Eben weil der Inhalt nicht mein Amt, sondern eine eigene Angelegenheit betrifft, die sich auf meine Familie bezieht, um die sich kein Mensch und selbst kein Vorgesetzter, auch nicht die ‚Hand des Padischah', wie du dich nennst, kümmern darf!"

„Wohlan! Wenn es so ist, wie du sagst, so werde ich ihn dir lassen. Der Mann mag das Schreiben herausgeben!"

„Ich habe keins!" behauptete der Pädär verstockt, während er einen ohnmächtigen Versuch machte, trotz seiner Bedränger vom Boden emporzukommen.

„Da er noch immer leugnet, scheint es, als enthielte das Schreiben Bedenkliches", meinte Osman Pascha. „Man durchsuche ihn!"

„Wir brauchen nicht lange zu forschen", warf ich

ein. „Der Bote hat sich selber durch seine Hand verraten, mit der er zum Brief griff. Wir werden ja gleich sehen."

Bei diesen Worten hatte ich mich niedergebückt und die Hand hinten unter den Gürtel des Persers geschoben, der sich nicht dagegen wehren konnte. Ich fühlte sofort das, was ich suchte. Im Innern der Hose, dort, wo man sonst keine Tasche anzubringen oder zu suchen pflegt, befand sich eine, aus der ich das Schreiben hervorzog. Ein schneller Blick zeigte mir die Anschrift, mit der man den Brief vorsichtigerweise versehen hatte. Als ich mich wieder aufrichtete, schnellte der Sandschaki herbei, streckte die Hand aus, um mir meinen Fund zu entreißen, und rief dabei:

„Her damit! Das gehört mir! Du hast ihn gar nicht zu berühren!"

Ich hielt den Brief ebenso schnell hinter mich und schob den aufgeregten Beamten fort.

„Nimm dir nur Zeit, es handelt sich um die Anschrift!"

„Ist sie etwa die deinige?" brüllte er mich wütend an.

„Nein. Aber sie enthält nicht bloß deinen Namen, sondern auch deinen Amtstitel. Der Abgesandte des Padischah mag entscheiden, ob daraus auf amtlichen oder persönlichen Inhalt zu schließen ist."

Ich reichte das Schreiben dem Pascha. Der Sandschaki fuhr rasch auf ihn los, um es ihm zu entreißen. Ich faßte ihn aber hinten am Kragen, drehte ihn mit einem Schwung um sich selbst und schleuderte ihn in die Ecke, wo er niederstürzte. Er raffte sich wieder auf, um seinen Angriff auf den Brief zu wiederholen, aber die anwesenden Offiziere, die auch aus dem Nebenzimmer herübergeeilt waren, stellten sich vor ihn und ließen ihn nicht aus der Ecke heraus. Da er wohl wußte, daß der Brief die Beweise seiner Schuld enthielt, wehrte er sich mit den Fäusten und mit kräftigen Worten, doch vergeblich. Der General las die Anschrift, winkte mir zu und entschied:

„Du hast recht. Die Aufschrift läßt auf amtlichen Inhalt schließen. Der Brief gehört mir!"

Osman öffnete ihn und las. Sein Gesicht wurde immer ernster. Als er zu Ende war, steckte er ihn zu sich, sah einige Augenblicke überlegend vor sich nieder und schritt dann zur Tür des Vorzimmers, die er öffnete.

„Kol Agassi!" rief er hinaus.

Der Alte kam herein.

„Gibt es eiserne Handfesseln hier?"

„Ja, Hasretin. Sie hängen an Ketten unten im Kabu es Sidschn[1], wo die gefährlichen Gefangenen untergebracht werden."

„Sind diese Gefängnisse fest?"

„Fest? Allah, Wallah! Die Mauern sind mannsstark von Stein, der Boden ist von Stein, und die Decke ist auch von Stein. Es gibt kein Fenster, kein Loch darin, und die Türen sind so dick, daß man stundenlang arbeiten müßte, um eine kleine Öffnung hineinzuschneiden."

„Wieviel solcher Gelasse sind da?"

„Wohl zehn oder zwölf habe ich gezählt, als ich unten war."

„Wer hat die Schlüssel?"

„Der Sindandschi[2]. Soll ich ihn holen?"

„Nein. Ich gehe selber, und du wirst mich zu ihm führen."

Er wendete sich hierauf zu mir und sagte deutsch:

„Der Sandschaki ist ein Verräter. Das Schreiben ist ein Vertrag, den er unterzeichnen sollte, und gibt die Summen an, die er schon erhalten hat und noch bekommen soll. Mehr darf ich Ihnen nicht sagen. Ich

1 Gefängniskeller 2 Gefangenenaufseher

muß mich seiner Person so versichern, wie es die Größe meiner Verantwortung erfordert, und das Gefängnis also selber in Augenschein nehmen. Werden Sie dafür sorgen können, daß während meiner Abwesenheit nichts Nachteiliges geschieht?"

„Gewiß. Sie brauchen keine Sorge zu haben, Exzellenz. Hierbei möchte ich fragen, was Sie über die drei Perser hier beschlossen haben?"

„Sie werden auch in Ketten gelegt. Der eine, den Sie Pädär nennen, hat den Brief aus Teheran gebracht. Der Ssäfir ist der eigentliche Unterhändler und kennt den ganzen Inhalt dieses Schreibens. Also bitte, sorgen Sie dafür, daß, solange ich fort bin, nichts vorkommt!"

Er entfernte sich mit Amud. Kaum war er hinaus, so machte der Sandschaki abermals einen Versuch, aus der Ecke fortzukommen, und sprudelte denen, die ihn daran hinderten, die Drohung zu:

„Macht Platz! Wer mich zurückhält, wird ohne Nachsicht aufs strengste bestraft. Ich bin es, der hier zu befehlen hat, kein anderer Mensch! Meine Beschwerden werden nach Bagdad und sogar bis nach Stambul gehen. Ich lasse euch absetzen und einsperren! Hört ihr es? Oder fürchtet ihr euch vor dem Christenhund dort? Dieser Ausbund von Schlechtigkeit und Niedertracht —"

Da stand ich aber schon vor ihm und unterbrach ihn:

„Du meinst mich?"

„Ja, dich!" zischte er mich an.

„Und wie wagtest du mich zu nennen?"

„Einen Christenhund, einen —"

Er konnte den Satz nicht aussprechen, denn er bekam von mir einen Kopfhieb, der ihn besinnungslos niederwarf. Ich zog ihm das Machrami[1] aus dem Gürtel und band ihm damit die Hände auf den Rücken.

1 Taschentuch

„So. Jetzt belästigt er uns nicht mehr. Für das weitere wird der Sindandschi sorgen!"

„Und vielleicht dann gar der Dschellad[1] oder, zur Schonung des beschmutzten Amtstitels, die seidene Schnur", fügte der Mir Alai meinen Worten hinzu. „Ich sehe, Effendi, daß deine Faustschläge noch ebenso kräftig sind wie früher. Du ersparst damit die Fesseln, die sonst notwendig wären, die Hände und Füße der Gefangenen unschädlich zu machen. Dort wäre eigentlich auch ein solcher Hieb angebracht."

Er deutete auf den Pädär, der, noch immer von den Soldaten niedergehalten, die Abwesenheit des Generals zu erneutem Widerstand benutzen zu können glaubte. Ich ließ ihn mit seinem eigenen Gürtel binden, und da der Korporal schon bei dieser Arbeit war, so vollzog er sie, ohne daß ich ihn dazu aufzufordern brauchte, auch an den beiden anderen Persern, die nicht den Mut besaßen, Einspruch zu erheben.

Osman Pascha kam jetzt zurück. Ihm folgte der Kol Agassi, und ich sah dabei durch die geöffnete Tür, daß das ganze Vorzimmer voll Soldaten stand. Die Gefangenen wurden abgeführt. Der Sandschaki mußte getragen werden, weil er noch nicht wieder zu sich gekommen war. Der General ging selber wieder mit, um sich zu überzeugen, daß die gebotene Vorsicht beachtet wurde.

Als er wieder eintrat, machte ich ihn darauf aufmerksam, daß ich mich nun beeilen müßte, zum Birs Nimrud zurückzukehren.

„Ja", stimmte er bei. „Wir haben länger zugebracht, als du wohl eigentlich wolltest. Aber es ist dabei auch zum vernichtenden Schlag gegen den Sandschaki gekommen, was ich nur dir allein verdanke. Wer soll bestimmen, was nun geschehen soll, du oder ich?"

„Ich bitte, du!"

1 Henker

„Das ist eine Aufgabe, deren Lösung dir wohl leichter würde als mir, weil du die Örtlichkeit und die sonstigen Verhältnisse besser kennst. Ich bitte dich darum wenigstens um deine Ratschläge, nach denen ich mich dann richten kann!"

„Gern! Aber wir wollen dabei deutsch sprechen!"

„Wie Sie wollen!" stimmte er mir sofort in dieser Sprache bei. „Es gibt wohl etwas, was nur wir beide wissen dürfen?"

„Ja, der große Wert des Schmuggellagers. Ich meine, daß da nur Vertrauenspersonen Zutritt erhalten sollten."

„Ganz meine Meinung. Aber ist es nicht wahrscheinlich, daß es zu einem Kampf in diesen unterirdischen Räumen kommt?"

„Möglich wohl, doch glaube ich, ihn vermeiden zu können. Wenn das Lager in unsere Hände fällt, gehört es der Regierung des Padischah. Exzellenz sind da wohl auch meiner Meinung?"

„Gewiß. Selbstverständlich gibt es eine angemessene Belohnung für die Leute, denen wir diesen Gewinn zu verdanken haben."

„Gut, ich halte Sie beim Wort!"

„So? Sie wollen — für sich —?" fragte er etwas ungläubig. „Es ist ja wohl gewiß, daß nur Sie allein es sind, durch den es ermöglicht —"

„Bitte", unterbrach ich ihn, „das bin ich nicht, sondern das ist mein alter Binbaschi in Bagdad. Hätte er uns nicht erzählt, was ihm im Birs Nimrud geschehen ist, so wäre es jetzt nicht möglich, dem Ssäfir das Handwerk zu legen. Er hat sein ganzes Vermögen hergeben müssen, und so ist er es, für den ich um die mir zugestandene Belohnung bitte, Exzellenz!"

Osman Pascha reichte mir seine Hand und sagte gerührt:

„Dachte es mir! Anders konnte es gar nicht sein!

Da kommt der bekannte Kara Ben Nemsi zum Vorschein, der nicht für sich, sondern für die Braven und Geschädigten sorgt! Ihr Binbaschi soll so viel haben, wie Sie für ihn erbitten. Nun aber: wir brauchen Soldaten. Von welcher Truppe, und wieviel?"

„Nur Reiterei, der Schnelligkeit wegen."

„Die haben wir."

„Ich weiß nicht, wieviel Mitglieder von der eigentlichen Bande des Ssäfir zugegen sein werden und wieviel Ghasai er angeworben hat, aber ich meine, daß wir mit fünfzig Reitern genug haben werden."

„Wenn Sie es verlangen, lasse ich die ganze Besatzung ausrücken!"

„Danke! Wenn ich die Sache auf mich zu nehmen hätte, würde ich viel weniger als fünfzig brauchen."

„Aber warum wollen Sie das nicht?"

„Der Verantwortung wegen."

„Pah! Ich bin hier fremd. Sehen Sie nicht ein, daß Sie mir einen großen Gefallen erweisen würden, wenn Sie mich von dieser Sache befreiten, indem Sie die Ausführung übernehmen? Ich kenne Sie und weiß, daß ich die Vollmacht in keine besseren Hände legen könnte. Also bitte, tun Sie es und — schlagen Sie ein!"

Er hielt mir die Hand hin und fügte, als ich noch zögerte, lächelnd hinzu:

„Ich verspreche sogar, Sie im voraus durch eine Freude zu belohnen, die ich Ihnen und einem anderen mache!"

„Welche Freude?"

„Warten Sie einen Augenblick! Wie heißt der Kol Agassi, für den Sie sich verwendet haben?"

„Amud Mahuli."

„Gut, ich komme in zwei Minuten wieder!"

Osman Pascha winkte dem Mir Alai, ihm zu folgen, und ging mit ihm ins nächste Zimmer, wo es Schreibzeug gab. Als sie wieder erschienen, lächelte mir der

Oberst, der wohl Auskunft hatte geben sollen, beistimmend heimlich zu. Der General hatte einen Papierbogen in der Hand, den er mir mit den Worten überreichte:

„Amud Mahuli ist von heute an Binbaschi. Hier haben Sie die einstweilige Bestätigung als Sicherheit für die eigentliche Ernennung, die in einigen Tagen nachfolgen wird. Sie können sie ihm geben, wenn es Ihnen beliebt. Von mir und dem Mir Alai wird er jetzt noch nichts erfahren. Vielleicht machen Sie eine Belohnung daraus. Sie sehen, ich komme Ihnen entgegen. Und nun nochmals meine Hand, werden Sie jetzt endlich einschlagen?"

„Ja, von Herzen gern", antwortete ich, indem ich ihm die Hand reichte und dann das Papier zusammenfaltete und in die Tasche steckte.

„Gut! Bestimmen Sie also, was geschehen soll! Aber nehmen Sie nicht weniger als fünfzig Reiter mit, denn es ist auf alle Fälle besser, Sie haben zehn Mann zuviel als einen zuwenig!"

„So bitte ich um sechzig, denn zehn müssen bei den Pferden bleiben."

„Schön! Und weiter?"

„Diese sechzig Leute befehligt mein alter Amud Mahuli, der in allen Stücken mir gehorchen muß."

„Einverstanden! Ferner?"

„Ein Paket Lichte und Zündhölzer."

„Weiter nichts?"

„Nein, weiter nichts. Ich bin fertig und habe nur noch die eine Frage: würden Exzellenz hinauskommen können, wenn ich einen Boten schicke?"

„Wenn Sie zu mir senden, brauchen Sie mich, und ich werde also kommen."

„Dann bitte, die Abteilung schnellstens marschfertig, und ein Pferd für den Pischkhidmät Baschi!"

„Der soll wieder mit?"

„Ja, ich brauche ihn."

„Ich halte ihn aber nicht für sehr mutig!"

„Ich will nur den Mann selber haben, nicht seinen Mut, den er allerdings nicht besitzt. Dieser Perser ist mir zu einer untätigen Rolle nötig."

„Oh, ich vermute, Sie geben, wie das so Ihre Art und Weise ist, der Angelegenheit eine etwas reizvolle Wendung?"

„Ich hoffe es."

„So bin ich begierig auf das, was Sie mir dann erzählen werden. Ich erteile sofort die nötigen Befehle."

„Aber bitte, die Ausführung in der größten Stille! Und dann gestehe ich, daß ich Hunger und Durst habe."

„Diesen Übeln soll sogleich abgeholfen werden", lachte er vergnügt.

Zehn Minuten später saßen alle Anwesenden bei kaltem Lachm mischwi[1], und eine Viertelstunde darauf meldete der Kol Agassi, daß die Mannschaften zum Aufbruch bereit ständen. Es war auch die höchste Zeit. Der Kammerherr weigerte sich nicht, mit dabei zu sein. Bei sechzig Mann Begleitung fühlte er sich sicher. Hätte er aber gewußt, wozu ich ihn bestimmt hatte, so wäre er wohl lieber in Hille geblieben. Amud Mahuli hingegen freute sich wie ein Kind auf den geplanten Streich.

1 Gebratenes Fleisch

14

WIEDER IM TURM

Wir brachen auf und fanden die kleine Reiterschar schon draußen vor dem Tor auf uns wartend. Ich setzte mich mit dem Kol Agassi und dem Kammerherrn an ihre Spitze. Kaum waren wir zur Stadt hinaus, so erkundigte sich der Offizier nach meinen Befehlen.

„Du, Effendi, bist der Muschir[1] unseres Heeres“, sagte er, „und ich bin der Ferik Pascha[2]. Dir haben alle zu gehorchen, mir aber auch meine sechzig Mann. Wir werden gern kämpfen und sind bereit, für dich in jedes Feuer zu springen. Sag mir nur, was ich tun und wie ich mich verhalten soll!“

„Zunächst müssen wir schnell und unbemerkt zum Birs Nimrud kommen“, antwortete ich ihm.

„Unbemerkt? Da ist es richtiger, von diesem Weg abzuweichen.“

„Wohl, aber dann geraten wir vielleicht auf schlechtes Gelände und bringen die Beine der Pferde in Gefahr.“

„O nein! Du mußt bedenken, daß hier unser Exerzierfeld ist, wo wir jeden Schrittbreit kennen. Wenn die Feinde an einen Angriff denken, so erwarten sie ihn von der Stadt her. Nicht?“

„Allerdings.“

„Sie werden also ihre Wachsamkeit in diese Richtung lenken, und so müssen wir uns von einer anderen Seite nähern. Wir setzen dadurch eine Zeit von höchstens fünf Minuten zu. Ist es dir recht, daß wir einen kleinen Bogen schlagen?“

„Ja.“

„So komm, und verlaß dich auf mich! Deine Heng-

[1] Marschall [2] Divisionsgeneral

ste werden auch nicht ein einzigesmal straucheln. Wir reiten wie auf einer ebenen Sufra[1]."

Er lenkte rechts vom Weg ab, und ich muß gestehen, daß er bezüglich seiner Ortskenntnis nicht zuviel gesagt hatte. Dabei ließ er das Gespräch nicht einschlafen.

„Ich denke an das alte Sprichwort, das sagt: Das Schicksal wendet die Jacke des Menschen täglich dreimal um, früh einmal, mittags noch einmal und des Abends wieder einmal. Die deinige aber scheint es noch öfter umzuwenden, nämlich des Nachts auch zweimal."

„Wieso?"

„Weil du in dieser Nacht gefangen warst und nun selber Gefangene machen willst. So warst du auch mein Gefangener und doch nach kurzer Zeit schon wieder frei, und zwar ohne einen Menschen um Erlaubnis zu fragen!"

„Ein Sprichwort in meinem Vaterland sagt: Wer viel fragt, der geht viel irre. Hier in diesem Fall würde es heißen müssen: Wer viel fragt, der kommt nicht über die Mauer."

„Ja, dieser Sprung über die Mauer! Du hättest die Blicke sehen sollen, als ihr darüber hinwegflogt! So einen Sprung hätte keiner von uns gewagt! Wir haben keine schlechten Pferde beim Regiment, aber keine guten Reiter. Der freie Bedawi reitet viel, viel besser als wir. Wenn ich nur ein Bataillon hätte, wie sollten meine Leute reiten lernen! Die müßten fliegen wie die Falken! Aber so weit bringe ich es in meinem Leben nicht mehr. Das Kismet ist mir nie wohlgesinnt gewesen!"

„Fühlst du dich nicht glücklich?"

„Wie kann man glücklich sein, wenn man fünf Monate lang keine Löhnung erhält. Der Padischah ist der größte und berühmteste, der reichste und weiseste Herrscher aller Reiche; aber — du wirst mir nicht das Leid antun, meine Worte zu verraten! — sein Reichtum bleibt

1 Niedriger Tisch

bei ihm; er kommt nicht zu uns, und seine Weisheit reicht über den ganzen Erdkreis, aber nicht bis in unsere Taschen.“

„Wovon lebst du da, wenn die Löhnung so lange Zeit ausbleibt?“

„Ich lebe eigentlich gar nicht, sondern ich hungere, denn ich habe meinen Harem[1] und meine Kinder und Kindeskinder lieb und gebe ihnen die Brotkrumen, die ich von den Teppichen meiner hohen Vorgesetzten auflese. Ich will gern hungern, sie aber sollen satt werden!“

„Deine Vorgesetzten haben also Brot?“

„Oh, nicht bloß Brot, sondern auch Fleisch und überhaupt alles, was ihr Herz begehrt! Du mußt nämlich wissen, daß der Fluß der Löhnung von oben herunterkommt, aber nur bis zum Binbaschi geht. Da hört er gewöhnlich auf, und nur dann, wenn das Regiment meutert, wird eine kleine Schleuse geöffnet, die sich aber bald wieder verstopft. Ja, wenn ich es einmal bis zum Binbaschi brächte, so wäre mir und meinem Haus, dem mein ganzes Herz gehört, für immer geholfen!“

„Ist dein Haus groß?“

„Ich habe zwei Söhne mit ihren Frauen und zwei Töchter mit ihren Männern und Kindern. Ich habe meine eigene Mutter und auch die Mutter meines Harems. Das sind zusammen elf Personen, die ich mit der kargen Löhnung, die ich nicht erhalte, unterstützen soll. Allah gebe baldige Besserung.“

„Er wird dir helfen, Amud Mahuli. Wenn ich heute mit dir zufrieden bin, werde ich mit Osman Pascha sprechen und ihn bitten, dafür zu sorgen, daß dir die rückständige Löhnung ausgezahlt wird.“

„Wenn du das wolltest, Effendi! Meine Dankbarkeit und auch die Dankbarkeit meines ganzen Hauses würde dich segnen bis an unser Ende! Wir haben gemerkt, wie hoch der Dscheneral dich ehrt und achtet. Er hat

1 Hier ist die Frau gemeint

heute in viel wichtigeren Dingen nur auf dein Wort gehört und würde dir also auch diesen kleinen Wunsch gewiß von Herzen gern erfüllen. Du sollst mit mir zufrieden sein, ich werde alles tun, um mir deine Fürbitte zu verdienen. Vielleicht denkst du dann auch an dein anderes Versprechen."

„An welches?" fragte ich, mich vergeßlich stellend.

„An deinen Bericht an den Sseraßker. Wirst du darin auch erwähnen, daß wir jetzt zum Birs Nimrud reiten, um die Mörder der Karawane zu ergreifen?"

„Ja."

„Und daß ich als Anführer von sechzig Mann und dein nächster Untergebener dabei beteiligt bin?"

„Gewiß! Ich werde alles, was du tust, und wie du dich dabei auszeichnest, ganz ausführlich schildern."

„Ich danke dir! Ich weiß, daß du Wort hältst, und ich werde mir deine Anerkennung und die Gnade des Sseraßkers zu erwerben suchen. Jetzt sind wir so weit, daß der Birs Nimrud im Südosten vor uns liegt. In zehn Minuten werden wir dort sein."

„Schon? Das ist schneller gegangen als ich dachte!"

„Ich wußte es, daß du mit meiner Führung zufrieden sein würdest. Jetzt brauchst du nur zu bestimmen, welchen Punkt der Ruine du zuerst berühren willst."

„Erinnerst du dich der Stelle, wo wir unsere Pferde versteckt hatten und dann früh am Morgen abholten?"

„Ja, ich kenne sie genau."

„Dorthin muß ich zunächst. Doch halten wir vorher auf Rufweite von dort an, denn ich will zu Fuß hinschleichen, um zu erfahren, wo die Leute stecken, die wir suchen."

Wir ritten noch eine kurze Strecke, und dann hielt der Kol Agassi an.

„Hier haben wir die Entfernung, die du willst", sagte er. „Wenn wir laut rufen, werden wir an der Ruine gehört. Jetzt willst du uns verlassen?"

„Ja."

„Auf wie lange?"

„Das kann ich nicht sagen. Ihr bleibt hier und entfernt euch auf keinen Fall, bevor ich zurückkehre. Dabei müßt ihr jedes Geräusch vermeiden."

„Aber wenn du nicht wiederkommst?"

„Ich komme!"

„Wirst du uns in der Dunkelheit finden?"

„Ja. Hier vertraue ich dir meine Gewehre an, und laß nicht andere Pferde an unsere Rappen, wenn sie liegen. Sie vertragen das nicht!"

Halefs Barkh war am Zügel nebenher geführt worden. Ich gab ihm und meinem Assil Ben Rih das Zeichen, sich zu legen, und sie gehorchten. Dann trat ich den Schleichweg an.

Mein Plan war auf die Voraussetzung gebaut, daß der Ssäfir nicht vor Ablauf der von ihm erwähnten sechs bis sieben Stunden ins Innere des Birs zurückkehren würde, wenigstens nicht in den Raum, wo wir gelegen hatten. Hatte er eher nach uns gesehen, so war unsere Flucht entdeckt, und er hatte sich uns entzogen und von den Vorräten und Schätzen der Ruine so viel mitgeschleppt, wie ihm in der Eile möglich gewesen war.

Ich nahm mich in acht. Das Messer hielt ich in der Hand und war fest entschlossen, mich nicht berühren zu lassen, sondern jeden, der es versuchen sollte, niederzustoßen. Ich kam glücklich bis ans Versteck der Pferde. Es war niemand da. Von hier aus schlug ich die schon bekannte Richtung zum Eingang der Schmuggelniederlage ein. Dort brannten mehrere Feuer, deren Schein es mir erleichterte, einer etwaigen Begegnung auszuweichen. Ich schlich, zuletzt am Boden kriechend, immer näher, bis ich eine einzelstehende Mauersäule erreichte, die von der einen Seite vom Feuer beleuchtet wurde und auf die andere einen tiefen Schatten warf. Hier duckte ich mich nieder und lauschte.

Kaum mehr als zwanzig Schritte von der sauberen Versammlung entfernt, die hier ihr nächtliches Wesen trieb, konnte ich die Männer überschauen und auch alles hören, was nicht ganz leise gesprochen wurde. Sie redeten aber meist laut. Daraus war zu schließen, daß sie sich sicher fühlten. Sie bildeten zwei Abteilungen, und ich erkannte sogleich, daß die einen die Räuber und die anderen die Schmuggler waren. Die Pascher beschäftigten sich damit, einen Haufen von Waren in einzelnen Paketen und Ballen hinauf zum Eingang der Niederlage zu schaffen. Sie taten das von Posten zu Posten, das heißt in der Weise, daß sie sich in gewissen Entfernungen voneinander aufstellten und einer dem anderen das Stück zutrug. Auf diese Weise brauchte keiner von ihnen den ganzen Weg zu machen. Es war ja überhaupt anzunehmen, daß nicht alle, sondern nur die Bevorzugten des Ssäfir den eigentlichen Eingang kannten. Diese standen jetzt oben, die anderen unten, und da sie sich nicht beisammen befanden und ihre Arbeit überaus still verrichteten, konnten sie meiner Beobachtung nichts bieten. Ich wendete meine Aufmerksamkeit also der anderen Abteilung, den Räubern, zu.

Räuber waren sie, denn bei ihnen standen und lagen die zwölf Pferde und sechs Lastkamele des Kammerherrn. Die Lasten lagen in zwei Haufen vor den Mordgesellen, die die einzelnen Gegenstände von dem einen Haufen nahmen, um sie zu beschauen, zu schätzen, über ihren Wert zu streiten und nach schwieriger Einigung auf den anderen zu werfen. Aus diesem Abschätzen und Zanken ersah ich, daß das saubere Geschäft nicht auf Lohn, sondern auf Anteil abgeschlossen war. Ich zählte fünfzehn Mann, lauter Beduinen, die dem oft erwähnten Stamm der Ghasai angehörten: sonnverbrannte, hagere, finster und gierig dreinblickende Gestalten.

Der Ssäfir saß bei ihnen. Er hatte in der Hand ein

Buch und neben sich einen großen Geldbeutel. In das Buch trug er die einzelnen Stücke und ihren Preis ein, und aus dem Beutel zahlte er einem alten, graubärtigen Araber, der wohl der Vormann der Schurken war, den entsprechenden Anteil vom Wert aus. Dabei ging es sehr laut, erregt und nicht ohne gefährlich klingendes Wettern und Fluchen zu. Nur der Ssäfir bewahrte seine Kaltblütigkeit. Er schien im Umgang mit Leuten dieses Schlages erfahren zu sein, hörte ihrem Schimpfen ruhig zu, sprach ein abschließendes Machtwort, dem dann nicht mehr widersprochen wurde, griff in den Beutel und legte den Betrag in die ihm entgegengestreckte, schmutzige Hand. Diese Strolche waren keine geschulten Händler, sie konnten nicht rechnen. Darum ließen sie nicht die einzelnen Posten zusammenziehen und sich dann die ganze Summe geben, sondern ihr Anteil mußte für jedes Stück einzeln entrichtet werden.

Einmal verlor der Ssäfir doch seine Ruhe. Es war bei einer orientalischen Stickerei, deren Gold bis zu mir herüberflimmerte. Die Ghasai bewerteten sie zu hoch, und es entstand ein Streit, der sich so in die Länge zog, daß es mit seiner Geduld zu Ende war. Er sprang auf und rief zornig:

„Ihr seid von Sinnen und bellt um nichts, wie die Schakale beim Schein des Mondes! Schaut dort meine Leute an! Das sind neunzehn Männer, aber sie alle zusammen haben während der ganzen Nacht nicht soviel Lärm gemacht, wie ein einzelner von euch in zwei Minuten. Das habe ich nun satt! Glaubt ihr, ich sitze nur für euch hier und habe nichts anderes vor, als euer Brüllen anzuhören? In einer halben Stunde sind die dort mit ihrer Arbeit zu Ende, dann müssen auch wir hier fertig sein. Ich habe noch für mich zu tun. Bringt ihr noch länger zu, so packe ich hier alles zusammen, und ihr bekommt keinen Para mehr!“

Das wirkte, und der Handel ging von jetzt an schneller vonstatten. Aber seine Worte sagten auch mir, daß ich mich beeilen mußte, denn was er in einer halben Stunde für sich zu tun hatte, wußte ich: Er wollte zu mir und dem Kammerherrn, und da mußte er nach meinem Plan uns scheinbar gerade so antreffen, wie er uns verlassen hatte. Ich huschte zunächst außer Hörweite fort und lief dann, so schnell ich konnte, zu meinem Reitertrupp. Der Kol Agassi war erfreut, als er mich wiedersah.

„Jetzt, beginnt eure Aufgabe", sagte ich, so daß alle es verstehen konnten. „Merkt gut auf! Neun Mann bleiben hier an dieser Stelle bei den Pferden! Sie sollen dafür sorgen, daß kein Lärm entsteht. Ein zehnter geht mit mir und dem Pischkhidmät Baschi. Was er tun muß, wird er noch erfahren. Wer diese zehn sind, wird der Kol Agassi bestimmen. Und jetzt kommt die Hauptsache. Hört!" Sie drängten sich näher zu mir heran und ich fuhr fort: „Ich führe die übrigen fünfzig jetzt zu einer Stelle der Ruinen, wo einige Feuer brennen. Dort sitzen die Mörder und verteilen die Beute. Es sind fünfzehn Mann. Da sind auch die Schmuggler, die ihre Waren in die Trümmer tragen. Sie zählen neunzehn, mit dem Anführer sind es zwanzig. Wir müssen also zusammen fünfunddreißig Leute fangen. Wenn uns kein einziger entkommt, erhält jeder Soldat von euch hundert und jeder Unteroffizier zweihundert Piaster!"

Das gab leise Ausrufe der Freude, des Staunens und der Zustimmung. Ich sprach weiter:

„Wir fangen sie in folgender Weise: Ihr bildet eine Linie, die von den Ruinen aus in einem Halbkreis um die Feuer herumführt und dann wieder an die Ruinen stößt. Dadurch werden diese Menschen eingeschlossen, so daß keiner auf die freie Ebene entfliehen kann. Wer von ihnen sich eurer Linie naht, wird laut angerufen und zurückgewiesen. Will er den Durchbruch erzwingen, so wird er ohne Nachsicht niedergeschossen. Sie sollen deshalb zunächst zurückgewiesen werden, weil es meine Absicht ist, sie bei Tagesanbruch beisammen zu haben. Was dann geschieht, werdet ihr von mir erfahren, denn bis dahin bin ich wieder bei euch. Sagt mir, aber nicht zu laut, ob ihr mich verstanden habt!"

Ich bekam ein vielmaliges „Ja" zu hören. Die Leute waren von den versprochenen Piastern begeistert, und ich konnte überzeugt sein, daß sie alles tun würden, sich das Geld zu verdienen. Um diese Begeisterung auch dem Kol Agassi mitzuteilen, zog ich ihn auf die Seite und fragte ihn leise:

„Meinst du, daß sie nun ihre Pflicht tun werden?"

„Oh, Effendi", antwortete Amud Mahuli, „ich versichere dir, daß sie lieber sterben, als einen dieser Halunken entkommen lassen. Du hast dir mit einem Schlag ihre ganze Anhänglichkeit, Liebe und Treue erworben!"

„So will ich versuchen, auch die deinige zu gewinnen. Du hast vorhin einen höheren Rang gewünscht, und ich sagte dir, daß Allah dir helfen würde. Dieses Wort soll in Erfüllung gehen. Allah sendet dir seine Hilfe durch mich, denn ich teile dir folgendes mit: wenn von den fünfunddreißig Männern, die wir haben wollen, keiner entkommt, so bist du Binbaschi, noch ehe wir nach Hille zurückkehren."

Er stand starr vor freudigem Schreck und brachte kein Wort hervor. Dann nahm er sich zusammen und stammelte:

„Bin — ba — schi — — noch — ehe — wir —" und nun sprudelte er höchst schnell hervor: „Binbaschi soll ich sein, noch ehe wir in die Stadt zurückkehren! Effendi, ich weiß, daß du die Wahrheit sagst und keinen törichten Scherz mit mir treibst, und so will ich —"

„Sei still, Amud Mahuli", unterbrach ich ihn. „Noch

bist du nicht Binbaschi. Du kannst und sollst es aber werden, wenn du meine Bedingung erfüllst. Reg dich also jetzt nicht auf, und sei darauf bedacht, meinen Erwartungen zu entsprechen."

„O Effendi, wir fangen alle, alle, alle! Ich bin überzeugt, daß uns kein einziger entschlüpft. Komm, damit wir den Kreis um sie rasch schließen!"

„Erst mußt du die neun auswählen, die hierbleiben, und den einen, der mit mir geht und Halefs Waffen tragen soll."

„Das ist in einer Minute geschehen. Ich eile!"

Amud Mahuli nannte die betreffenden zehn Namen, und dann setzten sich die übrigen fünfzig in Marsch. In der Nähe der Feuer wurde die Linie nach der Anweisung des Kol Agassi so behutsam gebildet, daß keiner von den Einzuschließenden es merkte und es keine Lücke gab, durch die jemand entschlüpfen konnte. Beruhigt ging ich mit dem Kammerherrn und unserem einen Reiter zu der Stelle, die Halef in seiner drolligen Weise ‚Markt der Stachelschweine' genannt hatte. Wie erinnerlich war das der vorborgene Mauereinschnitt, in dem wir die Pferde versteckt hatten, und wo ich mit dem Kammerherrn aus unserer Haft wieder ans Licht des Tages oder vielmehr ans Dunkel der Nacht gedrungen war.

Ich wußte, daß ich ein gewagtes Spiel unternahm, aber es war mir so frei, so leicht, so unbesorglich zumute, als hätte ich es schon gewonnen. Indem wir die Schutthalde hinaufstiegen, fragte mich der Perser:

„Warum suchst du diesen Ort wieder auf, Effendi? Wir haben hier doch, denke ich, nichts mehr zu tun!"

„Ich suche den Ssäfir."

„Den sah ich doch vorhin bei seinen Leuten!"

„Vorhin, ja. Nun werden wir ihn in unserem Gefängnis finden!"

„Willst du etwa wieder hinein?"

„Ja."

„Allah. Bist du bei Sinnen?"

„Ich denke es. Und ich kehre nicht allein dorthin zurück, denn du wirst mich begleiten."

Er blieb vor Schreck sofort im Ziegelmehl stecken, schlug die Hände zusammen und stöhnte:

„Denn — du — wirst — mich — begleiten! Effendi, das fällt mir gar nicht ein! Wenn du übergeschnappt bist, so ist das für mich kein Grund, es auch zu sein!"

„So höre, was ich hier noch suche! Dein Eigentum."

„Mein Eigentum? Wie meinst du das?"

„Von deinen Pferden und Kamelen will ich gar nicht sprechen. Du hast wohl beobachtet, daß sie noch da sind, und wenn du tust, was ich wünsche, wirst du sie wiedererhalten. Aber die Kamele waren schwer beladen und zwar sicher mit Gegenständen, die nicht wertlos sind."

„Bloß nicht wertlos? Du kannst mir glauben, ihr Wert beträgt ein ganzes Vermögen. Es sind Geschenke des Schah-in-Schah, und was unser Beherrscher gibt, kostet sehr viel!"

„Was wird er da sagen, wenn du ihm berichtest, daß diese kostbaren Geschenke geraubt worden sind?"

„Ich werde seine Gnade, seinen Schutz, sein Vertrauen verlieren und in den Staub gestoßen werden, aus dem ich mich nie wieder erheben kann. Dazu kommen die Unterschriften, die ich dem Ssäfir geben mußte. Er wird mich dadurch zum Bettler machen!"

„Wäre es da nicht ein Glück für dich, wenn du das alles wieder bekämst, die Geschenke des Schahs und auch deine Unterschriften?"

„Ja, das wäre ein Glück, für das ich Allah nicht genug danken könnte!"

„Nun gut! Wir kehren ins Gefängnis zurück, um alles wieder zu holen. Wenn du dich entschließt, mitzugehen, verhelfe ich dir zu deinem Eigentum."

„Ist das wahr, Effendi?“ fragte er schnell und arbeitete sich mit den tief in den Schutt gesunkenen Füßen hastig heraus.

„Ja.“

„Aber der Ssäfir wird uns festhalten!“

„Das kann er nicht. Wir werden im Gegenteil ihn festnehmen. Das ist ja der Hauptgrund, der mich zu diesem ungewöhnlichen Streich veranlaßt. Hier weiß ich, was ich tue. Wenn ich mich nur auf die Soldaten verlassen muß, ist es möglich, daß uns der Ssäfir entflieht. Wenn du mir vertraust, zwinge ich ihn zur Herausgabe dessen, was er dir abgenommen und abgezwungen hat. Du erhältst also die Geschenke des Schah-in-Schah wieder und wirst folglich nicht sein Vertrauen verlieren, sondern dich seiner Dankbarkeit für ihre richtige Ablieferung erfreuen.“

„Dein Versprechen beseitigt meine Bedenken. Was tut und wagt man nicht, wenn es sich darum handelt, sich das Wohlgefallen des Beherrschers zu erhalten!“

„Gut! Wenn wir auf die Schultern des Soldaten steigen, erreichen wir bequem das Loch. Ich klettere voran, und du folgst. Warte nur noch einen Augenblick!“

Ich sagte dem Chijâl[1], daß er hier verweilen sollte bis wir wiederkämen, und lieh mir von ihm das alte Tuch, das er im Hüftgurt stecken hatte. Ich brauchte es zum Verdecken des Lochs in der Gefängnisecke. Zündhölzer und einige Talgkerzen hatte ich schon in Hille zu mir gesteckt. Auch hatte ich dort dem Pädär mein Messer wieder genommen. Dazu kamen die Revolver und der Henrystutzen. Den Bärentöter hatte ich bei den Pferden gelassen. Ich war also hinreichend bewaffnet und brauchte mich vor dem Ssäfir nicht zu fürchten. Doch gebe ich zu, daß zu meinem Unternehmen ein gut Teil Wagemut gehörte. Wer mir aber vorwerfen wollte, daß es nicht bloß gewagt, sondern

[1] Reiter

vermessen gewesen sei, den müßte ich darauf aufmerksam machen, daß ich überzeugt war, es im Inneren der Ruine nur mit einer geringen Anzahl von Gegnern zu tun zu haben. Ich glaubte annehmen zu dürfen, daß nur einige der Schmuggler die Lage und Einrichtung der verborgenen Räume kannten, denn es wäre eine unverzeihliche Unvorsichtigkeit des Ssäfir gewesen, alle seine Pascher in das Geheimnis einzuweihen. Also hatte ich ein Zusammentreffen höchstens mit den wenigen Leuten zu befürchten, die mich hineingeschafft hatten, und mit denen glaubte ich leicht fertig zu werden.

Jetzt war es aber höchste Zeit, die traute Stätte aufzusuchen. Der Soldat lehnte sich an die Wand. Seine zusammengefalteten Hände bildeten die erste und seine Schultern die zweite Stufe aufwärts. So kam ich leicht ins Loch, und der Kammerherr folgte mir. Daß ihm dabei das Herz nicht leicht war, hörte ich an dem bedenklichen Seufzen und Krächzen, mit dem er sich hinter mir herschob. Wir hatten bequemen Weg, da der Gang jetzt frei von Ziegelmehl war; der leichte kurze Stutzen behinderte mich nicht. Am Ende des waagrechten Gangs richtete ich mich im senkrechten Schacht auf und lauschte. Mein Kopf befand sich schon im Raum Nummer fünf. Es regte sich nichts, und so stieg ich aus der Grube. Gleich kam auch der Perser heraus.

Eine Untersuchung mit den tastenden Händen belehrte mich, daß wir unser Zwangsobdach genauso wiederfanden, wie wir es verlassen hatten. Unsere Fesseln lagen noch da, und auf der anderen Seite fühlte ich den Müllhaufen, den wir aus dem Loch geworfen hatten. Wir waren allein, und so hätte ich gern ein Licht angezündet, aber der Schein wäre zwischen den Stäben der Vorhangstür hindurchgedrungen und hätte uns, falls in den anderen Räumen jemand weilte, sofort verraten. Wir mußten unsere Vorbereitungen also im

Finstern treffen. Zunächst warfen wir das Loch wieder zu. Ich steckte den Stutzen hinein und breitete das Tuch des Soldaten darüber, auf das der Rest des Ziegelmehls gestreut wurde. Auf diese Weise wurden die Öffnung und das Gewehr den Augen des Ssäfir entzogen. Messer und Revolver hatte ich im Gürtelschal stecken. Das Ziegelmehl rieben wir mit den Jackenärmeln, so gut es ging, von unserer Kleidung.

Nun mußte ich den Perser wieder binden, und ich brauche wohl nicht zu sagen, daß er das nicht zugeben wollte. Als ruhige Vorstellungen nichts halfen, gab ich ihm einen etwas weniger freundlichen Rippenstoß, der ihn von der Notwendigkeit der beabsichtigten Maßregel überzeugte. Er wurde so gefesselt wie vorher. Dann hockte ich mich nieder und legte mir auch meine Stricke wieder an, aber nicht so fest wie früher, doch so, daß es bei flüchtiger Untersuchung den Anschein haben mußte, als wäre nichts an ihnen verändert. Nun fühlte ich mich beruhigt. Mein Wunsch, noch vor dem Ssäfir hier einzutreffen, war erfüllt. Jetzt mochte er kommen!

Die Stimmung des Kammerherrn war keinesfalls so zuversichtlich. Ich hörte wiederholt ein leises bedrücktes „Ah“ oder „Oh“, dem ein seufzendes „Allah, Allah!“ folgte. Er hatte Angst, und als wir nach einiger Zeit Schritte vernahmen und der Schein eines Lichtes zwischen den Drahtstäben hindurchdrang, flüsterte er vor Furcht stotternd in persischer Sprache:

„Effe —fendi, — sie — ko — kommen! Ja ßämâ-i män, äj häjât-i män — o mein Himmel, o mein Leben! Wäre ich doch nicht wieder hereingekrochen!“

„Schweig doch!“ raunte ich ihm zu. „Ich höre, sie gehen zunächst zu Halef, und wir müssen lauschen!“

Die Schritte hatten sich gegen Nummer vier gerichtet. Ich hörte den Ssäfir und auch Halef sprechen, konnte aber die Worte nicht verstehen, doch als der

Perser sich wieder entfernte und mein Hadschi ihm mit erhobener Stimme etwas nachrief, vernahm ich die Worte:

„Laß dich nicht auslachen! Ich kenne meinen Effendi. Er wird kommen und mich herausholen. Dann rechnen wir aber mit euch ab!"

„So will ich dir sagen, daß er schon da ist", rief der Ssäfir zurück. „Er liegt schon lange hier unten, viel fester gebunden als du!"

„Das ist eine Lüge!"

„Es ist wahr!"

„Und wenn es wahr wäre, so hat er nur mit dir gespielt, sich einen Scherz gemacht, das ist so seine Weise. Er wird frei sein und auch mich befreien, ehe du es denkst!"

„Nur seine Seele wird frei sein, denn wir werden sie und die deinige mit Stöcken aus euren verfluchten Körpern treiben!"

„Die Stöcke sind für dich, nicht für uns. Ich schwöre dir bei Allah und den Propheten, daß du schon in kurzer Zeit die Peitsche fühlen wirst, die ihr mir abgenommen habt! Dann wird es deine Seele sein, die aus deiner aussätzigen Haut hinunter in die Hölle fährt!"

Der Ssäfir ließ ein verächtliches Gelächter ertönen. Danach näherten sich die Schritte unserer Tür. Ich unterschied deutlich, daß es nur zwei Mann waren. Die Riegel wurden zurückgeschoben und die Drähte aufgezogen. Der Ssäfir trat mit dem kleinen Halunken ein, der mich durch seine Verkleidung als Hadschi Halef getäuscht hatte. Jetzt hielt er ein brennendes Lämpchen in der Hand. Der Anführer warf einen forschenden Blick durch den Raum, trat zu dem Kammerherrn, weil dieser ihm näher lag als ich, bückte sich und untersuchte die Fesseln.

„Noch in Ordnung!" sagte er, indem er sich wieder aufrichtete. „Mit dir spreche ich später. Erst kommt der Christ dran, mit dem habe ich eigentlich noch gar nicht reden können."

Er stellte sich vor mich hin und winkte den Kleinen mit der Lampe herbei, um mich besser betrachten zu können. Auch meine Fesseln zu untersuchen, hielt er nicht für notwendig, weil die des Kammerherrn „in Ordnung" gewesen waren und meine zusammengekrümmte Gestalt den Anschein erweckte, als wäre meine Lage noch so hilflos wie vorher.

„Du hast wahrscheinlich gehört, was der giftige Zwerg, dein Begleiter, soeben brüllte?" fragte er.

„Ja", antwortete ich.

„Diese häßliche Kröte ist verrückt!"

„Nein."

„Nicht? Du stimmst ihm bei?"

„Ja."

„So bist auch du verrückt, aus Angst vor mir völlig übergeschnappt!"

„Mein Verstand ist jedenfalls klarer und gesünder als der deinige."

Da ließ der Perser das gleiche Gelächter wie vorhin hören.

„Frei will er sein; frei will er seinen Hadschi machen, Prügel mit der Peitsche soll ich erhalten! Das bestätigt dieser Schurke und redet dabei von seinem Verstand!"

„Pah! Was mein Hadschi sagt, das pflegt er stets auszuführen. Wenn er dir Prügel versprochen hat, so wirst du sie bekommen, du magst dich dagegen wehren, wie du willst!"

„Hundesohn, wenn du nicht verrückt bist, so kannst du nur die Absicht haben, mich zu beleidigen! Du scheinst gar nicht zu ahnen, was dir bevorsteht!"

„Willst auch du mich zum Lachen bringen? Wenn einer von uns beiden nicht weiß, was ihn erwartet, so bist du es. Ich habe dir vorausgesagt, was geschehen wird. Warte den Morgen ab!"

„Ja, ich erinnere mich", lächelte er mir höhnisch zu. „Das Strafgericht über mich wird mit dem Tag beginnen und mit dem Abend zu Ende sein, so oder ähnlich hast du gesagt. Das aber wäre mir viel zu kurz! Für dich habe ich da besser gesorgt. Du bekommst von mir nicht bloß einen kurzen Tag, du sollst die Freuden, mit denen ich dich beglücken werde, viel länger genießen! Was du da drüben am Tigris verbrochen hast —"

„Ah, am Pädär-i-Baharat!" fiel ich ein.

Da wich der Anführer der Schmuggler in größter Überraschung einen Schritt zurück und fragte hastig:

„Pädär-i-Baharat? Was weißt du von ihm? Woher kennst du diese Bezeichnung? Wer hat sie dir gesagt? Schon dieser eine Umstand, daß du, ein Fremder und Christ, diesen Namen kennst, besiegelt deinen Tod!"

„Ich wiederhole, daß du dich immerfort mit mir verwechselst. Nicht mein, sondern dein Tod ist besiegelt. Du bist durchschaut worden; man weiß, daß du der ‚Ssäfir' bist, von dem —"

„Ssäfir!" unterbrach er mich. „Das ist für dich ein neuer Grund zu sterben! Wenn ich dein Ende nicht schon beschlossen hätte, würde ich jetzt bestimmen, daß du diesen Ort nicht lebend verlassen darfst!"

„Bilde dir nichts ein! Du hast keine Macht über mich. Ich werde den Birs Nimrud gesund und frei verlassen und dich als meinen Gefangenen nach Hille bringen, um dich zum Pädär und seinen beiden Gefährten sperren zu lassen, die dort in Ketten gelegt worden sind."

„Ich — dein — — Gefangener — nach Hille — — in — Ketten —!" stammelte er, mich wie einen Geist anstarrend. „Es ist wirklich so, wie ich gesagt habe; du bist vollständig übergeschnappt!"

„So versichert dir jetzt ein Übergeschnappter, daß du den Pädär in eine Falle geschickt hast, in der er ʒefangen wurde. Kein Mensch hat ihm dort geglaubt, was du ihm zu sagen befohlen hast."

„Was — was hat man ihm nicht geglaubt?"

„Daß ich und der Haddedihn die Karwan-i-Pischkhidmät Baschi überfallen hätten, und daß du uns ıachgeschlichen wärst, um unser Versteck zu erfahren, ıuch das nicht, daß ich die Leiche des Pischkhidmät Baschi mitgeschleppt hätte, um sie ins Wasser zu werfen."

Er wollte etwas entgegnen, brachte aber vor Bestürzung kein Wort hervor. Da kam mir der Gedanke, eine Verwirrung zur Entdeckung des Geheimnisses der Rose von Schiras' auszunützen, ich fuhr also fort:

„Du siehst, daß eure Heimlichkeiten öffentlich geworden sind. Sogar hinter eure berühmte ‚Gul-i-Schiras' st man gekommen."

Da fuhr er wie ein Raubtier auf mich los, faßte nich an beiden Schultern, schüttelte mich und fauchte nich an:

„Die Gul-i-Schiras? Die Biwä-i-Ämir[1], die Schäms--Chußn[2], unsere Ssitarä-i-Dschira[3], die so tief im Verborgenen wohnt, daß selbst ich sie nur dreimal gesehen habe? Unsere schöne, unsere herrliche Königin, or der wir alle unsere Häupter und unsere Knie beuen? Sie, deren Blick die Herzen bezaubert und deren Stimme zu den schwersten, den verwegensten Taten egeistert, sie willst du kennen, du armseliger Wurm? ch erdrossele dich!"

Jetzt fuhr der Ssäfir mir an die Gurgel. Schon wollte h meine Hände schnell aus der Schlinge ziehen, um hn abzuwehren, da fiel mir ein anderes Mittel ein, das ahrscheinlich die gleiche Wirkung hatte und ihn vieleicht zu weiteren Unvorsichtigkeiten veranlaßte, denn r befand sich in einer Aufregung, die ihn hinderte, eine Worte ruhig zu überlegen.

1 Witwe des Fürsten 2 Sonne der Schönheit 3 Stern der Begeisterung

„Rühr mich nicht an!“ herrschte ich ihn an. „Ich bin auch ein Sill!“

Er prallte, als hätte er einen kräftigen Stoß erhalten, von mir zurück und riß die Augen weit auf.

„Du — du — ein Sill?“

„Sogar ein Ssärtip-i-Sillan[1]!“

„Ein Ssärtip? Mann, entweder hast du den Teufel, der dir unsere Geheimnisse verraten hat, oder du bist wirklich ein Sill! Dann gibst du dich aber nur für einen Christen aus und bist eigentlich ein rechtgläubiger Schiit.“

„Wenn meine Hände nicht gebunden wären, so könnte ich meinen Ring aus der Tasche nehmen und dir beweisen, wer ich bin!“

„Er — er hat — hat auch — einen Ring!“ rief er in wachsender Erregung. „Wenn das wahr ist, so kann ich dich prüfen. Ich brauche dich nur zu fragen nach dem Namen unseres höchsten Gebieters, nach Dscha —“

Der Perser hielt nach dieser einen Silbe inne, denn er sah ein, daß er im Begriff stand, den größten Verrat, der einem Sill möglich war, zu begehen. Die fehlende Silbe des Namens war leicht zu erraten, und da ich an jenem Abend am Tigris dem Pädär abgelauscht hatte, wie dieser ‚höchste Gebieter‘ genannt wurde, so ergänzte ich den unterbrochenen Satz:

„Ah, du meinst Dschafar, den Ämir-i-Sillan?“

„Ja, den meine ich! Du kennst ihn! Du weißt alles. Entweder bist du wirklich ein Ssärtip-i-Sillan und dein Rang ist höher als der meinige, dann muß ich dich sofort freilassen. Oder du bist durch Verrat ein Wissender geworden, den ich unschädlich machen werde.“

So stand der Perser vor mir, beide Hände an die Stirn gelegt, ein Bild vollständiger Ratlosigkeit. Da wandte er sich mit einer schnellen, entschlossenen Bewegung zu dem Kleinen um:

1 Oberster der Sillan

„Leuchte ihn an! Ich muß sehen, was für ein Gesicht er macht. Ich muß ihn bis hinunter in die Tiefe seines Herzens schauen!“

Als das Männchen dieser Aufforderung nachkam, bohrte sich der Blick des Ssäfir förmlich in meine Augen. Seine Narbe war angeschwollen und tief dunkelrot, und aus seinem Gesicht, seinen geballten, angriffsbereiten Fäusten und seiner sprungfertigen Haltung sprach eine Entschlossenheit, eine Spannung, die im Losbrechen vernichtend zu werden drohte. Dennoch blickte ich dem breitschultrigen Menschen mit ruhigem Lächeln ins Gesicht, zog aber die Schlinge des Stricks heimlich auseinander, um die Hände zur Gegenwehr bereit zu haben.

„Dein Antlitz ist mir unleserlich“, sagte er, obgleich meine Sorglosigkeit doch eigentlich leicht zu erkennen war. „Ich sehe nichts, und ich entdecke nichts! Ich muß zu einem untrüglichen Mittel greifen: ich beschwöre dich bei Allah, oder, wenn du ein Christ bist, bei deinem Gott, mir die Wahrheit zu sagen! Wirst du das?“

„Ja.“

„Hast du den Mut, falls du kein Sill bist, das einzugestehen?“

„Ja. Glaube nicht, daß ich mich vor dir fürchte!“

„So sag, bist du ein gläubiger Schiit oder wirklich ein Christ?“

„Es kann mir nicht einfallen, wäre die Gefahr für mich auch noch so groß, meinen Glauben zu verleugnen. Ich bin ein Christ.“

„Allah! Die Gesetze unseres Bundes machen die Mitgliedschaft eines Christen unmöglich. Du bist also kein Sill?“

„Nein.“

„Du bist ohne unsere Erlaubnis in unsere Geheimnisse eingedrungen?“

„Ja.“

„So sei verflucht und stirb!"

Der Sill stürzte, blind in seinem Grimm und ohne sich einer Waffe zu bedienen, mit auseinandergekrallten Händen auf mich nieder. Ich machte eine schnelle Seitwärtsbewegung, so daß er danebengriff, fuhr mit den Händen aus der Schlinge, faßte ihn am Hals, zog ihn vollends an mich, wälzte mich auf ihn und versetzte ihm einen Hieb auf die Schläfe. Er warf die Arme machtlos in die Luft, streckte die krampfhaft zuckenden Beine lang aus und bewegte sich nicht mehr. Das war schneller geschehen, als ich es erzählen kann. Es genügten zwei, drei kräftige Rucke an den Stricken, mich vollends von ihnen freizumachen, dann sprang ich auf. Der Kleine stand, mit der Lampe in der Hand, wie leblos da und starrte mich an. Da warf er die Lampe weg, und sie erlosch, so daß es finster wurde.

„Hundesohn, du entkommst uns dennoch nicht!" schrie er.

Ich wollte vorsichtig ausweichen, aber schon war er da. Ich fühlte seine Hand, die mich packte, und dann einen Stich, der in mein Herz gedrungen wäre, wenn ich mich nicht schon in der beabsichtigten Wendung befunden hätte. Nun traf er den Armmuskel und hatte, wie sich später zeigte, nur eine ungefährliche Wunde zur Folge. Ich wollte ihn fassen, aber der behende Kleine entwich mir schnell und griff zur Pistole, was ich aber wegen der tiefen Finsternis nicht bemerkte. Ich sprang zum Eingang, um ihm den Rückzug abzuschneiden. Da krachte sein Schuß, der auf die Stelle gezielt war, an der ich soeben gestanden hatte. Der Pulverblitz zeigte mir seine Gestalt. Ich schnellte auf ihn zu und schlug ihm, weit ausholend, die Faust auf den Kopf, daß er niederstürzte. Sofort bückte ich mich zu ihm nieder und überzeugte mich, daß er mir nichts mehr anhaben konnte. Jetzt war es still, und auch ich bewegte mich nicht, um zu erfahren, ob der Schuß gehört worden sei. Es regte sich nichts. Da erklang die leise Stimme des Kammerherrn:

„Effendi!"

„Ja", antwortete ich.

„Bist du tot?"

„Unsinn! Wenn ich antworte, kann ich doch nicht tot sein!"

„Also auch nicht erwürgt oder erschossen?"

„Nein, höchstens ein klein wenig mit dem Messer geritzt."

„Wo sind diese beiden schrecklichen Menschen?"

„Sie liegen hier, leblos von meinen Hieben. Doch sprich jetzt nicht! Noch wissen wir nicht gewiß, ob der Schuß gehört worden ist."

Wir warteten noch einige Zeit. Es kam niemand, und so hielt ich es für erlaubt, ein Licht anzubrennen. Die Lampe konnte nicht wieder angezündet werden, weil sie zerbrochen war.

„Gott sei gepriesen!" seufzte der Perser. „Ich sehe, daß du Sieger geblieben bist. Mein Herz war starr vor Angst, als der Ssäfir wie ein hungriger Tiger vor dir stand und sich dann auf dich stürzte, um dich mit seinen Krallen zu erdrosseln! Nie in meinem ganzen Leben habe ich so gezittert und gebebt wie jetzt. Wenn er dich getötet hätte, so wäre auch ich verloren gewesen. Wann machst du mich endlich wieder von den Fesseln frei?"

„Sofort. Wir werden sie nun zur Abwechslung diesen beiden anlegen."

Ich band ihn los. Er sprang auf und frohlockte:

„Allah sei gepriesen, daß diese große, entsetzliche Gefahr vorüber ist —"

„Schrei nicht so!" unterbrach ich ihn. „Wenn du wirklich meinst, daß die Gefahr vorüber ist, so irrst du dich. Wir haben nur erst diese zwei hier fest und haben es noch mit dreiunddreißig anderen zu tun."

„Allah bewahre uns! Noch dreiunddreißig! Was wird das für ein Ende nehmen?"

Die Angst fuhr ihm abermals in die Glieder, was ihn veranlaßte, sich niederzusetzen. Ich legte dem Ssäfir und seinem Gesellen die Stricke so fest an, wie es unsere Sicherheit erforderte. Eben war ich damit fertig, als ich die Stimme Halefs hörte:

„Sihdi, Sihdi! Es wurde geschossen. Bist du da?"

„Ja, Halef!" erwiderte ich.

„Ich stecke hier. Kommst du bald?"

„Gleich!"

„Wenn die Halunken doch meine Peitsche mitgebracht hätten! Hast du sie vielleicht gesehen?"

Ich konnte nicht anders, ich mußte trotz des Ernstes der Lage lachen. Kaum erfuhr der gute Hadschi, daß er gerettet sei, so war die heißgeliebte Peitsche der erste Gegenstand, an den er dachte! Ich bedeutete dem Perser, still zu bleiben, nahm das Licht und ging hinüber zu dem Wartenden. Als er mich eintreten sah, lachte er:

„Der Ssäfir wollte mir weismachen, du wärst sein Gefangener. Ich glaubte es ihm aber nicht und habe ihm eine innige Begegnung mit der Eindringlichkeit meiner Kurbatsch versprochen."

„Das habe ich gehört. Er hat nicht gelogen: Ich war wirklich gefangen. Nun bin ich frei und habe ihn fester als er mich vorher. Ich werde dir das nachher erzählen, jetzt führe ich dich zu ihm."

„So gib mir erst den Gebrauch meiner Glieder wieder, denn so, wie ich daliege, würde es mir unmöglich sein, mich deiner freundlichen Leitung anzuvertrauen!"

Man hatte Halef in einen Teppich gerollt und dann mit Stricken umwunden. Nur sein Kopf sah aus dem Bündel hervor. Ich holte ihn heraus. Kaum stand er auf den Beinen, so hob er den Arm zum Schwur ans Herz.

„So wahr ich hier endlich aus der Haut dieses Teppichs gefahren bin, so wahr werde ich mein Wort halten und den Ssäfir meine Peitsche kosten lassen! Man hat sie mir genommen, aber ich suche sie. Ich werde sie finden, und wenn man sie am Ende der Welt oder noch weiter darüber hinaus versteckt hätte! Du liebst die Sprache meiner Kurbatsch nicht, Sihdi. Diesmal kannst du dagegen sagen, was du willst, ich halte mein Wort!"

„Da will ich dich beruhigen, lieber Halef. Heute bin ich völlig mit dir einverstanden. Als ich hörte, daß er dir mit Prügeln drohte und du ihm deine Peitsche versprachst, stand es bei mir fest, daß er ihr nicht entgehen sollte."

„So sei deine Einsicht und die Tiefe deines beglückenden Verständnisses gesegnet, soweit Menschen auf der Erde wohnen! Jetzt aber komm, führe mich zum Ssäfir! Ich darf keinen Augenblick länger zögern, ihm die ersehnte Glückseligkeit meines Grußes zu bringen! Du kannst es gar nicht ahnen, in welch heißer Erwartung ihm mein Herz entgegenschlägt!"

Halef nahm mich bei der Hand und zog mich fort. Ich erkannte, daß ich ihn diesmal nicht hätte abhalten können, seinem Grimm — um mich seiner Ausdrucksweise zu bedienen — durch „die Segnungen der Peitsche" Luft zu machen. Der Ssäfir hatte eine solche Züchtigung reichlich verdient, und so stimmte der Wunsch des kleinen Hadschi diesmal ausnahmsweise mit meiner Ansicht überein. Er zog mich hinaus in den Mittelraum und wollte von da aus mit mir weiter. Ich blieb aber stehen und sagte:

„Ehe wir zum Ssäfir gehen, muß ich erfahren, wie man sich seit dem Augenblick, an dem ich ins Wasser sprang, zu dir verhalten hat. Erzähle es mir doch, lieber Halef!"

„Hat das nicht Zeit? Ich verschmachte, wenn du das Wiedersehen mit dem Perser noch länger hinausschiebst."

„So tut es mir leid, daß ich gezwungen bin, dich verschmachten zu lassen. Ich muß sein Verhalten zu dir kennen, um das meinige gegen ihn danach einzurichten."

„So muß ich die Fülle meines Verlangens nach ihm beherrschen, um dich zu unterrichten. Ich sage dir aber, daß er für jede Minute, die ich länger warten muß, fünf Hiebe mehr erhält!"

„So mach es kurz!"

„Kurz? O Sihdi, wie wenig Verständnis hast du doch für die Notwendigkeit derartiger freundschaftlicher Beweise! Ich werde es im Gegenteil so lang wie möglich machen, denn je größer die Zahl der Schläge ist, die er bekommt, desto höher wächst seine Erkenntnis meiner selbstlosen Zuneigung und desto gründlicher werde ich die Gefühle der Zärtlichkeit los, die meine Seele mit der seinigen verbinden. Also, was willst du wissen, und was soll ich dir sagen? Es ist besser, du fragst mich, damit ich die Kürze meiner Erlebnisse in die Länge deiner Neugier ziehen kann."

„Hattest du, als ich aus dem Fährkorb sprang, nicht den Gedanken, mir zu folgen?"

„Ja. Das plante ich allerdings, und ich hätte es auch ungehindert ausführen können, denn unsere zwei Busenfreunde konnten sich zunächst nicht um mich kümmern, weil sie genug damit zu tun hatten, die Fähre vor dem Umkippen zu bewahren. Aber die Einsicht des richtigen Verhaltens kam mir schon im nächsten Augenblick. Wenn ich, an Händen und Füßen gebunden, dir nachsprang, so warst du gezwungen, dich meiner Unbehilflichkeit anzunehmen, wodurch wir in Gefahr gerieten, wieder aufgefischt zu werden. Ja, ich hätte mich und dich in Lebensgefahr gebracht, da sie sehr leicht auf den höchst unzweckmäßigen Gedanken verfallen konnten, auf uns zu schießen. Es war für dich notwendig, so rasch wie möglich zu verschwinden. Du mußtest untertauchen und unter dem Wasser weiterschwimmen. Das hättest du nicht vermocht, wenn du gezwungen gewesen wärst, mir deine Unterstützung zuzuwenden. Darum blieb ich ruhig liegen, und ich glaube, ich habe da recht gehandelt."

„Allerdings. Du hättest unsere Rettung sonst nur in Frage gestellt."

„Das ist es, was ich dachte. Übrigens kennst du ja das Vertrauen, mit dem ich das Dasein deines Lebens verschönere. Sobald du den Sprung getan hattest, war ich überzeugt, daß du entkommen und zu den Pferden eilen würdest, um zu den Ruinen zu reiten und mich herauszuholen. Ich hatte also das süße Bewußtsein, im Inneren über unsere Widersacher lachen zu können, während ich scheinbar ganz hilflos in ihre Hand gegeben war. Dieser Gedanke verlieh mir die Freudigkeit der seelischen Einrichtungen, ohne die das Erdenleben mit einem Knochen zu vergleichen ist, von dem das Schicksal schon das Fleisch heruntergegessen hat."

„Dieser Vergleich ist wunderschön, lieber Halef!"

„Oh, meine Vergleiche sind stets vortrefflich und fehlerlos, was, verzeihe mir, mit den deinigen nicht immer der Fall ist. Du darfst dich damit trösten, daß nicht jeder Mensch die Vorzüge, die ich besitze, vertragen kann. Es gehört viel Demut und Selbstüberwindung dazu, die Größe seines Geistes so zu verhüllen, daß kein Unschuldiger durch sie niedergeschmettert wird."

„So laß nur du dich auch durch die Größe des deinigen nicht niederschmettern, denn du bist völlig unschuldig daran!"

„Wie meinst du das, Sihdi?"

„Denke später, wenn du Zeit hast, darüber nach. Jetzt liegst du mit deiner Erzählung noch gefesselt und hilflos im Binsenkorb und hast also alle Veranlassung, dich in der Demut und Selbstüberwindung zu üben, von der du soeben sprachst. Was geschah weiter?"

„Sihdi, etwas, worüber ich von Herzen lachen mußte. Nämlich, als die Ruderer hernach das Gleichgewicht ihres Fahrzeuges wiederhergestellt hatten, riefen beide dir nach. Sie befahlen dir zunächst zurückzukehren, in diesem Fall wollten sie dir deinen Fluchtversuch verzeihen. Als sie dann erkannten, daß dein Verstand nicht so weit reichte, die Vortrefflichkeit dieses Vorschlages einzusehen, griffen sie zur Bitte. Sie flehten zu dir, doch zurückzukehren und sie nicht unglücklich zu machen, da es ihnen sehr schlecht ergehen würde, wenn sie bloß mich allein abliefern könnten. Ich erbarmte mich ihres Jammers und tröstete sie, indem ich ihnen sagte, daß meine Person ohne die deinige einen viel größeren Wert besäße."

„Ich danke dir!"

„Bitte! Die Leute waren nicht einsichtsvoll genug, mir das zu glauben, und klagten noch eine Weile fort, bis sie zu der Erkenntnis kamen, daß es dir im Wasser wahrscheinlich viel besser als bei ihnen gefiel. Da ruderten sie weiter, und zwar mit großer Eile, denn sie glaubten, je eher sie zum Ssäfir kämen und ihm deine Flucht meldeten, desto leichter würde es ihm, dich wieder zu fangen. Wir gelangten aus dem Fluß in den Kanal und auf ihm dann ans Ziel. Einer von ihnen ging fort, der andere blieb bei mir, um mich zu bewachen, obgleich ich alt und verständig genug war, selber dafür zu sorgen, daß ich nicht aus dem Korb weggestohlen wurde. Dann holte man mich, wobei man die Vorsichtsmaßregel traf, mir die Augen zu verbinden. Ich wurde getragen, lange Zeit und sehr weit. Als man mich endlich niederlegte und mir die Binde wieder wegnahm, war ich da, wo du mich gefunden hast, und der Ssäfir stand vor mir."

„Er allein?"

„Nein. Ein kleiner Kerl war dabei. Und nun geschah etwas, das ich nicht begreifen kann. Darum wird also wohl auch dein Scharfsinn nicht ausreichen, mir eine Erklärung zu geben."

„Was war es?"

„Der Kleine zeigte eine überraschende Sehnsucht nach meinen Kleidern. Womit willst du dieses Verlangen begründen, Sihdi?"

„Ich kenne den Grund und sage dir ihn später. Erzähle nur weiter!"

„Man nahm mir die Fesseln ab und forderte von mir, ich sollte mich ausziehen. Ich weigerte mich, doch wurde ich mit Prügeln bedroht. Mit den jetzt freien Händen hätte ich mich wehren können, aber der Ssäfir stand mit der Pistole schußbereit vor mir und drohte, mich zu erschießen, wenn ich nicht gehorchte. Da war nichts zu machen. Ich mußte mich fügen, doch nicht ohne daß ich eine Bedingung stellte."

„Welche?"

„Ich erklärte ihnen, daß ich der Mann einer geliebten Frau und der Vater eines Sohnes sei und also die Pflicht hätte, auf die Erhaltung meiner Gesundheit stets bedacht zu sein. Hier in diesem Gewölbe könnte ich in unbekleidetem Zustand von einer Bard[1] befallen werden, auf die ein ungeheurer Raschh[2] und Ssa'le[3] folgen würde. Ich würde also den Wunsch des kleinen Menschen nur dann erfüllen, wenn man mir erlaubte, nach Ablegen meines Anzuges die Schönheit meiner Glieder mit dem seinigen zu umhüllen. Das gab der Ssäfir zu, wahrscheinlich nicht aus ängstlicher Rücksicht auf mein Wohlbefinden, sondern um die Sache abzukürzen. Während des Umziehens wollte er allerlei von mir wissen und erfahren. Ich sagte ihm aber, daß er sich an dich wenden sollte, du würdest gewiß kommen und ihm die gewünschte Auskunft mit Vergnügen geben. Damit mußte er zufrieden sein. Als ich wieder gefesselt war, entfernten sie sich, und

[1] Erkältung [2] Schnupfen [3] Husten

ich befand mich nun eine ganze Ewigkeit mit mir allein, was zwar unstreitig die geeignetste Gesellschaft für mich war, mir aber sehr wenig Unterhaltung brachte. Ich machte unausgesetzt Versuche, mich von den Banden zu befreien, hatte aber nicht den geringsten Erfolg. Dann hörte ich, daß man einen anderen Gefangenen brachte, der unausgesetzt jammerte und um Mitleid bat. Er wurde nicht zu mir, sondern an einen anderen Ort geschafft. Wer es war, weiß ich nicht."

„Es ist der Pischkhidmät Baschi."

„Der? So ist der Überfall seiner Karawane gelungen?"

„Ja. Seine Begleiter sind alle erstochen worden."

„Allah! Aber er ist selber schuld, warum hat er unsere Warnung verachtet! Dieser Mann ist ein großer Feigling, er wimmerte wie ein Kind, in dessen Mund der Wadscha ßnän[1] wohnt. Als ihm sein Platz angewiesen war, kam man zu mir, um nachzuprüfen, ob ich noch fest gebunden sei, und dann verstrich wieder eine lange, lange Zeit, bis der Ssäfir und der Kleine zurückkehrten zum Wiederumtausch der Anzüge. Das Bewußtsein, wieder in meinen eigenen Kleidern zu stecken, erfreute und beruhigte mich so sehr, daß ich selig entschlummerte und schlief, bis die beiden vorhin eintraten. Ich war sehr aufgebracht darüber, daß sie mich aus dem Schlaf weckten, und hielt es nicht für notwendig, sie über meinen Zorn im unklaren zu lassen. Der Ssäfir wurde grob, und so kam es, daß wir in keinem traulichen Einvernehmen voneinander schieden und ich ihm meine Kurbatsch in Erwähnung brachte. Nach einiger Zeit fiel ein Schuß. Wer schießt, der ist bewaffnet, der ist ein Feind. Ein bewaffneter Feind hier im Inneren des Birs Nimrud konntest nur du sein, und so rief ich deinen Namen, damit du hörtest, wo ich zu suchen und zu finden sei. So, jetzt

1 Zahnschmerzen

weißt du, was du wissen wolltest, und nun wollen wir dem Ssäfir das Vergnügen, uns so schön beisammen zu sehen, nicht länger vorenthalten. Übrigens bemerke ich soeben, daß der Kleine mich ausgeplündert hat. Ich werde meine Peitsche ersuchen, ihm in aller Freundlichkeit mitzuteilen, daß der Urheber meines Gewandes und Gürtels die Taschen nicht für andere Menschen, sondern nur für mich angefertigt hat. Komm!"

Als wir nun in den Raum Nummer fünf traten, hockte der Kammerherr wie ein verscheuchter Vogel in der Ecke und empfing uns mit neuem Gejammer.

„Gott sei gelobt, daß du endlich erscheinst, Effendi! Ich habe eine wahre Todesangst ausstehen müssen!"

„Weshalb?" fragte ich.

„Der Ssäfir hat mich mit fürchterlichen Drohungen überschüttet."

„Was hat dich veranlaßt, mit ihm zu sprechen! Er konnte dich doch nicht sehen!"

„Aber er hörte mich!"

„Wärst du doch still gewesen!"

„Du hast recht. Aber als ihm das Bewußtsein zurückkehrte, fragte er, ob jemand hier wäre, und ich antwortete ihm. Seit dieser Zeit peinigt er mich mit der Drohung, daß es mir unendlich grausam ergehen würde, wenn ich ihn nicht während deiner Abwesenheit losbinde."

„Und das hat dir Angst gemacht? Sei überzeugt, daß dieser Mensch völlig ungefährlich ist!"

Halef hatte zunächst nur für seinen am Boden liegenden Doppelgänger Aufmerksamkeit. Er stellte sich breitspurig vor ihn hin und redete ihn an:

„Erlaube, daß ich dich begrüße, geliebter Freund meiner Seele! Ich bin dir unendlich zugetan, obgleich ich eigentlich nicht mit dir sprechen sollte, weil ich durch deine Undankbarkeit in so große Betrübnis versetzt worden bin. Du weißt wohl, was ich meine?"

Der Angeredete schwieg und bewegte sich nicht.

„Du schweigst?“ fuhr Halef fort. „Sihdi, sei so gut, und leuchte ihm in die Lieblichkeit seines Angesichts! Ich habe das Verlangen, mich an der Herzlichkeit seines Lächelns zu erquicken.“

Als ich dieser Aufforderung folgte und den Schein des Lichtes auf das Gesicht des Kleinen fallen ließ, ohne selber genau hinzublicken, rief Halef aus:

„Was ist das! Wodurch kam er zu Fall, Sihdi?“

„Durch einen Hieb von mir.“

„So hast du ihn erschlagen! Das ist das Gesicht eines Toten.“

Da betrachtete ich den Mann genauer. Sein Unterkiefer war weit heruntergefallen, die Augen lagen starr und unbeweglich in ihren Höhlen. Ich rüttelte ihn und untersuchte ihn, als das keinen Erfolg hatte, sorgfältig.

„Lebt er doch noch?“ fragte Halef.

„Nein, er ist tot“, mußte ich bestätigen, indem ich mich wieder aufrichtete.

„Dann ist es so, wie ich sagte: du hast ihn erschlagen. Dein Hieb war für einen stärkeren Mann berechnet, du hast zu weit ausgeholt. Aber schau nicht so ernst drein! Allah war es, der deine Hand führte. Du bist kein Mörder, sondern der Rächer seiner Taten. Wer war es, der vorhin schoß?“

„Er.“

„Auf wen?“

„Auf mich.“

„Hat er dich getroffen?“

„Nein.“

„So sei ruhig, du brauchst dir keine Vorwürfe zu machen! Er wollte dich umbringen, indem er dir eine Kugel zusandte, und hat den verdienten Lohn dafür erhalten.“

„Vorher stach er schon auf mich ein!“

„Auch ohne zu treffen?“

„Ich fühlte den Stich, er wird aber nicht von Bedeutung sein."

Indem ich den Lichtschein auf die betreffende Stelle fallen ließ, sah ich, daß der Ärmel blutig war. Halef bemerkte es auch und rief besorgt:

„Das ist ja Blut! Schnell herunter mit der Jacke! Ich muß nachschauen, ob die Wunde gefährlich ist, eher kann ich nicht ruhig sein!"

Ich tat ihm den Willen. Die Verletzung war kaum der Rede wert: ein kleines Stück Kittän[1], das wir aus dem Nebenraum holten, genügte, die Wunde zu verbinden. Hierauf untersuchte Halef die Taschen und den Gürtel des Erschlagenen.

„Da, schau, Sihdi! Hier ist alles, was er mir gestohlen hat!" sagte er befriedigt. „Ich hoffe, daß ich meine Peitsche ebenso wieder bekomme! Sie ist es, die ich vor allen Dingen suchen muß. Ich werde mich beim Ssäfir nach ihr erkundigen."

Dieser betrachtete uns mit einem unbeschreiblichen Gesichtsausdruck und beantwortete die Fragen des Hadschi mit Schweigen. Da zog ihm der Hadschi das Messer aus dem Gürtel, setzte es ihm auf die Brust und drohte:

„Wo meine Peitsche ist, will ich wissen! Sagst du mir's auch jetzt nicht, so ersteche ich dich! Also wo habt ihr sie?"

Halef bekam keine Antwort und ließ ihn daher die Spitze des Messers fühlen. Da brach nun freilich die Schweigsamkeit des Bedrohten, der ja nicht wußte, wie weit der Hadschi gehen würde. Er entzog sich mit einer ängstlichen Bewegung dem Messer und tat endlich den Mund auf.

„Sie ist da! Der Pädär hat sie mitgebracht!"

„Wo finde ich sie?"

„Oben im Gang liegt sie, dein Messer auch!"

1 Leinwand

„Schau, wie schön du antworten kannst, wenn ich dir die Lippen öffne! Hast du ihn schon durchsucht, Sihdi?“

„Nein. Das tun wir später. Nur eines einzigen Gegenstandes will ich mich einstweilen versichern. Nimm ihm den Schlüssel, den er unter der Kleidung an einer Schnur am Hals trägt!“

„Hundesohn, was geht dich mein Schlüssel an?“

„Sei still, mein Lamm!“ lachte Halef. „Sieh hier das Messer! Ich steche sofort zu, wenn du nicht ruhig liegenbleibst!“

„So nehmt ihn hin in Teufels Namen! Ich weiß ja, daß ich ihn sehr bald wieder erhalte. Ihr glaubt, es nur mit mir oder mit nur einigen Personen zu tun zu haben. Aber es sind so viele Leute da, daß ihr diesen Ort nicht verlassen könnt, ohne auf sie zu treffen und in ihre Gewalt zu geraten.“

Ich bekam von Halef den Schlüssel und steckte ihn ein.

„Du bist nicht allein, das weiß ich wohl. Es sind noch dreiunddreißig Männer da.“

„Die Hölle verschlinge dich! Wer hat dir das verraten?“

„Ich habe sie gesehen und gezählt.“

„Gesehen — und — gezählt?“ wiederholte er meine Worte. „Du willst mich glauben machen, daß dein Blick durch Mauern und Schutthaufen dringt?“

„Nicht mein Blick, sondern ich selber. Bist du denn wirklich so dumm, auch jetzt noch anzunehmen, daß ich während der ganzen Zeit gefesselt hier gelegen habe? Wärst du so klug gewesen, nur ein einziges Mal zu kommen, um nachzuschauen, so hättest du mich nicht gefunden. Du hattest diesen Raum kaum verlassen, so bin ich mit dem Pischkhidmät Baschi fortgegangen.“

„Lüge!“

„Pah! Wir ritten nach Hille, um den Pädär und

seine Begleiter zu fangen, und holten Soldaten, mit denen wir euch umstellt haben. Ich sah dich bei den Ghasai sitzen, um den Raub zu verteilen, und hörte alles, was du mit ihnen sprachst. Dann kehrten wir hierher zurück und legten uns selber die Fesseln wieder an, um dich zu täuschen. Du hast vorhin gehört, wieviel ich weiß, und schon das allein hätte dich auf den Gedanken bringen müssen, daß wir fortgewesen sind und ich hinter deine heutigen Absichten gekommen bin."

„Du täuschst mich nicht. Das ist doch Lüge, Lüge, nichts als Lüge!"

„Es kann mir gleichgültig sein, ob du mir glaubst oder nicht."

„Aber es wäre euch gar nicht eingefallen, euch freiwillig wieder zu binden!"

„Das geschah nur zum Schein. Wie schnell war ich aus den Fesseln heraus, als ich den Augenblick dazu gekommen sah!"

„Fortgewesen seid ihr nicht! Der Vorhang war von draußen verriegelt!"

„Es ist ein Beweis deines unendlichen Leichtsinns, daß du die Wege selber nicht kennst, die zu deinem Versteck führen. Da, schau!"

Ich entfernte das Tuch des Soldaten und steckte es zu mir, um es ihm dann wiederzugeben, und deutete auf das freigelegte Loch.

„Wie lange Zeit kennst du diesen Kerker, ohne zu ahnen, daß gerade von ihm aus ein Weg in die Freiheit führt! Ich aber ahnte gleich beim ersten Blick auf den Ziegelmehlhaufen, der da lag, daß hier eine Gelegenheit zum Entrinnen war!"

Er starrte in die Ecke, ohne ein Wort hervorzubringen. Ich zog meinen Henrystutzen heraus und fuhr fort:

„Dieses Gewehr hatte ich nicht bei mir, als ich von

euch hierhergeschleppt wurde. Woher kommt es? Ich muß es mir doch wohl geholt haben. Wenn du jetzt noch zweifelst, so verdienst du für deine Dummheit noch mehr Prügel, als wir dir zugedacht haben!"

„O Ungerechtigkeit Gottes!" stieß der Perser hervor, weiter sagte er nichts. Seine Betroffenheit war zu groß. Ich hielt es für keinen Fehler, ihn noch weiter aufzuklären:

„Denk auch daran, mit welcher Bestimmtheit ich dir vorausgesagt habe, was geschehen wird! Das konnte ich nur, weil ich vorher wußte, daß ich dieses Gefängnis viel eher, als du ahntest, verlassen würde. Du behauptetest sogar, daß ich seine Schwelle überhaupt niemals wieder überschreiten würde!"

Da brüllte er endlich auf:

„Unreines Schwein! Teufel, der du bist! Jetzt wird mir alles klar! Kein Mensch hat dir verraten, was du weißt, sondern du hast alles erlauscht! Aber es soll dir keinen Nutzen bringen, denn ich mache mich los und zermalme dich!"

Er zog die Ellbogen hoch und die Knie an den Leib, krümmte sich zusammen und streckte sich dann mit Anwendung seiner ganzen, ungewöhnlichen Körperkraft wieder aus. Man hörte den prasselnden Stoß, den das gab, aber seine Anstrengung war umsonst. Die Fesseln hielten fest und verursachten ihm bei dem starken Ruck solche Schmerzen, daß er einen Weheschrei nicht unterdrücken konnte.

„Bemüh dich nicht, es ist ja doch vergeblich!" lachte ich. „Ich bin im Anlegen von Banden erfahrener als du. Wen ich zusammenschnüre, der kommt ohne meine Erlaubnis nicht wieder los! Und nun sage ich dir meinen Dank für die Bereitwilligkeit, mit der du selber mich über die größten eurer Heimlichkeiten aufgeklärt hast!"

„Ich weiß nichts davon!" schrie er mich an.

„Über die Sillan!“ erklärte ich.

„Nichts, nichts habe ich gesagt!“

„Über den Ämir-i-Sillan!“

„Den gibt es nicht!“

„Über die Gul-i-Schiras!“

„Das ist eine Fabel. Die ist niemals vorhanden gewesen!“

„So ist wohl auch das Wort Sill nichts anderes als eine Fabel?“

„Ja.“

„Aber die Gegenstände einer Fabel kann man doch nicht sehen!“

„Du siehst auch nichts!“

„Doch! Ich sehe etwas und weil ich es sehe, kann es unmöglich ein Fabelding sein.“

„Was?“

„Einen Ring an deiner rechten Hand.“

Der Sill erschrak, nahm sich aber zusammen und antwortete mit erzwungenem Lachen: „Es ist ein Ring, nichts als ein Ring, ein Ring wie jeder andere!“

„Wir, nämlich ich und du, wissen das beide besser. Es ist der Ring der Sillan mit den Abzeichen des Ranges, den du unter ihnen einnimmst!“

„Hundesohn —!“

„Halt!“ unterbrach ich ihn. „Hüte dich vor diesem Wort! Wenn ich es noch einmal höre, so zeige ich dir, wie man einen Hund behandelt. Merke dir das! Da ich weiß, daß du den Ring in diesem Leben nicht mehr brauchst, so wirst du ihn mir zum Andenken an unser Zusammentreffen überlassen.“

„Ich denke nicht daran!“

„Das ist auch nicht nötig, hier gilt das, was ich denke. Gib ihn her!“

Ich trat zum Perser, um ihm den Ring abzunehmen. Er zog die gefesselten Hände an sich und kreischte mich in höchster Aufregung an:

„Wage es nicht! Berühre ihn nicht! Ich wehre mich mit aller Kraft!"

„Pah! Selbst wenn du nicht gebunden wärest, würde ich über deine Kräfte lachen!"

„Sieh hier meine Faust! Ich öffne sie nicht, also kannst du ihn nicht bekommen, außer du schneidest mir die Hand ab!"

„Das ist nicht notwendig, es genügt ein einziger Druck. Paß auf, wie man das macht!"

Ich faßte mit meiner Linken sein Handgelenk, legte den Daumen der Rechten auf seinen inneren und den gebogenen Zeigefinger auf den äußeren Mittelhandknochen und drückte die Knöchel so zusammen, daß er einen Schrei ausstieß und die Hand öffnen mußte. Ein schneller Griff, ein schraubendes Drehen vom Finger herab, und ich hatte den Ring in der Hand.

„Sieh, da ist er!" lachte ich. „Ich werde ihn als Andenken an dich tragen und bin dir herzlich dankbar für die Bereitwilligkeit, mit der du ihn mir überlassen hast! Ich will, um dir meine Dankbarkeit zu beweisen, dir jetzt zeigen, daß dieses Loch hier wirklich der Anfang eines Ganges ins Freie ist."

Der Schmuggler ließ ein tiefes, fast tierisches Stöhnen hören. Es schien ihn die Wut am Sprechen zu hindern. Der Kammerherr mußte mir helfen, den Gang vom Schutt zu befreien, dann stieg ich hinab, kroch bis an sein Ende und forderte den dort wartenden Soldaten auf, mir die Waffen des Hadschi heraufzureichen. Hierauf kehrte ich ins Gefängnis zurück.

Halef war sehr erfreut, als er sah, was ich ihm brachte.

„Sihdi, erst jetzt fühle ich mich wieder als Mann", sagte er. „Solange man nichts als nur die beiden Hände hat, ist man jedem, der einen Schuß Pulver im Lauf hat, in die Gewalt gegeben. Nun aber habe ich, was ich brauche, und bin bereit, es mit allen Ssäfirân der Welt aufzunehmen. Schau den dort an! Er wird nun nicht mehr schimpfen."

Ich sah, daß er dem Ssäfir einen Lappen auf den Mund gebunden hatte, und fragte, warum er das getan hätte.

„Als du hier in dem Loch verschwunden warst, sprach der Halunke wieder von Hunden. Er glaubte wahrscheinlich, daß ich mir mehr gefallen lassen würde als du. Da habe ich ihm zwei Fetzen vom Gewand gerissen und den einen in den Mund gestopft, den anderen daraufgebunden. Sagte er vorher, was er dachte, so hat er jetzt Gelegenheit, zu denken, was er sagen möchte. Was soll nun geschehen? Ich bin wieder bewaffnet und also zu allem bereit, was du von mir verlangst."

„Wir müssen jetzt hinaus, um nun, da wir den Anführer haben, auch seine Leute festzunehmen."

„Ja, tun wir das! Wie werden sie entzückt sein, an seiner Stelle zwei so tapfere Männer, wie wir sind, erscheinen zu sehen! Kriechen wir durch dieses Loch?"

„Nein. Wir gehen oben durch den Gang, um den Schmugglern in den Rücken zu kommen. Vorher aber müssen wir uns des Ssäfirs noch besser als bisher versichern."

„In welcher Weise?"

„Wir binden ihn so an, daß er sich erwürgt, sobald er einen Versuch macht, sich zu befreien. Bringt ihn mir nach!"

Halef und der Kammerherr schleiften ihn in den Mittelraum. Ich ließ das Gitterwerk nieder und schob die Riegel vor. Hierauf suchten wir eine geeignete Leine, und als wir sie gefunden hatten, lehnten wir den Ssäfir an die Drahtstäbe und banden ihn so daran fest, daß ihm die Leine an der Kehle saß und er sich bei einer größeren Anstrengung, loszukommen, erdrosseln mußte.

Als wir damit fertig waren, wandte ich mich an den Kammerherrn, der uns bei unserem Vorhaben doch nur hinderlich sein konnte.

„Jetzt werden wir daran gehen, die Leute des Ssäfir festzunehmen. Ich begreife, daß du begierig bist, dich rächen zu können. Du hast dich einen außerordentlich tapferen Krieger genannt, und wir freuen uns sehr, daß uns durch deine Tapferkeit der Sieg bedeutend erleichtert wird."

„Ja", betonte auch Halef ernst. „Ein solcher Held wie du ist uns sehr notwendig, denn die Kugeln werden massenhaft herüber und hinüber fliegen."

„Fliegen —?" fragte der Feigling erschrocken.

„Gewiß!"

„So — so — so —, ja so gibt das einen sehr — sehr schönen Kampf, und es tut mir wirklich leid, daß ich mich nicht daran beteiligen kann. Ihr seht doch, daß ich unbewaffnet bin."

„So bleibst du hier zurück und wartest, bis wir dich holen!"

„Bärä-i Chuda — um Gottes willen!" rief der Perser erschrocken. „Ich soll beim Ssäfir allein zurückbleiben? Wenn nun inzwischen hier etwas geschieht?"

„Dann vertrauen wir auf deine erprobte Tapferkeit, mit der du jede Gefahr siegreich überwinden wirst."

Damit ließ ich ihn stehen und griff zum Licht, um Halef vorauszugehen. Ich hätte mich gern in den Räumen umgeschaut, mußte aber jetzt darauf verzichten. Wir schritten aus Nummer drei in Nummer eins, wo wir die Stufen sahen, die zum Gang emporführten. Weil zu vermuten war, daß sich da oben die Vertrauten des Anführers befanden, mußte ich das Licht löschen. Wir tasteten uns die Treppe hinauf, ich voran, dann Halef und der Perser hinterdrein. Oben im Gang war es völlig dunkel, aber weit vor uns gab es einen hellen Schimmer. Das war der Eingang, der offenstand. Ich wollte weiterhuschen, fühlte aber, daß mir Gegenstände im Weg lagen. Es waren, wie ich mich tastend überzeugte, lauter Säcke, Kisten und Pakete, also die hereingeschafften Schmuggelwaren.

„Ich möchte wissen", flüsterte mir der Hadschi zu, „warum man durch diese Sachen den Gang so unwegsam gemacht hat!"

„Kannst du dir das nicht denken?"

„Nein. Warum hat man sie nicht gleich die Treppe hinuntergeschafft?"

„Weil nicht alle Mitglieder der Schmuggelbande die Räume da unten und den Weg, der zu ihnen führt, kennen dürfen. Die meisten von ihnen wissen wahrscheinlich nichts von dem Gang. Sie dürfen die Ruine nur bis zu einem gewissen Punkt betreten, bis zu dem sie die Pakete tragen. Wenige andere kennen den Gang, weiter nichts, und holen die Sachen herein, und endlich sind es jedenfalls nur einige Leute, die von den unteren Kammern wissen. Diese schaffen die Waren hinunter und werden wohl auch von Fall zu Fall in andere Geheimnisse eingeweiht. So denke ich es mir, und so wird es wohl auch sein."

Der Gang war indes nur scheinbar verstopft. Ich fühlte, daß man links an der Mauer einen schmalen Pfad gelassen hatte. Durch diesen drangen wir langsam zum Eingang vor. Dabei wurde der schon erwähnte Schein immer heller. Wir sahen, daß es draußen inzwischen Tag geworden war. Die Zeit war schneller vergangen, als wir unten bemerkt hatten. Da war es mir, als ob ich sprechen hörte. Ich blieb stehen und lauschte. Ja, es waren halblaute Stimmen, die vom Eingang her zu uns klangen. Wir huschten weiter und konnten, als wir einen Pakethaufen umgangen hatten, die Sprechenden sehen. Es waren drei Mann, die nebeneinander auf dem Boden hockten, aus dem Gang ins Freie hinausschauten und eifrig mit den Händen herumfuchtelten.

Sie schienen durch irgend etwas in Erregung versetzt worden zu sein. Je näher wir ihnen kamen, desto vernehmlicher wurde ihr Gespräch. Schließlich befanden sich nur noch zwei aufeinanderliegende Säcke zwischen uns und ihnen, und da hörte ich einen von ihnen sagen:

„Nein, wir dürfen jetzt nicht zu ihm hinunter. Ihr wißt, es steht auf Ungehorsam der Tod!"

„Aber so ein unerwartetes Vorkommnis macht eine Ausnahme! Vielleicht bestraft er uns dann gerade darum, daß wir es ihm nicht gemeldet haben!"

„Ich gebe dir recht", stimmte ihm der dritte bei. „Was kümmern uns überhaupt diese Ghasaihunde? Es scheint nur auf sie abgesehen zu sein!"

„Ich befürchte, leider auch auf uns", entgegnete der zweite.

„Warum denkst du das?"

„Weil die Asaker sich nicht entfernen. Sie halten den ganzen Platz so umschlossen, daß kein einziger von uns hindurchschleichen kann. Ich vermute sehr, daß ihre Absicht nicht bloß auf die Ghasai, sondern auch auf uns gerichtet ist. Ich schlage also trotz seinem strengen Verbot doch vor, den Ssäfir zu benachrichtigen."

Ging der Vorschlag dieses Mannes durch, so wurden wir bemerkt, da es hier keinen Platz für uns zu freier Bewegung gab. Wir mußten ihnen zuvorkommen. Ich flüsterte dem Hadschi also zu:

„Pack du den links mit beiden Händen an der Gurgel, und laß ihn nicht schreien! Es muß alles ganz still verlaufen. Ich nehme die beiden anderen."

Wir schoben uns hinter den Säcken hervor, und als Halef von hinten den ihm bezeichneten Schmuggler ergriff, schlug ich zu gleicher Zeit den Nebenmann mit der Faust nieder und legte dann dem dritten die Hände um den Hals. Er bewegte krampfhaft die Arme und Beine, bekam auch einen Hieb an die Schläfe und lag dann still. Halef hielt den seinen, der nicht bewußtlos war, an der Kehle fest. Ich band den Mann mit Stricken, deren mehrere in der Nähe lagen, und hielt ihm, als er dann vom Hadschi losgelassen wurde, das Messer mit der Drohung auf die Brust:

„Gib keinen Laut von dir, sonst ersteche ich dich! Halef, mach aus seinem Turbantuch drei Knebel, die wir ihnen in den Mund binden, damit sie nicht laut werden können!“

„Mit größter Wonne, Sihdi!“ antwortete der Hadschi. „Wenn der Kerl das Maul nicht gutwillig öffnet, so werden ihn —“ Er hielt inne, sein Blick war auf die andere Wand gefallen, die wir noch nicht beachtet hatten. Da leuchteten seine Augen auf. „Hamdulillah! Dort sehe ich meine Kurbatsch und auch das Messer! Ich habe die Peitsche wieder, und nun ist die Eroberung sämtlicher Ruinen Babylons und der ganzen Erde für uns nur eine Kleinigkeit!“

Halef nahm zunächst die geliebte Peitsche an sich, dann erst schnitt er das Turbantuch des Paschers in Stücke und würgte ihm eins davon in den Mund. Auch die beiden anderen wurden gebunden und geknebelt, und nun konnten wir unsere Aufmerksamkeit hinaus richten.

Was wir erblickten, war im höchsten Grade fesselnd. Um nicht selber erspäht zu werden, näherten wir uns vorsichtig dem Ende des Ganges und bemerkten vielleicht dreißig Schritte von uns entfernt und neben dem Trümmerweg, der hinunterführte, fünfzehn Strolche, die sich hinter den dort liegenden Mauerbrocken versteckt hatten. Sie wollten nicht von den Soldaten gesehen werden, die noch die Stellung innehatten, die ihnen von mir und dem Kol Agassi angewiesen war. Amud Mahuli saß im Teilpunkt der Halbkreislinie und beobachtete die Höhe, auf der wir uns befanden. Vor ihm lagen zwei Reihen Männer, lang ausgestreckt und von einigen Soldaten besonders bewacht. Ihre Haltung ließ annehmen, daß sie gefesselt waren. Ich zählte fünfzehn Leute und mußte in ihnen die Ghasai-Beduinen vermuten, die ich sonst nirgends erblickte. Die Entfernung war zu groß, als daß ich ihre Kleidung oder gar ihre Gesichtszüge unterscheiden konnte, aber wahrscheinlich waren sie es. Wie mochte es Amud Mahuli fertiggebracht haben, sie in seine Gewalt zu bekommen? Auch Halef hatte diese Beobachtung gemacht und sagte zu mir:

„Es sind eine Menge Asaker da unten. Wie kommen die hierher? Du hast mir noch gar nicht mitgeteilt, was seit deinem Sprung ins Wasser geschehen ist. Hoffentlich begreifst du, daß ich es gern wissen möchte!“

„Du sollst es erfahren, denn ich schätze, daß ich jetzt Zeit zum Erzählen habe.“

„Wirst du nicht von den Kerlen da gestört werden?“ fragte er, indem er auf die Schmuggler draußen zeigte.

„Ich glaube nicht, denn es steht zu vermuten, daß sie nicht hierherkommen dürfen.“

„Warum sollte es ihnen verboten sein?“

„Aus Vorsicht, daß sie den Gang nicht kennenlernen. Wenn sie ihn betreten dürften, lägen sie jetzt nicht da unten, sondern hätten sich ins Innere zurückgezogen, wo sie doch viel besser geborgen wären als da draußen.“

„Das ist richtig. Sie sehen sich umzingelt, dürfen aber ohne den Befehl des Ssäfir nichts unternehmen. Nun warten sie auf seine Rückkehr aus der Ruine. Was werden sie für Augen machen, wenn wir an seiner Stelle erscheinen! Ich freue mich darauf! Doch, du wolltest mir ja dein Erlebnis mitteilen!“

Wir setzten uns nieder, und ich erzählte ihm ausführlich, was sich ereignet hatte. Selbstverständlich ließen wir den vor uns liegenden Anblick nicht aus den Augen, aber es geschah nichts, was mich in meinem Bericht störte, und auch Halef unterbrach mich mit keinem Wort. Als ich geendet hatte, ließ er erst ein leises Lachen und dann die Worte hören:

„Sihdi, hast du eine Nase?"

„Mit deiner gütigen Erlaubnis — ja!"

„So bitte, zupf dich daran, sooft es dir wieder einfallen sollte, mir wegen meiner sogenannten Unvorsichtigkeit Vorwürfe zu machen! Ist es möglich, daß du mich mit dem Mann verwechseltest, der nichts als meine Kleider mit mir gemeinsam hatte? Du mußt dich schämen! Wenn meine Achtung und Liebe zu dir nicht die Größe meines ganzen Herzens hätte, so würde die Fülle meiner Ehrerbietung sich in ein Nichts verwandeln. Wie soll ich meiner Hanneh, der lieblichsten von allen irdischen Lieblichkeiten, und Kara, meinem Sohn und Nachfolger, der meinen und deinen Namen trägt, den von dir begangenen Fehler glaubhaft machen? Beide werden die Köpfe wiegen, bis sie Gefahr laufen, locker zu werden und herabzufallen! Was wird Hanneh sagen, wenn sie erfährt, was du in der heutigen Nacht angestellt hast! Und das ist noch nicht alles. Es fällt mir etwas ein, das noch viel schlimmer ist!"

„Was?"

„Ich weiß, daß du Bücher schreibst, in denen alles steht, was du von mir und dir zu erzählen weißt. Nun denke dir die vielen, vielen Menschen, die durch das Lesen dieser Bücher hinter das Geheimnis kommen, daß es in deinem Verstand einige Stellen gibt, die zugeklebt und ausgebessert werden müssen! Muß das nicht schrecklich für dich sein? Ich will mich aber als dein wahrer Freund erweisen und dir erlauben, diese Stelle in den Büchern wegzulassen, verlange aber dafür allen Ernstes, daß du es von jetzt an aufgibst, bei mir immer ähnliche Stellen der Ausbesserung zu suchen! Und nun sei nicht allzu betrübt und niedergeschlagen, sondern tröste und ermanne dich! Es gibt keinen Menschen, der nicht einmal einen Fehler macht, und so darfst du nicht gleich an dir selber verzweifeln. Ich will dir gern behilflich sein, dich aus der Tiefe der selbstverschuldeten Betrübnis zu erheben, und erteile dir das tröstliche Zeugnis, daß du dich im übrigen gar nicht übel benommen hast. Was wahr ist, gebe ich zu! Der Pädär und dessen Kumpane liegen in Fesseln, den Ssäfir haben wir auch, die Ghasai liegen da unten, und so handelt es sich nur noch darum, diese fünfzehn Schmuggler auch zu fassen. Was meinst du wohl, auf welche Weise das am besten geschehen wird?"

„Das fragst du mich, Halef? Wer es so nötig hat wie ich, zugeklebt und ausgebessert zu werden, dem darf man nicht erlauben, in so wichtigen Angelegenheiten dreinzureden. Ich halte es vielmehr für ratsam, daß du nun an meine Stelle trittst, um die Sache vollends zu Ende zu führen."

Da fuhr er sich kratzend an den Hinterkopf.

„Ja, so bist du nun! Du verträgst keinen Tadel, und doch ist der Tadel der leibliche Onkel und Urgroßvater der Besserung. Wenn ich mich jetzt an die Spitze dieses Unternehmens stelle, so ernte ich den ganzen Ruhm und alle Ehren, und dir verbleibt für deine Bücher nichts als nur zu sagen, daß du dabeigewesen bist. Das aber will ich nicht. Ich als dein Beschützer wünsche, daß man deinen Wert erkennt und dich als meinen Begleiter achten lernt. Also magst du getrost bestimmen, was geschehen soll. Es wird alles vortrefflich gehen, denn ich stehe treu an deiner Seite, und du weißt, daß du dich auf mich verlassen kannst!"

„Ich danke dir, mein lieber, mein rücksichtsvoller und aufopfernder Freund! Mein Ohr ist entzückt von deinen Worten und mein Herz voll Wonne über deine Güte und hingebende Nachsichtigkeit! Da du es erlaubst, werde ich meinen beschränkten Geist anstrengen, die Art und Weise ausfindig zu machen, wie wir diese Schmuggler —"

„Nein, Sihdi, beschränkt bist du nicht!“ unterbrach er mich überzeugt. „Das habe ich nicht sagen wollen und auch nicht gesagt! Dein Verstand ist mir in der Länge überlegen und nur in der Breite reichst du nicht an mich. Von Beschränktheit kann also keine Rede sein. Raff dich nur auf zum notwendigen Selbstvertrauen, dann wirst du gewiß das Richtige finden! Ich, dein treuer Halef, bin ja jetzt bei dir!“

„Gut! Deine Gegenwart stärkt und ermuntert mich. Mit Hilfe deiner Einsicht und deines guten, stets vortrefflichen Rates werde ich auf den richtigen Gedanken kommen, die Schmuggler auf eine möglichst ungefährliche Weise festzunehmen.“

„Was wirst du aber tun, wenn sie sich wehren?“

„Wehren? Mit welchen Waffen?“

„Sie haben jedenfalls Messer, und bei einigen sehe ich Pistolen!“

„Mit den Messern können sie nur im Nahkampf gefährlich werden. Wir werden uns hüten, sie heranzulassen. Und aus der Ferne können uns die Kugeln ihrer alten Furûd[1] nichts anhaben. Flinten haben sie nicht bei sich, jedenfalls haben sie diese irgendwo abgelegt. Ich will nachschauen, ob sie draußen in der Nähe liegen.“

Ich legte mich auf den Boden nieder und schob mich hinaus: ich hatte mich nicht getäuscht. Die Gewehre waren links vom Eingang an das Gemäuer gelehnt, rechts lag ein Haufen von einzelnen und auch zusammengebackenen Ziegelsteinen, die durch Erdpechmörtel miteinander verbunden waren. Mehrere dieser Steine zeigten auf der Außenseite Keilinschriften, und es war nicht schwer zu erraten, daß diese Ziegel den Verschluß des Loches bildeten, aus dem ich gekrochen war. Ich lag mit dem Oberleib außerhalb, ohne bemerkt worden zu sein. Eben wollte ich wieder zurück, da drehte sich einer der Schmuggler um und schaute

1 Mehrzahl von Fard = Pistole

herauf. Er erblickte mich und erkannte sofort, daß ich ein Fremder war. Einen Schrei ausstoßend, machte er seine Kameraden auf mich aufmerksam, indem er auf mich deutete. Ich sprang schnell entschlossen auf, holte meinen Stutzen aus dem Gang und richtete die Mündung des Gewehrs auf die Leute. Halef folgte sogleich meinem Beispiel.

„Der Effendi!“ hörte ich rufen, „der Effendi! Er ist frei! Allah behüte uns!“

Sie waren aufgesprungen und konnten nun von unten gesehen werden. Sie dachten nur an Halef und mich, aber nicht mehr an die Soldaten, denen sie sich nicht hatten zeigen wollen. Ich rief ihnen zu:

„Bleibt, wo ihr seid, sonst schießen wir! Wer die Stelle verläßt, an der er steht, bekommt sofort eine Kugel!“

„Du aber vorher die meinige!“ antwortete einer, indem er seine Pistole hervorriß und auf mich abdrückte. Drei andere ließen sich verleiten, ihm gleichzutun, aber keiner dieser Schüsse traf.

„Ihr habt gewagt, auf uns zu schießen“, entgegnete ich. „Jetzt kommt die Strafe: ich werde euch niederwerfen, indem ich euch in die Beine schieße. Paßt auf!“

Ich gab die Schüsse schnell hintereinander ab, und die vier Pascher stürzten. Sie brüllten überlaut, um so stiller waren die anderen. Sie hatten nie in so rascher Folge vier Schüsse aus einem Lauf gesehen und gehört das ging über ihre Begriffe. Halef benutzte ihre Bestürzung, indem er sie in seiner bekannten Weise belehrte

„Warum reißt ihr die Augen und die Mäuler auf. Das Gewehr des Effendi ist eine Zauberflinte, die tausend Jahre lang immerfort losgeht, ohne daß er zu laden braucht. Und daß keine Kugel daneben fährt, habt ihr jetzt gemerkt. Alle, die hier im Inneren der Ruine waren, befinden sich in unserer Gewalt. Ihr müßt euch ergeben, denn gegen das Zaubergewehr könnt ihr nicht machen. Effendi, zeige ihnen doch, wie schnell deine Kugeln einander folgen und wie sicher du mit ihnen triffst!"

„Ja, sie sollen es sehen", antwortete ich. „Es stehen noch elf von ihnen aufrecht. Ich werde in jedes von den zweiundzwanzig Beinen eine Kugel schicken!"

Ich legte an, und im selben Augenblick hockten sie nieder, hielten die Gewänder oder die Hände vor die Beine und schrien, was sie konnten.

Alle Augen waren auf uns gerichtet, und so merkten sie nicht, was unten vor der Ruine geschehen war und noch geschah. Der Kol Agassi nämlich hatte die Schüsse gehört und mich gesehen. Entweder war ich von ihm trotz der Entfernung erkannt worden, oder er hatte sich gesagt, daß Schüsse Kampf bedeuten. Wo man kämpft, da gibt es Feinde, und dieser Feind der Schmuggler konnte nur ich sein. Er mußte mir zu Hilfe eilen und hatte seinen Leuten den Befehl gegeben, die Ruine zu ersteigen. Sie kamen schnell herauf. Die hinter den Steinbrocken ängstlich zusammengekauerten Schmuggler bemerkten es nicht. Der Kol Agassi war so klug, seine Asaker in breiter Linie heraufklettern zu lassen, so daß es auch jetzt keine Lücke zum Entschlüpfen gab.

Die vier Verwundeten vollführten einen großen Lärm, sie jammerten und schimpften in einem Atem. Wir achteten nicht auf ihre beleidigenden Ausrufe. Die Kerle waren feig. Zwar mit der nötigen Gewandtheit zum nächtlichen Schmuggeln und Schleichen begabt, entbehrten sie der Neigung zur mutigen Tat, und das war wohl auch der Grund, weshalb der Ssäfir nicht sie, sondern die Beduinen zum Überfall der Karwan-i-Pischkhidmät Baschi geworben hatte. Um ihre Aufmerksamkeit festzuhalten und ihnen keine Zeit zu lassen, zurückzublicken, hielt der Hadschi ihnen eine Strafrede, in der er ihnen bewies, daß sie der Abschaum der Menschheit, wir aber die tadellosesten Helden seien. Er erreichte seinen Zweck vollständig, denn er hatte noch lange nicht geendet, so stand Amud Mahuli mit seinen Leuten vor den Trümmerresten, hinter denen die Schmuggler hockten. Darum unterbrach sich Halef und wendete sich an mich:

„Die Asaker sind da! Ich muß also leider meine Strafpredigt mitten auseinanderschneiden. Jetzt kommst du wieder an die Reihe. Sprich weiter!"

„Fällt mir nicht ein. Ein Zeichen meiner Hand wird genügen."

Der hinter den Schmugglern stehende Kol Agassi hielt seine Augen fragend auf mich gerichtet, und ich gab ihm einen Wink. Er rief einen Befehl, und seine Soldaten drangen auf die Schmuggler ein, die über den plötzlichen Angriff so erschrocken waren, daß sie gar nicht auf den Gedanken kamen, sich zu wehren. Unsere Beihilfe war nicht notwendig, wir konnten als Zuschauer bleiben, wo wir standen. Dem quecksilbernen Hadschi freilich war es unmöglich, sich ganz der Beteiligung zu enthalten.

„Ich habe da drinnen im Gang ein Habl[1] aus Palmfasern liegen sehen", sagte er, „an das wir die Kerle so binden können, wie man Datteln auf Schnuren reiht. Ich werde es holen."

Er ging hinein und brachte dann eine ganze Menge von Schnuren, Leinen und Stricken heraus, die er den Soldaten hintrug. Es war köstlich zu sehen, in welcher Weise er nun die Fesselung der widerspenstigen Gefangenen leitete und überwachte. Als man damit fertig war, wurden sie, in langer Reihe an einem Seil hängend, abgeführt. Die Verwundeten mußten getragen werden. Die drei Männer, die wir am Eingang überrumpelt hatten, wurden den Abgeführten angeschlossen. Als sich dieser Schub in Bewegung gesetzt hatte, trat der Kol Agassi zu mir und erkundigte sich:

„Effendi, wie war es dir möglich, hier heraufzukommen? Du hast dich doch, als du von uns gingst, gegen

1 Strick, Seil

die andere Seite der Ruine entfernt. Ich war sehr erstaunt, als ich dich dann hier oben sah."

„Hast du mich sogleich erkannt?"

„Ja. Wir hatten den Aufgang hierher so eng besetzt, daß du unmöglich durch unsere Reihen geschlüpft sein kannst!"

„Vielleicht erzähle ich dir, wie es mir möglich war, über den Birs Nimrud hinweg- und hierherzufliegen."

„Fliegen? Nein, geflogen bist du nicht. Hier erblicke ich einen Eingang. Vielleicht gibt es auf der anderen Seite auch einen, den du gekannt hast. Du bist dort hinein und durch das Innere hierhergegangen."

„Davon später! Jetzt sage mir, wie es dir geglückt ist, die Ghasai zu ergreifen!"

„Das geschah auf die einfachste Weise. Wir beobachteten sie, bis der Perser, der der Freund des Sandschaki ist, mit ihnen fertig war und sich entfernte. Ich glaubte, du hättest ihm die Hand zerschmettert, aber die Verletzung scheint doch nicht so groß gewesen zu sein, denn er hatte sie zwar verbunden, konnte aber die Finger doch gut gebrauchen."

„Ja, den Beweis davon hat er auch mir geliefert."

„Als er fort war, rüsteten sich auch die Ghasai zum Aufbruch. Die Pferde und Kamele der Karwan-i-Pischkhidmät Baschi waren ihnen bei der Verteilung der Beute zugefallen. Wenn ich sie diese Tiere besteigen ließ, war der Verlust wenigstens einiger von ihnen zu befürchten. Darum durfte ich es nicht so weit kommen lassen. Ich zog einen Teil meiner Leute schnell zusammen, und wir drangen so unerwartet auf sie ein, daß sie so erschrocken waren wie hier die Schmuggler. Einige, die sich wehrten, wurden mit dem Kolben niedergeschlagen. Wir wurden so leicht mit ihnen fertig, daß ich mich dann darüber gewundert habe. Freilich ging es dabei nicht ohne großen Lärm ab, wodurch die Schmuggler gewarnt wurden. Ich mußte also die Linie der Umfassung schleunigst wieder auffüllen lassen, um ihnen die Flucht unmöglich zu machen. Sie kamen auch bald dahinter, daß sie umzingelt waren, und zogen sich auf die Höhe zurück, von wo aus sie keinen Angriff wagten. Was dann geschah, das weißt du. Du kanntest die Zahl dieser Leute und stelltest mir die Bedingung, keinen von ihnen entrinnen zu lassen. Es fehlen aber der Perser und noch ein Mann, doch glaube ich nicht, daß wir daran schuld sind. Ich bin vielmehr überzeugt, daß es ihnen unmöglich gewesen ist, durch uns zu schleichen."

„Sorge dich nicht um deine Belohnung! Diese Leute haben wir selber festgenommen."

Da hellte sich das bisher etwas besorgte Gesicht des alten Offiziers ganz auf. Es legte sich ein vertraulich pfiffiges Lächeln darüber, und er meinte:

„So darf ich dich wohl fragen: ist jemand entkommen, Effendi?"

„Wir haben sie alle!"

„Deine Bedingung ist also erfüllt?"

„Ja."

„Da du selber soeben das Wort Belohnung erwähnt hast, wirst du mir wohl nicht zürnen, wenn auch ich daran denke. Oder nimmst du mir das vielleicht übel?"

„Übel? Nein! Du hast ohne Zweifel das Recht, mich an mein Versprechen zu erinnern. Etwas anderes freilich ist es, ob du glaubst, daß ich es werde erfüllen können."

„Allah gebe es!" rief Amud Mahuli, tief Atem holend.

„Hm! So ganz überzeugt scheinst du doch nicht zu sein?"

„Verzeih, Effendi! Du bist ein berühmter Mann, du stehst im Schatten des Padischah, den Allah segnen möge, und darfst Berichte schreiben lassen, die der Sseraßker liest. Ich habe auch beobachtet, wie freundlich der Pascha aus Stambul mit dir sprach. Ich bin also überzeugt, daß deine Worte und Vorschläge an den hohen Stellen der Regierung wohl beachtet und berücksichtigt werden, aber — aber — aber —"

„Was, aber —?"

„Daß ich jetzt sofort Binbaschi sein soll, das — das — das —"

„Sprich doch weiter!"

„Das bringst du wohl nicht fertig!"

„Warum nicht?"

„Erstens bist du ein Christ, während die hohen Offiziere, die über mich zu bestimmen haben, Mohammedaner sind."

„Schön! Zweitens?"

„Zweitens kann dein Einfluß jetzt nicht wirken, weil dein Bericht an den Sseraßker noch nicht in seinen Händen ist."

„Wenn das alle deine Bedenken sind, so steht es um den Binbaschi nicht schlecht. Ich gebe niemals ein Versprechen, von dem ich nicht überzeugt bin, daß ich es halten kann. Den Sseraßker brauche ich heute nicht. Und gerade weil ich ein Christ bin, kannst du dich auf mein Wort verlassen! Ich habe dir gesagt: Wenn du von den fünfunddreißig Leuten keinen entkommen läßt, bist du sofort Binbaschi. Was ich gesagt habe, das gilt!"

„Allah! So bedenke, Effendi, daß uns kein Mann entkommen ist!"

„Das bedenke ich."

„Ich müßte also jetzt Binbaschi sein!"

„Das bist du auch!"

„Aber ich sehe und merke nichts davon."

„So lies, dann wirst du es begreifen!"

Ich zog die von Osman Pascha erhaltene Urkunde heraus und gab sie ihm. Amud Mahuli nahm und las sie, indem er sich mühsam quälte, die Schriftzeichen zu entziffern. Ich hatte einen lauten begeisterten Ausbruch der Freude erwartet, sah mich aber getäuscht. Als er mit dem Lesen fertig war, bewegte er sich nicht und blickte still und stumm vor sich nieder. Dann ging über seinen Körper ein krampfhaftes Zucken, als wollte er laut aufschluchzen und das doch unterdrücken, aber aus seinen Augen rollten große Tränentropfen über die gebräunten, hageren Wangen. Hierauf sank er in die Knie nieder, faltete die Hände, hob sie empor und betete: „Lob und Preis sei Gott, dem Weltenherrn, dem Allerbarmer, der da herrscht am Tag des Gerichts. Dir wollen wir dienen, und zu dir wollen wir flehen, auf daß du uns führest den rechten Weg, den Weg derer, die deiner Gnade sich freuen, und nicht den Weg derer, über die du zürnest, und nicht den der Irrenden!"

Das war die erste Sure des Korans, die ‚heilige Fâtiha', die ‚Eröffnende', der Anfang, auch wohl Umm el Kitab[1] genannt. Sie ist, wie bei uns Christen das Vaterunser, das Hauptgebet der Mohammedaner und wird anderen Gebeten gern als Einleitung vorangesandt. Dann fuhr er fort:

„Ich danke dir, o Gott, daß du mich begnadet hast mit deinem Segen! Es war dunkel in meiner Seele und finster in meinem Herzen. Das Meer der Trübsal umwogte mich, und die Fluten der Sorge gingen mir bis an die Lippen. Ich flehte zu dir, und du schienst mich nicht zu erhören; ich rief dich an, und du wolltest nicht kommen, so glaubte ich. Aber du hattest meine Not gesehen und meine Worte wohl vernommen und wartetest nur eine Weile, bis die richtige Zeit gekommen war, den Ratschluß deiner Güte auszuführen. Nun ist der Augenblick des Glückes angebrochen: deine Liebe hat sich meines Jammers erbarmt und mich mit Gnade überschüttet. Nun liege ich vor dir und blicke auf in deiner Herrlichkeit, um dir den Dank zu stammeln, der auf zu deinem Himmel steigt. Du hast Großes an mir getan. Dein Name sei gelobt und deine Huld gepriesen von Ewigkeit zu Ewigkeit! Amen!"

1 Mutter des Buchs, des Koran

Jetzt stand er wieder auf und ergriff meine beiden Hände.

„Effendi, du bist ein Mensch, aber doch der Bote Allahs, den er hierher sandte, mir die Erhörung meines täglichen Gebets zu bringen. Verzeih mir den Zweifel, den ich gegen diese schnelle Erfüllung deines Versprechens hegte! Du hast mich aus schwerer Not befreit. Nun bin ich meine Sorgen los und bitte dich, mit meinem Haus täglich für dich beten zu dürfen. Es ist vor Allah keine Sünde, wenn ein Muslim für einen Christen bittet!"

„Dein Gebet wird vor Allahs Ohr doppelten Wohlklang haben. In der zweiundzwanzigsten Sure steht geschrieben: ‚Siehest du denn nicht, daß alle Gott verehren, die im Himmel und auf Erden sind?' Denk ja nicht, daß euer Glaube der allein richtige sei! Und wenn er es wäre, gerade dann müßtest du zu Allah für die Leute flehen, die ihn nicht besitzen. Ich bete täglich für alle Menschen, die keine Christen sind, also auch für dich. Und als du zu mir von deiner Not und Sorge sprachst, da nahm ich mir vor, dir zu helfen, und dachte dabei nicht daran, daß du in meinen Augen ein Ungläubiger bist. Also bete getrost für mich! Niemand bedarf es so sehr wie ich, daß für ihn gebetet wird."

„Ja, Effendi, ich werde es tun. Und nun sag, was jetzt geschehen soll!"

„Ich habe mit Halef noch hier oben zu tun. Du aber begibst dich hinunter zu deinen Leuten, um deine ganze Aufmerksamkeit auf die Gefangenen zu richten, denn du bist dafür verantwortlich, daß keiner von ihnen fehlt, wenn Osman Pascha eintrifft."

„Er wird hierherkommen?"

„Ich hoffe es. Schicke sofort einen Boten auf einem schnellen Pferd zu ihm nach Hille! Er mag ihn holen und sein Führer zu uns sein."

„Ich werde meinen besten Reiter senden. Und noch eine Frage, Effendi! Wirst du sie mir vielleicht übelnehmen?“

„Du wirst nichts fragen, was mir nicht gefällt. Also sprich!“

„Ich meine das Versprechen, das du meinen Asakern gegeben hast —“

„Oh, die zugesagten Piaster?“

„Ja. Sei mir nicht böse darüber, daß ich dich daran erinnere! Ich gönne meinen Soldaten eine solche Freude von ganzem Herzen. Ich bin froh, da sollen auch sie fröhlich sein!“

„Diese Fürsorge kann dich nur ehren. Ich sage auch hier: was ich verspreche, das halte ich. Sie bekommen das Geld.“

„Darf ich meinen Leuten das mitteilen?“

„Ja.“

„Ich danke dir!“

Amud Mahuli ging, wendete sich aber nach einigen Schritten wieder um und sagte:

„Effendi, wenn in den Herzen aller Christen deine Liebe und deine Güte wohnte, so würde dein Glaube dem unseren sehr gefährlich sein. Allah segne und bewahre dich!“

Nun stieg er hinab.

15

DIE SCHATZKAMMER DES BIRS NIMRUD

Wir sahen dem alten, braven und jetzt so frohen Mann nach, bis er unten angekommen war. Ich fühlte mich tief bewegt von seinem Gebet und den darauf folgenden Worten. Halef ging es ebenso.

„Das ist wieder einer, den du glücklich gemacht hast, Sihdi! Ich weiß noch viel besser als er, wie gefährlich deine Nächstenliebe jedem Anhänger des Propheten werden kann, der mit dir in Berührung kommt. Anstatt dich, wie es mein fester Wille war, zum Islam zu bekehren, habe ich mich von dir zu Isa Ben Marryam führen lassen und sehe ein, daß ich dadurch geworden bin, was ich früher zu sein glaubte, aber doch nicht war, nämlich von ganzem Herzen glücklich! Du hast mir vorhin gesagt, daß jeder Soldat hundert und jeder Unteroffizier zweihundert Piaster erhalten soll. Das sind über sechstausend Piaster. Woher willst du sie nehmen? Aus deinem eigenen Beutel? Da muß er viel tiefer und inhaltsreicher sein, als ich bisher dachte!"

„Wir haben viel mehr Geld, lieber Halef, als wir brauchen!"

„Wo?"

„Ich werde es dir zeigen."

„Allah! Ich ahne es! Es steckt Geld in den Ruinen?"

„Allerdings."

„Maschallah! Wer wird es bekommen?"

„Meiner Ansicht nach bin ich verpflichtet, es dem Pascha auszuliefern."

„Dem Pascha? Mir scheint, es gibt nur einen einzigen Pascha, dem es zusteht, und der bist du!"

„Warum?"

„Weil du es entdeckt hast."

„Deine Ansicht vom Finden ist nicht die meinige."

„So hast du wenigstens einen Finderlohn zu beanspruchen, und den mußt du so hoch wie möglich fordern!"

„Dazu bin ich entschlossen."

„Wieviel wirst du verlangen?"

„Ich fordere, daß unser Binbaschi in Bagdad das wieder bekommt, was ihm der Ssäfir abgenommen hat."

„Das ist gut und freut mich sehr! Weiter!"

„Ferner sind davon die Belohnungen zu bezahlen, die ich den Soldaten versprochen habe."

„Auch das hat meine Billigung. Weiter!"

„Weiter nichts."

„Wie? Weiter nichts? Für dich und auch für mich nichts?"

„Nichts!"

„Höre, Sihdi, das ist so eine Stelle deines Verstandes, die zugeklebt und ausgebessert werden muß! Bedenke doch, was wir alles unternommen und gewagt haben, und wie es uns dabei ergangen ist, um hinter die Geheimnisse des Birs Nimrud zu kommen! Und dafür sollen wir nichts, gar nichts erhalten? Kein Lastträger und Tagelöhner arbeitet umsonst, und wir, die wir die tapfersten Helden des ganzen Türkischen Reiches und auch aller anderen Länder sind, sollen unsere Freiheit und unser Leben wiederholt gewagt haben, ohne einen einzigen Para von dem Geld zu erhalten, dessen Entdeckung man nur uns allein zu verdanken hat? O Sihdi, du bist zu feinfühlend!"

„Eben weil ich kein Lastträger und kein Tagelöhner bin, verbietet es mir meine Ehre, für mich persönlich Lohn zu fordern. Ich bin überzeugt, daß auch dein Ehrgefühl dich hindert, dich wie einen Tagelöhner behandeln zu lassen!"

„Tagelöhner? Höre, Sihdi, ich bin der Scheik der berühmten Haddedihn vom großen Stamm der Schammar, und wehe dem, der es wagen wollte, mir die nötige Ehrfurcht zu versagen! Ich mag von diesem Geld nichts! Keinen einzigen Para will ich haben! Ich finde es ganz vortrefflich von dir und stimme dir vollständig bei, daß wir viel zu hoch stehen, als daß uns dieses bißchen Geld verlocken könnte, auch nur einen einzigen Blick darauf zu werfen! Wir brauchen es nicht. Diese Angelegenheit ist erledigt. Die andere ist für mich viel wichtiger."

„Welche?"

„Das Versprechen, das du mir gegeben hast. Du willst dem früheren Kol Agassi und jetzigen Binbaschi und seinen Soldaten dein Wort halten, und so hoffe, ich, daß auch ich bekomme, was du mir versprochen hast."

„Was?"

„Meine Kurbatsch für den Ssäfir!"

„Dieser Wunsch wird dir in Erfüllung gehen."

„Wann?"

„Sobald wir ihn herausgeholt haben. Jetzt wollen wir zu ihm, um nachzusehen, wie er sich befindet. Dann nehmen wir die Räume in Augenschein, und wenn wir das erledigt haben, schaffen wir ihn heraus. Du wirst leuchten."

„Ich? Kann das nicht lieber ein Asaker tun?"

„Nein. Es soll, bis der Pascha eintrifft, niemand das Innere des Birs Nimrud betreten als nur wir."

„Und der Kammerherr?"

„Er hat genug gesehen, nun mag er sich zu den Soldaten begeben. Er wird froh sein, den finsteren Gang verlassen zu dürfen."

„Soll ich den tapferen Obersten der Kammerherren holen?" lächelte der kleine Scheik.

„Ja."

Als er ihn brachte, konnte der Pischkhidmät Baschi nicht verbergen, wie leicht er sich fühlte, dem Schikämi-Chärâbä[1], wie er es nannte, entronnen zu sein. Er holte sehr tief Atem und war im nächsten Augenblick unter den Asakern verschwunden.

Wir schritten wieder in den Gang, und zwar zu der Nische, in der die Lämpchen standen. Als wir Licht entzündet hatten, gingen wir zur Ecke, wo die Stufen hinabführten. Den im Gang liegenden Waren schenkten wir zunächst keine Beachtung. Die örtliche Untersuchung des Raumes Nummer eins verschoben wir zunächst noch für kurze Zeit, um vorerst nach dem Ssäfir zu schauen, der sich in Nummer drei befand. Er hing noch in der peinlichen Lage, in der wir ihn verlassen hatten, an den eisernen Vorhangstäben. Er war gezwungen, sich nicht zu bewegen und den Kopf unausgesetzt hoch zu halten, denn sobald er ihn senkte, wurde ihm durch den eng um den Hals liegenden Strick der Atem genommen. Er befand sich also in steter Angst vor dem Erstickungstod, und so war es leicht erklärlich, daß er uns im höchsten Zorn entgegenrief:

„Endlich laßt ihr euch wieder blicken! Ist das die Art der Christen und Sunniten, Menschen zu behandeln? Bindet mich los und gebt mich frei, wenn euch euer Leben nicht weniger als einen Pulverschuß wert ist! Ich gehe zum Sandschaki, und wehe euch, wenn er erfährt, was ihr hier zu unternehmen wagtet! Nur meine Fürsprache kann euch vor dem Ärgsten retten!"

Halef stellte sich breitspurig vor ihn hin und fragte: „Ah! Unser Fürsprecher willst du sein?"

„Ja, doch nur, wenn ihr eurer Feindseligkeit gegen mich sofort ein Ende macht!"

„Oh, wir sind ganz begierig darauf, dir Freundlichkeiten zu erweisen! Leider aber würden sie uns nichts nützen, weil deine Fürbitte ebenso machtlos ist wie dein Sandschaki. Er steckt im Kerker, und Ketten schmücken seine Hände!"

[1] Bauch der Ruine

„Das ist Lüge!"

„Keine Beleidigung, sonst beweise ich dir mit der Peitsche, daß ich die Wahrheit spreche! Gerade du darfst dich nicht darüber wundern, daß ich vom Gefängnis spreche, denn nur du allein trägst die Schuld, daß er eingesperrt wurde!"

„Ich —?"

„Ja, du! Es war die größte aller Dummheiten, daß du den Pädär-i-Baharat mit einer Schrift zu ihm schicktest. Sie wurde entdeckt und ihm abgenommen. Man weiß nun, was du hier im Birs Nimrud zu suchen hast und kennt auch alle eure anderen Heimlichkeiten. — Doch, was soll ich mich mit dir befassen! Es gibt hier mehr zu sehen als dich, einen Menschen, der nicht wert ist, daß man ihn nur mit einem einzigen Blick begnadet!"

Ich hatte nicht auf ihren Wortwechsel geachtet und war mit dem Licht in Nummer zwei gegangen. Jetzt kam mir Halef nach. Wir sahen uns in diesem Raum und dann auch in dem anderen um. Unser alter Bagdader Gastfreund hatte wirklich nicht zu viel von den hier aufgestapelten Waren erzählt. Es herrschte da eine so tadellose Ordnung, daß man hätte meinen können, sich in einem wohlgeleiteten kaufmännischen Lager zu befinden. Jeder Pack und jeder Gegenstand trug einen Zettel, der sich auf seinen Inhalt bezog. Wir brauchten nur die Aufschrift zu lesen, um zu erfahren, was alles hier vorhanden war.

Es gab da Tabak aus Rescht, bestes Opium, Haschisch, Tamariskenhonig, Henna, Krapp aus Täbris, Safran und Saflor, getrocknete Hallagäh- und Angur-i-Ali-Deresi-Trauben, gedörrte Melletzu- und Gulab-i-Schah-Birnen, Kischmisch- und Savsa-Rosinen, Gulâb[1] und das herrliche, teure Ätr-i-gul[2]. Das Gegenteil davon, nämlich Asafoetida, war auch vorhanden. Es waren da

[1] Rosenwasser [2] Rosenöl

verzeichnet wohlriechende Seifen aus der Stadt Kum, Demawendi-Schwefel, Arsenik aus Kaswin, ferner kostbare Lammfelle von Buchara und Kum, große, schwere Ballen Maroquins, in Persien Tscherm-i-hamadâni genannt, und Saghri-Chagrins, die aus der Rückenhaut des wilden Esels gefertigt werden. Außerordentlich reich war das Lager an den verschiedensten Kleiderstoffen, wie Samt, Seide, Wolle, Baumwolle usw., ebenso an köstlichen Schals und Teppichen. Der Ssäfir mußte sich hier völlig sicher gefühlt haben, sonst hätte es ihm nicht einfallen können, solche Werte an dieser Stelle aufzustapeln. Mit welchen Gefühlen mochte er nun Zeuge davon sein, daß wir seine Schätze so ungestört betrachteten! Er verhielt sich ruhig und sagte lange Zeit kein Wort. Als wir an die schon erwähnte Truhe kamen und ich den dem Ssäfir abgenommenen Schlüssel hervorzog, um sie zu öffnen, da schrie er auf:

„Halt! Wagt euch nicht an diesen Kasten!"

Ich steckte den Schlüssel trotzdem ein und drehte ihn im Schloß um. Als der Ssäfir das Geräusch hörte, brüllte er:

„Ich warne euch bei Allahs Namen: berührt dort nichts! Es liegt eine Ssihhr[2] darin verborgen, die jedem Uneingeweihten Verderben bringt!"

„Das freut mich außerordentlich", lachte Halef. „Dieser Zauber gehört wahrscheinlich in das Gebiet der schwarzen Ssimijâ[2], und da ich mich nun sehr gut auf die weiße Ssimijâ verstehe, so habe ich hier die beste Gelegenheit zu erfahren, welche mächtiger ist, die schwarze oder die weiße."

„Die schwarze, die schwarze ist mächtiger! Hüte dich! Rühr nichts an!"

„Wenn das wirklich wahr ist, so brauchen wir uns dennoch nicht zu fürchten, denn mein Effendi ist Meister in der blauen, roten, grünen und gelben Ssimijâ, und

1 Zauberei, Geheimnis 2 Zauberkunst, Magie

du wirst gleich erkennen, daß deine einfache schwarze gegen diese vierfache und bunte Wissenschaft unmöglich aufkommen kann! Auch hat der Prophet alle Zauberei verboten. Also, Sihdi, öffne getrost!"

Ich hob den Deckel auf.

„Mach zu, mach wieder zu!" warnte der Ssäfir mit überschnappender Stimme. „Die Zauberei bringt dich sonst um dein ewiges Leben, um deine Seligkeit!"

„Mach dich nicht lächerlich!" antwortete ich jetzt. „Meinst du denn wirklich, daß ein Europäer eine solche Albernheit glaubt, derentwegen dich bei uns jedes Kind verspotten würde? Die Truhe ist geöffnet, wo ist dein Zauber?"

„So seid verflucht im Leben und verdammt in Ewigkeit!"

Da sprang Halef zu ihm, der Schein der Lampe reichte nicht so weit. Ich hörte einen klatschenden Hieb und einen Schmerzensschrei, dann war es still. Der Hadschi kehrte zurück und sprach nichts. Selbst wenn er etwas hätte sagen wollen, wären ihm bei dem Anblick, der sich ihm hier bot, die Worte auf der Zunge hängengeblieben. Wie ein Knabe, dem eine große, ungeahnte Überraschung wird, spreizte er die Finger aus und starrte auf das flimmernde Gold und Silber und auf die funkelnden Edelsteine, die vor uns lagen. In holzgeschnitzten Schalen sahen wir in- und ausländische Gold- und Silberstücke in Haufen, während eingelassene Fächer eine Menge geschliffene oder ungeschliffene Halb- und Ganzedelsteine enthielten. Auch gab es Ringe, Ketten, Hals- und Armbänder, Haar- und anderen Schmuck in Menge. Was dieser Kasten enthielt, bedeutete ein Vermögen. Und als ich einige Fächer herausnahm, erblickte ich kostbare Pistolen und Dolche, die den unteren Teil der Truhe füllten. Dabei lagen zwei Bücher. Ich schlug sie auf. Wer hätte das denken sollen! Es waren die Geschäftsbücher, die eine Reihe von Jahren zurückreichten und ein Verzeichnis aller Aus- und Eingänge enthielten. Das war ja staunenswert!

„Maschallah!" ließ sich Halef endlich hören. „Mein Verstand steht still! Sihdi, gib mir einen Stoß in die Rippen, daß er wieder in Bewegung kommt!"

„Steckt er bei dir zwischen den Rippen?" fragte ich.

„Wo er steckt, das kann ich in diesem Augenblick nicht wissen. Ich fühle nur, daß er nicht da ist, wohin er gehört. Welch ein Geld! Welche Pracht der Steine! Ich bin kein Dschauhardschi[1] und weiß also nicht, wie sie heißen. Kennst du vielleicht die Namen?"

„Was nützt es, wenn ich sie dir aufzähle? Die Steine werden doch nicht unser!"

„Ja, eigentlich betrübt es meine gefühlvolle Seele sehr, daß ich sie nur betrachten, aber nicht in meine Tasche stecken darf! Sieh dieses herrliche Ssuwâri[2]! Was sind das für Steine?"

„Ein Almâs[3], ein Sumurrud[4] und ein Jakut[5], woran sich die dreifachen Firusareihen[6] schließen."

„Oh, Sihdi, wie würde meine Hanneh jubeln, die schönste aller Frauen, wenn ich ihr diesen Schmuck mitbrächte, um ihn an ihren geliebten Arm zu legen! Stehen wir wirklich so hoch, daß wir nichts wegnehmen dürfen?"

„Ja."

„Und ist unsere Ehre wirklich von so großer Erhabenheit, daß wir sie durch einige solcher Steine beleidigen würden?"

„Ganz gewiß."

„So denke an die lieblichbraune Herrin deines Frauenzelts! Liebt sie es nicht auch, sich zu schmücken?"

„Ihr und mein bester Schmuck ist Ehrlichkeit, und alles, was hier liegt, ist fremdes Eigentum. Bedenke das!"

„Ich bedenke es! Zugleich aber bedenke ich auch, daß

1 Juwelier 2 Armband 3 Diamant 4 Smaragd 5 Rubin 6 Türkis

es eine wahre Schande ist, diesen Reichtum entdeckt zu haben, ohne ihn behalten zu dürfen. Hoffentlich ist es wenigstens erlaubt, einmal so recht mit allen zehn Fingern hineinzugreifen?"

„Dagegen habe ich nichts. Wenn es dir Vergnügen macht, so tu es!"

„Sogleich, sogleich! Sieh, wie das funkelt, wie das strahlt!"

Mein kleiner Hadschi war ein grundehrliches Kerlchen, aber diese Steine taten es ihm doch an. Darum sagte ich, während er drinnen wühlte und sie aus einer Hand in die andere gleiten ließ:

„Ein freundlicher Strahl aus dem Auge deiner Hanneh ist schöner und tausendmal mehr wert als diese ganze leblose Flimmerei!"

Da zog er die Hände schnell zurück und sah mir mit warmem Blick ins Gesicht.

„Das ist sehr wahr, Sihdi! In den Augen, von denen du sprichst, wohnt ein Licht der Liebe, gegen das dieses Gefunkel hier die reine Finsternis, der unsichtbare Neumond ist. Ich bin reicher, viel reicher als der arme Teufel, dem das Geld und diese Steine gehören werden. Ich tausche nicht mit ihm! Ein fröhliches Lachen aus dem Mund meiner Hanneh, der herrlichsten aller Frauen, klingt schöner als das Klirren dieser Münzen. In ihren Augen und ihrem Lächeln wohnt die Seele, in diesen toten Schätzen aber ist keine — Allah, was erblicke ich!"

Er hatte, wie zur Erklärung wieder in die Schmucksachen gegriffen und das erste beste Stück herausgenommen. Sein Ausruf lenkte auch meinen Blick auf diesen Gegenstand.

„Ein Bild, Sihdi, zwei Bilder!" fuhr er fort. „Sie müssen einem Christen gehört haben, denn einem Muslim ist es verboten, sich malen zu lassen. Und doch ist die Kleidung dieses Mannes und dieses Weibes persisch. Schau her!"

Er gab mir das kleine, mit Edelsteinen eingefaßte Doppelbild. Als mein Blick darauf fiel, hätte ich fast einen Ruf der Überraschung ausgestoßen. Ich kannte den Perser, dessen Gesichtszüge ich vor mir sah. Es handelte sich nicht um eine Ähnlichkeit, sondern er war es, war es unbedingt, nämlich Dschafar, mit dem ich damals drüben im Westen der Vereinigten Staaten zusammengetroffen war[1]. Neben ihm erblickte ich ein wunderschönes, orientalisches Frauengesicht mit geheimnisvollen Dunkelaugen, aber rätselhaften Sphinxzügen, ein Gesicht, das mich sofort gefangennahm, doch nicht etwa den Menschen, sondern den Seelenforscher in mir. Das Urbild war sicher keine im Harem seelisch vernachlässigte, sondern eine geistig bedeutende Persönlichkeit. Und als ich schärfer hinschaute, bemerkte ich unter den Bildern zwei feine, in das Gold des Rahmens gegrabene Unterschriften. Die unter dem männlichen Bild lautete ‚Dschafar Mirsa' und die unter dem weiblichen ‚Schahsadeh Chanum Gul'.

Ich erinnere daran, daß das Wort Mirsa, wenn es vor dem Namen steht, ein allgemeiner Titel ist, der in Persien jedem gebildeten Mann, besonders aber Gelehrten, Dichtern usw. gegeben wird, z. B. Mirsa Schaffy, der bekannte Freund Bodenstedts. Steht er aber hinter dem Namen, so bedeutet er den Rang eines Prinzen. Mit dem Schah nahe- oder blutsverwandte Prinzen werden mit Schahsadeh angeredet. Steht das einer Dame bezeichnende Wort Chanum dahinter, so ist eine Prinzessin gemeint. Hieraus folgt, daß mein früherer Reisegefährte Dschafar ein Prinz war und das andere Bild eine mit dem Schah von Persien verwandte Prinzessin darstellte. Durch die Vereinigung der beiden Bilder war ich veranlaßt, auch die Personen in nahe Beziehung zueinander zu bringen. Welcher Art dieses Verhältnis war, das

1 Siehe Karl May, Gesammelte Werke, Band 26, „Der Löwe der Blutrache", Erzählung „To-kei-chun"

konnte ich nicht wissen. Aus dem Umstand, daß sie sich hatten malen lassen, war zu schließen, daß sie über der gewöhnlichen Denkweise standen, was bei dem weitgereisten Dschafar Mirsa kein Wunder war. Bei der Schahsadeh Chanum ergab sich daraus wahrscheinlich die berechtigte Folgerung, daß sie eine jener selbständigen Damen war, vor denen der Morgenländer ein Grauen hat. Hat es schon bei uns einen eigenen Klang, wenn wir von einer ‚emanzipierten Frau' sprechen, so tritt dieser unangenehme Beigeschmack im Orient noch viel mehr hervor. Wer es dort fertigbringt, alle Überlieferungen und Rücksichten außer acht zu setzen und die Fesseln des streng abgeschlossenen Frauenlebens zu sprengen, der ist gewiß mit einem lebhaften Wesen ausgerüstet oder hat — ich bitte, mich eines Lieblingsausdrucks meines kleinen Halef bedienen zu dürfen — verschiedene Schejatin[1] im Leib. Daher der Widerwille des Orientalen, den Frieden seines Harems durch eine solche ‚Teufelin' ins Gegenteil umwandeln zu lassen.

Daß die Prinzessin Gul hieß, war nichts Auffälliges, und doch dachte ich sonderbarerweise dabei sogleich an die Gul-i-Schiras. Vielleicht war das eine Folge des Eindrucks, den das Bild auf mich machte. Die sphinxartigen Züge des Gesichts paßten ja ungemein zu den Rätseln, die die geheimnisvolle ‚Rose von Schiras' für mich umgab.

Alle diese Gedanken gingen mir sehr schnell durch den Kopf, und doch blieb es für Halef nicht unbemerkt, daß die Bilder keine gewöhnliche Teilnahme bei mir hervorriefen.

„Du siehst diese Bilder so eigentümlich an, Sihdi", sagte er. „Kennst du etwa den Mann oder das Weib?"

„Sprich leise!" warnte ich flüsternd, indem ich den Fund in meine Tasche schob. „Der Ssäfir darf nichts davon hören. Die Perser halten sich nicht an die Aus-

1 Mehrzahl von Scheitan = Teufel

legung des Koran, daß die Abbildung von Menschen und Tieren verboten ist. Den Mann, dèn das Bild darstellt, mußt du auch kennen. Es ist ein Perser namens Dschafar, der vor Jahren als Gast bei den Haddedihn weilte."

„Allah! Ich entsinne mich. Warum steckst du das Doppelbild ein?" raunte er. „Willst du es behalten?"

„Ja."

„Aber du hast doch soeben noch gesagt, diese Sachen wären fremdes Eigentum!"

„Ich hatte die Bilder noch nicht erblickt."

„Es scheint dich plötzlich aus der großen Erhabenheit deiner Ehre herabgezogen zu haben! Wie nun, wenn ich mich durch die Schönheit des Armbandes auch herabziehen ließe?"

„Das ist etwas ganz anderes. Es hat mit diesen Bildern eine eigenartige Bewandtnis, die ich dir jetzt nicht erklären kann. Ich darf es hier nicht liegenlassen und muß es mitnehmen. Vielleicht treffe ich den rechtmäßigen Eigentümer, dem es wahrscheinlich gestohlen wurde. Auch scheint es mit einem Geheimnis zusammenzuhängen, dessen Lösung auf unserem Weg liegt. Es ist kein Diebstahl, sondern die Klugheit gebietet mir, es zu nehmen, und zwar nicht für mich. Komm, wir wollen gehen!"

„Wohin?"

„Hinaus zu den Soldaten."

„Lassen wir den Ssäfir hier?"

„Nein, wir nehmen ihn mit."

„Und wie steht es mit den Hieben, die seinen Rükken und meine Seele erfreuen werden?"

„Hat das so große Eile?"

„Ja, sehr große, Sihdi! Ich behalte das, was andere zu bekommen haben, nicht gerne auch nur eine Minute länger, als unbedingt nötig ist, also auch nicht die Hiebe, die schon längst in seinen Besitz hätten übergehen sollen. Ich will und muß sie loswerden, denn es stört mich in meinem Wohlbefinden, wenn ich sie noch länger mit mir herumtragen soll!"

„So wollen wir uns jetzt sputen, damit du ja so schnell wie möglich von dieser schweren Last befreit wirst!"

Ich schloß die Truhe und steckte den Schlüssel wieder ein. Als wir dann zum Ssäfir traten und der Lichtschein auf ihn fiel, bemerkte ich auf der rechten Seite seines Gesichts eine beginnende Geschwulst. Das war die Folge des Hiebes, mit dem sein krasser Fluch vorhin von Halef beantwortet worden war. Wir banden ihn von den Stäben los und gaben seine Füße frei, schnürten ihm aber die Ellbogen so fest auf dem Rücken zusammen, daß er ganz in unsere Hände gegeben war, obwohl er nun gehen konnte. Dann stiegen wir hinauf. Er ging mit, ohne sich zu weigern, aber auch ohne ein Wort zu sprechen. Es war, als wollte die in ihm kochende Wut ihn ersticken. Oben im Freien wirkte sein Gesicht ganz anders als unten bei dem unzureichenden Licht des kleinen Lämpchens. Zu der alten, entstellenden Narbe auf der linken Seite seines Gesichtes war jetzt die schnell wachsende und sich dunkel färbende Geschwulst der anderen Seite gekommen. Dazu der lange zerzauste Bart, der drohende Blick des einen blutunterlaufenen Auges und die weit herabhängende Unterlippe. Es überlief mich ein Grauen, als ich dieses abstoßende Gesicht so vor mir sah.

Der Perser wollte abwärts steigen. Ich befahl ihm aber, sich niederzusetzen, was er still, aber mit einem Blick tat, der mich vernichtet hätte, wenn es auf den Besitzer des Auges angekommen wäre.

„Wir wollen den Eingang verschließen", sagte ich zu Halef.

„Womit?" fragte er.

„Mit den Ziegeln, die hier liegen."

Als der Ssäfir diese Worte hörte, ließ er ein höhnisches Räuspern hören. Ich fuhr als Antwort auf diese Verspottung fort:

„Das ist nämlich leicht, wenn man die Sache kennt. Du kannst dich doch, lieber Halef, auf die Schrift besinnen, die ich dem Pädär-i-Baharat aus der Tasche genommen, gelesen und wieder hineingesteckt habe?"

„Ja, Sihdi."

„Sie enthielt eine Zeichnung, die sich auf diesen Eingang bezog. Es ist kaum glaublich, wie unendlich dumm alle diese Menschen sind! Durch diese Zeichnung wurde mir das Geheimnis verraten. Es war der Weg von da unten bis hier herauf genau angegeben und auch die Schrift abgebildet, an der der letzte Stein, der eigentliche Verschlußziegel, zu erkennen ist. Es war babylonische Keilschrift, die ich ein wenig lesen kann; darum war es leicht, mir die Zeichen einzuprägen, so daß ich sie nicht wieder vergessen habe. Diese Menschen aber verstehen nichts von jener Sprache und von jener Schrift und müssen sich also mit Abbildungen des Steins behelfen. Die betreffenden Zeichen bedeuten die Worte: ‚— *romen ʿa. Illai in tat kabad bad ʿa. Illai*'. Ich werde nachsehen, welcher Stein diese Worte enthält."

Die Ziegel waren so vorsorglich nach der Reihe gelegt, daß es nur eines Blickes bedurfte, den richtigen zu finden. Ich deutete auf ihn und fuhr fort:

„Hier sehe ich ihn. Er enthält die Zeichen, die mir durch die unverzeihliche und unbegreifliche Unvorsichtigkeit des Pädär-i-Baharat verraten wurden, und ist also der letzte, der eingefügt wird. Daraus folgt, daß ich mit den Ziegeln, die auf der entgegengesetzten Seite liegen, beginnen muß."

„Allah zerreiße diesen leichtsinnigen Halunken!" knirschte der Ssäfir. „Dich aber verfluche er bis —"

Er verschluckte die übrigen Worte, denn Halef zog die Peitsche und holte zum Hieb aus.

„Das ist dein Glück, daß du den Sibl[1], den du sprechen wolltest, wieder auf den Unrat, der dein Inneres füllt, zurückgeschlungen hast!“ sagte er. „Ich hätte dich sonst durch diese Peitsche dazu gezwungen. Soll ich dir helfen, Sihdi, die Steine zusammenzufügen?“

„Nein“, erklärte ich. „Diese Arbeit muß ich allein vornehmen. Es wird dann leichter und auch schneller gehen als mit deiner Hilfe.“

Indem ich die überall scharfen, aber vielfältigen und unregelmäßig laufenden Kanten des Eingangs betrachtete, die eine im Zickzack laufende Linie bildeten, und von unten herauf die Steine aufeinandersetzte, wurde es mir nicht schwer, das Loch in so kurzer Zeit auszufüllen, als hätte ich diese Arbeit schon oft ausgeführt. Sowie ich den Schlußstein eingefügt hatte, wäre es einem Uneingeweihten wohl nicht möglich gewesen, bei Betrachtung dieser Mauerstelle zu erraten, daß dahinter ein Gang verborgen war. Die einzelnen Stücke paßten so genau an- und aufeinander, als wären sie seit dem Bau des babylonischen Turms nie von einer Hand berührt worden. Die Leute, die den Gang entdeckt und diesen Verschluß hergestellt hatten, waren sehr vorsichtige und sorgsam arbeitende Leute gewesen.

So sehr mich das Gelingen dieser Arbeit befriedigte, so groß war der Grimm des Ssäfir über den Erfolg. Ich sah trotz des dichten Schnurrbarts, daß seine Lippen vor Wut bebten. Er hätte diesen Gefühlen wohl gern durch entsprechende Worte Luft gemacht, aber der Hadschi hatte die Peitsche noch immer in der Hand, und die Furcht vor dieser Omm es Ssefa[1], wie Halef sie gern nannte, zwang ihn, still zu sein.

Es war nun Zeit, die Höhe zu verlassen, und so stiegen wir hinab. Halef ging voran, ich hinterher. Der Ssäfir mußte in der Mitte schreiten, von mir scharf beobachtet. Als wir bei den Soldaten eintrafen, stand

1 Mist 1 Mutter der Wonne

der neue Binbaschi von seinem Platz auf und meldete mir:

„Effendi, der Bote nach Hille ist längst fort, und ich habe ihm befohlen, sich möglichst zu beeilen. Darf ich nun die Pferde hierher kommen lassen?"

„Ja. Ich werde inzwischen den Mann holen, der uns in der Nacht begleitet hat."

„Soll ich nicht lieber um ihn schicken?"

„Nein, man würde ihn nicht finden."

Ich ging selber, weil ich es nicht für geraten hielt, daß noch mehr Leute als dieser eine den Ort erfuhren, wo ich mit dem Kammerherrn in den Turm gestiegen war. Als ich zu ihm kam, lag der Soldat in dem weichen Schutt und schlief. Ich weckte ihn und befahl ihm, mir zu folgen. Er rieb sich die Augen und kletterte, bald stolpernd und bald auf allen vieren oder auf dem Rükken rutschend, hinter mir her. Ich führte ihn aus Berechnung nicht gleich auf die Ebene hinaus, sondern so zwischen Mauerresten hindurch und über Trümmerhaufen hinweg, daß er in seiner Schlaftrunkenheit über die Richtung irre wurde. Als wir die Ruinen hinter uns hatten, blieb er stehen und blickte zurück. Er meinte verwundert:

„Dieser Rückweg war bös, Effendi. Der Hinweg in der Nacht war besser. Da war es aber dunkel, ich sah und hörte lange Zeit nichts mehr und schlief darum ein. Wo sind wir denn eigentlich gewesen?"

„Das mußt du doch wissen!" entgegnete ich, befriedigt von dem Gelingen meiner List.

„Ich weiß es nicht. Wir sind jetzt durch ein solches Wirrwarr geklettert, daß ich die Stelle, wo ich geschlafen habe, gewiß nicht wiederfände."

„Es wird dir niemand auftragen, sie zu suchen. Also beruhige dich und komm!"

Als wir die Asaker von weitem sahen, erkannte ich, noch ehe wir sie erreicht hatten, daß dort etwas

Ungewöhnliches vorgefallen war. Ich beschleunigte also meine Schritte. Als ich bemerkt wurde, öffnete sich der Kreis der Soldaten. Halef kam mir entgegen und rief mir zu:

„Sihdi, denke dir, der Halunke wollte den Kol Agassi, der jetzt Binbaschi ist, erwürgen!"

„Welcher Halunke? Der Ssäfir?"

„Ja."

„Wie konnte er auf den Gedanken kommen? Er ist doch gebunden und hat eine verwundete Hand!"

„Mit dieser Verwundung steht es nicht so schlimm, wie wir dachten. Er kann die Finger noch gut bewegen."

„Aber die Hände waren ihm auf den Rücken gebunden, da war ein solcher Angriff meines Erachtens völlig unmöglich!"

„Sihdi, er hatte sie nicht mehr auf dem Rücken."

„Wo denn?"

„Sie waren frei."

„So hast du wieder einmal eine deiner Eigenmächtigkeiten begangen. Halef, Halef, du wirst in deinem ganzen Leben nicht anders werden!"

„Oh, Sihdi, wünsche nicht, daß ich anders werde! Dir gehört ja mein ganzes Herz, und wenn das nicht so bleiben dürfte, so müßte ich dir die Liebe und Freundschaft entziehen, durch die mein Leben und auch das deinige verschönert werden. Ich bitte, zu glauben, daß ich ganz so bin, wie ich sein soll. Wenn du annimmst, daß ich einen Fehler begangen habe, so irrst du dich."

„Du scheinst dem Anführer der Verbrecher aber doch die Hände freigegeben zu haben?"

„Nur für einen Augenblick."

„Warum?"

„Ich wollte dich rächen."

„Das war falsch. Du weißt, wie ich über die Rache denke: ein Christ rächt sich nie."

„So will ich nicht Rache, sondern Strafe sagen."

„Wenn ein Mensch meinetwegen zu bestrafen ist, so habe ich darüber zu bestimmen, nicht aber du. Was wolltest du denn bestrafen?"

„Daß er dich da oben im Gefängnis so krumm gefesselt hat. Das mußte dir Schmerzen verursachen, die ich jetzt ihn auch fühlen lassen wollte. Du wirst zugeben, daß er das verdient hat!"

„Ich will das anerkennen, nur durftest du nicht ohne meine Erlaubnis handeln."

„Du bliebst mir zu lange fort, und es drängte mich, deinen Peiniger von meiner Dankbarkeit so bald wie möglich zu überzeugen. Darum ließ ich ihm die Hände vom Rücken lösen, um ihn geradeso zu binden, wie er dich gefesselt hatte. Das war doch ein Gedanke, den du billigen mußt."

„Das ist deine Ansicht, aber nicht die meinige. Ihr bandet ihm also die Hände los, und er machte dann sogleich Gebrauch davon?"

„Allerdings. Dieser Halunke hatte nicht genug Gegenwart der Geistesgaben, um einzusehen, daß ihm das verboten war. Der frühere Kol Agassi und jetzige Binbaschi hatte, während er ihm die Hände frei machte, einige Worte gesagt, die ihn in die Übelkeit des Mißbehagens versetzten. Er krallte seine Finger um den Hals unseres Gefährten, riß ihn nieder und drückte ihm die Adern so zusammen, daß das Gesicht die Farbe einer Burnaita el Kastar[1] annahm, mit der die Europäer bei großen Feierlichkeiten ihre Häupter oben verlängern. Es wurde uns himmelangst um den Angegriffenen, dessen Atem die Bequemlichkeiten seines irdischen Daseins verlassen wollte. Der Ssäfir hing so fest an ihm wie ein Wüstenfloh, der sich in die nackte Zehe eines Wanderers verbissen hat. Mehrere Männer hatten trotz seiner verletzten Hand zu tun, ihn loszureißen. Er wurde sofort gebunden, wie ich es beabsichtigt hatte. Die Aus-

[1] Zylinderhut

drücke, die wir dabei von ihm zu hören bekamen, kann ich dir nicht berichten. Er schimpft noch jetzt aus voller Kehle. Hörst du ihn? Komm also mit hin! Ich hoffe, daß du mir gestattest, ihm meinen Standpunkt endlich klarzumachen, aber nicht etwa auch auf seinen Standpunkt, sondern auf den gefühlvollen Punkt, auf dem er sitzt. Es ist höchste Zeit für ihn, zu erfahren, daß die Empfindungen die lieblichsten sind, deren Dasein man auf der erwähnten Stelle spürt."

Halef fuchtelte, um mir den tiefen Sinn seiner Worte zu erklären, durch die Luft und schritt mir dann zur Stelle voran, wo der Ssäfir saß. Dieser war krumm geschlossen, und zwar so, daß man hätte meinen sollen, er könnte kaum Atem holen. Er brüllte aber trotzdem wie ein unvernünftiges Wesen in einem fort und ließ Flüche hören, die geradezu empörend, und Drohungen, die bei seiner hilflosen Lage lächerlich waren. Als er mich erblickte, erhob er seine Stimme bis zum Überschnappen und schrie mir Verwünschungen entgegen, die mich förmlich zurückwarfen. Seine Lippen geiferten und die rot unterlaufenen Augen gaben seinem an sich schon widrigen Gesicht einen viehischen Ausdruck. Ich hatte keinen Menschen, sondern ein unsagbar niedriges, gemeines Geschöpf vor mir, das demgemäß behandelt werden mußte.

„Halef, hau ihn, bis er schweigt!" rief ich empört. „Hau ihn, wohin du triffst!"

„Hamdulillah!" jubelte der Hadschi. „Endlich, Sihdi, kommst du zu Verstand! Dein Befehl erfüllt mich mit überirdischer Wonne. Ich werde ihm den Faden seiner Rede so zerhauen, daß er die davonfliegenden Fetzen selbst mit der schärfsten Naddâra[1] nicht wiederfinden kann!"

Kaum hatte er das gesagt, so klatschten seine Hiebe so dicht und kräftig nieder, daß der Getroffene anstatt Zornes- nur noch Jammerlaute hatte, doch hörte Halef

1 Fernrohr

nicht eher auf, als bis auch diese schwiegen. Dann fragte er mich, die Peitsche liebevoll streichelnd:

„Soll ich mit dieser überzeugenden Erklärung fortfahren, oder ist es genug?“

„Laß es genug sein!“

„Aber nur für jetzt, für einstweilen, das bitte ich dich!“

„Und ich verlange es!“ fiel Amud Mahuli ein. „Schau her, Effendi, wie er mich zugerichtet hat! Es war seine feste Absicht, mich zu erwürgen. Ich lag unter ihm wie ein Lamm in den Krallen eines Panthers, und wenn das noch nicht Grund genug zur größten Strenge wäre, so müßten seine gotteslästerlichen Reden die Peitsche in Bewegung setzen, bis er tot am Boden liegt!“

Er zeigte bei diesen Worten auf sein zerzaustes Haar, seine zerrissene Uniform und seinen zerkratzten Hals, der noch blutete.

„Wäre es mir doch geglückt, dich zu ersticken, du nichtswürdiger Helfershelfer eines verdammten Christenhundes!“ zischte der Ssäfir.

Da holte Halef schnell wieder aus, versetzte ihm noch einige Hiebe und fuhr ihn an

„Willst du schweigen, Bösewicht! Wir dulden keine solchen Worte!“

Obgleich er sich vor Schmerz krümmte, brüllte der Perser ihn an:

„Du hast mir nichts zu befehlen! Du bist ein stinkender Köter, den ich verachte, und gehörst mit deinem dreimal verfluchten Effendi dahin, wo die Aase faulen. Ihr wurdet als Schweine geboren, seid als Schweine zu verachten und werdet als unreine Schweine verenden!“

Halef schwang die Peitsche sofort wieder. Ich hielt seinen Arm fest.

„Warte noch! Ich werde es im guten versuchen. Zwar weiß ich, daß jedes Wort umsonst sein wird, aber ich will mir sagen können, daß ich nichts zur Rettung seiner Seele versäumt habe."

„Rettung meiner Seele?" höhnte der Perser. „Was geht dich meine Seele an! Mag sie fahren, wohin sie will, mir ist es gleich. Willst du mir etwa vom ewigen Leben, vom Paradies und der Hölle vorschwatzen? Mit solchen Verrücktheiten brauchst du mir nicht zu kommen. Was Mohammed und euer Christus darüber sagen, ist lächerlich, denn mit dem Tod ist alles aus."

„Du bist ein Verblendeter, dem ich —"

„Alles aus!" wiederholte er, mich unterbrechend.

„— ein Verblendeter", fuhr ich fort, „dem ich mein—"

„Alles, alles aus!" rief er wieder.

„— dem ich mein Mitleid nicht versa —"

„Alles aus, alles, alles, alles!" brüllte er mit der ganzen Kraft seiner Stimme. „Und das ist ein Glück für euch, ihr verächtlichsten unter allen Hunden, die es gibt! Um euretwillen möchte ich, daß es nicht aus wäre. Ihr solltet verdammt sein, wie noch niemand verdammt gewesen ist. Euch müßte es im Jenseits —"

Die nun folgenden Verwünschungen sind nicht wiederzugeben. Ich ließ sie über mich ergehen, denn ich sah ein, daß es nicht nur unnütz sondern auch lächerlich gewesen wäre, ihm noch Mitleid zu zeigen. Als er seinen Grimm herausgesprudelt hatte, spie er mich und Halef, die wir nahe bei ihm standen, an und schloß mit den Worten:

„So wie jetzt solltet ihr angespien und verachtet werden, von allen Menschen und in alle Ewigkeit!"

Ich ließ mich auf seine Schmähungen nicht weiter ein, sondern entgegnete kurz:

„Jetzt sollst du nach deiner eigenen Ansicht behandelt werden: mit dem Tod ist alles aus. Wenn es im Jenseits keine Strafe für dich gibt, so dürfen wir im Diesseits keinen Augenblick versäumen, dir zukommen zu lassen, was du verdienst. Vorher aber frage ich dich, wo die Leichen der ermordeten Mitglieder der Karwan-i-Pischkhidmät Baschi sind?“

Er antwortete nicht, auch dann nicht, als ich meine Frage zweimal wiederholte. Ich richtete sie an die gefangenen Ghasai, und zwar mit gleichem Mißerfolg. Darum wendete ich mich an den von ihnen, den ich für ihren Anführer halten mußte, weil er beim Abschätzen der Beutestücke das Wort geführt und das Geld eingesteckt hatte. Seine einzige Antwort bestand in einer höhnischen Gesichtsverzerrung.

„Ich werde dir den Mund mit der Peitsche öffnen lassen!“ drohte ich.

„Wage das!“ rief er. „Wir sind freie Beduinen und lassen uns nicht schlagen. Wir sind ehrliche Leute und wissen nicht, weshalb man uns gefangengenommen und gebunden hat!“

„Ehrliche Leute? Und habt euch doch für Solaib ausgegeben! Und habt dort bei den Feuern gesessen und bei jedem einzelnen Stück um euren Mörderlohn gefeilscht!“

„Das ist Lüge!“

„Ich habe es beobachtet und gehört, das ist genug! Also sage, wo sind die Leichen?“

„Ich weiß von keiner Leiche! Wenn es Leichen gibt, so suche sie dir doch selber!“

Seiner spöttischen Miene war die Überzeugung, daß ich sie nicht finden würde, deutlich anzumerken. Darum erwiderte ich:

„Ich werde dir beweisen, daß es mir sehr leicht ist, sie zu entdecken, aber dich dann doch noch zwingen, uns zu sagen, wohin sie geschafft worden sind. Die Peitsche macht gesprächig!“

„Das wirst du bleiben lassen! Mein ganzer Stamm würde über dich kommen und dir hundert Hiebe für jeden einzelnen geben!“

„Laß ihn hauen, immer laß ihn hauen!“ rief mir da

der Binbaschi zu. „Vorher aber gestatte, daß der Ssäfir erhält, was ihm gebührt!"

„Ich habe nichts dagegen, erwarte aber, daß ihr euch an eine Bedingung haltet, die ich stellen muß."

„Und das ist?"

„Schlagt ihn, soviel ihr wollt, aber schlagt ihn nicht tot! Wir müssen ihn dem Pascha ausliefern, und ich bin überzeugt, daß er die Bestätigung deiner Ernennung zurücknehmen würde, wenn er ihn nicht lebend zu sehen bekäme."

Diese Warnung hatte den Zweck, eine Ausartung der Strenge in Grausamkeit oder Roheit zu verhüten. Der Offizier beeilte sich auch, mir die Versicherung zu geben:

„Sei da ohne Sorge, Effendi! Diesen Schurken totzuschlagen wäre eine unverdiente Wohltat für ihn. So kurz darf seine Strafe nicht sein. Aber du weißt, daß er in der Mahkemi die Bastonade für dich verlangte; dafür soll er sie nun selber erhalten. Das erlaubst du doch?"

„Ja."

„Bloß die Bastonade?" fragte Halef. „Ich habe geglaubt, daß meine Kurbatsch mit ihm sprechen soll! Oh, Sihdi, Sihdi, wenn du wüßtest, wie groß der Schmerz der Enttäuschung ist, den du mir bereitest! Ich glaubte, ich dürfte meine Kurbatsch einmal so recht aus vollstem Herzensgrund schwingen, und nun soll sie sich mit den wenigen, armseligen Hieben begnügen, von denen sie nicht im entferntesten satt werden konnte? Wenn du deinen großen Versprechungen so kleine Erfüllungen folgen läßt, muß ich dich für einen zwar großen, aber leeren Geldbeutel halten, mit dem nichts anzufangen — wohin willst du, Sihdi?" unterbrach er sich rasch, als er sah, daß ich mich zum Gehen anschickte.

„Ich will die Leichen der Ermordeten suchen. Das ist eine Aufgabe der Menschlichkeit und keine Henkerarbeit."

„Nimm mich mit! Wir müssen dem Ssäfir und den Ghasai beweisen, daß wir ihre Angaben gar nicht brauchen, sondern ganz von selber so klug sind zu erfahren, was wir wissen wollen. Schau her! Ich stecke meine Kurbatsch in den Gürtel und verzichte also darauf, dem Perser das Zeugnis seiner Verworfenheit auf den Rükken zu malen. Der frühere Kol Agassi und jetzige Binbaschi wird schon dafür sorgen, daß nicht weniger gegeben wird, als recht ist."

Ich sagte Amud Mahuli, daß wir uns jetzt entfernen, aber bald wiederkommen würden. Er könnte inzwischen in ‚der Sprache der Prügel' mit dem Ssäfir reden. Dann bestiegen wir unsere Pferde und ritten fort.

Zwar hatte der Gedanke, mich beim Pischkhidmät Baschi zu erkundigen, nahe gelegen, aber er hätte mir wohl schwerlich eine bestimmte Auskunft geben können, denn er kannte die Gegend nicht. Es war Nacht gewesen, als er hier überfallen wurde, und wohin man die Leichen geschafft hatte, das war eine Frage, die er nicht zu beantworten vermochte. Ich hielt es für das beste, mich auf mich selber zu verlassen. Halef konnte mir auch nur wenig nützen, weil er kein Fährtensucher war. Ich hatte ihn nur mitgenommen, um ihn von der Prügelstelle zu entfernen.

Indem wir in nördlicher Richtung, woher wir gekommen waren, längs der Ruinen hinritten, betrachtete ich unausgesetzt den Boden, um die Spuren der Karawane zu entdecken. Ich fand bald die unsrigen und bald andere, aber nicht die, die ich suchte. Wir ritten dann ostwärts, über die Fährte der Pascher hinaus, die vom Kanal herkam, und stießen wieder auf die Eindrücke der Karwan-i-Pischkhidmät Baschi. Nun war es mir klar, daß der Überfall nicht hier im Norden, sondern südlich von unserem jetzigen Lagerplatz stattgefunden hatte. Die Karawane war vom Ssäfir über die Stelle, wo die unterirdischen Räume lagen, hinausgeführt worden. Es wäre auch sehr unvorsichtig von ihm gewesen, sich gerade dort über sie herzumachen, denn er hatte sich doch wohl sagen müssen, daß jedenfalls Spuren zurückblieben. Wir kehrten also um und ritten zurück.

Als wir uns dem Lagerplatz näherten, rief uns der Anführer der Beduinen höhnisch zu:

„Nun, wo liegen die Ermordeten, die ihr suchtet? Eure große Klugheit hat sie euch doch jedenfalls gezeigt!“

Er hatte also unsere Absicht erraten und glaubte, wir würden nach diesem vergeblichen Ritt nun von den Pferden steigen und hierbleiben. Ich antwortete nicht, aber dem kleinen Halef war es unmöglich zu schweigen. Er warf ihm, indem wir vorüberritten, die Drohung hin:

„Wir kommen nur, um dir zu sagen, daß du für jeden Toten, den wir finden, nach unserer Rückkehr fünf Streiche auf die Sohlen erhalten wirst!“

Es war so, wie ich gedacht hatte: die Spuren der Karawane führten von hier weiter und fielen mit denen der zurückkehrenden Räuber zusammen. Nach ungefähr fünf Minuten hörten sie auf, und wir befanden uns an der stark mit Blut getränkten Stelle des Überfalls. Es gab da zwar kräftige Fuß- und Hufeindrücke, aber zerstampft und aufgerissen, wie es bei einem Kampf unvermeidlich ist, war der Boden nicht. Die Perser hatten sich ohne eigentliche Gegenwehr abschlachten lassen, feige Menschen, die ebensowenig Mut besaßen wie ihr Herr.

Diese Stelle lag ungefähr zweihundert Meter von den hier steil ansteigenden Ruinen entfernt und es führten Fußstapfen hinüber, die so tief eingedrückt waren, daß ich zu Halef sagte:

„Die Leichen hat man dort hinter die Mauer geschafft.“

„Woraus vermutest du das?“ fragte er.

„Wenn du ohne eine Last hinübergehst, werden deine Fußeindrücke viel schwächer sein als diese hier. Die Stapfen sind tiefer, weil man die Toten hinübergetragen hat."

„Werden wir sie finden?"

„Gewiß. Leichname sind keine Geister, die spurlos verschwinden. Komm!"

Drüben sahen wir, daß die Spuren an einem hoch an der Mauer aufgebauten Ziegelhaufen endeten, dessen einzelne Steine noch durch Asphaltkitt verbunden waren. Wir hatten ihn vorhin in der Entfernung nicht von der Mauer unterscheiden können. Wir stiegen ab und entdeckten, sobald wir nur einiges Steingeröll entfernt hatten, eine breite, doch nur halb mannshohe Öffnung, die schief abwärts ins Innere zu führen schien. Ich kroch hinein und spürte einen starken Moderduft und zugleich jenen eigentümlichen und nicht zu verkennenden Geruch, der auf das Vorhandensein von Leichen deutet, selbst wenn der Tod erst vor wenigen Stunden eingetreten ist.

Indem ich mich, vorsichtig nach allen Seiten tastend, weiterschob, gewahrte ich, daß die Decke über mir in waagrechter Richtung verlief, während der Boden abwärts ging und der Gang, in dem ich mich befand, immer tiefer wurde. Es war Sand, auf dem ich mich bewegte. Die Wände und die Decke waren glatt, ich fühlte keine Ritzen zwischen den einzelnen Steinen. Wenn das auf eine Asphaltschicht deutete, so war das, was ich Gang genannt habe, wohl ein Kanal gewesen, der den Zweck hatte, das Innere des Birs Nimrud vom ehemaligen Bett des Euphrat her mit Wasser zu versorgen. Durch den vom Westwind herbeigewehten Sand war nach und nach draußen der Boden erhöht und die Mündung des Kanals fast bis ganz hinauf verschüttet worden. So erklärte sich auch das Vorhandensein des Sandes im Inneren, der immer weniger wurde, je weiter ich vordrang, so daß ich bald nicht mehr zu kriechen brauchte, sondern aufrecht gehen konnte.

Ich mochte vielleicht vierzig Meter zurückgelegt haben, als der Sand aufhörte und ich auf glattem Erdpechboden stand. Hier stieß ich mit dem Fuß an einen Gegenstand. Ich beugte mich nieder, um ihn zu untersuchen, und fühlte einen unbekleideten Menschenkörper. Da fiel mir ein, daß ich ja noch ein Licht und auch Kibritat[1] bei mir hatte. Ich brannte es an und sah nun die elf Perser, denen man nicht ein einziges Kleidungsstück gelassen hatte, neben- und aufeinander liegen. Ich war an dergleichen Bilder gewöhnt, muß aber doch gestehen, daß es mich schauderte. Die Geschichte dieses Ortes trug wohl auch dazu bei. Da stand ich in einem verschütteten Kanal des babylonischen Turms vor nackten, blutigen Leichen, die mit ihren starren, gebrochenen Augen und klaffenden Wunden einen grauenhaften Anblick boten, zumal bei der mangelhaften Beleuchtung. Das Flackern des Lichtes täuschte mir gespensterhafte Bewegungen vor, und der mir unbekannte Teil des Kanals jenseits der Ermordeten schien von tausend schattenhaften, durcheinander huschenden oder tanzenden Wesen belebt zu sein. Dazu der schwere, drückende Modergeruch, der, je weiter ich kam, desto widerlicher wurde. Dieser Gestank konnte nicht von den Persern stammen, die noch vor kurzem gelebt hatten. Ich mußte wissen, auf welche Ursachen er zurückzuführen war, stieg also über die Toten hinweg, weil kein Platz war, an ihnen vorüberzugelangen, und ging weiter.

Da sah ich denn, daß ich mich in einer wahren Massengruft befand. Es lagen da Schädel, Knochen und andere Leichenreste in Menge. Ich stieß bei jedem Schritt an sie, bis ich eine Stelle erreichte, wo die Decke eingestürzt war und ich nicht weiter konnte; ich kehrte also

[1] Zündhölzer

um. Die Ghasai hatten ihre Ermordeten hierher geschafft. Sie kannten diese grausige Totenkammer und waren demnach schon oft hier gewesen, um die Spuren und Beweise ihrer Taten diesem geheimen Ort anzuvertrauen. Kein Wunder, daß ich beschloß, Halefs Drohung in Erfüllung gehen zu lassen!

Als er mich nach einiger Zeit dem finsteren Loch entsteigen sah, schaute er mich erschrocken an und fragte: „Wie siehst du aus, Sihdi? Wäre dein Gesicht nicht so von der Sonne verbrannt, so würde ich sagen, du seist blaß wie eine Leiche. Hast du die Ermordeten gefunden?"

„Ja."

„So hast du dich vor ihnen gefürchtet?"

„Ich fürchte mich nicht vor Lebenden, viel weniger vor Toten! Der entsetzliche Geruch, den es da unten gab, ist schuld, daß ich so angegriffen aussehe."

„Was hast du entdeckt? Erzähle!"

„Jetzt nicht. Ich muß sofort zu den Beduinen, um dir eine große Freude zu machen."

„Welche?"

„Frage nicht, sondern komm!"

Wir stiegen wieder auf und ritten zum Lagerplatz. Der alte Ghasai schien von der Fruchtlosigkeit unserer Nachforschung völlig überzeugt zu sein, denn noch war ich nicht aus dem Sattel gesprungen, so fragte er mich: „Hat Allah euch den richtigen Weg geführt? Du machst ein so glückliches Gesicht, daß ich weiß, ich werde die Streiche jetzt erhalten. Wie freue ich mich darauf!"

Ich antwortete nicht, sondern wendete mich an Halef: „Wieviel Hiebe hast du ihm versprochen?"

„Fünf für jeden Toten, also fünfundfünfzig", antwortete der Hadschi.

„Er soll sie sofort bekommen. Und nach ihm erhält jeder seiner Leute dreißig derbe Hiebe: die Sohlen müssen platzen!"

Da schrie der Alte mich an:

„Untersteht euch nicht etwa, uns nur zu berühren! Wo sind die Toten, die wir ermordet haben sollen? — Zeige sie uns!“

„Dort in den Ruinen haben wir sie gefunden, bei den Resten derer, die ihr schon früher umgebracht habt!“ erwiderte ich ihm.

„Dein verfluchtes Maul ist eine Geburtsstätte der Lüge, und dein wahnwitziges Gehirn brütet Unwahrheiten aus, die —“

Er sprach nicht weiter, sondern unterbrach seine Worte mit einem Schrei. Ich hatte, nun endlich doch in Hitze geraten, dem kleinen Hadschi die Peitsche aus dem Gürtel gerissen und zog dem unverschämten Menschen einen solchen Hieb übers Gesicht, daß es sofort aufsprang und das Blut ihm an beiden Seiten herunterlief.

„Hamdulillah, mein Sihdi wird gescheit!“ jubelte Halef. „Es gibt nur eine einzige Sprache, in der man mit solchen Frechlingen verkehren kann: Das ist die Sprache der Peitsche, die deutlicher, überzeugender und auch eindringlicher ist als jede andere Mundart. Sihdi, du hast, seit ich dich kenne, jetzt das schönste Wort gesprochen. Es enthält die wahre Weisheit, die über alle anderen Kenntnisse und Klugheiten der Erde geht! Soll ich die beglückende Fortsetzung deines wohltuenden Anfangs übernehmen?“

„Ja. Hier hast du das Zeichen der Macht, die ich dir anvertraue“, antwortete ich, indem ich ihm seine Peitsche wiedergab. „Ich bin nicht für rohe Strafen, aber diese Hunde haben tausendfach verdient, daß ihnen die Felle gegerbt werden. Der Alte bekommt seine fünfundfünfzig und jeder andere dreißig, und wenn einer von ihnen wagen sollte, sich darauf zu berufen, daß er als freier Beduine nicht geschlagen werden darf, so fangt ihr noch einmal von vorn an! Hörst du, Halef?“

„Ob ich das höre, Sihdi! Ich höre es so deutlich, als hättest du es mir mit einer zehn Meilen langen Nafir[1] und einer noch zwanzigmal längeren Surna[2] in die Ohren geblasen! Du wirst sehen, wie genau ich deinen Wunsch erfülle!“

„Ich werde nicht dabei sein, sondern inzwischen dem Pascha entgegenreiten.“

„Das ist schade, jammerschade! Aber ich weiß, du kannst solche Strafen wohl bestimmten, doch dabei sein magst du nicht. Du kannst dich aber ganz ruhig entfernen, denn die Ausführung befindet sich in den besten Händen!“

Ich war von der Wahrheit dieser Worte ebenso überzeugt, wie davon, daß der Binbaschi während unserer Abwesenheit den Ssäfir auf das vortrefflichste bedient hatte, denn dieser lag mit zuckenden Gliedern wie ein zusammengerollter Igel an der Erde und ließ ein fast ununterbrochenes Wimmern hören. Er fühlte nun, was er nicht hatte zugeben wollen: den Anfang des vorausgesagten Strafgerichts. Amud Mahuli mochte glauben, der Gezüchtigte täte mir leid, denn er fragte mich:

„Dein Gesicht ist so ernst und streng, Effendi. Meinst du vielleicht, daß wir mit der Bastonade zu freigebig gegen ihn gewesen sind?“

„Nein, Binbaschi, das denke ich nicht. Wenn ich aber jemand sehe, der zwar ein Mensch heißt, doch keiner ist, so tut mir das bitter weh. Schau ihn nur an! Dieser Mann ist auch erschaffen, um ein Ebenbild Gottes zu sein. Was ist aus diesem Bildnis des Allmächtigen und Alliebenden geworden? Das niedrigste und häßlichste Tier wirkt nicht so abstoßend wie so ein widriges Geschöpf, das doch ebenso wie wir die Berufung in sich trug, an Gottes Himmel teilzunehmen.“

„Er wird ihn nie erreichen, nie, nie! Du hast ja Worte aus seinem Mund gehört, bei denen dein Ohr

[1] Trompete [2] Posaune

gewiß ebenso schmerzte wie das meinige. Als ihr fort wart und wir ihn in die Lage der Bastonade brachten, bekamen wir Reden zu hören, die selbst in der Hölle nicht gottloser erfunden werden können. Dieser Mann ist verloren für alle Ewigkeit. Wenn ich recht gehört habe, stehst du jetzt im Begriff, dem Pascha entgegenzureiten?"

„Ja. Ich mag hier, wo abermals geprügelt wird, nicht Zuschauer sein."

„Du wirst ihm berichten, was heute nacht hier geschehen ist?"

„Ja."

„Kann ich aus deinen Worten schließen, daß du mit mir zufrieden bist?"

„Du hast dich als ein umsichtiger und zuverlässiger Offiziere bewährt, und es freut mich sehr, Osman Pascha das sagen zu können."

„Allah sei Dank, dir aber auch! Darf ich dir einen Gedanken mitteilen, den ich habe?"

„Immerzu!"

„Ich habe mich stets bemüht, meine Pflicht zu tun und ein guter Mensch zu sein. Es ist mir oft sehr schwer geworden, wenn ich sah, daß mir dieses Bestreben nur Nachteil brachte, während andere, denen Allahs Wohlgefallen nicht am Herzen lag, vor mir berücksichtigt wurden und schnell vorwärts kamen. Ich habe mit meinem Herzen und mit meiner Armut unaufhörlich kämpfen müssen und mich schließlich darein ergeben, daß es meine Bestimmung schien, in der trüben Gesellschaft unerfüllter Wünsche durchs Leben zu gehen. Du bist ein Christ und fühlst dich also nicht beleidigt, wenn ich dir sage, daß mir das Kismet, das unser Islam lehrt, entsetzlich ist. Es schlingt seine unzerreißbaren Bande um den Menschen, um seinen Leib und um seine Seele; es hält ihn auf der Stelle fest, wohin es ihn geworfen hat. Er kann bitten, wünschen und nach Besserem wimmern; er kann sorgen, schaffen und arbeiten mit allen seinen Kräften, es hilft und nützt ihm nichts; er liegt an der Erde und kann nicht auf, weil ihn die eiserne, um seinen Nacken gekrallte Faust des Kismet niederhält. Da sterben nach und nach alle Wünsche und alle Hoffnungen ab; das Vertrauen auf sich selber und auf eine bessere Zukunft geht verloren, und man sinkt zum willenlosen Sklaven des Schicksals herab, der wie die Gestalten in einem Karagös ojunu[1] an unzerreißbaren Schnüren hin und her gezogen wird. Man ist mit einem Wort — tot! Kannst du dich darein denken, Effendi?"

„Nur zu gut."

„Ein solcher Schatten bin ich bis heute gewesen. Ich fühlte die Faust, die mich niederhielt, und konnte nichts dagegen machen. Ich hatte mit dem Leben abgeschlossen und meine Sehnsucht, meine Wünsche im tiefsten Inneren angekettet. Ich wußte, daß es für mich keine Zuversicht, keinen Zweck und kein Ziel mehr gab. Da kamst du, und es wurde unerwartet alles anders. Es ist eine Sonne in mir aufgegangen, und tausend Blüten und Blumen sind erwacht. Ich fühle, daß ich nicht tot bin, sondern lebe. Du hast mich befreit von der Sklaverei; du hast — o Effendi, ich weiß nicht, wie ich mich ausdrücken soll. Am liebsten möchte ich sagen, du hast mein Kismet besiegt und auf immer für mich unschädlich gemacht. Ist es eine Sünde, wenn ich so denke und spreche?"

„Nein. Es gibt kein Kismet. Allah ist kein Gewaltherrscher, der seine Untertanen knechtet, sondern ein liebevoller Vater, der keine Sklaven, sondern Kinder hat, die frei und fröhlich ihre Wege wallen sollen."

„Ist das die Lehre deines Glaubens, deines Christentums?"

„Ja."

„So seid ihr Christen glücklicher als wir! Ich muß

1 Türkisches Schattenspiel

dir ein Geständnis machen, bitte dich aber, mir zu glauben, daß ich dir nicht schmeicheln will! Denke dich in ein fernes Land des Südens, wo es nur schwarze Menschen gibt! Du bist viele Jahre dort und in dieser Zeit selber auch schwarz geworden. Du lebst wie ein Schwarzer; du ißt und trinkst wie ein Schwarzer; du denkst und fühlst wie ein Schwarzer; aber tief in deinem Inneren lebt das Bewußtsein, daß du nicht zu diesen Schwarzen gehörst, und die Sehnsucht, aus diesem Zustand erlöst zu werden. Da kommt plötzlich ein Weißer. Alle Welt staunt ihn an, kann ihn nicht begreifen, wundert sich über seine Farbe, seine Gestalt, seinen Gang, seine Stimme, seine Worte. Dir aber ist er sofort begreiflich. Du liebst ihn gleich beim ersten Blick; dein Herz schlägt ihm entgegen und du bemerkst mit Wonne, daß er dich aus all den anderen herauskennt und sich mehr zu dir als zu ihnen hält. Du fühlst, daß du zu ihm gehörst, daß es dein Glück sein wird, so denken und empfinden zu lernen wie er. Du atmest nach tiefer schwerer Bedrückung auf. Es geht ein Hauch des Lebens, ein ungeahnter Frühling durch deine Seele, und riesengroß, gewaltig und unwiderstehlich wächst in dir die Überzeugung auf, daß alles, was als verborgene Sehnsucht in deinem Inneren wohnte, nun durch ihn in Erfüllung gehen wird. Effendi, begreifst du, was ich sage?"

„Ja."

„So war es mir, als ich dich sah und mit dir sprach. Dieser Weiße bist du. Ich habe nachgedacht und mich gefragt, woher der Eindruck kommt, den du auf mich gemacht hast. Ich kenne weder deinen Glauben noch dein Volk noch dein Vaterland. Vielleicht bist du nicht so wie andere Christen, von denen ich gehört habe, bist anderer Natur als andere Menschen überhaupt. Aber ich sage mir doch, daß dein Auge, deine Stimme und Rede, dein freies und furchtloses Tun und Auftreten nur von der Religion beseelt und geleitet werden, die dir nicht bloß im Herzen wohnt, sondern auch wie das Licht eines Fânûß[1] aus dir heraus strahlt. Habe ich da unrecht oder recht?"

„Du hast darin recht, daß der Islam seine Anhänger knechtet und verdüstert, während das Christentum die Religion der Freiheit und der Liebe ist. Jeder gläubige Christ handelt so, wie ich hier und gegen dich gehandelt habe. So, wie du mich beschreibst, sind alle wahren Christen; ich habe vor keinem etwas voraus. Und indem du dich und dein Inneres geschildert hast, hast du mit packender Treue den denkenden Muslim überhaupt gezeichnet. Hier Licht — dort Dunkel; hier Liebe — dort Bedrückung; hier Recht — dort Unrecht; hier Freiheit — dort Knechtschaft! Wenn dir wirklich ein Frühling aufgegangen ist, so wünsche ich von ganzem Herzen, daß er in dir weiter wirken möge!"

„Oh, Effendi, hättest du doch Zeit, mich deinen Glauben zu lehren!"

„Die habe ich leider nicht. Sobald ich aber nach Bagdad komme, werde ich dir einen Teil unserer Heiligen Schrift, das Kitab el Ahd edsch Schedid[2] schicken. Sein Inhalt wird deinen Füßen eine Leuchte und dir ein Licht auf deinen Wegen sein."

„Ich danke dir, Effendi! Wie lange wirst du in Hille bleiben?"

„Vielleicht reiten wir schon heute, vielleicht erst morgen fort."

„Wenn ihr bis morgen bleibt, so bitte ich dich herzlich, heute abend mein Gast zu sein. Ich bin zwar arm und kann dir nichts bieten, desto mehr aber kann ich von dir erhalten. Ich möchte mit dir über deinen Glauben, über die Religion der Liebe und des Lichts sprechen. Willst du mir diese große Gunst erweisen?"

„Ja, gern. Ich werde, selbst wenn wir schon heute

[1] Leuchte, Laterne [2] Das Neue Testament

fort könnten, nun doch bis morgen bleiben, um dir diesen Wunsch, über den ich mich herzlich freue, zu erfüllen."

„Du machst mich glücklich, Effendi. Das ist eine Wohltat, die Allah dir vergelten möge! Erlaube, daß ich dir die Hand küsse!"

Er ergriff sie und zog sie so schnell an seine Lippen, daß ich es nicht verhindern konnte. Dann wandte er sich seinen Leuten wieder zu, denen Halef soeben seine Anweisungen wegen der beschlossenen Bastonade erteilte.

Ich ritt fort. Wie freute ich mich über Amud Mahuli! Der Heiland sagte nach dem großen Fischzug zu Petrus: „Von nun an wirst du Menschen fangen!" Welch hohes und schweres Amt wurde diesem Jünger da verliehen, und wie leicht ist es doch unter Umständen für jeden wahren Christen, auch seinerseits als Jünger des himmlischen Meisters dieses herrlichen Amts zu walten! Das Netz der Liebe auszubreiten ist ja Bedürfnis, nicht bloße Pflicht. Man braucht nur der Stimme des Herzens zu folgen; den Segen sendet Gott. Diese Gedanken begleiteten mich auf meinem Weg.

Als ich vielleicht eine Stunde geritten war, kam mir ein Reitertrupp entgegen. Es war Osman Pascha in Begleitung einiger Offiziere, Unteroffiziere und des Boten, den wir ihm geschickt hatten. Als er mich erreichte, gab er mir die Hand, lächelte mir zu und sagte in deutscher Sprache:

„Sie haben Erfolg gehabt, wie ich höre. Ich bin sofort in den Sattel gestiegen, um Ihren Wunsch zu erfüllen. Die Dinge in Hille sind so weit gefördert, daß ich mich für einige Stunden entfernen durfte. Ist alles glatt abgelaufen?"

„Wenn nicht glatt, so doch zu meiner vollsten Zufriedenheit. Wir haben die ganze Gesellschaft gefangengenommen."

„Den Perser, den man Ssäfir nennt, auch?"

„Ja."

„Aber bei ihm kommt es vor allen Dingen darauf an, daß wir auch Beweise haben!"

„So überzeugende, daß er schon die Bastonade bekommen hat."

„Sie haben ihn schlagen lassen? Wären nicht Sie es, so würde ich fragen, ob Sie das Recht dazu besitzen."

„Da will ich gleich gestehen, daß man, als ich fortritt, eben im Begriff stand, den gefangenen fünfzehn Ghasai auch die Bastonade zu geben."

„Gleich fünfzehn Leuten? Und ohne richterliche Genehmigung? Lieber Freund, werden Sie das verantworten können?"

„Verantworten? Ja! Wir befinden uns nicht in Stambul, sondern unter Räubern und Mördern, inmitten einer Bevölkerung, die trotz Scheriat[1] und Mülteka el buhur[2] doch nur nach ihrer Gewohnheit handelt: Auge um Auge, Blut um Blut. Richterliche Genehmigung? Wie es mit den hiesigen Richtern steht, das wissen Sie ebensogut wie ich. Ihre Anwesenheit gilt ja diesen schauderhaften Verhältnissen. Und ob ich es verantworten kann?" Ich schlug mit der Hand an meine Waffen und fuhr fort: „Hier steckt die Verantwortung. Wer sie haben will, der kann und soll sie bekommen! Ich habe in einem sittlichen Schmutz waten müssen, der einfach entsetzlich ist, und wenn ich ihn nicht als köstlichen Gegenstand, sondern eben nur als Schmutz behandle, so ist das mein Menschenrecht. Übrigens, da ich von ‚köstlichem Gegenstand' spreche, will ich nicht versäumen zu erwähnen, daß ich nicht bloß Schmutz gefunden, sondern auch eine Schatzkammer entdeckt habe, deren Wert nach Hunderttausenden zu schätzen ist."

1 Geistliches Recht   2 Zivil- und Kriminalgesetzbuch der Türken

„Eine Schatzkammer? Wie meinen Sie das?“

„Ich meine dieses Wort wörtlich, nämlich eine aus mehreren Räumen bestehende Schatzkammer, in der alle möglichen Arten von Schmuggelwaren aufgestapelt sind. Auch viel Geld, Geschmeide und Edelsteine gibt es da.“

„Was Sie sagen? Das wird wohl die Niederlage der Pascher sein?“

„Nichts anderes.“

„Dann haben Sie einen Fund getan, der ohnegleichen ist! Wie haben Sie das angefangen? Wie ist es geschehen? Bitte, erzählen Sie doch!“

Ich erstattete ihm einen ausführlichen Bericht, ohne aber dabei die geheime Verbindung der Sillan und meine Beziehungen zu ihnen, meine Erfahrungen, Schlüsse und Vorsätze zu erwähnen. Ich hielt eine derartige Mitteilung nicht nur für unnötig, sondern sogar für unklug, weil ich nur dann weiterhin Erfolge haben konnte, wenn es verschwiegen blieb, daß mir die Angelegenheit der ‚Schatten‘ nicht mehr ein vollständiges Geheimnis war. Dennoch wuchs seine Aufmerksamkeit von Minute zu Minute. Er unterbrach mich oft mit Ausdrükken des Staunens, der Verwunderung. Bei der Entdekkung der elf Leichen und der Gebeine dachte er sich so lebhaft in meine Lage, daß er selber blaß wurde, und als ich schließlich erzählte, daß ich voll Empörung über dieses Abschlachten menschlicher Opfer sofort zurückgeeilt sei und den Befehl gegeben hätte, die Mörder zu prügeln, rief er aus:

„Das war recht, Effendi, das war recht, sehr recht; ich hätte das gleiche getan! Prügel mußten diese Hunde erhalten, ganz gewaltige Prügel, und zwar sofort! Sie haben da ganz in meinem Sinn gehandelt, und wenn wir jetzt hinkommen und ich sehe, daß der Leib irgendeines dieser Schurken noch Platz für einen Hieb hat, so bekommt er ihn. Dieser Ssäfir ist ein wahrer Teufel. Er hat auch den von ihm verführten Sandschaki auf dem Gewissen, und ich sage Ihnen, daß ich nicht etwa Rücksicht auf irgendwelche staatlichen Abkommen nehmen und ihn als persischen Ausländer aus meinen Händen geben werde. Ich mache kurzen Prozeß mit ihm. Er wird gehenkt, und wenn er der Bruder des Schah-in-Schah wäre! Solche Geschöpfe sind aus der menschlichen Gesellschaft getreten und müssen wie Bestien behandelt werden. Jetzt wollen wir uns beeilen hinzukommen!"

Osman Pascha gab seinem Pferd die Sporen, obgleich wir dadurch nur einige Minuten sparten, weil wir den Birs Nimrud schon vor uns ragen sahen.

Ich wollte den General zunächst zu der Stelle führen, wo ich mit dem Kammerherrn abgestiegen war. Er ging aber nicht darauf ein, sondern sagte:

„Zunächst will ich den Ssäfir, die Ghasai und die Schmuggler sehen. Mich verlangt, mit ihnen ein Wort zu sprechen!"

Es lag auf seinem Gesicht der Ausdruck einer solchen Entschlossenheit, daß ich jetzt keinen Piaster für das Leben der Gefangenen geboten hätte. Er kam mir vor wie ein verkörpertes und unerbittliches *Fiat justitia!*

Als der ‚frühere Kol Agassi und jetzige Binbaschi' uns kommen sah, ließ er schnell Aufstellung nehmen. Der Pascha achtete kaum darauf. Er winkte ab, sprang vom Pferd und trat zum Ssäfir, der nicht mehr krummgeschlossen war, sondern lang ausgestreckt an der Erde lag.

„Hundesohn, hast du die Karwan-i-Pischkhidmät Baschi überfallen?" fragte er ihn.

Das Gesicht des Gefragten hatte ein so vertiertes Aussehen, daß ich mich nach dem ersten Blick von ihm abwendete. Ich hörte ihn wie einen wütenden Stier brüllen:

„Du selber bist ein Hundesohn. Sei verflucht!"

Da befahl der Pascha dem Binbaschi:

„Diese Antwort wird ihm bezahlt. Seine Füße haben,

wie ich sehe, den Stock schon gekostet. Gebt ihm noch dreißig Hiebe, doch nicht als Bastonade!"

Dann wendete er sich an den alten Ghasai:

„Hast du die Karwan-i-Pischkhidmät Baschi überfallen?"

„Nein!"

„Noch zwanzig Hiebe!"

So fragte er einen Ghasai nach dem anderen.

Es wurde ihm jedesmal mit einem „Nein" geantwortet, und so ertönte jedesmal auch sein „noch zwanzig Hiebe!"

Hierauf richtete er an die Pascher die Frage:

„Habt ihr geschmuggelt?"

„Ja", gestanden alle wie aus einem Mund. Sie zogen das offene Geständnis den Hieben vor. Übrigens hatten sie ja keine so harte Strafe wie die Ghasai zu erwarten.

„Ist der Ssäfir euer Anführer?"

„Ja."

„Habt ihr bestimmte Gesetze, denen ihr gehorchen müßt?"

„Ja."

„Dürft ihr mir diese Gesetze mitteilen?"

„Nein."

„Was für eine Strafe würde auf diese Mitteilung folgen?"

„Der Tod."

„So hört, was ich euch sage! Euer Anführer ist gefangen und wird mit dem Tod bestraft. Er ist also unschädlich für euch. Teilt ihr mir die Gesetze mit, so lege ich Fürbitte beim Richter für euch ein. Verschweigt ihr sie mir aber, so bekommt jetzt jeder von euch fünfzig Hiebe und später die schärfste Strafe, die es gibt. Wollt ihr mir die Gesetze sagen?"

„Ja", riefen alle.

„Das ist euer Glück! Ich halte Wort. Und wenn ihr

wirklich aufrichtig seid, habe ich auch noch eine gute Mitteilung für euch."

Nun sagte Osman Pascha mir, daß er jetzt Zeit hätte, sich von mir führen zu lassen. Es durfte uns niemand als nur Halef begleiten. Als wir auf die Höhe stiegen, ich mit dem kleinen Scheik voran und der Pascha hinterdrein, fragte mich der Hadschi, so daß der General es nicht hörte:

„Hast du ihm alles gesagt, Sihdi?"

„Alles, was er wissen muß, sonst nichts. Sprich also nicht von den Sillan, von unseren Ringen und anderen Heimlichkeiten!"

„Werde mich hüten! Ich bin neugierig, ob er den Eingang entdecken wird."

„Ich bin überzeugt, daß er die Stelle nicht findet. Dazu gehören andere Augen als die seinigen."

Es zeigte sich bald, daß ich recht hatte. Als wir oben angekommen waren und ich Osman Pascha sagte, daß er ganz in der Nähe der jetzt allerdings verschlossenen Öffnung stände, suchte er längere Zeit, doch ohne Erfolg. Er wurde schließlich ungeduldig.

„Der Mensch, der die Ziegel hier zusammengepaßt hat, ist im höchsten Grad sorgfältig verfahren. Ich entdecke nichts, du mußt mir den Ort zeigen."

Er nannte mich jetzt du, weil er Halefs wegen arabisch sprach. Zur Entfernung des ersten Ziegels gebrauche ich, um in die Ritzen fahren zu können, die Messerklinge. Die anderen konnte ich dann mit der Hand nehmen. Ich legte sie so nebeneinander, daß sie beim Zustellen des Loches nicht verwechselt werden konnten. Osman Pascha sah mit einer Spannung zu, die sich ständig verdoppelte, bis ich fertig war und er in den Gang blicken konnte.

Wir hatten Lichte mit heraufgenommen. Da sie dem Pascha nicht genügten, trugen wir dann sämtliche in der Nische befindlichen Lampen hinunter in die Räume, wo wir sie anbrannten. Was machte der Offizier für Augen, als er diese Gemächer betrat und alles, was da lag, mit einem raschen Blick überflog! Er kam aus dem Staunen gar nicht heraus. Und dann erst, als wir die Sachen einzeln vornahmen!

„Du hast recht gehabt!“ gestand er. „Hier liegt ein ganzes Vermögen aufgestapelt. Wer hätte das gedacht!“

„Einer hat es gewußt“, bemerkte ich.

„Wer?“

„Mein alter Binbaschi in Bagdad, von dem ich dir erzählt habe.“

„Ja, richtig! Ihn müssen wir streng bestrafen.“

„Bestrafen? Warum?“

„Weil er über diese Niederlage keine Anzeige erstattet hat.“

„Dozorca konnte nicht, weil er mit einem Eid gelobt hatte zu schweigen. Er verdient vielmehr anstatt der Strafe eine hohe Belohnung, denn nur ihm haben wir die Entdeckung dieses Ortes zu verdanken. Das Geringste, aber auch Allergeringste, was wir für ihn tun müssen, ist die Rückerstattung der Summe, die ihm der Ssäfir abgepreßt hat.“

„Wie hoch ist sie?“

„Das weiß ich nicht. Er hat es mir nicht gesagt, und ich hielt es für unhöflich, ihn zu fragen.“

„Also wirklich eine Belohnung anstatt der Strafe?“

„Ja. Ich werde dir, freilich ohne seine Erlaubnis, von seiner bewegten, unglücklichen Vergangenheit erzählen. Du wirst dann meine Teilnahme und meine Fürbitte für ihn begreifen. Er war Christ und ist Offizier des Padischah geworden, weil —“

„Gut, gut für jetzt“, unterbrach mich Osman, weil er den von mir beabsichtigten Vergleich heraushörte. „Du wirst mir nachher von ihm ausführlich berichten. Jetzt genügt es mir, daß du dich für ihn verwendest. Du schiebst ihm das Verdienst der Entdeckung dieses

Ortes zu, bist aber selbst der Mann, dem wir sie zu verdanken haben. Ich werde also deine Freundschaft und deine Bemühung für ihn berücksichtigen, wie du es wünschst und verdienst. Zur Zurückerstattung seines Verlustes brauchen wir aber Geld. Sagtest du nicht, daß auch solches vorhanden ist?"

„Ja, dort in der Truhe. Bitte, komm!"

Ich hatte den Schlüssel und öffnete sie. Das war der Augenblick, wo das Staunen des Generals den Höhepunkt erreichte. Es dauerte eine ganze Weile, bevor er den Inhalt des alten Kastens mit Ruhe betrachten und untersuchen konnte. Er schätzte zunächst das Geld ab. Es war eine sehr, sehr hohe Summe. Dann machte er sich über die Schmucksachen und Steine.

„Ich kann mich nicht genug wundern!" rief er. „Dieser Ssäfir muß überzeugt gewesen sein, daß eine Entdeckung dieses Ortes ganz unmöglich ist. Ich habe keine Ahnung gehabt, daß der Schmuggel in diesem Umfang betrieben wird und ein so einträgliches Geschäft ist. Ich möchte wissen, ob der Schurke hier sein ganzes Vermögen angelegt hat, oder ob es wohl noch mehr solche Niederlagen gibt!"

„Vielleicht ist von den gefangenen Paschern etwas darüber zu erfahren. Ich glaube nicht, daß der Ssäfir der einzige Unternehmer dieser Art ist. Der Bote, den er gestern oder vielmehr heute nacht zum Sandschaki sandte, ist wahrscheinlich auch beteiligt. Vielleicht ist eine ganze Gesellschaft von Geldgebern und nicht niedrig stehenden Leuten Unternehmer. Ich habe so meine Gedanken."

„Die du mir mitteilen wirst, ich bitte dich darum. Wie gut, daß kein anderer als ihr diesen Ort gefunden hat! Ein anderer hätte nichts davon gesagt. Es ist eine fast unwiderstehliche Versuchung, diese Sachen sich anzueignen!"

„Für uns nicht", fiel Halef ein. „Ich erlaubte mir nur die ganz kurze Bemerkung, wie Hanneh, das Glück meines Lebens und die herrlichste Rose unter allen Blüten des Blumenreiches, sich über das Armband, das dort neben deiner rechten Hand liegt, freuen würde. Da hättest du den Sihdi hören sollen!"

„Welches Armband? Dieses?" fragte der Pascha.

„Ja."

„Hanneh heißt die Gebieterin deines Harems?"

„Ja. Sie ist die Wonne meiner Augen, die Seele meines Körpers, die Sonne meiner Tage —"

Halef fuhr noch eine Weile fort, dem Pascha in den poetischen Ausdrücken klarzumachen, daß Hanneh die vorzüglichste aller Frauen und unvergleichlich sei. Da hielt Osman Pascha ihm das Armband hin.

„Hier. Es ist dein Eigentum, lieber Hadschi Halef. Nimm es ihr mit, damit der Glanz ihrer Augen sich daran ergötze. Bring keinen Einwand vor! Ich versichere dir, daß ich es dir geben darf! Alles, was sich hier befindet, gehört dem Padischah, dessen Vertreter ich bin. Ich kann verfügen, wie es mir beliebt. Ihr kennt ja die Verhältnisse. Der Weg nach Stambul ist weit, und was ich hier an einen, der es verdient, verschenke, braucht nicht unterwegs in die Taschen ganz unbeteiligter Personen zu verschwinden."

Osman hatte recht. Halef weigerte sich auch nicht. Er steckte vielmehr das Armband sehr schnell ein und machte dann diese allzu rasche Bereitwilligkeit durch die glühendsten Dankesäußerungen wieder gut. Der Pascha forderte mich auf, mir auch ein Andenken auszuwählen. Ich tat es aber nicht. Daß ich das Doppelbild genommen hatte, verschwieg ich, da ich sonst meine Gründe hätte angeben müssen. Ich hielt es nicht für das Eigentum des Padischah, sondern für einstweilen herrenloses Gut. Es stellte einen Bekannten von mir dar, den ich in Persien zu treffen hoffte, und so fiel es mir gar nicht ein, die stille Aneignung des Bildes für einen Diebstahl zu halten.

Nun machte ich den Pascha auch auf die Buchführung des Ssäfir aufmerksam. Er sprach seine Verwunderung darüber aus und blätterte aufmerksam in den Aufzeichnungen. Sie reichten, wie schon erwähnt, eine Reihe von Jahren zurück. Da hielt er plötzlich inne, sah schärfer auf die Seite, die er gerade aufgeschlagen hatte, und sagte:

„Es ist wirklich, als sollte ich daran gemahnt werden, deinem Freund seinen Verlust zurückzuerstatten. Da steht das Datum, sein Name und auch die Summe. Diese Buchführung ist eigentlich eine ungeheure Frechheit des Ssäfir! Fünftausend persische Tumân ist der hier verzeichnete Betrag. Was tu ich?"

„Willst du mich anhören, Hasretin?"

„Ja, wenn es nicht zu lange dauert."

„Ich werde mich kurz fassen, halte es aber für geboten, dir jetzt mitzuteilen, was ich dir von ihm zu sagen habe."

Ich gab ihm einen Auszug dessen, was Dozorca uns an jenem Abend auf seinem Dach erzählt hatte, und bemühte mich dabei, den Pascha so günstig wie möglich für ihn zu stimmen. Es gelang mir auch, meinen Zweck zu erreichen, denn als ich mit meiner Darstellung fertig war, lächelte Osman Pascha mir freundlich zu.

„Das ist wieder einmal ganz Kara Ben Nemsi! Du hast mich tief gerührt. Dein alter, braver Freund soll nicht nur zurückerhalten, was ihm abgepreßt worden ist, sondern ich werde auch in anderer Beziehung an ihn denken und mit dem Pascha von Bagdad über ihn verhandeln. Die Summe ist da. Ich würde sie dir sofort geben, aber das Gold ist schwer. Du kannst dich doch wohl nicht damit schleppen?"

Da antwortete Halef rasch:

„Schleppen? Warum nicht? Wir haben ja Pferde. Und wenn du uns den ganzen Kasten gibst, wir nehmen ihn mit. Versuch es nur! Da liegt Leinwand genug umher, in die wir es wickeln können. Ich mache sofort das Paket!"

Um mich kurz zu fassen, in wenigen Minuten waren die fünftausend Tumân abgezählt und eingepackt, und der General, dem der Eifer Halefs Spaß machte, forderte mich auf, es ihm nur getrost mitzuteilen, wenn es sich herausstellen sollte, daß Dozorcas Verlust höher als der im Buch eingetragene Betrag wäre. Dann fuhr er fort:

„Ich werde hier alles ausräumen und schon heute damit beginnen lassen. Dann machen wir den Platz mit Hilfe einer Pulversprengung unzugänglich, damit es für solche nächtliche Vögel nicht möglich ist, sich wieder hier einzunisten. Die Schmugglerbande werde ich auch sprengen, nicht mit Pulver, das heißt durch Strenge, sondern durch Güte, die zugleich eine Klugheit ist, wie du nachher hören wirst. Auch das Loch, durch das ihr gekrochen seid, muß verschüttet werden. Jetzt wollen wir wieder ans Tageslicht gehen! Ich muß da reine Arbeit machen. Du hast mir die Richtschnur dazu gegeben: Blut um Blut!"

Ob der Pascha mit diesen Worten meine Ansicht ausgesprochen hatte, ging mich jetzt nichts an. Ich hatte ihm nun alles übergeben und trat mit großer Befriedigung von der Führung zurück.

16

FROHE HEIMKEHR

Als wir wieder unten am Lager ankamen, meldete der Binbaschi, daß die befohlenen Hiebe verabreicht seien. Es hätte dieser Meldung nicht bedurft, denn eine kurze Umschau hatte uns schon gezeigt, daß es geschehen war. Nun wurden die Leichen der elf Perser aus dem verschütteten Kanal geschafft und herbeigebracht. Ihr Anblick war hier im Licht des Tages fast noch gräßlicher als unten im dunklen Kanal. Im strengen, unbeweglichen Gesicht des Pascha stand ein unerschütterlicher Entschluß geschrieben. Er trat zum Ssäfir und fragte ihn wie schon einmal:

„Hast du die Karwan-i-Pischkhidmät Baschi überfallen?"

„Nein!" fauchte er wie ein grimmes Raubtier.

„Gut! Da du nicht gestehst, so wirst du heute noch gehenkt!"

„Ich bin Perser! Vergiß das nicht!"

„Ein Mörder bist du, also wirst du gehenkt!"

Hierauf richtete er diese Frage auch wieder an die Ghasai. Sie waren durch die Hiebe nicht mürbe geworden und verneinten.

„So werdet auch ihr gehenkt!" bestimmte er. „Ich werde die Mahkemi über euch zusammenrufen."

„Das wage ja nicht!" erwiderte der alte Geselle. „Wir sind freie Beduinen und müssen nach unseren eigenen Gesetzen behandelt werden!"

„Das ist mir recht. Euch geschehe, wir ihr wollt! Wie lautet euer Gesetz über den Mord?"

„Blut um Blut, Leben um Leben. Aber wir sind keine Mörder!"

„Was ihr seid, das weiß ich ganz genau; ihr mögt

gestehen oder nicht! Blut um Blut! Ihr werdet also erschossen, nicht gehenkt!"

„Darüber lachen wir. Unser Stamm würde uns rächen; den fürchtest du!"

„Vor Schurken ist mir nie bange. Und wenn ihr lachen wollt, so lacht bald! Bald ist es zu spät dazu! Binbaschi, ist ein Muballir[1] unter deinen Leuten?"

„Ja."

„So können wir rasch handeln, und ich brauche nicht erst in die Stadt zu schicken. Er mag vortreten! Ich gebe diesen blutigen Ghasai-Hunden, obgleich sie es nicht wert sind, eine Viertelstunde Zeit, sich auf den Tod des Erschießens vorzubereiten. Nun mögen sie lachen oder beten, die Wahl steht ihnen frei!"

Nach diesen Worten nahm sein Gesicht einen freundlicheren Ausdruck an. Er winkte mir, mit ihm zu kommen, ging zu den abseits liegenden Schmugglern und sprach sie halblaut an:

„Ihr habt euch sehr schwer vergangen und müßtet eigentlich für lange Zeit im Gefängnis stecken, aber ihr seid wenigstens keine Mörder und habt ein offenes Geständnis abgelegt. Darum will ich milde mit euch verfahren und euch folgendes mitteilen: Es muß gegen den Schmuggel so vorgegangen werden, wie der Padischah es befohlen hat. Dazu ist erforderlich, daß jeder Kumrukdschi[2] die Schliche der Schmuggler so genau kennt wie ihr. Ich habe darum die Absicht, jedem von euch die Strafe zu erlassen und ihn zum Kumrukdschi zu machen, wenn ihr darauf eingeht, mir alles, was ihr wißt, mitzuteilen. Doch mache ich euch darauf aufmerksam, daß die Strafe, die ihn jetzt treffen würde, für jeden von euch, der als Beamter bei einer Unredlichkeit ertappt wird, sofort und in doppelter Höhe wieder auflebt. Sie wird also nicht aufgehoben, sondern nur aufgeschoben: Dem Ehrlichen ist sie geschenkt, der

1 Vorbeter 2 Zollbeamte

Unehrliche aber wird sie zweifach erleiden. Wer einverstanden ist, der sagt ja!"

Ein so frohes „Ja", wie jetzt einstimmig erschallte, hatte ich wohl selten gehört. Der Pascha nahm mich am Arm mit fort und fragte:

„Werden Sie jetzt über diese Art und Weise, die Schmuggler zu bestrafen, lachen?"

„Nein. Ich bin überzeugt, daß Sie zwar nicht entsprechend den Vorschriften des Gesetzes, aber doch sehr klug gehandelt haben."

„Das genügt. Es wird meinem Gewissen nicht schwer werden, sich mit dem Gesetz abzufinden. Sie haben ja selber gesagt, daß wir hier nicht in Stambul sind. Andere Gegend, andere Menschen, andere Behandlung! Darum werden die Ghasai ohne zeitraubende Verhandlung nach der angegebenen Frist erschossen. Wollen Sie Zeuge der Hinrichtung sein?"

„Ich bitte, mich zu beurlauben. Wir kamen hierher, um einige Orte, die wir früher kennenlernten, zu besuchen, und haben bis jetzt keine Zeit dazu gehabt. Heute abend möchten wir wieder in Hille sein, und so wird es jetzt Zeit für uns, diesen Ritt zu unternehmen."

Halef hätte der Bestrafung der Mörder wohl gerne beigewohnt, fügte sich mir aber doch. Wir ritten zur Straße von Kerbela und langsam auf ihr weiter, um uns in die Erinnerung an den schicksalsschweren Tag von damals zu versenken. An der Stelle, wo wir seinerzeit kehrtgemacht hatten, kehrten wir auch auf dem gleichen Weg, den wir an jenem Tag geritten waren, ich mit der Pest im Leib, zurück. So kamen wir an den Ort, wo wir die Leichen der teuren Ermordeten gefunden hatten, und blieben längere Zeit an diesem Platz halten.

Hierauf nahmen wir wieder die Richtung zum Turm, doch nicht unmittelbar, sondern wir umritten ihn an seiner südlichen Seite und kamen gerade zur Zeit der größten Tageshitze an das kleine Wasser, dessen Ufer längere Zeit unser Krankenlager gewesen war, als die Pest nach mir auch Halef gepackt hatte. Weil es hier wenigstens ein spärliches Grün gab, stiegen wir ab, um die Pferde weiden zu lassen, und unterhielten uns über die traurigen Tage, die wir hier verlebt hatten. Dann ritten wir zu der Ruinenstelle, wo den Toten von uns die letzte irdische Ruhestätte bereitet wurde[1]. Hier weilten wir einige Zeit. Daß mein kleiner, lebhafter Halef während dieses Rittes und an diesen Erinnerungsstellen seine Gefühle in den vielfältigsten Farben und Redewendungen ausmalte und sich für unsere neue Reise in den kühnsten Hoffnungen erging, brauche ich wohl kaum besonders zu betonen.

Als wir zu heutigen Lagerstätte zurückkehrten, erfuhren wir, daß sich der Pascha mit den Offizieren im Innern des Birs befände, um ein Verzeichnis der Beutestücke, die forgeschafft werden sollten, aufzunehmen. Er hatte in die Stadt um Lastkamele und auch um Soldaten zur Ablösung Amud Mahulis und seiner Mannschaft geschickt, sie sollten alles Erforderliche zum Begräbnis der Perser und ihrer Mörder, die während unserer Abwesenheit erschossen worden waren, mitbringen. Der Ssäfir lag still und zusammengekrümmt an seinem Platz. Ich kümmerte mich nicht um ihn. Der Pischkhidmät Baschi fragte mich, wie es mit seinem Eigentum stände, das er zurückverlangte. Ich wies ihn an den General. Die Schmuggler waren von ihren Fesseln befreit worden und arbeiteten mit Eifer daran, die Waren aus der unterirdischen Niederlage herauszuschaffen.

Der Binbaschi teilte mir mit, daß die Ablösung bald eintreffen und er dann nach Hille zurückkehren werde. Ich versprach, mich ihm anzuschließen und dann bis morgen früh sein Gast zu sein. Wir hatten das Geldpaket mit den fünftausend Tumân oben im Raum Nummer drei gelassen, weil es dort sicher lag, und stie-

1 Siehe Karl May, Gesammelte Werke, Bd. 3, „Von Bagdad nach Stambul“

gen nun hinauf, es zu holen. Es ging dort lebhaft zu. Als der Pascha erfuhr, daß ich bald in die Stadt wollte, lud er mich ein, mit im ‚Regierungspalast' zu wohnen, was ich ihm aber abschlug, da ich schon dem Binbaschi mein Wort gegeben hatte. Um meine Befürchtungen zu zerstreuen, erklärte er mir, daß ihn das nicht beleidige. Bei seiner Überhäufung mit Arbeit hätte er sich mir während des Abends doch nicht widmen können. Jetzt holte ich nach, was ich bisher vergessen hatte. Ich gestand ihm, daß ich, um die Aufmerksamkeit der Soldaten zu schärfen, und damit uns niemand entkäme, jedem hundert, den Unteroffizieren aber zweihundert Piaster versprochen hätte. Osman Pascha lobte das und zählte mir von dem erbeuteten Silbergeld den Betrag sofort ab. Durch diese Bereitwilligkeit kühn gemacht, trug ich ihm nun auch vor, wie lange Zeit der arme Binbaschi keinen Sold erhalten hätte. Er antwortete mir mit der scherzhaft klingenden, aber doch ernst gemeinten Bemerkung:

„Sie scheinen den Segen des babylonischen Turms auf alle Welt ausgießen zu wollen. Halten Sie ein damit, denn die Quelle, die Sie hier geöffnet haben, könnte sonst versiegen! Geben Sie ihm das hier als Anerkennung, nicht als rückständige Löhnung. Für deren Auszahlung werde ich morgen sorgen."

Er reichte mir eine große Handvoll Goldstücke aus der Truhe. Ich bedankte mich herzlich und verabschiedete mich für heute von ihm. Halef trug das schwere Paket mit dem Geld unseres alten Bagdader Gastfreundes mit großem Stolz vom Birs Nimrud herab. Wie freute sich Amud Mahuli über die goldenen Tumâns, die ich ihm brachte! Und als ich dann mit der Austeilung der versprochenen Belohnungen begann, war auch bei seinen Leuten der Jubel groß. Kurze Zeit später kam die Ablösung, worauf wir mit unserer Reiterei ‚die alte Babel' verließen, die es auch dieses Mal mit uns so schlimm gemeint hatte. Der Kammerherr blieb noch, um sich wegen seiner Forderung an den Pascha zu halten.

Unser nächtlicher Ritt zum Birs Nimrud, sein Zweck und auch sein Erfolg, hatte sich in der Stadt herumgesprochen. Wir wurden bei unserer Ankunft von einer zahlreichen Menschenmenge angestaunt, doch nicht etwa mit Hurra empfangen. Daß ein verfluchter Christ, der erst vor der Mahkemi angeklagt und ihr entflohen war, solche Erfolge errungen hatte, erregte keinesfalls den Beifall dieser Schiiten, zumal wohl viele von ihnen zu den heimlichen Verbündeten der Pascher gehörten.

Der Binbaschi bewohnte ein altes Häuschen, in dessen Hof wir die Pferde unterbrachten. Das Gastzimmer, das er uns bieten konnte, war nur ein Winkel, und doch fühlten wir uns sehr wohl bei ihm, weil wir nicht in diesem Winkel, sondern in seinem Herzen wohnten. Er war wegen der gehässigen Bevölkerung so vorsichtig, für den Abend und die ganze Nacht einen Posten auszustellen, und wir hatten das Glück, nicht nur sein Haus, sondern auch seinen ‚Harem' kennenzulernen, Frauen, Kinder und Kindeskinder, einfache, aber gute Menschen, denen die Verbesserung ihrer Lage gern zu gönnen war.

Wir verlebten zusammen einen Abend, den ich mit vollstem Recht einen Bibelabend nennen möchte, und ich bin überzeugt, daß die auf empfängliches und fruchtbares Land gestreuten Samen aufgegangen sind. Als wir uns früh vom dürftigen Lager erhoben, war der Hausherr schon beim Pascha gewesen und hatte von ihm erfahren, daß er nach Bagdad reiten solle, um dem dortigen Pascha einen schriftlichen Bericht über die Ereignisse von gestern zu überbringen, dem er den mündlichen hinzufügen könne. Hierbei hatte es der General wohl auch auf eine freundliche Überraschung für mich abgesehen, denn es freute mich ungemein, den Binbaschi als Begleiter zu haben.

Vor dem Aufbruch verfügte ich mich zum ‚Regierungspalast', um mich von Osman Pascha zu verabschieden und ihm meinen Dank zu sagen. Er hoffte, mich auf dem Rückweg von Persien in Stambul bei sich zu begrüßen, und teilte mir alles mit, was er gestern noch von den auf Bewährung begnadigten Paschern erfahren hatte. Es war für ihn viel, für mich aber nichts, was mir in Beziehung auf die Sillan hätte aufklärend oder sonstwie dienlich sein können.

Unseren Ritt nach Bagdad kann ich übergehen, er brachte uns nichts Bemerkenswertes.

Aber als wir uns von Amud Mahuli, der zunächst zum Pascha mußte, getrennt hatten und dann an unserer gastlichen Pforte hielten und jenseits die schlürfenden Pantoffelschritte des alten Dozorca hörten, sagte Halef:

„Jetzt gehen die Überraschungen los! Laß du mich sprechen, Sihdi! Ich bitte dich herzlich darum!"

Die spitze Nase und das alte, fahle, aber liebe Gesicht erschienen.

„Wir sind es, wir!" meldete der Hadschi.

Ein mir unverständlicher, polnischer Ausdruck der Freude kam zwischen den dünnen, blutleeren Lippen hervor, dann wurde das Tor geöffnet. Halef ritt sofort bis an die Haustüre, stieg dort ab, band das Geldpaket vom Sattel los und rief:

„Kommt ins Zimmer! Eher wird kein Wort gesprochen!"

Er ging ins Wohnzimmer des Binbaschi. Dieser folgte, ohne etwas zu sagen. Kaum waren wir eingetreten, so pustete es hinter uns wie aus der Lunge eines Menschen, der zwei Stunden lang Galopp gelaufen ist. Dieses Pusten war erklärlich, denn der dicke Kepek kam. Da fragte Halef den Binbaschi:

„Kannst du dich noch auf alles besinnen, was wir gesprochen haben?"

„Ja“, versicherte der Alte.

„Ich habe dir gesagt, daß ich niemals ohne Peitsche in den Birs Nimrud steigen würde. Auch habe ich gesagt, ich wünschte, wir würden vom Ssäfir in den Birs gesperrt. Da würdest du bald sehen, wie schnell wir uns frei machen und dafür diesen Halunken fangen würden. Kannst du dich darauf besinnen?“

„Ja.“

„Wie hoch war die Summe, die dir der Ssäfir damals abgepreßt hat?“

„Gerade zweimalhunderttausend Piaster“, erklärte der Pole, der sich noch immer nicht in das vor Freude strahlende Gesicht des Hadschi finden konnte.

„Sind das fünftausend persische Tumân?“

„Ja, wahrscheinlich!“

„Nun, so höre wir waren die Gefangenen des Ssäfir —! Ich habe meine Peitsche mit in den Turm genommen —! Wir haben uns frei gemacht —! Der Ssäfir wurde von uns gefangen, gebunden und geprügelt —! Und hier sind deine zweimalhunderttausend Piaster —! Der Ssäfir hat sie wieder hergeben müssen und wird gehenkt —! So, das ist es, was ich dir zunächst sagen will. Wir sind wieder da und bringen dir deinen Schwur, zu schweigen und Bagdad niemals zu verlassen, zurück. Er gilt nicht mehr, denn die Bande ist aufgelöst und kann dir nicht mehr schaden!“

Da tat es hinter mir einen großen, quatschig klingenden Plumps. Ich drehte mich um und sah den dicken Diener, mit Händen und Füßen wie eine umgestürzte Schildkröte zappelnd, am Boden liegen. Er war vor freudigem Schreck umgefallen. Ich hob ihn auf, wozu ich alle meine Kräfte nötig hatte. Kaum war er wieder auf den Beinen, so schwappte er zu Halef hin, riß ihm das Paket aus der Hand und watschelte, ohne ein einziges Wort zu sagen, in größter Eile damit zur Tür hinaus. Der fette Schlauberger wollte vor allen Dingen den *nervus rerum* in Sicherheit bringen, worin er auch von niemanden gehindert wurde. Sein Herr stand wie eine Bildsäule vor uns. Die Augen weit offen, sah er uns an.

„Ihr — ihr seid also in — in —?" fragte er endlich, doch ohne den Satz vollständig hervorzubringen.

„Ja", bestätigte ich gern. „Es ist alles so, wie Halef sagte. Du hast dein Geld wieder, und der Ssäfir ist für immer unschädlich gemacht."

Da sank er auf die Knie nieder und betete laut und inbrünstig. Dann stand er wieder auf und fragte — nein, er wollte fragen, kam aber nicht dazu, denn die Tür wurde geöffnet, Kepek steckte den Kopf herein und meldete:

„Das Geld war schwer. Ich habe es gut versteckt."

„Wohin?" fragte sein Herr.

„In die Küche. Da habe ich es unter das Bahar[1] verkramt, wo es kein Spitzbube sucht und findet. Gib mir fünfzig Piaster, Effendi!"

„Fünfzig Piaster! Welche Summe! Die habe ich heute nicht! Wozu brauchst du sie?"

„Ich muß Kaffee holen und viele andere Sachen."

„Allah, Allah! Schon wieder? Du bist doch erst gestern einkaufen gewesen! Da gingst du nach dem Mittagessen fort und kamst erst abends wieder, als es dunkel geworden war!"

„O Effendi, o Binbaschi, willst du mich schon wieder mit unbegründeten Vorwürfen kränken? Es gibt wohl keinen einzigen Ssâjis[2] hier in der Stadt, der so schnell rennt, wie ich zu hetzen pflege. Da geht der Atem verloren, die Beine zittern vor innerer Aufregung und das angegriffene Herz verlangt nach einem Sitz der Erholung und der Ruhe."

„Und des Plauderns, das ist die Hauptsache!"

„Betrübe doch dieses müde Herz nicht schon wieder.

1 Gewürz 2 Diener, Läufer

Ich sitze so stumm im Kaffeehaus, wie ein Verstorbener im Grab liegt. Gestern hab' ich für dich und für mich eingekauft. Du weißt, für uns genügen die gewöhnlichen Sorten. Wenn man aber teure Gäste bei sich hat, so werden auch die Einkäufe teurer. Dir das zu erklären, sollte doch wenigstens in ihrer Gegenwart nicht nötig sein. Wir wollen ihre glückliche Wiederkehr feiern, darum muß ich fünfzig Piaster ausgeben, weniger nicht."

„Die habe ich aber heute nicht!"

„O Unglück meines Lebens, o Reichtum meiner Sorgen! Was wird der Kahwedschi[1] sagen, wenn ich mit leeren Händen zu ihm komme! Meine Ehre ist hin, und das Vertrauen aller meiner Nebenmenschen geht mir verloren!"

„Warum?"

„Weil ich ihm zwanzig Piaster schuldig bin, die ich von ihm geliehen habe. Ich brauchte nämlich einen neuen, irdenen Topf, zu dessen Ankauf mein Vermögen nicht mehr reichte."

„Kostet denn ein irdener Topf zwanzig Piaster?"

„Nein. Ich habe fünfzig Para dafür gegeben, aber er zerbrach mir unterwegs. Da mußte ich einen zweiten kaufen, den mir ein vorbeitrabender Esel aus der Hand riß und zerschmetterte. Ich kaufte einen dritten und ging ins Kaffeehaus, um diese Aufregung zu vergessen. Beim Niedersetzen geriet ich auf den Topf, und bei dem Gewicht meines Körpers wirst du einsehen, daß er da in Scherben ging. Das war außerordentlich schmerzlich für mich, so daß ich einstweilen sitzenbleiben mußte, um über die Rücksichtslosigkeit der Trümmer dieses unglücklichen Topfes eifrig nachzudenken. Da tat mir mein Freund, der Kahwedschi, den Gefallen, selber zu gehen, um einen vierten einzuhandeln; der war größer und kostete siebzig Para. Die versammelten Freunde und Bekannten erbarmten sich meines Unglücks und mach-

1 Kaffeewirt

ten mir den mildtätigen Vorschlag, auf die unerschütterliche Haltbarkeit dieses vierten Topfes einen Kaffee und eine Limonade zu trinken, worauf ich dankbar einging. Aus einem Kaffee und einer Limonade wurden bei dem großen und aufrichtigen Mitgefühl dieser guten Leute mehrere, und so wirst du es als einsichtsvoller Mann für selbstverständlich halten, daß ich dem Kahwedschi zwanzig Piaster schuldig wurde, die ich ihm baldigst geben muß, wenn meine und deine Ehre nicht für alle Zeit abhanden kommen soll."

Ich hätte über diese prachtvolle Topfgeschichte gern laut aufgelacht, unterdrückte aber meine Heiterkeit, als ich die betrübte Miene sah, mit der der Binbaschi seufzte:

„Zwanzig Piaster für drei zerbrochene und einen ganzen Topf! Was kann es denn einem Topf nützen, wenn man auf seine Unzerbrechlichkeit auf meine Rechnung Kaffee und Limonade trinkt! Onbaschi, ich bin gar nicht mehr zufrieden mit dir! Und nun soll ich dir fünfzig Piaster geben, die ich gar nicht besitze! Was ist da zu tun?"

„Du hast sie ja!"

„Wo denn?"

„In der Küche, unterm Gewürz! Da liegt jetzt mehr, viel mehr. Dort stecken jetzt volle zweimalhunderttausend Piaster! Ich hoffe, daß du das nicht schon vergessen hast!"

„Das Geld wird nicht angegriffen!"

„So erweise mir die Güte, nachzusuchen, ob du nicht irgendwo einige Piaster liegen hast, die sich aus der Öffentlichkeit deines Gedächtnisses zurückgezogen haben."

Der wichtige und würdevolle Ernst, mit dem diese Angelegenheit verhandelt wurde, war zum Platzen. Auch Halef gab sich alle Mühe, nicht zu lachen. Er blinzelte mich fragend an, und als ich auf orientalische Weise zustimmend den Kopf schüttelte, sagte er zum Binbaschi:

„Ich habe während des ganzen Tages im Sattel gesessen, und so ist es für mich eine wahre Wohltat, eine Strecke gehen zu können. Wenn du erlaubst, so begebe ich mich sogleich in die Stadt, um einzukaufen, was der Onbaschi braucht."

Da fiel der Dicke, ohne abzuwarten, was sein Herr sagen würde, schnell und eifrig ein:

„Ja, das erlauben wir sehr gern! Du wirst gehen und bezahlen, und ich begleite dich!"

„Nein, du bleibst", entgegnete der Hadschi. „Nähme ich dich mit, so würden wir vielleicht erst morgen wiederkommen. Ich würde an dir festgebunden sein wie ein kleines, schnelles Vöglein an einer langsam Riesenschnecke."

„Aber mein Kahwedschi muß bezahlt werden, und du kennst ihn nicht und weißt nicht, wo er wohnt!"

„Der kann warten!" bestimmte Dozorca. „Dich treiben nicht die zwanzig Piaster, die du ihm schuldest, zu ihm."

„Was sonst, Effendi?", fragte der Dicke mit der unschuldigsten Miene.

„Du willst von den zweimalhunderttausend Piastern erzählen und willst, um die Größe deiner Klugheit und Vorsicht zu beweisen, sogar sagen, wo sie stecken. Ich kenne dich."

„Welch fürchterliche Beschuldigung! Wenn du es wünschst, werde ich weniger, viel weniger sagen. Ist es dir recht, daß ich bloß von hundertfünfzigtausend spreche oder nur von hunderttausend? Ich will gern bescheiden sein."

„Du wirst gar nicht von diesem Geld sprechen! Hadschi Halef Omar geht allein!"

„Ist es ein Befehl, dem ich gehorchen muß?"

„Ja."

Da watschelte der Onbaschi zur Wand, legte beide Hände an, ließ sich in der schon beschriebenen Weise mühevoll niedergleiten und seufzte:

„So setze ich mich und stehe nicht wieder auf. Wenn der Scheik die Sachen holt, ohne mich mitzunehmen, mag er sie auch braten und kochen ohne mich. Ich muß mich fügen, weil ich dazu gezwungen werde. Da sitze ich! Nun bin ich aber sehr gespannt darauf zu erfahren, was ihr während eurer Abwesenheit erlebt habt, und bitte dich, Kara Ben Nemsi Effendi, es uns jetzt zu erzählen!"

Da fiel Halef rasch ein:

„Nein, nein! Sihdi, versprich mir, zu schweigen und kein Wort zu sagen, bis ich wiederkomme! Du weißt, daß nur ich die Gabe der Rede und den Beruf der entzückenden Erzählung habe. Du würdest mich um einen der schönsten aller irdischen Genüsse bringen, wenn du mir das Recht entzögest, der einzige oder doch wenigstens der erste zu sein, der von den Ereignissen am Birs Nimrud sprechen darf. Ich bitte dich also dringend zu warten, bis ich wiederkomme!"

„Ja", erwiderte ich, „aber wenn du jetzt in der Stadt umherlaufen und dich dann lange in der Küche beschäftigen mußt, wird die Geduld des Binbaschi zu sehr auf die Probe gestellt."

„Ich werde eilen, ich werde förmlich springen. Zu braten oder zu kochen, fällt mir nicht ein, sondern ich werde nur solche Speisen kaufen, die wir gleich so, wie ich sie bringe, essen können. Du wirst also warten und schweigen?"

„Eine halbe Stunde, länger nicht!"

„Das ist genug, ich komme noch viel eher wieder. Leb also einstweilen wohl und halte deinen Mund!"

Mit dem letzten Wort war Halef schon zur Tür hinaus, und als er nachher wieder eintrat, war erst die Hälfte der zweiten Viertelstunde vorüber. Er schwitzte, so sehr hatte er sich beeilt.

„Es liegt alles in der Küche", meldete er. „Was soll erst geschehen, das Erzählen oder das Essen?"

„Das Erzählen", meinte der Binbaschi.

„Das Essen", rief der Dicke.

„Oder beides zugleich?" fragte ich.

„Nicht zugleich!" bat Halef. „Mein Mund ist doch kein Tor, durch das man zu gleicher Zeit hinein- und herausgehen kann! Wandert ein Stück Fleisch hinein, so kann nicht im gleichen Augenblick der Schönheitsglanz meiner Sprache auf den Lippen erscheinen. Ich bitte dich, nicht zuzugeben, daß die hinreißende Kraft der Ausdrucksweise durch das Verlangen des Magens und die Arbeit der Zähne verdunkelt wird!"

„So erzähle jetzt, und später essen wir. Kepek wird inzwischen wohl nicht vor Hunger sterben!"

Der Dicke antwortete nur mit einem tiefen, entsagungsvollen Seufzer, wobei er die gefalteten Hände auf die Stelle legte, wo bei ihm unter der schützenden Fettschicht der edle Vorgang der Verdauung stattfindet. Halef aber setzte sich zurecht und begann seinen Vortrag mit einer Miene, aus der zu schließen war, daß wir ein Meisterstück orientalischer Beredsamkeit zu hören bekommen würden.

Und wir bekamen es — damit mag alles gesagt sein. Ich habe seine Art und Weise, sich auszudrücken, schon oft geschildert und brauche also nur zu versichern, daß er die beabsichtigte Wirkung vollständig erreichte. Oft aufspringend, um seine Worte mit lebhaften Gebärden zu begleiten, riß er den Binbaschi förmlich hin, und selbst Kepek war so bei der Sache, daß er von der Wand, an der er lehnte, vor lauter Aufmerksamkeit immer tiefer rutschte und, als Halef mit einem schwungvollen Satz schloß, mit dem Kopf auf dem Boden lag.

„Welch ein gefährliches, wunderbares Ereignis!" rief Dozorca aus. „Es war unmöglich zu ahnen, daß ihr so etwas erleben würdet!"

„Ich bin weg, ich bin nicht mehr da!“ klagte der Dicke. „Die Aufmerksamkeit hat mich umgebracht, mir tun vor Entzücken alle meine Glieder weh! Hilfe, Hilfe! Hadschi Halef, heb mich auf!“

Halef gab sich alle Mühe, dieser Aufforderung nachzukommen. Als er den vor Anstrengung krebsrot gewordenen Diener endlich auf den Beinen hatte, schlug dieser die feisten Hände zusammen und gestand, indem er vor Bewunderung die Augen verdrehte:

„Ihr seid wahre Helden! Euch ist nichts zu viel und zu schwer! Also dieser brüllende Löwe, der Ssäfir, ist wirklich gefangen?“

„Ja“, erklärte Halef stolz. „Es ist alles genau so, wie ich erzählt habe. Dieser brüllende Löwe, wie du ihn nennst, ist jetzt ein zertretener Wurm, der euch nichts mehr schaden kann.“

„Vielleicht doch“, entgegnete der Binbaschi. „Er ist ein so gefährlicher Mensch, daß man sich nur vor seiner Leiche nicht mehr zu ängstigen braucht. Daß ihr trotz meiner Warnung mit ihm angebunden habt, war kühn, war sogar verwegen von euch. Ich bewundere, Effendi, deinen Mut, deine Umsicht und deine Kaltblütigkeit und bin dir stete Dankbarkeit dafür schuldig, daß du dabei in dieser Weise an mich gedacht hast. Ich kann jedoch erst ruhig sein, wenn ich ganz genau weiß, daß der Ssäfir nicht mehr lebt!“

Als ich hierauf antworten wollte, ertönte draußen an der Pforte ein starkes Klopfen.

„Es kommt jemand, o Binbaschi“, sagte Kepek. „Gehe du, um nachzusehen! Ich bin so ermüdet vom Zuhören, daß ich mich wieder setzen muß.“

Er ließ sich wieder an der Wand auf den Boden nieder, und sein gehorsamer Herr schlürfte zur Tür hinaus. Es dauerte längere Zeit, bis er zurückkehrte. Er brachte — Amud Mahuli mit, dem ich die Lage unserer Wohnung beschrieben hatte.

„Verzeihe, Effendi, daß ich dich schon heute belästige!“ begrüßte er mich. „Ich wollte dich erst morgen besuchen, aber der Pascha vertraute mir diese zwei Briefe an, die ich noch heute abgeben soll.“

Amud Mahuli zog zwei Schreiben aus der Tasche, von denen er das eine Dozorca und das andere mir überreichte. An mich lautete die Anschrift: „Kara Ben Nemsi Effendi aus Almanja.“ Unser Gastfreund wurde auf seinem Brief Mir Alai genannt.

„Das ist entweder ein Irrtum, oder der Brief ist nicht an mich“, sagte er.

„Es ist kein Irrtum, und der Brief gehört dir“, erwiderte Amud Mahuli lächelnd. „Ich hatte einen langen, ausführlichen Bericht Osman Paschas zu überbringen, der unser sehr warm gedacht zu haben scheint, denn als der hiesige Pascha das Schreiben gelesen hatte, war er von doppelter Freundlichkeit als vorher, reichte mir die Hand und bestätigte meine Ernennung zum Binbaschi. Er ließ Kaffee und Pfeifen bringen, und ich mußte mich zu ihm setzen und erzählen. Dann schrieb er diese Briefe und schickte mich hierher. Ich las die Anschrift und erlaubte mir, darauf aufmerksam zu machen, daß Mir Alai anstatt Binbaschi geschrieben worden sei. Da sagte er mir, daß Osman Pascha es so wollte, morgen abend würde er das übrige sagen.“

Wir öffneten die Briefe: sie enthielten die sehr höfliche Einladung zum Akscham taami[1] beim Pascha für morgen, weiter nichts, aber doch genug!

„Zum Akscham taami eingeladen! Beim Pascha! Und dieser höhere Rang!“ rief der alte Pole erregt. „Was hat das zu bedeuten?“

„Daß Osman Pascha mir Wort gehalten hat“, erwiderte ich. „Du bist gerechtfertigt und noch mehr, denn mir schwant, daß du morgen deine Ernennung zum Oberst erfährst.“

[1] Abendessen, Hauptmahlzeit im Orient

Da ließ Dozorca den Brief aus den Händen fallen.

„Wäre das wirklich möglich? Dann fehlt nur noch die Hinrichtung des Ssäfir, um mir in dieser Beziehung meine Ruhe, meinen Frieden zurückzugeben!"

„Die Hinrichtung des Ssäfir?" fragte Amud Mahuli. „Der ist ja tot!"

„Tot?" staunte ich. „Davon weiß ich nichts!"

Da richtete Amud Mahuli einen sehr bezeichnenden, verständnisinnigen Blick auf mich und erklärte:

„Er ist so gestorben, wie du ihm vorhergesagt hast."

„Wann und wo?"

„Wann — noch vorgestern abend. Wo — im Gefängnis. Er hat sich selber aufgehängt."

„Sich — — selber?"

„Ja, sich selber. Osman Pascha war in seinem Gefängnis, ihn zu vernehmen, und schloß ihn dann wieder ein. Als eine halbe Stunde später der Wärter kam, um ihm Wasser zu bringen, war er tot."

„Wann und von wem hast du das erfahren?"

„Als du früh noch bei mir schliefst und Osman Pascha mich zu sich kommen ließ, um mich mit euch hierher reiten zu lassen, erzählte er es mir."

„Warum hast du gegen mich geschwiegen?"

„Weil Osman Pascha mir das Versprechen abnahm, dir den Tod des Ssäfir erst hier in Bagdad mitzuteilen. Vielleicht kannst du dir seine Gründe denken."

Gewiß konnte ich sie mir denken! Osman hatte dem Ssäfir gesagt, daß er heute noch gehenkt würde, und sein Wort war in Erfüllung gegangen. Um mich über das Wie aufzuklären, brauchte ich nicht erst wieder nach Hille zu reiten und mich bei dem strengen Richter zu erkundigen. Er hätte mir es doch nicht gesagt, ich konnte mir diese Frage schon selber beantworten.

Überaus groß war der Eindruck, den die Nachricht vom Tod des Ssäfir auf Dozorca machte. Er sah sich all seiner Angst und Sorge enthoben und sprang vor

Freuden wie ein junger Mensch im Zimmer umher. Auch Kepek machte seiner Wonne durch verschiedene Ausrufe Luft, versäumte aber nicht, dabei auch die Frage an Halef zu richten, ob das Essen wirklich schon in der Küche stände. Das ließ den Hausherrn an seine Pflicht als Gastgeber denken. Er bat den Hadschi, das Essen zu bringen. und lud Amud Mahuli ein, während seines Bagdader Aufenthalts der Gast seines Hauses zu sein, Platz sei genug für uns alle! Der ‚frühere Kol Agassi und jetzige Binbaschi' nahm diese Einladung mit Vergnügen an. Er hatte sie wahrscheinlich schon im stillen gewünscht, um länger mit mir beisammen sein und noch so einen ‚Bibelabend' wie den in Hille mit mir verleben zu können.

Das einfache kalte Mahl wurde mit einer Heiterkeit eingenommen, wie sie diese Räume wohl selten erlebt hatten. Halef war bei vortrefflicher Stimmung, da wir seine feurigen Ergüsse über unsere unvergleichlichen Heldentaten still über uns ergehen ließen, und der dicke Kepek, der ständig mit den Zähnen arbeitete und nur mit Auge und Ohr den Prunkreden und Gesten des Hadschi folgte, bildete einen nicht weniger unterhaltenden Gegenstand unserer Aufmerksamkeit.

Nach dem Essen beschäftigten wir uns mit unseren Pferden, denen auch ein ‚Fest- und Siegesmahl' vorgesetzt wurde, wie Halef sich auszudrücken beliebte, und als es dunkel geworden war, stiegen wir, wie am letzten Abend vor unserem Ritt zu den Ruinen, auf das platte Dach hinauf, um bei den brennenden Tschibuks uns immer wieder zu sagen, was für ein großer Unterschied zwischen damals und heute sei.

Ich lenkte darauf hin, daß wir diese glücklichen Erfolge nicht uns selber, sondern der Fügung und dem Beistand Gottes zu verdanken hätten, und so kam das Gespräch auf den Gegenstand, der nicht bloß mir und Halef, sondern für heute auch den beiden Offizieren der liebste und willkommenste war. Wir saßen und sprachen beim Flüstern der Palmwedel bis tief in die Nacht hinein, und als wir endlich aufstanden und uns in gehobenster Stimmung die Hände reichten, hielt der Pole die meinige fest und sagte:

„Effendi, ich gewinne dich mit jedem Augenblick lieber und gestehe aufrichtig, daß das, was du heute abend wieder gesprochen hast, mir höher steht als alle Worte und Gesichte Mohammeds. Schon hast du mich gefangen. Ich bin dein Eigentum und das Eigentum dessen, der dich so sprechen läßt. Nur zeige mir eine Spur, nur eine einzige Spur meiner Lieben, die ich verloren habe, so werde ich euer Eigentum nicht nur sein, sondern werde es auch bleiben!“

„Stellst du schon wieder Bedingungen?“ mahnte ich. „Gott läßt sich weder befehlen noch mit sich handeln und schachern. Bete zu ihm; bitte ihn, denn, wie ich schon gesagt habe, das Gebet ist die Himmelsleiter, auf der das Vertrauen des Menschen aufwärts und die erhörende Liebe des Allmächtigen herniedersteigt!“

„Wohl, ich werde beten! Gute Nacht, Effendi!“

Die Einladung zum Pascha bezog sich nicht nur auf mich, sondern auch auf Halef. Auch Amud Mahuli sollte kommen. Als wir eintrafen, sahen wir, daß es sich um einen Istikbal, einen feierlichen Empfang handelte, bei dem die hohen Militär- und Zivilbeamten des Pascha anwesend waren. Es ging während der ersten Viertelstunde sehr feierlich her. Als die Tschibuks in ihre Rechte traten, wurde es gemütlicher. Der Pascha forderte mich auf, einiges von meinen und Halefs Erlebnissen zu erzählen, worauf ich mir die Bemerkung gestattete, daß Scheik Hadschi Halef Omar ein viel besserer Erzähler sei als ich.

Der Kleine war entzückt darüber und entledigte sich der unerhörten Aufgabe, einen Pascha von mehreren Roßschweifen zu unterhalten, in so vortrefflicher Weise, daß der Gastgeber am Schluß lächelnd gestand, er sei noch nie einer Erzählung wegen so spät schlafen gegangen wie heute.

Er verabschiedete jeden von uns einzeln. Unserem Polen, der in seiner alten Uniform mit dem Binbaschiabzeichen erschienen war, sagte er:

„Ich habe dir mitzuteilen, daß der Padischah — Allah segne und schütze ihn — dir infolge deiner Verdienste den Rang eines Mir Alai verliehen hat. Die schriftliche Ausfertigung wirst du in den nächsten Tagen erhalten. Bedanke dich nicht bei mir, sondern bei deinem Freund Kara Ben Nemsi Effendi, dem, wie es scheint, selbst der Beherrscher der Gläubigen alle Wünsche erfüllen muß!"

Bei diesen Worten drückte er mit heiterem Lachen auch mir die Hand, und wir durften uns entfernen, wobei wir durch eine Doppelreihe sich tief verbeugender Beamten schritten. Dann ritten wir auf weißen Eseln heim.

Eine ungeahnte Folge der Beförderung des Polen war, daß Halef jetzt nicht nur von einem ‚früheren Kol Agassi und jetzigen Binbaschi', sondern nun auch von einem ‚früheren Binbaschi und jetzigen Mir Alai' sprach, und daß Kepek sich noch viel dicker gab, als er eigentlich war. Der Diener und Vertraute eines Mir Alai zu sein, das machte ihn ungeheuer stolz.

Amud Mahuli blieb noch zwei Tage in Bagdad. Als er dann nach Hille zurückkehrte, hatte ich die feste Überzeugung, daß Mohammed und der Koran bei ihm nicht mehr viel galten. Ich schenkte ihm ein Neues Testament in arabischer Sprache, und er gelobte mir, es des Abends, wenn er keinen Dienst hatte, sehr fleißig vorzunehmen und auch den Seinen vorzulesen.

KARL MAY

GESAMMELTE WERKE

1 Durch die Wüste
2 Durchs wilde Kurdistan
3 Von Bagdad nach Stambul
4 In den Schluchten des Balkan
5 Durch das Land der Skipetaren
6 Der Schut
7 Winnetou I
8 Winnetou II
9 Winnetou III
10 Sand des Verderbens
11 Am Stillen Ozean
12 Am Rio de la Plata
13 In den Kordilleren
14 Old Surehand I
15 Old Surehand II
16 Menschenjäger
17 Der Mahdi
18 Im Sudan
19 Kapitän Kaiman
20 Die Felsenburg
21 Krüger Bei
22 Satan und Ischariot
23 Auf fremden Pfaden
24 Weihnacht
25 Am Jenseits
26 Der Löwe der Blutrache
27 Bei den Trümmern von Babylon
28 Im Reiche des silbernen Löwen
29 Das versteinerte Gebet
30 Und Friede auf Erden
31 Ardistan
32 Der Mir von Dschinnistan
33 Winnetous Erben
34 „ICH“
35 Unter Geiern
36 Der Schatz im Silbersee
37 Der Ölprinz
38 Halbblut
39 Das Vermächtnis des Inka
40 Der blaurote Methusalem
41 Die Sklavenkarawane
42 Der alte Dessauer
43 Aus dunklem Tann
44 Der Waldschwarze
45 Zepter und Hammer
46 Die Juweleninsel
47 Professor Vitzliputzli
48 Das Zauberwasser
49 Lichte Höhen
50 In Mekka
51 Schloß Rodriganda
52 Die Pyramide des Sonnengottes
53 Benito Juarez
54 Trapper Geierschnabel
55 Der sterbende Kaiser
56 Der Weg nach Waterloo
57 Das Geheimnis des Marabut
58 Der Spion von Ortry
59 Die Herren von Greifenklau
60 Allah il Allah!
61 Der Derwisch
62 Im Tal des Todes
63 Zobeljäger und Kosak
64 Das Buschgespenst
65 Der Fremde aus Indien
66 Der Peitschenmüller
67 Der Silberbauer
68 Der Wurzelsepp
69 Ritter und Rebellen
70 Der Waldläufer
71 Old Firehand
72 Schacht und Hütte
73 Der Habicht
74 Der Verlorene Sohn
75 Sklaven der Schande
76 Der Eremit
77 Die Kinder des Herzogs (1995)

–Die Reihe wird fortgesetzt–

KARL-MAY-VERLAG · BAMBERG

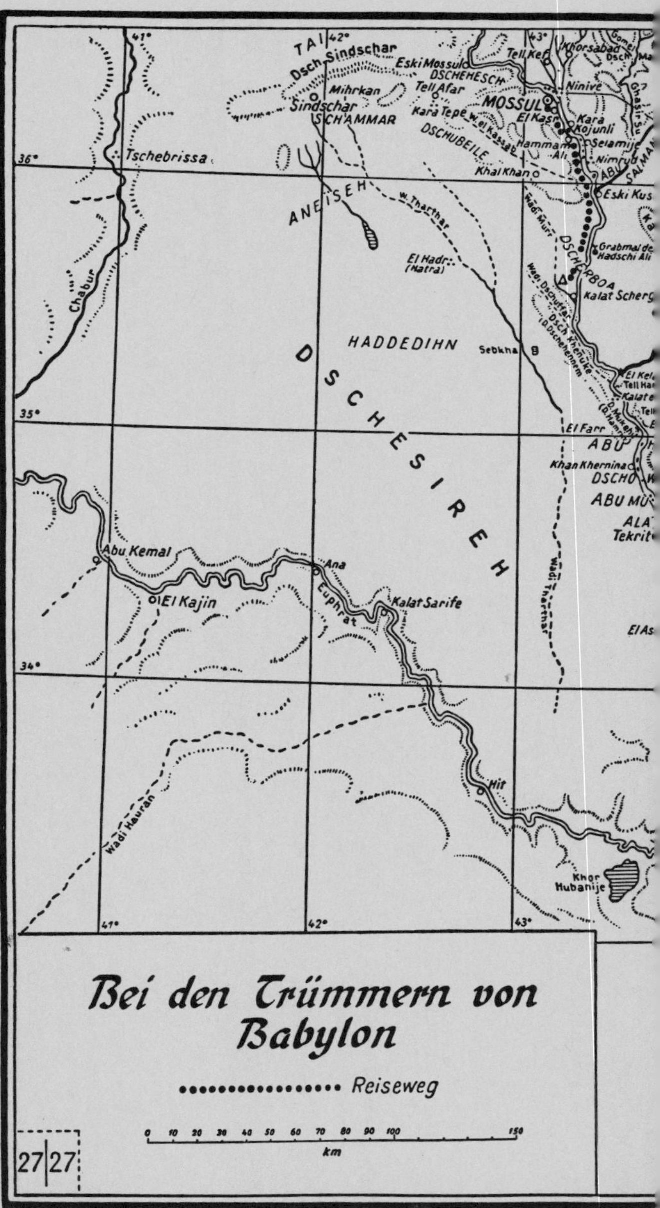

Bei den Trümmern von Babylon